U0925450

北京市金融年鉴

2018

ALMANAC
OF BEIJING FINANCE
AND BANKING

《北京市金融年鉴》编辑部

（总第32卷）

中国金融出版社

责任编辑：王慧荣　谭舒方　张婷婷
责任校对：孙　蕊
责任印制：程　颖

图书在版编目（CIP）数据

北京市金融年鉴 2018/《北京市金融年鉴》编辑部．—北京：中国金融出版社，2019.1

ISBN 978－7－5049－9823－1

Ⅰ．①北…　Ⅱ．①北…　Ⅲ．①金融事业—北京—2018—年鉴　Ⅳ．①F832.71－54

中国版本图书馆 CIP 数据核字（2018）第 244135 号

北京市金融年鉴 2018
Beijingshi Jinrong Nianjian 2018

出版发行　中国金融出版社
社址　北京市丰台区益泽路 2 号
市场开发部　（010）63266347，63805472，63439533（传真）
网 上 书 店　http：//www.chinafph.com
（010）63286832，63365686（传真）
读者服务部　（010）66070833，62568380
邮编　100071
经销　新华书店
印刷　北京市松源印刷有限公司
尺寸　185 毫米×260 毫米
印张　47
插页　10
字数　965 千
版次　2019 年 1 月第 1 版
印次　2019 年 1 月第 1 次印刷
定价　125.00 元
ISBN 978－7－5049－9823－1
如出现印装错误本社负责调换　联系电话（010）63263947
（内部发行）

2017年2月15日，昌平区人民政府与相关金融机构战略合作框架协议签约仪式暨昌平区建设发展基金成立大会在北京未来科技城召开。

2017年4月19日，中国银行北京市分行与中国电建集团国际工程有限公司签署海外业务战略合作协议。

2017年4月18日，京津冀城际铁路发展基金正式设立。该基金由11家金融机构发起成立，总规模1 000亿元。

2017年9月1日，北京农商银行与国开金融有限责任公司、北京农村产权交易所签署关于共同创新推进特色小镇建设的战略合作协议。

2017年6月30日，中国农业发展银行北京市分行与北京首都农业集团有限公司签署战略合作框架协议，支持企业推动一二三产业融合发展。

2017年11月22日，江苏银行北京分行与信达投资有限公司签署银企全面战略合作协议。

2017年11月22日，北京银行与京东金融战略合作发布会举行，双方将在支付互通、客户共享、产品共建、技术与数据营销推广方面开展合作。

2017年3月3日，中信银行总行营业部与北京市西城区统计局、北京市西城区经济社会调查队签署友好合作备忘录。

2017年11月28日，中国工商银行北京市分行举办支持北京市住房租赁市场座谈会，并与5家国有企业分别签署战略合作协议。在未来五年，中国工商银行北京市分行将通过意向性融资6 000亿元，支持北京市住房租赁业务参与企业的发展。

2017年2月23日，北京银行举办积极试点农村承包土地的经营权抵押贷款暨北京市首单“农权贷”落地签约仪式。

2017年7月26日，中国太平洋人寿保险公司北京分公司与上海浦东发展银行北京分行签署战略合作协议，双方将在民生和养老保障、个人与企业综合金融服务、重大基础设施建设和金融市场业务等领域开展合作。

2017年9月27日，中国人民财产保险公司北京市分公司参加中关村发展集团生命园科技金融超市启动仪式，并与中关村发展集团签署合作协议。

2017年5月23日，北京市总工会、北京农商银行、北京首创融资担保有限公司共同签署“首都职工创业小额贷款三方合作协议”，正式推出“首都职工创业小额贷款”。

2017年7月11年，泰康人寿保险公司北京分公司与北京燕化医院签署“健保通”项目合作协议。

2017年6月13日，交通银行北京市分行与北京北控置业有限责任公司签署战略合作协议。

2017年12月26日，杭州银行北京文化金融事业部揭牌成立，并发布专门为北京地区文化人才提供的金融服务方案——“追梦计划”。

2017年10月11日，华夏银行文创产业中心暨北京文创产业管理部正式成立。

2017年11月9日，北京银行城市副中心分行揭牌，这是在北京城市副中心落户的第一家一级分行机构。

2017年6月20日，中国建设银行北京市分行在中关村国家自主创新示范区展示中心举办中国建设银行“小微快贷”系列产品发布会。

2017年2月8日，中国平安财产保险公司北京分公司与先锋合众（北京）汽车贸易有限公司联合推出BMW车钥匙保险产品。

2017年6月20日，中国工商银行北京市分行与北京市地方税务局举办“银税合作 指尖缴税”手机银行自助缴税启动仪式。

中国银行北京市分行举办“新机无限，赢响未来”中国银行保函及国内信用证产品推介会，与北京地区150余家重点企业研讨经济形势，交流业务发展心得。

2017年11月10日，中国平安财产保险公司北京分公司签发北京市属企业首张新材料保单。

2017年11月27日，中国进出口银行北京分行与中关村科技园区管理委员会共同召开中关村科技园区政银企座谈会。

2017年6月16日，北京银行联合北京市首都公路发展集团有限公司、北京速通科技有限公司共同举办战略协议签署暨速通卡服务发布仪式。"e路畅通"速通卡服务以"线上一站申请、线下上门安装"的O2O服务模式，支持用户"足不出户、车不出库"即可完成速通卡申请及速通电子标签安装，并支持速通卡绑定借记卡、信用卡，实现代扣速通卡交易费用功能。

渤海银行北京分行参展2017年第25届中国国际金融展。

中华联合财产保险公司北京分公司联合北京市气象局赴新疆维吾尔自治区对农业气象指数保险产品创新工作进行调研。

中国邮政储蓄银行北京分行正式推出养老金主题信用卡——YO卡。

2017年11月30日，“北京市出租汽车智能计价终端”项目正式落地实施，开始装机试运行。

中国太平洋财产保险公司北京分公司查勘员现场查勘被水淹车辆。

中华联合财产保险公司北京分公司赴中车北京二七车辆有限公司就2017～2018年度财产及相关保险项目进行实地勘查。

平安银行北京分行组织开展“一路平安，让爱回家”公益活动，通过公开招募的方式，对买不到春运车票的农民工，用“爱心大巴”送他们回家过年。

中国太平洋人寿保险公司北京分公司员工走进活力社区基金朱房社区中心，为社区里的孩子和志愿者送去专属订制的人身意外保障计划。

中国银行北京市分行员工走进工地，开展“普及金融知识，守住‘钱袋子’”反假货币宣传活动。

盛京银行北京分行营业部员工走进社区宣传金融知识。

泰康人寿保险公司北京分公司参加“7·8全国保险公众宣传日”活动。

中国工商银行北京石景山支行开展"防范和处置非法集资"宣教活动。

北京农商银行营业网点员工为客户讲解养老金融专属系列产品。

中国大地财产保险公司北京分公司业务人员在"5·20客户服务节"上为客户讲解理赔服务知识。

北京市金融工作局组织干部职工传达学习党的十九大精神。

包商银行北京分行第四党支部与紫芳园南里社区党委签署共建协议，双方将加强交流、增进了解、促进合作，实现业务、党建“双促进”。

中国华融资产管理公司北京市分公司组织员工赴西柏坡开展主题党日暨党支部联合活动，全体党员重温入党誓词。

中国进出口银行北京分行员工参观东城区反腐倡廉警示教育基地。

南京银行北京分行组织党员干部参观"砥砺奋进的五年"大型成就展。

中国民生银行北京分行召开"庆祝建党96周年暨'两优一先'表彰大会",庆祝中国共产党成立96周年。

在“爱满京城”——北京市2017年学雷锋志愿服务主题推动日活动中，中国邮政储蓄银行北京分行成立志愿服务总队。

南京银行北京分行与无障碍艺途组织举办“鑫”艺途彩圈公益活动。

平安银行北京分行开展“平安在身边　夏日送清凉”公益活动，邀请户外高温工作者进入营业网点避暑、纳凉。

上海浦东发展银行北京分行参加北京市“认领爱心斑马线”活动，组织员工每周一在西单路口开展文明交通引导服务。

“八一”建军节，盛京银行北京分行慰问北京武警总队第六支队官兵。

天津银行北京分行携手怡馨家园第一社区党总支走进怡馨家园第一社区，对生活困难居民进行节日慰问。

交通银行北京市分行开展“寻找最美青春”访谈活动。

渤海银行北京分行举办以“激流十载、光影华章”为主题的晨会风采大赛。

上海浦东发展银行北京分行与北京市慈善基金会联合开展“为爱开跑”项目，为北京市儿童福利院募集并捐赠善款。

《北京市金融年鉴》编辑委员会

主　　任：杨伟中

副 主 任：苏保祥　王建平　郭左践　霍学文　梅国辉

名誉编委：（以姓氏笔画为序）

于　赟　马　琳　王　平　王　兵　王小兵

王光明　王建宏　王海丽　叶　宁　田向红

白晓东　齐小兵　刘　冰　刘红华　孙衍琪

关耀勇　李民吉　李志军　李扶坚　汪　东

汪晓芳　何　存　何承周　陈　军　陈正斌

杨　震　张　霆　张东宁　张艳玲　张俊强

武　博　周继东　苑超军　赵松来　徐　明

徐红霞　徐敏彬　徐维进　郭少军　夏云平

龚　俊　黄宪辉　鞠维萍

编　　委：王远志　魏海滨　项银涛　林晓东　毛钢锤

贾淑梅　王　威　蔡　豫　姜以明　赵维久

王利生

主　　编：梅国辉

副 主 编：余　剑　赵　阳　蔡　豫　赵晓洋　赵维久

《北京市金融年鉴》编辑部

编辑部主任：宋晓卿

责任编辑：宋晓卿　吴逾峰　王极明　孙　丹　苏乃芳

金融管理部门组稿编辑：（以姓氏笔画为序）

云　璐　王丝雨　朱琳琳　刘　雯　吴　茜
宋晓源　杨　兵　杨小玄　陈永波　张　靖
周珺星　胡　月　赵　起　柏林林　郭元淇
盖　静　康小宇　舒　昱　穆　毓　薛　静

各金融机构组稿编辑：（以姓氏笔画为序）

于　涵　王　京　王　亮　王　菁　王连顺
王杜坤　王国文　王昕芳　牛艳艳　左言庆
石竟成　白倩雯　吉　轩　安吉斯　曲　豪
曲兵林　李　莹　李　傲　李苏轩　李灵毓
李原野　何　冰　何华伟　杨　春　杨紫怡
吴　愔　陈　锐　陈悦喆　张　帆　张京玉
张译丹　张俊魁　孟宪斌　施　巍　赵　佳
赵玉洁　段文静　侯玉荣　南全喜　袁　帅
袁　婕　袁天翼　郭雨晴　郭晓雨　高晰明
常　江　崔　峰　崔东风　曹征妮　龚耀星
游恒铠　童文静　雷赛赛　潘世林　潘远发
樊聪慧　薛　超

文件资料：邓凯宏　陶娅娜　李　康　游志芳

编辑说明

一、《北京市金融年鉴》（以下简称《年鉴》）是北京市金融行业年鉴，是全面反映北京市金融运行、发展情况的资料性工具书。由中国人民银行营业管理部牵头，北京银监局、北京证监局、北京保监局、北京市金融工作局，60多家银行业、证券业、保险业机构以及10余家协会、商会、学会共同参与编写，《北京市金融年鉴》编辑部组织编纂，逐年出版。

二、本卷《年鉴》为总第32卷，主要记述的是2017年北京市金融业运行与发展情况、重大事件、活动及各金融机构贯彻执行国家金融政策，依法合规经营，防范和化解金融风险，改进金融服务，加强精神文明建设，支持首都经济增长目标的实现等方面所做的大量工作和面临的问题。

三、本卷《年鉴》收录的金融统计资料由中国人民银行营业管理部、北京银监局、北京证监局、北京保监局提供。在使用中请注意统计口径的差别和适用范围。

四、本卷《年鉴》中各金融机构的排列顺序名次无高低之分。

五、本卷《年鉴》在编纂过程中得到北京市金融系统各单位的大力支持，在此表示衷心的感谢。

六、由于编纂水平有限，书中难免有缺陷和疏漏之处，诚请广大读者批评指正。

《北京市金融年鉴》编辑部

2018年11月

目　　录

一、形势综述

二、市场运行

三、发展与监管

四、服务与管理

五、机构业务综述

金融管理机构

金融机构

六、文件与规章

七、专题与调研

八、统计资料

（二）金融机构业务统计

（三）机构、人员统计

九、大事记

十、附　　录

（一）北京市金融机构名录

（二）机构简介

（三）协会、商会、学会、工会活动简介

（四）2017年度北京市金融系统先进集体、先进个人名录

一、形势综述

北京市金融运行报告

中国人民银行营业管理部　货币政策分析小组

一、金融运行情况

2017 年，北京市金融运行整体平稳，信贷增速保持较快水平，金融降杠杆效果显著，机构改革继续稳步推进，服务水平显著提高，金融生态环境建设取得新成效。

（一）银行业运行平稳，信贷保持较快增速

1. 银行业金融机构平稳发展，收益水平有所提高

2017 年，北京市银行业金融机构资产总额同比增长 2.8%，增速同比下降 7 个百分点；实现利润同比增长 16.7%，增速同比上升 1.1 个百分点；银行业金融机构数量有所减少，2017 年末机构网点数量同比减少 44 家；法人金融机构数量比上年增加 2 家；银行支付业务快速发展，2017 年末银行卡发卡量累计达到 2 亿张，全年新增 2 405 万张。

表 1　2017 年北京市银行业金融机构情况

机构类别	营业网点			法人机构（个）
	机构个数（个）	从业人数（人）	资产总额（亿元）	
一、大型商业银行	1 825	53 020	81 692	0
二、国家开发银行和政策性银行	18	918	16 149	0
三、股份制商业银行	900	24 262	44 884	0
四、城市商业银行	398	11 475	25 028	1
五、城市信用社	—	—	—	—
六、小型农村金融机构	675	8 983	8 165	1
七、财务公司	72	4 784	30 958	71
八、信托公司	12	3 510	1 288	12
九、邮政储蓄	574	3 267	3 919	0
十、外资银行	121	4 357	4 046	9
十一、新型农村机构	39	760	244	11
十二、其他	13	4 179	5 623	13
合　计	4 647	119 505	221 995	116

注：营业网点机构数据不包括国家开发银行和政策性银行、大型商业银行、股份制银行金融机构总部；大型商业银行包括中国工商银行、中国农业银行、中国银行、中国建设银行和交通银行；小型农村金融机构指农村商业银行；新型农村金融机构包括村镇银行、贷款公司和农村资金互助社；"其他"包含金融租赁公司、汽车金融公司、货币经纪公司、消费金融公司等。

数据来源：中国人民银行营业管理部、中国银行业监督管理委员会北京监管局、北京市金融工作局。

2. 人民币存款增速持续回落，外币存款增速有所提高

2017 年末，北京市金融机构人民币存款余额同比增长 3.9%，比全国低 5.1 个百分点，比上年同期低 3.4 个百分点（见图 1），全年新增额为近七年同期最低，且为近七年首次低于人民币贷款新增额。2017 年以来，金融降杠杆效果显著，非银行金融机构存款大幅下降对人民币存款产生较强拉低效应。受境外存款增加影响，外币存款全年新增额高于往年。2017

年末，北京市金融机构外币存款余额同比增长 15.9%，比上年同期高 6.5 个百分点。

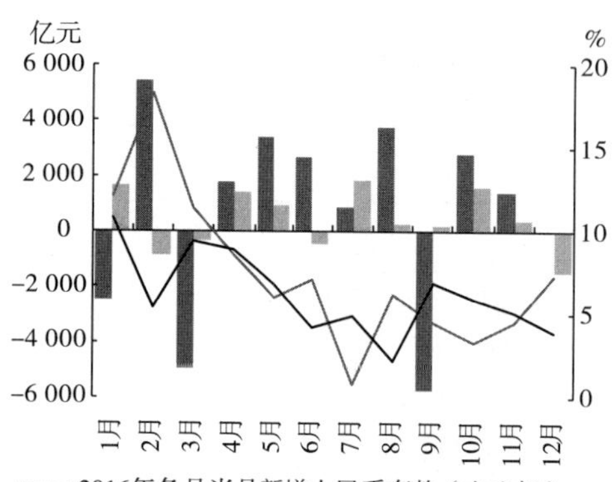

数据来源：中国人民银行营业管理部。

图 1　2016～2017 年北京市金融机构人民币存款增长变化

3. 本外币贷款增速保持在较高水平，重点领域和薄弱环节金融支持持续加强

2017 年末，北京市金融机构本外币贷款余额同比增长 9.1%，比上年高 0.3 个百分点，增速自 1 月的 6.6% 升至 6 月的 11% 后有所回落（见图 2）。其中，人民币贷款余额同比增长 11.9%，外币贷款余额同比减少 8%，比上年降幅收窄 8.7 个百分点。

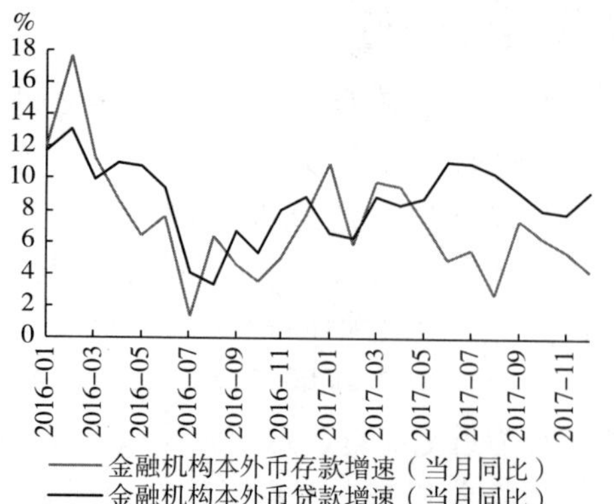

数据来源：中国人民银行营业管理部。

图 2　2016～2017 年北京市金融机构本外币存款、贷款增速变化

重点领域贷款增长强劲。2017 年末，北京市金融机构对租赁和商务服务业、科学研究和技术服务业、文化体育和娱乐业的人民币贷款余额分别同比增长 30.6%、19.4%、19.2%。小微企业本外币贷款余额同比增长 16.9%，增速较大型企业高 5.2 个百分点。

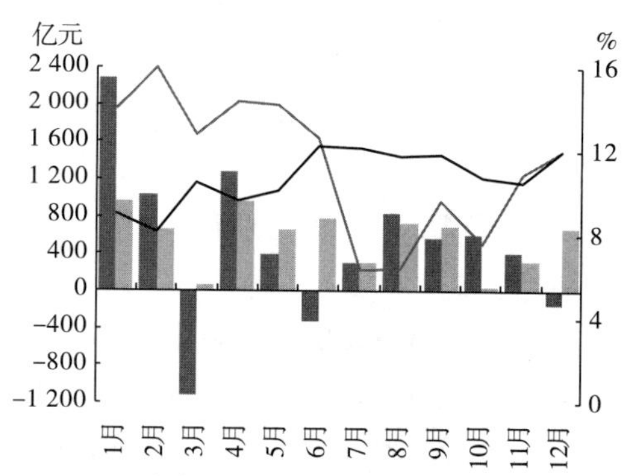

数据来源：中国人民银行营业管理部。

图 3　2016～2017 年北京市金融机构人民币贷款增长变化

4. 金融降杠杆效果显著，表外业务明显收缩

2017 年末，北京地区银行业金融机构表外业务余额同比增长 25.4%。其中，托管资产业务余额同比增长 35.1%，成为拉动表外业务增长的最重要力量。表外理财资金有所下降，2017 年末，北京地区银行理财产品余额同比下降 3.7%，上年同期增速为 42.5%。金融衍生品业务降幅明显，辖内银行业金融衍生品业务余额同比下降 30.6%。同业业务全面收缩，辖内银行业同业资产、同业负债余额分别

同比下降3.1%、15.6%。

5. 人民币存贷款利率平稳运行，外币存贷款利率波动明显

2017年，人民币一般贷款加权平均利率整体呈增长态势，其中，8月达到年内最高值5.08%，创2015年11月以来新高，但总体来看，贷款利率仍明显低于全国总体水平。全年金融机构执行下浮利率的人民币贷款占比较2016年明显下降，其中，7月下浮贷款占比29.2%，创2014年12月以来新低。人民币活期存款利率稳中有降，定期存款利率触底后小幅反弹。美元存款利率同比上升，美元贷款利率涨跌不一（见表2、图4）。北京地区市场利率定价自律机制有效运行，维护了良好的市场竞争秩序，促进了利率市场规范健康发展，为利率市场化改革顺利推进、金融机构持续稳健发展奠定了良好基础。

表2 2017年北京市金融机构人民币贷款各利率区间占比 单位：%

月份		1月	2月	3月	4月	5月	6月	7月	8月	9月	10月	11月	12月
合计		100.0	100.0	100.0	100.0	100.0	100.0	100.0	100.0	100.0	100.0	100.0	100.0
下浮		56.8	57.8	54.2	48.3	48.1	38.8	29.2	31.3	32.9	31.2	29.2	37.1
基准		16.1	15.5	16.8	19.2	18.9	24.3	28.5	26.4	25.8	27.4	29.3	29.3
上浮	小计	27.1	26.7	29.0	32.5	33.0	36.9	42.3	42.3	41.3	41.4	41.5	33.6
	(1.0-1.1]	6.8	7.6	9.0	9.2	10.2	13.3	13.7	13.0	15.0	14.3	15.0	13.0
	(1.1-1.3]	6.7	7.4	9.2	10.0	10.6	10.2	12.1	12.9	12.2	10.7	11.3	8.5
	(1.3-1.5]	3.6	2.2	3.4	4.3	4.0	4.4	4.7	5.5	4.3	3.9	4.0	2.6
	(1.5-2.0]	8.1	7.5	5.2	6.6	5.7	6.6	8.4	7.9	7.2	9.3	8.4	7.1
	2.0以上	1.9	2.0	2.2	2.4	2.5	2.4	3.4	3.0	2.6	3.2	2.8	2.4

数据来源：中国人民银行营业管理部。

6. 信用风险抵补能力较强，各项监管指标满足要求

2017年末，辖内银行业金融机构不良贷款率为0.37%，同比下降0.22个百分点；法人银行类金融机构拨备覆盖率为297.33%，同比提高18.14个百分点，信用风险抵补能力较强。法人银行类金融机构资本充足率为13.77%，同比下降0.17个百分点；流动性比例为50.73%，同比下降5.04个百分点；累计外汇敞口头寸比例为2.31%，同比下降0.75个百分点。

7. 银行业机构改革稳步推进，金融服务能力不断提高

2017年7月，北京市首家民营银行中关村银行正式开业，民间资本进入银行业取得积极成果。11月，全国首家直销银行中信百信银行正式开业，开启了"互联网+金融"的新金融模式。北京银行非公开定向发行普通股，提升核心一级资本充足率。北京农商银行开展上市"助推"工程，纵深推进IPO工作。

8. 人民币国际结算能力不断增强

2017年，北京地区跨境人民币结算

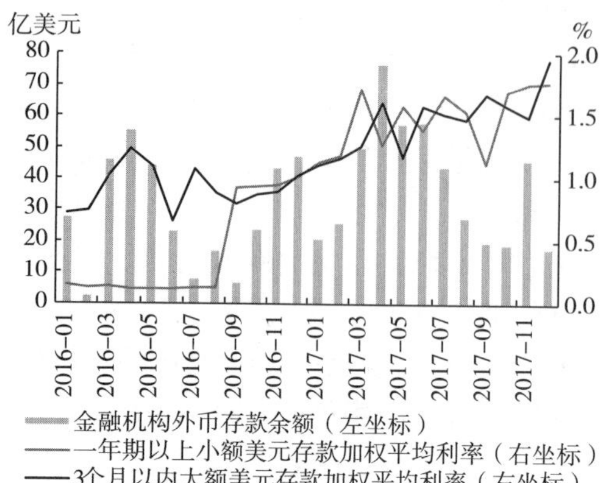

数据来源：中国人民银行营业管理部。

图4　2016～2017年北京市金融机构外币存款余额及外币存款利率

1.49万亿元，业务笔数13.04万笔。自2010年6月23日试点启动至2017年末，跨境人民币收付涉及的国家和地区已达201个。2017年，北京地区经常项目人民币收付5 695.2亿元，资本与金融项目人民币收付9 247亿元。2017年末，已有104家跨国企业集团开立人民币双向资金池专用账户，累计归集跨境收入1 354.9亿元，累计跨境支出1 155.6亿元；北京地区银行已经与境外87个国家和地区的823家银行建立了代理行关系，为非居民机构开立人民币结算账户1 010个。

专栏1　2017年北京地区跨境人民币业务发展呈现新特点

2017年，北京地区跨境人民币业务发展取得显著成效，结算量增长超过40%、业务亮点突出，同时资金净流出规模下降近80%。北京地区跨境人民币收付总额14 944亿元，同比增长44%。业务开展主要集中在资本和金融项下，收付合计9 246亿元，占比超70%；净流出规模缩减至904亿元，同比下降78%。跨境人民币业务亮点纷呈，人民币使用范围进一步扩大，境外市场主体对人民币的接受程度不断提高。

一、人民币助力企业“走出去”，“一带一路”成为业务发展新动力

自“一带一路”倡议提出以来，北京地区与沿线国家往来不断加深，人民币接受程度不断提高。2017年，结算总量飞跃式上涨，人民币成为沿线国家贸易和投融资结算的新选择。

（一）结算总量飞跃式上涨

2017年，北京与“一带一路”沿线52个国家（地区）开展跨境人民币业务，实现跨境结算2 807.3亿元，较2016年增长近3倍，占北京地区全部跨境人民币结算量的19%，创2013年以来新高。

（二）货物贸易稳步发展

2017年，北京与沿线国家货物贸易进出口跨境人民币收付529亿元，同比增长56%，进口支出与出口收入基本持平。主要出口商品为汽车、设备和发动机，覆盖沿线37个国家；进口涉及沿线18个国家，主要是进口原油、药品和铁矿石。

（三）资本项下业务规模增长近7倍，跨境人民币贷款大力支持沿线项目

随着金融对外开放程度的不断加深，资本项下交易成为业务新亮点。2017年，

北京与沿线国家资本项下跨境人民币结算量高达2 178亿元，同比增长约7倍；占沿线国家全部结算量的77%。跨境人民币贷款对沿线大型项目建设的支持力度进一步提升。2017年，北京地区的政策性银行向多个沿线国家提供跨境人民币贷款740.97亿元。

（四）与国际金融中心新加坡的金融领域合作快速发展

新加坡是重要的人民币离岸中心之一，当地机构投资者对境内金融市场的参与程度逐步加深。2017年，北京与新加坡的跨境人民币结算达1 782亿元，其中证券投资收付占比近80%，主要是境外机构在境内银行间债券市场买卖债券的业务。

二、金融支持实体经济发展力度进一步加大，顺利推进中国联通混合所有制改革业务

2017年，中国人民银行营业管理部（以下简称人民银行营业管理部）指导中国银行北京市分行为中国联合网络通信集团有限公司（以下简称联通集团）完成了全国首笔集团层面混合所有制改革项目的跨境人民币结算业务。该笔业务支持了联通集团混合所有制改革的顺利推进，对国有企业混合所有制改革（以下简称国企混改）思路和跨境人民币支持实体经济发展具有示范作用。

（一）业务规模较大

根据国家有关部门批复的混改方案，中国联合网络通信股份有限公司（以下简称联通有限）通过A股市场筹集资金后，在集团内部逐级投资至中国联合网络通信有限公司（以下简称联通运营）。增资完成之后，将实现对外直接投资749.5亿元，外商直接投资749.5亿元，累计结算量1 499.07亿元，业务体量相对较大。

（二）业务形式新颖

在中国人民银行的指导下，结算银行和企业共同设计提出资金跨境划转工作方案，在防范跨境资本流动风险的同时，有效满足企业实际经营需求，最终顺利完成了联通有限对联通运营的混改增资业务。

（三）业务示范性强

深化国有企业改革（以下简称国企改革）任务艰巨，而混合所有制改革正是国企改革的重要突破口。目前我国已确定的七大领域、三批试点单位中不乏A股和H股上市公司。作为首批国企混改试点单位以及首家在集团层面整体混改的上市中央企业，联通集团国企混改的方案思路和操作方法将成为未来国企改革的重要依据，具有强烈的示范效应。

三、服务业扩大开放取得显著成效，资金池业务量稳步提升

2017年末，已累计为100余家跨国企业集团办理人民币双向资金池业务备案。开办业务的跨国企业集团通过资金池累计归集跨境收支合计2 510亿元，跨境收支基本均衡。自业务开办以来，跨境资金池月度业务结算规模从2014年12月的4.6亿元稳步增长至2017年12月的257亿元，有力地支持了跨国企业集团境内外双向资金融通。

（二）证券期货业发展整体稳健，市场融资规模有所下降

1. 证券期货机构数量稳步增长，上市及改制进程有序推进

2017 年末，辖内法人证券公司 18 家，法人期货公司 19 家，法人基金管理公司 19 家，均与上年相同；证券营业部 477 家，期货公司分支机构 102 家，分别比上年增加 55 家和 7 家。证券公司从业人员 10 979 人，比上年增加 590 人；期货公司从业人员 2 969 人，比上年增加 157 人。2017 年，中国银河证券股份有限公司在 A 股上市，国都证券有限责任公司在全国股份转让系统挂牌，第一创业摩根大通证券有限责任公司因外资股东退出，更名为第一创业证券承销保荐有限责任公司。

2. 证券公司营业收入下降，期货公司抗风险能力增强

2017 年末，法人证券公司资产总额同比增长 15.1%，净资本比上年末增加 84.9 亿元，全年营业收入同比减少 12%；市场监管进一步加强，期货公司抗风险能力增强，盈利能力提高。2017 年末，辖区期货公司总资产同比减少 1.4%；期货累计代理交易额 41.5 万亿元，比上年减少 14.2%。净利润比上年增长 26.1%。法人基金管理公司管理基金年末资产净值同比增长 12.3%。

3. “新三板”挂牌公司数量稳步增长，股票融资总额下降

2017 年末，全国中小企业股份转让系统挂牌公司总数为 1 1 630家，比上年末增加 1 467 家；总股本和总市值分别同比增长 15.5% 和 21.8%；挂牌公司共实现股票融资 1 336.3 亿元，同比下降 3.9%。其中，北京辖区共有挂牌公司 1 618家，占全国总数的 13.9%；共有创新层企业 232 家，占全国总数的 17.2%；股票融资金额 276.1 亿元，同比减少 19.5%。

表 3　2017 年北京市证券业基本情况

单位：家，亿元

项　　目	数量
总部设在辖内的证券公司数	18
总部设在辖内的基金公司数	32
总部设在辖内的期货公司数	19
年末国内上市公司数	306
当年国内股票（A 股）筹资	1 421
当年发行 H 股筹资	—
当年国内债券筹资	-2 748
其中：短期融资券筹资额	-3 702
中期票据筹资额	-1 546

注：证券公司家数为法人机构数量，国内股票（A 股）筹资额包含金融企业 A 股筹资，债券筹资为社会融资规模中企业债券融资额。

数据来源：中国人民银行营业管理部、中国证券监督管理委员会北京监管局。

（三）保险市场加快回归本源，社会服务功能进一步增强

1. 保险行业稳步发展，市场秩序显著好转

2017 年末，北京共有保险总公司 46 家。其中，财产险公司 16 家，人身险公司 30 家；保险销售从业人员 16.3 万人。全年实现原保险保费收入（以下简称保费收入）同比增长 7.3%；累计赔付支出同比减少 3.2%；保险深度为 7.1%，同比下降 0.3 个百分点；保险密度为 9 085.3 元/人，同比增加 617.5 元/人。在严监管背景下，车险不正当竞争乱象有所缓解，人身险公司更加注重高质量发展，行业风险防范意识和能力增强，保险市场秩序显著好转。

2. 财产险业务平稳发展，人身险公司非保险合同新增交费减少

2017 年，财产险公司实现保费收入同比增长 10.7%；累计赔款支出同比减少 6.8%。其中，车险业务和非车险业务保费收入分别同比增长 4.1% 和 24%。2017 年，人身险公司保费收入同比增长 6.4%；非保险合同业务本年新增交费同比减少 62.5%。人身险新单期交率为 29.9%，同比上升 6.8 个百分点；退保率为 5.6%，同比上升 0.2 个百分点。

3. 保险业社会服务范围扩大，保障功能进一步增强

2017 年，京郊政策性旅游保险、露地蔬菜气象指数保险等创新险种试点稳步推进；西城区食品安全责任保险试点工作有序开展。2017 年末，安全生产责任险累计投保企业 3.4 万家，提供风险保障 1 875亿元。新农合“共保联办”已覆盖 11 个区，服务的参合人群达 163.1 万人。医疗责任保险投保医疗机构 1 247 家次，提供风险保障 13.6 亿元，累计处理纠纷 1 126 件。保险公司为“中国制造 2025”龙头企业提供质量和责任风险保障 97.7 亿元，有力地支持了我国重大技术装备的创新应用。保险机构以债权投资计划形式投资于市重点项目的保险资金规模达 1 582.5亿元。

表 4　2017 年北京市保险业基本情况

单位：家，亿元

项　　目	数量
总部设在辖内的保险公司数	68
其中：财产险经营主体	16
人身险经营主体	30
保险公司分支机构	109
其中：财产险公司分支机构	47
人身险公司分支机构	59

续表

项　　目	数量
保费收入（中外资）	1 973
其中：财产险保费收入（中外资）	434
人身险保费收入（中外资）	1 539
各类赔款给付（中外资）	578
保险密度（元/人）	9 085
保险深度（%）	7.05

数据来源：中国保险监督管理委员会北京监管局。

（四）社会融资规模有所下降，金融创新步伐加快

1. 社会融资规模下降，人民币贷款占比显著提高

2017 年，北京地区非金融企业社会融资规模达 8 255.3 亿元，同比减少 5 190.8亿元。其中，人民币贷款新增 7 206.5亿元，占社会融资规模的 87.3%，同比提高 47.2 个百分点。委托贷款、信托贷款和未贴现银行承兑汇票合计占社会融资规模的 33.7%，同比提高 4.8 个百分点。2017 年，北京地区企业债券净融资 –2 747.8 亿元，上年为 3 767.8 亿元；非金融企业境内股票融资 958.7 亿元，同比减少 505.8 亿元（见图 5）。

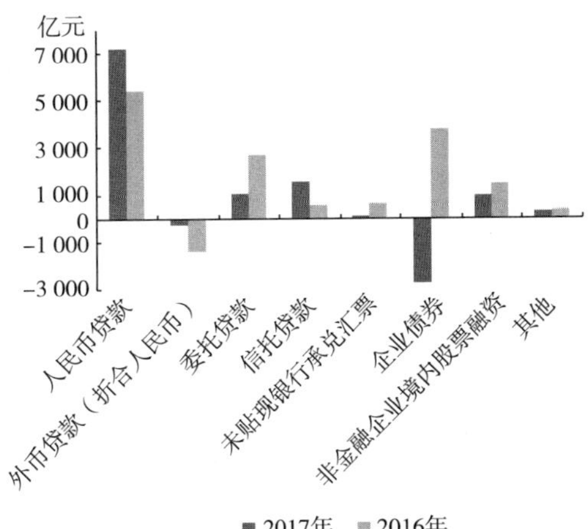

数据来源：中国人民银行营业管理部。

图 5　2016 ~ 2017 年北京地区社会融资情况

2. 金融市场交易规模呈收缩态势，货币市场净融出资金同比下降，市场利率总体上升

2017 年，北京地区金融机构同业拆借和债券回购累计净融出资金 173. 1 万亿元，同比下降 27. 7%；债券现券净买入 1. 2 万亿元，同比增长 0. 7%。2017 年，在稳健中性的货币政策和去杠杆、强监管政策的影响下，市场流动性相对偏紧，货币市场利率整体上升，信用拆借、质押式回购和买断式回购的加权平均利率分别为 2. 7514%、2. 8919%、3. 1790%，较2016 年分别上升 58. 7 个、73. 4 个和 75. 2 个基点。

3. 票据市场运行平稳，银行承兑汇票余额小幅下降，票据贴现余额有所下降

2017 年，北京市金融机构累计签发银行承兑汇票同比下降 4%，累计贴现票据金额同比下降 74. 3%，回购式转贴现累计转入票据金额同比增长 51. 8%。2017 年末，银行承兑汇票余额同比下降 2. 5%，票据贴现余额同比下降 18. 6%，回购式转贴现转入余额同比增长 49. 9%。北京地区票据贴现和转贴现利率震荡上扬（见表5、表6）。

表 5　2017 年北京市金融机构票据业务量统计表

单位：亿元

季度	银行承兑汇票承兑		贴现			
			银行承兑汇票		商业承兑汇票	
	余额	累计发生额	余额	累计发生额	余额	累计发生额
一	3 281	1 416	1 624	8 088	101	176
二	3 031	1 396	1 491	4 942	83	195
三	3 141	1 605	1 468	5 419	114	179
四	3 326	1 766	1 595	5 288	136	229

数据来源：中国人民银行营业管理部。

表 6　2017 年北京市金融机构票据贴现、转贴现利率表　　单位：%

季度	贴现		转贴现	
	银行承兑汇票	商业承兑汇票	票据买断	票据回购
一	4. 1686	4. 7489	3. 6820	3. 3772
二	4. 8942	5. 3499	4. 1486	3. 5460
三	4. 7316	5. 3097	4. 1251	3. 6701
四	4. 9404	5. 1484	4. 3713	4. 7141

数据来源：中国人民银行营业管理部。

4. 政府债务余额大幅下降，地方债发行规模同比减少

2016 年末，全市清理甄别确定的政府债务余额为 3 741. 2 亿元，较 2015 年下降 34. 7%。2016 年，北京市政府债务率下降至43%，较2015 年下降 17. 8 个百分点。2017 年，北京市政府地方债券发行额为 1 070 亿元，较 2016 年减少 96. 4 亿元，其中，置换 545 亿元，新增 525 亿元；一般债券 361. 7 亿元，专项债券 708. 3 亿元。按债券发行方式分为定向发行和公开招标发行，发行金额分别为 356. 5 亿元和 713. 5 亿元。

5. 金融市场创新步伐进一步加快

大力推广“债券通”业务，5 家在京央企作为“首日试点发行人”通过“北向通”发行债券融资，金额合计 70 亿元。绿色债券蓬勃发展，2017 年北京地区共发行绿色金融债（包括政策性银行债、商业银行债）、绿色企业债、绿色公司债（包括私募债）、非金融企业绿色债务融资工具、绿色资产支持证券 1 900. 5 亿元，发行额是 2016 年的 3. 2 倍。资产证券化业务快速发展，2017 年北京地区共发行资产证券化产品 2 741. 9 亿元，较 2016 年增加 944. 2 亿元。

（五）北京地区金融改革稳步推进，多项金融创新试点取得积极成效

围绕京津冀协同发展战略，推动金融

服务改革创新。探索京津冀区域票据交换试点，协同推进三地市政交通"一卡通"和社保卡互联互通，完善三地金融数据共享机制，引导金融服务跟进产业转移，注重发挥直接融资支持作用，扩大长期建设资金供给。以服务业扩大开放综合试点为契机，扩大并推广跨境双向人民币资金池在北京地区的使用，拓宽境外人民币投资回流渠道，继续推进跨国公司外汇资金集中运营管理，有效落实全口径跨境融资政策，进一步优化北京市营商环境，人民银行营业管理部获得"北京市服务业扩大开放综合试点示范单位"荣誉称号。提升外债宏观审慎试点便利化措施，将政策惠及范围扩大至中关村 7 个重点园区，有力地支持了中关村科技企业的发展及北京科创中心的建设。稳妥推进北京市农村承包土地的经营权抵押贷款试点，农村承包土地的经营权抵押贷款累计发放 1 987 万元。

（六）金融生态环境持续优化，金融惠民功能成效凸显

金融生态环境不断优化。个人信用报告查询服务网点实现北京 16 区全覆盖，上线"信用小帮手"微信小程序，便利个人征信服务。社会信用体系建设水平进一步提升。创新性实施金融空白村布设金融机具补贴政策，共补贴 7 家机构 962 个建设项目，发放补贴资金 613.7 万元，成功消除 962 个金融空白村。2017 年，北京市支付清算协会正式成立，全面加强行业自律，推动北京支付清算市场健康发展。完成支付系统架构调整，中国现代化支付系统城市处理中心（CCPC）安全保障能力不断提升，大小额支付系统和网上支付跨行清算系统业务金额居全国首位。北京重点库正式启用，科学调拨发行基金，有效保障辖区现金供应。创新实施分区治理、各区各策，有效提升精准反假币水平。全国率先上线"财关库银"横向联网银行端查询缴款业务、首家试点上线代理支库支出无纸化业务并实现"退更免"业务电子化、首批创新试点电子缴税三方协议网签，国库信息化服务水平大幅提升。在中关村地区开展金融消费保护环境评估，开创区域性协同开展环境评估的先河。强化银行卡受理终端安全管理，北京地区金融 IC 卡累计发行突破 1 亿张，非接触式受理支持率达到 100%。开展"现金服务贴心工程""普及金融知识，守住'钱袋子'"等系列活动，创新开展综合金融知识宣传，将服务和宣传触角延伸至偏远郊区，公众金融素养及金融惠民水平全面提升。

二、经济运行情况

2017 年，北京市坚持"稳中求进"工作总基调，紧紧围绕新发展理念和首都城市战略定位，深入推进供给侧结构性改革，统筹推进疏功能、稳增长、促改革、调结构、惠民生、防风险等各项工作，经

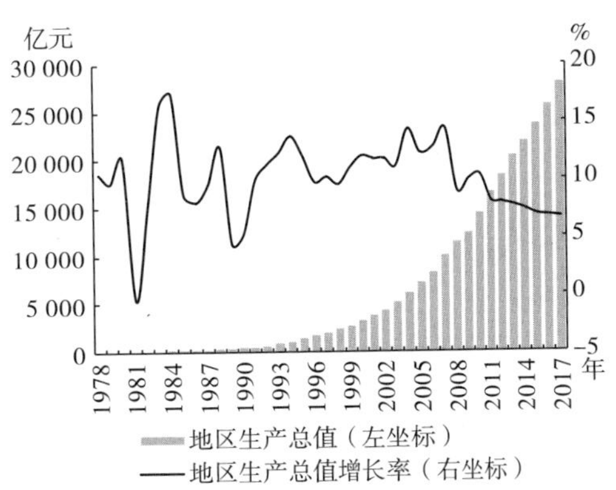

数据来源：北京市统计局。

图 6　1978～2017 年北京市地区生产总值及其增长率

济保持稳中向好的发展态势。2017 年全市实现地区生产总值 28 000.4 亿元，按可比价格计算，同比增长 6.7%。

（一）三大需求协调发展，经济保持稳中向好态势

2017 年，北京市深化供给侧结构性改革，改革效果进一步显现，经济发展质量和效益继续提升。从三大需求看，投资稳步增长，消费增速平稳，进出口双向增长。

1. 投资稳步增长，基础设施投资带动作用明显

2017 年，全社会固定资产投资 8 948.1亿元，比上年增长 5.7%（见图 7），增速比上年下降0.2 个百分点。从结构看，基础设施投资在交通、能源、园林绿化等项目带动下，增长 24.4%；房地产开发投资下降 7.4%。分产业看，三大产业完成投资增速分别为 -3.9%、24.6% 和 4.2%，其中，租赁和商务服务业、信息服务业、交通运输、仓储和邮政业、水利、环境和公共设施管理业投资增速较高，投资结构进一步优化。

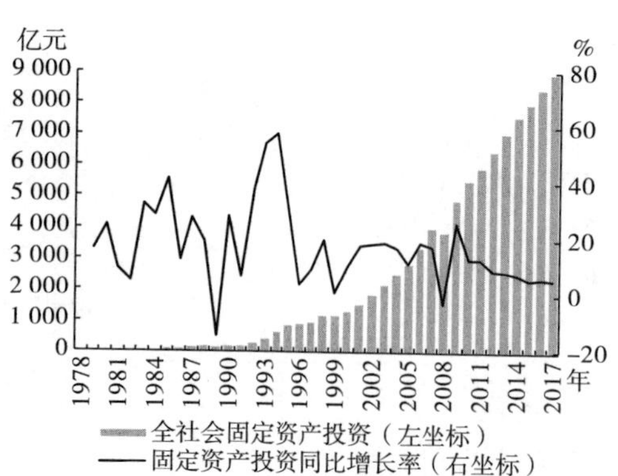

数据来源：北京市统计局。

图 7　1978～2017 年北京市固定资产投资（不含农户）及其增长率

2. 居民收入稳步增加，消费结构进一步升级

2017 年，城乡居民收入增长总体稳定，居民人均可支配收入实际增长 6.9%，高于经济增速 0.2 个百分点。市场总消费额为 23 789 亿元，比上年增长 8.5%，社会消费品零售总额为 11 575.4 亿元，同比增长 5.2%（见图 8）。从商品类别看，家用电器和音像器材类、文化办公用品类、新能源汽车零售额分别增长 18.1%、16.4% 和 15.3%。实现服务性消费额增长 11.8%，占市场总消费的 51.3%，对总消费增长的贡献率达 69.4%，成为带动消费增长的主要力量，引领首都消费转型升级。

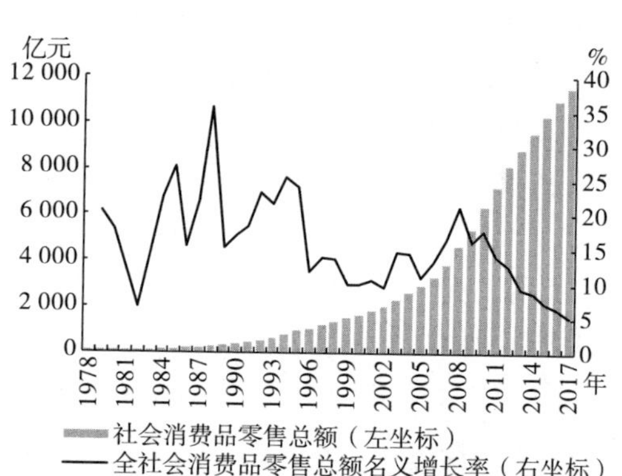

数据来源：北京市统计局。

图 8　1978～2017 年北京市社会消费品零售总额及其增长率

3. 进出口涨势平稳，利用外资居全国首位

2017 年，北京地区进出口总值 3 237.2亿美元，同比增长 14.6%。其中，出口 585 亿美元，同比增长 12.5%；进口 2 652.2 亿美元，同比增长 15.1%（见图 9）。实际利用外资 243.3 亿美元，居全国首位，同比增长 86.7%（见图 10），其中服务业利用外资超九成。

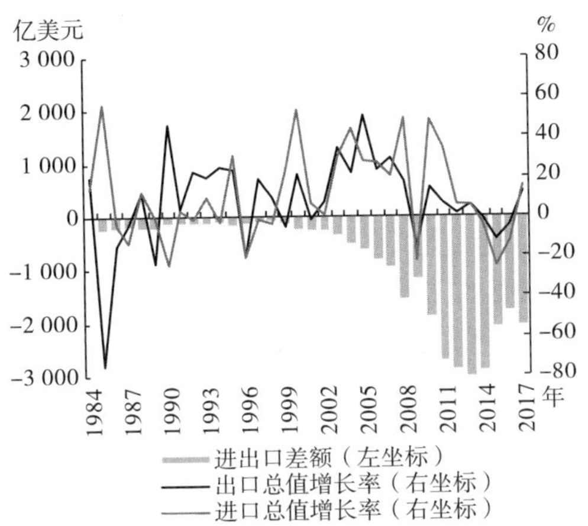

数据来源：北京市统计局。

图 9　1984～2017 年北京市外贸进出口变动情况

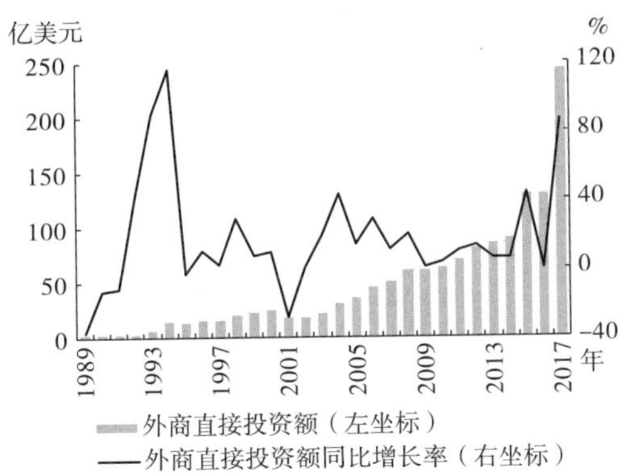

数据来源：北京市统计局。

图 10　1989～2017 年北京市外商直接投资额及其增长率

（二）推动经济加快转型，发展质量效益持续优化提升

2017 年，北京市持续促进产业结构优化升级，三次产业构成由 2016 年的 0.5∶19.2∶80.3 进一步调整为 0.4∶19.0∶80.6。

1. 农业持续转型升级，生态农业、都市农业稳步发展

2017 年，农林牧渔业总产值 308.3 亿元，同比下降 8.8%。传统农业持续收缩，粮食播种面积比上年下降 23.5%，生猪出栏数、牛奶产量、禽蛋产量分别下降 12.1%、18.1% 和 14.4%。农业生态功能增强，全市林业产值比上年增长 12.7%。休闲农业平稳发展，全年观光园实现收入同比增长 6.9%。

2. 工业生产增势稳定，效益效率不断提升

2017 年，规模以上工业增加值增长 5.6%，比上年提高 0.5 个百分点。工业新兴产业发展态势良好，对全市规模以上工业增长发挥了引领作用。其中，高技术制造业和战略性新兴产业增加值分别增长 13.6% 和 12.1%。重点行业中，医药制造业增长 18.8%，计算机、通信和其他电子设备制造业增长 10.8%，电力、热力生产和供应业增长 9.3%。规模以上工业实现利润总额 1 992.5 亿元，比上年增长 27.5%；规模以上工业企业全员劳动生产率比上年提高 3.2 万元/人。

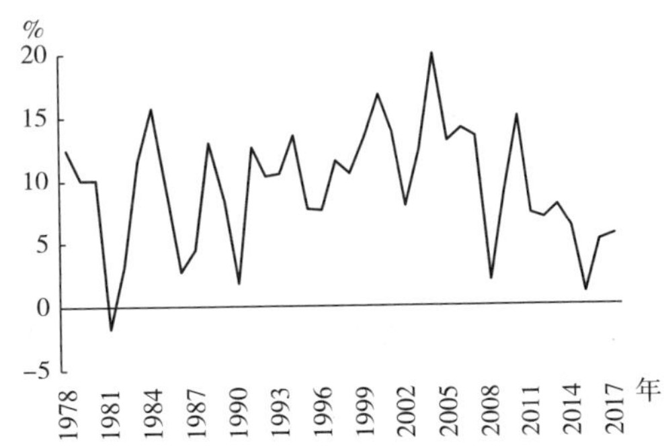

数据来源：北京市统计局。

图 11　1978～2017 年北京市规模以上工业增加值实际增长率

3. 第三产业走势平稳，优势行业发挥带动作用

2017 年，第三产业增加值增长 7.3%，比上年提高 0.3 个百分点。金融、科技服

务、信息服务等优势行业对全市经济增长的贡献率合计达53.3%。其中，金融业增长7%；科学研究和技术服务业增长10.7%；信息传输、软件和信息技术服务业增长12.6%。流通领域中，交通运输、仓储和邮政业在运输行业带动下，增长12.1%。公共服务业中，水利、环境和公共设施管理业增长12.1%，教育增长8.3%。

4. 供给侧改革加快推进，生态环境质量明显提升

疏解整治促提升专项行动有力推进，疏解提升市场和物流中心296个，关停退出一般制造业的企业651家，均为上年全年的近2倍。加快构建高精尖经济结构，出台促进新一代信息技术、集成电路、新能源智能汽车、人工智能、新材料等10个高精尖产业发展的指导意见，发布实施疏解非首都功能构建高精尖经济结构的财政支持政策。生态环境质量明显提升，生态环境保护制度更加完善，城市人居环境明显改善。森林覆盖率提高至43%，污水处理率达92%，生活垃圾资源化率达57%，中心城绿色出行比例达72%，细颗粒物年均浓度控制在58微克/立方米，完成了大气污染治理阶段性目标。

（三）价格涨幅基本稳定，工业生产者价格涨势平稳

1. 居民消费价格稳定，服务消费价格增长相对较快

2017年，全市居民消费价格总水平同比上涨1.9%，比上年提高0.5个百分点（见图12）。从八大类商品和服务项目来看，食品烟酒类价格上涨0.5%，衣着类价格下降2.2%，居住类价格上涨3.8%，生活用品及服务类价格上涨0.6%，交通和通信类价格上涨0.3%，教育文化和娱乐类价格上涨2.3%，医疗保健类价格上涨7.4%，其他用品和服务类价格上涨2.7%。

2. 工业生产价格持续恢复性上涨，涨势保持平稳

2017年，北京市工业生产者出厂和购进价格结束了2012年以来连续5年的下降态势。工业生产者出厂价格指数由2016年的下降1.9%转为上涨0.7%。工业生产者购进价格指数由2016年的下降1.5%转为上涨4.4%（见图12）。

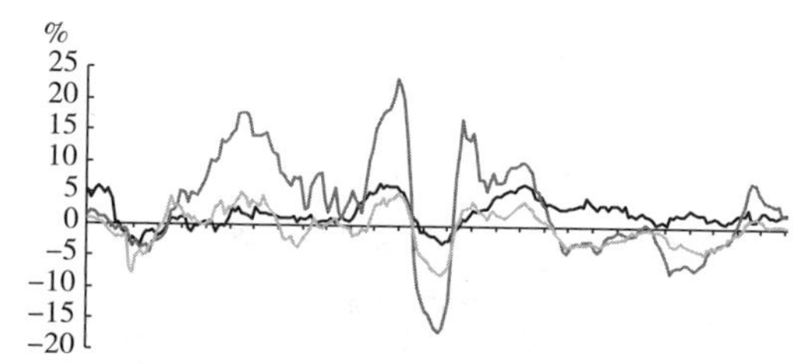

数据来源：北京市统计局。

图12　2001~2017年北京市居民消费价格指数和生产者价格指数变动趋势

3. 劳动力成本增长平稳，社会保障水平进一步提高

2017年，居民人均工资性收入35 217元，同比增长6.4%，城镇居民人均工资性收入37 883元，同比增长6.1%；农村居民人均工资性收入18 223元，同比增长9.5%。就业形势保持稳定，城镇新增就业42.2万人，城镇登记失业率为1.43%。社会保障水平进一步提高，六项社会保险待遇标准联动调整：企业退休职工基本养老金增幅为5.5%，城乡居民基础养老金、福利养老金增幅分别为19.6%和23.5%，伤残津贴增幅为7.7%，失业保险金每档增加80元，企业

最低工资标准增幅为5.8%。

4. 资源性产品价格改革继续深化，利用价格杠杆促进资源节约

完善差别电价政策，2017年7月1日起，统调燃煤发电企业标杆上网电价每千瓦时上调0.83分，燃煤发电企业含脱硫、脱硝、除尘电价的标杆上网电价调整为每千瓦时0.3598元（含税），平均销售电价每千瓦时降低1.42分。继续实施阶梯气价、阶梯水价和差别化供热价格，通过价格差异引导产业有序调整转移，促进区域协调发展。

（四）财政收入平稳增长，财政支出结构进一步优化

2017年，财政收入保持平稳增长，全市一般公共预算收入5 430.8亿元，同比增长6.8%。随着首都产业转型升级及疏解提升工作的不断深入，财政收入质量和效益持续提升。其中，六大高端产业功能区企业贡献财政收入近30%；2.2万家中关村示范区高新技术企业对全市财政收入增收贡献率达34.6%，成为财政收入增长的重要力量；全市规模以上消费性服务业、现代制造业分别实现财政收入增长6.8%和9.4%。全年一般公共预算支出为6 540.5亿元，同比增长6.2%，主要是加快教育、科学技术、节能环保等重点领域支出，推动教育、医疗等公共服务资源的均衡分布。

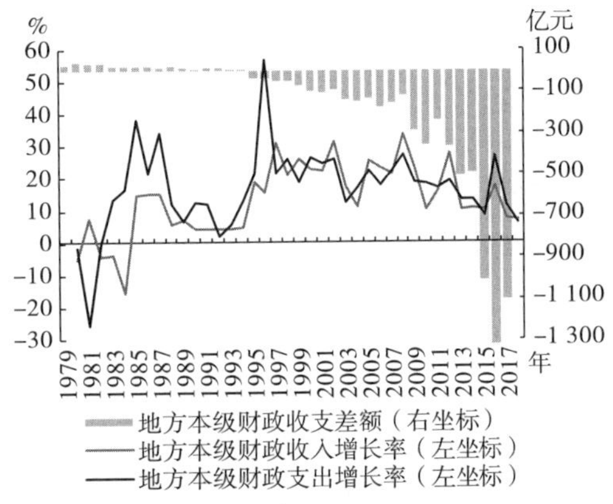

数据来源：北京市统计局。

图13　1979～2017年北京市财政收支状况

专栏2　中关村科技金融专营机构创新发展成效显著

2015年3月，中国人民银行中关村国家自主创新示范区中心支行（以下简称中关村中心支行）成立，成为国内首家在国家高新示范区成立的中国人民银行分支机构。人民银行营业管理部依托中关村中心支行搭建“科技金融专营机构监测及评估机制”，实施先行先试政策，积极推动信贷资源向中关村示范区聚集。与此同时，北京市各银行在中关村示范区加快设立科技金融专营组织机构，深入开展体制机制创新和科技金融产品创新，科技信贷实现“两增、一降、一低、一优化”。

一、中关村科技金融创新发展

（一）组织体制创新

2017年末，中关村示范区共有20家银行设立56家科技金融专营机构，比2015年末增加4家银行的9家专营机构。3家银行（中国农业银行北京市分行、中国建设银行北京市分行、北京银行）设立了中关村分行；2家银行（中国工商银行北京市分行、华夏银行北京分行）设立了中关村管理部，1家银行（中国银行北京市分行）设立了中关村中心支行。多家银行对科技金融业务组织体制作出调整。中国建设银行

中关村分行增设投资银行业务部，对科技金融部和小企业部进行整合；上海浦东发展银行北京分行设立科技金融服务中心；中国民生银行北京分行成立科技金融处；杭州银行北京分行成立科技文创金融事业部北京分部。

（二）考核机制创新

各银行持续优化专项考核激励机制，有效激发科技金融从业人员的积极性。中国工商银行北京市分行将科技金融专项考核与团队绩效结合，责任到人；中国银行北京市分行建立了高新企业贷款独立考核机制，重点奖励中小企业贷款业务；中国光大银行给予北京分行调整辖内分支机构小微企业不良容忍度的权限；招商银行北京分行建立专营团队独立考核机制，主要考核贷款规模和户数，弱化利润考核。

（三）产品与服务创新

各银行积极创新知识产权质押融资、开展“银行＋创投”合作、为科技企业提供全周期综合金融服务。中国建设银行中关村分行和华夏银行中关村管理部突破性地开展纯知识产权质押贷款业务；杭州银行北京分行与创投机构深度合作，围绕创投基金“募、投、管、退”全方位推进金融服务；中国银行北京市分行、北京银行加速投贷联动业务落地，与多家“新三板”企业、小微企业签订了选择权贷款协议。

（四）政策支持创新

政府部门针对中关村科技金融专营机构给予财政支持政策，包括债务性融资风险补贴资金、小微企业信贷风险补偿资金等。2017 年中关村示范区内 8 家科技金融专营机构获得中关村科技园区管理委员会、北京市科学技术委员会等政府部门的信用风险补贴、科技金融业务补助金等，总计 1 711.8 万元。

二、科技信贷实现“两增、一降、一低、一优化”

“两增”指科技信贷规模和户数增加。根据中关村中心支行监测的科技金融专营机构数据，2017 年末，科技金融专营机构高新技术企业贷款余额为 797.8 亿元，同比增长 15.7%；存量贷款户数为 2 276 户，同比增加 224 户；贷款余额在企业贷款中的比重为 22.2%；高新技术企业户数在企业户数中的比重达 43.9%。

“一降”指科技信贷融资成本降低。科技金融专营机构高新技术企业贷款加权平均利率低于全市中小微企业贷款加权平均利率。2017 年末，中关村高新技术企业贷款加权平均利率为 4.9%，比全市中小微企业贷款加权平均利率低 47.6 个基点。

“一低”指科技信贷不良贷款率较低。2017 年末，科技金融专营机构高新技术企业不良贷款率为 0.08%，比全市中资银行业金融机构不良贷款率低 0.29 个百分点。

“一优化”指科技信贷结构不断优化。2017 年末，科技金融专营机构高新技术企业信用贷款余额为 471.6 亿元，同比增长 26.6%，占科技金融专营机构全部贷款余额的 59.1%，从 2016 年第四季度开始占比持续超过 50%。

（五）房地产市场在从严调控后迅速降温，高新文创行业继续保持较高增速

1. 房地产市场调控效果显现

2017 年，北京市认真落实中央“房子是用来住的，不是用来炒的”相关精神，实施更加严格的住房调控政策。打出“3·17”房地产调控系列政策“组合拳”，住房交易量显著下降，房价全面回落。2017 年，商品住房签约量同比下降 45.6%，其中，新建商品住房签约量同比下降 26.5%，二手住房签约量同比下降 49.8%。2017 年末，新建商品住宅价格自 2016 年“9·30”新政后连续 15 个月环比不增长，二手住房价格指数连续 8 个月回落，降幅持续居全国首位。2017 年住房租赁平均租金同比涨幅较 2016 年回落 13.3 个百分点。

多渠道增加住房市场供给。全年住宅用地供应 1 200 公顷，比原计划增长近 1 倍，发布《共有产权住房管理暂行办法》，出台加快发展和规范管理住房租赁市场的政策措施，大力推进利用集体土地建设租赁住房试点。

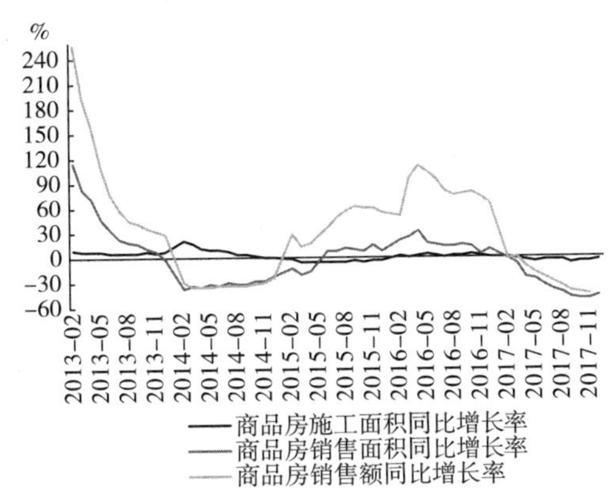

注：商品房销售额包含存量房网签金额。

数据来源：北京市统计局。

图 14 2013 ~ 2017 年北京市商品房施工和销售变动趋势

实施更加严格的差别化住房信贷政策。控总量、调结构、提利率、防风险，多项调控政策措施为全国首创或率先实施，房地产信贷过快增长势头得到有效抑制。2017 年末，个人住房贷款余额同比增长 16.5%，较上年下降 25.2 个百分点；全年个人住房贷款同比少增 1 075.7 亿元；个人住房贷款新增额占人民币各项贷款新增额的比重降至 20.2%，较上年下降 20.1 个百分点。

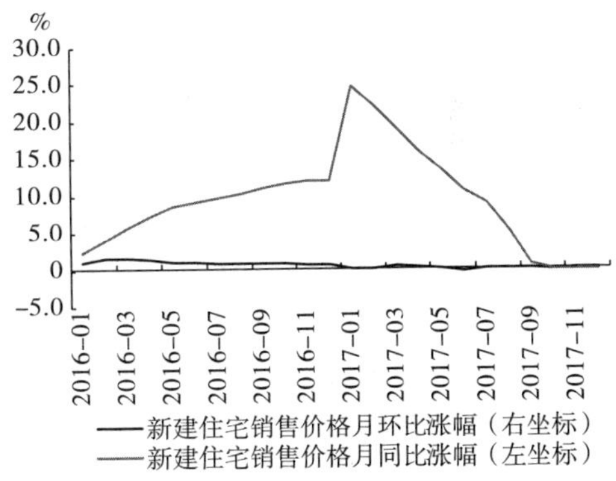

数据来源：北京市统计局。

图 15 2016 ~ 2017 年北京市新建住宅销售价格变动趋势

2. 文化创意产业稳步发展

2017 年，规模以上文化创意产业（以下简称文创产业）法人单位收入总值为 1.62 万亿元，同比增长 10.8%，实现文创产业固定资产投资 353 亿元，占地区生产总值的比重居全国首位，逐渐成为助推北京高质量发展的“新引擎”。2017 年末，上市文创企业共 21 家，占全国文创上市企业的 36.2%，市值累计达 3 000 多亿元。文化信贷持续增长助力文创产业发展。2017 年末，中资银行文创产业人民币贷款余额（不含票据融资）为 1 408.5 亿元，其中，广播电视电影、软件网络及计算机服务、新闻出版、广告会展等子行

业贷款余额同比增速分别为18%、8.4%、8.2%、8.1%。

3. 科技创新中心建设迈上新台阶，科技创新主要指标保持较快增长

2017年末，高新技术企业超过2万家，科技型企业50.3万家，国家级科技创新平台近400家，占全国国家级科技创新平台的1/3。2017年，全市科技服务业增加值为2 859.2亿元，增长率高于地区生产总值增速4个百分点。中关村自主创新示范区经济规模效益双提升。2017年，中关村自主创新示范区企业总收入突破5万亿元，增长11.1%；利润总额为4 670.8亿元，增长25.1%。创新创业生态持续优化。全年新设立科技型企业超过3万家，涌现"独角兽"企业67家，约占全国的一半，数量仅次于硅谷。天使投资和创业投资金额超过1 100亿元，案例数和投资额均占全国1/3以上。银行科技信贷持续发力。2017年末，中资银行高新技术产业人民币贷款余额（不含票据融资）为3 287亿元，同比增长8.5%。其中，国家重点支持的高新技术领域中的电子信息技术、高技术服务、航空航天技术业贷款余额同比增速分别为13.5%、11.1%、6%。

三、预测与展望

2018年是贯彻党的十九大精神的开局之年，是决胜全面建成小康社会、实施"十三五"规划承上启下的关键一年。虽然面临的内外部环境复杂，但国民经济保持稳定发展的有利条件仍然较多。预计北京市经济运行将延续稳中有进的基本态势，发展速度保持平稳，发展质量将继续提升。

从国际环境看，世界经济处于由收缩向复苏转变的关键时期，发达经济体私人部门资产负债表修复、社会信心逐渐恢复，带动全球经济复苏动能增强。但世界经济深层次结构性矛盾尚未解决，部分发达经济体金融财政政策出现调整，存在引发金融市场动荡的风险；同时，贸易保护主义愈演愈烈，地缘政治风险依然存在，世界经济复苏进程将呈现曲折往复的特点。从国内环境看，随着供给侧结构性改革持续推进，我国经济已由高速增长阶段转向高质量发展阶段，经济增长的韧性、稳定性和可持续性不断增强；货币政策总体保持稳健中性，也有利于引导现代金融更好地服务实体经济。

从自身发展看，2018年北京将继续深入落实首都城市战略定位，加强"四个中心"功能建设，提升"四个服务"水平。持续推进疏解非首都功能，打好污染防治攻坚战，有助于优化城市功能布局和提升发展质量，改善宜居环境。京津冀协同发展向纵深推进，将加快形成雄安新区与城市副中心两翼齐飞新格局，有效带动城乡和区域一体化发展。全国科技创新中心、文化中心建设为北京市加快构建高精尖经济结构、实现经济可持续发展提供新的动能。

从需求动力看，落实"一核一主一副、两轴多点一区"城市空间布局，城市副中心、新机场加快建设，冬季奥林匹克运动会、世界园艺博览会筹办工作全面展开，将对全市投资增长提供有效支撑；构建高精尖经济结构和改革优化营商环境也有助于优化投资结构和激发民间投资活力，总体来看，北京市2018年投资增速将保持平稳。消费方面，随着城乡居民基本医疗保险制度、租购并举住房制度的完善，北京市居民消费潜力将得到进一步释放；互联网发展影响深化，消费业态和方

式不断创新，网络零售消费、服务消费将保持较高增速；乡村振兴战略的实施也将进一步提升农村居民的消费需求。对外贸易方面，全面完成服务业扩大开放两轮试点任务，制定北京“一带一路”三年行动计划和金融业对外开放的具体措施，都有利于巩固外贸竞争新优势；但当前全球贸易保护主义加剧，产业竞争更加激烈，大宗商品价格震荡波动，也会在一定程度上影响对外贸易增长，预计2018年北京市进出口增速将保持平稳。

从金融运行情况看，2018年北京市金融业将进一步提高服务首都实体经济的能力和效率，加大对重点领域和薄弱环节的支持力度。国家科技金融创新中心和多层次资本市场建设将更好地满足新兴产业多元化的融资需求，增强服务实体经济的能力；金融街与丽泽金融商务区一体化发展将优化北京市金融业空间布局，提高行业发展水平；扩大金融业对外开放，吸引国际金融机构在京新设金融机构将为首都金融发展增添新动力。京津冀协同发展、全国科技创新中心和文化中心建设，以及加快构建高精尖经济结构都为金融业服务实体经济提供更广阔的空间，预计2018年全市社会融资规模有望保持合理增长，融资结构将进一步优化。

2018年，人民银行营业管理部将全面贯彻党的十九大、中央经济工作会议、全国金融工作会议精神，认真落实中国人民银行工作会议的各项部署，坚持“稳中求进”的工作总基调，把握供给侧结构性改革这条主线，认真贯彻落实稳健中性的货币政策，引导金融业提高服务实体经济的能力和效率，切实防范和化解区域性金融风险，促进首都经济金融持续健康发展。

总　纂：杨伟中　贺同宝

统　稿：魏海滨　张　丹　王丝雨

执　笔：贺　杰　邓凯宏　韩睿玺　孙　丹　苏乃芳　刘文权　张素敏　郭元淇　朱琳琳　张向军　吕潇潇　朱　睿　童怡华　周　翔　赵晓英　单　方

提供材料的还有：李海辉　周　丹　黄美娟　唐　均　张　煜　张英男　卢　朋　盖　静　陈永波　杨　兵　李天懋　杨　荻　王　丽

北京市金融稳定报告（摘编）

中国人民银行营业管理部　金融稳定分析小组

2017 年，北京市坚持“稳中求进”的工作总基调，深入推进供给侧结构性改革，围绕首都城市战略定位，加快“疏功能、稳增长、促改革、调结构、惠民生、防风险”，经济保持了稳中向好的发展态势，经济结构持续优化；银行业资产负债规模增长放缓，不良贷款实现“双降”，风险抵补能力充足；法人证券公司资产稳步增长，“新三板”挂牌公司数量稳步增长，“四板”市场融资额及成交量下降；保险业总体运行平稳，保费收入稳定增长，保险业社会服务功能进一步增强。

一、北京市经济运行情况

2017 年，北京市经济运行稳中向好，经济结构不断优化，居民收入较快增长，投资规模稳步增长，社会效益增强，消费结构持续升级，消费价格走势平稳，为全市金融平稳运行提供了良好的经济环境。

（一）经济增长稳中向好，“新经济”占比进一步提高

2017 年，北京市实现地区生产总值 28 000. 4 亿元，按可比价格计算，同比增长 6. 7%。分产业看，第一产业实现增加值 120. 5 亿元，下降 6. 2%；第二产业实现增加值 5 310. 6 亿元，增长 4. 6%；第三产业实现增加值 22 569. 3 亿元，增长 7. 3%。全年“新经济”实现增加值 9 085. 6亿元，按现价计算，增长 9. 8%，占全市经济的比重为 32. 4%。其中，高技术产业增加值 6 387. 3 亿元，增长 9. 5%；战略性新兴产业增加值 4 531. 3 亿元，增长 10. 6%。

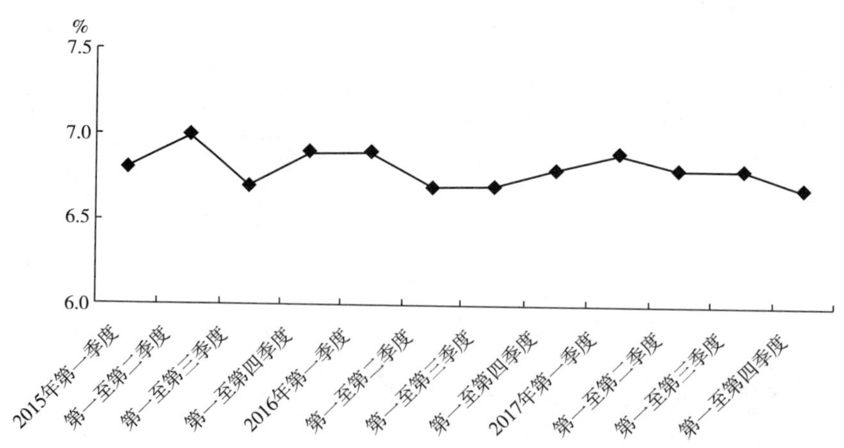

数据来源：北京市统计局。

图 1　2015 ~ 2017 年北京市地区生产总值季度累计增速

（二）产业结构进一步优化，产业转型升级加快推进

2017 年，北京市农业持续转型升级，生态农业、都市农业稳步发展。2017 年，全市继续推进农业调结构转方式，传统农业持续收缩，粮食播种面积比上年下降 23.5%，生猪出栏数、牛奶产量、禽蛋产量分别下降 12.1%、18.1% 和 14.4%。与此同时，农业的生态功能进一步加强，都市型现代农业发展稳定。全市林业产值比上年增长 12.7%；全市观光园实现总收入 29.9 亿元，增长 6.9%；农业会展及农事节庆活动接待游客 450.5 万人次，实现收入 2.5 亿元。

规模以上工业增加值同比增长 5.6%（按可比价格计算），较上年提高 0.5 个百分点，规模以上工业中的高技术制造业和战略性新兴产业增加值均实现两位数增长，对工业增长的贡献率均接近五成。其中，高端制造业增加值继续保持较高增速，显示器、汽车等传统制造业产量分别同比下降 32.1% 和 13.1%。

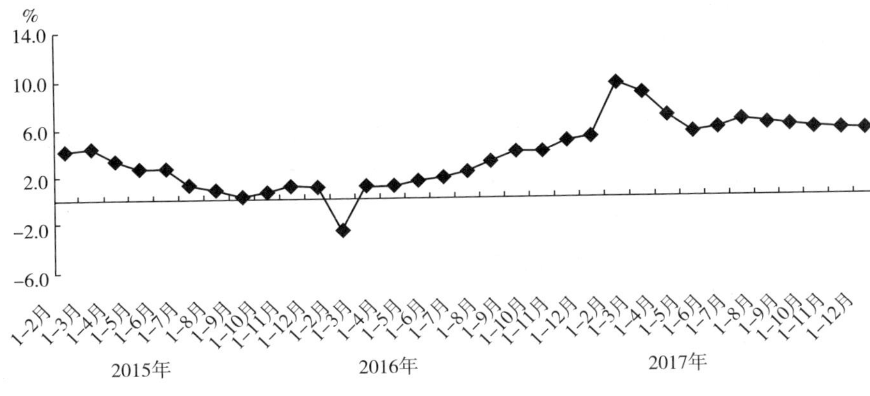

数据来源：北京市统计局。

图 2　2015～2017 年规模以上工业增加值累计增速

第三产业增加值同比增长 7.3%，增速比上年提高 0.3 个百分点，快于全市经济增速 0.6 个百分点。信息传输、软件和信息服务业、科技研究和技术服务业和金融业等优势行业对全市经济增长的贡献率合计达 53.3%，继续发挥重要支撑作用。其中，金融业实现增加值 4 634.5 亿元，增长 7.0%；科学研究和技术服务业实现增加值 2 859.2 亿元，增长 10.7%；信息传输、软件和信息技术服务业实现增加值 3 169 亿元，增长 12.6%。公共服务业增势较好，其中，水利、环境和公共设施管理业增长 12.1%，教育增长 8.3%。

（三）投资增势平稳，结构继续优化

2017 年，全市完成全社会固定资产投资 8 948.1 亿元，比上年增长 5.7%，增速低于上年 0.2 个百分点。其中，改善民生和完善城市功能的基础设施投资完成 2 984.2 亿元，同比增长 24.4%，占全社会固定资产投资的比重为 33.4%，比上年提高 5 个百分点；房地产开发投资完成 3 745.9 亿元，下降 7.4%。分产业看，第一产业完成投资 95.9 亿元，下降 3.9%；第二产业完成投资 893.8 亿元，增长 23.6%；第三产业（含房地产开发）完成投资 7 958.4 亿元，增长 4.2%，其

中，符合首都发展方向的租赁和商务服务业，信息传输、软件和信息技术服务业，旅游业投资分别增长 120%、42.8% 和23.8%。

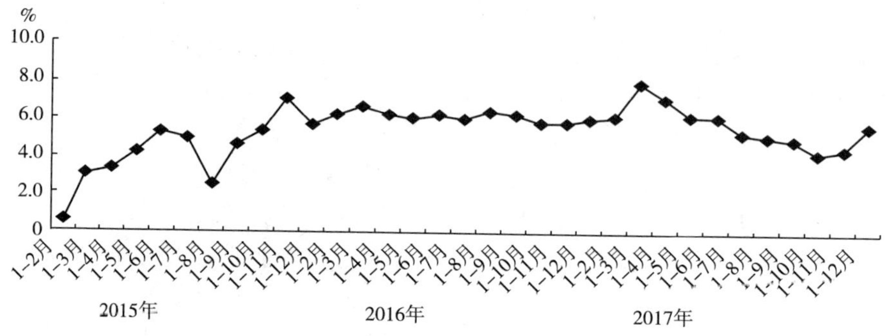

数据来源：北京市统计局。

图3　2015～2017 年北京市全社会固定资产投资累计增速

2017 年末，全市商品房施工面积 12 608.6万平方米，比上年下降 3.7%。其中，住宅施工面积 5 506.6 万平方米，下降7.1%。商品房销售面积 875 万平方米，下降 47.8%。其中，住宅销售面积 612.8 万平方米，下降 38.3%。全市保障性住房施工面积 4 277.5 万平方米，占全市新建商品房施工面积的 33.9%，比上年提高 3.7 个百分点；保障性住房销售面积 267 万平方米，占全市新建商品房销售面积的 30.5%，比上年提高 12.6 个百分点。

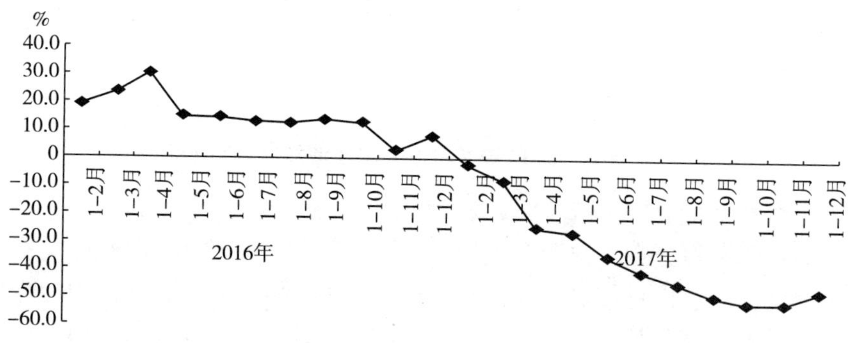

数据来源：北京市统计局。

图4　2016～2017 年北京市商品房销售面积同比增速

（四）市场消费增势较好，消费结构持续升级

2017 年，全市实现市场总消费额 23 789亿元，比上年增长 8.5%。其中，实现服务性消费额 12 213.6 亿元，增长 11.8%，占市场总消费额的 51.3%，对总消费增长的贡献率达 69.4%；实现社会消费品零售总额 11 575.4 亿元，增长 5.2%。

社会消费品零售总额中，限额以上批发零售业企业实现网上零售额 2 371.4 亿元，增长 10.9%，拉动全市零售额增长 2.1 个百分点。按消费形态分，商品零售收入 10 546.6 亿元，增长 4.9%；餐饮收入 1 028.8 亿元，增长 7.7%。从商品类别看，家用电器和音像器材类、文化办公用品类、新能源汽车零售额分别增长 18.1%、16.4% 和 15.3%。

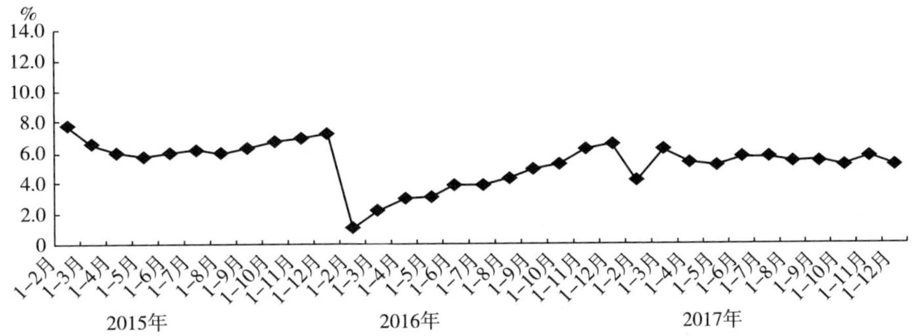

数据来源：北京市统计局。

图 5　2015 ~ 2017 年北京市社会消费品零售总额月度累计增速

（五）进出口规模继续扩大，高技术产品出口增长平稳

2017 年，北京地区（包含中央在京单位）进出口总额 21 900 亿元，同比增长 17.5%，其中，进口总额 18 000 亿元，同比增长 18.0%；出口总额 3 962.5 亿元，同比增长 15.5%。高新技术产品出口增速保持平稳，机电产品出口 1 924.1 亿元，同比增长 6.9%。

（六）消费价格温和上涨，工业生产者价格持续上涨

2017 年，全市居民消费价格比上年上涨 1.9%。其中，消费品价格持平，服务价格上涨 4.7%。八大类商品和服务项目价格“七升一降”：食品烟酒类价格上涨 0.5%，居住类价格上涨 3.8%，生活用品及服务类价格上涨 0.6%，交通和通信类价格上涨 0.3%，教育文化和娱乐类价格上涨 2.3%，医疗保健类价格上涨 7.4%，其他用品和服务类价格上涨 2.7%，衣着类价格下降 2.2%。

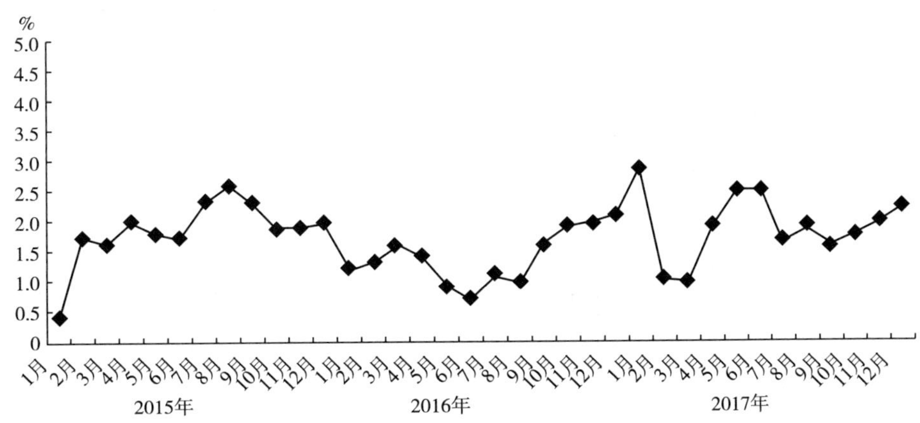

数据来源：北京市统计局。

图 6　2015 ~ 2017 年北京市月度同比 CPI 走势

2017 年，工业生产者出厂价格上涨 0.7%，较上年提高 2.6 个百分点；生产者购进价格上涨 4.4%，较上年提高 5.9 个百分点。

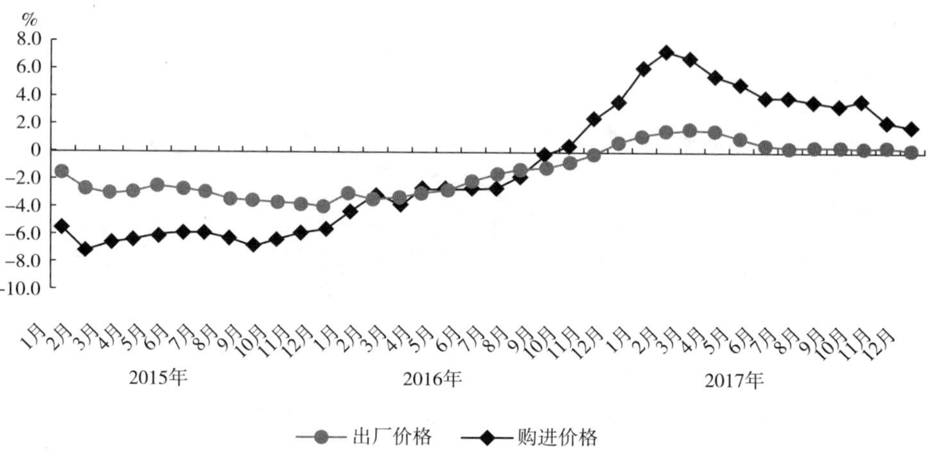

数据来源：北京市统计局。

图 7　2015～2017 年北京市工业生产者出厂、购进价格当月同比涨跌幅度

（七）居民收入较快增长，与经济增长保持同步

2017 年，全市居民人均可支配收入 5.72 万元，比上年增长 8.9%，扣除价格因素后，实际增长 6.9%。其中，城镇居民人均可支配收入 6.24 万元，增长 9.0%；农村居民人均可支配收入 2.42 万元，增长 8.7%；扣除价格因素后，城镇和农村居民收入分别实际增长 7.0% 和 6.7%。

二、北京市金融业运行状况

（一）银行业

2017 年，北京市银行业金融机构整体运行稳健，不良贷款“双降”，风险抵御能力较强，法人银行经营稳健，非银行类金融机构资产负债规模保持较快增长。银行业金融机构去杠杆、去通道、回归主业成效突出，服务实体经济力度进一步增强。

1. 资产负债[①]增速放缓，同业业务收缩

2017 年末，北京市银行业资产总额 22.20 万亿元，同比增长 2.80%，增速同比下降 7.02 个百分点；较年初增加 0.60 万亿元，同比少增 1.35 万亿元。负债总额 21.17 万亿元，同比增长 2.19%，增速同比下降 7.26 个百分点。其中，同业资产余额 2.07 万亿元，同比下降 3.07%；同业负债余额 3.11 万亿元，同比下降 15.62%。

2. 贷款[②]增速有所回升，房地产信贷调控效果显著

2017 年末，北京市银行业本外币各项贷款余额 6.96 万亿元，同比增长 9.1%，增速同比上升 0.3 个百分点；较年初增加 0.58 万亿元，同比多增 0.06 万

① 本节数据除存款、贷款指标外，均来源于中国银行业监督管理委员会北京监管局。

② 存款、贷款数据除重点支持领域新增贷款数据外，均来源于中国人民银行营业管理部调查统计数据。

亿元。其中，人民币贷款余额 6.34 万亿元，同比增长 11.9%，增速基本和上年持平；较年初增加 0.68 万亿元，同比多增 0.07 万亿元。

从行业投向来看，贷款余额前五位行业依次是交通运输仓储和邮政业、制造业、房地产业、租赁和商务服务业、电力热力燃气及水的生产和供应业，合计 3.30 万亿元，占各项贷款余额的 47.44%。新增本外币贷款 5 816.8 亿元，同比多增 636.8 亿元。新增贷款主要投向租赁和商务服务业、交通运输仓储和邮政业、房地产业、电力热力燃气及水的生产和供应业及制造业，分别增加 1 496.7 亿元、900.3 亿元、680.3 亿元、657.2 亿元和 649.4 亿元，占全部新增贷款的 75.36%[①]。

房地产贷款增速回落至调控区间，调控效果显著。2017 年末，北京市金融机构人民币房地产贷款（包括房地产开发贷款和个人购房贷款等）余额 16 333.6 亿元，同比增长 13.5%，比上年同期下降 10.6 个百分点。其中，房地产开发贷款余额 5 166.4 亿元，比年初增加 417 亿元；个人购房贷款余额 9 664.5 亿元，比年初增加 1 366.3 亿元，同比少增1 075.7 亿元，余额同比增长 16.5%，增幅比 2016 年末下降 25.2 个百分点；全年个人购房贷款新增额占人民币各项贷款新增额比重降至 20.2%，较 2016 年（40.3%）下降 20.1 个百分点。

金融对京津冀协同发展的支持力度加大。2017 年末，北京市银行业支持京津冀协同发展表内外融资余额 8 228.85 亿元，其中，支持交通一体化、产业转移升级、生态环境保护融资余额分别为 2 212.23亿元、1 198.22 亿元和 316.33 亿元，重点支持了包括北京新机场、冬季奥林匹克运动会、冬季残疾人奥林匹克运动会、北京环球主体公园等在内的项目建设。

3. 存款增速放缓，非银行金融机构存款规模下降明显

2017 年末，北京市银行业金融机构本外币各项存款余额 14.41 万亿元，同比增长 4.12%，增速同比下降 3.53 个百分点；较年初增加 0.57 万亿元，同比少增 0.41 万亿元。其中，人民币各项存款余额 13.80 万亿元，同比增长 3.92%，增速同比大幅下降 3.37 个百分点；较年初增加 0.51 万亿元，同比少增 0.39 万亿元。

从期限看，活期存款、定期及其他存款增速放缓。2017 年末，全市人民币活期存款余额 3.04 万亿元，同比增长 2.36%，增速同比降低 8.24 个百分点；人民币定期存款及其他存款余额 5.23 万亿元，同比增长 5.87%，增速同比降低 6.83 个百分点。

从主体看，非金融企业存款增速放缓，非银行金融机构存款下降明显。2017 年末，非金融企业存款余额 5.38 万亿元，同比增长 5.49%，增速较上年同期下降 10.81 个百分点；非银行金融机构存款 1.99 万亿元，同比下降 14.96%。

4. 利润增速有所提高，中间业务收入增速下降

2017 年，北京市银行业共实现利润 2 587.83亿元，同比增长 16.69%，增速同比上升 1.09 个百分点。其中，中间业

① 重点支持领域新增贷款数据来源于中国银行业监督管理委员会北京监管局。

务收入702.71亿元，同比增长0.71%，增速同比下降4.39个百分点。中间业务收入中，结算性中间业务收入、担保性中间业务收入、管理性中间业务收入、投资银行业务和银行卡收入同比增速分别为3.85%、10.48%、0.81%、-13.97%和-7.07%。

5. 不良贷款“双降”，资产质量持续向好

受大额不良贷款处置影响，2017年末，北京市银行业不良贷款余额降至317.43亿元，同比下降30.02%，不良贷款率0.37%，同比下降0.22个百分点；逾期贷款余额492.08亿元，同比下降12.68%；逾期90天以上贷款与不良贷款的比例为81.23%，同比下降23个百分点。2017年末，北京市信用风险较为突出的前三大行业分别为批发零售业、制造业和房地产业，不良贷款余额分别为109.67亿元、37.90亿元和27.03亿元。租赁和商务服务业新增不良贷款较多，同比增加14.26亿元，增长248.33%。

6. 法人银行总体经营稳健

2017年末，北京市法人银行资产负债余额分别为3.45万亿元和3.18万亿元，同比分别增长9.60%和9.03%；存款和贷款余额分别为2.04万亿元和1.43万亿元，同比分别增长8.92%和15.64%；不良贷款余额156.57亿元，同比增长5.99%；不良贷款率1.09%，同比下降0.10个百分点；拨备覆盖率297.33%，同比上升18.14个百分点，风险抵补能力较好。全年实现利润261.29亿元，同比增长5.22%。流动性比例50.73%，同比下降5.04个百分点，但各法人银行的流动性比例均高于监管要求。

7. 非银行金融机构规模持续增长

2017年末，北京市非银行金融机构资产和负债余额分别为3.78万亿元和3.18万亿元，同比分别增长18.28%和18.53%；存款和贷款余额分别为2.63万亿元和1.83万亿元，同比分别增长20.14%和19.84%；不良贷款余额34.28亿元，同比下降60.90%；不良贷款率0.19%，同比下降0.39个百分点；全年实现利润592.58亿元，同比增长20.70%。

（二）证券业

2017年，北京市证券期货行业总体经营稳健。法人证券公司资产稳步增长，基金公司管理基金资产净值提高，期货公司资本实力稳中增强；“新三板”挂牌公司数量稳步增长，各级资本市场融资额和成交量下降。

1. 法人证券公司资产稳步增长，各项监管指标良好

2017年末，北京市共有法人证券公司18家，与上年持平；证券公司资产总额8 738.05亿元，同比增长15.07%；净资本2 193.33亿元，同比增长4.02%。平均流动性覆盖率267.75%，净稳定资金比率141.73%，风险覆盖率226.93%，资本杠杆率25.22%。2017年，北京市法人证券公司营业收入442.22亿元，同比下降12.04%。

2. 基金公司管理基金净值同比增长，新发基金募集额同比减半

2017年末，总部设在北京市的基金管理公司共32家，较上年增加1家；法人基金管理公司19家，与上年持平。北京市法人基金公司管理基金625只，同比增长21.60%，管理基金年末资产净值1.74万亿元，同比增长12.27%。2017

年，北京市法人基金管理公司新发基金119只，同比下降3.41%；新发基金首次募集金额1 579.59亿元，同比下降50.63%。

3. 期货公司资产总额略有下降，资本实力稳中增强

2017年末，北京市共有法人期货公司19家，与上年同期持平；期货分支机构102家，较上年增加7家。期货公司资产总额736.37亿元，同比下降1.39%；净资本100.06亿元，同比增长0.3%。受监管政策及市场环境影响，期货市场投机性减弱，盈利额明显提高。全年期货代理交易额41.52万亿元，同比下降14.2%；利润总额13.81亿元，同比增长23.75%。

4. 上市公司数量增加，A股及公司债筹资额下降

2017年末，北京市共有上市公司306家，较上年增加25家。其中，主板公司160家、中小板公司50家、创业板公司96家。北京市上市公司总市值13.77万亿元，同比增长12.59%。2017年，北京市上市公司A股市场累计筹资额2 818.92亿元，同比下降49.59%；其中，IPO公司24家，共计募集资金127.02亿元；定向增发融资41家，共计募集资金1 286.41亿元；配股融资2家，共募集资金7.66亿元。上市公司发行公司债募集资金1 247.6亿元，同比下降19.99%。

5. “新三板”挂牌公司数量稳步增长，“四板”市场融资量显著下降

2017年末，全国中小企业股份转让系统挂牌公司总数①达11 630家，较上年增加1 467家。总市值49 404.56亿元，同比增长21.81%。北京市共有挂牌公司1 618家，占全国总数的13.91%；总市值10 039.27亿元，占全国的20.32%；共有创新层企业232家，占全国总数的17.15%；北京市挂牌公司平均市盈率36.69倍。2017年，北京市共有230家公司挂牌、85家挂牌公司摘牌；累计成交77.76亿股，成交金额434.42亿元；定向发行417家次，共募集资金276.1亿元。

2017年末，北京“四板”市场挂牌企业173家，较上年同期增加13家。受区域性股权市场不得发行私募债的新规限制，“四板”市场融资量大幅降低。2017年，四板市场实现融资17.21亿元，同比下降72.53%。

（三）保险业

2017年，北京市保险业实现原保险保费收入（以下简称保费收入）1 973.2亿元，同比增长7.3%；累计赔付支出577.7亿元，同比下降3.2%；保险深度为7.1%，同比下降0.3个百分点；保险密度为9 085.3元/人，同比增加617.5元/人。2017年末，在京设立的保险总公司共46家②，较年初增加1家，保险分公司106家，较年初增加6家。

1. 财产险公司保费收入稳步增长，主要监管指标保持稳定

2017年末，北京共有财产险分支机构47家，较上年增加5家。全年实现保费收入433.8亿元，同比增长10.7%。其中，车险业务实现保费收入272.2亿

① 数据来源：全国中小企业股份转让系统官方网站。

② 其中财产险保险总公司16家，人身险保险总公司30家，新增保险总公司为爱心人寿保险股份有限公司。

元，同比增长4.1%，增速下降3.2个百分点；非车险业务实现保费收入161.6亿元，同比增长24%，增速同比上升12.7个百分点。累计赔款支出224.8亿元，同比下降6.8%。综合赔付率61%，同比下降0.9个百分点；综合费用率36.4%，同比上升0.8个百分点。

2. 人身险公司保费收入增速显著放缓，退保率小幅上升

2017年末，北京市共有人身险分支机构59家，较上年增加1家。受监管趋严影响，人身险公司保费收入增速明显放缓。2017年，北京市人身险公司实现保费收入1 539.4亿元，同比增长6.4%，增速同比下降32.4个百分点；非保险合同业务本年新增交费① 634.5亿元，同比下降62.5%。其中，银邮渠道保费收入占比48.8%，同比下降7.1个百分点。人身险新单期交率29.9%，同比上升6.8个百分点；退保率5.6%，同比上升0.2个百分点。

3. 外资公司主体数量居全国首位，市场份额保持稳定

2017年末，在京外资保险法人机构12家②，分公司40家，外资主体数量居全国首位。全年外资保险公司实现保费收入289亿元，市场占比14.6%，同比上升0.1个百分点。其中，在京财产险公司实现保费收入17.9亿元，同比增长8.1%，市场份额为4.1%，同比下降0.1个百分点；人身险公司实现保费收入271.1亿元，同比增长8.3%，市场份额为17.6%，同比上升0.3个百分点。

4. 保险行业社会服务功能进一步增强

2017年，北京京郊政策性旅游保险、露地蔬菜气象指数保险等创新险种试点稳步推进；西城区食品安全责任保险试点工作有序开展。2017年末，安全生产责任险累计投保企业3.4万家，提供风险保障1 875亿元。新农合“共保联办”已覆盖11个区，服务163.1万名参合农民。医疗责任保险投保医疗机构1 247家次，累计处理纠纷1 126件。保险公司为“中国制造”龙头企业提供质量和责任风险保障97.7亿元，以债权投资计划形式投资市重点项目1 582.5亿元。

（四）金融基础设施

1. 支付结算基础设施保障能力不断提升

北京支付系统软硬件更新改造基本完成，中国现代化支付系统城市处理中心（CCPC）安全保障能力不断提升，大小额支付系统和网上支付跨行清算系统业务金额居全国首位。北京市电子清分服务平台实现票据影像化、跨行缴税、公共互联平台等新功能。

2. 征信体系建设不断完善

实现北京市16区个人信用报告查询服务网络全覆盖，推动全市87家机构建立征信信息安全管理体系。推进首都社会信用体系建设，配合北京市人民政府建立完善信用联合奖惩、加快推进诚信建设的制度体系。

3. 反洗钱监管效能进一步提升

实现特定非金融机构反洗钱领域重大

① “非保险合同新增交费”指人身险公司保户投资款新增交费和投连险独立账户新增交费。

② 其中，外资保险公司法人机构11家，4家法人机构直接经营业务，7家在京设立分支机构并开展业务；外资保险资产管理公司法人机构1家。

突破，在全国范围内首次将反洗钱义务主体范围扩大到房地产开发企业、房地产经纪公司等特定非金融机构，针对首例涉嫌通过房地产业洗钱的重点可疑交易报告开展反洗钱行政调查。与侦查机关建立情报会商、案件协查、线索移送等合作机制，全年共开展反洗钱调查 31 起、145 次，充分发挥反洗钱调查职能优势。加大行政处罚力度，落实义务机构和个人并罚要求，全年共处罚机构和相关责任人 300 余万元。

4. 金融消费权益保护深入推进

开展金融消费者投诉分类标准应用试点工作，为在全国推进投诉分类试点打下坚实基础。牵头开展中关村地区金融消费保护环境评估工作，开创区域性协同开展环境评估的先河。组建 200 名专家加盟的“北京地区金融消费者权益保护工作顾问暨争议调解专家库”，探索金融消费替代性纠纷解决（ADR）机制。组织开展“普及金融知识，守住‘钱袋子’”系列活动，首次进行网络直播，创新开展综合金融知识宣传。

（五）需要关注的问题

1. 银行业表内资产质量继续改善，但仍需关注信用风险、流动性风险和操作风险

2017 年，北京市银行业金融机构表内信贷资产质量持续好转，不良贷款整体实现“双降”，风险抵补能力较强。但仍需警惕信用风险。一是小微企业信用风险明显暴露。二是个别大型企业集团信用风险上升。三是发债企业债务集中清偿压力较大，违约风险较高。

与此同时，受市场流动性整体趋紧影响，北京市银行业流动性压力有所显现。一是存贷比有所上升。2017 年末，北京市银行业存贷比为 43.78%，同比上升 2.89 个百分点，法人银行存贷比为 67.96%，同比上升 4.27 个百分点。二是部分同业业务、理财业务及信托项目期限错配问题较为突出。

另外，受多种因素影响，北京市部分机构存在内控管理薄弱、合规意识不强、员工异常行为排查不到位、绩效考核机制不合理等问题，案防压力较大，操作风险及声誉风险值得高度关注。

2. 资本市场与全球市场共振性增强，市场非理性波动和股票高比例质押融资风险值得关注

一是外资可以通过“沪港通”“深港通”、合格境外机构投资者（QFII）、人民币合格境外机构投资者（RQFII）等渠道进入我国资本市场，在经济、金融预期方面产生交叉影响，与全球资本市场的联动机制增强。二是市场波动加大，个股大幅下跌易引发股票质押爆仓风险。三是“新三板”市场交易清淡、市场流动性问题、挂牌公司良莠不齐等需要关注。

3. 保险行业治理和内部控制有待完善，寿险公司流动性风险值得关注

个别保险公司股东涉嫌使用保费注资、融资出资或增加股东层级虚假增资，通过资产管理产品向关联方输送利益等问题。随着监管趋严，人身险公司保费收入增速显著放缓，中小公司转型压力较大。当前仍处于满期给付与退保高峰，若新单保费断崖式下跌，中小人身险公司现金流或将不足，存在一定的流动性风险。

4. 市场博弈形势依旧复杂，房地产市场风险需关注

一是房地产成交量大幅下降。房地产新政实施以来，北京地区房地产成交量尤

其是二手房成交量下降明显。二是商住类项目存在较大不确定性，成交量下降加大机构表内外融资风险。三是随着成交量大幅下降及房地产开发企业表内外融资渠道收窄，高杠杆房企的资金压力加大。四是银行体系资金通过个人消费贷、经营贷、信用卡透支以及置换式按揭、转按揭等形式流入房地产领域违规融资的问题需关注。

5. 债券市场风险外溢值得关注

2017 年，债券违约事件高发、市场融资能力下降。特别是，2016 年以来银行体系资金通过“同业存单—同业理财—委外”的模式流入债券市场，债券市场风险向银行体系外溢值得关注。

6. 非正规金融发展迅猛、规制不足，传染性风险和涉众风险不容忽视

近年来，P2P 网络借贷、股权众筹、现金贷、首次代币发行（ICO）、私募基金等新兴金融业态发展迅猛，由于存在监管空白、行业规制不足、涉众面广等问题，部分机构利用互联网金融名义开展非法集资、非法金融活动，违规营销、违规经营情况严重，经营失败、“跑路”等风险事件时有发生，侵犯公众利益，影响社会稳定。另外，该类机构与正规金融机构在资金托管、结算、贷款等方面的合作不断深入，非正规金融风险传染隐患加剧。

三、政策建议

（一）以非首都功能疏解和京津冀协同发展为契机，进一步促进经济转型升级

一是进一步确立以高端制造业、现代服务业及文化创意产业为核心的“高精尖”产业战略地位，通过深化供给侧结构性改革构建新经济结构，助力北京市经济转型升级。二是积极落实政策要求，大力推进非首都功能疏解工作，在加快相关产业转移至津冀的同时尽快完善相应的配套扶持政策。三是进一步加大金融对重点领域、特色产业、薄弱环节的支持力度，推动京津冀协同发展。

（二）引导银行健全完善全面风险管理体系，落实风险防控主体责任

一是银行业金融机构应切实履行风险防控主体责任。增强风险意识，牢固树立风险防控责任意识。二是健全完善全面风险管理体系，有效识别、计量、评估、监测和控制各类风险，落实责任，要特别强化操作风险和道德风险管控力度，重大违规和案件风险应严格问责。三是加强对新形势下商业银行信用风险和流动性风险管理，加强风险监测、现场评估和现场检查，摸清资金真实流向和底层资产。四是加强商业银行表外资产风险监测力度。

（三）加强市场风险监测，防范案件风险和市场流动性风险

深入分析国内外经济金融形势，高度关注债券市场违约事件、资本市场“黑天鹅”事件以及外部非正规金融风险传播。进一步完善金融市场基础设施建设，加强对跨市场、跨区域、跨业务等交叉性金融业务的监督管理，加强对市场杠杆资金的监测。

（四）进一步规范保险市场秩序，促进人身险公司转型

保持对虚假宣传、违规出资、向关联企业输送利益等行为的强监管态势，进一步规范保险市场秩序，监督保险公司提高内部治理水平。继续完善以偿付能力为核心的监管体系，针对行业存在的问题，从严加强资本约束。汲取国际保险行业发展经验，发展完善金融市场，促进人身险公司转型。

（五）补齐非正规金融领域监管短板，加强投资者教育

加快完善非正规金融的规制、填补规制空白，明确监管主体、加强监管协调、补齐监管短板，按照“涉金融业务均应持牌”的原则，将涉众面广的非正规金融业务全部纳入监管。利用媒体和网络等多种渠道积极开展投资者教育，以生动案例提示投资者相关风险。

总　纂： 刘玉苓

统　稿： 项银涛　夏　楠

执　笔： 刘文权　孙伊展　张素敏　赵　起

二、市场运行

金融市场

2017 年，在稳健中性的货币政策和去杠杆、强监管政策的影响下，市场流动性相对偏紧，各金融市场交易规模呈收缩态势，市场利率总体上升。北京地区金融机构货币市场净融出资金同比下降；债券市场发行量同比小幅增长，债券投资规模平稳；人民币兑美元汇率回升，外汇市场结售汇交易增加；黄金价格横向小幅波动，黄金市场交易同比回落，实际提货量减少；票据市场总体业务规模下降。

一、货币市场交易量和净融出资金均同比下降，成交利率升势减缓

（一）信用拆借净拆出、隔夜交易减少

2017 年，北京地区金融机构[①]网上信用拆借累计成交 71.8 万亿元，同比下降 24.3%，占全国交易量的 45.5%，较 2016 年同期下降 4 个百分点（见图 1）。北京地区各类金融机构信用拆借交易量均下降，其中，成交量较大的国有商业银行[②]同比下降 28.7%，证券公司成交量下降最为显著，同比下降 56.3%。

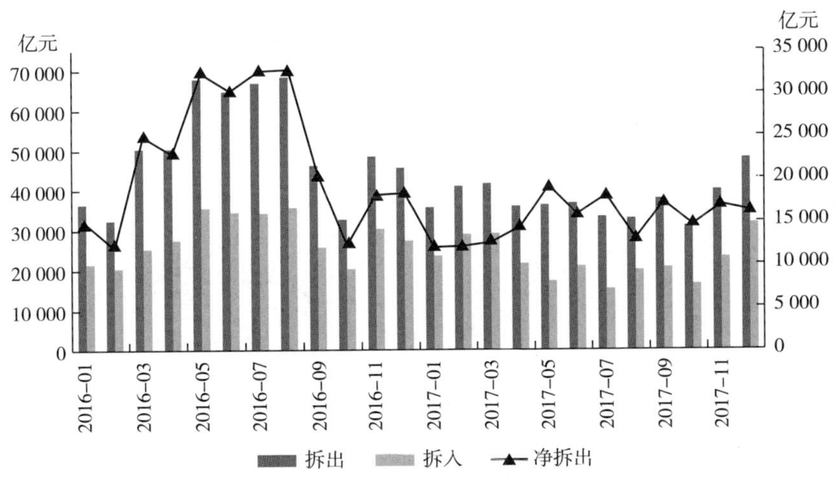

图 1　北京地区网上拆借变动趋势

① 指在北京地区的所有全国银行间同业拆借中心成员单位，包括各政策性银行、各国有商业银行在京总行、各股份制商业银行在京总行、北京银行、北京农商银行、中国邮政储蓄银行、村镇银行、各外资银行在京总行及营业机构，在京各证券公司、财务公司、基金管理公司、保险公司、信托投资公司、资产管理公司、汽车金融公司、金融租赁公司、消费金融公司等。

② 包括总行在京的中国工商银行、中国农业银行、中国银行、中国建设银行。

净拆出资金同比下降。2017年，北京地区金融机构净拆出金额累计18.2万亿元，同比下降33.1%。其中，政策性银行①同比下降较少，净拆出金额12.3万亿元，同比下降10.3%；其他银行②净拆出减少较多，净拆出金额6万亿元，同比下降57.5%。证券公司净拆入金额同比下降显著，净拆入金额1.8万亿元，同比下降56.5%（见图2）。

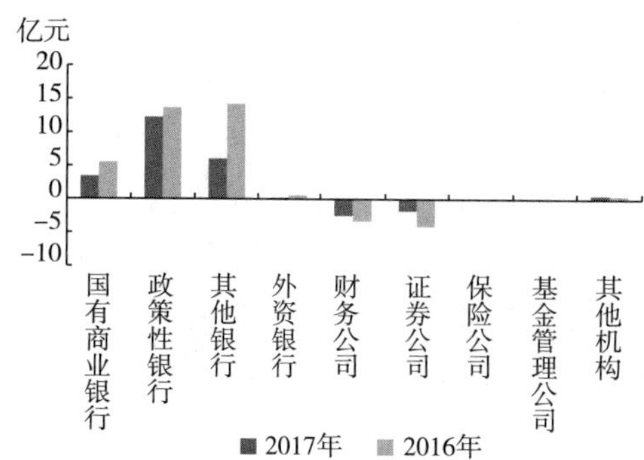

图2　北京地区网上拆借净融出资金分布

隔夜交易占比下降，其他期限交易占比均增加。2017年，隔夜拆借成交60.8万亿元，占全部交易量的84.7%，同比下降2.5个百分点；7天、14天、21天和1个月及以上期限交易占比分别为11.8%、1.8%、0.4%和1.4%，分别同比上升1.6个、0.4个、0.2个和0.3个百分点（见图3）。

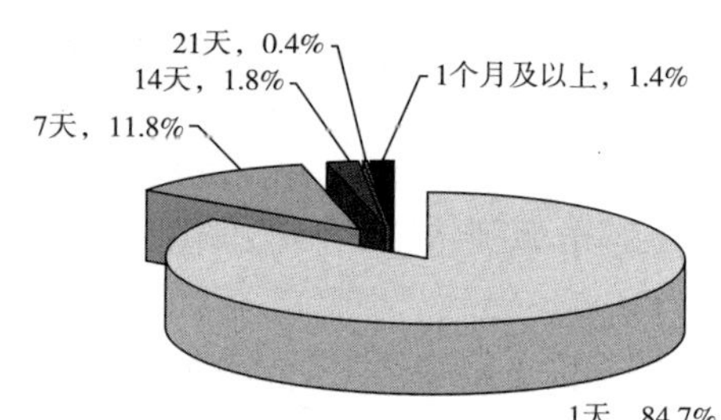

图3　2017年北京地区网上拆借期限分布

（二）债券回购净融出资金同比下降

债券回购成交量同比下降。2017年，北京地区金融机构③债券回购成交404.5万亿元，同比下降11.5%（见图4），成

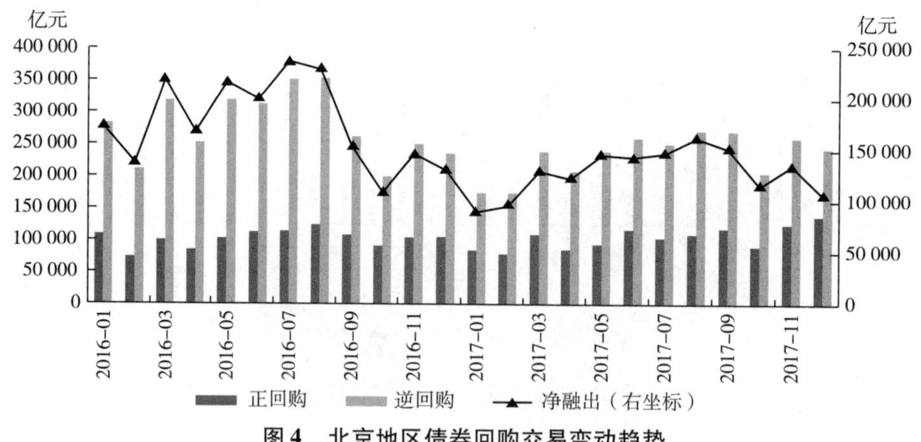

图4　北京地区债券回购交易变动趋势

---

① 包括国家开发银行、中国进出口银行、中国农业发展银行。

② 包括中信银行、中国光大银行、中国民生银行、中国邮政储蓄银行、华夏银行、北京银行、北京农商银行。

③ 指在北京地区的所有银行间债券市场参与者，包括各类金融机构和非法人投资产品。金融机构包括各政策性银行、各国有商业银行在京总行、各股份制商业银行在京总行、北京银行、北京农商银行、中国邮政储蓄银行、各村镇银行、各外资银行在京总行及营业机构，在京各证券公司、财务公司、基金管理公司、保险公司、信托投资公司、资产管理公司、汽车金融公司、金融租赁公司、消费金融公司、期货公司等；非法人投资产品包括各类在中国外汇交易中心和全国银行间同业拆借中心进行准入备案并加入全国银行间债券交易系统进行债券交易的非法人投资产品。

交量占全国交易量的32.8%，较2016年同期下降5.2个百分点。其中，质押式回购成交397.5万亿元，同比下降11.3%。

银行类金融机构净融出资金持续下降。2017年，北京地区金融机构债券回购净融出资金154.9万亿元，同比下降27%。银行类金融机构是主要资金融出机构，净融出资金量均下降，其中，其他银行降幅最大，净融出23万亿元，同比下降44.6%，政策性银行净融出占比最高，净融出107.6万亿元，同比下降21.6%。净融入金融机构中，其他机构①净融入资金最多，金额为29.7万亿元，同比下降2.5%；证券公司净融入资金增加，金额为4.3万亿元，同比增长10%；财务公司净融入资金大幅减少，金额为8 797亿元，同比下降73.2%（见图5）。

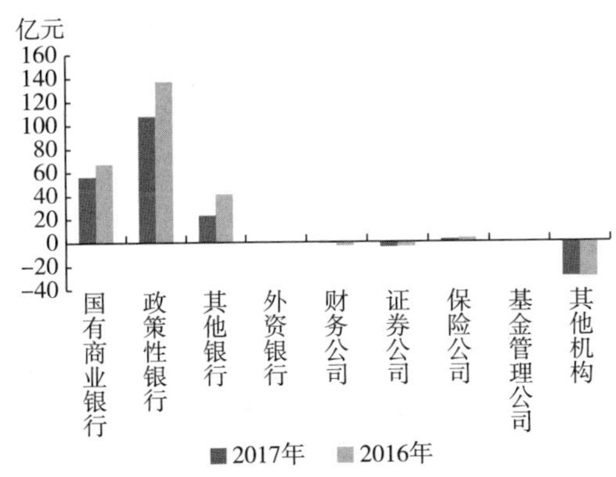

图5　北京地区债券回购净融出资金分布

隔夜交易占比大幅下降，7天、14天期限交易显著增加。2017年，隔夜回购成交312.2万亿元，占全部交易量的77.2%，同比下降8.2个百分点；7天、14天期限交易占比分别上升4.84个和2.25个百分点（见图6）。

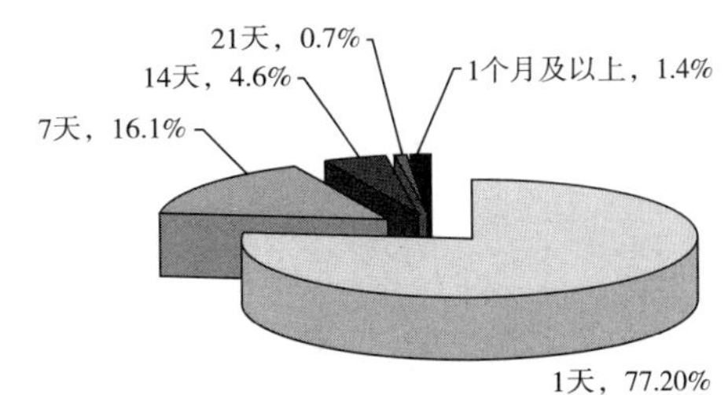

图6　2017年北京地区债券回购期限结构分布

（三）货币市场交易利率总体上升

从交易品种看，信用拆借、质押式回购和买断式回购加权平均交易利率分别为2.7514%、2.8919%和3.179%，同比上升58.65个、73.39个和75.15个基点，分别比2017年第三季度升幅减少14.74个、12.47个和15.49个基点（见图7、图8）。从期限看，隔夜利率升幅最小，14天和21天期限利率上升相对较大，拆借、质押式回购隔夜利率分别同比上涨53.26个和61.65个基点，比2017年第三季度同比升幅减少15.72个和13.32个基点；拆借和质押式回购14天利率同比

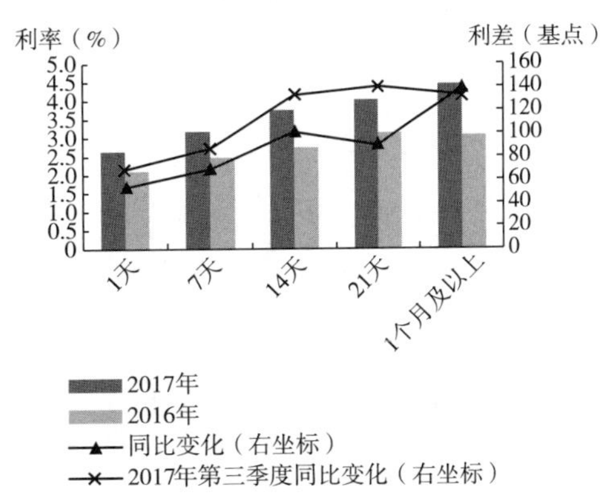

图7　2017年信用拆借各期限成交利率及同比变化

① 包括资产管理公司、金融租赁公司、信托投资公司、期货公司及各类非法人投资产品。

上涨 101.07 个和 109.81 个基点，比 2017 年第三季度同比升幅减少 31.73 个和 37.78 个基点（见图 7、图 8）。

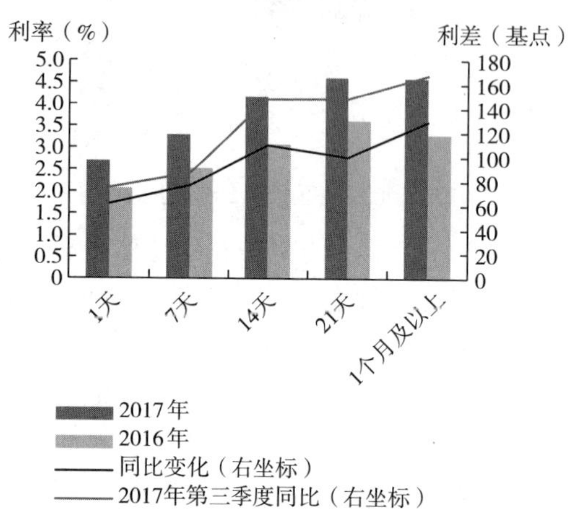

图 8 2017 年质押式回购各期限成交利率及同比变化

二、债券市场债券投资规模平稳，信用债净融资同比小幅增长

（一）现券成交量同比小幅下降，债券到期收益率快速上行

现券交易保持逐月增长态势，11 月和 12 月保持全年成交量最高值。2017 年，北京地区现券买卖成交 35.9 万亿元，同比下降 2.6%（见图 9），现券买卖成交量占全国交易量的 17.5%，同比上升 3 个百分点。国有商业银行、其他银行、证券公司和其他机构交易相对集中，分别成交 10.8 万亿元、8.3 万亿元、5.5 万亿元和 8.2 万亿元，国有商业银行同比增长 33.5%，其他银行、证券公司和其他机构则分别同比下降 23.7%、14.2% 和 2.3%。现券交易品种中，同业存单成交量最大，成交 13.4 万亿元，占比 37.3%，成交同比增长 60%；按成交量排序依次为政策性金融债（成交 9.7 万亿元，占比 26.9%）、国债（成交 4.7 万亿元，占比 13%）、中期票据（成交 2.9 万亿元，占比 8.2%）。非金融企业信用债交易持续减少，成交金额 7.1 万亿元，同比下降 37.4%，其中，超短期融资券和中期票据是非金融企业信用债的主要品种，成交量分别同比下降 29.7% 和 37.7%。

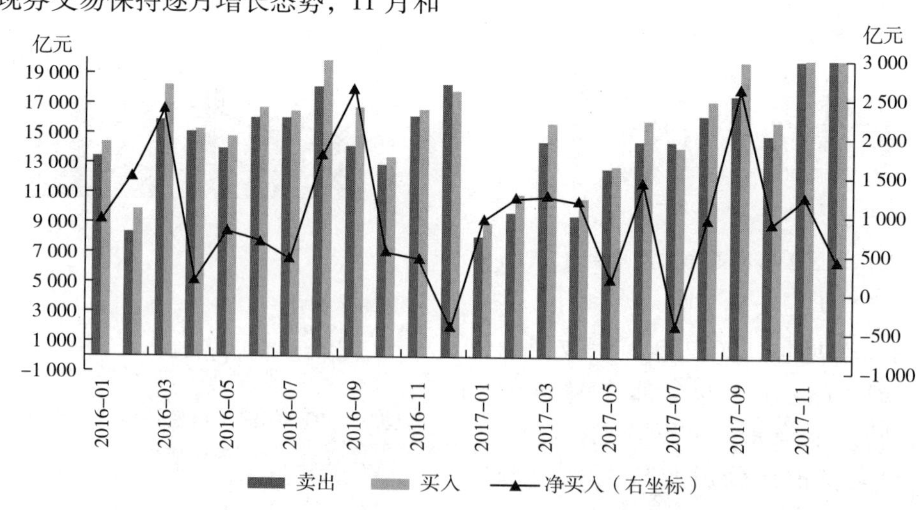

图 9 2016～2017 年北京地区现券交易变动趋势

债券投资规模与上年基本持平。2017 年，北京地区现券净买入 1.2 万亿元，同比增长 0.8%。从机构类型看，净买入债券集中在政策性银行、其他机构，分别为

6 009 亿元和 1 万亿元，分别同比下降 21.6% 和 16.9%；保险公司净买入大幅增加，净买入 3 802.8 亿元，同比增长 140.8%。净卖出债券机构主要集中在国有商业银行和其他银行，分别为 5 099.5 亿元和 2 406.6 亿元，国有商业银行同比下降 37.7%，其他银行则同比增长 313.3%。从债券品种看，债券投资增加集中在同业存单、超短期融资券、中期票据，净买入分别为 9 675.8 亿元、2 403 亿元和 1 372.5 亿元，其中，同业存单、中期票据同比增长 86.4% 和 62%，超短期融资券则同比下降 38%；债券投资减少主要集中在国债、政策性金融债、地方政府债，净卖出分别为 791.8 亿元、1141.2 亿元和 572.5 亿元，分别同比下降 178%、177% 和 63.6%。

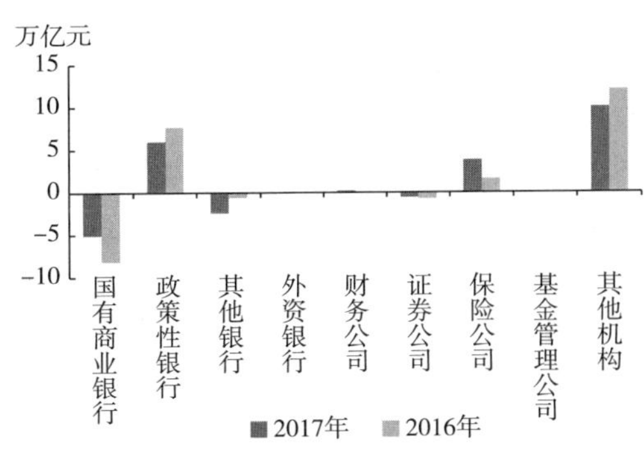

图 10　北京地区各金融机构净买入债券分布

债券到期收益率显著上升。2017 年，债券各品种加权平均到期收益率为 4.3697%，同比上升 92.05 个基点，政策性银行、保险公司、其他机构债券投资增加，平均到期收益率升幅较大，分别上升 138.5 个、111.72 个和 105.94 个基点；从债券品种看，投资增加较多的同业存单、超短期融资券和中期票据加权平均到期收益率分别为 4.4502%、4.5954% 和 5.5517%，同比上升 136.66 个、96.51 个和 56.32 个基点。

（二）债券发行利率整体上升，信用债净融资小幅增长

2017 年，各类债券发行利率整体上升，并呈现以下特点：

一是非金融企业债务融资工具发行利率上行尤为显著，3 年期国债、中期票据和公司债发行利率分别同比上行 65.96 个、164.75 个和 216.61 个基点。二是期限利差缩小，国债 1 年期与 10 年期招标利差从 2016 年的 61.58 个基点缩小至 2017 年的 25.54 个基点。三是信用利差扩大，3 年期国债与同期限中票 3A 级利差从 2016 年的 47.94 个基点扩大至 2017 年的 146.72 个基点。

表 1　主要债券品种发行平均利率

债券品种	2017 年（%）	同比变化（基点）	2017 年第三季度同比变化（基点）
国债 3 年期	3.5574	65.96	89.10
中期票据（3 年期 3A 级）	5.0247	164.75	158.10
公司债（3 年期 3A 级）	5.2529	216.61	232.71

债券发行和净融资规模保持小幅增长。北京地区债券发行从下半年恢复增长，第四季度在市场利率回落的影响下，债券发行量继续扩大，金融机构债券发行增量较大，非金融企业债券融资规模进一步萎缩。2017 年，北京地区信用债累计发行 6.3 万亿元，同比增长 7.9%，比 2017 年前三季度（2017 年上半年增速 0.6%、第三季度 4%）显著提高；北京地区信用债券偿还金额为 6 153.7 亿元，同比增长 28.4%；北京地区信用债券净融资金额为 5.68 万亿元，同比增长

6.1%。同业存单、商业银行债、商业银行次级债和资产支持证券等品种发行量增长较多，分别发行3.75万亿元、1 820亿元、3 080亿元和4 027亿元，分别同比增长29.2%、102%、413%和44.4%。非金融企业债务融资工具发行及净融资量均大幅减少，2017年，非金融企业债务融资工具发行1.86万亿元，同比下降46.3%；净融资1.75万亿元，同比下降45.5%。

三、银行间外汇市场交易稳定增长

（一）结售汇交易同比增长，净结汇同比下降

受美元走弱、国内经济稳定及跨境资本流动管理趋严等多种因素影响，人民币兑美元汇率升值，结售汇交易增长。2017年，银行间外汇市场结售汇成交折合19.64万亿美元，同比增长23.2%。结售汇交易呈现以下特点：一是人民币兑美元结售汇占结售汇交易总量的98.6%，全年人民币兑美元累计成交折合19.4万亿美元，同比增长23%；二是外汇掉期交易增量较大，外汇掉期是结售汇中占比最大的业务品种，累计成交折合12.73万亿美元，同比增长32.4%；三是中资银行结售汇交易量均增长，国有商业银行成交量居各类机构之首，累计成交折合9.3万亿美元，同比增长18%，政策性银行、其他银行增速较快，累计成交折合3.2万亿美元和5.7万亿美元，分别同比增长36%和37%。

人民币兑美元升值及跨境资本流动管理加强，银行代客结售汇差额收窄，净结汇量同比小幅下降。2017年，净结汇折合6 329.7亿美元，同比下降3%。从结售汇币种看，人民币兑美元净结汇降幅较大，净结汇折合6 040.5亿美元，同比下降5%；从交易品种看，即期结售汇净结汇降幅较大，即期交易净结汇折合826.2亿美元，同比下降71%；从交易机构看，其他银行净结汇转为净售汇折合2 477.5亿美元，2016年同期为净结汇折合2 144.9亿美元。

（二）外币对交易同比下降

2017年，外币对累计成交折合771.4亿美元，同比下降14%。从机构类型看，外币对交易主要集中在国有商业银行，累计成交折合558.9亿美元，占比72.5%；从交易品种看，即期交易占比较大（占比57%），即期交易累计成交折合438.2亿美元，同比下降21.4%；从交易币种看，相对集中在欧元/美元、美元/港元及美元/日元交易，其中，欧元/美元、美元/日元累计成交折合290.7亿美元和127.64亿美元，分别同比下降3.1%和40%；美元/港元累计成交折合235.6亿美元，同比增长39%。

四、黄金价格小幅波动，黄金交易有所回落

（一）黄金市场场内交易量减少

2017年，黄金价格呈“M”形走势，上海黄金交易所现货金价主力合约品种Au9999年初开盘价264.04元/克，12月29日收于273元/克，上升3.4%；年内Au9999最高价格为300元/克，最低为258元/克，振幅为16.3%，同比振幅缩小49.3个百分点。

黄金交易量和实际提货量均小幅下降。2017年，北京地区上海黄金交易所会员黄金买卖累计成交1.8万吨，同比下降5.1%。其中，黄金买入成交9 265吨，同比下降6%；卖出成交8 800吨，同比下降4.2%；自营交易成交1.48万吨，同比下降2.7%；代理交易成交3 257吨，

同比下降 14.7%；实际提货量 540 吨，同比下降 1.6%。

辖区内银行分支机构的上海黄金交易所黄金交易量同比下降 17.5%。2017 年，辖区内银行分支机构的上海黄金交易所黄金成交量 428.1 吨，成交金额 1 176.4 亿元，同比分别下降 20.5% 和 17.5%，其中，代理业务是上海黄金交易所会员参与的主要业务品种（交易金额占比 96.4%），成交量下降，成交金额 1 133.5 亿元，同比下降 17.6%，代理业务中的对公延期和个人现货业务成交大幅减少，成交金额分别为 114.1 亿元和 11.9 亿元，同比分别下降 45% 和 91%；自营交易则同比增长，成交金额 24.5 亿元，同比增长 35%。

（二）场外交易保持平稳

北京地区 29 家金融机构开展 24 项黄金业务，其中有 2 家地方法人银行。场外黄金交易主要集中在账户黄金、黄金租赁、实物黄金（包括自营和代理品牌金、黄金积存、定投）、黄金拆借、黄金远期等业务。受价格波动及企业用金需求影响，各业务涨跌各异，场外交易整体业务量与 2016 年基本持平。2017 年，辖内金融机构开展场外黄金业务累计成交金额 1 288.6亿元，同比增长 0.4%。其中，黄金租赁和黄金远期业务保持增长，成交金额分别为 586.5 亿元和 78.2 亿元，占境内各项黄金交易的 46% 和 6%，交易金额同比增长 19% 和 138%。账户黄金、实物黄金及黄金拆借均下降，成交金额分别为 442.8 亿元、58.8 亿元和 107.6 亿元，分别同比下降 10%、28.7% 和 39%。

五、票据市场总体业务规模下降

2017 年，辖区内金融机构银行承兑汇票承兑和贴现较为平稳，票据转贴现逐月减少，票据利率由快速上升转入小幅回落，第四季度再度上扬。运行特点如下。

（一）票据业务总体规模下降

2017 年末，北京地区法人金融机构[①]票据承兑、贴现、买断式转贴现（转入）及回购式转贴现的买入返售和卖出回购余额分别为 2.97 万亿元、9 945 亿元、5 350亿元、2 910 亿元和 1 333 亿元，比 2017 年 1 月末分别下降 15.8%、26.1%、56.4%、5.2% 和 18.5%。

辖区内银行分支机构票据承兑、贴现、买断式转贴现（转入）及回购式转贴现的买入返售和卖出回购余额分别为 2 901.5亿元、551.6 亿元、592.6 亿元、83.4 亿元和 165.6 亿元，与 1 月末相比分别变动 −3%、7%、−20%、19% 和 −31%。

（二）票据业务以商业银行为参与主体，财务公司业务规模增长较快

2017 年 12 月，五大行[②]以贴现和回购式转贴现业务为主，在票据承兑、贴现、买断式转贴现（转入）、回购式转贴现和再贴现发生额中占比分别为 43%、70%、45%、83% 和 36.4%；股份制商业银行和城市商业银行[③]以承兑、买断式转贴现业务为主，再贴现占比较高，在上述各项业务发生额中占比分别为 50%、

① 包括国家开发银行、中国农业发展银行、中国进出口银行、中国工商银行、中国农业银行、中国银行、中国建设银行、中国邮政储蓄银行、中信银行、中国光大银行、中国民生银行、华夏银行、北京银行、北京农商银行、昆仑银行，各外资法人银行，各村镇银行，各财务公司。

② 指中国工商银行、中国农业银行、中国银行、中国建设银行、中国邮政储蓄银行。

③ 指中信银行、中国光大银行、中国民生银行、中国华夏银行、北京银行、昆仑银行。

23%、47%、14%和57%；财务公司在上述业务发生额中占比分别为5.7%、4.7%、0.3%、0和5.2%，均比年初明显提高。政策性银行①、外资法人银行、农村金融机构②等票据业务量较小，各项业务占比不足1%，且变化不大。

（三）票据电子化程度显著提高

2017年末，票据承兑、贴现及买断式转贴现、回购式转贴现、再贴现余额中电子票据占比分别为52.5%、97.1%、98.5%和98.7%。电子票据业务发生额占比大幅提升，票据承兑中电子票据占比从年初的49%提高到年末的66%，贴现从76%提高到96%，买断式转贴现提高至99%，再贴现从年初的42%提高到年末的99.6%。

（单方）

票据市场

2017年，中国人民银行营业管理部（以下简称人民银行营业管理部）继续发挥再贴现优化信贷结构的积极作用，引导金融机构降低票据融资成本，持续加强票据市场监测与分析。总体来看，北京地区票据市场运行平稳，再贴现支农、支小、支持高新技术企业发展效果明显，银行承兑汇票签发量略有下降，票据贴现规模大幅回落，回购式转贴现交易规模大幅增长，票据市场利率稳步上行。

一、再贴现政策效果明显

2017年，人民银行营业管理部通过再贴现加大对小微、涉农、高新技术、绿色票据等企业的资金支持，引导金融机构降低贴现利率成本，支持金融机构使用电子票据，促进再贴现业务持续稳健发展。全年共有39家金融机构办理再贴现。其中，商业银行14家，财务公司25家。再贴现金额合计199.29亿元，同比增加21.97亿元，增长12.39%，涉及票据5 573张。12月末，再贴现余额64.54亿元。总体来看，再贴现业务呈现以下特征。

一是中小金融机构是再贴现的主力军。申请办理再贴现的主要为中小金融机构，包括北京农商银行、股份制商业银行、城市商业银行、财务公司等。中小金融机构资金面相对紧张，资金成本较高，再贴现资金吸引力仍然较大，成为其调节流动性和信贷结构的重要手段，再贴现需求稳定增长。

二是商业承兑汇票再贴现规模接近四成。2017年，商业承兑汇票累计再贴现金额75.78亿元，占比38.3%。商业承兑汇票再贴现机构主要为财务公司，由于商业承兑汇票风险相对较高，市场接受程度较差，通过再贴现可以解决财务公司持有的商业承兑汇票不易转让的问题，加大了财务公司对成员企业的信贷支持力度。

① 指国家开发银行、中国农业发展银行、中国进出口银行。

② 指北京农商银行、各村镇银行。

三是电子票据占比超过八成。2017年，人民银行营业管理部累计办理电子票据再贴现160.81亿元，占比80.69%。随着上海票据交易所系统的推广，电子票据的使用不断增加，电子票据再贴现规模也明显增长。7月以来，人民银行营业管理部累计办理纸质票据再贴现仅有5.27亿元。

四是再贴现优化信贷结构效果明显。2017年，人民银行营业管理部为小微、涉农、高新技术、文化创意企业办理再贴现148.62亿元，占比74.57%。平均单张票据票面金额约为357万元，再贴现支持首都薄弱环节发展和产业结构调整作用不断显现。办理绿色票据再贴现1笔，金额为1 882万元。

五是再贴现降低企业融资成本效果显现。人民银行营业管理部充分发挥再贴现低利率优势，引导金融机构降低贴现利率水平，缓解企业融资贵问题。全年办理再贴现票据的贴现平均利率低于金融机构同期同档次全部贴现利率约0.15个百分点，有效降低了企业票据融资成本。

二、票据市场运行平稳

一是银行承兑汇票签发量略有下降。2017年，北京辖内金融机构累计签发银行承兑汇票6 183.2亿元，同比下降4%。12月末，银行承兑汇票余额3 325.95亿元，同比下降2.5%。

二是票据贴现额大幅下滑。2017年，北京地区金融机构累计办理贴现24 516.38亿元，同比下降73.68%。12月末，票据贴现余额1 730.89亿元，同比下降18.61%。

从贴现结构来看，买断式回购是金融机构贴现的主导方式。12月末，金融机构买断式转入票据余额为912.4亿元，在全部贴现余额中占比52.7%；从发生额看，2017年，金融机构买断式转入票据14 608.98亿元，占全部贴现发生额的59.6%。由于买断式转贴现在统计上计入贷款统计范围，成为金融机构调节贷款规模的重要工具，是金融机构票据交易的主要方式。

三是回购式转贴现余额大幅增长。2017年，北京地区金融机构回购式转贴现累计发生1 884.13亿元，同比增长51.8%。12月末，回购式转贴现票据余额87.4亿元，同比增长49.9%。2017年，市场资金较为紧张，票据市场利率明显走高，票据利差空间收窄，转贴现交投清淡，导致金融机构票据转贴现规模明显下降。

四是商业承兑汇票贴现量保持平稳。2017年，北京地区金融机构累计办理商业承兑汇票贴现778.85亿元，同比增长2.5%，占全部贴现规模的3.18%。12月末，商业承兑汇票贴现余额为135.87亿元，占比7.85%。

三、票据市场利率震荡上扬

2017年，受金融市场流动性影响，北京地区金融机构票据贴现利率震荡走高，银行承兑汇票贴现加权平均利率由年初的3.13%上升到年末的5.15%，提高了2.02个百分点。买断式转贴现加权平均利率由年初的3.01%上升到年末的4.53%，上升了1.52个百分点。

四、值得关注的问题

票据贴现利率不断走高加大了实体经济融资成本。2017年，北京地区票据市场贴现利率呈逐步走高态势，银行承兑汇票平均贴现利率为4.71%，同比提高1.48个百分点，2017年的最低利率高出2016年的最高利率2个基点。目前，票

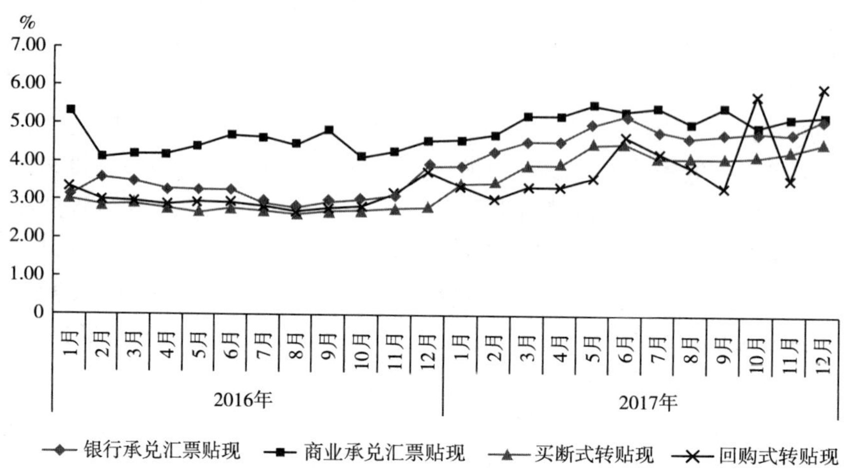

图1　2016年1月至2017年12月北京市票据市场利率走势

据已成为中小企业的重要融资工具，票据市场利率的不断抬升会加大中小企业的融资成本，不利于中小企业的健康发展。

（朱睿）

证券市场

一、证券市场总体运行情况

2017年末，上证指数收于3 307.17点，全年上涨203.53点，涨幅6.56%；深成指数收于11 040.45点，全年上涨863.31点，涨幅8.48%；沪深300指数收于4 030.86点，全年上涨720.78点，涨幅21.78%；创业板指数报收1 752.65点，下跌209.41点，跌幅10.67%。

2017年末，证券行业总资产规模6.14万亿元，较年初增长6.03%；净资产规模1.85万亿元，较年初增长12.35%；净资本1.58万亿元，客户交易结算资金余额（含信用交易资金）1.06万亿元，指定与托管证券市值40.33万亿元，资产管理业务受托资金总额17.26万亿元。

2017年，131家证券公司实现营业收入3 113.28亿元。其中，代理买卖证券业务净收入（含席位租赁）820.92亿元，证券承销与保荐业务净收入384.24亿元，财务顾问业务净收入125.37亿元，投资咨询业务净收入33.96亿元，资产管理业务净收入310.21亿元，证券投资收益（含公允价值变动）860.98亿元，利息净收入348.09亿元。全年实现净利润1 129.95亿元，126家公司实现盈利。

二、北京辖区证券市场总体情况

（一）北京辖区市场概况

2017年，北京辖区证券市场继续保持稳健发展态势，实现安全平稳运行。截至年末，北京辖区有证券公司18家、分公司82家、营业部473家。

北京辖区 18 家证券公司资产总额 8 738.05亿元，净资产总额 2 465.19 亿元，净资本总额 2 193.33 亿元，累计净利润 143.41 亿元。

2017 年，北京辖区营业部证券交易金额 45.21 万亿元。其中，股票交易额 13.39 万亿元，基金交易额 1.07 万亿元。营业部资金账户开户数 1 191.01 万户。

（二）证券业务具体情况

2017 年，北京辖区证券公司的主要收入来源是证券经纪业务、证券自营业务、投资银行业务和资产管理业务。18 家证券公司营业收入总额为 442.22 亿元。其中，代理买卖证券业务净收入 100.59 亿元，投资收益 114.54 亿元，证券承销、保荐及财务顾问业务净收入 98.92 亿元，资产管理业务净收入 40.31 亿元。

1. 经纪业务情况

2017 年，二级市场结构分化明显，北京辖区证券公司当年 A 股证券交易金额累计 210 276.58 亿元，指定与托管证券市值 76 086.90 亿元，客户交易结算资金年末余额 1 325.15 亿元。

2017 年末，北京辖区证券公司资金账户数 2 304.14 万户。其中，个人账户 2 298.35万户，机构账户 5.80 万户。

2. 投资银行业务情况

2017 年，北京辖区证券公司共完成 77 家公司首发上市，承销金额 443.15 亿元；完成 89 家公司增发，承销金额 2 555.39亿元；完成公司债承销项目 394 个，承销金额 4 131.78 亿元。

3. 资产管理业务情况

2017 年末，北京辖区证券公司受托资金规模 20 177.05 亿元，其中公募基金管理规模 593.86 亿元，集合计划产品管理规模 1 529.49 亿元，定向资产计划管理规模 17 667.42 亿元，专项资产计划管理规模 1 294.49 亿元。

4. 两融业务情况

2017 年末，北京辖区证券公司融资融券余额 1 470.68 亿元。其中，融资金额 1 466.41 亿元，融券金额（市值）4.25 亿元。信用资金账户数量为 66.83 万户，其中机构客户数量为 0.19 万户。

（邵健）

基金行业发展情况

一、基本情况

2017 年末，北京辖区已设立公募基金管理公司 32 家，持牌开展公募业务的资产管理机构 5 家。共管理公募基金产品 1 100 只，基金资产净值合计 26 459.44 亿元，基金份额规模合计 25 314.03 亿份。其中，封闭式基金 15 只，资产净值 231.67 亿元，份额规模 219.59 亿份；年内共新发基金 259 只，募集规模合计 2 499.61亿元。母公司公募业务规模 2.65 万亿元，占全行业的 22.78%；母公司专户业务规模 2.36 万亿元，占全行业的 46.36%；子公司专户业务规模 1.62 万亿元，占全行业的 23.04%。

2017 年末，全国已登记私募基金管理人 22 446 家，已备案私募基金 66 418 只，管理基金规模 11.10 万亿元，私募基金管理人员工总人数 23.83 万人。北京辖区（注册地在北京）已登记私募基金管理人4 108家，已备案私募基金12 482只，管理基金规模2.60万亿元，私募基金管理人员工总人数4.74万人。其中，私募证券投资基金管理人1 347家，管理基金5 476只，管理规模5 737亿元；私募股权、创业投资基金管理人2 599家，管理基金5 919只，管理规模17 317亿元；其他私募投资基金管理人162家，管理基金1 087只，管理规模2 957亿元。

二、行业特点

（一）北京辖区经营机构数量稳步上升

2017年，北京辖区新增基金管理公司1家，基金管理公司分公司6家。截至年末，北京辖区共有基金公司32家，基金管理公司分公司60家。

（二）北京辖区市场规模大

2017年，北京辖区公募基金产品1 100只，较上年末增长30%，基金资产净值26 459.44亿元，较上年末增长15.56%。与全国相关数据比较，私募基金管理人家数占比18.30%，已备案私募基金只数占比118.79%，管理规模金额占比23.42%，从业人员人数占比19.89%，是私募机构最聚集、管理规模最庞大、展业行为最活跃、涉众面最广泛的地区之一。

（赵建中　贾　若）

期货市场

一、全国期货市场总体运行情况

2017年，期货行业系统认真贯彻党的十九大、中央经济工作会议、全国金融工作会议精神，坚持稳中求进，成功推出豆粕期货期权和白糖期货期权以及棉纱、苹果期货品种。截至年末，全国期货市场客户保证金3 996亿元，同比下降7.9%。全年期货市场成交61.28亿手，同比下降25.90%；成交金额375万亿元，同比下降3.8%。

二、北京辖区期货市场总体情况

2017年，北京辖区期货市场继续保持稳健发展态势，实现安全平稳运行。

1. 机构数量保持稳定，资本实力保持稳定

2017年末，北京辖区共有19家期货公司、102家分支机构，与上年相比略有增加。19家期货公司的资产总额736亿元，同比下降1.5%；净资本100亿元，与上年持平，资本实力保持稳定。

2. 客户数量增长较快，保证金规模全国占比稳中有升

2017年末，北京辖区期货公司共代理客户67万户，其中法人客户2.1万户、自然人客户64.9万户，同比分别增长5%和11.9%。共吸收客户保证金566亿元，同比下降2.9%，占全国的14.15%，占比提高5.4%。

3. 市场交易规模有所下降，手续费收入保持平稳

2017年，北京辖区期货公司代理交易量7.21亿手，同比下降32.24%；代

理交易额 41.5 万亿元，同比下降 13.54%，市场交易规模、交易金额有所降低。全年手续费收入 20.62 亿元，与去年持平。

（谢兆辉）

保险市场

2017 年，北京保险业发展稳中向好，业务发展的速度与质量更加均衡，服务经济社会的能力持续增强。

一、保费收入平稳增长

2017 年，北京地区累计实现原保险保费收入（以下简称保费收入）1 973.15 亿元，居全国第五位，同比增长 7.30%。其中，财产险业务 404.38 亿元，同比增长 9.52%；寿险业务 1 208.36 亿元，同比增长 9.69%；健康险业务 301.83 亿元，同比下降 6.61%；意外险业务 58.57 亿元，同比增长 30.43%。

二、行业实力稳步增强

2017 年末，在北京注册的保险法人机构共 71 家，保险分公司 109 家，较年初增加 6 家，专业中介法人机构 405 家[①]；行业总资产 7 769.20 亿元，较年初增加 644.71 亿元；共管理保户储金及投资款 2 009.70 亿元，较年初减少 121.65 亿元。

三、业务结构持续优化

2017 年，财产险公司非车险业务快速增长，实现保费收入 161.59 亿元，占比近四成，业务增速达 24.03%，超过行业整体增速 2 倍以上，险种结构明显改善。人身险市场加快回归本源，保障程度更高的普通寿险业务规模进一步扩大，实现保费收入 780.25 亿元，占比达 50.69%；新单期交率 29.94%，同比上升 6.76 个百分点；标准保费 10 年期及以上占比 33.62%，同比上升 10.14 个百分点。

四、风险保障能力进一步提高

2017 年，北京地区保险深度为 7.05%，保险密度为 9 085.34 元/人，发展水平全国领先。全年向全社会提供风险保障 826.72 万亿元，同比增长 2.52 倍。其中，责任保险为全社会提供各类风险保障 6.47 万亿元；政策性农业保险为 8.73 万户（次）农民的农业生产和发展提供了保险保障 254.62 亿元；寿险和长期健康险为人民群众未来的养老和健康积累准备金 5 605.79 亿元。

（王安琪）

① 其中，专业代理机构 172 家，经纪机构 182 家，公估机构 51 家。

要素市场

2017 年，北京地区共有交易场所 54 家。其中，商品类 32 家，权益类 16 家，商品兼权益类 6 家。全年要素市场交易规模达 4.97 万亿元。总体来看，北京地区要素市场在服务实体经济发展、助力首都“高精尖”产业结构形成等方面正发挥着重要作用。

北京产权交易所积极贯彻落实《企业国有资产交易监督管理办法》（国资委财政部令第 32 号）及各项国有资产交易的相关规定，围绕国有产权转让、国有企业资产转让等重要领域，实现交易额约 1 775.5亿元。国有产权转让，共成交项目 792 项，成交金额 1 063.72 亿元，同比增长 51.82%，其中央企产权项目数量和金额市场占有率分别达到 63.64% 和 66.32%。

北京环境交易所碳排放权交易试点工作成效明显，全年实现碳排放权交易 745.4 万吨，交易额约 2.34 亿元，履约期内交易量、交易额和市场活跃度位居全国 7 个试点城市前列。

北京电力交易中心落实国家能源发展战略，积极开展省间外送交易、电力直接交易和合同交易。全年，省间交易电量完成 8 650 亿千瓦时，同比增长 12%。其中，中长期合同电量 6 038 亿千瓦时，市场交易电量 2 612 亿千瓦时，减少电力用户购电费用支出 48 亿元。

（吴茜）

三、发展与监管

银行业发展与监管

▲政策性银行和国家开发银行

一、基本情况和重大变更事项

（一）基本情况

2017 年末，中国农业发展银行北京市分行（以下简称农发行北京市分行）、中国农业发展银行总行营业部（以下简称农发行总行营业部）、中国进出口银行北京分行（以下简称进出口银行北京分行）、国家开发银行北京市分行（以下简称国开行北京市分行）和国家开发银行企业局（以下简称国开行企业局）资产总额共计 20 067.97 亿元，比上年下降 5.19%；贷款余额共计 15 105.69 亿元，比上年下降 5.59%；负债总额共计 19 701.97亿元，比上年下降 6.06%；所有者权益共计 312.68 亿元，比上年增长 86.10%；累计实现利润共计 299.74 亿元，比上年增长 93.32%。

（二）重大变更事项

2017 年 1 月，进出口银行北京分行行长助理王英磊调任中国进出口银行河南省分行副行长；中国进出口银行授信管理部行业管理处处长陶红任进出口银行北京分行行长助理。

2017 年 2 月，中国进出口银行免去李昌军进出口银行北京分行行长、党委书记职务。

2017 年 3 月，中国进出口银行监察室主任龚俊调任进出口银行北京分行行长、党委书记。

2017 年 4 月，进出口银行北京分行行长助理高兵调任中国进出口银行专职评审委员。

2017 年 8 月，苏斌任国开行北京市分行副行长，原副行长马红调任国家开发银行山西分行行长。

2017 年 10 月，经国家开发银行批准，国开行企业局增设客户七处和营运处。客户七处主要负责有关行业客户的项目开发、信贷管理及客户关系维护等工作；营运处主要负责原由财会处负责的企业局业务会计核算、结算、清算等营运工作。

二、金融产品创新和金融服务

农发行总行营业部积极贯彻落实国家宏观调控政策，有效保障国家储备物资的政策性资金需求。落实国家玉米、大豆一次性储备轮入收购和对口调运等政策，全年累计投放贷款 62.2 亿元，支持企业进口大豆 164.74 万吨、采购玉米 70.2 万吨；服务政策性棉糖“去库存”战略，成交棉花 322.52 万吨、白砂糖 67.68 万吨，累计收回贷款 501.57 亿元。

农发行北京市分行积极支持京津冀协同发展和粮油储备。全年对棚户区改造、通州城市副中心建设、生态环境保护、产业转型升级 4 个京津冀协同发展重点领域新发放贷款金额合计 35.68 亿元，累计发放储备粮油和粮油购销贷款 36.08 亿元，保障政策性和市场化收购信贷资金供应。

进出口银行北京分行立足自身定位，积极支持进出口贸易、国际产能合作和高新技术企业发展。截至年末，“走出去”

项目贷款余额97.87亿元，占该行贷款余额的21.28%，比年初上升6.38个百分点。“一带一路”领域贷款余额93.67亿元，占该行贷款余额的20.38%，比年初上升3.49个百分点。全年，境内企业国际产能合作项目新签约金额13.49亿元，累计发放金额18.49亿元；支持“中国制造2025”项目新签约金额39.43亿元，累计发放金额50.01亿元，主要集中于集成电路及专用装备制造、新能源汽车等新兴行业。截至年末，国际产能合作贷款余额95.90亿元，“中国制造2025”领域贷款余额201.85亿元。

国开行北京市分行积极支持京津冀协同发展和非首都功能疏解，推动融资模式创新。全年对棚户区改造、交通一体化、生态环境保护、产业转型升级、通州城市副中心建设5个京津冀协同发展重点领域的项目新发放贷款金额合计624.25亿元；积极探索政府购买服务模式，累计发放政府购买棚户区改造服务贷款193.69亿元。

国开行企业局以服务国家战略和央企转型为发展重点，积极支持“一带一路”倡议以及“走出去”等国家战略重大项目建设。全年，累计发放贷款2 980.83亿元，比上年增长10.01%。贷款主要投向“一带一路”和国家战略性资源储备和国际合作、重点基础设施建设以及绿色信贷等领域。截至年末，国开行企业局“一带一路”项目贷款余额322.73亿元，比年初增加194.03亿元，增长150.76%。向中国铁路总公司发放贷款918亿元，支持重点高铁项目开工建设。积极支持绿色交通项目建设，年末绿色交通运输项目贷款余额1 474.21亿元，比年初增加232.24亿元，增长18.70%。加大清洁能源项目支持力度，年末可再生及新能源项目贷款余额623.95亿元，比年初增加22.44亿元，增长3.73%。

三、存在的问题和风险

个别业务操作及内部管理仍存在不足，信贷业务合规性及数据填报准确性有待提升；内控管理存在薄弱环节，案件和操作风险防控能力有待提升；重点客户、重点行业信用风险和资产质量下行压力较为突出。

四、监管工作情况

一是引导机构坚持政策性金融定位，助力首都核心功能提升。引导进出口银行北京分行牢牢把握支持进出口贸易和企业“走出去”、服务实体经济的本质要求，科学制定发展战略，提升服务“一带一路”倡议以及京津冀协同发展、国际产能和装备制造合作等国家战略的能力。引导中国农业发展银行两家在京营业机构在优先支持粮棉油收储、保障国家粮食安全和重要农产品有效供给的基础上，在风险可控的前提下，支持农业开发和农村基础设施建设。引导国开行北京市分行、国开行企业局积极深入贯彻落实中央调结构、稳增长各项政策，加大对“两基一支”、重大项目建设等的支持力度，助力央企转型发展和“走出去”。

二是督导机构积极应对资产质量下行风险，全面提升信贷管理有效性。督导机构切实提升风险敏感度，制定和完善风险防控预案。进一步加强重点央企信贷风险的预警和监测力度，扎实做好拨备计提和风险分类管理。持续做好不良贷款清收处置和关注类贷款风险化解工作，严格开展授信评审和各类问题的跟踪整改，切实提升信贷管理水平。发挥自身专业优势，协助企业通过套期保值、商业保险等手段防范和对冲相关风险。

三是引导机构着力构建良好运营机制，适应政策性银行改革发展需要。督导各机构继续加强内控机制建设，落实风险管理责任制，探索符合自身业务特点的激励约束机制，构建科学合理的问责机制。持续开展指定内审检查，不断强化机构内审工作水平和自查纠错能力。继续强化操作风险防范意识，加快人员队伍建设，加大案件风险防控力度。鼓励机构实施创新驱动发展战略，创新金融产品、服务和信用风险防控工具，提高资金优化配置能力和使用效率，在提升金融服务质效的同时提高业务发展的盈利性、持续性。

（万昆）

▲商业银行（一）工、农、中、建、交5家银行

一、基本情况和重大变更事项

（一）基本情况

2017年末，中国工商银行北京市分行、中国农业银行北京市分行、中国银行北京市分行、中国建设银行北京市分行、交通银行北京市分行（以下简称5家银行）资产总额81 691.6亿元，比上年增长3.63%，其中各项贷款余额24 644.1亿元，比上年增长12.62%；负债总额81 010.5亿元，比上年增长3.73%，其中各项存款余额67 194.9亿元，比上年增长5.42%；所有者权益总额681.11亿元，比上年下降6.72%；累计净利润824.6亿元，同比增长0.09%；不良贷款余额比上年下降46.18%，不良贷款率比上年下降0.30个百分点。

截至年末，5家银行共有机构网点1 825家（含分行），比上年增加5家。其中，分行8家，比上年增加1家；支行1 750家，比上年增加9家；分理处17家，比上年减少1家；储蓄所50家，比上年减少4家。共有纳入监管范围的高级管理人员198人，比上年减少2人。在职员工53 325人。其中，中国工商银行北京市分行18 635人，中国农业银行北京市分行8 559人，中国银行北京市分行10 158人，中国建设银行北京市分行11 516人，交通银行北京市分行4 457人。

（二）重大变更事项

施刚任中国工商银行北京市分行行长，曲琰任副行长；王珍军不再担任行长。

郑志刚不再担任中国农业银行北京市分行副行长。

王丽丽任中国农业银行北京中关村分行行长助理。

李红文任中国银行北京市分行副行长。

袁桂军任中国建设银行北京市分行行长，孙庆文任副行长；廖林不再担任行长。

曹迅不再担任中国建设银行北京中关村分行副行长。

周敏任中国建设银行北京通州分行行长，闫玉国、冯涛、刘筱、刘福合任副行长。

郭莽任交通银行北京市分行行长，叶宁、唐朔、肖霆任副行长；尹兆君不再担任行长，于启春不再担任副行长，唐朔不再担任行长助理。

二、金融产品创新和金融服务

（一）大力支持首都“双轮驱动”战略

2017年，5家银行继续从机构设置、产品创新、品牌创建、队伍建设等方面大力支持首都文化创意产业和科技创新产业发展。截至年末，5家银行文化创意产业

贷款余额381.17亿元，科技企业贷款余额1 945.50亿元。年内，中国银行北京市分行与北京朝阳国家文化产业创新实验区签署战略合作协议，与该实验区内的10家分园进行对接，为150余户优质文化创意企业提供授信、结算、跨境撮合等服务；稳步推进投贷联动试点工作，累计向集团内投资机构推荐企业170余户次，实现签订直投或认股选择权协议的“我投我贷”投贷联动客户13户，授信余额3.64亿元。

（二）深入落实各项国家战略

2017年，5家银行继续加大对京津冀协同发展和“一带一路”等的资金支持。中国工商银行北京市分行为京津冀交通枢纽建设共提供融资600亿元，中国银行北京市分行带领106家企业参加中国—意大利中小企业跨境投资与贸易洽谈会等跨境业务撮合活动，40余家企业与外方达成初步合作意向。

（三）大力支持通州城市副中心建设

2017年，5家银行加快通州地区网点建设。截至年末，中国建设银行北京市分行已成立通州分行。5家银行积极在基础设施建设、棚户区改造、生产型企业外迁、学校医院等方面加大对通州城市副中心建设的支持力度，中国农业银行北京市分行成立“北京城市副中心建设发展基金”。

（四）大力发展普惠金融

5家银行均已在分行层面成立普惠金融专营业务部门，并针对小微、“三农”等普惠金融服务设立直营团队，初步实现小微、“三农”客户金融专业化服务。截至年末，5家银行小微企业贷款余额2 507.19亿元，比上年增长20.35%，高于各项贷款增速7.73个百分点；小微企业申贷获得率为92.45%，比上年增长3.01个百分点；小微企业贷款户数为36 795户，比上年增加10 755户。5家银行涉农贷款年末余额840.73亿元，比上年增长4.25%。

三、存在的问题和风险

操作风险防控形势较为严峻，员工行为管理有效性有待加强；部分银行贷款管理较为粗放，仍存在信用风险隐患；消费者权益保护工作水平需进一步提升；个别银行非标资产风险管理有待加强。

四、监管工作情况

（一）加强政策引领，助力首都文化金融向纵深发展

与北京市国有文化资产监督管理办公室联合下发《关于促进首都文化金融发展的意见》，从体制机制、业务模式、金融产品、监管服务等方面制定差异化监管政策，推动首都文化产业的可持续发展，提升文化产业金融服务的可获得性。深入分析研究文化金融的发展途径和支持政策，完成《文化金融研究报告》。

（二）严守风险底线，着力防范和化解重大金融风险

认真开展“两个加强、两个遏制”回头看问题整改、信用风险专项排查、“三违反、三套利、四不当”专项治理和市场乱象专项治理等各项风险排查工作。通过现场督察、现场检查、现场评估等多种方式，督促相关银行严肃整改。对部分违规行为进行行政处罚，进一步提升监管威慑力。针对部分客户出现经营困难的情况，指导相关银行关注信用风险，采取措施维护信贷资产安全。

（三）支持供给侧结构性改革，服务实体经济提质增效

指导5家银行从机构网点、政策制

度、业务模式等方面创新支持通州城市副中心建设。对部分银行商办类房地产开发项目进行现场检查，督导5家银行切实落实房地产调控政策，指导中国建设银行北京市分行、中国工商银行北京市分行开展多样化的住房租赁融资业务，支持北京市住房租赁市场发展。

（牛真真）

▲商业银行（二）其他商业银行

一、基本情况和重大变更事项

（一）基本情况

2017年末，中信银行总行营业部、中国民生银行北京分行、中国光大银行北京分行、华夏银行北京分行、招商银行北京分行、上海浦东发展银行北京分行、广发银行北京分行、兴业银行北京分行、平安银行北京分行、渤海银行北京分行、浙商银行北京分行、恒丰银行北京分行（以下简称12家银行）本外币资产总额44 884.34亿元，比上年减少4 565.85亿元，下降9.23%，其中贷款余额14 585.27亿元，比上年增加1 668.06元，增长12.91%；负债总额44 219.16亿元，比上年减少4 676.96亿元，下降9.57%，其中存款余额32 010.70亿元，比上年增加316.83亿元，增长1.00%；累计实现净利润587.02亿元。

截至年末，12家银行在京营业机构数共计900家，比上年减少51家；从业人员共计24 262人，其中高管人员227名。

（二）重大变更事项

刘红华代为履行中信银行总行营业部负责人职责。

鞠维萍代为履行平安银行北京分行负责人职责。

张荣森代为履行浙商银行北京分行负责人职责。

宋豪任恒丰银行北京分行行长。

二、金融产品创新和金融服务

（一）探索运用“互联网+”，积极破解小微企业融资难题

一是推出“以税定贷”金融产品。部分银行利用大数据技术，探索银税互动模式，以企业纳税、开票等经营性信息为主要依据，为优质开票企业提供高效和便捷的融资服务。上海浦东发展银行北京分行推出“诺诺银税贷”，渤海银行北京分行推出“渤税贷”等。

二是围绕特定行业开展专业融资。部分银行围绕小微企业的特定交易，借助专业化平台，提供专业化融资。中国光大银行北京分行通过国家粮食电子交易平台提供线上融资服务，专项用于会员企业粮食购销合同履约。

三是改进服务模式。招商银行北京分行打造线上线下协同系统和移动预审批平台，为小微企业提供贷款预审、在线估房等服务。小微企业可以通过手机、网页等多种互联网渠道提出融资需求，银行在线上对客户资质进行预审，为企业量身匹配贷款产品，并在线下由专业团队为企业办理贷款手续。

（二）打造“智能型”网点，努力创建大众满意金融服务

12家银行持续推进“大众满意金融服务”创建活动，提升金融服务水平，改善客户体验和满意度。部分银行为适应互联网金融发展趋势，借助多样化的设备提升网点效能。中信银行总行营业部年内完成全部网点“智慧柜台”的配备，客户可通过“智慧柜台”实现自助办理开

卡、激活、密码修改、信息变更、网上银行签约、短信通、签证费缴纳、查询、理财购买赎回等多项借记卡业务。上海浦东发展银行北京分行已实现全网点投放远程视频柜员机，有效缓解柜面压力；上线新型多媒体自助终端（桌面版），使自助机具更小更便携；上线新型网银自助服务机，提供网上银行产品展示和业务办理。

三、存在的问题和风险

资产质量依然存在下行空间，案件及操作风险不容忽视，声誉风险管理压力有所上升。

四、监管工作情况

（一）盯防重点领域风险，严守不发生系统性风险底线

一是加强案件督察处置，严防次生风险。及时采取审慎监管措施，依法从严开展行政处罚。

二是深入推进各项专项治理和监管督导，有效遏制机构违法违规行为。

三是严抓机构风险防控主体责任。持续深化监审联动机制，通过监管会谈、现场督导等方式，督促辖内股份制商业银行有序开展指定内审检查，并做好报告收集、质量评估等工作。

（二）牢牢把握首都城市战略定位，全力提升金融服务质效

一是积极支持首都重大发展战略。通过监管通报、监管会谈、走访调研等方式，引导 12 家银行认真贯彻落实中国银行业监督管理委员会（以下简称中国银监会）关于银行业服务实体经济的各项政策部署，探索多元化融资模式和综合化金融服务，全力支持京津冀协同发展、“一带一路”倡议等实施，大力支持北京城市副中心、全国科技创新中心和文化中心建设，精准支持对宏观经济和区域经济具有重要带动作用的重点项目和重点工程。

二是持续推进普惠金融发展。引导 12 家银行着力提升小微企业等薄弱领域的金融服务质效。密切关注社区支行、小微支行经营管理动向，推动 12 家银行进一步优化网点布局、下沉业务重心，优化基层网点建设，提升客户投诉处理水平和柜面服务质量。

（三）持续加强监管能力建设，全面提升监管效能

一是搭建沟通平台，强化政策传导。每半年召开监管情况通报会，通报整体经营情况及监管要求，组织银行就北京地区经济金融形势研判、经营管理中面临的主要风险和问题等内容进行沟通交流。

二是落实简政放权，优化市场准入。积极开展准入政策宣传辅导，认真开展市场准入自评估，不断提升准入政策水平及实践操作能力。

三是加大走访力度，深入开展调研。围绕“新常态”下北京银行业发展的新情况、新问题、新政出台效应等开展专题调研，促进调研成果的转化运用，引导 12 家银行积极顺应经济发展“新常态”，强化服务特色和比较竞争优势。

（黄未）

▲城市商业银行（一）北京银行

一、基本情况和重大变更事项

（一）基本情况

2017 年末，北京银行资产总额 23 052.31亿元，比上年增长 9.87%；负债总额 21 309.33 亿元，比上年增长 8.95%；各项贷款余额 10 490.38 亿元，比上年增长 19.46%；各项存款余额 12 671.95亿元，比上年增长 10.14%；实

现利润185.24亿元，同比增长3.58%。

（二）重大变更事项

1. 高管变动情况

董事会选举张东宁为董事长。

董事会聘任杨书剑为行长。

2. 机构发展情况

2017年末，北京银行设有一级分行14家，其中异地一级分行11家，北京地区3家；二级分行10家；分行级专营机构2家；支行569家，其中北京地区支行（含总行营业部）261家；并在中国香港和荷兰阿姆斯特丹设有代表处。从业人员14 680人（含劳务派遣人员），比上年增加786人。

二、金融产品创新和金融服务

一是进一步深化科技金融服务探索，通过产品创新升级等方式着力提升科技金融服务能力。截至年末，北京银行科技型企业、科技创新企业贷款存量客户数和余额分别为3 810户、1 180.28亿元和3 707户、794.90亿元，比年初分别增加196户、294.30亿元和187户、219.48亿元，余额分别增长33.22%和38.13%，均显著高于各项贷款平均水平。

二是继续打造“富民直通车”惠民金融服务品牌。截至年末，北京银行已在京津冀三地建立276家各类金融服务站点（含助农取款点），发放“富民卡”65.46万张。

三是直销银行业务规模继续增长。年末客户数为40.75万户，比年初增长超过20%；储蓄存款余额22.58亿元，比年初增长24.14%；销售理财产品余额21.89亿元，比年初增长28.99%；各类产品累计销售额已超过90亿元。

三、存在的问题和风险

股权管理需进一步加强，声誉风险防控压力依然较大，系统运维管理水平有待提升等。

四、监管工作情况

（一）督导北京银行完善公司治理

一是支持北京银行把党建工作内嵌到公司治理结构中。

二是以专项检查为抓手，督促北京银行提升董事会、监事会履职效能。

三是指导北京银行做好《商业银行股权管理暂行办法》落实工作。

四是指导北京银行依法合规完成非公开定向增发工作，提高核心一级资本充足率。

五是核准张东宁为北京银行董事长、杨书剑行长的任职资格，推动北京银行实现平稳换届。

（二）督促北京银行提升管理质效

一是督促北京银行认真落实监管要求和风险防控主体责任，确保业务合规。

二是指导北京银行牵头完成京津冀流动性互助机制协议签署。

三是督促北京银行摸清潜在不良贷款风险底数，按照实际风险情况增提拨备。

四是要求北京银行高度关注信用风险、流动性风险和声誉风险，提前制订预案，严防基层网点操作风险和案件风险。

五是推动北京银行建立专项治理工作长效机制，推进市场乱象整治工作。

（三）引导北京银行进一步强化实体经济服务能力

一是批复同意北京银行设立城市副中心分行，进一步深耕北京市场，完善机构布局。

二是指导北京银行坚持“服务地方经济、服务中小企业、服务市民百姓”的战略定位，进一步打造科技金融和惠民金融服务品牌。

三是严格落实房地产调控政策，严禁为房地产开发企业购地以及为房地产开发企业、中介机构“首付贷”等虚假按揭行为提供直接或间接的融资支持。

（李海传）

▲城市商业银行（二）其他城市商业银行

一、基本经营情况和重大变更事项

（一）基本情况

2017年末，天津银行北京分行、大连银行北京分行、杭州银行北京分行、南京银行北京分行、盛京银行北京分行、上海银行北京分行、江苏银行北京分行、宁波银行北京分行、包商银行北京分行、锦州银行北京分行、厦门国际银行北京分行（以下简称11家城商行北京分行）资产总额7 580亿元，比年初下降3.09%，其中各项贷款余额3 255.44亿元，比年初增长25.18%；负债总额7 535.33亿元，比年初下降2.99%。其中各项存款余额6 428.73亿元，比年初增长13.77%。实现利润31.4亿元，比上年同期下降24.63%。

截至年末，11家城商行北京分行共有支行网点132家［以取得中国银行业监督管理委员会北京监管局（以下简称北京银监局）开业批复为口径，不含未持牌分行营业部］，从业人员4 613人（含派遣制员工）。

（二）重大变更事项

1. 机构发展情况

2017年，11家城商行北京分行共新设立3家支行，终止营业1家小微支行。

2. 高管变动情况

佟丹任天津银行北京分行行长。

章波任盛京银行北京分行行长。

陈岚任杭州银行北京分行行长。

郑艺龙任厦门国际银行北京分行行长。

赵文利任江苏银行北京分行行长。

二、金融产品创新和金融服务

（一）打造科技金融服务特色品牌

一是信用贷款产品日益丰富。11家城商行北京分行向发展前景良好、获得天使投资、在产业链中具有比较优势、进入政府扶持名录的企业研发“瞪羚诚信贷”“科技信用贷”等产品，增加无抵押信用贷款投放。

二是不断创新更加契合科技企业特点的专属融资产品。针对科技创新企业“轻资产”特点不断创新贷款方式，研发“智权贷”（知识产权抵押）、“软件贷”“见贷即保”等产品，接受以专利、核心技术等无形资产抵质押。

三是以投贷联动为代表的直接融资产品进展显著。“贷款+期权”融资规模增长较快，成为投贷联动的主要业务模式。

（二）文化金融服务力度有效提升

2017年，多家城商行北京分行成立了单独的文化金融事业部，着力推进文化金融服务专业化水平的提升，并推出了包括影视夹层贷款、游戏工厂模式等在内的一系列特色产品，文化金融服务质效不断提升。

三、存在的问题和风险

风险防控压力持续加大，重点领域信用风险仍需关注，操作风险和案件防控形势更加严峻，声誉风险更加凸显。

四、监管工作情况

一是不断探索和完善非现场监管体系建设，持续强化监管工作力度。通过指定内审、信访核查、走访调研等途径持续深入了解机构情况，确保充分获取监管信息，提高监管的针对性和有效性。

二是加强对信用风险的评估与管控，着重盯防重点机构和重点业务。

三是严守底线，加强对案防、合规等工作的督导力度。督导11家城商行北京分行提升对员工行为排查工作的重视程度，探索采取多种手段加强员工管理，防范员工道德风险和案件风险。

四是督导11家城商行北京分行提升实体经济金融服务水平，助力北京市地方经济发展。通过实地走访调研，与银行、政府其他部门开展座谈等方式，探寻金融支持北京经济发展和城市副中心建设、新机场建设等重大战略落地的新途径；引导各行加强金融创新，助力北京市“双轮驱动”战略。

（丁文天）

▲农村商业银行—北京农商银行

一、基本情况和重大变更事项

（一）基本情况

2017年末，北京农商银行资产总额8 164.70亿元，比年初增长12.83%，其中各项贷款余额2 731.05亿元，比年初增长2.9%；负债总额7 715.15亿元，比年初增长12.83%，其中各项存款余额5 712.41亿元，比年初增长8.25%；所有者权益449.55亿元，比上年增加51亿元；实现拨备前利润93.34亿元，同比增长24.46%；实现净利润64.18亿元，同比增长16.40%。

2017年末，北京农商银行共有分支机构674家，其中支行222家（包括管辖支行23家），分理处452家。

（二）重大变更事项

1. 主要人事变更情况

2017年3月，北京农商银行董事会审议同意张健华辞去行长职务。第三季度，北京农商银行原监事长龚莉到龄退休。

2. 机构变更情况

2017年3月，北京银监局核准北京农商银行信贷资产证券化业务资格。

二、金融产品创新和金融服务

（一）打造专属金融产品，推动煤改清洁能源

北京农商银行配合北京市农村地区村庄“减煤换煤”工作部署，与平谷区人民政府合作推出“惠农一卡通”，为该区农民购买优质燃煤打造“一卡、一终端、多应用管理”的专属产品。该产品具有金融IC借记卡一卡多账户、消费、取现、转账、缴费等功能，并建立了多应用管理平台，对全区煤改清洁能源相关信息进行系统化管理。

（二）优化产品与服务，加大涉农贷款业务创新

北京农商银行研发推出多款满足农村集体经营性建设用地入市需求的金融产品和服务，积极探索金融支持利用集体土地建设租赁住房，推进农村集体资产经营权质押创新试点，探索建立农民专业合作社信用评级体系，持续增强服务涉农业务的能力。此外，北京农商银行通过永续债权融资计划支持集体土地入市试点项目，在满足融资人需求的同时优化其财务结构。

（三）拓展服务方式，持续支持“三农”金融服务

北京农商银行将普惠金融重点放在乡村，推动金融资源向“三农”领域倾斜。截至年末，北京农商银行在北京郊区累计布放ATM 1 207台和POS机1.81万台，营业网点和电子机具覆盖全市160个乡镇，有效弥补了京郊地区金融服务空白；建成

乡村自助店 26 家，助农取款服务点 454 个，持续加强“两店一点”建设；累计发放“福农卡”2 749 张，满足生产经营性农户和涉农小微企业“短、频、快”融资需求；发放“养老助残卡”254.24 万张，方便农村地区居民特别是老年人就诊；发展“惠农一卡通”，累计发卡 5.88 万张，持续推进农村基础金融服务全覆盖。

（四）加强宣传教育，保护金融消费者权益

北京农商银行通过“送金融知识下乡”，利用乡镇和自然村宣传平台有针对性地宣传普及金融知识，不断扩大受众面；通过“送金融服务进村庄”，将金融服务送至乡村、集市、田间地头，提升农村金融服务质效。全年开展宣传活动 326 次，累计发放各类宣传材料 11.45 万份，受众客户 460.31 万人，推动提高郊区百姓的金融知识水平和风险防范意识。

三、存在的问题和风险

法人公司治理仍存在短板，公司治理有效性需持续提升；风险管理尚需细化，个别制度有待完善，信息科技运维管理水平需要提升。

四、监管工作情况

（一）防控重点信用风险

开展信用风险专项排查，加强日常非现场监测，重点进行“两类贷款”（大额贷款、异地贷款）、贷款集中度和结构化融资的风险监测，运用好大额贷款、异地贷款和不良贷款监测机制。及时跟踪北京农商银行信用风险异动。

（二）强化市场风险和流动性风险管理

督导北京农商银行建立和完善银行账户利率风险管理制度，强化风险监测。建立流动性直接监测点制度，坚持“一季一报”监测流动性风险。推动扩大流动性风险管理覆盖面，进一步改善北京农商银行的资产流动性，提高流动性覆盖率比例，防止突破流动性监管指标。完善压力测试情景设置，按季度开展流动性压力测试。

（三）保持操作风险防控高压态势

持续跟进轻微违规积分制度及基层行员工轮岗实施情况；要求北京农商银行补足案件风险信息报送短板，加强内控合规管理。全年北京农商银行未发生一类、二类案件及重大外部负面舆情，案防高压态势持续见效。

（四）督导银行落实监管要求

加强差异化信贷调整和房地产金融调控，督导北京农商银行做好“三违反、三套利、四不当”专项治理工作、防范市场乱象相关工作及“两个加强、两个遏制”回头看整改问责工作。扎实推进“监管政策进基层行”。

（五）优化服务，大力支持首都实体经济发展

督促北京农商银行持续强化服务京津冀协同发展的组织领导，成立专题领导小组，全面推动对接相关重点建设项目融资。北京农商银行成立小微金融事业部（二级部）和文化金融事业部（一级部），单独设置小微企业特色专营试点支行及服务团队，形成了离市场更近、金融供给能力更强的组织架构，为其长期服务首都小微企业和文化产业奠定了良好基础。

（刘娜）

▲村镇银行

一、基本情况和重大变更事项

（一）基本情况

2017 年末，北京延庆村镇银行、北京密云汇丰村镇银行、北京怀柔融兴村镇

银行、北京大兴九银村镇银行、北京昌平包商村镇银行、北京大兴华夏村镇银行、北京顺义银座村镇银行、北京通州中银富登村镇银行、北京门头沟珠江村镇银行、北京房山沪农商村镇银行和北京平谷新华村镇银行（以下简称 11 家村镇银行）资产总额 243.62 亿元，负债总额 221.82 亿元，所有者权益 21.8 亿元，各项存款余额 209.04 亿元，各项贷款余额 103.7 亿元，实现净利润 2.59 亿元。

截至年末，11 家村镇银行共有 39 家营业网点；在册员工 767 人，较上年减少 23 人。

（二）重大变更事项

1. 机构变更情况

北京昌平包商村镇银行新开设北七家支行。

2. 股权变动情况

北京通州国开村镇银行完成主发起人变更，正式更名为北京通州中银富登村镇银行。

北京大兴九银村镇银行完成个人股东和企业股东变更。

3. 主要人事变更情况

4 月，北京昌平包商村镇银行董事长刘温、北京通州国开村镇银行董事长马东祺任职资格获得核准。

10 月，北京延庆村镇银行董事长刘学娥、行长王新亚任职资格获得核准。

12 月，北京房山沪农商村镇银行行长刘波任职资格获得核准。

此外，部分村镇银行的副行长、行长助理和董事等的任职资格也获得核准，正式开始履职。

二、金融产品创新和金融服务

（一）加大产品创新力度

部分村镇银行为支持扶贫工程“光伏发电项目”开发了“光伏保”产品，为解决农户抵押物不足问题开发了无抵押“微小贷”、林权及土地经营承包权抵押贷款等新产品。11 家村镇银行全年累计发放农户、小微企业贷款 1.55 万笔，金额 130.85 亿元，有效缓解了“三农”、小微企业的融资难题。

（二）提升市场渗透率

11 家村镇银行加大科技投入，大力推广微信、App 等电子服务渠道，并创新推出 PAD 移动工作站，将金融服务送至“田间地头”，进一步提高金融服务的便捷性，扩大金融服务的覆盖范围。

（三）完善金融服务工具

11 月，北京平谷新华村镇银行银行卡业务正式上线。截至年末，11 家村镇银行中已有 9 家村镇银行开通银行卡和网银业务，6 家村镇银行开通手机银行业务，4 家村镇银行开通电话银行业务，服务便利性进一步提高。

（四）加大宣传推广力度

以“村镇银行培育发展十周年”为契机，积极开展系列宣传活动，通过电视、报纸、网络、微信等渠道发布宣传信息 34 篇，开展场外宣传活动 40 余次，发放宣传材料上万份，全面展示村镇银行支农支小工作成效。

三、存在的问题和风险

公司治理有待完善，相关规章制度内容不规范、更新不及时，信用风险防控压力不减，流动性风险管理存在隐患，内控合规管理有待加强，改革发展短板亟待补齐。

四、监管工作情况

（一）以专项治理为主线，强化风险防范和化解，践行强监管

深入开展“三违反、三套利、四不

当”、市场乱象专项治理等自查工作，并对部分村镇银行开展监管检查及督促整改。对部分村镇银行开展信用风险和同业业务现场排查。对部分村镇银行开展理财“双录”现场评估，要求各行加强销售专区管理，提升录音录像质量，规范代销流程。督导部分村镇银行开展指定内审工作，落实风险防控主体责任。

（二）以风险前瞻为导向，全面强化风险预警职能建设

加强风险监测，及时捕捉各项风险苗头，将大多数苗头性和倾向性问题遏制在萌芽阶段。进一步完善大额风险监测机制，按季度开展分析研判。加强表外业务风险监测，要求村镇银行加强银行承兑汇票开立、保函业务、委托贷款等业务管理，有效防控信用风险。

（三）以准入管理为着力点，推动村镇银行优化治理水平

指导北京通州国开村镇银行完成主发起行股权转让工作。提高对村镇银行董事及高管等拟任人员的资质要求，特别是对“一把手”从严审核；要求各行遴选拟任人员应从符合基本条件要求转为优中选优，促进各行董事及高管团队整体素质提升。对历史遗留准入事项开展“回头看”梳理规范。督导各行持续规范内部申报流程，杜绝准入过程中的不规范行为。

（四）以供给侧结构性改革为抓手，督导村镇银行提升服务实体经济能力

督导村镇银行在下沉服务网络的基础上，进一步丰富各类电子服务渠道，提升金融服务质量。要求村镇银行优化信贷结构，提高金融资产配置效率；督导村镇银行加大对新型农民合作组织、当地龙头企业、京郊农家乐等新型农业经济主体的扶持力度。推动村镇银行持续优化业务操作流程，加大业务产品创新力度，为“三农”和小微客户提供更便捷的信贷支持。

（五）以金融普惠为契合点，引导村镇银行减费让利精准扶贫

引导村镇银行逐步下调贷款利率，降低“三农”和小微客户融资成本。鼓励村镇银行减免服务费用，致力于打造“免费银行”。11 家村镇银行 2015 ~ 2017 年减免、精简各类收费十余项，基本除贷款利息外，不收取其他任何费用。支持村镇银行发挥与“三农”紧密联系的优势，积极与政府开展扶贫合作。

（朱俊尧）

▲邮政储蓄银行

一、基本情况和重大变更事项

（一）基本情况

2017 年末，中国邮政储蓄银行北京分行总资产 3 919.26 亿元，比上年下降 11.48%；总负债 3 865.95 亿元，比上年下降 12.18%。其中，各项贷款余额 1 355.89亿元，比上年增长 25.94%；各项存款余额 2 761.38 亿元，比上年增长 26.82%。所有者权益 53.31 亿元，比上年增长 108.99%；实现税后利润 27.36 亿元，同比下降 6.38%。

截至年末，中国邮政储蓄银行北京分行所辖支行及代理网点共 573 个，其中银行自营网点 138 个，邮政代理营业机构 435 个；所辖机构数比年初增加 2 个。员工共计 3 267 人，比年初增加 37 人。

（二）重大变更事项

1. 高管人员变动情况

中国邮政储蓄银行北京分行副行长褚建平调任中邮金融租赁公司筹备组组长，副行长李静姝调任中国邮政储蓄银行消费

信贷部总经理。

2. 业务开办情况

2017年，中国邮政储蓄银行北京分行新增小企业税贷通、小企业转期贷、定期存单质押小企业贷款、医院小企业贷款、军民融合小企业贷款等贷款品种。

二、金融产品创新和金融服务

中国邮政储蓄银行北京分行积极服务京津冀协同发展战略和“一带一路”倡议的实施，支持北京城市副中心重点项目建设，信贷支持首都新机场、京唐城际铁路等交通一体化重要项目建设。主动应对北京非首都功能疏解影响，围绕“双轮驱动”城市战略，加大科技文化产业小微企业信贷投放力度，开展无还本续贷业务，加强银税互动信息共享，进一步拓宽抵质押品范围，助力小微企业成长。贴合北京都市“三农”发展特点，推动涉农领域批零联动，围绕核心企业探索“公司+农户”产业链金融模式，研发推出“民俗贷”“掌柜贷”“家庭农场贷”等产品，精准帮扶京郊农户深挖农副特产和文旅资源，提升“三农”金融服务质效。推进“大众满意金融服务”创建工作，致力于关注“一老一小”金融服务需求，打造养老金主题信用卡，开展“小小银行家”趣味体验宣教活动，强化残障人群服务。探索智能化网点和线上交易渠道建设，取消或免收多项服务收费，提升基础金融服务的便捷性。

三、存在的问题和风险

在信贷风险管控、内控机制建设、代理营业机构管理、综合运营管理等方面仍需进一步强化。

四、监管工作情况

（一）进一步提升服务实体经济质效

督导中国邮政储蓄银行北京分行积极支持京津冀协同发展等国家战略的实施和首都区域发展，精准对接带动作用明显、示范效应较强的重点领域和重点工程建设。专注服务“三农”、社区、小微企业服务主业，加强金融服务模式创新，探索开展都市“三农”特色贷款业务，优化小微企业信贷结构，持续提升科技金融、文化金融的专业化水平。深入推进“大众满意金融服务”创建工作，进一步提升远郊区乡镇和城市社区居民的金融服务水平。

（二）切实强化信贷管理能力建设

督导中国邮政储蓄银行北京分行加强对重点区域、重点行业和重点客户的风险监测分析和风险预警。深入开展信用风险排查，真实反映资产质量，摸清风险底数。切实把握好业务和产品创新的合规底线，加强项目立项的合规性审查，有效发挥法律合规部门对业务保障和创造价值的双重作用。多渠道收集客户风险信息，加强对新增授信客户的风险评估，严格贷后管理，密切监控信贷资金流向，防范贷款被挪用。持续规范个人贷款行为。采取有效措施，妥善化解和处置存量不良贷款。

（三）严密防控案件及操作风险

督导中国邮政储蓄银行北京分行深入开展“三三四十”等专项治理工作，切实发挥风险防控主体责任，明确各层级、各岗位的案防责任，认真梳理重点业务、重点岗位、关键环节，持续加强内控制度建设，提升制度执行力，加强对员工异常行为排查和可疑账户资金监测力度，严禁参与非法集资活动和私售“飞单”行为。进一步规范销售行为，切实按照适当性原则向客户销售金融产品。进一步落实《中国邮政储蓄银行代理营业机构管理办法（修订）》，提升代理营业机构自主风险管理能力。不断强化对违法违规行为的责任追究和内部问责。

（四）进一步加强运营管理

督导中国邮政储蓄银行北京分行加强高级管理人员履职行为管理，进一步完善转授权工作。强化业务管理信息科技支撑，完善信息安全防护体系，保障业务的连续性和稳定性。

（刘来成）

▲外资银行

一、基本情况和重大变更事项

（一）基本情况

1. 机构及人员情况

2017 年末，北京辖内共有外资银行营业性机构 121 家，与年初持平。其中，外资法人银行 9 家，外资法人银行分行 29 家，外国银行分行 17 家，支行 66 家。代表处 64 家，与年初持平。外资银行营业性机构从业人员 5 313 人，外国银行代表处共有正式员工 171 人。

2. 行业发展概况及特点

（1）资产规模增速同比下降，各项贷款占比止降回升。

2017 年末，北京辖内外资银行总资产余额 5 921.39 亿元，同比增长 3.16%，增速低于上年同期增速和全国外资银行 2017 年同期水平。外资银行资产规模占全辖银行业资产总额的 2.58%，同比上升 0.01 个百分点，占全国外资银行的 18.25%，同比下降 1.35 个百分点。各项贷款、同业资产、存放央行和系统内款项余额占资产比例分别为 36.58%、29.65% 和 24.52%。其中，各项贷款占总资产比例连续两年下降后首现回升态势，比年初上升 4.12 个百分点。

（2）各项贷款同比增速转正，个人住房按揭贷款增幅下降。

2017 年末，北京辖内外资银行各项贷款余额 2 166.20 亿元，同比增长 16.25%，在连续两年下降后首现增长，增速高于全国外资银行 8.88% 的增速。其中，人民币贷款近年持续增长且年内增速加快，反映出北京辖内外资银行持续融入中国本地经济且支持实体经济的能力不断增强。境内贷款主要集中于制造业、批发和零售业、租赁和商务服务业、个人贷款。个人住房按揭贷款在 3 月北京加强房地产调控后，月度环比增速和增量均呈下降趋势。

（3）各项存款增速放缓，结构性存款、通知存款和协定存款稳定增长。

2017 年末，北京辖内外资银行各项存款余额 4 076.55 亿元，比上年增长 4.73%，高于全国外资银行 3.64% 的增速。近三年各项存款占负债比例持续提升，年末占比为 78.37%。各项存款中单位存款规模及占比近两年持续上升，年末占比达 88.12%。结构性存款和通知存款余额和占比近年来持续稳步上升，协定存款波动上升。

（4）表外业务平稳发展，委托贷款和托管资产等金融资产服务类业务增长较快

2017 年末，北京辖内外资银行表外业务总体规模 18 685.52 亿元，同比增长 5.79%，改变了 2016 年的负增长态势。其中，金融资产服务类（不含代理代销业务）余额 3 817.01 亿元，2016 年末、2017 年末增速分别为 39.93% 和 8.35%，主要来自非现金管理项下委托贷款和托管资产的增长。金融衍生品余额 12 294.04 亿元，占表外业务总额的 65.79%，比年

初增长 6.50%。承诺类和担保类业务余额近两年基本稳定。

(5) 净利润大幅增长，经营情况有较大改善

2017 年，北京辖内外资银行实现净利润 45.49 亿元，同比增加 8.57 亿元，增长 23.20%，高于全国外资银行 14.59%的同比增速。利润增加的主要原因是辖内外资银行贷款规模和业务量合计增长，利息净收入和手续费及佣金净收入同比分别增加 12.76 亿元和 0.88 亿元；各行细化管理营业成本，营业支出合计下降 1.7 亿元。

（二）重大变更事项

1. 机构变更

外国银行代表处新设 1 家，关闭 1 家。

2. 人事变更

经核准或初审转报中国银监会高管任职资格共 59 人。其中，总行级董事长、副董事长 3 人，行长、副行长 6 人，董事 9 人，行长助理 1 人，首席信息官 2 人，首席财务官 2 人；分行级行长、副行长 14 人；外国银行代表处首席代表 12 人；合规负责人 8 人；内审负责人 2 人。

报告类高管任职资格共 4 人，均为分行级行长、副行长。

二、金融产品创新和金融服务

（一）持续通过科技手段创新金融服务

北京辖内部分外资银行加大信息科技经费投入，开拓创新科技金融产品。法国兴业银行（中国）对 Soge - Online 网银系统的性能、安全性、功能应用进行了优化和扩展。友利银行（中国）已基本完成手机银行平台内测工作，计划于 2018 年初正式推出运用。

（二）为“走出去”企业提供全球化服务

北京辖内外资银行充分利用其网络优势积极整合与布局“一带一路”沿线相关区域的资源与合作。法国兴业银行（中国）利用“走进非洲”项目的持续性效应，将其母行在非洲的中国企业海外业务服务部增至 12 个，全力支持中国企业海外业务，并针对中非贸易企业客户提供现金管理服务，帮助企业实现跨境一体化现金管理。花旗银行北京分行充分利用母行在“一带一路”沿线的 558 个市场网络，凭借丰富的内部资源和先进的系统平台，为“走出去”中关村民营企业提供配套资金管理服务。

（三）利用业务优势为企业和个人提供丰富的风险管理产品

北京辖内外资银行利用其在衍生产品方面的业务优势，不断开发新产品，为消费者提供更多的风险管理产品。法国兴业银行（中国）开发了期权组合、商品选择型期权、封底远期、海鸥期权和领式期权组合、挂钩基金的结构性理财等产品，摩根大通银行（中国）开发了外汇自动交易、与指数挂钩的衍生产品和挂钩信用类衍生品的理财等产品，澳新银行北京分行推出了本外币挂钩投资产品，进一步满足了客户日益多样性的套期保值避险和理财需求。

（四）创新消费贷款等产品，满足居民生活需求

北京辖内多家外资银行在消费贷款和留学、移民等金融产品方面有较多创新。友利银行（中国）在个人消费贷款项下新推出友安汽车贷款，以该行合作保险公司出具的个人汽车履约保证保险为担保向借款人发放贷款用于购买自用车。汇丰银

行北京分行推出“汇丰留学金融”服务，借助其环球银行服务为具有国际化银行需求，特别是具有出国留学需求的客户提供全方位服务。东亚银行北京分行进一步深化“两地通—商旅通”“两地通—留学通”等金融特色服务，推出英国房产按揭服务，持续丰富增值服务内容，提升客户体验。

三、存在的问题和风险

关注类贷款略有增加，个别外资法人银行客户贷款集中度和展期贷款分类需关注；个别机构关键岗位人员配备需加强；部分外资银行母行声誉风险及其影响需持续关注。

四、监管工作情况

（一）推进扩大开放，助力实体经济提质增效

一是积极推动北京市服务业扩大开放综合试点工作。在北京市人民政府的支持下，2017 年 12 月 10 日，国务院研究批准在北京市服务业扩大开放综合试点期间，允许新设外资营业性机构同步申请人民币业务，突破目前须开业 1 年以上的限制。

二是着力探索丰富首都金融机构类型。积极回应有意向的外国银行的问题和诉求，持续支持和推动中外合资银行设立。在审慎合规前提下，积极支持符合条件的“一带一路”沿线国家银行来京设立营业性机构和代表处机构。

三是支持实体经济稳增长调结构。积极推进对双积分信用优良企业实施联合激励措施的落实，选取 10 家银行开展试点，引导银行对信用优良企业适当予以倾斜授信融资资源。

（二）坚持风险监管，多措并举防控风险

一是加强机构公司治理和行为规范管理。不断完善法人银行公司治理改革，加快推进法人银行完善绩效考评体系建设，督促机构对自身考评体系中存在的问题持续整改。妥善处理信访投诉事项，切实保护消费者合法权益。

二是加强重点风险监管。加大信用风险排查化解，摸清风险底数，严控增量、加快处置存量。完善跨境资金监测机制，加强流动性风险监测，督促重点机构加强流动性风险管理。组织机构开展指定内审检查，提升机构内审内控有效性。

三是加大风险研判力度。按季度全面分析辖内外资银行经营状况和风险情况，密切关注国内外重大事件，及时分析对辖内机构的影响，严防出现风险传染。

（三）高效完成各项专项治理现场检查，深化整治市场乱象

一是对 4 家银行开展“三违反、三套利、四不当”专项检查，并对个别分行采取审慎监管措施。对开展理财和代销的机构进行“双录”检查或走访评估，对辖内各外资银行市场乱象整治工作的开展情况进行评估。

二是积极督导机构落实整改检查中发现的问题。督导机构整改 2016 年“两个加强、两个遏制”现场检查和专项治理自查中发现的问题，并通过现场走访 6 家机构检查整改情况，确保专项治理工作要求落到实处。

三是持续跟进辖内外资银行房地产新政落实情况。对开展房地产相关业务的辖内外资银行进行现场走访和检查，督导辖内外资银行对房地产业务开展定期自查整改，落实差别化住房信贷政策。

（四）强化监管服务，践行为民监管理念

一是加强监管服务，有序推进市场准

入。加强市场准入政策辅导，向外资银行一对一解读相关法规要求，积极践行监管服务理念。加强报告制事项的事中事后监管，优化监管资源配置，全年完成 33 项报告制事项审阅、93 项行政许可审批事项。

二是深入开展调查研究。开展“外资银行支持‘一带一路’”“韩资法人银行监管工作”“外资银行跨境业务强项和瓶颈”和“外资银行服务小微企业”等课题研究。

三是加强监管沟通和合作，建立多维度联动方式。组织召开在华韩资法人银行监管联动会，形成监管合力。积极参加多家银行国际监管联席会，深入了解其母国监管政策和母行经营风险状况，增强与全球主要监管机构的沟通，了解全球最新监管动向，展示中国监管机构的良好形象。

（徐杰）

▲金融资产管理公司

一、基本情况和重大变更事项

（一）基本情况

2017 年末，中国华融资产管理公司北京市分公司、中国长城资产管理公司北京市分公司、中国东方资产管理公司北京市分公司、中国信达资产管理公司北京市分公司总资产和商业化资产分别为 936.55 亿元和 924.13 亿元，同比分别增长 18.59% 和 22.03%。全年新发生商业化项目 97 个，余额 258.63 亿元，同比增长 136%。其中，收购和投资类占比分别为 71.33% 和 28.67%。

（二）重大变更事项

1. 股改情况

2017 年 1 月 5 日，根据《中国银监会关于中国长城资产管理公司改制设立中国长城资产管理股份有限公司有关事项的批复》，中国长城资产管理公司北京办事处完成中国长城资产管理股份有限公司北京市分公司更名及金融许可证变更工作。

2. 高级管理人员变更情况

刘曲任中国华融资产管理公司北京市分公司总经理助理。

李鸣镝任中国东方资产管理公司北京市分公司副总经理。

魏秀梅任中国信达资产管理公司北京市分公司副总经理。

李志军任中国长城资产管理公司北京市分公司总经理。

二、存在的风险和问题

功能定位和发展战略未有效聚焦核心主业，对发展质量关注度不够，不良资产核心主业竞争优势不够突出，个别不良资产处置不规范。

三、监管工作情况

一是加强机构经营和风险情况监测，督导各资产管理公司合规经营、稳健发展，及时化解逾期项目风险。

二是及时监测辖内资产管理公司舆情，指导相关公司妥善处置。

三是跟进项目资产转让不洁净情况，要求公司积极处置，有力化解风险，确保资产安全。

（黄雨）

▲信托、财务、汽车金融、金融租赁、消费金融、货币经纪公司

一、基本情况和重大变更事项

（一）基本情况

1. 信托公司

2017 年 6 月 22 日起，北京银监局履行对建信信托有限责任公司的法人监管职

责，北京辖内信托公司增至12家。截至年末，北京辖内12家信托公司固有资产1 288.05亿元，固有负债155.82亿元，所有者权益850.46亿元，累计实现净利润97.55亿元。

2017年末，北京辖内12家信托公司管理信托项目13 205个，涉及信托资产规模64 529.92亿元。其中，集合资金信托计划规模22 261.18亿元，单一资金信托规模28 769.17亿元，财产权信托规模13 499.58亿元。全年共清算交付信托项目2 998个，累计支付信托本金18 472.29亿元，累计分配信托收益1 360.87亿元。

截至年末，北京辖内12家信托公司共有从业人员3 557人，共有37名董事和高级管理人员获得任职资格批复。

2017年末，北京辖内原11家信托公司（不含建信信托有限责任公司）固有资产1 171.99亿元，比上年增加165.71亿元，增长16.47%；固有负债235.18亿元，比上年增加79.37亿元，增长50.94%；所有者权益936.80亿元，比上年增加86.34亿元，增长10.15%；累计实现净利润117.18亿元，比上年增加19.64亿元，增长20.13%。管理信托项目12 098个，比上年增加2 852个，涉及信托资产规模50 433.23亿元，比上年增加13 342.52亿元，增长35.97%。其中，集合资金信托规模17 961.09亿元，同比增长44.53%；单一资金信托规模20 898.90亿元，同比增长32.70%；财产权信托规模11 573.24亿元，同比增长29.83%。

截至年末，原11家信托公司共有从业人员3 191名，同比增长15.24%。

2. 财务公司

2017年末，北京辖内71家企业集团财务公司表内资产总额30 958.47亿元，同比增加4 986.36亿元，增长19.2%；负债总额26 738.09亿元，同比增加4 450.27亿元，增长19.96%；所有者权益合计4 220.38亿元，同比增加536.09亿元，增长14.55%。全年累计实现净利润368.45亿元，比上年增加44.35亿元，增长13.68%。

3. 汽车金融公司

2017年末，北京辖内7家汽车金融公司资产总额3 159.54亿元，同比增加386.2亿元，增长13.93%；负债总额2 683.04亿元，同比增加276.05亿元，增长11.47%；所有者权益合计476.5亿元，同比增加110.19亿元，增长30.08%。全年累计实现净利润68.10亿元，比上年增加19.84亿元，增长41.10%。

4. 金融租赁公司

2017年末，北京辖内3家金融租赁公司资产总额2 322.99亿元，同比增加295.11亿元，增长14.55%；负债总额2 066.04亿元，同比增加251.05亿元，增长13.83%；所有者权益合计256.95亿元，同比增加44.07亿元，增长20.70%。全年累计实现净利润21.60亿元，比上年增加1.27亿元，增长6.24%。

5. 消费金融公司

2017年末，北银消费金融公司资产总额47.10亿元，同比减少110.7亿元，下降70.15%；负债总额38.88亿元，同比减少96.7亿元，下降70.15%；所有者权益合计8.22亿元，同比减少13.93亿元，下降62.89%。全年累计实现净利润0.12亿元，比上年增加0.03亿元，增长33.33%。

6. 货币经纪公司

2017 年末，中诚宝捷思货币经纪有限公司资产总额 2.83 亿元，同比增加 0.68 亿元，增长 31.37%；负债总额 1.39 亿元，同比增加 0.43 亿元，增长 44.46%；所有者权益合计 1.44 亿元，同比增加 0.25 亿元，增长 20.79%。全年累计实现净利润 0.67 亿元，比上年增加 0.02 亿元，增长 3.43%。

（二）重大变更事项

中电投财务有限公司变更股权结构，更名为国家电投集团财务有限公司。

中外运长航财务有限公司变更股权结构，更名为招商局集团财务有限公司。

中国外贸金融租赁有限公司变更股权结构。

二、金融产品创新和金融服务

（一）开展家族信托业务

2017 年，中信信托有限责任公司（以下简称中信信托）开展了 197 笔家族信托业务；中国对外经济贸易信托有限公司开展了国内首单不动产传承家族信托，为金融消费者提供了多样化的财富管理与资产配置工具。

（二）助力小微金融发展

2017 年，中粮信托有限责任公司继续扩大供应链信托贷款业务规模，为中粮农产品经销商和下游客户累计提供融资 1.98 亿元。英大国际信托有限责任公司以“订单融资 + 应收账款质押”模式开展联赢系列电网供应链业务，降低中小企业融资门槛，探索搭建供应链金融业务平台。

（三）推进慈善信托业务

2017 年，中信信托新增社区慈善信托业务；中国金谷国际信托有限责任公司创新扶贫管理模式，采取“公司 + 合作社 + 贫困户”形式，为贫困户带来“劳务收入 + 分红”的收入模式；国投泰康信托有限公司成立国内首单以股权作为信托财产的慈善信托。

（四）延伸产业链金融服务

北京辖内财务公司继续开展延伸产业链金融服务试点业务，认真落实国家对中小微企业的扶持政策，扩大企业集团资金池运营渠道，促进财务公司在支持集团主业发展、有效服务实体经济方面发挥了重要作用。全年，已完成延伸产业链金融服务试点业务备案的财务公司有 15 家，累计办理“一头在外”的票据贴现业务 67.56 亿元，累计办理“一头在外”的应收账款保理业务 2.50 亿元。服务延伸产业链客户 796 家，其中大型企业 38 家，业务余额 6.1 亿元；中型企业 249 家，业务余额 22.28 亿元；小型企业 487 家，业务余额 20.59 亿元；微型企业 22 家，业务余额 0.07 亿元，资金主要流向中小型企业。

（五）助力节能环保事业发展

北京辖内 3 家金融租赁公司向节能环保产业发放贷款年末余额 266.01 亿元，贷款投向主要集中在可再生能源及清洁能源项目（余额 154.78 亿元，占比 58.19%）、农村及城市水项目（余额 11.13 亿元，占比 4.18%）、绿色交通运输和节能环保服务（余额 82.10 亿元，占比 30.86%）等领域。

（六）支持个人汽车消费升级

北京辖内汽车金融公司积极通过发行金融债、资产证券化等方式拓宽融资渠道，增强金融服务能力。截至年末，辖内 7 家汽车金融公司个人汽车贷款余额 2 383.44 亿元，同比增加 333.78 亿元，增长 16.28%。

三、存在的问题和风险

部分信托公司经营管理中存在不规范的情况，信访投诉压力较大；部分财务公司治理机制有待健全，内部控制有待进一步改善；部分汽车金融公司对贷款管理不够到位，需关注声誉风险；部分金融租赁公司租赁资产的信用风险上升；消费金融公司经营面临压力，历史遗留问题仍待解决；货币经纪公司服务同质化，面临较大经营压力。

四、监管工作情况

（一）扎实推进各项专项治理工作

深入开展信用风险专项排查、“两个加强、两个遏制”回头看整改问责、“三违反、三套利、四不当”和市场乱象整治专项治理工作。

（二）信托公司

加强对房地产信托、结构化证券投资信托等重点领域风险监管，督促机构落实合规管理主体责任。优化信访处理流程，妥善处理信访投诉及信息公开事项，针对发现的问题及时采取监管措施。切实落实《中国银监会关于进一步加强信托公司风险监管工作的意见》结构化证券投资信托杠杆比例限制要求，及时督促机构整改。全面摸排信托项目兑付风险，维护首都金融环境稳定。建立辖内信托公司日常交流座谈机制，搭建信托公司之间沟通交流和信息共享平台，及时传导、解释监管法规和政策。有序推进信托业务监管分类试点工作，督促机构探索完善风险管理框架。高效推进信托登记工作。

（三）财务公司

开展年度监管评级，及时向辖内财务公司董事会和高级管理层通报评级结果、主要风险和问题，提出整改要求。积极支持新设财务公司，支持财务公司增加资本金、扩大业务范围，配合国有企业改革做好财务公司重组整合工作。

（四）汽车金融公司

持续督促辖内机构规范贷款业务管理，排查辖内汽车金融公司贷款业务风险及问题，并采取相应的监管措施。履行非现场监管职责，高效完成各项行政许可工作，加强与内外相关部门联动。支持机构优化资产负债结构，提高公司自身风险抵御能力。针对近年来汽车金融公司在汽车行业转型升级过程中的积极作用，开展调查研究，深入了解行业发展情况。

（五）金融租赁公司

为进一步加快金融租赁业发展、更好地发挥金融租赁服务实体经济的作用，深入了解金融租赁业务开展情况以及发展中面临的问题、挑战和诉求。加强非现场监测，认真做好日常监管工作，密切关注及防范相关风险。

（六）消费金融公司

加大现场检查频率，及时查处重大风险。提升非现场监管力度，加强“贴身”监管督导。加强舆情监测管理。及时处理信访投诉，切实维护消费者合法权益。

（七）货币经纪公司

与中诚宝捷思货币经纪有限公司外方股东进行监管会谈，双方就公司治理、内部控制、合规管理等内容进行深入的讨论，引导公司进一步强化合规管理。

（黄雨　嵇笔锋）

证券业发展与监管

▲证券公司

一、行业发展概况

2017 年，北京辖区证券市场继续保持稳健发展态势，实现安全平稳运行。截至年末，北京辖区 18 家证券公司平均流动性覆盖率 267.75%，净稳定资金比率 141.73%，风险覆盖率 226.93%，资本杠杆率 25.22%，各证券公司主要监管指标均符合要求。

2017 年，北京辖区 18 家证券公司累计营业收入 442.22 亿元，累计净利润 143.41 亿元。与上年同期相比，营业收入减少 60.52 亿元，下降 12.04%；净利润减少 36.56 亿元，下降 20.31%。

2017 年末，北京辖区正式开业的证券营业部 473 家，营业部从业人员 11 066 人，资金账户开户数 1 191.01 万户，累计收入 96.64 亿元，累计净利润 27.49 亿元。

2017 年，在中国证券监督管理委员会（以下简称中国证监会）证券公司分类评价中，北京辖区 13 家公司参评（另外 5 家公司同母公司合并评价）。其中，4 家证券公司被评为 A 类 AA 级，3 家被评为 A 类 A 级，3 家被评为 B 类 BBB 级，1 家被评为 B 类 B 级，2 家被评为 C 类 CC 级。

二、金融服务

2017 年，北京辖区证券公司通过首次公开募股（IPO）、发行债券、财务顾问、“新三板”挂牌、资产证券化（ABS）等业务为京津冀企业融资超过 14 616亿元，进一步推动了首都实体经济发展。通过“新三板”挂牌、定向增发、IPO、债券承销等方式，帮助贫困县企业通过资本市场进行融资超过 421 亿元；通过与国家级贫困县签署结对帮扶合作协议，捐助金额超过 1 836 万元；通过设立公益基金会、教育扶贫、消费扶贫等方式对贫困地区公益性扶贫捐助金额超过 2 520万元。各证券公司还通过举办培训、干部驻派、培训交流、爱心支教、录用建档立卡贫困毕业生等形式支持扶贫事业。

三、监管工作情况

2017 年，中国证券监督管理委员会北京监管局（以下简称北京证监局）按照“依法监管、从严监管、全面监管”的基本原则，贯彻落实中国证监会的部署和要求，组织辖区证券公司全面摸排风险底数，强化业务条线风险排查和处理，推动风控合规体系建设，依法全面从严开展日常监管，深化投资者保护工作，加强金融服务实体经济，切实做好维稳工作。

（邵健）

▲基金管理公司

一、基本情况

2017 年末，北京辖区共有基金管理公司 32 家（北京注册 19 家），获批开展公募业务的资产管理机构 5 家，基金专户子公司 18 家，基金销售类子公司 4 家，分公司 60 家，理财中心 12 家，基金销售机构 97 家（其中商业银行 29 家、外资银行 9 家、证券公司 14 家、期货公司 3 家、保险机构 5 家、证券投资咨询机构 3 家、独立销售机构 34 家），基金托管机构 15 家（其中商业银行 10 家、证券公司 3 家、其他机构 2 家），资产类外资代表处 16 家。

北京辖区有 5 家基金管理公司具有社保业务资格，4 家具有企业年金业务资格，32 家具有专户业务资格，7 家具有合格境内机构投资者（QDII）业务资格，18 家成立了专户子公司。有 11 家合资基金管理公司（北京注册 8 家），7 家公司在香港设立子公司。在基金行业非货币公募基金规模排名中，辖区有 3 家基金公司居前十位，华夏基金管理有限公司、嘉实基金管理有限公司和建信基金管理有限公司分别列第二位、第三位和第十位。

2017 年末，北京辖区基金管理公司从业人员 6 056 人。其中，基金经理 412 人，投资经理 312 人。

2017 年末，北京辖区已登记私募基金管理人 4 108 家，已备案私募基金 12 482只，管理基金规模 2.60 万亿元，私募基金管理人员总人数为 4.74 万人；与上年同期相比，分别增长 19.35%、31.22%、52.05%和 2.49%。

二、存在的问题

（一）私募机构两极分化严重

一是基金管理规模呈现两极化。2017 年末，北京辖区百亿元级私募机构 48 家，管理规模 12 867 亿元；规模 10 亿元以上私募机构 366 家，管理规模 22 639 亿元。即不足 1%的机构管理着 49.46%的资金，不足 10%的机构管理着近 90%的资金。此外，尚有 13.66%的私募机构管理规模为零，行业集中度进一步提升。二是规范运作水平呈现两极化。三是机构经营状况呈现两极化。

（二）私募基金行业风险高企

一是个别机构利用错综复杂的关联关系，进行自融、自担、自投，在体外建立“资金池”来规避监管；二是个别房地产基金设立“明股实债”类产品，一旦项目投资出现风险或资金周转困难，就会面临兑付风险；三是个别机构以私募基金名义从事非私募基金活动，甚至涉嫌非法集资等违法犯罪行为，严重侵害投资人权益。

（三）私募机构异地经营情况显著

2017 年末，注册地在北京但异地办公的私募基金管理人 245 家，涉及私募基金产品 634 只，管理规模 357.46 亿元；办公地在北京但异地注册的私募基金管理人 1 540 家，管理基金 5 355 只，管理基金规模 1.75 万亿元。私募机构注册地与办公地分离情况突出，给私募基金监管工作造成了较大压力，也对监管方式的创新、监管能力的提高以及监管人员的素质提出了更高的要求。

三、监管工作情况

（一）组织开展风险自查自纠，全面梳理各类业务风险隐患

组织北京辖区基金管理公司、基金子公司、独立基金销售机构开展风险合规自查评估，通过对各公司自查情况的审阅分析、高管约谈、现场核查等方式对风险点进行关注，有效防范、化解问题和风险。持续跟进自查整改情况，要求各公司提交全面风险自查的阶段性整改进展及最新风险情况，通过持续的风险监控及跟踪分析，引导机构完善自身风控合规管理体制，真正夯实风险防控的第一道防线。

（二）多措并举，构建有效的非现场监控体系

依托公开披露信息、各类监管备案材

料等非现场信息，形成基金管理公司年报、外资代表处年报、监察稽核报告季报、子公司风控指标季报、监管季报、货币市场基金监控季报、销售机构基本情况月报、资管产品月报8类分析报告，作为非现场监管的有效手段，监控掌握辖区机构变动情况，提前预判并化解风险隐患。初步建立辖区私募基金风险防控体系，监测风险线索，汇总风险事项报告，交流通报风险事项实况，研究处理风险案件；建立监管协作机制，通过案件会商、风险通报、移送违法犯罪线索等方式，及时处置风险事项。

（三）持续开展现场检查，加大对违规行为的处罚力度

2017年，共开展现场检查53家次，完成基金经营机构资产管理业务、信息安全、投资者适当性管理等系列专项检查。针对检查发现的问题，要求相关机构提交整改方案、进行内部责任追究。同时按照相关法律法规对相关机构采取监管措施。共对69家私募机构进行现场检查，包括年度专项检查、交办现场检查、日常监管检查，涉及私募基金2 474只，管理规模3 951.67亿元。加强对重点私募机构、风险私募机构的检查执法力度，针对检查发现的问题，已对其中8家私募机构采取行政监管措施。

（四）督促市场主体落实新规，提升合规经营水平

跟踪《证券期货投资者适当性管理办法》的落实工作，选取5家机构进行实地调研，要求机构从管理制度、技术设备、人员配备等方面做好实施准备。做好《证券公司和证券投资基金管理公司合规管理办法》的相关调研和落实推进工作，汇总辖区公司自查情况，追踪落实新规执行。《上市公司股东董监高减持股份的若干规定》出台后，及时摸排情况，约谈重点公司，提示公司做好压力测试，制订流动性风险预案。《公开募集开放式证券投资基金流动性风险管理规定》出台后，要求辖区机构及时对照新规自查，在规定时点及时做好制度调整、信息披露等工作。

（五）加强与行业间的交流互动，切实提高监管能力建设

组织召开2017年度北京辖区基金管理公司督察长联席会，通报2016年度北京辖区基金行业的整体情况和监管执法情况，并组织各公司就新规执行、高风险业务风险管控等进行讨论。编写2期《北京证监局基金监管情况通报》，介绍辖区基金行业情况、传达监管政策和要求、通报典型案例。同时，通过内外部培训，进一步提升监管人员的专业能力和监管水平。

（六）切实履行好投资者保护工作职责

高度重视投资者保护和举报信访工作，严格按照工作程序及时受理、认真调查、充分沟通、按时答复，充分做好对投诉人的安抚和疏导工作。以暴露出来的信访投诉为突破口，针对薄弱环节和突出问题强化监管，及时采取监管措施警示公司，并通过日常监管手段督促辖区基金机构加强投资者适当性管理。推动、指导中邮创业基金管理股份有限公司、工银瑞信基金管理有限公司成为省级投资者教育基地。稳妥处理多起涉及群访群诉的举报事项，并对8家涉及违规的私募机构采取行政监管措施，维护投资者合法权益。

（赵建中　贾若）

▲期货公司

一、基本情况和重大变更事项

（一）基本情况

一是机构数量保持平稳，整合加快，资本实力增强。2017 年，北京辖区新增 7 家分支机构，已开业分支机构 102 家；北京辖区期货公司资产总额 736 亿元，同比下降 1.5%；净资本 100 亿元，与上年持平。

二是投资者群体扩大，机构投资者数量进一步增加。2017 年，北京辖区投资者 67 万人，较上年增长 11.67%，其中机构客户 2.1 万户，增长 5%。

三是受整体市场影响，交易规模和交易金额下降，盈利水平逆势增长。2017 年末，北京辖区期货公司客户保证金 566 亿元，同比下降 2.9%，占全行业的 14.15%；利润总额 13.91 亿元，同比增长 24.3%。全年代理交易量 7.21 亿手，同比下降 32.24%；代理交易额 41.5 万亿元，同比下降 13.54%。

四是公司合规运作，业务多元化发展。2017 年，共有 16 家期货公司具有投资咨询业务资格，收入 1 184 万元；有 18 家期货公司具有资产管理业务资格，管理资产规模 346 亿元，收入 8 347 万元。8 家期货公司成立风险管理子公司。在 2017 年中国证监会期货公司分类评价中，北京共有 A 类 AA 级公司 4 家，A 类 A 级公司 2 家，B 类公司 12 家。

（二）重大变更事项

2017 年，中国国际期货股份有限公司和冠通期货股份有限公司实行股份制改造，拟通过资本市场进行融资。

二、金融产品创新和金融服务

2017 年，北京辖区期货公司积极参与“期货 + 保险”试点，深入服务实体经济。多家期货公司以服务“三农”、参与政府脱贫攻坚为契机，积极参与交易所支持的“保险 + 期货”扩大试点项目，发挥期货优势，解决农民和企业在管理风险、成品销售等方面的痛点，从产业链整合的角度服务实体经济，取得了良好的经济效益和社会效应。

三、存在的问题

一是期货公司金融属性不强，业务单一，规模较小，盈利能力较弱，人才匮乏。

二是期货资产管理业务以及期货风险管理子公司等创新业务处于起步阶段，资产管理“一对多”业务推出时间较短，短期无法形成有效的业务收入，难以满足市场需求，服务实体经济的功能有待进一步发挥。

三是随着金融混业趋势的不断加强，期货公司在激烈的市场竞争中处于弱势地位，发展受限。

四、监管工作情况

（一）开展机构自查自纠工作，深入贯彻依法、从严、全面监管理念

根据中国证监会期货部统一部署，北京证监局向期货公司布置了专项自查工作，要求期货公司切实落实投资者适当性制度，加强分支机构管控，保护中小投资者合法权益；推动期货公司资产管理业务回归本源，专注主业，依法合规经营；排查风险管理业务风险隐患，引导风险管理子公司在严守风险底线的基础上，稳步提升服务产业客户的能力；督促期货公司“三会一层”切实担负起风险防控主体责任，提升对风险的敏感度和判别力，把“两个加强、两个遏制”的要求落到实处。

（二）加强检查力度，强化事中检测和事后问责

1. 充分利用现场检查手段，全面加强监管

一是根据中国证监会统一部署，开展期货公司商品期权业务准备情况现场检查。参加联合检查组，对北京辖区 19 家公司商品期权业务准备情况进行检查。二是开展期货公司信息安全专项检查。要求 19 家公司全面自查，确保信息系统安全运行；选取规模排名全国前 20 位的 3 家公司和 1 家曾出现过信息安全漏洞的公司作为现场检查对象，对检查发现部分公司存在的 IT 治理委员会功能发挥不足、非核心交易系统安全管理和意识水平较低、应急预案的完备性和可执行性不足等问题，要求被查公司整改。三是开展投资者适当性准备情况检查。为配合《证券期货投资者适当性管理办法》的正式实行，对期货公司内部制度、人员配备、技术准备、学习培训等方面的准备情况开展检查。四是开展期货公司净资本和客户保证金专项现场检查。

2. 认真高效开展非现场监管工作，提高监管工作的有效性和针对性

一是持续深入做好保证金安全存管工作。二是认真审核报表，关注期货公司风险监管指标的达标情况。三是认真开展期货公司分类评价工作。四是以首席风险官管理为突破口完善公司治理结构和加强内控监管，推动创新业务发展过程中的风险管控。五是认真开展年报审核，加强年报信息披露质量。六是认真开展国有企业境外期货套期保值业务监管工作。七是多措并举，加强分支机构监管。加强自律引导，制订辖区期货分支机构合规自查自纠工作方案。

（三）推动落实《证券期货投资者适当性管理办法》，保护投资者合法权益

1. 认真做好信访投诉处理工作，切实保护投资者权益

始终坚持有投诉必核查，通过信访核查督促、约束和引导市场主体，强化市场主体保护投资者的意识。对问题较为突出的机构下发责令整改通知并进行重点提示，要求公司加强管理，采取有效措施杜绝出现类似问题，在后期将进一步采取行政监管措施，予以警示。

2. 以“3·15”宣传月为契机，全方位宣传落实投资者适当性制度

把落实投资者适当性管理工作作为提升投保工作质量的重要抓手，以“3·15”宣传月为契机，组织北京辖区期货经营机构开展形式多样的教育活动，以深入落实《证券期货投资者适当性管理办法》为主题，积极宣传经营机构适当性管理义务，使投资者深入了解适当性的含义，取得良好效果。

3. 组织开展“投资者保护·明规则、识风险”专项宣传活动

指导北京期货商会组织期货经营机构开展“投资者保护·明规则、识风险”专项宣传活动，增强投资者的守法意识和风险防范意识，保护投资者合法权益。

（四）指导期货商会组织培训和论坛等活动，促进行业自律发展

指导北京期货商会举办原油期货相关业务培训、国内外农产品期权发展及投资策略研讨会等活动，为期货公司从业人员提供专业支持，提升服务能力和水平，为服务实体经济奠定基础。

（谢兆辉）

▲证券投资咨询公司

一、基本情况

2017 年末，北京辖区共有 18 家证券投资咨询机构，总资产 24.32 亿元，净资产 11.65 亿元，营业收入 21.49 亿元，合计盈利 0.90 亿元。

二、主要问题与风险

一是投资咨询机构营销人员流动比较频繁，加上目前暂无备案或注册管理，监管机关缺乏有效抓手，对于人员的道德风险和执业行为难以实行有效管理。

二是辖区投资咨询机构客户以散户为主，多数为中小投资者，但机构在投资者教育及适当性管理等方面存在不足，甚至存在侵害投资者合法权益的行为，易引发纠纷。

三是绝大部分机构合规风控机制不健全、执行不到位，对业务各环节缺乏有效管控。

四是分支机构无序发展，缺乏管控，展业行为不规范。

三、监管工作情况

一是针对北京辖区证券投资咨询机构无序经营、举报投诉剧增的乱象，北京证监局对 3 家证券投资咨询机构、4 家分支机构下发了监管措施，其中 4 家被责令暂停新增业务，3 家被责令改正。

二是组织召开北京辖区证券投资咨询机构监管工作会议，要求各机构清醒认识当前依法从严全面监管的新常态，恪守合规底线，积极推动行业健康有序发展；并通报北京证监局对相关机构的检查和处罚情况。

三是结合现场检查发现的问题和监管要求，向证券投资咨询机构下发自查自纠通知，要求各机构对照自查底稿进行自查，对存在的违法违规问题认真整改，并向北京证监局上报自查报告和整改报告。

四是编制《证券投资咨询机构监管半月报》，要求公司将新增客户、内诉、退费等情况每半月向北京证监局报告。

（谢兆辉）

保险业发展与监管

▲财产保险公司

一、基本情况

2017 年末，在京经营财产保险业务的主体 54 家[①]，共有职工 12 097 人，其中产险营销员 7 156 人。全年累计实现原保险保费收入（以下简称保费收入）433.74 亿元，同比增长 10.71%；赔款支出 224.83 亿元，同比下降 6.76%；综合赔付率 61.01%，同比下降 0.88 个百分点；实现承保利润 9.27 亿元，同比增长 19.60%；承保利润率 2.56%，同比提高 0.13 个百分点。资产总额 537.53 亿元，比年初增长 11.46%。保险公司所有者权益总额 135.73 亿元，较年初增长

① 包括 47 家分公司、6 家在京直接经营业务的总公司、1 家总公司营业部。

0.86%。

（一）车险业务增速放缓

受北京地区机动车限购政策持续实施和商业车险费率改革的影响，可保机动车总量增长受限，平均费率下降，增速持续放缓。2017 年，实现保费收入 272.7 亿元，同比增长 4.1%，增速较 2016 年、2015 年同比分别下滑 3.2 个和 4.6 个百分点。

（二）非车险业务增速回升

2017 年，非车险业务实现保费收入 161.5 亿元，同比增长 24%，占总保费的 37.3%，占比较上年提高 4 个百分点，其中责任险、企财险、意外伤害及健康险、保证保险、工程险合计保费收入 130.2 亿元，占非车险保费收入总额的 80.6%。受《国务院关于加快发展现代保险服务业的若干意见》和《国务院办公厅关于加快发展商业健康保险的若干意见》的有益影响，以及随着互联网渠道的蓬勃发展，与国计民生密切相关的责任险、意外伤害险和健康险等均实现较快增长；随着普惠金融、小额个贷业务的快速发展，保证保险同比增长 162.8%。

（三）产险市场集中程度高

2017 年，中国人民财产保险公司北京市分公司、太平洋财产保险公司北京分公司、中国平安财产保险公司北京分公司合计实现保费收入 307.2 亿元，占市场总量的 70.8%；实现承保利润 10.2 亿元，对北京财产保险市场利润总额贡献度达 110.4%。

二、金融产品创新和金融服务

（一）农业保险服务“三农”发展

2017 年，开展京郊政策性旅游保险试点，保费收入 99.2 万元，为 2 270 户郊区旅游户提供风险保障 15.3 亿元；开展露地蔬菜气象指数保险试点，保费收入 44.6 万元，为 47 户种植户提供风险保障 495.6 万元；开展西瓜保险人工成本附加险，全面覆盖西瓜种植的生产成本，承保西瓜 3 693.4 亩，为 808 户瓜农提供风险保障 369.3 万元。全年，北京地区共开办政策性农业保险险种 39 个，为 9.1 万户次农户提供风险保障 255.2 亿元，累计赔付支出 5 亿元，受益农户 7.7 万户次。

（二）大力发展“首台套”保险助推“中国制造”

持续贯彻落实中国保险监督管理委员会（以下简称中国保监会）等 3 部委 2016 年下发的《关于开展首台（套）重大技术装备保险补偿机制试点工作的通知》有关要求，充分发挥首都地区企业总部密集的区位优势，做好落地服务，大力发展“中国制造”保险业务。2017 年，中国人民财产保险公司北京市分公司、太平洋财产保险公司北京分公司、大地财产保险公司北京分公司等 7 家公司先后向中国中车股份有限公司等“中国制造”的龙头企业提供保险服务，累计提供质量风险和责任风险保障 73 亿元，累计支付赔款 2 901.6 万元。

（三）责任保险辅助社会管理创新

安全生产责任险有效发挥风险防范作用。2017 年，险种覆盖已扩展至制造业、住宿和餐饮业、批发和零售业等 17 个行业领域，累计投保企业 34 787 家，提供风险保障 1 873 亿元。组织风险排查 1.6 万家次，发现和提示重点安全隐患 1 326 处，一般安全隐患超过 3 万处。

公众责任险协助减轻政府管理压力。2017 年，北京市共有 14 个区投保政府公众责任险、自然灾害责任保险、见义勇为责任保险等政府救助责任保险，保障区级政府在意外事故和自然灾害中应承担的救助责任，累计提供风险保障11.8亿元。

医疗责任保险发挥化解矛盾纠纷功能。2017年，医疗责任保险承保医疗机构1 247家次，提供风险保障13.6亿元，累计处理纠纷1 126件，支付赔款7 527万元。

三、存在的问题和风险

一是服务水平有待提高。2017年全行业车险投诉率0.24‰，同比提高0.08个千分点，46家车险经营主体中，投诉率同比下降的仅有10家。部分中小公司由于人力不足、管理不健全，业务量与服务能力不匹配，投诉率居高不下。

二是投资性财产险业务给付压力加大。部分保险公司以前年度通过银行渠道销售投资型财产保险产品，2017年因投资型财产险试点停止、保户不再新缴投资款及公司投资项目收益不确定，按期给付存在一定压力。

四、监管工作情况

（一）推动实施车险电子投保

2017年9月28日，北京地区参与车险电子投保的43家保险公司完成系统平稳切换，正式实施车险电子投保，实现了车险投保从信息采录到保单出具、承保管理的全流程电子化，进一步减少了保单印刷、配送、仓储等各环节的资源损耗，有效促进了传统车险承保管理模式转型升级。

（二）完善快速处理手机客户端功能

保险公司理赔数据接口对接“北京交警”App的“事故e处理”模块，实现交通事故数据与保险行业的实时交互，提升理赔速度。截至年末，“北京交警”App累计注册用户超过600万人，在线处理交通事故10.6万起。

（三）推进行业共享服务网点建设

2017年12月，北京保险业推出百家车险理赔共享服务网点，打破区域和公司限制，解决理赔“多跑路”“跑远路”问题。网点覆盖10个行政区，辐射面积7 600平方公里，网点数量和密度居全国首位，实施当月共处理案件1.2万笔，平均理赔出行距离不超过5公里，最快用时3分钟，大幅缩短出行时间。

（席静婷）

▲人身保险公司

一、基本情况

2017年末，在京经营业务的人身险分公司60家、总公司6家，其中外资分公司22家，外资总公司2家。全年人身险业务保费收入1 539.41亿元，居全国第5位，同比增长6.37%，增速居全国第34位。非保险合同业务年内新增交费634.52亿元，同比下降62.53%。原保险合同赔付支出352.91亿元，同比下降0.73%。退保金356.50亿元，同比增长20.70%，退保率为5.60%。非保险合同年内新增退费781.25亿元，同比增长37.07%，其中保户投资款退保461.80亿元，投连险独立账户退保319.45亿元。手续费及佣金率为10.10%；业务及管理费率为6.42%。

（一）规模保费增速下降，非保险合同业务持续压缩

人身险业务保费收入小幅增长，增速稳中趋缓。2017年保费收入增速较上年同期大幅回落32.41个百分点，监管引导作用初具成效。其中，寿险业务保费收入1 208.36亿元，同比增长9.69%，增速较上年回落31.76个百分点；非保险合同业务持续大幅下降。非保险合同业务年内

新增交费 634.52 亿元，同比下降 62.53%，延续了 2016 年以来大幅降低的趋势。

（二）结构不断优化，业务回归保险本源

新单期交率普遍上升。从新单业务期趸交结构来看，人身险新单期交率 29.94%，同比上升 6.82 个百分点。寿险新单期交率 32.11%，同比上升 5.72 个百分点；同时，长期业务占比明显提高。

（三）银保渠道显著收缩，个险渠道势强

在寿险市场整体转型中，前期以中短存续期业务为主的银保渠道保费规模、增速、占比均出现下降，部分银保渠道依赖性较强的公司也在开拓个人代理、经纪代理渠道。2017 年，北京地区银保渠道保费收入 750.94 亿元，同比下降 7.22%，增速下降 45.0 个百分点；银保渠道占比 48.78%，同比下降 7.14 个百分点。个险渠道保费收入 514.64 亿元，同比增长 26.15%，增速上升 8.22 个百分点；业务占比上升 5.24 个百分点；年末个险渠道营销员人数 12.61 万人，同比增长 32.66%。

（四）退保、满期给付风险基本可控

2017 年，人身险公司退保金支出 356.50 亿元，同比增长 20.70%。赔付支出 352.91 亿元，同比下降 0.73%。其中，满期给付 191.40 亿元，占比 54.23%，虽然出现了一些风险苗头，但由于处理及时，均妥善化解。

二、金融产品创新与金融服务

（一）以服务多层次养老保障体系为出发点，关注养老险服务民生

一是深入推进老年人意外险项目。该项目自 2013 年末开展以来，为在京生活的老年人提供意外身故、伤残、医疗等多重保障。四年来承保人数逐年增加、保障范围不断扩大，已覆盖北京市全部辖区。2017 年末，累计承保 130 万人，已完成对 1.10 万人次的理赔服务，累计理赔 2 295.76万元。

二是稳步推进老年人住房反向抵押试点工作。2017 年末，累计承保 22 户 34 人，占全国承保总人数的 27%；累计发放养老金 448.30 万元。抵押房产总值 8 607.70万元，试点运行总体平稳。

三是密切关注养老社区建设三种模式。泰康人寿保险公司、新华人寿保险公司、阳光人寿保险公司等陆续在京建设养老社区，为近千户老人提供“保医养”相融合的养老服务。

（二）及时总结健康险服务模式，推动健康险服务民生

一是推动个人税优健康险试点，2017 年末，累计承保 9 457 件，占全国总承保件数的 5.4%。

二是响应政策要求，稳步推进海淀区居家养老失能护理互助保险项目。2017 年末，该项目已有 5 710 人参保。

三是配合人力资源和社会保障部门，指导行业探索石景山区政策性长期护理保险试点，初步完成试点方案并确定参保人员范围。

四是开展计生家庭保障项目，对本市全部 1.1 万户失独家庭提供养老、身故、意外、重疾等综合保障，全年累计完成意外、重疾赔付 40 余万元。

五是创新开展预防接种异常反应保险，对在京接受一类疫苗接种并出现异常反应的患者提供疾病身故、遗体转运及医疗补偿，并推动保险机构参与二类疫苗异常反应的补偿项目。

三、存在的问题和风险

（一）业务增速放缓，现金流风险需警惕

严监管态势下，收入端增长放缓，支出端硬性支撑，部分公司出现局部现金流缺口，在总公司整体统筹现金流的情况下，重点公司的经营及风险状况仍需持续关注。

一是非保险合同业务现金流倒挂明显。2017 年，北京地区寿险公司非保险合同业务整体出现倒挂，简单退保率达 123.1%，其中 31 家公司该指标数值超过 100%。

二是满期给付和退保持续高位。受前期中短存续期产品影响，自 2016 年开始北京地区满期给付和退保金始终高位运行。

（二）金融风险交叉传递问题需引起重视

在金融环境复杂多变的形势下，监管部门更应及时关注跟进、尽早发现风险苗头，严防金融风险跨界传递。

四、监管工作情况

（一）严查重处，规范市场秩序

2017 年，中国保险监督管理委员会北京监管局（以下简称北京保监局）共对 14 家次人身险公司及中介机构开展现场检查，对人身险公司和相关责任人处以 197 万元罚款。

1. 创新理念、明确原则，提升规范效果

一是重点治理个险产品说明会销售误导和录音录像缺失问题。通过检查，明确对产品说明会录音录像保存不全问题、销售误导问题从重处罚的原则，实现了产品说明会声像资料缺失或不完整情形的行政处罚“零突破”。二是持续治理银保销售误导，连续 3 年督察北京地区银邮机构销售过程录音录像要求落实情况，有效衔接中国保监会销售行为可回溯管理制度。

2. 完成专项检查任务

投入检查人力 27 人次、检查工作日 132 天，完成三大检查任务。一是对 3 家人身险总公司开展保险法人机构公司治理评估；二是参加 2 家总公司大病保险专项检查；三是牵头对 2 家银行总行的电话销售和互联网业务开展“亮剑行动”专项检查。

3. 从严实施分支机构准入和高管任职管理

一是全面落实《中国保监会关于进一步加强人身保险监管有关事项的通知》（保监发〔2016〕113 号）要求，严格审查公司报送材料，对偿付能力不足、违规受到处罚次数较多的公司停设分支机构，倒逼公司依法合规和转型升级，全年审查机构设立行政许可 11 件，对 3 家机构作出不予审批的决定。二是严肃高管任职管理。规范省级分公司主要负责人的异地任职情况核查程序、向所有机构明确高管离职报告标准、对高管违规问题进行严肃查处。

（二）内外结合，牢守风险底线

1. 持续防范满期给付和非正常退保风险

一是强化风险排查。2017 年初对辖内所有人身险公司开展风险排查，对 14 家重点公司逐一下发风险提示函。二是开展日常监测。对公司满期退保情况开展旬、月、季度风险监测。三是注重案件处置。积极妥善处理部分公司苗头性风险事件，全年未发生满期给付与非正常退保群体性事件。

2. 有效防控销售管理关键环节风险

组织北京辖内63家人身险公司对销售宣传、新单回访等销售管理关键环节开展自查自纠，通过专项调研、集中座谈等方式对辖内超过50%的人身险公司进行重点督导，并抽取2家人身险分公司开展综合性检查，督促相关公司建立长效机制。

3. 系统总结投诉举报情况，警示违规风险

2017年，处理举报、投诉案件49件，在个案处理的同时，综合分析突出问题和重点公司，提出加强日常监测、重点整治突出问题、通报典型案例等监管意见，加强对行业的警示教育，提示违规风险。

4. 关注舆情风险和声誉风险

针对2017年中国人寿保险公司北京市分公司、中国平安人寿保险公司北京分公司等公司销售人员利用监管政策进行产品停售、涨价等不实宣传，引发媒体集中报道产生的负面舆情，指导公司及行业迅速反应，妥善处置，有效维护了消费者信心和保险业形象。

（三）回归本源，推动行业服务民生

积极开展调研，加强与相关政府部门沟通合作，系统总结服务民生模式，持续推动各类民生项目，提升了群众获得感，取得了较好社会效果。

（王诚）

▲保险中介机构

一、基本情况

（一）保险专业中介市场情况

2017年末，在京保险专业中介法人机构405家，同比增加1家。其中，保险专业代理机构172家（全国性代理64家），保险经纪机构182家，保险公估机构51家。在京保险专业中介所属从业人员431 166人（含全国各地分支机构从业人员）。其中，保险专业代理机构、保险经纪机构、保险公估机构从业人员分别为397 231人、31 654人和2 281人。

2017年，北京地区保险专业代理机构实现保费收入376.06亿元，同比下降56.5%，扣除个别公司统计口径影响，实际保费收入同比增长67.84%；实现代理佣金收入85.88亿元，同比增长75.19%。保险经纪机构实现保费收入513.31亿元，同比增长23.56%；实现经纪业务收入100.25亿元，同比增长34.65%。保险公估机构实现业务收入5.5亿元，同比增长91.21%。

（二）保险兼业代理市场情况

2017年末，北京地区共有保险兼业代理机构7 223家，同比增加121家。全年，北京地区通过保险兼业代理机构实现保费收入963.96亿元，同比下降5.21%，渠道占比为48.6%。其中，财产险公司通过保险兼业代理机构实现保费收入197.21亿元，同比增长1.49%，渠道保费占比为44.43%；人身险公司通过银邮兼业代理机构实现保费收入750.94亿元，同比下降7.22%，渠道保费占比为48.78%；其他兼业代理机构实现保费收入15.81亿元，同比增加18.78%，渠道保费占比为1.03%。

（三）保险销售从业人员情况

2017年末，北京地区保险公司销售从业人员共162 822人，同比增加31 092人。全年北京地区人身险公司通过销售从业人员实现保费收入514.64亿元，同比增长26.15%，渠道占比为33.43%。个人代理渠道对人身险公司的健康险业务和寿险业务的贡献度较大，渠道占比分别为

43.55%和19.97%。

二、存在的主要问题及风险

（一）股东来源日益多元，存在风险跨行业交叉传递的隐患

各类机构通过新设、收购等多种方式进入保险中介市场，股东方的经营理念直接影响中介机构经营行为：有的仍延续所谓“互联网思维”，拼流量、抓眼球；有的销售人员队伍与P2P理财等股东业务没有实现有效隔离，存在销售非保险理财产品的风险隐患；有的机构仍然走粗放式发展道路，通过扩队伍、冲规模来获得风险投资。

（二）分支机构数量快速增长，存在一定的管控风险

受多重因素影响，保险专业分支机构数量保持快速增长态势。一些法人机构的管控能力跟不上分支机构增长速度，管理手段单一；有的对分支机构搞“承包”，法人对分支机构的合规管控、内部管理等缺失，风险隐患较大。

（三）销售从业人员增长较快

保险销售从业人员资格考试取消以来，从业人员队伍始终保持较快增长，全年在京保险公司销售从业人员同比增长30.68%，在京保险专业中介法人机构全国从业人员同比增长227.47%。一些保险机构仍在走“大进大出”老路，违规招聘等问题时有反映；有的保险机构重业务轻品质，培训管理工作跟不上，极易产生销售误导行为。

三、监管工作情况

（一）防范市场风险

一是强化准入退出管理。加强新设机构和股权变更的审查管理，运用“保险中介大数据风险监测平台”对三度关联股东实施穿透式核查，严把机构准入关，同时积极探索专业中介机构市场退出的实现方式和途径，确保机构平稳有序退出市场。

二是持续推进监管信息化建设，提升非现场风险监测能力。综合工商、司法、舆情等大数据和机构、人员经营信息，实现风险分类和重点防控。根据非现场风险监测情况，对重点机构开展延伸检查，密切关注各类风险，实现早防控、早处置。

（二）提高监管效能

一是制定出台保险中介机构经营异常信息提示制度，通过信息披露进一步发挥和强化行业自律与社会监督的作用，促进行业合规经营。

二是制定出台保险公司银邮渠道人身险业务管控责任清单和管控指引，强化保险公司对中介机构合规经营的责任。

三是探索研究保险中介法人分支机构管控指引，对分支机构设立的要求予以明确，充分发挥中介法人机构的管控作用。

（三）优化行政服务

优化服务方式，做好政策咨询答疑。继续开展每周集中咨询日活动，全年开展集中咨询47次，接待机构500多家次，涉及人员700余人次，做好监管与市场双向沟通交流。

（刘天中）

其他机构发展与监管

▲小额贷款公司

一、基本情况

2017 年末，北京市共批准设立小额贷款公司 127 家，实现全市 16 个区全覆盖，其中试点通过互联网开展业务的有 5 家。小额贷款公司注册资本金总额 167.67 亿元。

（一）贷款投放

2017 年，北京市小额贷款公司累计发放贷款 286.11 亿元，年末贷款余额 165.90 亿元。

（二）贷款结构

2017 年，北京市小额贷款公司累计向农户及农村企业、组织贷款 78.47 亿元，向小微企业客户贷款 63.22 亿元，向个体工商户、个人贷款 232.01 亿元。

（三）信用形式

2017 年，北京市小额贷款公司贷款以信用贷款、抵押贷款与保证贷款为主。信用贷款累计发放 137.92 亿元，占累计贷款额的 48.20%；抵押贷款累计发放 93.39 亿元，占累计贷款额的 32.64%；保证贷款累计发放 47.95 亿元，占累计贷款额的 16.76%；质押贷款累计发放 5.80 亿元，占累计贷款额的 2.03%。

（四）贷款额度

2017 年，北京市小额贷款公司 10 万元（含）以下的贷款累计发放 65.18 亿元，占累计贷款额的 22.78%；10 万元至 50 万元（含）的贷款累计发放 47.08 亿元，占累计贷款额的 16.45%；50 万元至 300 万元（含）的贷款累计发放 80.82 亿元，占累计贷款额的 28.24%；300 万元以上的贷款累计发放 93.07 亿元，占累计贷款额的 32.53%。第四季度，小额贷款公司最高单笔贷款为 300 万元（北京润丰元大小额贷款有限公司），最低单笔贷款为 5 万元（北京江川小额贷款有限公司）。

（五）利率情况

2017 年，北京市小额贷款公司贷款最高年利率为 36%（北京睿财小额贷款有限责任公司），最低年利率为零（北京农投小额贷款有限公司），加权平均利率为 13.87%。

（六）贷款质量

2017 年末，北京市小额贷款公司正常贷款余额 125.98 亿元，占比 75.93%；逾期 90 天以上贷款在逾期类贷款里占比最高，余额 36.87 亿元，占全部贷款余额的 22.22%；不良贷款余额 22.80 亿元，占全部贷款余额的 13.74%。

（七）财务情况

2017 年，北京市小额贷款公司实现营业收入 22.79 亿元，上缴税款 4.14 亿元。

二、监管工作情况

（一）开展广泛调研，优化政策环境

针对宏观形势变化、民间资本走向和中小企业融资需求，深入小额贷款公司、行业协会及外省市开展调研，根据小额贷款公司发展新特点，听取各家公司的需求建议，并结合中国人民银行《非存款类放贷组织条例（征求意见稿）》、中国银监会《小额贷款公司管理办法（征求意见稿）》，推进《北京市小额贷款公司管理办法》编制工作，在完成初稿的基础上进一步研判修改。办理关于“建立小贷行业互联网共享平台”的政协委员提案，经过仔细调查研究，给予答复。参加由中国小额贷款公司协会组织的行业可持续发展推进会，就小贷行业问题进行探讨，研究思考如何更好地引导行业健康持续发展。

（二）加快审批速度，提高服务效率

利用北京市政务服务事项管理系统，将审批涉及事项向社会公开，简化审批流程，提高审批效率。加强对各区金融主管部门的初审指导力度，加快审批速度，提高服务效率。推动北京市小贷监管系统研发更新工作，增加系统内容，全面掌握小贷公司的业务数据，为审批监管打下良好基础。

（三）增强服务“三农”能力，加大创新实践力度

积极引导小额贷款公司立足“三农”，服务小微，筑牢服务农村市场理念。2017 年，北京市小额贷款公司贷款资金 100% 投向了“三农”、小微企业和个体工商户，涉及行业包括农业、林业、交通运输业、商业饮食业、居民服务业、技术服务业等。鼓励小额贷款公司业务创新，扩大支农支小拉动放大效应，在一定程度上缓解了小额贷款公司业务单一的困境，提高了小额贷款公司对现有市场需求的适应能力。

（四）丰富监管渠道，加强风险防范

不断完善监管体制机制，改进监管方式方法，与区县主管部门对小贷公司实施两级监管，并综合运用现场检查、非现场监管、外部审计和信息化监控等手段，加大监督管理力度，严控风险。4 月中旬到 5 月底，对全市 16 个区的小额贷款公司以区内自查和市级检查方式，就法务、财务、业务等方面进行全面检查。督促小额贷款公司参照银行业信贷管理制度及流程，结合公司特点及所在地区实际，不断建立健全包括信贷管理、内部风险控制、财务稽核等在内的各项制度。

（五）加强人员培训，提高专业素质

加强小额贷款行业从业人员培训，提高行业整体队伍的执业水平和能力，规范小额贷款公司业务发展、提高风险控制能力。4 月，召开北京市小额贷款公司 2017 年第一季度工作会暨现场检查动员会，就 2016 年现场检查中发现的问题进行风险强调；11 月，召开北京市小额贷款公司 2017 年第三季度工作会，回顾前三个季度的工作，部署下一阶段的重点任务。指导协会组织关于小额贷款公司填报业务报表的培训，强化人员素质。

（六）加强行业党建，促进业务发展

督促北京市小额贷款业协会党委加强党建工作，充分发挥协会党委的政治引领优势和协会平台优势，把小额贷款理念创新、业务创新和风控技术创新与新形势下党建工作在小额贷款行业发挥服务引领作用结合起来，推动行业健康发展。

（吴茜）

▲融资担保机构

一、基本情况

2017 年末，北京市获批经营许可证的融资性担保机构共有 76 家，比上年减少 23 家，全部为 5 年期，注册资本约 510 亿元。其中，法人担保机构 72 家（含再担保机构 1 家），非法人分支机构 4

家。72家法人机构中，国有控股机构30家，民营机构42家。注册资本在5 000万元（含）至1亿元的有8家，1亿元（含）至10亿元的有51家，10亿元（含）以上的有17家。融资性担保在保余额约为2 972亿元，同比增长5.34%。

二、监管工作情况

一是全面构建“联动”管理体系，实现部门联动、市区联动、非现场监管与现场检查联动、信访与审批监管联动。部门联动，即北京市金融工作局与工商部门、银监部门等联动，及时通报机构许可证撤销、停业整顿、处罚等信息，形成监管合力。市区联动，即北京市金融工作局与各区金融办密切协作，强化市级统筹和指导，夯实属地责任，形成良性互动局面。非现场监管与现场检查联动，即以非现场监管为抓手，确定检查重点，提高现场检查的针对性和有效性，缓解监管力量不足的困难。信访与审批监管联动，即针对信访投诉集中、侵权线索清晰、违规事实清楚的机构，在妥善处理好信访投诉之前，暂停其许可证换发、机构变更、法定代表人变更等事项的审批。

二是充分运用科技手段提升监管能力和效率。持续优化业务监管系统功能，提升非现场监管的效果，合理分配监管资源，发现风险点，及时进行风险预警，必要时进行干预处置。探索建立融资担保机构的“一企一档”电子档案，将机构相关的业务报表、现场检查报告、违规事项、舆情投诉、诉讼判决、冒烟指数等信息即时记入档案，形成对企业的动态分析判断和监督管理。

三是引导推动融资担保行业服务实体经济发展。特别是为文化创意、节能环保、高新技术及涉农类小微企业及“三农”机构提供融资担保服务。鼓励融资性担保公司结合企业发展情况和行业特征，利用多层次资本市场融资，服务小微企业。

四是推动成立北京市融资担保联盟，由北京中小企业信用再担保有限公司作为牵头单位、北京中关村科技融资担保有限公司、北京首创融资担保有限公司、北京市农业融资担保有限公司、北京市文化科技融资担保有限公司分别成立科创专委会、小微专委会、“三农”专委会和文化专委会，以坚持“资源共享、优势互补、交流协商、合作共赢”的原则，聚集联盟内各机构优势资源，促进各方之间信息互通、经验分享与创新业务合作，共同拓展“小微、‘三农’、文化、科技”融资担保业务。

（吴茜）

▲交易机构

一、基本情况

2017年，北京市要素市场平稳健康发展，在服务实体经济发展、助力首都“高精尖”产业结构形成等方面发挥着重要作用，54家交易场所交易规模达4.97万亿元。

二、服务实体经济

一是进一步发挥京津冀产权市场发展联盟的影响力。2017年，京津冀产权市场发展联盟网站披露4 728个交易项目，成交3 894项，成交金额1 298.41亿元。其中三河冀东水泥有限责任公司100%股权项目在北京产权交易所以6.37亿元成功转让，溢价5.43亿元，增值率579.78%。

二是成功举办主题为“绿色金融与低碳发展”的第八届地坛论坛，滴滴出行、壳牌能源（中国）有限公司和北京环境交易所正式签署备忘录。

三是北京产权交易所助力21家市属国有企业控股的战略性新兴产业类企业，进场寻找战略投资者或发展所需资金，共引入资金总额98.3亿元。

三、监管工作情况

（一）开展清理整顿交易场所回头看工作

一是深入开展对“邮币卡”类交易平台的专项整治工作。北京市金融工作局联合市清理整顿工作小组有关单位对交易平台及其控股股东开展数轮约谈，要求其严格落实监管要求，认真整改；指导其制定细化可执行的存量化解工作方案、社会风险评估报告、应急维稳工作预案和发展方案，督促其多措并举鼓励持仓人提货离场，对持仓人亏损情况细致分析并予以合理补偿，压缩化解存量风险。指导其对业务进行重新设计，实现专业专营。

二是针对已经进行风险处置但仍有大量信件投诉的交易所，配合相关区人民政府指导其通过资产重组、计提风险准备金等方式妥善处置遗留问题。

三是不断加强信用机制建设，全年公布三批“黑名单”，对36家违规公司向社会进行了风险提示。

（二）进一步完善交易场所长效监管机制

一是开展《北京市交易场所管理办法》和《北京市交易场所管理办法实施细则》修订工作。进一步健全北京市清理整顿各类交易场所工作小组的机制作用、调整优化审批流程、加大联合执法工作力度、强化交易场所全面风险管理体系、加强统一登记结算平台和行业自律组织建设，构建高标准、全方位的监督管理体系。

二是持续加强要素市场基础设施建设。推进全市统一登记结算平台建设，督促各交易场所接入统一登记结算平台，实现对交易品种、持仓人权益的全面登记，稳步实现交易过程的实时监控及资金的统一结算。指导首都要素市场协会开展行业自律管理，制定交易场所投资者适当性、风险管理的标准和规范文件，加强风险提示、投资者教育和交易场所高管培训，建立健全交易纠纷调解机制。

三是充分发挥首都要素市场协会的职能作用，通过采取自律管理措施、向投资人进行风险提示、建立完善纠纷调解机制等方式，保护交易各方合法权益，促进市场健康发展。

（吴茜）

四、服务与管理

货币金银管理

2017年，北京市货币金银管理工作有序开展，中国人民银行营业管理部（以下简称人民银行营业管理部）科学调拨发行基金，有效保障北京市现金供应；实施精准扶贫，加强远郊区支付环境建设；落实“反假货币重心前移”要求，实施“精准反假币”；正式启用北京重点库，进一步提升库房安全管理水平。

一、有效保障北京市现金供应

（一）科学调拨发行基金

根据全辖库存情况，对影响投放回笼的因素进行分析，科学进行发行基金投放和回笼，确保群众的兑换需求。全年，发行基金投放同比增长0.02%，回笼发行基金同比增长10.02%，净投放发行基金399.72亿元，同比下降28.17%。

（二）做好普通纪念币预约及兑换工作

2017年，普通纪念币兑换采取网络预约方式进行。在普通纪念币发行前，组织辖内涉及普通纪念币发行的商业银行召开会议部署发行工作，提出要求，严格发行纪律；在发行过程中，按要求发布兑换进度，对现场兑换情况进行检查，及时处理相关举报和投诉；在发行完成后，组织商业银行将已预约未兑换的普通纪念币上缴入库，对空箱进行妥善处理。

（三）落实完成硬币自循环目标

将硬币自循环工作纳入货币金银管理工作考核内容，要求各商业银行高度重视硬币自循环工作，配备硬币自助机具，加强对交存残损人民币的分类管理及现金收付管理，拓展硬币回笼渠道，建立便利、高效的市场化硬币回笼和自循环体系。通过开展调研，探索和建设硬币流通环境，建立企业与商业银行间的实时对接。组织华夏银行北京分行、中信银行总行营业部、北京地铁运营公司召开“硬币自循环”座谈会，商讨对接工作；联合北京银行、北京农商银行赴京客隆超市、物美集团总部就现金使用情况、人民币票面质量、硬币兑换机配置等进行交流；联合北京银行赴北京智联弘盛科技发展有限公司测试智能现金柜台、硬币兑换机具，组织召开硬币自循环座谈会。截至年末，北京市共布放硬币兑换机76台，通过硬币自助兑换服务网络兑换硬币共7.44万笔、1 218.38万枚。

二、加强人民币收付业务管理

（一）开展“普惠金融”，以“现金服务进农村”为主题，加强远郊区支付环境建设

指导北京农商银行、中国邮政储蓄银行北京分行增强乡镇网点的辐射作用，满足群众取款需求。加强对农村反假货币宣传，做到每户一册反假货币宣传手册，每一个乡村便利店都成为一个反假货币宣传站，每一名乡村便利店辅导员都成为一名反假货币宣传员。实施偏远农村人民币现金“焕新行动”。通过现金流动服务车、定期上门回收、有奖办理小面额残损币存兑等形式，把积攒在乡村小卖部的残损小面额人民币兑换成新。全年共投入180万

元专项资金，为偏远山村配备现金处理设备22台。

（二）创新工作形式，加强商业银行现金服务监管

开展现金服务第三方调查工作，共对1 000个银行网点的现金服务情况进行实地调查。

三、落实反假货币各项措施

（一）收缴假币，净化货币流通环境

2017年，北京市共计收缴、没收假人民币16.7万余张、1 260.06万余元，同比分别下降10.68%和6.62%。其中，来自银行系统的假人民币收缴量为15.07万余张、1 186.22万余元，同比分别下降10.71%和8.69%；来自公安系统的假人民币没收量为1.63万余张、73.83万余元，同比分别下降10.33%和增长46.52%。

（二）联合公安机关开展多起打击制售及使用假货币案件

自3月中下旬开始，配合北京市公安局刑侦总队开展针对克隆出租车的专项行动，共破获5起克隆出租车持有假货币的违法犯罪活动，查获涉案假币共计7 601张、46.13万元。8月，成功捣毁一个印制、贩运一体化的伪造人民币犯罪窝点，现场起获假人民币成品577张和半成品6 406张，收缴用于伪造人民币的彩色打印机11台、电脑2台、墨水12盒、裁纸器1台、丝印1台、烫金机1台以及A4纸20张。

（三）开发“央行北京·现金服务”微信小程序

开发“央行北京·现金服务”微信小程序，实现小面额货币的供需登记与供需调剂、假币实时登记与数据分析、信息报送与通知下发等功能，强化对银行业金融机构小面额货币的供求分析和流通监管，实现假货币防治“关口前移”。

（四）开展多样化反假货币宣传活动

4月，联合中国工商银行北京市分行在石景山八大处公园开展“爱护人民币，现金服务便民行”主题宣传活动。6月，在新发地农贸批发市场开展主题为“普及金融知识，守住‘钱袋子’”的反假人民币专项宣传活动。10月，与中国人民银行货币金银局以联学共建的形式，在门头沟区傅家台村开展现金服务及反假知识宣传。全年共发放各类人民币宣传资料约29万份，受众人群约200万人。

四、启用北京重点库，不断提升库房安全管理水平

（一）北京重点库正式启用，对辖外押运进行业务服务外包

2017年6月，北京重点库获批启用。8月30日，中国人民银行541厂重点库向北京重点库运送了第一批发行基金。

（二）进一步规范北京重点库及代理发行库管理

对北京重点库仓储管理系统使用的甲骨文（Oracle）数据库版本从10G升级为12C，更新北京重点库系统中硬件设备管理服务器。3～4月，对辖内12家代理发行库进行业务考核，针对发现的问题，分类汇总并督促代理发行库认真整改。

五、钞票处理业务

根据中国人民银行关于钞票处理中心劳务外包工作指导意见，将清分、复点、销毁操作业务打包整合进行社会化招标。于4月顺利实现新、旧服务供应商的平稳过渡。

按照中国人民银行关于廉政风险防控工作的部署，制订廉政风险防控工作计

划，指定专人为廉政风险防控联络员，认真学习涉及钞票处理业务的风险事项6项、突出事项4项和《货币金银从业人员职业行为准则》，提高干部职工思想素质和改进工作作风。

认真履行业务“安全第一责任人”职责。制定《劳务外包工作管理办法》、《钞票处理中心管理办法实施细则》等6项制度规程，实行人民银行营业管理部内业务骨干跟班作业制度，加强重点环节的监督检查。按季度开展全面检查和专项检查，共排查9项风险隐患，梳理出新的风险点3个。结合党风廉政建设和“两学一做”工作，集中组织开展7次知识与技能培训，3次反腐倡廉警示教育培训。建立并强化岗位资格考核和服务供应商的考核评价机制，确保对岗位风险的有效控制。

总结经验、加强交流，不断提升调查研究能力。参加中国人民银行组织的培训班2次，并进行转型经验交流介绍；撰写的《加强管理 落实责任 促进劳务外包转型工作安全高效开展》刊登在《货币金银工作参考》2017年第11期；联合撰写《供给侧改革背景下的金融供给创新研究——浅析代币发行现状及监管建议》和《全生命周期角度的绿色货币发行初探》2篇调研课题。

2017年，清分人民币回笼券张数比上年下降20.51%，联机销毁残损人民币张数比上年下降5.45%，大型机械销毁残损人民币张数比上年下降9.964%，重量385.515吨，复点残损人民币张数比上年下降12.34%；清分设备累计运行10 854.80小时，设备每小时处理能力71.23千张/小时，比上年提升1%，清分设备故障次数比上年下降2.22%。大型机械销毁设备累计运行283.13小时，设备每小时处理能力与上年相比下降4.89%；全年发现商业银行上交中心支库钱捆长短款金额比上年下降10%，假币金额比上年上升27%。

（胡月 康小宇）

国家金库业务

2017年，国家金库北京市分库认真贯彻落实全国国库工作会议精神，积极围绕国库安全、信息化建设、理论研究等工作重点，认真履行经理国库职责，在探索国库资金“守护神”、国库发展“高速路”、财税研究“重镇”和国库航船“压舱石”四个方面的重点工作中有提高、有突破，在首都经济社会发展中发挥了重要的支持和保障作用。

一、以制度执行为准绳，夯实国库会计核算基础

（一）认真完成国库会计核算基础工作

2017年，全辖各级国库共完成财政预算收入（不含转移性收入及债务收入）16 800.4亿元，同比增长12.84%。其中，中央级收入8 175.2亿元，同比下降2.97%；地方级收入8 625.17亿元，同

比增长 33.46%。办理全辖公共预算支出 8 639.5 亿元，同比增长 14.90%。为市级财政部门计付利息 19.3 亿元，其中国家金库北京市分库付息 3.89 亿元，国库现金管理利息 15.45 亿元。代收北京市工会经费 59.73 亿元，同比增长 10.8%。

（二）以制度约束督促风险防范

配合相关单位开展人民银行营业管理部主任离任审计、年终决算前系统应急演练及业务自查等工作任务，梳理业务流程堵塞管理漏洞，及时落实整改防范操作风险，切实把各项制度落到实处。

（三）积极配合完成会计分析系统建设工作

按国家金库总库（以下简称总库）要求，参加会计分析系统升级需求座谈会；提出相关意见并做好系统上线前的各项准备工作。撰写会计分析系统业务操作流程并下发支库，对支库的会计分析数据采集工作进行指导，确保各支库及时、准确上报数据。

二、国库信息化建设取得新进展

（一）创新试点电子缴税三方协议网签

2017 年 3 月 1 日，与北京市国家税务局（以下简称市国税局）共同推行的三方协议网签业务正式上线。依托财税库银横向联网系统（TIPS），快速高效实现税务部门、商业银行和纳税人间的信息交换，完成信息传输、校验、反馈及协议签署功能，打通了电子缴税流程“最后一公里”，实现了缴税全流程电子化。

（二）成功上线区县国库支出无纸化系统

一是代理支库业务电子化取得突破进展。2017 年 4 月 5 日，北京海淀代理支库支出无纸化业务系统上线运行，成为全国首家实现支出无纸化的代理支库。截至年末，已有 5 家代理支库上线。

二是联合北京市财政局（以下简称市财政局）开展项目试点，探索系统改造、业务流程等具体细节，确定电子凭证库和无纸化前置间传递信息、北京市电子清分平台及中国工商银行北京市分行内部汇划系统清算资金等操作方案。截至年末，已陆续在丰台、顺义支库推广上线，累计支出金额 463.63 亿元。

（三）率先实现代理支库退更免业务电子化

2017 年 6 月 23 日，率先在北京市西城区支库上线退更免业务电子化。借鉴国家金库会计数据集中系统（TCBS）与国库信息处理系统（TIPS）直连自动的处理模式，实现 TIPS 与国家金库会计核算系统（TBS）、TBS 与支付系统的电子信息流对接，实现代理国库电子化业务管理新模式。截至年末，该业务已陆续推广至东城、海淀和朝阳代理支库，累计金额 30.31 亿元。

（四）积极配合做好二代 TIPS 上线推广工作

一是充分做好上线准备工作。组织辖内各联网单位负责人参加中国人民银行召开的二代 TIPS 上线准备动员电视电话会议，派业务骨干参加总库组织的培训班；连同中国金融电子化公司为辖内各联网银行进行业务及技术培训；与财政、税务、海关、银行等相关部门建立二代 TIPS 联系工作机制，制定测试工作责任分解表，认真做好环境搭建、业务和技术准备。

二是认真开展联调测试工作。作为全国海关业务测试试点地区，北京于 2017 年 6 月先行先试，历时近 2 个月，顺利完成与税务、财政、工会、银行的全业务联调测试。

三是2017年9月16日顺利完成二代TIPS MOM前置系统切换，系统运行平稳正常。

（五）成功上线运行财关库银横向联网银行端查询缴款业务

2017年2月27日，上线运行财关库银横向联网银行端查询缴款业务，提升了海关税收电子缴税比率及海关税款入库效率，丰富了海关税收电子缴税业务种类，进一步拓展了财关库银横向联网覆盖范围。

三、以科学规范管理为手段，深化国库监督管理职能

（一）加强商业银行代理国库业务监管

参加人民银行营业管理部对中国民生银行北京分行等4家中资、外资商业银行代理国库业务的综合执法检查。创新实行辖内国库集中收付代理银行自我评估报告制度，进一步提升相关业务的非现场监管能力。完成2016年度商业银行代理国库业务考核，完成4家支行的地方国库集中收付代理银行资格认定。

（二）加强代理支库监管

完成对18家代理支库年审及达标升级考核评定，对14家代理支库开展国库业务现场检查，严格落实对代理支库的监管职责，促进代理支库全面履职。

（三）做好国库业务培训

组织开展TIPS业务、商业银行代理国库业务、国债发行业务培训，有效提升商业银行和代理支库业务水平。

（四）做好北京西客站支库和涉外支库的注销工作

根据中国人民银行国库设立相关指导意见，注销国家金库北京西客站支库和涉外税收支库，进一步规范辖内国库机构设置。

（五）加强国债业务监管

陪同中国人民银行、财政部相关领导巡查国债发行情况，调研基层销售网点国债销售、兑付工作。与市财政局组成国债联合巡查组，对国债承销银行的60家网点进行现场巡查，实现了全辖26家承销机构巡查的全覆盖。认真做好国债宣传工作，累计开展“国债知识进军营、进工地、进商圈”等惠普宣传活动6次。全年，共发行储蓄国债（凭证式）8期，金额221.3亿元；储蓄国债（电子式）10期，金额363.8亿元，销量稳居全国首位。

（六）做好国库监管各类系统的运维和操作

认真做好国家金库管理信息系统（TMIS）的升级测试等工作，确保北京分库系统升级顺利实施。及时准确做好各类监管类系统的运维操作，优质高效完成各项系统操作。

四、以财税研究重镇为突破口，信息调研水平显著提升

（一）建立《国库简报》报送机制，为各级领导决策提供参考

建立《国库简报》报送机制，作为中共北京市委、北京市人民政府（以下简称市政府）月初经济金融工作会议专项材料。其中，2017年1月和7月《国库简报》获市委书记、市长蔡奇的圈阅。

（二）建立信息调研长效机制，刊用数量显著提高

全年，国库信息调研刊用数量100篇。其中，市领导圈阅2篇，市政府办公厅刊用9篇，中国人民银行办公厅刊用2篇，中国人民银行国库局刊用22篇，上报金融信息63篇，其他专题调查2篇。此外，还获得人民银行营业管理部2016年优秀信息工作集体，优秀特约信息联络

员的奖励；《营改增对地方财政收入及银行业影响》和《地方国库现金管理与政府债务管理的协调配合问题研究》获2016年优秀调研报告三等奖。

（三）提高国库资金运行分析报告的质量

搭建北京市国库资金运行情况分析的框架，逐步成为北京市国库工作的品牌产品。利用国库数据取得较快的优势，与宏观经济数据相结合，创建“北京国库领先指标”，预测全市GDP数据。

（四）加强对代理支库的组织和管理

建立了代理支库的国库信息联系人制度。

五、稳步开展地方国库现金管理工作

（一）认真做好地方国库现金管理相关工作

2017年，完成市级国库现金管理投放操作11期，金额3 600亿元；收回操作13期，金额3 300亿元，收回利息合计15.2亿元；期末余额1 100亿元。

（二）加强对地方国库现金管理参与银行的管理工作

年内，组织对辖内商业银行进行《国库现金管理的现状、发展和地方实践》的培训。全年共举办座谈3次，邀请部分参与银行就业务处理流程、相关部门间协调工作机制等问题、困境进行了解和探讨。加强国库现金管理的理论研究，全年组织参与银行撰写调研报告25篇，专题调查75篇。其中，《中央定期存款利率上升相关情况》分别被中国人民银行办公厅《送阅信息》和中国人民银行国库局《国库情况反映》刊用。根据中国人民银行信息化项目“国库类系统升级”实施工作安排，会同人民银行营业管理部科技处完成4次TMIS现金管理子系统升级改造，协调相关人员共同完善业务处理流程。

（陈永波）

支付结算清算管理

2017年，人民银行营业管理部大力推进支付清算基础设施建设，进一步强化支付服务市场监管，不断优化人民币银行结算账户管理，持续改善非现金支付环境，创新开展农村支付环境建设，支付信息服务决策效果不断显现，金融服务首都实体经济的能力有效提升。

一、继续推进支付清算基础设施建设

（一）优化系统功能，提升支付系统处理效率

完成大额支付系统即时转账业务调整、网上支付跨行清算系统新增业务功能、支票影像交换系统业务纳入小额支付系统等工作。

（二）常备借贷便利实现券款兑付结算

辖内华夏银行、北京银行、北京农商银行开立了常备借贷便利券款对付结算（DVP）账户，设置了借贷便利账户对应关系。

（三）ACS系统应急处置能力实现“三保险”

2017年11月24日，成功组织中央银行会计核算数据集中系统（ACS）应急

切换演练，验证了第三方独立灾备集群的有效性，建立了北京辖区内 ACS 系统在主备数据中心“双保险”之外的“三保险”机制，提高了应急处置能力。

（四）中央住房公积金实现直接缴存

中央国家机关住房基金管理中心以特许参与者身份接入北京市电子清分平台，突破了以往缴存单位只能通过中国建设银行办理公积金业务的限制，支持缴存单位通过网银等电子支付手段办理缴存。

（五）支付清算系统运行平稳

2017 年，北京市大额支付系统处理业务 12 410. 12 万笔，金额 1 712. 11 万亿元，同比分别增长 22. 84% 和 -4. 45%；小额支付系统处理业务 42 331. 34 万笔，金额 3. 50 万亿元，同比分别增长 57. 65% 和 -32. 19%；网上支付跨行清算系统处理业务 104. 47 亿笔，金额 76. 05 万亿元，同比分别增长 91. 97% 和 71. 68%；北京市同城票据交换系统共处理票据 1 152. 92 万笔，金额 4. 24 万亿元，同比分别下降 22. 55% 和 2. 77%。

二、着力强化支付服务市场监管

（一）成立北京市支付清算协会

为强化行业自律，提升北京市支付行业的自律能力，辖内 13 家机构共同发起申请设立的北京市支付清算协会，于 2017 年 9 月 12 日举行揭牌仪式，北京地区部分商业银行、支付机构和部分行业相关机构为该协会会员。

（二）创新非现场监管手段

按时高质完成辖内支付机构监管报告。经过对辖内支付机构业务开展情况、经营情况、合规情况等分析、总结，形成北京市支付机构 2016 年度综合监管报告以及资和信电子支付有限公司等 7 家重点支付机构 2016 年度独立监管报告。细化支付机构分公司备案材料要求和审核反馈流程，完成 2 家外地法人支付机构分公司的备案工作，并对 5 家分公司违规展业行为作出终止分公司备案流程的处理决定。

（三）规范网络预约出租汽车联审工作

会同北京市交通委员会等部门对预约出租汽车平台公司的线上服务能力进行联合审查，并出具线上服务能力审查意见。

（四）客户备付金实行人民银行集中存管

组织辖内法人支付机构和备付金银行，实施人民银行备付金集中存管制度，指导各支付机构与交存银行提前做好上交备付金的归集，并要求各交存银行及时报告相关支付机构交存账户余额变动情况，督促余额不足的支付机构尽快调拨资金，确保足额交存；提示各交存银行提前做好资金备份，加强内部协调以保证流动性充足，避免影响日常业务的开展。

（五）审慎开展非银行支付机构《支付业务许可证》续展及分类评级工作

根据中国人民银行工作要求和部署，本着严格、审慎原则，完成第二批、第三批共计 22 家支付机构《支付业务许可证》续展申请初审工作；完成辖区内 54 家非银行支付机构 2016 年度分类评级工作。

三、优化人民币银行结算账户管理

（一）积极探索提高开户效率，优化营商环境

参加国务院关于“多证合一”改革工作的电视电话会议，参加多次“多证合一”研讨会，探讨多证合一的可能性，探索以中国人民银行中关村国家自主创新示范区中心支行为主，在中关村核心区（海淀区）开展企业工商注册信息共享及

应用试点工作，提升账户审批效率，优化营商环境。

（二）开展账户管理系统全国集中的联调测试

组织辖内各法人银行做好账户管理系统全国集中的联调测试工作，及时完成测试流程，确保银行账户管理系统个人数据联调测试的顺利进行，为账户管理各项改革工作作准备。

（三）组织非居民涉税信息报送

组织银行业存款类金融机构做好非居民金融账户涉税信息接口规范文件报送，举办全市银行机构支付结算管理部门负责人及相关业务人员参加的专题业务培训，并做好非居民金融账户涉税信息报送准备工作，保证数据报送工作顺利开展。

四、加强非现金支付工具的规范应用，支付环境不断优化

（一）大力推广电子商业汇票

新增 2 家法人金融机构以及 88 家商业银行网点机构加入电子商业汇票系统。2017 年 10 月，电子商业汇票系统由北京移交上海票据交易所，配合完成系统切换工作。

（二）积极开展移动支付便民示范工程

2017 年末，北京地区移动支付便民示范工程在交通出行、民事场景拓展方面取得较大进展，近 200 辆出租车、37 条试点路段的 4 086 个路侧停车位、高铁 496 个车次的餐车和随车购物、首都机场餐饮和商贸、“北京市政府菜篮子工程” 6 家公司的 57 辆菜车等全面支持符合联网通用标准的手机支付、二维码移动支付。

（三）做好空头支票行政处罚改革试点工作

积极开展空头支票行政处罚改革试点工作，参与组织辖内银行调研，研究制订试点工作方案。配合制定改革试点工作指引，进一步细化试点期间空头支票行政处罚工作流程，确保空头支票行政处罚工作合规高效。

（四）银行卡的支付工具功能优势更加明显

2017 年，银行卡转账和消费业务量之和达到银行卡资金业务量的 90.67%，同比增加 5.19 个百分点，超过存取现业务总量 81.34 个百分点；银行卡转账和消费业务金额之和达到银行卡资金业务金额的 88.34%，同比扩大 1.44 个百分点，超过存取现业务金额总量 76.77 个百分点。

（五）新型电子支付业务增长势头更加强劲

2017 年，北京市银行口径统计的电子支付业务量 176.57 亿笔、金额 363.97 万亿元，同比分别增长 83.85% 和 33.09%。

五、加大对违法行为的处罚力度

（一）对代币发行融资开展清理整顿工作

根据全国互联网金融风险专项整治工作领导小组办公室工作要求和市政府专题会议部署，拟写并下发《中国人民银行营业管理部关于落实对代币发行融资开展清理整顿工作加强支付结算管理的通知》《关于清理整治期间对北京市各虚拟货币交易场所实施清退资金指定账户管理的通知》等文件，对银行和支付机构向代币发行融资交易平台提供支付结算服务提出具体要求，防范化解北京地区金融风险，保护投资者合法权益。

（二）加大违规处罚力度，整顿支付服务市场乱象

对辖内 29 家支付机构开展多用途预

付卡现场检查，对涉诉较多、发生舆情的支付机构开展“突击检查”，开展“双随机”抽查5家银行和6家支付机构。全年，共对45家银行机构和支付机构进行现场检查，并对检查中发现的问题进行行政处罚，有效提升对辖内银行和支付机构违法违规行为的整肃力度。

（三）持续开展互联网金融风险专项整治工作

充分发挥北京市联合整治支付结算重大违法犯罪办公室联动办案机制；开展无证机构专项整治，主动与公安经侦部门沟通合作方案，组织全市50余家商业银行和50余家支付机构开展支付结算通道清理工作，稳妥关闭向无证机构开放的支付结算通道。

（四）配合做好对违规交易场所和“微盘”交易平台的清理整顿

组织辖内近160余家银行、支付机构完成清理排查工作，发现银行和支付机构共为71个“微盘”客户提供支付结算服务，涉及账户79个。截至2017年4月14日，全部79个账户均已处置完毕。

六、农村支付环境建设取得新进展

（一）开展农村支付环境建设行动

通过资金补贴的方式，鼓励辖内金融机构在远郊区金融服务空白村建立助农取款点，布放助农POS机具，补贴项目共计962个，占全部金融服务空白村的50%以上，有效解决了远郊区县居民取现难问题。

（二）扩大农村支付环境统计指标报送范围

调整农村地区统计口径，将北京地区农村支付环境建设统计指标报送范围限定在10个远郊区内统计局城乡分类代码为200、210、220的行政村集中的116个乡镇，其中农村性质行政村共占全市总数的92%，增强了农村支付环境指标的针对性和代表性。

（三）银行和非银行支付机构助力农村支付环境持续改善

2017年末，各银行在远郊区共设立银行网点349个，实现了全市乡镇银行网点全覆盖；辖内33家开展网络支付的非银行法人支付机构中，有21家机构在农村地区开展网络支付，扩大了现代化支付体系建设成果在远郊区的应用。

七、支付信息服务决策效果进一步显现

（一）支付统计信息分析系统平稳运行

全年累计完成北京地区13家法人银行、11家村镇银行和15家非银行支付机构2017年月度、季度数据的报送工作，报送数据报表近6 500张，为各项分析报告的拟写及领导决策提供数据支撑。

（二）调研服务决策能力有效提升

认真调查研究，深入分析支付服务市场的新业务、新产品、新模式，推广特色工作经验，提供《中国支付体系发展报告》素材，全年撰写调研报告近10篇；编辑《北京市支付结算工作简报》12期，并发送辖内银行机构；撰写《北京市支付信息分析报告（2017年）》，全面展示2017年北京市支付结算领域的发展成就和运行状况。

（盖静）

征信系统建设与征信管理

2017年，人民银行营业管理部全方位加强征信信息安全管理，保持监管的高压态势；以合规监管促进征信市场的健康发展，稳妥做好企业征信机构备案及代理业务清理工作；继续推进首都社会信用体系建设；优化信用评级的事中事后管理；积极开展征信宣传教育活动，做好异议、投诉等消费者权益保护工作；大幅提升征信服务水平，推动辖内征信管理与服务工作迈上新台阶。

一、全方位加强征信信息安全管理

（一）深入落实中国人民银行关于征信信息安全管理的工作部署

总结分析全国多地出现的风险事件，全面梳理、识别接入机构征信业务环节的风险点，逐一明确对应的管理措施和防范手段；组织辖内87家接入机构召开征信信息安全管理专题工作会议；组织召开辖内汽车金融公司征信信息泄露风险专题督察会；现场督察2家查询量大的接入机构；推动接入机构建立完善包括风险点、业务流程、征信管理范畴及合规要求在内的征信信息安全管理体系。

（二）稳妥处置某机构员工涉嫌侵犯公民个人信息犯罪案件

针对某机构自查发现员工泄露征信信息案件，紧急约谈该机构高管，全面了解情况，要求其采取有力措施，向公安部门报案，彻底排查问题、全力控制风险，将相关证据线索行政移送；成立专项工作小组，对其审贷业务流程进行梳理分析，停止其个人征信查询权限，调查确定其网络安全风险，并对该机构开展行政执法检查。

（三）从严从重，依法加强对接入机构的现场监管

全年，对7家金融机构开展现场检查；与中国人民银行天津分行、中国人民银行石家庄中心支行对1家金融机构总行营业部进行联合执法检查。共调阅档案5 158份，涉及基层分支机构29家，发现3类5项39笔问题。制定并严格执行统一的处罚标准，完成对某银行的行政处罚工作；对2016年综合执法发现违规问题的3家银行分别罚款30万元、30万元和45万元；对2017年检查发现的违规机构，高限处罚机构及责任人；密切关注并包容支持接入机构的业务创新，在不叫停线上信用卡业务的情况下，以2016年对某银行信用卡中心从重处罚为典型，规范辖内信用卡的征信查询业务。

（四）强化人民银行内部查询管理工作

对人民银行内部征信查询中潜在的风险进行逐项排查；增加查询环节复核功能，升级查询前置系统；完善事后监督检查流程，每日指定专人对前一日的查询业务进行全面检查，按旬随机抽查；严格内部查询管理权限，对查询用户进行清理；制定内控制度，对查询档案按重空资料严格归档管理；加强对查询人员的培训及警示教育，提升征信信息安全合规意识。

（五）加强对接入机构的非现场监管

发挥技术优势，推动金融机构上线征信数据报送质量前置管理系统，从源头及时预警、准确定位并有效解决数据问题；对辖内接入机构自查自纠情况进行抽查，重点抽查村镇银行等基础薄弱机构；指导辖内 24 家机构排查征信异常查询记录 539 万余条，发现并处置 2 家机构系统开发及人员操作问题；逐日收集并上报辖内征信异议受理及办结信息，及时查证通过信息主体维权等渠道获得的机构违规线索。

（六）定期召开接入机构征信合规工作例会，有效促进合规管理工作

组织村镇银行、汽车金融公司等各类型机构，召开多批次征信合规工作例会，通报风险案例，分析形势，查摆不足，确定下一步工作安排，有效促进北京地区合规管理工作的开展。

（七）严格接入机构准入管理

细化完善接入申请材料及模板，对接入机构技术条件、业务状况、数据质量、内控制度等进行深入了解；全年推动 8 家符合条件的机构接入征信系统，并重点把握开通查询权限环节，年内仅为 1 家满足各项征信信息安全管理要求的机构开通企业征信系统查询权限。

二、加强征信机构监管，促进征信市场规范发展

（一）依法合规开展对已备案征信机构的清理工作

按照中国人民银行统一部署，要求各机构严格落实《备案管理办法》要求，在反复研究论证注销条件的基础上，分批约谈 12 家机构负责人，劝说实力较弱的机构主动申请注销企业备案，重新调整经营范围和业务类型；成功劝说 1 家公司主动申请撤销备案；对于存在问题的 3 家公司暂不予以认定合格，将其列为继续整改状态。

（二）依法审慎开展征信代理业务整改验收工作

督促征信代理业务数量较少的 3 家机构完成整改，并提交书面报告及相关证据，承诺不再开展征信代理业务；督导分公司、子公司数量较多的 7 家征信机构提供相关材料，约谈并了解其分公司、子公司的设立和经营情况，甄别其是否存在代理、加盟、挂靠等情形，并对其中 1 家进行了实地走访。对 2 家代理方数量多、法律风险大的机构，主动约谈其负责人，多次听取代理业务整改清理汇报，并请律师事务所参与现场和非现场验收工作；先后赴保定、济南、廊坊、烟台等地对上述 2 家机构代理业务整改情况进行现场验收；经验收认定，1 家机构已初步完成整改工作，并督促另外 1 家机构继续整改。

（三）对辖内企业征信市场进行全面评估

对辖内 37 家备案机构进行全面摸底和梳理，开展初步分类评估。其中，7 家机构被评估为“重点扶持”，25 家机构被评估为“一般”，5 家机构被评估为“继续整改”。对辖内征信市场规模和征信饱和度进行初步预估，参与中国人民银行研究制定企业征信机构考核机制。

（四）做好对个人征信机构的核查工作

对辖内 4 家个人征信机构的个人征信业务准备工作及业务合规性开展全面核查，并对多家相关机构及单位进行延伸调查。

（五）积极应诉，妥善化解诉讼风险

针对某征信机构对人民银行营业管理

部行政处罚的异议，向西城区人民法院提起行政诉讼，人民银行营业管理部积极应诉，最终对方申请撤诉，主动缴纳全部罚款。

（六）全面开展对征信机构的非现场监管

将信息披露、业务报备、风险提示、公开谴责作为核心监管手段，对征信机构备案情况、违法违规情况及时进行披露公示；制定《北京地区企业征信机构备案管理办法操作规程》；积极耐心地做好对大量申请机构的政策解释和情绪安抚工作，有效化解潜在的法律风险；对机构的业务开展情况进行全面排查和风险提示，要求高度谨慎涉足个人数据业务；严格监控征信机构的股权变更行为，杜绝变相买卖备案；加强舆情监测，发现和纠正征信机构夸大和虚假宣传行为，对于情节严重的及时保全证据线索，移交工商管理部门；通过征信机构统计报告电子化报送系统，实时跟踪监测、预警，实现日常监管的动态化管理，准确向中国人民银行上报各类统计报表、业务报备、情况报告等；全年共约谈高管 50 余次，办理备案变更事项 21 起，妥善处理投诉举报 2 起，向有关部门移交证据线索 2 起。

（七）培育和发展征信市场

根据防范风险的要求，对辖内拟申请备案机构进行摸底和座谈，了解机构概况和征信业务模式；召开辖内征信机构座谈会，鼓励有实力、有条件、有需求的利益方和相关机构积极拓展业务；对辖内外资征信机构进行摸底，研究外资征信机构市场进入和监管实施细则，向相关部门函询，指导符合条件的外资征信机构做好申请准备工作。

三、大力推进首都社会信用体系建设

（一）大力推进首都社会信用体系建设

配合出台《北京市人民政府关于建立完善信用联合奖惩制度加快推进诚信建设的实施意见》等文件；会同制定关于落实税收、电子商务、安全生产、统计、食品药品、超限超载、农资等领域实施联合惩戒措施合作备忘录的实施分工意见；持续做好行政许可和行政处罚信息的报送工作，在人民银行营业管理部门户系统开设“信用记录应用及信用奖惩”专栏；继续指导并推动海淀区信用示范城市建设工作，积极申报《北京市申报社会信用体系建设试点省（市）方案》；北京市在首届“中国城市信用建设高峰论坛”上获得城市信用建设创新奖，并在城市排名中位列第一。

（二）全面提升中关村小微试验区建设水平

参与指导举办“2017 信用北京暨信用中关村高峰论坛”，参与编写《2017 年中关村企业信用发展报告》，参与“中关村双百企业”评选工作，积极探索信用建设支持“双创”的有效途径；2017 年末，中关村获得信用贷款的小微企业为 5 651 户，信用贷款余额 459 亿元；推动建立中关村企业信用信息数据库和企业信用信息公共服务平台；积极构建包括财政补贴和保证保险在内的多种风险分担机制，中关村高新企业贷款加权平均利率持续低于全市中小微型企业贷款加权平均利率；积极开展动产融资和应收账款融资平台的宣传和推广应用，推动商业银行利用平台主动解决小微企业贷款难问题，全年平台已促成融资金额 121 亿元。

（三）积极推进农村信用体系建设工作

积极推动信用信息归集与系统建设，指导北京农商银行、中国邮政储蓄银行北京分行和4家村镇银行在郊区开展农户信用信息的归集和评定，全年累计评定信用户18.52万户，建立信用档案11.77万户，向近10.71万户农户发放贷款99.63亿元。稳步推动“三信工程”建设，全年信用户评定已达到32.80万户，比年初增加9 714户；共评定出信用户15.20万户，比年初增加5 309户，信用村284个，信用乡镇12个。指导北京农商银行针对“三信工程”推出农户小额信用贷款业务，农民最高可获得10万元信用贷款；与北京市金融工作局、北京市农村工作委员会等部门密切合作，稳妥推进北京市农村承包土地经营权抵押贷款试点工作，累计发放农村承包土地经营权抵押贷款10笔，金额1 787万元。

（四）认真做好金融支持京津冀协同发展征信专项实施方案

牵头起草工作方案，确定包括征信宣传、执法检查、征信管理、征信查询、联合研究在内的5方面工作要点；召开2次三地协调机制专题工作会；为河北省6县市（三河、大厂、香河，以及雄安新区3县市）配备个人信用报告自助查询机；编制2期监管信息通报。

四、加强评级市场管理

（一）加强信用评级机构备案及合规管理

劝说1家评级公司提出注销申请并做好相关后续工作；推动引导机构整合资源以适应市场变化；强化非现场监管，认真做好评级机构事中、事后监测，实现对信用评级机构业务活动的持续监测和预警；采取定期与不定期检查相结合、现场约谈与非现场检查相结合的方式，形成信用评级机构年度检查报告制度；对辖内信用机构合规自查情况进行抽查，督促其及时报备变更信息；组织辖内评级机构上报2016年度债券市场信用评级业务发展情况报告；继续推进两类机构评级工作；指导辖内信用评级机构总经理联席会召开会议，发挥行业自律组织作用。

（二）推动央行评级工作

建立人民银行营业管理部央行评级工作机制，成立央行评级工作委员会，在质押再贷款业务中应用评级结果。

五、积极开展征信宣传教育及维权工作

（一）积极开展“信用记录关爱日”和征信宣传“五进”活动

在京津冀协同发展框架下，三地中国人民银行首次在天津滨海新区，以“信用京津冀协同共发展”为主题，启动“6·14信用记录关爱日”联合宣传活动；利用“3·15消费者权益保护日”等重要时间节点，12次进机关、学校、乡村、商圈、企业普及征信知识；全年辖内金融机构、准金融机构及征信机构、评级机构在全市4 000多个营业网点举办宣传活动4 300多场，张贴、发放宣传资料约117万份；联合制作《小冯和小关的快乐生活》征信知识情景广播剧，在热点频道播放2个月，收听人数430万人次，全国约30余万人参与线上有奖答题；并在“央行北京青联”公众号连续发布30期，累计阅读万余人次；配合完成“国家助学贷款”系列文案，经“征信小助手”公众号连载6期，累计阅读量超过14万人次；制作并发放“开车听征信，30分钟变专家”宣传光盘。

（二）结合北京实际，着力推动诚信教育进学校

联合北京市教育委员会开展高校征信宣传教育问卷调查工作，在北京航空航天大学、北京化工大学、中央财经大学、万泉小学等学校举行征信专题讲座，指导全国大学生信用大全联盟开展校园征信共建宣传，参与发布《2017 中国大学生信用认知调研报告》，组织指导“校园普信行动”“信用大使纳新”“信用火种传播创意大赛”等系列活动，活动涉及全国 1 540所高校。

（三）加强征信维权工作

妥善处置对某金融机构的群体上访事件；累计受理征信投诉 13 起，协助异地人民银行调查投诉事项 11 起；及时受理辖内个人及企业信用报告异议申请，督促辖内金融机构按时回复本地发生的异议事项；全面梳理排查辖内个人征信系统异议处理情况，有效减少历史遗留问题；全年累计受理异议申请 1 998 项，督促金融机构处理异议事项 3 437 项。

六、大幅提升征信服务水平

（一）积极推动征信查询服务外包工作

推行综合柜员制，加强查询服务人员培训及管理，明晰各项查询服务标准，稳妥做好服务场地搬迁工作；6 月 1 日，恒华服务大厅正式对外服务；在恒华服务大厅应用智慧型服务机器人，辅助工作人员进行现场咨询、客户引导、娱乐互动等工作，提升客户体验。

（二）实现个人信用报告自助查询服务收费手机扫码支付

对个人信用报告第三次查询收费，实现在自助查询机和柜台手机扫码支付；支援河北省 6 台个人信用报告白助查询机，为雄安新区、河北廊坊等环京区域群众查询提供便利，缓解北京通州等地区查询压力。

（三）进一步优化个人查询服务网络建设

召开个人信用报告自助查询服务专题会议，动员金融机构积极参与自助查询网点建设。2017 年末，全市已设立 48 处个人信用报告查询网点，布放自助查询机 62 台；在百度地图搜索、微信小程序上可显示查询网点分布；认真做好机构信用代码的整合管理工作；全年累计提供个人信用报告查询服务 99. 7 万次，企业信用报告查询服务约 2. 8 万次，提供国家机关查询 6 046 次，提供对外咨询约 50 万次。

（杨兵）

金融信息化建设

2017 年，北京市金融信息化建设工作以科技保障为基础，守住不发生系统性金融风险的底线，充分发挥技术创新对金融创新的助推作用，加强金融服务实体经济，健全金融监管体系，在科技运维和行业监管方面齐头并进，首都金融信息化服

务普惠水平得以有效提升。

一、人民银行营业管理部信息化建设工作不断推进

（一）全力以赴做好系统推广和网络建设工作

2017年末，人民银行营业管理部负责运行的应用系统已达到130套，金融城域网的联网机构298家。年内，完成监控系统在业务网和存储网的全面部署，完成账户系统虚拟化平台建设和数据迁移；组织辖内11家外联机构进行国库信息处理系统（TIPS）升级，顺利完成TIPS一代环境MQ前置到TIPS二代环境MOM前置的切换；完善统一数据分析平台建设；搭建第三方应急灾备集群，增加主备中心间冗余通信线路及互联设备冗余板卡，支持保障票交所再贴现系统、票据影像化业务、区县财政无纸化前置系统等业务系统改造、上线及推广工作的顺利开展，保障中央银行会计核算数据集中系统（ACS）和TIPS的稳定运行；加强网络设备和线路巡检监控，实施完成重要系统和网络设备的更新升级，开展系统和网络应急切换演练，有效降低系统运行风险。

（二）加强人民银行营业管理部内部信息安全管理

认真做好内部信息安全保障工作，建立完善7×24小时值班机制，落实运维岗位制度，强化监督管理，实现“人防+技防”双重保障网络通信畅通和系统安全稳定运行，信息安全综合保障能力得到进一步提高。

（三）探索创新、认真完成各项重点工作

一是参与中国人民银行《2017年金融科技（FinTech）研究指引》的编制，参加金融科技促进金融业转型升级专题研讨活动，形成研讨材料和政策建议，并组织辖内26家金融机构（包括证券、保险类机构）开展“金融与互联网融合发展”调研，征集金融科技发展的思路和措施，形成专题调研报告。探索人工智能技术与实际工作的应用结合点，对机房智能巡检机器人进行测试，为数据中心机房AI巡检模式作出建设性探索。

二是向市政府提交《中国人民银行营业管理部关于推动北京市公共交通领域移动支付应用创新的请示》（银管文〔2017〕115号），加入北京市公共交通领域移动支付应用创新工作协调小组，积极推动北京地铁、机场线移动支付应用创新试点。

三是开展虚拟化平台版本升级和服务器扩容工作，全年共增配8台服务器，顺利完成新版本虚拟化管理系统的安装配置以及50余台虚拟机的迁移。

四是配合中国人民银行制定量子通信项目试点实施方案，完成该项目试点一期实施及测试，并协调辖内商业银行参与试点；配合中国人民银行检查组顺利完成IT基础设施风险排查试点工作，认真开展相关问题整改工作。

二、强化管理、全面推进辖内信息安全建设

高度重视辖内信息安全管理工作，不断强化技术手段和管理水平，部署业务网一体化终端安全管理系统并推广上线，有效应对“5·12”勒索病毒、网震漏洞等突发外部威胁。加强对外信息安全指导，圆满完成重要时期金融业信息系统安全保障任务；完成对渤海银行北京分行的综合执法检查、对3家比特币交易平台的现场检查，跟踪银行卡信息泄露风险专项排查发现的问题并督促整改。

三、积极探索创新、做好行业技术监管

一是开展辖内非银行支付机构牌照续展和分类评级工作，全年共完成辖内22家机构的牌照续展技术审查；对辖内全部53家支付机构开展年度分类评级的技术评价及上一年度系统漏洞风险排查发现问题的整改督促和核实工作；及时向非银行支付机构发布2期信息安全风险提示。

二是认真贯彻落实《中国人民银行关于强化银行卡受理终端安全管理的通知》（银发〔2017〕21号）要求，根据机构的性质分别召开银行卡受理终端安全管理落实推进工作会议，动员部署辖内商业银行和非银行支付机构积极开展相关业务系统改造。截至6月末，全辖31家收单机构完成全部POS机终端和ATM终端改造注册工作。截至年末，北京地区金融IC卡累计发行1.05亿张，非接受理支持率达到100%，全辖开展银行卡业务的银行全部实现发行金融IC卡。继续规范开展首发卡审核工作，共完成5家村镇银行的审核工作。

三是组织开展“加强信息保护和支付安全、防范电信网络欺诈”宣传，精心制作“网络欺诈不用怕　防范我有安全侠”动画视频，向公众揭示常见诈骗手段，该视频在“总行党建园地”及全辖4 000余家商业银行网点和“新浪财经视频”中同步播放。5月20～27日，以“科技创新驱动　金融普惠民生”为主题，通过“科技金融进校园”“金融IC卡安全检测中心开放实验室”形式开展宣传，并通过北京电视台进行宣传报道。9月18～22日，围绕“增强风险防范意识，构建和谐支付环境”主题，以开放实验室、研讨会、视频播放、宣传册发放及全辖4 000余个银行网点同步宣传的方式，开展“网络安全宣传周”活动。

四是组织完成北京地区银行业金融机构及全国性商业银行代码证发放工作，定期开展全辖5 056家机构的金融机构编码年检工作，研究探索金融机构编码普及应用，实现金融机构信息管理工作从无形到有形的转变。

加大金融标准化工作宣传，向辖内金融机构转发《移动终端支付可信环境技术规范》和《具有金融功能的第三代社会保障卡技术规范》等标准规范；配合中国人民银行开展8项国家金融标准的试点调研，根据《金融业标准化体系建设发展规划（2016～2020）》，与中国银行业监督管理委员会北京监管局、中国证券监督管理委员会北京监管局、中国保险监督管理委员会北京监管局联合发文部署北京地区金融标准化工作，完成对辖内包含证券和保险在内的70余家金融机构的金融标准及认证实施情况调查问卷，邀请15家机构参与座谈，对2家机构开展实地调研，形成报告上报中国人民银行。11月，根据金融标准化相关工作，分别对北京银行、北京农商银行的分支机构开展《银行营业网点服务评价准则》和《银行营业网点服务基本要求》两项国家标准使用情况的现场评估工作，提高银行网点服务标准符合性和服务质量。

（薛静）

金融法制建设

▲中国人民银行营业管理部法制建设

2017年，人民银行营业管理部树立以现代法治精神为核心的行政理念，紧密围绕中国人民银行部署的各项中心工作，狠抓制度落实，防范化解法律风险，妥善处理金融纠纷，积极推进金融法律知识宣传普及，稳步推动各项金融法治工作开展，成效显著。

一、全面履职，完成金融法治重点工作

一是完成辖区多项重点、难点工作。出台《营业管理部规范性文件制定程序规定》，就已出台的规范性文件报中国人民银行备案；组织开展人民银行营业管理部规范性文件评估清理工作，厘清履职依据，规范行政行为；组织推动行政在民事合同管理系统中增加外聘律师审核环节，提高审核效率；进一步落实行政执法随机抽查管理系统建设工作，完善行内依法行政制度；制订《营业管理部关于落实法治央行建设工作的实施方案》，面向行内公开征求意见；开展2017年依法行政暨法律资格考核培训，向中国人民银行申领执法证；参与辖内17家支付机构的续展和53家支付机构的分类评级工作。

二是代表或协助中国人民银行完成多项重点难点工作。开展对比特币交易平台BTC100的现场执法检查，以及北京地区比特币交易平台“火币”与“币行”的现场执法检查；完成行政处罚程序、行政和解制度、比特币交易监管办法等多项立法调研；协助中国人民银行上线行政审批网上预受理平台，实现行政许可受理电子化操作；就行政复议及行政应诉处理工作、金融违法行为举报处理工作、金融消费者权益保护投诉处理流程等提出法律建议。

三是在北京地区组织开展空头支票行政处罚改革试点工作。制订北京地区存量空头支票行政处罚试点工作方案，处理存量案件，改革空头支票报送标准。制定并下发辖内试点工作文件，组织辖内部分银行业金融机构召开改革试点工作座谈会，共同起草试点工作相关的具体标准和细则。

四是落实北京地区“打击利用离岸公司和地下钱庄转移赃款专项行动”，2起案件被依法判决。落实全国专项行动领导小组制订的行动方案，组织召开3次领导小组会议，与北京市纪律检查委员会和北京市监察委员会建立沟通联络和信息共享机制。人民银行营业管理部4名成员被授予2016年“专项行动”先进工作者。按月报送相关数据，报送2017年度全国重点督办案件，2起案件经法院审判认定为非法经营罪。

五是狠抓信息调研工作。完成《供给侧结构性改革下的北京非首都功能纾解研究》和《关于银行业立法的建议》等8篇调研报告，累计上报金融法治及金融消保动态类信息近20篇，综合类信息11篇，内容涵盖银行法立法修改、京津冀协同发展、互联网金融监管、账户管理、金融消保等各类依法行政热点问题。

二、积极提升法律服务水平，防控法律风险

一是创新风险提示函制度，做好法律风险防范和处理工作。以法律风险提示函为依托，狠抓风险点，防患于未然。针对投诉举报事件频发的现状，扩大提示函发送范围和提升发送频度，对行政执法中个人违法行为责任追究和涉嫌追究刑事责任案件移送等问题向所有执法处室发送提示函，阐明法律风险并提出处理建议。

二是充分发挥法律顾问作用，创新建立“外聘律师日常参与，法律专家专题评议”的重大决策合法性审查机制。法律事务部门以法律建议、参加谈判、提交专项报告、参加案审会等方式提供法律服务，审核重大决策事项、对外发文、政府信息公开、民事合同、集中采购文件等300余件，答复各类法律咨询60余次；组织行政处罚委员会会议8次；审核行政处罚告知书、决定书、执法检查意见书170件。充分发挥外聘法律顾问作用，除聘请律师以驻点办公的方式参与民事合同审核及投诉举报处理事项，还邀请高等院校、法院及律师事务所知名专家加入人民银行营业管理部法律专家库，就重大事项提供合法性建议，就新出现的履职风险点提供法律论证。

三是妥善应对外部事件，处理行政复议案件3起，行政诉讼案件2起，投诉举报事项80余起。案件涉及假币收缴、信息公开、支付业务举报投诉、征信业务异议处理、行政履职等方面。

三、开展法治培训和普法宣传活动

一是组织多项法治培训及普法宣传活动。以“3·15消费者权益保护日”“学雷锋日”为契机，在行内开展法律咨询活动；开设法律事务培训班，为行内干部职工提供专项培训；开展行政执法资格考核、举办行政执法人员培训，提高行政执法人员选用标准和行政执法人法律素养，对执法证实施年度审核；开展“宪法知识答题”活动，以全员参与、在线问答的方式落实宪法知识普及宣传。

二是组织多项北京地区金融知识普及活动，提升金融消费者金融素养。开展“金融消费者权益日”“普及金融知识，守住‘钱袋子’”“金融知识普及月”等宣传活动，积极引导辖内商业银行及法人支付机构将金融知识普及活动向科学化、制度化、常态化发展。在“普及金融知识，守住‘钱袋子’”活动期间，3 546个银行网点举办宣传活动4 118次，发放宣传资料60万份。联合中国建筑股份有限公司承办“普及金融知识，守住‘钱袋子’——为首都建设者宣传金融知识”现场宣传活动，采用网络直播形式，得到网民的高度关注，被10余家媒体报道。

三是倡导辖内银行全面研读党的十九大报告，将学习贯彻党的十九大精神与宪法知识普及相结合，履行普法责任。辖内40余家银行以专题讲座、网点宣传的方式组织普法宣传活动，在分行以及支行内部对党的十九大报告及宪法进行集中研读，在千余网点设置展板并发放宣传资料，将普法责任内化到公共责任中，维护宪法权威。

（舒昱）

▲银行业监管法制建设

2017年，中国银行业监督管理委员会北京监管局（以下简称北京银监局）积极推进监管法治建设，注重运用法治思维、法治方式防范化解金融风险，提高银行服务实体经济发展质效和维护首都金融安全稳定，取得了积极成效。

一、银行业监管执法与法治建设情况

（一）深入惩治银行业市场乱象

高效实施行政处罚。2017 年，共审议通过辖内金融机构行政处罚案件 28 起，下发行政处罚决定 32 件，对辖内 26 家机构给予罚款合计 8 430 万元，处罚责任人 48 人。妥善处理中国民生银行北京航天桥支行等一批案件。分类采取监管强制措施，年内共对辖内 9 家机构采取暂停准入、叫停业务、暂停股东分红等监管强制措施。督导辖内机构或自行向地方政府部门、司法机关移送涉嫌非法集资等案件（线索）8 起。强化违法案例警示教育，通报中国民生银行北京航天桥支行违法案例，主动公开行政处罚摘要信息 33 项，增强监管执法对辖内银行业的警示震慑作用。

（二）优化制度流程，提升执法质效

严格落实“双罚制”原则，细化制定对违法机构及其责任人“四个一并”的查处问责原则，提高调查取证能力。严格落实“查、审、决”三分离的行政处罚组织运行规则，探索完善法律审理机制，明确法律审理要点。深入总结监管执法经验，围绕证据形式、调查标准、审理要求、文书规范、信息公开等执法环节制定 17 项规范要点，发布 2 项专项通知。分类分步研究完善行政处罚立案标准和裁量基准，并形成专题研究报告。

（三）提高法律保障服务能力，妥善处置涉诉案件

将 9 类监管履职事项全方位纳入法律审查范围，完善信访投诉类、信息公开类工作事项的法律审查标准，分类运用提示、建议、纠正、退回四类法律审查意见。聘请律师事务所提供专业法律服务，新增申报公职律师，支持具备人员条件的监管处室增配公职律师，为监管决策和监管行动提供法律专业支持。依法办理行政复议和行政诉讼。制定印发《北京银行业法治宣传教育第七个五年规划》，联动法院举办金融案件业务交流活动，有序推进北京银行业法治宣传教育工作。

二、运用监管法治方式支持首都实体经济建设

（一）狠抓房地产领域风险防控，保持房地产调控“北京定力”

北京银监局坚持“房子是用来住的，不是用来炒的”定位，联合北京市相关部门出台调控政策，明确监管要求，持续开展专项检查，督促银行业机构严格落实差别化住房信贷政策，严防信贷资金违规流入房地产市场。“3·17”新政实施以来，北京市个人住房贷款增量大幅下降，全年新增个人住房贷款同比少增 1 070.59 亿元。

（二）牢牢把握“北京版”供给侧结构性改革重点，服务首都实体经济发展

紧紧围绕首都城市战略定位，支持非首都功能疏解，推动辖内机构助力银行业主动对接北京城市副中心、新机场等重点工程建设。助力北京全国科技创新中心建设，激发科技创新“北京活力”。核准首家定位于服务科创的民营银行北京中关村银行以及科技金融专业银行浦发硅谷银行北京分行开业，指导北京银行积极筹建投资功能子公司，科技金融服务主体日趋多元化。助力北京全国文化中心建设，彰显文化金融服务“北京实力”。联合北京市国有文化资产监督管理办公室印发《关于促进首都文化金融发展的意见》，持续引导辖内银行业增加文化金融服务主体供给。

（三）引导银行业以债权人委员会为平台，稳妥有效化解企业债务风险

引导债权银行在债权人委员会平台框架下充分沟通、一致行动，协调解决争议和化解矛盾。针对个别民营企业的逃废债务行为，以债权人委员会为平台对相关企业进行债务风险处置，借助司法干预方式提高债务清偿化解能力，合力遏制企业逃废债务行为。加强与地方政府的沟通协作。

三、运用监管法治方式防范化解银行业风险和维护社会金融安全稳定

（一）积极防范和处置案件风险，保持案件防控高压态势

做好案件（风险）信息报送和已确认案件处置工作。持续做好“灰名单”系统相关工作，防止从业人员“带病流动”。开展案件风险排查，重点排查员工私售“飞单”、误导销售等案件风险隐患，按季度收集辖内案件风险排查报告。组织开展案防评估及培训，不定期发布工作提示。

（二）严厉打击非法集资，防范外部风险向银行业传导

要求辖内机构根据北京市打击和处置非法集资工作领导小组办公室通报“冒烟指数”高的企业名单进行重点监测，指导辖内银行报送涉非线索7起，其中4起已立案。协助司法机关认定30余家企业的金融资质，协助完成重大案件后续处置。与北京市国家安全局、北京市高级人民法院、北京市人民检察院建立涉案账户联网查控机制，组织辖内法人银行落实“总对总”查控平台建设，提高公安部门办案效率。组织开展防范非法集资宣传月、“百千万”宣教工程、涉非广告信息排查清理活动。

（三）配合治理电信网络诈骗，提高联合执法监管质效

与北京市公安局联合建立快速打击防范电信网络新型违法犯罪工作机制，要求部分银行通过“专岗入驻 + 专人对接”形式与反诈骗中心合作，提高打击防范电信网络诈骗工作效率。开展防范电信网络新型违法犯罪集中宣传月活动。与北京秉正银行业消费者保护促进中心联合派员进入朝阳常营社区，对防范电信网络诈骗进行政策讲解。

（万冬朝）

▲证券业监管法制建设

2017年，中国证券监督管理委员会北京监管局（以下简称北京证监局）深入落实“依法、从严、全面”的监管理念，深化服务、严格执法、防范风险、全面普法，积极应对依法行政压力，着力提升监管能力，有力地推动辖区资本市场法治化建设。

一、坚持“敢罚、严罚、速罚”理念，行政处罚工作成效显著

树立“事实清晰、程序严谨、适用准确、处罚公平”的案件审理思路，严格执法，严肃查处违规行为。全年，审结行政处罚案件8件，在审案件7件，另有1件移交处罚委审理，共下发处罚决定书10份，处罚当事人31个，罚没款合计2 546.97万元。

一是案件审理质量较高。2017年，4起审结案件通过中国证券监督管理委员会（以下简称中国证监会）新闻发布会向社会公开宣传，加大震慑力度。严罚形势下，北京证监局行政处罚没有引发行政诉讼，仅有2件行政复议，且复议决定予以维持。

二是处罚工作不断创新突破。盛世嘉和投资基金管理（北京）有限公司因私募基金产品未备案受处罚成为市场首例，引起市场广泛热议。对内幕交易案件，探索二次推定、推定泄露、共同内幕交易等处罚案例，不断将案件处罚工作推向纵深，有力打击首都资本市场违法违规行为，取得较好效果。

三是尝试探索审理机制创新。探索审理机制创新，探索兼职委员审理案件制度，逐步解决案件资源与审理资源不匹配的矛盾。

二、深化协作提升执业质量，开创律师事务所监管新局面

一是系统内首次召开辖区证券法律业务监管工作会议。辖区 88 家从事证券法律服务的律师事务所约 170 余人参加会议。这是系统内首次就证券法律业务监管工作召开的专门会议，是北京证监局将全国证券期货监管工作会议精神向律师事务所等中介机构传达的全面延伸。

二是开展证券法律业务专项检查工作。对 5 家律师事务所 8 个首次公开募股（IPO）法律服务项目进行专项检查，审阅底稿 532 卷，发现利益冲突管理制度与法规不符等 112 个问题，对 4 家律师事务所和 3 名律师采取 7 项行政监管措施、向 1 家律师事务所出具监管提示函。

三是深化协作监管机制。走访北京市司法局与北京市律师协会，就检查事项与召开监管会议加强沟通。与市区司法局联合开展现场检查，创新检查方式，并将检查结果与律师事务所年检挂钩，强化监管权威。与北京市司法局与北京市律师协会联合举办私募基金法律业务培训，辖区近 200 名律师参加。

三、妥善应对行政复议诉讼，积极主动化解法律风险

2017 年，北京证监局共发生 12 起复议诉讼案件，争议主要集中在举报办理、行政监管措施和行政处罚等方面，结案 7 起，收到复议决定书和法院裁定书 10 份，均已胜诉和驳回当事人请求。

一是积极协调。走访调研市三级人民法院、北京市人民检察院等，建立沟通交流机制。起草案件报告 4 份，加强与中国证监会法律部的联系，寻求指导。

二是妥善应对。成立复议诉讼工作小组，召开 12 次专题讨论会，准备 799 页 55 份证据，支撑法规 56 项，提交 12 份复议答复意见书和答辩状等，有力驳回当事人不当诉求，争取法院支持。

三是排查风险。复议诉讼中，充分揭示举报处理中存在的阶段性回复等风险，进一步提升依法行政水平。

四、发挥法律审查把关作用，严格守住合规底线

一是聚焦开展法律审查工作。作出 135 项法律会签审查，办理依申请信息公开事项 15 件，涉及当事人反复举报、举报夹杂信访等复杂疑难事项占比明显提高，会签过程中坚持原则，积极沟通，化解法律风险。

二是揭示重点风险。召开法制专题培训班，通报信访举报、行政监管措施、依申请信息公开和司法接待等工作中发现的问题及风险。邀请法院和中国证监会行政处罚委员会的专家授课，安排专题对法律风险进行现场座谈，切实提高依法行政水平。

五、积极强化诚信系统建设，切实抓好普法宣传工作

一是继续强化诚信系统建设和应用。

2017年，共录入信息220条，接收外部诚信查询103单，出具诚信查询报告210份，更新诚信信息60条，查询征信报告19份。按照要求对诚信应用流程进行更新完善。

二是完善联合惩戒机制。与北京市经济和信息化委员会、北京市工商行政管理局等部门联合发文，建立完善联合惩戒机制。加强对违法失信信息的推送和利用工作，积极参与北京市统一的失信联合惩戒行动，明确对违法失信行为的考量。

三是做好普法宣传工作。强化内部普法工作，举办法制专题培训班，提升依法行政水平；开展宪法宣传活动，使法治观念深入人心，并以此为契机做好投资者教育工作。

六、主动作为，做好交办任务，完成其他法律事务工作

一是起草两部重要法规。接受中国证监会法律部的委托，收集汇总资料150余万字、梳理200余项法规、召开座谈会12次、市场调研3次，历时4个月起草《证券期货市场监督管理措施实施办法（草案）》和《全国中小企业证券交易市场监督管理条例（建议稿）》，以及配套起草说明、主席签报等。

二是法律研究工作。对依申请信息公开法律法规和判例进行深入研究，撰写法律风险防范专报，中国证监会法律部《证券法制通讯》予以专题刊发。

三是其他法律事务工作。对法律法规草案等反馈意见68件次，协助对3起中国证监会行政复议案件提供法律意见。牵头接待司法机关来访19件次，妥善处理和回应司法机关来访要求。

（杨帆）

▲保险业监管法制建设

2017年，中国保险监督管理委员会北京监管局（以下简称北京保监局）深入学习贯彻党的十九大精神、全国金融工作会议精神和中国保监会“1+4”系列文件要求，贯彻从严监管方针，补齐风险短板，助力中心监管工作，以保护保险消费者权益为出发点和落脚点，积极服务首都经济社会发展。

一、贯彻从严监管方针，加大行政处罚力度

2017年，北京保监局审核行政处罚案件14件次，处罚保险机构12家次（其中专业保险中介公司7家次，人身险公司4家次，财产险公司1家次），警告机构4家次，罚款201万元；处罚责任人16人次，警告16人次，罚款76万元。

一是力度大。认真贯彻落实党中央、国务院对金融保险工作的要求和部署，牢牢把握当前和今后一段时期强化审慎监管、整治市场乱象的主要任务。年内处罚机构家次、责任人人次和罚款金额均远远超过上年。

二是有重点。行政处罚针对性较强，对人身险公司的处罚均涉及欺骗投保人问题，对中介机构的处罚以日常监管风险排查为主；首次对屡查屡犯的产品说明会双录问题进行上限从严处罚。

三是审核严。修订北京保监局行政处罚内部实施规程和行政处罚委员会议事规则，进一步规范流程、完善标准；严格执行中国保险监督管理委员会（以下简称中国保监会）有关行政处罚裁量标准系列文件要求，确保合理性与合法性并重。全年，未因行政处罚发生听证、复议和诉讼事件，未见负面舆情。

二、补齐风险短板、有效降低行政法律风险

一是坚持从严审核。始终按照“严格审查、司法标准、充分沟通、求同存异”的原则，做好各项法律意见会签，确保案件事实清晰，依据准确，答复全面，说理充分，最大限度地减少相对人复议、诉讼空间。

二是重要案件提前介入。对于拟采取较为严厉监管措施、市场影响较大、法律适用存在较大争议的案件，将法律审核程序提前，积极协助案件主办处室梳理案件脉络，研究工作方向，研判证据材料，提高案件查办效率。

三是充分发挥法律资源作用。利用局内法制研究小组平台，采取集中讨论，书面传签等多种形式对产品说明会双录问题的处罚适用、未按规定报告地址变更事项的处罚时效等疑难法律问题进行集体研究，并及时将研究结论反馈给案件主办部门参考。同时对部分问题主动征求法律顾问、中国保监会法规部相关处室意见，为工作开展争取更多法律支持。

2017 年，与中国保监会系统复议、诉讼案件保持高位增长相比，北京保监局案件数量持续大幅下降，复议、诉讼案件数量较上年分别下降 50% 和 88%，行政复议、诉讼风险基本可控。

三、强化为民监管，推动诉调对接工作取得新进展

一是完善制度，推动诉调规范化。对接北京市高级人民法院有关要求，进一步梳理立案阶段多元调解、调解员管理、档案管理和数据报送等制度，规范对接流程。

二是加强调研。针对诉调对接机制运行情况对北京铁路运输法院和部分保险公司进行专题调研，认真分析影响机制发挥作用的制约因素，包括总公司费用政策和考核政策、黄牛律师的阻碍等。

三是在法院设立调解室，提供现场服务。2017 年 3 月，指导行业协会在北京铁路运输法院率先设立“北京保险行业协会保险合同纠纷调解委员会北铁诉调对接调解室”，通过现场接案、现场调解和现场确权，进一步减轻诉讼当事人诉累，提高人民法院案件审理效率，有效化解矛盾纠纷。

2017 年，北京市保险行业协会共承接诉调对接案件 176 件，调解完成 103 件，成功调解 72 件，调解成功率 70%，履约率 100%，涉案金额 3 461 万元。其中，法院调解室接受立案前委派案件 136 件（占全部案件的 77%），调解完成 67 件，调解成功 38 件，调解成功率 57%，履约率 100%，涉案金额 2 702 万元。

四、助力中心监管工作，提供法律智力支持

一是聚焦市场乱象，破解监管难点。开展非法经营商业保险业务法律问题研究，提出商业保险业务的四项认定标准，逐一分析了监管实践中较为常见的网络互助、救援服务、延保服务以及安全保障卡四类保险业务，并提出相关建议。

二是着力补齐短板，做好重点课题研究。在系统分析西城区人民法院 2015 年 1 月至 2016 年 6 月已向社会公开的 862 件裁判文书的基础上，撰写完成《行政诉讼司法审查要点研究——北京市西城区人民法院行政诉讼判例分析》一文，重点分析了行政机关败诉风险，创造性地提出行政审判“审职责、审程序、审证据、审依据”的“四维审查”标准。开展北京地区保险合同纠纷研究，通过司法判例重点分析北京保险业在依法合规、服务能力方面存在的短板和不足，提出改进建议。

三是助力强化监管，提示法律风险。结合中国保监会系统败诉案例以及《行政处罚程序规定》等重要监管规定的修改内容，向局内编发法制观点10期，提示监管新要求和行政新风险。

四是开展保险公司合规情况调研。以落实《保险公司合规管理办法》为抓手，分析各公司合规工作主要做法、经验及问题，提出利用合规工作加强改进监管的工作建议。

五、协助做好北京市相关工作，积极服务首都经济社会发展

一是积极参与北京市解决执行难联动机制，制定配合工作重点和方案，推动北京保监局在高管审批工作中增加失信被执行人审核内容；并在行业内开展限制失信被执行人保险高消费的可行性调研，明确执行障碍。

二是积极参与北京市公平竞争审查工作联席会议，严格按照中国保监会和北京市有关要求做好规范性文件的公平竞争审查工作，2016年以来北京保监局印发的规范性文件已全部进行公平竞争审查，不存在含有排除、限制竞争内容的政策措施。

三是参加全国人大法制工作委员会在京关于反不正当竞争法实施草案和最高人民法院关于金融审判专业化的调研，提供行业情况，反馈监管意见。

（李丹）

反洗钱工作

2017年，人民银行营业管理部不断调整和丰富反洗钱监管手段，进一步提升监管的覆盖面、针对性和有效性；不断强化可疑交易报告的监督指导和调查分析，提升线索移送力度；积极推动北京地区特定非金融机构开展反洗钱工作，实现房地产开发企业、房地产经纪公司履行反洗钱义务的重大突破；大力开展反洗钱宣传培训工作，反洗钱各项工作不断取得新进展。

一、综合运用多种监管措施，提升监管的针对性和有效性

一是调整和创新反洗钱现场检查理念，加大行政处罚力度。在检查对象上，首次对村镇银行开展现场检查，提高其对反洗钱工作的重视程度，有效预防洗钱风险向反洗钱水平较弱的义务机构转移。全年共完成对5家银行和4家非银行机构的反洗钱现场检查，严格落实机构和个人“并罚”的要求，共处罚4家银行机构及相关责任人。

二是全面开展综合评价和分类评级工作，扩大监管覆盖面。对辖内93家银行机构开展综合评价工作，对评分较低的机构进行通报，并结合工作实际修订了银行机构综合评价反洗钱分项评价标准；对190家保险、证券、基金、期货、支付机构等法人机构开展洗钱风险分类评级工作。

三是综合运用监管走访和约见谈话，有效实施分类监管。根据中国人民银行工作要求，对1家银行开展监管走访，核验其2015年反洗钱执法检查的整改落实情况，督促义务机构进一步提高反洗钱履职的有效性。根据中国反洗钱监测分析中心通报的反洗钱数据质量问题，分别约谈4家金融机构，指导其切实提高可疑交易分析识别水平。

四是抓好质量评价试点工作，完善可疑交易报告机制。根据中国反洗钱监测分析中心工作安排，精选3家典型机构开展可疑交易报告质量评价试点工作，督促义务机构切实提高可疑交易报告水平。总计对3家试点机构报送的824份一般可疑交易报告、24份重点可疑交易报告进行了初评和复核工作。

二、强化监督指导和调查分析力度，提高反洗钱监测机制有效性

一是以《金融机构大额交易和可疑交易报告管理办法》实施生效为契机，通过全面培训、现场调研、开展座谈等多种手段，督促义务机构及时完善可疑交易监测标准，尽快完成系统改造，建立风险为本的可疑交易分析机制。

二是深化重点可疑交易报告监督指导和研判，大幅提升可疑交易线索移送数量。全年共接收、分析29家机构上报的重点可疑交易报告113份，形成可疑交易线索96起，包括非法吸收公众存款、非法传销、地下钱庄、网络赌博、电信诈骗、集资诈骗、腐败、虚假验资、恐怖融资等13种类型。其中，向侦查机关移送线索22起，向中国人民银行上报研判线索10起，指导金融机构向公安机关移送线索21起。

三是加强合作，积极配合各项专项行动。针对“打击利用离岸公司和地下钱庄转移赃款专项行动”“打击骗取出口退税和虚开增值税专用发票专项工作”等涉及的案件和线索，开展反洗钱行政调查。全年共协助破获2起涉毒洗钱案件，彰显了反洗钱监测机制在预防和发现涉毒洗钱犯罪方面的职能优势。

三、完善洗钱类型分析及典型案例分析工作，督促机构落实风险防范

一是完善洗钱类型分析工作。总结分析辖内可疑资金交易类型、特征及风险趋势，完成北京地区2017年洗钱类型分析工作，并根据分析结果将洗钱风险情况及时通报全辖，为金融机构准确识别风险、有效防范风险提供指引。

二是积极开展典型案例分析工作。对移送的案件线索以及辖内机构上报重点可疑交易报告内容进行深入剖析，及时总结案情特征，形成多篇典型线索报告，为化解相似类型风险案件提供指导。

三是多渠道进行洗钱风险预警。通过编发6期《北京市反洗钱工作简报》、转发中国人民银行《洗钱风险提示》、组织座谈、召开培训等方式，提示机构密切关注地下钱庄、非法集资、恐怖融资等风险，帮助机构进一步提高风险管理水平。

四、积极推动房地产行业履行反洗钱义务，实现反洗钱领域新突破

为预防北京地区房地产行业洗钱活动，4月19日，与北京市住房和城乡建设委员会、北京银监局联合发布《关于北京地区房地产开发企业 房地产经纪机构履行反洗钱义务的通知》（银管发〔2017〕99号），首次将我国反洗钱义务主体范围扩大到房地产开发企业及房地产经纪机构，使我国反洗钱义务履行主体覆盖范围进一步扩展。

五、持续推动培训宣传，营造良好反洗钱社会环境

一是加大对金融机构和支付机构的培

训和指导，为各机构有效开展工作提供指引。4 月，组织召开北京市金融机构和支付机构反洗钱工作会议，通报各机构反洗钱工作中存在的问题，为各机构有效开展反洗钱工作明确了方向。5 月，分别举办 4 期针对银行、证券、保险、支付机构的反洗钱培训班，近 500 家机构、900 余人参加。

二是多渠道开展反洗钱宣传，有效提高社会公众的反洗钱意识。以人民银行营业管理部“普及金融知识，守住‘钱袋子’”“金融知识普及月”等系列宣传活动为契机，成立志愿服务团队，以“预防洗钱行为、维护金融秩序”为主题，面向社会大众，通过文明引导、微笑服务、政策解读、疑点解答以及小故事详解等方式，把反洗钱知识传播给社会公众，使反洗钱观念更加深入人心。

（周珺星）

跨境人民币业务

2017 年，北京地区跨境人民币业务稳步发展，满足市场主体真实需求，有效服务实体经济，跨境人民币结算量同比增速超过四成，业务亮点频现。

一、人民币跨境使用显著增长，有效服务实体经济

2017 年，北京地区跨境人民币结算 1.49 万亿元，同比增速超过四成，业务笔数 13.04 万笔。境外地域更加广泛，自 2010 年 6 月 23 日试点启动至 2017 年末，北京地区跨境人民币收付涉及的国家和地区已达到 200 个。积极支持贸易和投资便利化，帮助企业通过人民币国际使用规避汇率风险。全年，北京地区经常项目人民币收付 5 695.17 亿元。其中，货物贸易人民币收付 3 495.92 亿元，服务贸易人民币收付 1 155.91 亿元。金融市场开放程度进一步加深，人民币投融资渠道进一步优化。全年，北京地区资本与金融项目人民币收付 9 246.95亿元，同比增加 4 406.98 亿元。其中，直接投资人民币收付 3 373.7 亿元；证券投资人民币收付 4 615.73 亿元，同比增加 3 985.09 亿元。与境外国家和地区银行的合作日益加深。截至年末，北京地区银行已经与境外 74 个国家和地区的 698 家银行建立了代理行关系，为境外机构开立人民币结算账户 1 010 个，北京地区银行与境外银行间的融资余额达到 5.44 万亿元。

二、积极满足市场主体真实需求，助推人民币国际使用

（一）深入挖掘市场潜力，支持人民币在“一带一路”沿线国家的使用

2017 年，人民币成为“一带一路”沿线国家贸易和投融资的新选择。北京与沿线 52 个国家（地区）开展跨境人民币业务，实现跨境结算 2 807.34 亿元，较 2013 年增长近 3 倍。人民银行营业管理部积极贯彻“一带一路”倡议，辖内金融机构为沿线国家提供超过 750 亿元的信贷融资，跨境人民币贷款对沿线大型基础设施建设项目的支持力度进一步提升。

（二）服务实体经济，支持北京服务业扩大开放

支持跨境电子商务人民币结算业务。截至年末，北京已有 9 家支付机构开展跨境电子商务人民币结算。支持中国联合网络通信集团有限公司集团层面混合所有制改革项目的跨境人民币使用，为国有企业改革提供了重要的方案思路和资本划转方案。引导在京企业通过资金池优化资金的筹集和调配，提升资金使用效率，有效节约财务成本，助力企业更好进行投融资决策。截至年末，人民银行营业管理部为 104 家企业集团办理跨境双向人民币资金池业务备案，集团行业分布于能源、交通运输、电信、电子等多个领域，支持境内外 3 125 家成员企业拓宽融资渠道。

（三）积极开展创新工作，关注市场主体新需求

上线跨境人民币结算业务备案系统，本着便利化原则，促进跨境人民币业务发展。加强政策宣传，完善北京地区跨境人民币自律机制，开展面向企业和银行的针对性调研，积极深入企业了解市场动向，多层次、多角度开展政策宣传，推动辖内跨境人民币业务健康有序发展。

（朱琳琳）

五、机构业务综述

金融管理机构

中国人民银行营业管理部

2017年，中国人民银行营业管理部（以下简称人民银行营业管理部）坚持稳中求进的工作总基调，牢固树立和贯彻落实新发展理念，适应把握经济发展新常态，紧密结合辖区实际，有效执行稳健中性的货币政策，积极支持实体经济发展，着力防范房地产、互联网金融等领域风险，维护辖区金融稳定，有序推动外汇管理改革，大力提高金融服务和管理水平，促进首都经济金融提质增效升级发展，继续保持“全国文明单位”荣誉称号。

一、贯彻落实稳健货币政策，积极服务首都供给侧结构性改革

（一）以宏观审慎评估（MPA）为抓手，落实稳健中性货币政策

通过以资本充足率推算广义信贷余额的方式向金融机构提前告知信贷余额指导值，充分发挥MPA的事前引导功能。召开辖内法人金融机构工作会2次，传达稳健货币政策精神并部署工作。加强对重点机构的窗口指导和约谈，赴多家企业集团开展调研，了解企业经营情况和资金需求情况，传达宏观审慎管理政策要求。

（二）以房地产市场信贷调控为核心，引导信贷资金回流实体经济

针对2017年初房价快速上涨、个人住房贷款占比高企态势，连续出台一系列房地产市场调控政策。其中，暂停发放25年以上个人住房贷款（包括公积金贷款）等多项政策措施为全国首创或率先实施。联合中国银行业监督管理委员会北京监管局、中关村科技园区管理委员会（以下简称中关村管委会）出台《关于进一步推动中关村国家自主创新示范区科技金融专营组织机构创新发展的意见》，配合北京市国有文化资产监督管理办公室（以下简称市文资办）等部门积极申报国家文化与金融合作示范区，推动科技金融和文化金融创新发展，引导信贷资金支持首都“四个中心”功能建设。稳妥推进北京市农村承包土地的经营权抵押贷款试点。2017年，房地产信贷调控取得显著成效，北京市房地产市场趋于平缓，更多资金流向实体经济。

（三）充分发挥货币政策工具引导信贷结构调整和降低社会融资成本的积极作用

加强对辖内金融机构利率定价自律机制的管理，指导金融机构着力降低实体经济融资成本，支持供给侧结构性改革。加强对薄弱环节和重点领域的支持力度，全年累计办理票据再贴现金额199.3亿元，同比增长12.4%，其中，小微、涉农、科技型企业票据再贴现金额占比74.6%。发挥抵押补充贷款（PSL）的杠杆作用，全年共发放抵押补充贷款284亿元，同比增长13.8%，撬动特定贷款367.2亿元，为实体经济提供低成本资金。

二、着力加强金融监管与风险防范，维护首都金融安全稳定

（一）加大检查处置力度，有序推动互联网金融专项整治工作

联合相关监管部门对辖内资产管理机

构进行逐一定性，对资产管理及跨界类重点整治对象进行分类处置，资产管理类高收益平台全部主动退出或停止违规业务。推动首次代币发行（ICO）定性和全国层面整治措施出台，快速有效落实北京地区虚拟货币交易场所清理整治工作，辖内虚拟货币交易平台全部关闭虚拟货币交易业务。牵头开展无证经营支付业务专项整治，排查无证机构并进行分类处置。

（二）创新风险监测评估手段，切实强化监管合作

深化“两管理、两综合”，修订综合执法检查相关规定，对91家银行实施综合评价，促进辖内金融机构合规经营。针对辖区风险特点，在全国率先建立涵盖银行、大型企业的信用风险监测机制，有效监测研判风险。在全国率先启动证券期货监管合作备忘录的修订工作，强化风险监测与监管合作。与北京市纪律检查委员会建立沟通联络机制，继续推动北京市“打击利用离岸公司和地下钱庄转移赃款专项行动”。

（三）加强投保机构管理，深入推进存款保险各项工作

有效落实存款保险制度，努力发挥补充风险监管的作用。建立非现场风险监测机制，全面掌握投保机构的经营和风险情况。高效完成两次投保机构保费收缴工作。以举办京津冀银行业金融机构存款保险业务知识竞赛为契机，大力宣传存款保险知识。

（四）依法加强对支付机构、征信机构的监管，着力促进市场健康发展

审慎开展支付机构《支付业务许可证》续展工作；实施支付机构客户备付金集中存管制度，不断健全支付服务市场监管机制。开展预付卡业务专项检查、专项整治工作，对投诉举报较多的支付机构进行“突击”检查，“双随机”抽查多家银行和支付机构，对有违规行为的支付机构进行行政处罚，督促未获续展的支付机构稳妥进行市场退出，有效维护支付市场秩序。对辖内备案征信机构进行全面摸底和梳理，依法审慎开展对已备案企业征信机构的清理工作，推动征信市场健康良性发展。

（五）积极扩大反洗钱义务主体范围，进一步提升反洗钱监管效能

在全国范围内率先将反洗钱义务主体范围扩大到房地产开发企业、房地产经纪公司等特定非金融机构。不断强化可疑交易监测分析与调查力度，重点可疑交易报告与可疑交易线索移送数量大幅提升。与侦察机关建立情报会商、案件协查、线索移送等合作机制，全年共开展反洗钱调查33起、164次，加大行政处罚力度，严格落实对义务机构和责任人违法违规实施“双罚”的要求。

三、立足北京实际，以务实的举措积极支持国家重大战略实施

（一）在三地人民银行协调机制框架下推动金融支持京津冀协同发展

发挥京津冀协同发展三地人民银行协调机制的平台作用，以提升跨区域金融合作水平为着力点，与津冀两地人民银行分支机构推动落实重点工作28项，与唐山市人民政府签署《金融支持唐山市（曹妃甸区）发展合作备忘录》，与银行间交易商协会签署《借助银行间市场助推京津冀协同发展战略合作协议》，扩大长期建设资金供给，促进政银企对接。协同推进京津冀三地市政交通“一卡通”、社保卡互联互通，重点加强2022年冬季奥林匹克运动会支付环境建设和对雄安新区的

支付结算保障。

（二）在充分了解市场主体实际需求的基础上，积极推动金融支持“一带一路”倡议落地

对国家开发银行、中国进出口银行、丝路基金有限责任公司等机构开展金融支持“一带一路”专项调研，协调解决业务推进中面临的问题。组织商业银行就金融支持“一带一路”建设进行座谈，加强信息交流，充分调动市场主体的积极性。以京台金融合作论坛、京港金融合作论坛等大型活动为平台，积极扩大政策影响力，促进“一带一路”资金融通。开展金融支持“一带一路”建设系列调研，深入了解金融支持“一带一路”现状与问题，提出推动人民币国际使用的思路和对策。

四、全面落实普惠金融发展规划，大力提升金融服务水平

（一）支付结算等基础设施建设取得新成就

创新性启动金融空白村布设金融机具补贴政策，大力推动农村支付环境建设，成功消除962个金融空白村。开展空头支票行政处罚改革试点，为全国试点提供示范性经验。与北京市工商管理局（以下简称市工商局）建立长效合作机制，探索开展工商信息共享及辅助账户审批试点。圆满完成北京市电子清分服务平台二期升级改造工作，上线支票截留、跨行缴税、公共互联平台等新功能。指导成立北京市支付清算协会，加强行业自律，推动北京市支付清算市场健康发展。按照中国人民银行部署完成支付系统架构调整，推进支付系统软硬件更新改造，完善“两地三中心”一体化运维管理体系，支付系统北京城市处理中心（CCPC）安全保障能力不断提升，大小额支付系统和网上支付跨行清算系统业务额居全国首位。

（二）货币发行管理更加规范

正式启用北京重点库，科学调拨发行基金，有效保障辖区现金供应。加强多部门联动协作，确保发行库和发行基金安全。以“现金服务进农村”为主题，持续开展“现金服务贴心工程”，将工作触角延伸至偏远郊区。落实“反假货币重心前移”要求，创新实施分区治理、各区各策，有效提升精准反假货币水平。落实硬币自循环工作目标，不断提升人民币整洁度。

（三）征信服务管理水平进一步提高

进一步完善个人信用报告查询服务网络，实现查询网点在北京市16区全覆盖。推动辖内87家接入机构建立征信信息安全管理体系，加强对接入机构的现场检查和非现场监管，全方位加强征信信息安全管理。配合北京市人民政府（以下简称市政府）建立完善信用联合奖惩、加快推进诚信建设的制度体系，继续指导海淀区信用示范城市建设，大力推进首都社会信用体系建设。

（四）国库信息化建设取得突出成果

以资金安全和系统安全为底线，加强国库业务创新，在全国率先上线财关库银横向联网银行端查询缴款业务、首家试点上线代理支库支出无纸化业务并实现“退更免”业务电子化、首批创新试点电子缴税三方协议网签，国库信息化服务水平大幅提升。创新实行辖区国库集中收付代理银行自我评估报告制度，有效提升国库非现场监管能力。

（五）金融消费权益保护工作深入推进

建立人民银行营业管理部普惠金融工

作长效机制。开展金融消费者投诉分类标准应用试点工作，为在全国推进投诉分类试点打下坚实基础。牵头开展中关村地区金融消费保护环境评估工作，开创区域性协同开展环境评估的先河。组建200名专家加盟的“北京地区金融消费者权益保护工作顾问暨争议调解专家库”，积极探索金融消费替代性纠纷解决（ADR）机制。组织开展“普及金融知识，守住‘钱袋子’”系列活动，首次进行网络直播，社会反响良好。

（六）科技保障能力不断强化

建立人民银行营业管理部“三道防线”安全管控体系，建立健全“7×24小时”值班监控机制，开展业务系统第三方独立灾备集群建设，不断提升各系统业务连续性保障水平。积极开展金融科技（FinTech）前沿探索，研究测试机房智能巡检机器人，探索建设数据中心机房人工智能（AI）巡检模式。推动移动支付在公共交通领域的创新应用，强化银行卡受理终端安全管理，辖内31家收单机构完成全部POS机终端和ATM终端改造注册，北京地区金融IC卡累计发行突破1亿张，非接受理业务支持率达到100%。

（郭元淇）

国家外汇管理局北京外汇管理部

2017年，国家外汇管理局北京外汇管理部（以下简称北京外汇管理部）以“服务实体经济、防控金融风险、深化金融改革”为中心任务，开拓创新，求真务实，不断提升服务实体经济能力。及时调整管理措施，顺应外汇管理形势新变化，助推外汇管理改革深入。加大案件查处力度，防范跨境资金流动风险，确保外汇市场的健康稳定运行。

2017年，北京地区跨境收支总额8 292.6亿美元，同比增长11.4%，跨境收支逆差2 606.2亿美元，同比下降2.1%。代客结售汇总额4 057亿美元，同比增长8.3%，代客结售汇逆差2 518亿美元，同比增长8.8%。

一、服务实体经济

（一）支持利用境外市场融资

推进全口径跨境融资管理。2017年，北京地区共为139家企业办理185笔全口径跨境融资登记，签约金额同比增长88%。

（二）支持投资便利化

一是促进境外投资平稳发展，调整、优化内部审核流程，加快对存量项目的审核，支持境内企业真实合规的境外投资。加强与北京市发展和改革委员会（以下简称市发改委）、北京市商务委员会（以下简称市商务委）的沟通，建立辖区重点境外投资企业数据库。二是加强境外放款管理，制订操作方案。2017年，放款同比下降71.32%。

（三）推动创新试点工作

推动北京农商银行代理农村中小金融机构个人客户跨境收结汇业务创新试点工作；赴河北省石家庄市对农村中小金融机构收结汇业务进行培训，推动该项试点工作的开展。

（四）稳步开展跨国公司业务

结合近两年外汇收支形势和“走出

去”企业资金集中管理需求变化，进一步规范跨国公司业务管理。结合全口径跨境融资宏观审慎管理改革，与最新政策衔接，将政策红利最大限度地释放给企业。2017 年，共有 66 家在京大型跨国企业集团、约 3 000 家成员企业政策受益，主账户累计结算量 2.7 万亿美元，累计节约财务成本超过 30 亿元。

二、顺应外汇形势新变化

（一）实现银企沟通常态化

出台《北京外汇管理部银企座谈会常态化工作安排》，按照国家外汇管理局统一部署、统一口径、统一步调开展政策宣传和传导工作。多次赴银企开展调研，介绍外汇收支形势，宣讲外汇管理政策，听取企业实际业务需求，解决企业实际困难。此外，2017 年，召开 6 次辖区重点银企专题座谈会，主要涉及辖区重点境外投资企业、境外发债规模和货物贸易量地区占比较大的企业共计 26 家，中外资金融机构 29 家。

（二）完善大额、异常购付汇监测约谈工作机制

总结前期约谈工作经验，制订《北京外汇管理部关于开展监测和约谈工作的实施方案》，将针对大额、异常购付汇的临时性措施调整到宏观审慎监管框架下的常态工作机制，同时在日常监测中坚持流入端和流出端并重原则。

（三）多管齐下强化事中事后监管手段

一是建立“季月旬周日”五位一体的监测模式，提高监测频度和针对性。二是持续加大现场核查工作力度。2017 年，对辖区 7 家银行、5 家特许机构进行了现场核查，下发风险提示函 8 份，约谈银行 2 家，约谈特许机构 2 家；加强个人外汇监管，完成北京地区首例个人非法逃汇案件的处罚；组织开展了 3 家银行办理境外直接投资外汇登记合规性和内控制度执行情况的现场核查。三是多角度夯实非现场数据核查工作基础。通过不断提升申报数据质量、加大货物贸易核查和处罚力度、改进资本项目事后监管等方式全面提升非现场核查水平。四是顺利完成直接投资存量权益登记及抽样调查。2017 年，11 885 家主体完成外商直接投资（FDI）存量权益申报，4 185家主体完成对外直接投资（ODI）存量权益申报。

三、防控金融风险

（一）严打跨境资金异常流动，专项检查成效显著

2017 年，北京外汇管理部共开展 13 起专项检查。充分发挥非现场分析优势，确保检查周密精准，多项专项检查成果显著，实现了单个专项检查罚没款过千万元的突破。

（二）加大对违规案件的处罚力度，严惩外汇违法违规行为

2017 年，共立案 38 件，结案 35 起，收缴罚没款 2 433.58 万元，同比增长 11.9 倍。攻克大案要案查处难关，实现北京地区网络炒汇案、个人非法逃汇案的零突破，有力震慑了外汇违法违规行为。

四、优化核心管理能力

（一）全面落实依法行政工作要求，提升执法水平

认真落实行政审批、依法行政“双公开”工作。2017 年，共受理行政审批业务 5 055 笔，上传行政许可公示信息 5 416条。积极听取相关机构的意见和建议，提升依法行政工作水平。组织辖区 9

家银行、19家企业召开申请人评议会议，听取银行和企业的意见。

（二）全面提高培训质量，拓展受众面

一是举办2017年度北京地区贸易信贷调查工作会议，3期对外金融资产负债及交易统计制度培训，共培训机构172家，参训人员近200人。二是有序推进北京地区外汇政策法规业务培训考试工作，2017年，北京地区共举办培训考试26场，30余家银行共9 326名学员参与考试，通过率为90%。三是通过“走出去”政策宣讲、网络答疑、微信群等多种形式，加强对银行、财务公司等金融机构及企业的外汇政策宣传培训。

（三）加强信息安全建设，提升外汇管理电子化水平

一是严把安全关，全力做好“两会”“一带一路”峰会、十九大期间信息安全保障工作。完善信息安全应急预案，确保应对突发事件应急响应、网络和信息系统运行稳定。完成北京外汇管理部外汇业务终端用机一体化管理系统的安装工作，接受统一监控和集中管理。二是完成村镇银行金融机构代码赋码3家，银行接口联调22家，参加银行接口验收13家，接入22家。推进外汇业务系统适用统一社会信用代码工作。完成代码系统接口联调8家，验收8家，接入8家。收到银行映射关系数据表的报送23家，财务公司映射关系数据表的报送28家，共计51家，其中采用界面方式报送43家，接口方式报送8家。三是完成34家财务公司通过系统报送外汇账户和账户内结售汇数据工作。此外，顺利完成个人外汇信息系统优化，启用外汇应用系统统一访问域名；金融机构标识码赋码及维护业务210笔，特殊机构赋码业务953笔。

（云璐）

中国银行业监督管理委员会北京监管局

2017年，中国银行业监督管理委员会北京监管局（以下简称北京银监局）深入学习贯彻党的十九大精神、中央经济工作会议和全国金融工作会议精神，全面落实中国银行业监督管理委员会（以下简称中国银监会）各项工作部署，持续引领北京银行业回归本源，专注主业，牢牢把握“北京版”供给侧结构性改革的重点，切实推动首都实体经济提质增效，坚决防范化解重点领域风险，深入推进银行业改革开放，持续稳步提升监管工作效能。

一、以服务首都供给侧结构性改革为导向，服务实体经济发展

（一）助力国家重大战略实施

推动京津冀协同发展战略全面实施，辖区银行业支持京津冀协同发展表内外融资年末余额8 228.85亿元。合力推进“去杠杆”政策有效落实，辖内主要银行六大产能严重过剩，行业贷款年末余额同比下降12.46%。会同北京市金融工作局等部门推动构建首都绿色金融体系，辖内主要银行绿色信贷领域贷款年末余额9 112.83亿元，同比增长9.47%。

（二）积极支持北京市重点工程建设，助力提升首都核心功能

引导银行业在治理交通拥堵和大气污染、整治背街小巷等方面提供金融支持。助力非首都功能疏解，做好外疏企业和批发市场后续金融服务。推动银行业主动对接北京城市副中心、新机场等重点工程建设。截至年末，辖内中资机构对北京重点工程项目融资余额2 137.46亿元，共支持87个项目建设。重点支持北京城市副中心金融布局和机构发展，截至年末，辖内机构已在通州设立分行4家，营业网点280家。

（三）助力北京全国科技创新中心建设，激发科技创新“北京活力”

核准首家定位于服务科创的民营银行北京中关村银行以及科技金融专业银行浦发硅谷银行北京分行开业，指导北京银行积极筹建投资功能子公司。推动中关村国家自主创新示范区科技金融专营组织机构创新发展，年末辖内银行业科技型企业贷款余额4 401.20亿元，同比增长11.93%。

（四）助力北京全国文化中心建设，彰显文化金融服务“北京实力”

持续引导辖内银行业增加文化金融服务主体供给，鼓励辖内银行业金融机构设立文化金融部门，支持银行设立文化创意专营机构或特色分支行。完成《文化金融研究报告》，组织召开文化金融服务座谈会，改进文化金融服务工作。截至年末，辖内机构文化创意贷款余额1 637.12亿元，同比增长8.56%。

（五）助力民生金融和普惠金融健康发展，提升金融服务“北京效力”

持续推进“大众满意金融服务”创建活动。有效支持“三农”发展，截至年末，辖内中资银行涉农贷款余额同比增长8.83%，都市型现代农业贷款余额同比增长18.1%。农村集体经营性建设用地入市取得突破，辖内6家机构共向集体经营性建设用地入市试点发放表内外融资余额210.7亿元，同比增长165.93%。小微企业信贷“三个不低于”持续达标，辖内银行业小微企业贷款年末余额10 402.22亿元，贷款规模首次突破万亿元。完善非诉调解机制，推动设立北京秉正银行业消费者权益保护促进中心。

二、以不发生区域性金融风险为目标，强化风险监管治理市场乱象

（一）全面开展多项专项检查

深入开展信用风险专项排查，督导辖内机构按照实际情况对不良贷款率进行调整。有序推动“两会一层”风控责任落实情况专项排查，积极开展“双录”实施情况专项评估检查。全面开展“三违反”“三套利”专项检查、“四不当”专项治理和市场乱象整治工作。针对2016年“回头看”监管检查发现的问题采取监管措施并严肃追责。

（二）狠抓房地产领域风险防控，保持房地产调控“北京定力”

联合北京市相关部门出台调控政策，督促银行业机构严格落实差别化住房信贷政策，严防信贷资金违规流入房地产市场。“3·17”新政实施以来，北京市个人住房贷款增量大幅下降。

（三）紧抓重点难点，有效防控关键领域风险

健全案件风险处置机制，做好“灰名单”信息维护和使用，有效防止机构从业人员“带病流动”。督导机构加强交叉金融业务管控，防范交叉性金融风险。推动北京银行牵头建立京津冀城市商业银

行流动性互助机制。推进债权人委员会相关工作取得实质性进展。推动地方政府性债务风险防控，积极配合相关部门清理整顿代币融资交易平台和虚拟货币交易场所违规业务。

（四）严防非法集资风险和外部风险传染

组织开展非法集资监测预警工作，全年指导辖内机构向北京市打击非法集资工作小组办公室（以下简称市打非办）报送涉非线索7起，其中4起已立案。推进涉案资金网络查控平台建设及应用，推动落实银行入驻反电信网络诈骗中心，配合开展涉非广告资讯信息排查清理。联合有关部门进一步对校园网贷业务开展综合整治。督导辖内银行防范外部风险冲击，持续监测异地授信、跨区域担保圈等重点领域风险，审慎开展与外部机构的合作。

三、以提升服务能力为重点，推进银行业改革开放

一是稳步推进北京市服务业扩大开放综合试点工作。积极创造便利的外资机构准入条件，服务“一带一路”沿线国家来京设立金融机构。

二是支持非银行金融机构在京发展。做好拟设机构辅导工作，批准14家财务公司增资，批准3家非银行金融机构调整优化股权结构，批准10家非银行金融机构扩大业务范围。

三是法人银行股权结构和公司治理优化取得积极成效。推动北京农商银行股权结构调整取得进展。支持北京银行完成非公开定向发行普通股，提升核心一级资本充足率。指导辖内法人机构完善“两会一层”人员配备，优化公司治理结构，增强经营发展的稳定性。

四、以监管能力建设为核心，有效提升监管效能

一是加大监管执法力度，依法查处违法违规行为。全年共审议通过辖内金融机构行政处罚案件28起，下发行政处罚决定32件，对辖内26家机构给予罚款合计8 430万元，处罚责任人48人。妥善处理一批社会广泛关注的案件，对中国民生银行航天桥支行案件依法给予罚款2 750万元。移送案件1件，通报行政处罚典型案例1起。规范改进行政处罚操作流程，聘请外部法律顾问，配齐配强内外法律服务团队。

二是扩大监管协同广度。加强与“一部两局”、北京市住房和城乡建设委员会（以下简称市住建委）等部门的信息共享和监管协同，联合开展多项现场检查。

三是夯实内部管理制度。修订信访工作细则及操作规程，制定政府信息公开工作管理办法，提升监管工作透明度。开展保密自查、检查以及涉密文件解密工作，提升保密管理工作水平。

五、以全面从严治党为主线，切实加强党的建设

一是迅速掀起学习党的十九大精神的热潮。组织参观“砥砺奋进的五年”大型成就展，开展专题演讲比赛，营造热烈浓厚的学习氛围。组织15次党委中心组学习，扎实推动“两学一做”学习教育常态化制度化。

二是推动“两个责任”有效落实。北京银监局党委全面落实从严治党主体责任，形成党委书记承担第一责任、班子成员落实分管责任的工作格局。纪委严格落实监督责任，加强党风廉政建设和协调反腐败工作，开展廉政风险隐患排查。召开违反中央八项规定精神问题通报会，以案施教、以案警示。有效贯彻落实意识形态工作责任制。

三是加强干部队伍建设取得实效。坚持德才兼备选好干部，人岗相适用好干部，分层分类育好干部，严管与厚爱管好干部，培养高素质专业化监管干部队伍。

（艾文卫）

中国证券监督管理委员会北京监管局

2017 年，中国证券监督管理委员会北京监管局（以下简称北京证监局）坚决贯彻党中央、国务院、中国证券监督管理委员会（以下简称中国证监会）党委的决策部署，围绕全国证券期货监管工作会提出的“六稳六进”“十七项重点任务”，牢固树立和贯彻落实新发展理念，紧紧把握稳中求进的工作总基调，扎实开展工作，防控金融风险、维护市场稳定，牢牢守住不发生系统性、区域性风险的底线，在深化供给侧改革服务首都经济社会发展、推进京津冀协同发展和多层次资本市场建设等方面作出了贡献，辖区资本市场持续稳定健康发展呈现新面貌。

一、提高监管工作政治站位，牢牢守住风险底线

（一）全面开展风险隐患摸底排查

完善风险导向型行业监管新模式，关注市场热点焦点问题及投资者动向，聚焦公司业绩严重下滑、高送转运作、高杠杆收购、高比例股票质押、公司债兑付、退市等风险，利用现场检查、专项检查和“双随机”检查等手段，逐一建立风险监管档案，动态跟踪公司风险指标，实时更新风险等级，实现精准监管。牢牢把握行业进入风险高发期的阶段性特征，开展两次全面风险大排查，对发现的 87 家机构近 600 个风险点进行动态跟踪分析，对资产管理、股票质押回购、非标融资、类资金池等高风险业务加大风险扫描频率，切实管控货币基金、通道产品、委外产品、定向增发产品、高杠杆产品的风险暴露程度，全面掌握并有效降低行业风险敞口。建立债券风险监测机制，对回购规模大、杠杆倍数高、涉嫌表外代持、集中持有违约债券的机构逐家约谈，加强窗口指导，实时监测风险指标。探索建立到期兑付债券风险提前排查谈话机制，关注公司债券风险，定期形成辖区债券市场发展与风险梳理分析报告，持续监测及防控公司债违约风险。开展辖区信用风险预警机制研究。紧盯私募基金突出风险，以辖区私募基金全面排查专项行动为基础，深入排查跨区域股权类机构、银行间债券投资机构风险底数，聚焦变相公开、夸大宣传、开展“资金池”业务、违规保本保收益、非法集资等风险点，借助“冒烟指数”监控系统排查出 452 家高风险私募机构。加强协同配合，对辖区各类违规交易场所逐一摸排，开展清理整顿现场验收，认定非法期货性质交易所 6 起，配合市政府完成对 9 家涉邮币卡交易场所的现场检查和风险管控。按要求完成对北京区域性股权市场检查、整改和监管框架安排工作。保持政治敏感度，把监管工作与新闻舆情工作同步考虑、同步实施，建立舆情工作机制，时刻关注辖区市场主体的动态动向，加强舆情监测预警和分析研判，及时控制并妥善处置数起负面舆情，把握监管措施和信息发布的角度和时机，加大正面舆论引导力度，坚决防范经济问题向意识形态领域转化。

（二）有效提升风险防控能力

加强与地方政府的沟通协调，参加市政府“双月例会”，向市政府相关部门、“一部两局”通报监管工作会议精神，深化与地方公检法机关的会商协调机制。加强金融监管协作，与人民银行营业管理部签署备忘录，建立信息共享、联席会议、联络员制度“三个机制”，强化十个方面的监管合作，共同防范和化解辖区金融风险。与证券交易所、期货交易所、期货市场监控中心、行业协会等单位保持监管联动，签署监管合作备忘录，深度优化分工协作机制，共享资源信息、联合检查执法，发挥“五位一体”监管协调机制作用。与北京市金融工作局签署备忘录，加强区域性股权市场监管合作及信息共享。与中国证券投资者投保基金有限责任公司签订合作备忘录，建立辖区证券公司月度风险监测模型。与中证金融研究院合作，共同研究债券业务日常监测模型。全面修订《北京证监局证券期货市场突发事件应急预案》，从职责分工、预防预警、应急响应、信息报送、新闻发布等九个方面统筹安排，充分准备应对证券期货市场可能发生的突发事件。坚持把确保党的十九大召开前后市场及行业安全稳定作为首要政治任务，统筹部署应急值班、安全检查、信访接待、举报处理、金融反恐、舆情应对、保密管理等工作，做好各类风险隐患排查和漏洞堵塞。制订各业务条线风险排查台账及处置预案，逐项制定应对措施，“一对一”贴身监管高风险公司及高风险领域。针对风险个案及时组建专项工作小组，全程做好预判推演、风险应对、舆情监测、属地维稳等工作。推动证券基金机构协调集团公司、股东单位建立流动性应急救助机制。加强信息系统安全防护，对辖区证券期货基金经营机构 2 000 多个系统进行漏洞扫描和后续整改。以“首风”管理为突破口，加强对 19 家期货公司的治理结构和内控监管，排查客户保证金和净资本管理风险隐患，稳妥处理中国期货保证金监控中心预警公司风险。探索性构建以基金产品为核心的风险监控体系，多维度对产品风险特征进行系统收集和量化分析，有针对性地采取应对措施。初步建立审计、评估机构风险监控机制，及时掌握机构及其证券业务客户被立案调查情况，提前防范风险。

（三）妥善应对化解风险

推进风险应对及化解工作，将 139 家涉嫌失联的私募基金管理人通报基金业协会，向公安部门移送数家涉嫌违法犯罪的私募机构，向北京市维稳工作领导小组办公室、市打非办通报一批高风险私募机构，将涉嫌非法集资的互联网股权融资平台及时移交公安部门处置。就地解决新增个体风险，稳妥处置重大敏感事件，加快处置久拖不决的纠纷个案，防止风险交叉扩散。把握风险处置的时机和力度，有效防范处置过程中的次生风险。

（四）统筹强化投资者权益保护

综合运用制度建设、宣传教育、纠纷调解、适当性管理等手段和方法，打造投资者权益保护工作新格局，辖区未出现大规模的集体上访事件。完善投资者诉求处理机制，全年办理举报 1 236 件，同比增长 34%；办理信访 31 件，同比增长

20%；办理“12386”事项1 033件，同比增长39%。举报、信访、投诉办结率分别达85%、94%和96%。加强与中证中小投资者服务中心有限责任公司的纠纷调解合作，在合作处理的107起投诉举报案件中，和解35起。督导投资者适当性管理制度落地，组织开展实施准备情况的自查，梳理适当性制度在系统准备、双录标准、政策适用等方面遇到的问题，加强对公司细化相关准备、制订应急预案的要求，及时妥善处置投资者适当性管理制度实施中出现的问题。加强投资者教育基地培育、认定和后续管理，规范省级投资者教育基地审核流程，引导2家证券公司申报国家级投资者教育基地，认定6家证券公司、2家基金管理公司省级投资者教育基地，制定运行管理办法，加强日常监管。督促辖区公司机构提高适当性管理意识，推动《证券期货投资者适当性管理办法》落地执行。拓宽投资者宣传教育渠道和形式。争取教育部门支持，推动北京市将投资者教育纳入国民教育体系工作。组织开展“投资者保护·明规则·识风险”“防控债券风险　做理性投资人”专项活动，形成统一案例和投资教育产品。发放宣传教育产品8.5万余份，开展活动3 600场，受众27万余人次，向投资者发送提示或宣传信息近800万条。

二、依法全面从严监管，切实维护辖区市场秩序

（一）坚持依法行政原则，始终依法监管

持续细化各条线行政许可事项依据、过程和批复的公开内容，全面统一审核标准及尺度，严格遵循审核程序及要求，实现办理流程“无缝隙”留痕管理，全年共核准行政许可事项83件。及时更新并公示各类备案事项办理指引，督促指导相关机构严格履行备案义务，全年接受各类备案4 300件。严格进行法律审查，受托起草《证券期货市场监督管理措施实施办法（草案）》《全国中小企业证券交易市场监督管理条例（建议稿）》，推动出台30余项行业规范性文件。严把行政处罚法律审核关口，全年审结7起案件、在审7起案件。将法制意识贯穿日常监管全过程，作出135项法律会签审查，办理15件依申请信息公开，稳妥应对12起行政复议和行政诉讼案件。参与建立北京市统一的失信联合惩戒机制，完善资本市场诚信约束机制功能，加大对违法失信信息的推送和利用力度。全年共录入信息220条，接收外部诚信查询103单，更新诚信信息60条，查询征信报告19份。加强新闻宣传和舆情引导，及时解答市场和投资者的疑惑，改进信息公开工作，主动公开各类信息795条，同比增长46.41%。

（二）坚持“无死角”原则，始终全面监管

以信息披露为抓手，对上市公司和“新三板”挂牌公司实行分类监管。持续强化“以投资者需求为导向”的信息披露监管，审阅年报241家；切实推进“刨根问底式”监管，就承诺履行、高质押比例、现金分红等问题约谈上市公司50余次；探索固化“新三板”挂牌公司分层分类监管模式，推动提高规范运作水平。严格执行辅导验收制度，从源头上严把上市公司质量关。以风控合规为抓手，夯实行业机构规范运作机制。推动证券公司风控合规体系建设，督促加强合规管理机制、考核情况、人员合规等基础保障建设，牵头组织11家公司试点开展证券集团风险控制指标体系并表监管工作。重点关注存在负面舆情、延期兑付、集中投诉的高风险基金管理公司，动态跟踪重仓持有问题股票、违约债券、停牌"新三板"股票的高风险基金产品，专门组织32家公司进行压力测试，专项核查23家基金管理公司涉嫌市场操纵的专户产品。强化期货公司信息安全、风控指标、客户保证金和净资本监管，督促做好商品期权业务上市准备。从登记备案信息真实完整性、募集行为合规性、信息披露完整性等方面，督促私募基金加强合规经营意识。以中介机构为抓手，提升监管效率。创新公司债券受托管理专题会议机制，督促机构切实履行受托管理责任和及时报告义务。以个案处置为防线，完成首个资产评估项目立案调查，妥善处置由瑞华会计师事务所和立信会计师事务所暂停执业可能引发的系统性风险。首次召开辖区律师事务所监管工作会，开展律师事务所从事首次公开募股（IPO）法律业务专项执业检查。以现场检查为抓手，突出监管实效。修订"双随机"检查制度，丰富全面检查、专项检查、现场走访等检查形式，优化固化检查流程，以风险和问题为导向，开展各业务条线的现场检查400余家次。

（三）坚持"零容忍"原则，始终从严监管

严厉惩治辖区资本市场违法违规行为，强化事后追责。全面覆盖各监管主体和违规事项，对上市公司、证券期货基金公司、会计师事务所、律师事务所等各类市场主体下发行政监管措施148次，在全国范围内率先对证券投资咨询机构进行整肃，责令4家机构暂停新增业务。全年，共初查案件23起，同比增长35.3%；立案19起，同比增长18.8%；办结调查案件24起，完成公安部门移送2起；审结处罚市场首例私募基金产品未备案案件，审理审结案件同比增长127%，下发处罚决定书9份，同比增长50%。创新办案模式，规范办案程序。建立"集团化"稽查执法办案模式，发挥科技化对稽查办案的支撑作用，针对上市公司信息披露案件、内幕交易案件、利用未公开信息交易案件、违规增减持案件等市场热点主动出击，实现稽查执法"零容忍、全覆盖、无盲区"。以证据规则和执法规范指引为指导，明确执法文书送达、协助调查、案件分类、电子取证等执法的要求，完善结案工作程序，建立健全监督机制，提高稽查执法规范化水平。严厉打击非法证券期货活动和违规互联网基金销售业务。查处摩尔金融、牛股王、财富赢家网等股票类APP平台，整顿规范新浪微博、博客等非法从事证券投资咨询业务模块，妥善处理中央新影资本管理有限公司非法荐股事宜。持续完善资本市场打非执法协作机制，全年办理涉及非法证券业务举报52件，办理京金联网络服务有限公司网贷业务举报268件。

三、立足首都实际需求，积极服务实体经济

一是大力支持企业利用资本市场融资发展，助推首都"四个中心"定位、京津冀协同发展和经济转型升级。把握首都发展新战略，调整服务经济发展的着力点，鼓励支持行业创新，产品创新，促进企业利用资本市场做大做强，助力首都经济转型升级。坚持监管与服务并重的工作理念，组织科技类公司调研座谈，开展融资培训和政策解读，引导证券机构推出契合科技类企业需求特点的、差异化的金融产品和服务模式。拓宽科技类企业直接融资渠道，深化联席会议机制和协作机制，推动科技类企业上市、挂牌和拟上市企业培育、企业辅导。全年，新增科技类上市公司10家、挂牌公司121家，募集资金7.16亿元。积极推动京津冀和首都企业利用资本市场发展对接。举办北京市重点项目融资对接会、北京证券业支持首都实体经济发展工作会，带动社会资本对创新创业企业支持前移。顺应市场贴近需求，专业指导培训辖区监管对象，开展董监事培训10期、“新三板”挂牌公司“监管第一课”培训10期、债券发行人和证券资格审计及评估机构行业培训会2期，累计培训公司2 069家次、人数5 709人次。

二是推动优化辖区多层次资本市场融资结构，充分发挥资本市场引导作用和资源配置功能，鼓励辖区企业依托“新三板”、私募基金融资，精准进行辅导指引，使优质企业、投资者充分利用融资平台，把金融资源配置到经济社会发展亟须的薄弱环节。推动企业利用“期货+保险”、期货、期权套期保值，降低经营风险；指导北京期货商会搭建“期现结合”沟通平台，举办中国期货高管年会、农产品分析交流会、工业品行情、黑色品种交流等系列研讨培训活动。推动债券市场持续健康发展，通过举办债券业务培训会、PPP创新及融资对接会、发行交易所地方政府债、绿色公司债等为北京基础设施和重大项目融资；推动传统基础设施领域和公共服务领域政府和社会资本合作项目资产证券化，优化存量资产重组；借助资本市场平台，深化国有企业改革，降低国有企业杠杆率。在鼓励盘活存量资源政策引导下，快速发展企业资产证券化市场。

三是主动引导发挥资本市场服务供给侧改革、扶贫等国家战略的作用。鼓励上市公司以增强实体经济竞争力、服务供给侧改革为导向开展并购整合，资金脱虚向实成效明显。上市公司共完成重大资产重组16单，交易金额389亿元。结合“十三五”规划，加大对京津冀协同发展、北京市服务业开放等重大战略的研究工作，协调出台落地支持政策。实地走访调研中国铝业股份有限公司等行业代表性公司，调研政府和社会资本合作（PPP）项目运作模式、相关行业当前风险和未来发展，了解供给侧改革、“三降一去一补”等政策的落实情况和实施影响，为完善监管改革措施提供支撑。聚焦辖区市场直接融资、并购重组、现金分红、MSCI指数等市场热点和难点，组织各类专题调研46次，形成理论成果101篇。鼓励支持辖区行业机构、上市公司履行社会责任，探索形成证券公司“结对帮扶”、期货公司“产业扶贫”、基金管理公司“公益扶贫”的新型模式，切实服务国家扶贫攻坚战略。引导证券公司扶贫调研小组赴定点扶贫地区实地调研和座谈，与18个国家级贫困县签署“结对帮扶”合作协议，探索推进带动贫困人口脱贫的挂钩机制。引导期货公司为贫困地区产业提供“期货+保险”、场外衍生品、风险管理咨询等服务，促进企业资产保值规模5 000万元以上。引导基金管理公司建立捐赠、医疗资助、教育资助等手段方式，实现对扶贫项目的长效化支持。引导辖区行业机构共开展扶贫项目75个，投入扶贫资金突破1亿元，通过设立公益基金会、教育扶贫、消费扶贫等方式，对贫困地区公益性扶贫捐助金额超过2 520万元。帮助贫困地区企业通过上市、“新三板”挂牌、定向增发、债券承销等方式，通过资本市场进行融资超过421亿元。

四、统筹谋划自身建设，提升监管执法保障能力

（一）探索推进科技监管，提高监管科技化及智能化水平

参与上市公司“脸谱”系统建设，研发辖区上市公司智能监管系统，借助私募基金网络信息监测系统，紧盯大数据采集、研判分析的非法集资活动“冒烟指数”，充分运用信息技术手段，为现场执法、非现场执法、稽查执法、信访举报、预警监测提供科技保障。全面启动“12386”热线事项直转办理的试点，依托OA系统实现信访工作“线上”流程办理。

（二）注重专业能力培训，拓宽干部的专业化国际化视野

定期组织内部培训，进一步提升专业能力，开展法制专题、债券专题、基金专题、风险管理等各类专题培训37轮次，提高监管干部的政策水平、法律素养，丰富行业知识监管技能。持续开展“创新背景下的机构监管系列讲座”，邀请瑞银证券有限责任公司、中国国际金融股份有限公司等机构的专家，就衍生品规范、风险管理、海外场外交易（OTC）业务等进行专题讲座，拓宽一线监管人员的国际视野，提高创新业务及产品知识储备。

（三）狠抓机关基础建设，夯实日常监管工作基础

加强精细化管理，有序做好财务、保密、资产、外事、应急、安全保卫、公务用车、内务管理等机关办公支撑工作。完成OA系统二次升级研发、办公用房改造竣工、资产核查及政府采购、国有资产产权登记等一系列基础工作，稳妥推进行业协会脱钩工作。加强机关内部制度建设和工作流程梳理，推动制定固定资产、处置突发事件、政府采购、合同管理、办公用品等系列制度19项，进一步优化工作环境，提升综合行政支撑保障水平。

（张靖）

中国保险监督管理委员会北京监管局

2017年，中国保险监督管理委员会北京监管局（以下简称北京保监局）围绕贯彻落实“十三五”规划，立足服务首都“四个中心”功能定位，坚持服务实体经济、防控市场风险、深化监管创新、维护消费者权益，稳步推进新时期保险监管工作。

一、优化服务，助力首都经济建设

（一）服务首都“三农”发展

京郊政策性旅游保险、露地蔬菜气象指数保险等创新险种试点稳步推进，全年共开办政策性农业保险险种39个，为8.7万户次农户提供风险保障254.6亿元，累计赔付支出5亿元，受益农户7.7万户次。农业保险专家库和风险客户提示等制度体系逐步建立并完善，农业保险管理水平不断提升。

（二）创新服务社会治理体系

完善安全生产责任保险运行机制，上调责任限额，扩大保障范围。与北京市卫生和计划生育委员会联合推动医疗责任保险规范化经营。全市除朝阳区、通州区外

的各区均投保了公众责任险、自然灾害责任保险或见义勇为责任险，部分区还扩展了火灾爆炸、煤气中毒、传染病等无责救助责任险。会同北京市食品药品监督管理局推动西城区食品安全责任保险试点工作，推动行业对接政府、企业需求，研究运营模式及实施方案。会同北京市质量技术监督局开展特种设备责任保险机制研究。

（三）参与多层次社会保障体系建设

稳步推进海淀区居家养老失能护理互助保险项目，参保人数已达 5 710 人。积极推进老年人住房反向抵押试点工作。持续推动商业健康险服务民生，指导行业稳步推进服务评价指标优化和披露工作。密切跟进石景山区政策性长期护理险试点情况。

（四）为制造业发展保驾护航

充分发挥首都地区企业总部密集的区位优势，做好首台（套）重大技术装备保险补偿机制试点工作落地服务。保险机构为多个重点龙头企业提供质量和责任风险保障，有力地支持了我国重大技术装备的创新应用。

（五）推动保险资金服务首都建设

加强与市发改委等部门沟通协作，引导保险资金服务首都建设。组织 20 余家保险机构参加北京市重点项目融资对接会，为政企对接搭建有效平台，助力北京市基础设施、科技园区、棚户区改造等重点项目建设。保险机构以债权投资计划形式投资于北京市重点项目的保险资金规模居全国首位。

二、强监管，防范化解市场风险

（一）打击违规行为，净化市场环境

开展专项整治，结合北京地区保险机构车险经营评分结果开展车险业务合规性检查；根据中国保险监督管理委员会（以下简称中国保监会）总体部署开展“亮剑行动”专项检查；抽取部分保险机构开展反欺诈专项检查；参与大病保险专项检查，开展公司治理评估等。提升查处效率，统筹制订检查计划及“双随机、一公开”实施办法，整合监管资源，保证检查工作效果。依法严查重处，针对检查中发现的理赔管理、销售管理不规范、业务财务数据不真实等问题，坚决作出处罚。

（二）强化底线思维，防范化解风险

对北京市市场人身险非正常退保及满期给付风险、互联网保险风险、保险销售人员销售非保险金融理财产品导致的外部传递性风险等重点领域风险进行全面摸排，厘清风险底数。建立非保险金融产品销售风险监测指标体系；定期对市场退保和满期情况进行综合分析，及时发现异常风险点；对中介机构的工商、监管、司法等各类公开数据进行综合评估和监测，有效识别潜在风险；及时抑制群体性事件风险苗头，妥善进行案件处置。积极防控可能发生的风险，完善部门间协调机制，与北京市公安局（以下简称市公安局）、北京市金融工作局等建立协查机制等建立协查机制，联合打击保险领域违法犯罪行为，严防风险交叉传递。

（三）完善监管制度，构建长效机制

定期开展车险数据监测，关注重点公司经营风险，对重点公司进行窗口指导，开展现场检查，成效显著。指导行业协会有序推进保险销售从业人员销售资质分类管理试点工作，深层次治理销售误导问题。强化对中介机构的准入退出管理。结合北京市中介市场活跃度高、出资人背景复杂等特点，研究形成保险专业中介出资人的具体审核标准，严把机构准入关。积极探索专业中介机构市场退出实现方式和途径，实现机构平稳有序退出。

三、新举措，持续提高监管效能

（一）推动实施车险投保流程电子化

2017年9月28日，北京地区43家保险公司正式实施车险电子投保，实现了车险投保从信息采录到保单出具、承保管理的全流程电子化，减少资源损耗，有效促进传统车险管理模式转型升级。

（二）平稳推进人身险电子化回访试点

积极开展电子化回访试点的落实工作，出台《北京地区人身保险电子化回访试点办法》，规范电子化回访管理，保护消费者合法权益。多家人身险分公司已平稳有序开展电子化回访试点工作，为保险公司的服务创新明确了监管边界，提升信息化水平，优化客户服务体验，促进行业转型升级。

（三）引入中介大数据分析提高监管效率

充分发挥中介大数据风险监测平台、非现场数据分析系统功能，拓宽监管触角和视野，对目标中介机构涉及的工商、司法、舆情、知识产权等各类公开数据进行综合评估和监测，有效识别潜在风险。通过系统完成对多机构、多报表的汇总运算，进行深度分析，有效标识异动数据，准确定位重点机构，提高监管效率。

（四）推动京津冀跨区域经营政策落地

联合中国保监会天津监管局、中国保监会河北监管局发布《关于保险公司和保险专业代理机构跨京津冀区域经营备案管理试点有关事项的通知》（京保监发〔2017〕70号），从保障客户服务、统一监管尺度、方便经营主体的原则出发，进一步明确了跨区域经营有关要求及三地高管人员考试成绩互认等相关内容。建立试点协调机制，强化三地协同监管，完善配套制度，推动跨京津冀经营备案工作有序开展。

四、全方位，坚决维护消费者权益

（一）不断提升理赔服务水平

完善快速处理手机客户端功能，推动保险公司理赔数据接口对接“北京交警”APP的“事故e处理”模块，提升理赔速度。推进行业共享服务网点建设工作。组织行业开展互碰自赔机制研究，初步形成《北京市机动车道路交通事故互碰自赔机制可行性报告》。

（二）妥善处理信访投诉事项

持续完善“四位一体”投诉处理机制，密切关注投诉数据变化，做好分析应对；强化受理阶段行政调解，加大纠纷化解力度；建立约谈制度，加大对投诉处理不力公司的监督处理。

（三）持续巩固诉调对接成果

推动北京保险行业持续深化诉调对接机制，进一步规范对接流程。2017年3月，指导行业协会在北京铁路运输法院率先设立“北京保险行业协会保险合同纠纷调解委员会北铁诉调对接调解室”，现场接案、调解和确权，有效化解矛盾纠纷。2017年全年，北京诉调对接案件176起，已调解完成103起，成功调解72起，调解成功率70%，履约率100%，涉案金额3 461万元。

（四）多角度强化消费者保险意识

开展“保险进农村”宣传活动，根据农村保险消费者特点制作4万份宣传海报发放至3 000多个行政村，提示消费者“明明白白买保险”，基本实现北京农村全覆盖；与市公安局合作开展打击非法集资宣传教育活动，万份主题海报张贴至全市4 000多个警务社区，实现北京市全覆盖，切实从源头上化解风险。

（五）凝聚合力打击保险欺诈

组织开展“安宁2017”打击车险欺诈专项行动，指导北京保险行业筛查欺诈线索1 500余条并移交公安机关。完善反欺诈工作机制，与公安、检察机关等建立反保险欺诈合作机制。指导京津冀三地保险行业协会联合签署《京津冀车险反欺诈协同工作机制》，联合防范和打击跨区域车险诈骗行为。

（柏林林）

北京市金融工作局

2017年，首都金融从高速增长转向高质量发展。初步统计，全年金融业实现增加值4 634.5亿元，同比增长7.0%，占地区生产总值的16.6%，对经济增长贡献率为17.6%；实现三级税收4 515亿元，占全市三级税收的36.4%；实现一般公共预算收入847.17亿元，占全市一般公共预算收入的15.6%。

一、加强顶层设计、战略谋划，明确新时代首都金融发展定位和前进方向

出台一系列重要政策文件，形成“1+4”政策框架体系，明确了新时代首都金融发展定位和前进方向。其中，“1”是市委市政府《贯彻落实全国金融工作会议精神的实施意见》；“4”是四条专项政策，即《关于构建首都绿色金融体系的实施办法》《关于加快培育发展首都现代金融服务业的若干意见》《关于促进天使投资创业投资发展的意见》《关于促进上市公司发展的意见》。

二、服务定位、立足本源，培育首都金融发展动能

（一）发展新金融，丰富健全金融组织体系

积极沟通推动万事达卡国际组织在京设立合资公司；做好服务对接，我国倡导的亚洲金融机构交流合作平台——亚洲金融合作协会正式成立，北京首家民营银行——北京中关村银行顺利开业，全国唯一的非银行支付机构网络支付清算平台——网联清算有限公司投入运行，全国首家相互制寿险机构——信美人寿相互保险社获准开业，国内首批市场化债转股金融资产公司——农银金融资产投资有限公司、建信金融资产投资有限公司、中银投资有限公司在京设立，全年新设法人金融机构1家，新开业8家。

（二）把握新定位，提升金融服务实体经济能力

加强资源对接和调研走访，引导各类金融机构加大对首都城市发展建设重大项目和民生保障工程的信贷投放，促进金融业固定资产投资项目落地，截至年末，中资银行高新技术产业人民币贷款余额（不含票据融资）3 287亿元，同比增长8.51%。辖内22家银行对本市棚户区改造项目累计授信规模超过2 000亿元，已放款超过1 100亿元。积极运用信托计划、保险资金支持基础设施建设，累计注册债权投资计划已超过1 400亿元。

（三）构筑新优势，金融科技发展全国领先

紧密跟踪，推动促进阿里、腾讯、百度、京东等互联网企业与在京金融机构深度合作，加大在京金融板块布局，北京蚂蚁佐罗科技有限公司等国际领先金融科技企业落户北京。毕马威发布的 2017 中国领先金融科技 50 强榜单中，北京市有 21 家企业入选，占比 42%。

（四）落实新规划，特色金融功能区联动发展

新版北京城市总体规划中，有 41 处提及“金融”，对金融街、北京商务中心区、丽泽金融商务区、中关村国家自主创新示范区、北京城市副中心、大兴、房山、顺义等多个区域金融发展作出描述。初步形成“一主、一副、三区”的金融功能区新布局，各区新金融增长点加快培育，北京互联网金融安全示范产业园、北京保险产业园等新兴园区快速发展。

三、聚焦重点、攻坚克难，释放首都金融创新活力

一是聚焦创新驱动，完善科技金融体系。深入推进投贷联动试点，截至年末，北京地区内部投贷联动贷款余额 7.16 亿元，比上年增长 164.21%，投资余额 6.86 亿元；外部投贷联动贷款累计发放 92.91 亿元，累计发放户数 319 家。

二是聚焦市场建设，推进资本市场改革。加大对“新三板”的服务支持力度，争取国家对“新三板”在京发展的政策支持。2017 年末“新三板”挂牌公司 1 618 家，占全国挂牌公司总量的 13.91%。本市区域性股权市场挂牌展示企业 4 025 家，实现各项融资累计 148.26 亿元。机构间私募产品报价与服务系统参与人3 025家，累计发行私募产品 14 468 只，规模 10 251.23 亿元。截至年末，在北京市注册并备案的私募股权管理机构管理资金总量约 1.51 万亿元，投资金额 4 868亿元，其中战略性新兴产业领域投资金额 4 094 亿元，占全国的 46.4%。退出案例为 601 笔，“投、管、退”各项均居全国首位。

三是聚焦城市治理，用好商业保险工具。保险服务城市治理，开发安全责任保险、环境污染责任保险、治安保险、食品安全责任保险等 18 个项目，有力提升城市管理水平，创新城市管理机制。

四是聚焦改善民生，深化普惠金融服务。研究制定《关于积极推进普惠金融发展的实施意见》，稳妥推进农村承包土地的经营权抵押贷款试点、农村集体经营性建设用地入市试点，增加“三农”金融服务供给。推动开展老年人意外险、住房反向抵押养老保险试点、居家养老失能护理互助保险。

五是聚焦文化繁荣，推动文创金融模式创新。推动设立文创银行，在本市区域性股权市场发展文创板，推动建设文创组合金融服务平台。

六是聚焦扩大开放，促进双向金融合作。借助“一带一路”国际合作高峰论坛扩大首都金融影响力，推动国家、地区金融合作。把握金融业对外开放机遇，发挥服务业扩大开放试点政策优势，牵头协调推进服务业扩大开放试点金融领域 20 余项试点任务。加强对外资金融机构精准服务，积极解决亚洲基础设施投资银行、亚洲金融合作协会和外资金融机构在京发展中的问题，争取万事达卡国际组织、三大信用评级机构在京设立法人机构。支持举办金融街论坛、京港金融服务合作论坛等活动，发布北京金融发展指数和北京地

区私募股权投资行业发展指数，提升首都金融国际影响力。

七是聚焦协同发展，搭建京津冀金融服务平台。推动政府部门、监管机构、金融机构分别签署京津冀三地金融合作框架协议，引导在京金融机构支持京津冀协同发展和雄安新区建设，促进京津冀区域性股权市场合作，发挥三地产权市场和要素市场作用，完善价格发现机制，优化资源配置。

四、积极应对、果断处置，维护首都金融发展稳定环境

（一）深入开展互联网金融风险专项整治

对900余家网络借贷和其他互联网金融机构业务开展深度核查，发放《事实认定整改通知书》，督促其按时整改，引导行业走向规范发展轨道。在首次代币发行、虚拟货币交易、现金贷等风险逐渐暴露的情况下，会同人民银行营业管理部迅速采取应对措施，约谈主要负责人，关停相关业务，全市30家虚拟货币和代币发行交易平台均已停止运营，清理清退工作基本完成。

（二）大力推进交易场所清理整顿

按照清理整顿各类交易场所部际联席会议部署，成立工作专班，制订工作方案，全面开展清理整顿“回头看”工作。重点开展9家邮币卡类交易场所的规范整改及“微盘”和黑交易平台的清理整顿工作。扎实推动分类撤并，稳妥处置“僵尸”类交易场所，推动实现交易场所专业专营。建立健全长效机制，修订完善交易场所管理办法，推动全市统一登记结算平台建设运营。加强信用体系建设，通过多种途径进行风险提示，分批公布违规公司“黑名单”。

（三）持续保持打击非法集资高压态势

开展打击非法集资专项整治行动，重点整治P2P网络借贷、私募股权投资、投资理财产品等领域风险隐患，落实综合治理考评和重点区挂牌督办制度，配合推进“e租宝”等非法集资大案要案处置，“e租宝”案件二审公开宣判。强化“冒烟指数”等大数据信息技术手段综合运用，全面排查风险，及时预警提示，“打早打小”取得重要进展。深入开展金融消费者保护工作，推进“百千万宣教工程”，群众举报非法集资意识明显提高。全年，新发涉嫌非法集资案件223起，同比增加33.5%；涉案金额12.37亿余元，同比下降81.2%；参与集资人数5 232人，同比下降44.5%。

（四）配合开展乐视网风险处置工作

会同北京证监局成立乐视体系风险处置工作专班，共同推进风险处置工作。推进乐视网按时兑付二期公司债，稳妥化解可能因债券违约而引发的风险。深入排查乐视网可能引发的金融风险和社会风险情况，制订风险处置工作预案，协调相关单位加强舆论引导并做好属地维稳工作。

（五）认真履行地方金融监管职责

树立审慎监管理念，严控市场准入，认真履行对融资担保公司、小额贷款公司、区域股权市场、要素市场的监管职责，完善市区两级监管体制，加强监管人员业务培训，发挥行业自律组织作用，在“1+3+N”的监管体系的基础上，探索地方金融监管体系框架，为进一步落实好地方金融监管职责打下坚实基础。

（吴茜）

中国人民银行中关村国家自主创新示范区中心支行

（国家外汇管理局中关村国家自主创新示范区中心支局）

2017年，中国人民银行中关村国家自主创新示范区中心支行（国家外汇管理局中关村国家自主创新示范区中心支局）（以下分别简称中关村中心支行、中关村中心支局）以习近平新时代中国特色社会主义思想为指引，紧紧围绕中国人民银行的中心工作，立足中关村经济金融发展实际，按照功能型、创新型的职能定位，以“服务营管部、服务中关村”为目标，稳步推进外汇业务扩园工作和外债便利化政策落地，积极推动科技金融工作向纵深发展，统筹推进综合金融服务，探索建立以主体监管为基础的本外币一体化监测体系，创新开展综合金融知识宣传，履职能力和水平不断提升。

一、积极推进示范区贸易投资便利化

（一）稳步推进外汇业务扩园工作

按照北京外汇管理部工作部署，中关村中心支局外汇业务范围由核心区扩大至西城、朝阳、昌平、通州、顺义、亦庄6个园区。中关村中心支局制订扩园工作方案，完善业务办理指南，明确服务对象范围，保证业务平稳过渡；加强工作对接，建立与园区管理部门的沟通联络机制；开发建设外汇业务预审批系统，减少企业“脚底”成本；组织重点企业调研座谈并进行政策宣讲。

（二）做好政策衔接，推动外债便利化政策落地

截至年末，共为121家中关村高新技术企业办理了全口径宏观审慎外债业务，新增外债签约额74.6亿美元，1年可节约财务成本约13亿元。

二、积极推动科技金融工作向纵深发展

（一）加强对中关村示范区科技金融专营机构创新发展的指导

联合北京银监局、中关村管委会出台《关于进一步推动中关村国家自主创新示范区科技金融专营组织机构创新发展的意见》（银管发〔2017〕260号），引导各商业银行加快在中关村示范区设立科技金融专营组织机构，开展体制机制创新和产品创新，强化金融对北京建设全国科技创新中心的支撑作用。

（二）继续做好科技金融专营机构评估与监测工作

完成辖内20家中资银行的54家科技金融专营机构2016年度评估工作，首次开展科技金融工作先进个人评选。广泛调研走访征求意见，修订完善评估方案。按照“循序渐进、分步实施”的原则，扩大科技金融专项监测范围。鼓励专营机构在控制风险的同时，创新产品和服务。2017年末，中关村高新技术企业贷款余额797.8亿元，同比增长15.7%；贷款存量户数为2 276户，同比增加224户。其中，中关村高新企业信用贷款余额471.6亿元，同比增长26.6%，占专营机构全部贷款余额的59.1%，占比连续5个季度过半。

（三）构建中关村金融统计工作制度

探索信息采集新途径，优化《中关村科技金融动态》监测方案，调整版面设计，进一步丰富刊物内容。建立高新技术企业调查问卷制度，选择200家企业按季度开展调查。初步建立中关村经济金融分析框架，开展中关村高新技术企业贷款情况分析。

三、统筹推进综合金融服务

（一）探索开展工商信息共享及辅助账户审批试点工作

以北京市企业登记注册全程电子化试点为契机，创新性提出利用工商登记注册信息辅助账户审批的工作思路，与市工商局签订数据信息战略合作协议，建立长效合作机制；与中国金融电子化公司和人民银行营业管理部支付结算处、科技处等部门多次沟通讨论，完成《关于利用工商登记注册信息辅助账户审批工作的方案》，正式启动系统开发建设工作。

（二）积极发挥信用增进作用，推动开展银企合作

按照“以信用促融资，以融资促发展”的思路，积极做好以政策扶持、信用评价、融资对接为主要内容的小微企业融资培育工作。协助中关村信用促进会开展“信用双百”企业评选，组织6家商业银行召开融资服务座谈会，搭建银政企合作平台，最终促成200家企业获得授信100亿元。

（三）加强业务指导，提升辖内银行机构的金融服务水平

完成辖内首家民营银行北京中关村银行的系统接入工作；继续对辖内银行机构开展“定制化”服务，先后到5家银行开展驻点培训，累计培训人员500余人，受训机构账户业务差错率显著下降，最大降幅达2.3个百分点；对疑难业务问题采取专项指导方式，先后数十次对银行进行面对面的业务指导，解决银行实际问题。建立定期通报和定向通报的“双通报”机制，督促各商业银行提高账户业务水平；针对上半年服务大厅业务办理中发生的各类问题，总结典型案例，深挖事件成因，向辖内商业银行进行通报，提高辖区整体服务水平。

（四）充分发挥央行金融服务一线窗口作用

坚持依法行政，不断提升柜台服务满意度。推动本外币一体化综合柜员制度建设，加强培训和考核力度，从专业技能和服务质量方面不断提高文明服务标准化水平。全年，共办理信用报告查询业务108 766笔，约占北京市查询量的1/3；完成账户审批业务110 278笔，约占人民银行营业管理部业务量的1/4；正式受理行政许可业务827笔，接待咨询4 605人次。

四、探索建立以主体监管为基础的本外币一体化监测体系

（一）防范跨境风险，提升外汇事中事后管理水平

保持对跨境收支形势变化的敏感性，对重点业务、重点企业开展专项核查。扩展核查维度，利用多系统接入的优势，将核查维度从经常项目扩展到经常、资本多角度。综合运用系统监测、电话沟通等窗口指导方式，传导政策意图，稳定市场预期。创新建立核查前约谈工作机制，提升事后核查效率；以随机抽查工作为契机，加强对金融机构的监督和指导。

（二）强化监测分析，对宏观形势的把握能力进一步提升

综合数据系统正式上线运行，有效整合信贷、外汇、跨境等各项数据，建立对市场主体全方位、立体化、多维度的分析

框架，为本外币一体化综合分析奠定基础。将形势分析范围扩展到中关村“一区十六园”，提升对示范区整体形势的把握能力；从债务融资角度入手，继续推进本外币一体化监测；探索拓宽信息采集渠道实现全景式监测，提升预研预判能力。利用计算机辅助技术手段实现数据批量化处理，加强系统运用能力，切实提升监测分析核查效率。

（三）围绕创新工作主线，因地制宜开展信息调研工作

紧密结合中关村中心支行定位，围绕先行先试政策、知识产权融资、跨境本外币协调监管、外汇监管与科技融合等方面深入开展调查研究。组建课题组，围绕功能型基层行建设、干部队伍建设和内部管理创新开展研究，形成系列研究报告，分别在《中国金融》和中国人民银行《组织人事参考》刊发。全年，共撰写政务信息76篇。其中，综合信息63篇，动态信息13篇。1篇信息被中共中央办公厅、国务院办公厅采用，3篇信息被中国人民银行《送阅信息》采用，14篇信息被国家外汇管理局采用，2篇信息被中国人民银行《分支行工作动态》采用，1篇信息被市委市政府采用。

五、构建“一体化”综合金融宣传体系

（一）创新开展“综合金融知识宣传”

打破传统按业务条线分头宣传的模式，整合征信、支付和个人外汇管理知识，制作微型情景剧《小冯与小关的快乐生活》。采用“线上+线下”联动方式，线上借助专业媒体开展情景剧广播、微信答题抢红包等系列活动，线下举办热心听众“综合金融知识达人竞赛”，活动覆盖京津冀三地，听众累计430万人次，线上答题总浏览量近150万人次，参与答题人数达30余万人次。

（二）持续开展专项宣传

利用“央行北京青联”公众号连续发布30期《小冯与小关的征信生活》，累计阅读万余人次；配合中国人民银行征信中心完成“国家助学贷款”系列文案，经“征信小助手”公众号连载6期，累计阅读量超过14万人次；协助人民银行营业管理部制作“开车听征信，30分钟变专家”宣传光盘；组织做好“加强信息保护和支付安全、防范电信网络欺诈”现场宣传活动。

（穆毓）

金融机构

中国农业发展银行北京市分行

2017年，中国农业发展银行北京市分行（以下简称农发行北京市分行）累计投放贷款370.91亿元（含票据285.37亿元），累计收回贷款381.25亿元（含

票据310.91亿元)，年末各项贷款余额170.08亿元，比年初增长9.82%；各项存款余额141.56亿元，比年初下降7.43%；实现利润5.7亿元，继续保持不良贷款零的记录。

截至年末，农发行北京市分行设有支行（部）13个；共有在岗员工444人。

政策性粮油信贷业务 全力保障粮油政策性收储资金供应，全年累计投放粮棉油收储贷款37.13亿元（含划转16.9亿元)，支持粮油收储和轮换工作；与北京粮食集团有限责任公司签订战略合作框架协议，发放3亿元产业化龙头企业粮食购销流动资金贷款，支持企业原粮购进业务；配合中国储备粮管理集团有限公司北京分公司开展国家调控粮去库存销售工作，收回贷款1.6亿元，无价差亏损占用贷款；向中粮国际（北京）有限公司发放2亿元龙头加工企业粮食购销流动资金贷款，支持企业成品粮购进业务。

化肥、农药等储备贷款业务 积极支持国家储备化肥和农药信贷业务，累计发放省级以上其他品种储备贷款2.2亿元；累计发放国家储备化肥贷款13.33亿元。

政策性中长期信贷业务 加大对水利、棚户区改造等农业农村基础设施建设的支持力度，全年累计投放贷款37.69亿元，比上年多投放25.27亿元。其中，重点支持怀柔区刘各长村、顺义区夏县营村、朝阳区黑庄户村棚户区改造项目贷款25.94亿元；支持通州区“两站一街”和丰台区万泉寺的农村土地整治项目贷款9.47亿元；支持海淀区北部区域上庄热电联产项目、通州区光谷科技园的农民集中住房项目、平谷区洳河污水处理和中国林场总公司的营林抚育项目等贷款2.29亿元。加大客户营销力度，与北京控股集团有限公司签订战略合作框架协议。

投资业务 截至年末，农发重点建设基金余额227.29亿元，已支付205.81亿元，支付率90.90%。收回基金投资资金9.65亿元，实现收益2.80亿元。加强基金投后管理，全面开展风险排查，总行专项基金审计对农发行北京市分行基金管理工作给予肯定；“投贷结合”业务取得突破，完成北京市上庄燃气改善农村人居环境建设贷款5亿元的审批工作，并发放贷款1.02亿元。

中间业务 规范开展中间业务，实现中间业务收入339.65万元；合规开展企业理财业务，累计金额2亿元；有效开展基金托管业务，审核请调现代种业基金资金27笔，累计金额18.15亿元；担任中再资产管理股份有限公司项目独立监督人，拓宽投资业务发展渠道。

票据业务 全年共办理票据交易业务280.8亿元，年末转贴现资产余额148.28亿元，比年初减少25.55亿元。应回笼票据306.99亿元，全部回笼。

国际结算业务 全年共办理国际业务779笔，金额16 670.18万美元，同比增长48.83%；实现业务收入129.85万元，同比增长9.59%。

扶贫贷款业务 加强与北京市支援合作办公室、北京市工商业联合会沟通，落实工作联系人，定期沟通信息，了解掌握北京市对口帮扶情况。赴河北省、内蒙古自治区的贫困地区、贫困县实地调研、考察项目，为企业提供扶贫政策解读及项目运作模式指导。全年累计发放扶贫贷款3.8亿元，比上年增加3.3亿元，对口支援河北省、内蒙古自治区、新疆维吾尔自治区等地的贫困地区，约覆盖3 500多户建档立卡贫困人口；审批3亿元异地扶贫贷款，支持河北省国定贫困县、内蒙古自治区贫困地区经济建设，已发放贷款3 000万元。

创新业务 与北京首都农业集团有限公司签订战略合作框架协议，授信100亿元，支持该集团在推动第一、第二、第三产业融合发展方面的资金需求。创新融资模式，采用以存货动产抵押为主、多种担保相结合的方式，支持国家级农业产业化龙头企业做大做强。审批发放北京月盛斋清真食品有限公司5 000万元农村流通体系贷款，支持农村流通体系建设。审批3亿元农村土地流转及规模经营固定资产贷款，支持大兴区、平谷区土地流转和规模化经营。

（李灵毓）

中国进出口银行北京分行

2017年末，中国进出口银行北京分行（以下简称进出口银行北京分行）有余额的各类贷款、贸易融资客户共计50家，项目111个，累计批准贷款635.96亿元，累计放款229.94亿元，累计收回172.63亿元。各类贷款余额459.65亿元，较年初新增50.69亿元，增长12.4%。其中，人民币贷款余额362.95亿元，较年初增加68亿元；外币贷款余额14.8亿美元，较年初减少1.64亿美元。

截至年末，进出口银行北京分行设有处室8个；共有在职正式员工63人。

服务首都实体经济发展 聚焦非首都功能疏解和京津冀协同发展。向首钢集团有限公司发放流动资金贷款17.5亿元，为企业搬迁后提供运营资金支持；为京唐城际铁路批准贷款22亿元，带动北京市通州区、河北省香河县、天津市宝坻区以及河北省唐山市经济协同发展，促进京津冀交通一体化建设；落实《京津冀协同发展规划纲要》中全力推进燃煤控制的要求，为顺义市政控股有限责任公司“煤改气”工程项目提供4亿元促进境内对外开放固定资产类贷款，全力推动北京市清洁空气行动计划落实。

助力北京科技文化建设 加快推进“中国制造2025”的优化升级，为中芯国际集成电路制造（北京）有限公司提供5亿元优惠利率进口信贷，用于支持其55/65纳米生产线第二次增资扩产项目；为神州高铁技术股份有限公司提供5亿元流动资金贷款，支持其轨道交通核心技术产品走向国际领先水平；为紫光集团有限公司旗下芯片设计企业——锐迪科创微电子（北京）有限公司提供5亿元出口卖方信贷贷款，支持其芯片设计板块的发展，助力清华紫光“从芯到云”战略布局。支持北京全国文化中心建设，分别为北京顺鑫控股集团有限公司和北京二商集团提供15亿元和10亿元流动资金贷款，打造首都龙头企业“老字号”金名片。

推进“一带一路”建设 贯彻落实“一带一路”倡议，全年共签约项目6个，累计签约49.34亿元，累计发放贷款54.34亿元。为北京汽车集团有限公司新增15亿元流动资金贷款，支持其进口汽车零配件和出口商用车到俄罗斯、中东欧等“一带一路”沿线国家；为首都机场集团公司提供15亿元流动资金贷款，支持北京新机场建设，助力打造首都国际机场、新机场“一市两场”的双枢纽格局。

助力企业“走出去” 充分发挥政策性金融作用，在聚焦国家战略、服务重点领域和薄弱环节等方面做优主业、做精专业。全年通过为北京地区企业发放贷款，累计带动进出口商务合同金额共计3 047.35亿美元。其中，为紫光集团有限公司提供贷款14亿元；利用境外投资贷款、出口卖方信贷、牵头组建银团贷款等一系列贷款优化组合，为其带动融资共计26亿元，带动芯片出口8.16亿美元。

助力企业开展对外投资 利用政策性金融优势，为企业设计投融资方案，充分揭示风险，带领企业“走出去”。为北京四达时代通讯网络技术有限公司提供6亿元贷款，助其在非洲18个国家的103个城市开展数字电视运营，用户规模达967万户。

内控风险管理 制订《北京分行内部控制评价分解实施方案》，将82项内部控制工作指标，按照岗位、处室职责进行细化、分解，做到控制目标明确，责任具体；组织开展合规文化建设系列活动，通过“一把手讲合规”“合规文化读书月”以及“合规从我做起”征文等活动，营造良好的学习氛围；制定案件防控工作要点，逐级签署案件防控工作责任书；建立健全制度体系，全年共印发各类制度40项；加大内部监督检查工作力度，及时发现工作中存在的问题和隐患，并严格抓好整改。配合监管部门开展“三违反”“三套利”“四不当”“银行业市场乱象”现场检查和整改，着力强化对相关责任人的问责力度；加强对信贷资产质量的监控，精准排查可能引发系统性、区域性金融风险的引爆点。着力支持供给侧结构性改革，全力落实“三去一降一补”任务，年末五大产能过剩行业贷款占比年初下降2.37个百分点。

（白倩雯）

国家开发银行北京市分行

2017年末，国家开发银行北京市分行（以下简称国开行北京市分行）资产总额5 000.45亿元，同比增长5.85％。表内贷款余额4 355亿元，同比增长12.4%。其中，人民币贷款余额2 746亿元，增长16.3%，外币贷款余额246亿美元，增长12.8%；当年本息回收率100.5%，累计本息回收率99.76%，不良贷款0.13%，与上一年持平。中间业务收入5.04亿元，同比下降21.3%；拨备前利润61.3亿元，同比下降0.06%，资产收益率1.79%，同比上升0.22个百分点。

截至年末，国开行北京市分行设有处室21个；共有正式在职员工218人。

开展“春燕行动”，促进外部合作 以“春燕行动”破解业务发展困难，加大力度“走出去”“请进来”，累计走访调研客户300余次，全年评审承诺额逾3 500亿元。促成国家开发银行与市政府举行高层联席会议，就北京城市副中心建设、非首都功能疏解、“四个中心”建设等事宜进行探讨，并达成共识。强化研究、规划先行，扎实做好课题研究和项目储备，完成规划课题 3 项、要闻专刊 9 期。全年签署开发性金融合作协议 9 项，协议金额 2 500 亿元。

支持首都实体经济发展 服务非首都功能疏解，助力北京城市副中心建设，支持基础设施等重大项目，评审承诺 593 亿元，发放贷款 119 亿元。服务京津冀协同发展，“贷”动综合基础设施建设，完成高速公路、铁路、机场、轨道交通等领域评审承诺 1 173 亿元，发放贷款 103 亿元。加大模式创新研究，为首都棚户区改造提供有力保障，支持丰台区万泉寺、朝阳区孙河乡、石景山区衙门口、房山区长阳镇等 26 个项目，评审承诺 962 亿元，发放贷款 316 亿元。服务科创中心建设，支持产业转型升级、“高精尖”产业发展，向市政府报送支持科创中心建设报告，主动做好工作对接；牵头组建昌平区、海淀区发展基金；发放产业贷款 281 亿元，为京东方科技股份有限公司、中芯国际集成电路制造有限公司、首钢集团、北京汽车股份有限公司等企业提供资金支持；支持投贷联动发展，向北京远程视界集团、北京正和恒基滨水生态环境质量股份有限公司发放贷款 1.7 亿元；服务普惠金融，支持健康养老产业和东西部扶贫，向北京首都农业集团有限公司、新合作商贸连锁集团有限公司、乐普（北京）医疗器械股份有限公司、悦康药业集团股份有限公司等项目发放贷款 11 亿元。服务绿色金融，支持环境治理及水利工程建设，完成北京城市排水集团有限责任公司、北京碧水源科技股份有限公司、北京首都机场绿色债券等项目评审承诺 255 亿元，发放贷款 17.4 亿元。

国际合作业务稳步推进 服务重大项目，向巴西石油公司发放贷款 30 亿美元、向中信西澳铁矿项目发放贷款 5 亿美元；深化重点客户合作，向振华石油控股有限公司发放贷款 1 亿美元，向深圳航空有限责任公司、光大金融租赁有限责任公司发放贷款 9 300 万美元；扎实做好国别组工作，提升主阵地作用，持续推进“一带一路”建设。

经营管理和综合金融服务 提升经营管理支撑能力，加强资金统筹调度，保障重大项目用款需求。开展中间业务，发行理财产品 52 期，总额 254 亿元，推荐资产 105 亿元，发行债券 73 亿元，完成理财投资产业基金和金融债发行等业务创新。加强财会、营运管理，持续推进降本增效、深挖内部盈利潜力，做好财务决算和税收管理，全年实现结算收入 5 600 万元。完成通州国开村镇银行股权转让和管理权交割。

风险管控 严格落实监管要求，控制监审合规风险，开展“市场乱象”“三三四”“信用风险专项”自查整改。加强合规管理，成立加强风险管控工作领导小组，完善体制机制，做好内控、反洗钱、征信等基础工作。优化信用评级管理，提高授信审查审议质量和效率。强化法律支持与服务，推动重点、难点业务创新发展。健全信贷管理机制，提升资产质量分类的精细化水平，加大本息回收监管力度。加大不良化解力度，全年回收、核销、批转不良贷款 12 亿元。

党建工作 深入学习党的十九大精神，通过领导班子讲党课、中心组学习会议、主题党日、“开行精神大讲堂”等形式，准确把握党的十九大精神的思想精髓。与北京市委办局、重大客户开展座谈宣介，以展板、报刊、知识竞赛等形式，着力推动党的十九大精神宣讲运用。开展“会风会纪专项整治活动”，正风肃纪。开展党支部书记现场述职，签订全面从严治党责任书，建立加强党委自身建设、中心组学习等制度，完成中心组学习18次。开展全体处级干部专题轮训。抓实党支部“三会一课”，开展联学共建、特色党日活动，推出“党建大讲堂”系列活动。落实党风廉政建设责任制，加强监督执纪问责；深化巡视成果运用，及时掌握最新巡视要求、典型问题，纳入重点监控，开展监督检查；修订干部廉政档案管理办法，实现档案全覆盖；扎实开展廉政教育、监督执纪问责，坚持“一季一课”，持续开展日常教育警示提醒和员工行为排查，动态掌握干部员工廉政情况。

（常江）

中国工商银行股份有限公司北京市分行

2017年末，中国工商银行股份有限公司北京市分行（以下简称工商银行北京市分行）本外币资产总额3.72万亿元，比上年增加1 230亿元。本外币全部存款余额3.62万亿元，比上年增加1 246亿元。本外币各项贷款余额7 598亿元，比上年增加784亿元。实现拨备前利润525.76亿元、拨备后利润517.93亿元、净利润389.56亿元，同比分别增加67.44亿元、69.66亿元和51.63亿元，分别增长14.71%、15.54%和15.28%，成为国内首家拨备前利润突破500亿元的商业银行一级分支机构。中间业务收入121.65亿元，同比增加1 880万元，增长0.15%。

截至年末，工商银行北京市分行设有二级分行（含分行营业部）37家，营业网点555家，自助银行620家，自助机具8 600余台；共有员工18 792人。

存款业务 坚持“重日均、稳时点、求实效”原则，持续扩大客户基础，改进产品服务，狠抓定价管理，有效推动存款业务量价协调发展。主动适应市场环境和竞争形势变化，坚持客户分层、公私联动，在加强存量客户精耕细作、巩固扩大核心客户既有优势的同时，持续加强对优质客户、潜力客户的营销拓展，切实推进从做负债向做客户转型。截至年末，人民币全部存款余额3.51万亿元，比上年增加1 678亿元，其中，储蓄存款、对公存款（含同业）分别增加155亿元和1 523亿元；外币全部存款余额177亿美元。人民币全部存款日均余额3.51万亿元，比上年增加2 352亿元。人民币存款增长均衡度92.7%。

融资业务 坚持金融服务实体经济的本源属性，按照“抓大、抓小、抓新、抓优”的总体策略安排，全力支持重点战略落地、国企国资改革和新兴行业发展，推动融资业务上台阶、增质效、可持续。截至年末，人民币各项贷款余额7 151亿元，比上年增加718亿元。其中，公司贷款余额 5 232 亿元，比上年增加 544 亿元；个人贷款余额 1 821 亿元，比上年增加 189 亿元。外币贷款余额 68.68 亿美元，比上年增加 13.84 亿美元。审批疏解及城市更新贷款 3 830 亿元，累计发放 1 062 亿元，净增 315 亿元；向大中型客户投放贷款 3 244 亿元，净增 436 亿元。小微企业贷款（监管口径）余额 1 079亿元，净增 123 亿元，实现了“三个不低于”的监管目标。上市公司表内外融资余额 550 亿元，科技文化企业融资余额 1 506 亿元，分别净增 180 亿元和 329 亿元。深入落实“全融资”理念，累计办理非信贷融资 4 162 亿元，非信贷融资余额 7 176 亿元，比年初增加 813 亿元。资产质量继续保持稳定，不良贷款额和不良贷款率实现了“双下降”。

中间业务 主动适应市场环境和竞争形势的变化，牢牢把握客户，紧紧抓住产品和服务两个重点，推进经营转型和产品服务创新，实现营业贡献和竞争能力的持续提升。零售业务，全年个人金融资产余额净增 410 亿元；信用卡发卡量净增 133 万张，信用卡收单额、分期付款余额同比分别增长 7% 和 48%；“融 e 借”累计放款 52 亿元，私人银行管理资产规模净增 115 亿元，“融 e 购”交易额同比增长 81%。资管业务，全年法人、个人理财日均余额同比分别增长 13% 和 16%，推荐理财投资项目余额同比增长 56%；承销非金融企业债 1 877 亿元；完成投行类投资 480 亿元，其中产业基金投资 128 亿元；资产托管规模净增 1 805 亿元。国际业务，全年国际结算量 2 615 亿美元，跨境人民币结算量 4 924 亿元；结售汇业务量 1 278 亿美元，其中个人结售汇业务量 68.5 亿美元。

客户服务 牢固树立“全量客户”经营理念，努力打造形成开放、包容、普惠的客群基础，实现了客户规模持续壮大和客户结构优化升级。全年个人客户总量净增 118 万户，对公客户总量净增 1.27 万户。持续抓好渠道转型升级和客户服务改进，实现有条件网点智能化 100% 全覆盖，完成轻型化网点建设 80 家，群落化试点取得较好成效；客户平均排队时间同比压降 3.9 分钟，超时等候客户同比减少 231 万人；净推荐值（NPS）和客户体验指数同比分别提升 5 个百分点和 1 个百分点；客户满意度和服务规范度继续保持优秀水平。广安门支行营业室获评中国银行业文明规范服务百佳示范单位，22 家网点获评中国银行业文明规范服务星级营业网点、北京市银行业特色服务示范百佳单位，11 家网点获评中国工商银行服务五星级网点。

综合管理 认真履行党建工作主体责任，全面落实从严治党要求，深入学习宣传贯彻党的十九大精神，持续推进“两学一做”学习教育常态化制度化，为经营发展提供坚实保障。优化干部队伍结构，强化专业人才培养，人才队伍建设取得新成效。深入推进“共创、共建、共享”家园文化建设，切实加强员工关爱工作，提高团队活力和凝聚力。深入开展“三违反”“三套利”“四不当”“市场乱象”综合整治和“十大重点领域和关键环节”风险治理工作，扎实推进“执行强化年”主题合规文化活动，风险管理和内控案防工作全面加强，继续保持平稳健康发展的良好局面。

（毛彦宁）

中国农业银行股份有限公司北京市分行

2017年末，中国农业银行股份有限公司北京市分行（以下简称农业银行北京市分行）本外币总资产9 461亿元，比上年增加517亿元，增长5.8%。本外币各项存款余额7 878亿元，比上年增加203亿元，增长2.6%；本外币各项贷款余额3 413亿元，比上年增加598亿元，增长21.2%。营业收入192亿元，同比增加3亿元，增长1.6%。净利润102亿元，同比增加6.8亿元，增长7.1%。

截至年末，农业银行北京市分行共有正常营业网点364家，在岗员工8 559人。

公司金融 紧紧围绕京津冀协同发展、城市副中心建设、非首都功能疏解、冬季奥林匹克运动筹办等战略落地，助力首都经济提质增效。依托与市政府共同设立的北京城市副中心建设基金，通过综合金融服务手段解决重点项目融资难题，为北京住总集团有限责任公司“两站一街”项目和通州八里桥棚户区改造项目提供资金支持超过200亿元；作为首都新机场建设银团贷款独家牵头行及代理行，提供贷款授信400亿元，并成为新机场轨道线社会化引资项目02标段项目包的银团贷款牵头行；累计向京张高铁、京沈高铁、兴延高速等基础设施建设项目投放贷款超过200亿元，参与600亿元京津冀城际铁路发展基金组建，出资份额50亿元；积极支持地铁昌平线南延线、七号线东延线和十二号线等轨道交通项目建设，份额超过70亿元；全年累计支持棚户区改造项目13个，年末贷款余额比上年增加165亿元，增长367%；成为冬季奥林匹克运动会基石项目——首钢集团有限公司东南区土地一级开发项目银团贷款牵头行和代理行，已投放超过30亿元。合理运用有限的信贷资源，优先满足北京城市副中心建设投资集团有限公司、北京市基础设施投资有限公司等市属重点企业的资金需求，提供资金支持近500亿元；积极服务北京铁路枢纽丰台站改建工程、启迪科技服务有限公司并购等重点项目，固定资产及并购贷款项目累计投放超过40亿元；综合运用债券承销及投资、理财融资、产业基金、银团贷款等方式解决企业融资需求超过1 300亿元；与海淀、昌平等区委区政府签署战略合作协议，累计提供意向性信用额度1 080亿元；参加市级国库现金管理招标11次，年末资金余额比上年增加57亿元，增长116.3%；承销地方债551亿元，比上年增加195亿元，增长54.8%；积极支持互联网科技重点客户，推动总行与百度在线网络技术（北京）有限公司签署战略合作协议，为北京京东世纪贸易有限公司、小米通讯技术有限公司、用友网络科技股份有限公司等客户授信40亿元以上，累计投放5亿元。

零售金融 紧紧围绕服务首都民生改善，主动对接居民金融需求变化，不断加大资源投入和服务创新力度，持续推动零售金融业务转型升级。以对私理财、大额存单等产品为抓手加强综合金融服务，引导客户合理配置资产，促进个人存款资金形成良性循环。截至年末，个人存款余额比年初增加63亿元，增长2.4%。主动跟进北京市共有产权房用地和租赁性住房用地的政策变化，创新“共有产权房”及“租赁性住房”等专项信贷产品，为北京首都创业集团有限公司“首创·悦欣汇”共有产权房项目提供贷款授信10亿元。截至年末，个人贷款余额比上年增加132亿元，增长17.2%。着眼居民出行便利，推出ETC联名信用卡，开展通行费用9折优惠活动，全年累计签约客户13万户；大力发展消费信贷业务，以“网捷贷”、信用卡分期等产品为重点，初步构建了“信用卡+场景+消费”的消费金融服务体系，满足居民日益升级的消费需求。截至年末，累计新增信用卡35万张，同比增长109.9%；分期交易额19亿元，同比增加13.4亿元，增长42.6%。加快营业网点智能化转型，全年累计撤并低效网点17个、自助银行26个，布放“超级柜台”184台，网点覆盖率98%，为近150台自助设备上线“刷脸取款”功能。

普惠金融 着眼服务北京地区“三农”金融、小微金融等的发展，成立专门机构、组建专业团队、发布专项产品，充分发挥农业银行传统优势，打造服务科技金融、文化金融的特色。进一步完善组织架构，在分行层面成立普惠金融事业部，承担“三农”金融、科技金融等普惠金融各领域的牵头管理，与前期设立的中国农业银行北京中关村分行及密云、延庆“三农”事业部一道，初步构建了较为完备的普惠金融服务体系。针对首都“新三农”“大三农”特点，不断深化龙头企业合作，与占总数82%的国家级龙头企业和43%的市级产业化龙头企业建立了合作关系，全年累计向北京顺鑫农业股份有限公司、北京大北农科技集团股份有限公司等龙头企业投放贷款超过6亿元，为大兴区瀛海镇、北臧村镇集体经营性建设用地入市项目投放16亿元。积极探索互联网助力“三农”发展新路径，与市农委签署合作协议，持续完善以农银e管家平台为重点的线上线下联动服务体系，推动北京燕京啤酒股份有限公司一分公司、北京大发正大有限公司等企业进驻平台，全年e管家交易量超15亿元。针对首都科技产业、文化产业特点，制订小微企业信贷工厂服务方案，以“数据网贷”产品为抓手，以科创、文化、“新三板”“新四板”以及优质客户产业链上下游小微企业为重点，持续提升金融服务水平。截至年末，小微企业贷款余额比上年增加39亿元，增长22.3%；申贷获得率88.4%，比上年提高6.2个百分点。着力解决小微企业“融资难、融资贵”问题，持续抓好服务费用减免工作，全年累计为10万户小微企业减免费用，涉及金额1 500万元。

价值创造 坚持传统业务与新兴业务齐头并进，着力推动中间业务转型发展，全年实现中间业务收入35.6亿元，同比增加0.6亿元，增长1.7%，其中新兴中间业务收入份额同比提升1.8个百分点。持续巩固支付结算、代收代付、代理保险、托管等传统中间业务发展根基，为价值创造能力提升提供坚强保障。截至年末，累计实现代理保险业务收入2.6亿元；托管业务收入1.3亿元，比上年增长41.2%。紧跟多元融资和同业市场发展热点，加快投资银行、金融市场、金融同业业务发展，全年承销金融债近400亿元，先后在央企债转股、企业资产证券化、上市公司股权并购贷款、并购产业基金、债券通等业务上实现首笔突破，规模累计近170亿元，黄金租借、同业存单投资、债券借贷等业务规模均实现快速增长。成功与中央国债登记结算有限责任公司、天弘余额宝货币市场基金等10余家金融同业客户建立合作关系。围绕移动金融发展，持续优化掌上银行客户结构，截至年末，掌上银行活跃客户157万户，同比增加33.3万户，增长26.9%。主动对接企业“走出去”，创新提供跨境人民币、本外币资金池等业务，在本外币资集中运营、外币参融通等上实现新的突破，全年实现国际结算量625亿美元、跨境人民币结算量551亿元。

风险管理 积极对接供给侧结构性改革，坚持控新降旧同步发力，全行资产质量持续向好。截至年末，不良贷款余额、占比分别比上年减少47.7亿元、降低1.8个百分点。进一步强化“大风险”管控，通过开展专项治理、加强贷后管理、强化风险退出等方式，有效提升风险防控能力。全年处置自营不良贷款近50亿元，核销贷款本金超30亿元，累计压降钢铁、火电等高风险行业用信余额超过70亿元，拨备覆盖率283%，较年初提高151个百分点。大力推广“三线两点一网格”员工行为管理模式，构建了涵盖“党建线、运营线、纪检线”“内控审计点”与“风险管理点”以及员工网格化管理架构。全年，全行8 000余人纳入系统管理，用户登录超过32万人次。加大内审监督力度，重点对内部账户、财务应收付、托管、投资银行与金融市场、信用卡、押品管理等分行本部业务进行专项检查，并强化对2013年以来审计发现问题的整改工作。着力强化运营基础管理，持续加强后台中心与现金中心建设，完成辖内370家营业机构柜面业务综合化改造，扎实推进“三化三铁”创建与“四五六”管理等常态管控机制建设，组织开展岗位职责宣讲、业务技术比赛等专项活动。从严加强财务管理，进一步规范全行财务开支行为，不断强化重点费用管控，全行费用总量总体保持稳定。

品牌建设 坚持新闻宣传、品牌推广、文化建设“三轮驱动”，着力提升农业银行在北京地区的品牌形象。持续加强主题新闻宣传，按照“定准主题抓选材、定准媒体抓平台、定准渠道抓影响”的思路，利用传统媒体和新媒体交叉报道、电视媒体和平面媒体相互补充，开展形式多样的新闻宣传活动。全年，累计在中央和北京地区重点媒体刊发报道180篇。组织新闻发布会4次、媒体通气会1次、调研采访2次，发布新闻通稿20篇，围绕“学习宣传贯彻党的十九大精神”“服务非首都功能疏解　农业银行全力支持京津冀协同发展”等主题开展新闻策划10余次。坚持以打造产品营销、品牌推广、新闻发布、客户服务和舆情引导五大平台为发展战略，抓好官方微博运维，策划开展多次金融普及、产品宣传等活动，年末官方微博粉丝规模超158万，阅读浏览量近380万，转发、评论、点赞量超过33万。持续加强反假货币、防范金融诈骗等知识宣传，大力开展电信网络诈骗治理，着重做好北京地区重大活动期间的金融服务工作，维护金融安全和社会稳定。注重加强企业文化建设，将文化建设纳入分支行及领导班子党建工作考核评价方案，作为考评分支行及领导班子思想建设工作的一项关键指标。强化精神文明创建，辖内西城支行营业部、万寿路铁道支行两家单位荣获首都精神文明建设委员会办公室授予的

“首都文明单位”称号。

（李傲）

中国银行股份有限公司北京市分行

2017年末，中国银行股份有限公司北京市分行（以下简称中国银行北京市分行）本外币总资产10 216.47亿元；本外币汇总各项存款余额7 364.58亿元，比上年增加195.36亿元，增长2.73%，其中，人民币各项存款余额6 671.39亿元，比上年增加190.59亿元，增长2.94%；本外币汇总各项贷款余额4 114.18亿元，比上年增加527.67亿元，增长14.71%，其中，人民币贷款余额3 912.13亿元，比上年增加466.28亿元，增长13.53%。净利润107.93亿元，同比增加3.93亿元，增长3.78%。

截至年末，中国银行北京市分行设有营业机构298家。其中，分行1家，管辖/直管支行31家，经营性支行265家，分理处1家；共有正式员工10 095人。

公司金融业务 紧抓京津冀一体化、通州副中心建设、大兴新机场建设机遇，主动服务重点客户，支持首都轨道交通建设、棚户区改造、“三农”等领域发展。截至年末，为27个通州区项目提供融资414.18亿元；支持北京市地铁线路13条，总投放贷款近300亿元；为12个棚户区改造项目投放贷款72.32亿元；涉农贷款2～7月实现连续“六连增”。紧跟国家政策，为“一带一路”沿线重点项目提供贸易结算、跨境融资、增信担保等一揽子金融服务。完善以客户为中心的营销服务体系，发挥总分支一体化、海内外联动效应，加大力度参与重点客户海内外发债、上市承销、海外并购等业务活动，打通海内外融资渠道，助力企业“走出去”。全年境内外债券承销量5 096亿元，同比增长60.8%。充分发挥跨境业务优势，全年实现国际贸易结算量1 299亿美元，跨境人民币结算量4 625亿元。大力拓展保函业务，积极服务国家战略项目，全年保函业务发生额891亿元，同比增长32%。紧抓军警行业改革、冬季奥林匹克运动会合作契机，重点关注教育、卫生、社保等民生领域重大项目，深化银医、银校合作，拓展行政事业存款业务，全年新增行政事业单位客户375户，存款时点新增355.19亿元。依托多样化的现金管理平台产品功能，为世界500强、中国500强等重点客户提供银企直连、环球同业银行金融电讯协会（SWIFT）直连、银银直连等服务渠道，境内本外币现金池、跨境本外币现金池、跨境信息查询等多产品组合的综合金融服务。截至年末，现金管理平台日均存款分润后达843.8亿元。贯彻落实国家关于小微企业信贷支持政策，创新推行“1+2+3”全面金融服务模式；不断完善中小企业服务体系建设，在北京地区设立23家中小企业战略业务单位（SBU）；推动“跨境撮合”“投贷联动”“银税互动”，为企业提供全方位金融支持。以供应链金融产品为依托，以工程承包、互联网金融核心客户为切入点，批量实现上下游企业拓展，为中小企业融资难、融资贵提供解决方案。截至年末，人民币公司存款时点余额 4 503.57 亿元，比上年增加 152.66 亿元；人民币公司贷款余额 3 005.70 亿元，比上年增加 337.97 亿元。

个人金融业务 紧跟地区发展规划，精准定位营销目标，开展以点带面的源头营销与客群定向营销；加快业务创新、丰富产品体系，通过多元化的资产配置提升高净值客户的市场份额。加强开发商分级管理及优质开发商评定工作，支持重点开发商优质项目，提高个人住房贷款市场份额及项目风险控制能力；开办“中银 E 贷—个人网络消费贷款”业务，扩大产品受众范围，研发“中银 E 贷—畅享贷”互联网小额消费贷款产品，创新循环贷款渠道。截至年末，实现个人贷款余额 779.26 亿元，比上年增加 85.14 亿元。顺应消费市场变化，积极推进互联网场景化营销，加强优质客群拓展，加速支付市场布局，逐步构建集获客、消费、支付于一体的“线上 + 线下”场景化营销模式。截至年末，信用卡新增有效卡量达 67 万张，实现消费额 654 亿元。

中间业务 全年实现中间业务收入 54.2 亿元，同比增长 4%，其中，贸易金融、银行卡、投行资管条线分别实现中间业务收入 11.8 亿元、8.9 亿元和 8.8 亿元。充分发挥托管中心职能，拓展托管业务，实现托管费收入 4.72 亿元（税后），同比增长 14%；加大金融市场产品推广力度，不断提升产品覆盖率，全年金融市场业务交易量 12 749 亿元，实现中间业务收入 3.28 亿元，同比增长 32%。进一步调整客户结构，拓展理财业务规模，对公表外理财销售规模 585 亿元，实现中间业务收入 2.05 亿元。积极利用非标业务对接客户需求，实现中间业务收入 9 252 万元。深入消费细分市场，不断完善消费金融产品体系，持续提升消费金融业务专业化能力。

渠道建设 紧跟首都发展态势，调整网点结构，拓宽网点特色业务发展范围，提高网点专业服务水平。截至年末，消费金融、出国金融等六类特色网点新增 14 家。优化网点厅堂服务流程，制订厅堂服务“约法三章”，服务投诉总量同比下降 37.6%。充分发挥智能柜台效能，完善网点人员配置结构，探索网点场景化转型。截至年末，智能柜台在符合投产条件的网点实现全覆盖，压降物理柜台 435 个，释放 314 名操作岗位员工。提升自助设备使用效率，完善自助设备相关功能，投产 ATM 扫码取款等功能。完善手机银行功能，打造云缴费平台，逐步拓展代缴费合作商户、代缴费项目种类，上线智能电表、热力缴费等功能。丰富“精彩 e 校园”功能，新增助学贷款、中行卡支付等功能。拓展线上金融服务渠道，加强“中国银行北京分行”微信平台建设，上线保管箱预约功能，丰富微商城销售商品，优化“APP 下载”菜单界面。

风险管理 完善风险内控管理平台建设，对现有风险管理与内部控制委员会组织架构进行调整，新增对公业务风险内控联席会、对私业务风险内控联席会和专业审批人联席会，有效传导授信策略和管理要求。制定《北京市分行大额客户管理办法》《北京市分行非不良大额客户“一户一策”管理实施方案》，逐户组建“两层三方”大户管控小组，重新制定《行业信贷投向指引》，确定行业信贷偏好，明确部分领域和行业的信贷原则。制定火力发电行业、集成电路行业、煤炭行业、互联网客户、民营企业授信指引，租赁行业、卫生行业（医院）信贷政策，填补部分行业及客户授信政策的空白。截至年末，共压退高风险授信资产近 30 亿元，化解不良资产 8.81 亿元，其中，公司金融 3.99 亿元，个人金融 1.33 亿元，银行卡 3.49 亿元。不良率为 0.26%。

互联网金融 通过厅堂新开户捆绑激活、手机银行竞赛、公私联动、外部平台合作等方式，推动手机银行客户及交易量发展，全年新拓展手机银行客户 42.85 万户，同比增长 40.18%。企业网银以理财、税费缴纳、跨境汇款、代发薪功能拓展等产品为引导，做好线下客户向线上迁移工作。截至年末，企业网上银行交易客户近 4.9 万户，个人网上银行交易客户近 33.76 万户，手机银行交易客户超过 116.15 万户。通过与移动终端制造商业务合作，开展苹果 Pay、三星 Pay、华为 Pay、小米 Pay 等移动支付产品宣传推广，同时开展银联二维码支付商户活动及受理环境建设，促动客户移动支付便利性和使用率。截至年末，移动支付活跃客户超过 25.2 万户，交易量超过 4 亿元。大力推广中国银行网关和快捷支付产品，截至年末，实现线上交易 902.69 亿元。推广“报关即时通”、第三方支付跨境电商业务，提升 B2B 业务交易量。截至年末，“报关即时通”交易额 1 241.89 亿元，同比增长 9.71%；B2B 商户交易额 231.49 亿元，同比增长 9.98%。努力提升网络金融服务能力，通过中银 E 贷、中银 e 社区、“精彩 e 校园”等平台累计获客超过 4 万户。深入分析互联网产业经营及盈利模式，研究差异化授信方案及专业估值方法，深化与互联网企业合作。全年新增互联网企业客户 110 余家，其中，新增授信客户 93 家，数量较上年翻一番，新增授信总量 145 亿元，同比增长 29 亿元。累计开展线下向线上迁移项目 52 个，截至年末已落地 31 个。

人力资源 紧密围绕“三三三六八”发展战略，建立健全管理机制，以业绩为导向，优化支行绩效考核体系，完善特色型支行分类办法，优化薪酬结构，强化激励约束，全面激发人力资源内生动力和活力。统筹推进三支队伍建设，加强对中层班子结构的调整、配备，实施干部履职评价管理，持续推进后备人才储备和培养，组织开展中级经理和高等级柜员增聘；拓宽基础员工培养平台，分层分类推进员工队伍培养开发，激发员工积极性和创造性。优化资源配置，完善各级机构设置，根据业务发展重点，建立健全适应业务发展特色的机构管理机制，促进机构效能提升；组织开展多层次人员招聘，优化人员结构。

（陈锐）

中国建设银行股份有限公司北京市分行

2017 年末，中国建设银行股份有限公司北京市分行（以下简称建设银行北京市分行）本外币总资产 15 872.36 亿元，比上年增加 250.77 亿元，增长 1.56%。本外币全口径存款余额 15 449.83亿元，比上年增加 224.31 亿元，增长1.47%，其中，人民币全口径存款余额14 829.28亿元，比上年增加240.94亿元，增长1.65%。本外币贷款余额6 383.36亿元，比上年增加786.73亿元，增长14.06%，其中，人民币贷款余额6 169.4亿元，比上年增加838.59亿元，增长15.73%。实现账面利润197.07亿元。

截至年末，建设银行北京市分行设有营业机构449家，其中，一级分行1家，二级分行2家，支行419家，储蓄所27家；共有在职员工11 516人。

公司金融业务 结合发展实际，对标同业系统，深化转型创新，抢抓红利机遇，突出价值创造，各项业务扎实推进。截至年末，本外币企业存款日均余额7 404亿元，比上年增加630亿元；人民币对公非贴现贷款余额4 510亿元，比上年增加737亿元；公司机构加权前有效客户比上年新增1.52万户。成立普惠金融事业部，全年新增普惠金融贷款30.98亿元。应用非首都城市功能疏解贷款抢抓重大项目，提高市场份额，全年实现投放项目22个，总金额190亿元，蓝海项目上线房源1 556套，签约企业34家。将“三农”金融服务作为重点支持领域，建立客户准入、项目准入、贷款审批绿色通道，优先保证贷款指标，截至年末，涉农贷款余额187亿元，比上年增加29亿元。成立绿色信贷发展管理委员会，建立跨部门协调联动机制，明确全年绿色信贷发展策略，并将绿色信贷业务发展情况纳入《2017年度信用风险管理评价方案》，对所辖各二级分支行绿色信贷贷款增速进行考核，截至年末，绿色信贷贷款余额1 336亿元，比上年增加155亿元。以“深化转型、提质增效、夯实基础、合规经营”为指导，推动国际业务健康发展，截至年末，外汇全口径存款余额97.35亿美元，外汇贷款余额34.80亿美元，累计实现国际业务中间业务收入8.48亿元，实现外汇账面利润0.76亿美元。

个人金融业务 加快转型创新，推动条线强化营销组织和业务联动，克服资金面持续趋紧、中间业务政策性减收等因素影响，市场份额稳步提升；打造常态吸金模式，持续做大客户资金总量。截至年末，本外币个人存款时点余额3 665.51亿元，比上年增加52.59亿元；日均余额3 609.70亿元，比上年增加169.12亿元。拓展金融生态圈场景建设，依托大数据提升客户深度经营，提高金融供给能力和供给质量。实现公共事业缴费领域全渠道覆盖，为单位及员工提供“薪享通”综合代发服务，设置军警优先服务通道，试点“裕农通”普惠金融服务，推进“龙支付”移动支付便民工程。加强产品创新，打造专业队伍，建立物理渠道转型优化流程，认真做好消费者权益保护工作。388家营业网点一次性全部通过金融服务国家标准认证，开发区支行营业部荣获中国银行业文明规范服务百佳示范网点。搭建私人银行客户产品定制供给平台，加强客户经营，实现客户资产总量增长。推动家族信托等优势业务，吸引超高净值客户行外资金。截至年末，管理资产在1 000万元以上的私人银行客户账户4 069户，金融资产605亿元。

住房金融与个人信贷业务 优化“房抵贷”等产品和房源的操作规范流程，完善个人综合额度授信制度；按月发布当月楼盘开盘信息，对逐月滚动变化的前20个楼盘逐个跟踪；出台35个文件通知，发布对部分区域优质房产房龄差别化管理政策；实施二手房网点营销试点，根据市场变化情况，及时调整受理价格。加强“快贷”消费场景搭建，扩大白名单范围，开展专项竞赛，快贷业务高质量增长，市场份额不断跃升。落实总分行进军长租市场战略，为业务转型发展奠定基础。配合北京市公积金管理系统开发；配合中央国家机关住房资金管理中心服务渠道建设，上线个人网上服务大厅、微信掌上公积金等项目，开发电子地图系统优化网点布局及业务流程。推动公积金“快贷”白名单和重点单位上门联动营销。多措并举控风险。落实46项内控合规任务，推进18项“合规建行、知行合一”活动内容，以个贷风险预警系统为抓手，加强对风险事件的前瞻性研判，做好逾期贷款催收常态化管控，突出问题整改、案例分析及结果运用，开展个贷经济资本占用偏高的课题研究，实现合规文化建设和风险管理的相融并进。推出标准化优质服务。先后四次启动了应急预案，提高房金业务放款效率。个贷审核业务流程实现标准化。客户服务和抵押工作细致入微，客户办理业务顺畅。完成个人住房租赁贷款、“车位贷”、快贷分层授信等13项产品创新。落实总分行进军长租市场战略部署，上线企业租赁平台，实现上线房源1 556套；与中央国家机关公务员住宅建设服务中心实现战略合作，搭建国管资产物业管理平台；完成建信住房服务（北京）有限责任公司的注册成立工作。截至年末，自营性个人贷款余额1 591.84亿元，比上年增加240.21亿元；公积金个人贷款余额1 499.75亿元，比上年增加120.35亿元；实现中间业务收入2.04亿元。

信用卡业务 以价值创造为核心，以“转型创新、加快发展”为主线，不断提升信用卡业务效益贡献与市场份额，努力实现信用卡业务“效益、质量、规模协调发展”的工作目标。截至年末，实现中间业务收入8.56亿元；信用卡客户净新增4.8万户，信用卡消费交易额累计858亿元；分期交易额96亿元，同比增长19%；信用卡贷款余额155亿元，同比增加12.5亿元，增长9%，其中，分期贷款余额增长较快，一般性消费贷款余额同比持平；收单交易额3 023亿元。结合“新一代”核心系统成功开发并上线“鹰眼”系统。

电子银行业务 深入推进战略转型和“移动优先”战略，以打造网络金融生态系统为核心，掌握和运用最新互联网技术，快速响应市场和客户需求，创建智慧、智能、体验极致的系统功能和应用场景，拉动各项电子渠道业务高速发展。截至年末，渠道分流能力持续提升，新型渠道交易量占比84.28%，比上年增长14.3%。紧抓新开账户的电子渠道产品同步签约，通过提升同步签约率持续拉动客户增长。手机银行和个人网银存量客户均突破800万户。电子渠道盈利能力不断提高，全年实现中间业务净收入7.98亿元，比上年增长43.17%。

投资银行业务 积极拓展债券自营销售渠道，与建信基金管理有限公司、建信人寿资产管理有限公司、建信养老金有限责任公司等，以及神华财务有限公司、中国移动通信集团财务有限公司等外部投资人建立合作机制，提高债券承销能力。针对资产证券化类产品进行持续跟踪研究和产品创新，就结构设计、次级投资、法律条款等与相关机构进行多番沟通，产品链条逐步完善。成功为建信金融租赁有限公司发行首单资产证券化类产品，实现证券化类产品零的突破。细化服务内容，将单一的顾问服务细分为咨询服务、分析报告、产品建议和定制化方案四个部分、20项具体内容。国务院国有资产管理委员会首批员工持股计划项目——中茶员工持股项目成功实施，进军国有企业混合所有制改革新领域；与京津冀城际铁路发展基金签约落地，黄金集团产业基金获得总行批复。截至年末，投行条线实现中间业务收入47 598万元。

现金业务 贯彻北京市金融机构人民币管理工作会议、人民币发行库管理工作会议和总、分行工作会议精神，细化工作措施，抓好执行落实。运用预定现金备付管理模式，持续控制，年末人民币现金备付率0.209%，低于总行核定指标0.071%。加强考核，促进票币质量提升，假币浓度平稳控制。丰富培训手段，采取网络学习、视频讲座、现场教学互动等方式，为一线柜面员工提供便捷的现金业务知识学习途径。积极配合人民银行营业管理部反假货币宣传工作部署，开展“联学共做”“走出去”宣传金融知识，到金源燕莎购物中心、新发地农贸市场开展反假货币宣传工作。独家组织2017年度普通纪念币预约及兑换工作，安排36家管辖行、220余家网点与各金库通力协作，完成兑换纪念币4 000余万枚。组织天宁寺建行代理发行库和各业务库规范作业，确保发行基金和业务现金安全，顺利完成现金投放回笼任务。

（崔东风　何冰）

交通银行股份有限公司北京市分行

2017年末，交通银行股份有限公司北京市分行（以下简称交通银行北京市分行）本外币资产总规模8 928.34亿元，比上年增加682.59亿元，增长8.28%；本外币各项存款余额6 128.83亿元，比上年增加153亿元，增长2.56%；本外币各项贷款余额3 135.22亿元，比上年增加65.7亿元，增长2.14%；利润85.2亿元，比上年增加12.39亿元，增长17.03%。

截至年末，交通银行北京市分行设有机构网点150家（含12家临时停业网点），其中，分行营业部1家，一级支行40家，二级支行80家，普惠支行29家；共有员工4 464人，其中，正式员工4 457人，派遣制员工7人，平均年龄35岁。

公司金融业务 运用结构性存款、定期存款等方式，主动压降和置换高成本负债，推进负债结构优化。实施客户分级分类管理，着力拓展优质新客户；加强新开基本结算户和授信户的营销，深入挖潜存量客户做好二次营销。结合总行优惠政策，从对公理财销售、保函等重点业务入手，拓宽对公非利息收入来源。以中小企业现金管理推广、扩大产品覆盖为重点，通过现金管理“双百工程”，促进集团内成员单位新开户、扩大资金归集来源和结算量。推进产业链金融服务团队的试运行，加快“快易贴”“快易收”“快易链”等重点产品的推广，撬动优质核心企业客户和链属企业客户，带动存款和融资规模的增长。将税费通业务纳入“开门红”“星火计划项目”等相关劳动竞赛和绩效考核，发挥“汇总担保”“跨境贸易支付”“税融通”等产品和系统平台的竞争优势，实现税费通业务快速发展。加大对政府部门、部队、高校、医院、电力、传媒、信息技术、制造业、安保服务及物流业等重点行业的代发营销，代发源头客户净增数、新签约发薪单位代发量、累计代发金额均取得长足发展。

个人金融业务 聚焦财富管理业务收入的提升，结合市场形势、业务发展情况，及时调整产品结构，加大期交保险和权益类基金的销售力度。加强条线联动，探索线上线下获客新模式，利用线上资源和线下活动，做好客户维护，推动储蓄规模增长。组建集中式外呼团队，主要针对资产 30 万元以下客户、新开卡客户、信用卡待激活客户开展电话营销。建立个人客户智能营销平台，开展“系统自动触发式营销”“客户经理精准营销”。以总分行每季度劳动竞赛为契机，匹配专项费用及活动资源，制定产品配置策略，细化产品销售及售后服务，做好综合财富管理，推动私人银行业务快速发展。创新发卡模式，通过开展“100 元刷卡金”“白金卡年费和延误险”等活动，贷记卡新增活户上年增长超过 50%。持续推广“e 贷通（2.0）”，研发薪金贷、个人车位贷款、仓储贷款、互联网平台小额贷款等产品，开拓消费贷款新途径。

同业业务 深耕北京市金融市场，紧盯同业客户获批筹建情况，积极对接尚未建立合作关系的同业客户，重点营销已开户但尚未有业务往来的客户。聚焦要素市场，提升与中国证券登记结算有限公司等客户的全面合作，夯实负债基础。积极拓展基金公司风险准备金、直销、托管等账户，争揽活期存款。加大与财务公司在同业理财、票据、资产管理等方面的合作，对于价格敏感型客户，运用策略提升活期账户留存。把握债券市场结构性行情，将现券交易业务打造成新的盈利增长点。积极推动同业存单发行营销，促成数家财务公司、政策性银行和商业银行等机构首次认购。大力推进商业承兑汇票快捷贴现、网银自助贴现、电子汇票贴现等业务，充分利用小企业专项信贷规模，通过优化流程、合理定价等提高客户依赖度，促进贴现业务交易量增长。

国际业务 营销重点由传统贸易类企业客户延伸至全部优质对公客户及机构类客户，全年实际发生业务客户数比上年增长 10%。紧抓战略型重点业务营销，在境外中长期项目融资、全口径跨境融资、本外币跨境资金池业务等方面取得重大突破，为拓宽国际业务非利息收入来源、加强与客户合作紧密度起到支撑作用。办理首笔全口径跨境融资项下境外直贷业务、跨境美元拆借业务、本外币交叉“高来高走”业务、跨境人民币集中收付业务。按季度预测业务规模，运用市场化手段刺激并释放客户结汇意愿，合理控制其资本项目购付汇业务节奏，加强个人分拆购付汇业务的审核与风险防范等措施，实现国际业务顺利开展，有效压降逆差规模目标。

风险管理 按季度全面评估、解析各类风险状况，对票据业务风险管理、个人房产按揭贷款抵押登记手续清理、个贷业务抵押权人钥匙盘清理、印章管理情况等进行专题分析，提升全面风险管理委员会决策效力和运作实效。加强内部纠错机制建设，从制度、流程、系统、人员、外部影响等方面提出风险防范及流程优化建议，促进风险管理水平提升。实行风险管理考核全覆盖，进一步提高考核权重和优化考核方法，通过双向加扣分制度引导各单位强化资产质量控制，加强贷后及存续期管理，有效传导风险管理压力。按月滚动预测和摸排未来三个月有逾期风险客户，对临期预警业务按风险程度进行分类管理，做实精准预警。通过名单制管理、风险过滤、实地查访、专项排查等方式，提高风险管控的针对性和有效性。借助现金清收、贷款重组、核销等多手段，加大对不良资产的处置力度。动态管控非法集资高发领域客户清单，开展涉嫌非法集资广告资讯信息清理，组织开展防范打击非法集资“百千万宣教工程”和防范非法集资宣传月活动，防止外部金融风险向银行渗透。

基础管理 推进管理部门机制改革，调整预算财务部、网络渠道部、行政部主要工作职责，集约架构设置、明晰职能边界。实施小微准事业部改革，成立小微直营团队，将零售信贷管理部审批和贷后管理人员派驻至小企业金融部，审查内嵌与风险管控双管齐下，保障业务良性发展。压降营运人员，撤销风险监督中心，将原有职责分别整合至营运管理部、业务处理中心、个人金融业务部，优化板块设置。持续完善全员全产品计价和绩效考核体系，强化分行经营战略传导。重点开展“新五大领域”深化治理、“长剑2017”案防特别行动，首次尝试建立员工廉洁从业客户监督长效机制。围绕党性修养、经营管理、风险管控、服务提升等模块，分层分类设计和实施教育培训。

党建工作 制定《北京市分行党建工作考核评价办法》，从思想建设、组织建设、作风建设、制度建设和党风廉政建设五个方面，对各单位党建工作进行综合评价，将党建考核结果作为调节系数与绩效考核得分直接挂钩，将折算后的得分作为年度绩效考核排名依据，层层压实主体责任。以联学联建为突破口，指导基层党组织与重点客户开展联学联建活动，以党建推动“党费管家”“境外直贷”等业务落地，并挖掘出河北省阳原县高墙乡“杂粮杂豆产业品牌信息化”项目，作为党建脱贫攻坚基金重点支持对象。组织“头雁领航做表率”“锤炼党性七个一”等自创活动，开展“读经典、坚信念、作表率”读书活动等10余项中国共产党成立96周年纪念活动。

（何华伟）

招商银行股份有限公司北京分行

2017年末，招商银行股份有限公司北京分行总资产6 566.04亿元，比上年增加902.11亿元，增长15.93%；全折自营存款余额5 548.58亿元，比上年增加669.87亿元，增长13.73%；全折自营贷款余额2 209.18亿元，比上年增加162.78亿元，增长7.95%；利润140.10亿元，比上年增加27.99亿元，增长24.97%。资产质量持续保持优质，不良贷款余额4.64亿元，不良率为0.21%。

截至年末，招商银行北京分行设有营业机构109家，其中，年内新开业营业网点2家；共有员工4 781人。

公司金融业务 将批发体制改革向纵深推进，面向市场调整组织架构，面向客户优化经验模式，面向流程完善配套机制。对公负债业务快速增长，人民币对公存款年日均增加869亿元，同比增长33.8%；客户基础不断夯实，对公客户数突破23万户；资产投放保持平稳增长，表内对公信贷余额1 037.33亿元，比上年增加135.03亿元。交易银行业务聚焦支付结算、贸易融资供应链与跨境金融三大板块，业务模式不断创新，推动向轻型银行转型；持续创新，拓宽同业金融产品类；小企业金融业务实现专营化改革，以金融科技为手段，通过投贷联动的方式，陪伴客户成长的全生命周期；深入开展机构类战略客户经营，紧跟国家重大战略、重点项目，积极打造机构智慧产品。

零售金融业务 截至年末，管理客户总资产余额突破万亿元，全年增量1 032亿元。实现财富管理业务收入35亿元。零售客群通过获客渠道多样化与分层经营，提高客户拓展与经营能力，推动零售客户数量快速增长；财富管理业务以保障险、私募基金等产品为抓手，持续优化业务结构，增强资产配置能力；落地“不动产信托”“家族办公室”，提升私人银行综合金融能力；采取“温馨北京”等措施，强化服务，提升客户服务体验。大力发展消费金融，支持小微企业发展，零售贷款年末余额1 044.71亿元，比上年增加159.55亿元。

投行资管业务 在合规前提下，推进业务创新，推动投行资管业务持续发展。债券承销业务市场影响力进一步增强，全年主承销规模668亿元，落地市场单只发行规模最大的金融债券，全国首单绿色资产支持票据（ABN）。在资管业务方面，聚焦固定收益、权益投资、结构化产品，加强业务创新，落地全国首单住房租赁类房地产信托投资基金（REITs）业务。资产托管业务快速增长，资产托管年末余额1.8万亿元，比上年增加3 876亿元。

（赵佳）

上海浦东发展银行股份有限公司北京分行

2017年末，上海浦东发展银行股份有限公司北京分行（以下简称浦发银行北京分行）资产总额5 254.80亿元，比上年增加143.55亿元。本外币一般性存款余额4 285.70亿元，比上年增加406.00亿元，其中，非银行金融机构存款余额2 034.10亿元，比上年增加276.30亿元。本外币各项贷款余额1 520.76亿元。实现账面利润44.80亿元。

截至年末，浦发银行北京分行设有营业机构76家，其中，综合性营业机构50家（含营业部），小微及社区支行26家；共有正式员工1 593人。

公司银行业务 制订下发《综合营销激励方案》，从负债类、客户类、产品类三个维度组织营销单位和客户经理开展营销竞赛。出台《重点客户营销管理制度》，建立客户资金在线管理系统，为负债管理和客户经营提供支撑。聚焦中央企业、市属重点国有企业、“双创企业”客户视图，指导经营单位按图索骥、精准营销。重新设立大客户部，加强对中央企业、集团客户的营销引领及重点项目推动。契合大客户在流动性、利率等方面的个性化需求，为其量身定制“聚合益+”“利多多”等智能存款产品。积极拓展获客渠道，组织开展百千万客户累积提升计划，不断增加优质客户。制定《“两重一新”营销推进管理办法》，确定京津冀协同发展、北京城市副中心建设、国有企业混合所有制改革等八大重点投向。“两重一新”（重点业务、重大项目、创新业务）项目立项 69 个，融资金额 2 800 亿元；2017 年起息落地 27 个，资产投放 573 亿元，实现营业收入 4.2 亿元。加大交易银行轻型化资产投放，扩大贸易融资贷款。优化对公资产结构，提升授信客户经济增加值（EVA）水平，表内利率下浮贷款全部置换为基准及以上利率贷款。转出低收益信贷资产，腾挪空间，增加高收益资产配置，对公贷款存量加权平均利率比上年提高 11 个基点。

截至年末，本外币一般对公存款余额 1 968.00 亿元，比上年增加 125.26 亿元；人民币对公贷款余额 848.76 亿元，比上年增加 43.66 亿元；实现净营业收入 47.17 亿元，净中间业务收入 7.4 亿元。

投资银行业务 围绕大型施工类企业的 PPP 项目融资需求，探索多种类型的“股权融资+项目贷款”业务模式；围绕北京地区棚户区改造项目的融资需求，重点以棚户区改造基金模式切入客户营销；围绕中央企业、国有企业降杠杆需求，大力推动国企改革基金业务。全年，推动股权基金项目 16 个，股权融资金额合计 567.02 亿元，新增股权基金起息金额 128.3 亿元。聚焦中央企业、国有企业降负债证券化产品及北京地区优质物业证券化产品，有针对性地开展项目筛选，借力外部通道和资金，进行营销推介。加强与浦银国际控股有限公司联动，推广境外债券承销业务。组建分行层面联动工作小组，制定境外债券业务联动小组工作机制；全年共实现企业境外债券承销业务 11 笔，承销金额 45.17 亿元。全年境内外债券承销共计 663.71 亿元。搭建分行代理承销业务平台，大力推动代理承销业务，全年落地代理承销业务 8 笔，总金额 94.1 亿元。密切对接中央企业、国有企业及上市公司的并购融资需求，积极参与并推进并购贷款业务，全年起息并购贷款 6 笔，融资金额 23.31 亿元。深化“股、债、贷”三位一体的综合金融服务体系，与其他银行合作开展银团贷款业务，全年共落地银团贷款项目 6 笔，起息金额 45.73 亿元。

零售银行业务 推动零售平台建设，坚持通过线上平台自主申请的方式获取信用卡客户，当年累计新增 84 个线上获客渠道，带来约 20.2 万个新增账户。创新业务合作模式，通过“靠浦 e 投”打造中间业务收入新的增长点。开发“赎楼+靠浦 e 投”“商业汇票+靠浦 e 投”“应收账款保理+靠浦 e 投”等产品，当年累计实现“靠浦 e 投”业务融资金额超过 15.21 亿元，实现中间业务收入 614 万元。大力营销“安居贷”“精英点贷”“诺诺发票贷”等线上业务品种，扩大资产业务规模。推进星级网点建设，引导各网点围绕评价指标向标杆行看齐，发展优势业务、加快网点专业化、轻型化建设，提高营销和服务效率。加快智能化机具布放进度，全年共增配远程视频柜员机（VTM）67 台，大大缓解柜面压力。

截至年末，本外币个人金融资产余额 944.04 亿元，比上年增加 144.04 亿元。本外币储蓄存款余额 283.88 亿元，比上年增加 4.68 亿元。零售贷款（含信用卡）余额 750.58 亿元，比上年增加 163.21 亿元。实现零售营业净收入 30.03 亿元，比上年增加 10.23 亿元。零售中间业务净收入 12.59 亿元，比上年增加 4.09 亿元。零售基础客户 49.84 万户，比上年增加 6.25 万户；零售中高端客户 17.75 万户，比上年增加 3.29 万户。

金融市场业务 统筹金融机构客户经营，制订“客户视图”“一户一策”“产品视图”模板，形成标准化业务模式，实行标准化营销。借助北京区域优势，搭建同业合作平台，扩大同业间业务交流，与多家金融机构签订战略合作协议。清晰定位分支行业务职责范围，推动同业间整体合作与项目落地执行。利用资源互换等手段强化分行直营，调整同业负债业务结构，做大活期存款规模。积极推进泛市值管理业务，产品覆盖股票质押、结构化定增、二级市场配资、大股东增持、结构化大宗交易配资等。加强对保险机构的同业理财销售力度，为重点合作保险机构推出多笔定制理财产品。优化与外包公司、基金管理人等客户的合作，批量获取托管业务资源。把握市场时机，重点推进银票质押项下的盒式期权业务。

截至年末，本外币同业存款余额 2 914.20亿元，比上年增加 32.10 亿元；实现净营业收入 29.43 亿元，净中间业务收入 15.57 亿元；资产证券化（ABS）投资业务金额 408.83 亿元。资产托管规模 1.57 万亿元，比上年增加 8 100 亿元。

合规与风险管理 构建合规与风险管理长效机制，深化风险政策引领，优化授信管理机制，开展主动授信，加强合规对业务创新全流程介入，提升合规与风险管理能力。制定并下发《分行股权投资业务管理办法》，建立覆盖投前调查、投中评审和投后管理全流程的制度体系，弥补系统内股权投资业务风控管理的制度空白；制定《分行集团授信管理办法》，优化业务流程，解决集团授信申报中存在的问题。完善跨条线、交叉性风险防控，加大对新兴业务的风险检查，推进集约化风险经营，完善保全机制建设，全行不良资产清收工作实行统一管理、考核、处置，持续保持资产质量优良。认真履行反洗钱法定义务，重点可疑交易报告获人民银行营业管理部通报表扬。编发《员工行为管理手册》，加强员工行为管理，掌握员工思想动态，强化案件防范。扩大审计监督的广度和深度，加强整改的时效性和有效性。全面完成年度资产质量控制目标，超额完成结构调整指标。

（王国文）

广发银行股份有限公司北京分行

2017 年末，广发银行股份有限公司北京分行（以下简称广发银行北京分行）

总资产 2 553.95 亿元，比上年增加 285.29 亿元，增长 12.58%；本外币存款余额 2 065.09 亿元，比上年增加 90.91 亿元，增长 4.60%，其中，人民币存款余额 1 943.85 亿元；报表营业收入 64.76 亿元，净利润 48.96 亿元。

截至年末，广发银行北京分行设有营业网点 59 家，其中，支行 53 家，社区支行 6 家；共有员工 1 823 人，其中，正式在编 1 769 人。

公司业务 坚持推动“主战场”战略，加大对“三重一核”领域的营销，将主要客户群体定位为中央企业、市属国有企业、优质民营上市公司，全年净增有效客户 6 000 户。抢抓机遇，加大信贷投放力度，全年累计投放公司优质授信资产近 200 亿元，对公贷款增速超过 30%。公司贷款综合收益进一步加强，存款回行率年末达 22.7%，比年初增长 9 个百分点。授信合作的加强，促进了对公存款规模的稳步增长与结构的持续优化，全年人民币对公基础存款日均新增 96.5 亿元，常规存款年日均占比 64%，比年初提高 10 个百分点。新开户质量明显提高，全年对公新开户超过 3 500 户，带动日均存款 60 多亿元，其中，中央企业（国有企业）本部及一级子公司新开户超过 10 户。

交易银行业务 稳步推进跨境金融、供应链金融、现金管理及客户综合金融服务等业务，带动常规类存款增长超过 13 亿元，新增对公客户数超过 600 户；离在岸外币日均存款规模比年初增长 42%，利差收益突破 1 亿元，比年初增长 90% 以上；实现外币流贷利差收入近 3 000 万元，比年初增长 6 倍；全年落地 3 个风参直贷项目，带来跨境联动收益及远期汇兑收益共计 2 400 万元；新增一批大型国际结算客户。

推广个人金融方案 对个人金融业务条线将理财、个人贷款、信用卡、保险业务进行整合，推出针对公司企业员工的《个人金融综合营销方案》，提供多类金融及非金融服务，成果显著。全年新增基础客群 3 万户，带动资产管理规模 6 亿元，其中，日均常规储蓄存款 2.5 亿元。

银保协同工作 全年，代销中国人寿保险股份有限公司北京市分公司期交保险 8 656.73 万元、团体险 232 万元，计划完成率分别为 168.6%、129.1%；代销中国人寿财产保险股份有限公司北京市分公司财产险 160 万元，计划完成率 159.6%。发行“广发—人寿财险捷算通联名卡”920 张，计划完成率 170.4%；通过该卡线上代销国寿安保鑫钱包货币基金 5 834.7 万元，计划完成率 116.7%。大力推动投资项目落地，总金额超过 300 亿元，带动常规存款日均超过 30 亿元。有效推动与中国人寿保险（集团）公司 6 家一级子公司的现金管理全面合作，包括与中国人寿保险股份有限公司、中国人寿财产保险股份有限公司的银企直连对接，完成国寿投资控股有限公司、中国人寿养老保险股份有限公司、中国人寿资产管理有限公司的现金管理系统上线工作。全年落地托管产品 26 只，累计托管产品规模 2 151 亿元。

（陈悦喆）

兴业银行股份有限公司北京分行

2017 年末，兴业银行股份有限公司北京分行（以下简称兴业银行北京分行）总资产规模 4 882.41 亿元，比上年增加 551.85 亿元，增长 12.74%；总负债 4 819.98亿元，比上年增加 512.48 亿元，增幅 11.89%；实现营业利润 58.81 亿元，同比增加 40.63 亿元，增长 223.51%。

截至年末，兴业银行北京分行共有营业网点 69 家，其中综合性支行 48 家、分行营业部 1 家、社区支行 19 家；共有员工 1 885 人。

企业金融业务 围绕转型发展及市场变化，初步完善“客户中心”及“产品中心”架构，建设客户沙盘及产品货架，有针对性地开展“阵地战”营销，各项业务取得成绩显著。截至年末，本外币存款余额 2 295.65 亿元，比上年增加 153.89 亿元，增长 7.19%；对公表内资产余额 1 381 亿元，比上年增加 228 亿元，增长 19.77%，其中对公贷款余额 981.50 亿元，比上年增加 181.15 亿元，增长 22.63%；实现营业收入 45 亿元。

零售业务 以市场为导向，以客户为中心，以资产配置和增值服务为两翼，以“思维创新、产品创新、流程创新、机制创新、经营模式创新”为主线，推动零售业务上规模、提产能、调结构、增潜力，取得良好效果。截至年末，零售贷款总额 560.88 亿元，比上年增加 51.91 亿元，增长 10.20%；储蓄存款总额 243.44 亿元，比上年增加 19.43 亿元，增长 8.67%；各类零售金融资产规模 993.47 亿元，比上年增加 185.24 亿元，增长 22.92%；实现净收入 17.74 亿元，同比增长 40%。

金融市场业务 积极落实金融市场业务监管政策，坚定不移推进以客户为中心的发展模式转变。按照“客户覆盖，做深做透”的营销方向和“沙盘作业、分层分类”的营销策略，积极推进客户覆盖、产品覆盖和客户关系管理迈上新台阶。截至年末，金融市场业务资产余额 871.48 亿元，比上年增长 337.46%；同业负债余额 2 242.90 亿元，比上年增长 18.63%；资产托管业务规模 11 628.82 亿元，比上年增长 84.50%；实现净收入 31.35 亿元，比上年增长 138.22%。

风险管理 全面构建对各板块、辖属各区域中心支行“横到边、纵到底”的风控体系；全面优化信用业务作业流程，完善授信指引，推进信用审查服务前移、风控前移；全面推进“兴航程”活动、“三三四”专项治理及全面风险排查，健全合规内控、案防管理长效机制。截至年末，不良贷款余额 5.8 亿元，比上年减少 1.3 亿元，表内不良率控制在 0.38% 的低位。

（游恒铠）

平安银行股份有限公司北京分行

2017 年末，平安银行股份有限公司北京分行（以下简称平安银行北京分行）本外币一般性存款余额 1 806.04 亿元。其中，公司存款余额 1 620.2 亿元，零售存款余额 185.84 亿元。本外币存款日均 1 766.25 亿元。其中，公司存款日均 1 586.58亿元，零售存款日均 178.85 亿元。实现账面利润 19.27 亿元，不良贷款余额 9.95 亿元，比上年减少 1.49 亿元，下降 13.06%。

零售业务 完成零售网点、团队、运营模式的转型，建立片区管理督导模式，打通对公零售产品计价，推动公私联动，确保“新一贷”、信用卡指标超额达成；完成平安人寿保险营业部与支行对接制度的建立，借助保险开拓客户渠道，快速提升规模和产能；以公私联动提升批量获客能力，通过互联网批量新增信用卡新户，累计发卡 11.8 万张。

对公业务 大力发展纯负债和轻资产、轻资本的“双轻”业务，重塑对公团队队型，形成由负债、行业战略和政府团队组成的战略纵队；推动经营单位向投行承销团队方向发展，机构销售客户储备和维护逐步走向专业化；通过拓宽资金渠道、改善交易结构等方式积极推动业务落地。积极营销债务融资客户，业务规模达 333.5 亿元，落地“投行 + 商行”项目 10 单；跨境投融资项目贷款年末余额 263 亿元，年内新增跨境投融资贷款发放额 29 亿元。

风险防控 积极适应监管政策和市场趋势变化，多维度、全流程提升内部管理质效。根据“一进一退”风控管理策略，将授信客户划分为支持类和压缩退出类，制订客户结构优化调整方案。全年退出、压降有风险隐患的客户 28 户，退出金额近 39 亿元；加大清收力度，优化清收策略，全年现金收回不良资产近 12 亿元。

（杨春）

中信银行股份有限公司总行营业部

2017 年末，中信银行股份有限公司总行营业部（以下简称中信银行总行营业部）本外币资产总额 6 452.85 亿元，比上年减少 1 378.94 亿元，下降 17.6%。本外币存款余额（含金融机构存款）5 852.31亿元，比上年减少 571.05 亿元，下降 8.9 %。本外币贷款余额（含贴现）2 891.06 亿元，比上年增加 216.23 亿元，增长 8.1%。不良贷款余额 5.46 亿元，不良率 0.23%，其中，公司贷款不良余额 0.63 亿元，公司不良贷款率 0.05%。实现净利润 88.82 亿元。

截至年末，中信银行总行营业部设有机构网点 87 家；共有员工 3 052 人。

公司银行业务 负债业务。克服北京地区存款增量下滑、同业竞争激烈的不利影响，把握存款来源，加强重大项目管理，扩大战略客户、机构客户等传统领域优势，提升交易银行、投资银行等重点产品贡献，积极开发新行业、新客户，完善客户经理、产品经理队伍建设，推动对公负债业务增长。截至2017年末，本外币公司一般性存款日均余额4 119.98亿元。

资产业务。践行轻资本发展战略，助力金融服务首都实体经济发展，完善小微企业金融服务体系，信贷支持棚户区改造项目落地，重点开拓“三大（文化、健康和环保业）、三高（高科技、高端制造业、高品质的消费与服务业）、三新（新材料、新能源、新商业模式）”客户。截至年末，人民币公司一般性贷款余额1 100.65亿元。

投资银行业务。充分发挥银行专业、渠道、信息等优势，扩大股权投融资、实业投资、并购贷款、产业基金等方面的客户服务范围。全年，债券承销规模1 194.20亿元；融资类理财新增融资规模160.86亿元，融资类理财日均总规模646.98亿元；牵头跨境银团贷款签约规模216.90亿元，放款规模198.90亿元。

交易银行业务。从以产品为中心转向以客户为中心，从营销产品转向提供解决方案，为客户提供“融资+结算”“现金+票据”“线上+线下”综合金融服务。通过创新私募基金结算、现金池票据池“双池”产品，推进交易银行重点项目。截至年末，交易银行客户数累计34 845户，实现轻资本中间业务收入9 222.60万元。

汽车金融业务。构建“专注+专业”的汽车金融业务营销与操作平台，积极拓展与客户合作的深度及广度，通过与总行的业务联动，分层解决客户的实际需求。调整客户准入政策，优化汽车金融业务客户结构；强化日常贷后过程风险管理，确保资产质量。截至年末，汽车金融业务有效经销商户168户，日均存款合计125.46亿元。

房地产金融业务。坚持符合调控政策导向，顺应市场发展趋势，在重点支持住宅项目的基础上积极拓展经营性物业贷款，开展住房租赁融资业务创新；通过严格客户准入、强化贷后管理等举措控制业务风险，确保资产安全；严格落实监管政策，促进融资业务回归本源。

零售银行业务 存款业务。截至年末，个人存款时点余额621.15亿元，比上年增加21.06亿元；个人存款年日均余额616.89亿元，比上年增加17.27亿元；活期储蓄日均余额306.37亿元，比上年增加50.78亿元；外币储蓄余额10.79亿美元，比上年增加4.98亿美元。

管理资产。管理资产余额突破2 000亿元。截至年末，资产管理规模余额2 214.88亿元，比上年增加360.84亿元；资产管理规模日均余额2 068.73亿元，比上年增加358.23亿元，增长20.94%。

零售资产。不断完善个贷产品体系，有序推进个人按揭贷款业务，积极尝试各类信用贷款业务，满足北京市场个人贷款客户按揭、消费用途的合理融资需求。截至年末，零售资产余额1 084.83亿元。

客户经营。截至年末，总行营业部零售达标客户数21.63万户，比上年增加3.60万户；资产管理规模为5万~50万元的零售客户数20.78万户，比上年增加1.90万户；资产管理规模为50万~600万元的零售客户数8.20万户，比上年增加1.32万户；资产管理规模为600万元以上的零售客户数4 733户，比上年增加1 161户。

代理销售。成立私人银行中心，私人银行业务取得突破性发展，代理销售结构进一步优化。截至年末，理财销量4 162.93亿元，同比增长10.03%；代销信托销量62.62亿元，同比增长210.21%。

手机银行。截至年末，移动银行活跃客户数89.21万户，其中，手机银行67.57万户，微信银行21.64万户；移动银行共新增客户数75.16万户，全年共计交易1 001.37万笔；移动银行月均活跃客户数35.40万户，手机银行达标活跃客户数43.14万户。

电子商务。截至年末，电子商务中间业务收入1.34亿元，比上年增长2.65倍，带动结算商户储蓄提升1.88亿元。

跨境支付。截至年末，跨境电子支付业务交易量175.37亿元，同比增长700.05%。

官方微信。截至年末，微信公众号关注新增26.48万人，总关注量60.71万人，绑卡新增30.73万户，总数57.88万户，推送图文41次208条，平均每篇阅读量为9 759次，比上年增长22.00%。

服务品质。2015～2017年，中信银行总行营业部连续3年被北京银监局评为消费者权益保护一级行、2017年北京银行业“金融知识进万家”宣传服务月活动先进单位。奥运村支行、京城大厦支行、知春路支行获评中国银行业协会全国“五星级”网点，方庄支行、首体南路支行获评北京银行业协会特色网点称号，万达广场支行授课案例《货币是如何出现的》荣获北京秉正银行业消费者权益保护促进中心组织的“金融知识进万家”授课案例大赛少年儿童组一等奖；在2017年度“秉正杯——感动消费者的那些人那些事”评选中，零售银行部获得“集体社会责任奖”。

金融市场业务 同业业务。主动压降同业资产负债规模，年末同业资产余额996.95亿元，同比下降55.53%，同业负债余额1 241.59亿元，同比下降41.34%；加强服务实体经济能力，大力开拓票据一级市场，全年票据直贴累计发生额514.27亿元；重点推动轻资本业务，通过“同业＋平台”的营销推广，提升轻资本业务线上化覆盖率，理财销售规模比上年增长103.21%。

国际业务。依托产品模式创新、境外渠道拓展等手段，在巩固传统业务的同时，积极推动符合市场需求和国家“一带一路”倡议导向的出口信贷业务，业务结构得到进一步优化，产品线得到充实。截至年末，累计实现轻资本收入4.79亿元、金融市场交易量2 811.50亿元。

托管业务。截至年末，托管中间业务收入13.58亿元，同比增长47.61%；托管规模2.37万亿元，同比增长60.14%。紧抓客户营销，初步实现信托、证券、公募基金、私募基金、保险、互联网金融六大行业重点客户全覆盖。提出“托管＋”经营理念，围绕基础托管业务建立的客户关系，提升对托管客户的服务能力。完成全部单一年金计划的到期续签工作，中标北京一轻控股有限责任公司年金托管资格。对托管营运全流程进行梳理，提高业务效率；重点客户系统直连，实现划款指令电子化；对各业务节点进行风险排查，确保托管业务的快速、高效和安全营运。

风险控制 会计运营。配合人民银行营业管理部完成同城电子清分平台升级改造（二期），上线统一支付平台、押品权证实物管理系统、新一代授信管理系统等，圆满完成网点运营人员转型，全力提升运营人员业务能力；根据人民银行营业管理部运营工作管理要求，及时转发、下发各类运营制度文件及业务规范；提高现金运营水平，积极推动挂账清理；通过严格的检查工作，提高运营人员业务规范性和支行柜面操作风险防控能力。

合规经营。准确把握并积极应对“严监管、重监管、重处罚”的监管新形势，把防范案件作为合规管理工作的核心目标，把整治市场乱象作为贯穿全年的合规工作抓手。围绕新三年战略规划，加强合规文化宣导，夯实“一把手”责任意识，全力推进“平安中信”建设；优化内控机制体系，夯实内控管理根基；强化授权管理，提升合规风险源头把控；强化自查、整改、问责，全面推进合规经营；建立立体化案防体系，有效遏制风险案件发生；贯彻落实监管新规，提升洗钱风险管理水平。

（张京玉）

中国光大银行股份有限公司北京分行

2017 年末，中国光大银行股份有限公司北京分行（以下简称光大银行北京分行）资产总额 4 572 亿元。一般性存款余额 3 208 亿元，比上年增加 243 亿元，增长 8%。其中，对公存款余额 2 635 亿元，比上年增加 233 亿元，增长 10%；对私存款余额 573 亿元，比上年增加 10 亿元，增长 2%。大资产业务规模 2 574 亿元，比上年增加 91 亿元，增长 4%，其中，一般性贷款余额 1 027 亿元，比上年增加 50 亿元，增长 5%。营业收入 92.01 亿元，比上年增加 2.04 亿元，增长 2.30%；中间业务净收入 36.04 亿元，比上年增加 1.52 亿元，增长 4%；营业利润 66.01 亿元；风险调整后利润 49.17 亿元。不良贷款率 0.59 %，低于全系统和银行业平均水平。

截至年末，光大银行北京分行设有营业网点 68 家；共有员工 2 700 余人。

公司银行业务 坚持存款立行方针，把“综合金融”作为重要发展方向，发挥“大客户、大平台、大项目”优势，多措并举做强传统业务。通过结算、清算、托管、代发等基础性、源头性业务，稳定重点存款客户，保持对公存款稳定增长。与多家大型客户签署战略合作协议。发挥三项中央财政代理资格齐全的优势，拓宽与中央预算单位的合作范围。深化与北京市两级财政业务联系，与多家市属骨干企业建立业务合作关系。发展大资产业务，推动投资银行、同业金融、贸易金融和资产管理等业务与传统信贷相整合，围绕重点行业、重点客户以及国家发展和改革委员会推荐、国家政策支持等项目，增加大资产投放，年末大资产规模 2 574 亿元，比上年增长 4%。

零售银行业务 以“四化”转型方向为指导，围绕“盈利、规模、客户”三大核心目标，以增收创效为主战场，抓重点、补短板、强弱项，确保了全年零售业务平稳持续发展。以利润为核心，以价值创造为抓手，调整业务结构，拓展收入来源，稳定营收增长。截至年末，客户总量679万户，大零售业务收入利润占比持续提升。

网点转型 顺应互联网金融发展趋势，打造“互联网+”业务模式。在总行支持下，抓住市场机会发展科技金融。加快推进“互联网+信用卡”模式，与多家知名互联网企业联合发卡，提升发卡规模和质量。发挥代发“平台”优势，服务代发客户37万户，全年累计代发286亿元。在4家网点试点布放智能设备；全行精简61个服务窗口，调整近百名柜员充实营销服务一线。全辖社区支行中已有47家实现盈利。

集团内部业务联动 借助中国光大集团“全牌照”金融平台，与系统内证券、保险、金融控股、信托和租赁等企业开展业务联动，在客户互荐、渠道共享、交叉销售、成果互换等方面，形成市场拓展和客户服务合力。与光大证券有限公司合作开发三方存管客户2.2万个，代销证券集合资产管理计划60只、16亿元；代理实收光大永明保险有限公司保费1.87亿元，开展银保“资管通”142亿元，推出乐容健康管理养老金等产品；与中国光大银行香港分行、首尔分行联动营销国际业务客户；联合中国光大银行上海分行等25家兄弟分行拓展中央企业京外业务。

风险防控与合规管理 强化全面风险管理，落实强监管要求，深入开展专项治理。建立健全合规管理长效机制，提高合规经营水平。组织完成对32家支行常规全面稽核和10个专题稽核，对经营单位开展代销业务专项检查、“飞行检查”“录音录像”检查。加强合规文化建设与合规培训，组织合规宣传教育，在总行合规知识竞赛中获得第一名。实现全年无案件、无事故、无重大业务差错的目标。坚持“三重一大”集体决策和大额支出集体审批，规范财务开支和招标采购管理，防范财务风险。

消费者合法权益保护 高度重视消费者权益保护工作，完善制度建设，加强金融知识宣传教育，举办“新入行员工培训班”“零售客户经理能力提升培训班”“柜员提升培训班”，实现一线员工全覆盖。根据总行要求，组织员工参与在线消费者权益保护知识学习和考试。组织开展“金融知识进万家暨金融知识普及月”“金融知识万里行”“3·15金融知识宣传”“守住钱袋子”等活动，通过进社区、进校园等方式，让金融知识贴近百姓。全年开展各类宣教活动960余场次，参与干部员工9 000余人次，受众客户600余万人次。被北京银监局评为消费者权益保护工作一级行；被人民银行营业管理部评为消费者权益保护工作A级行。

人才队伍建设 坚持党管干部原则，完善干部管理办法。落实中国银监会对重要岗位人员实行轮岗的监管要求，组织17名任期6年以上的支行行长轮岗交流。扩大“优秀人才储备库”，储备各方面优秀人才230余人。根据总行职位体系改革部署，在调查研究的基础上，科学制订方案，完成员工新职位初始化入位工作，进一步完善员工职级和薪酬体系。全年组织业务培训47类、388期，参训员工3.8万人次，人均培训超过100小时。

党风廉政建设 深入学习贯彻党的十九大精神，以习近平新时代中国特色社会主义思想为指引，不断增强“四个意识”，坚定“四个自信”。加强基层党建工作，扎实推进“两学一做”学习教育常态化、制度化，“围绕业务抓党建，抓好党建促发展”，推进全面从严治党、从严治行工作落地生根、深入人心。以党支部为单位，落实“三会一课”等党的基本组织生活，加强对党员干部的教育督促，实现基层党支部和党员学习教育“全覆盖”。全年累计组织支部和党员学习研讨、集体学习2 742次，专题党课388场。遵照“作风建设永远在路上”的精神，深入贯彻落实中央八项规定精神，坚决反对“四风”，认真践行监督执纪“四种形态”。组织召开分行党建和纪检监察会议，对作风问题抓早、抓小、抓经常，及时处置问题苗头。

（潘远发）

中国民生银行股份有限公司北京分行

2017年末，中国民生银行股份有限公司北京分行（以下简称民生银行北京分行）本外币总资产余额6 328.62亿元；各项存款余额5 235.65亿元，其中，人民币存款余额4 776.92亿元；各项贷款余额2 285.6亿元；营业收入150.19亿元，营业支出46.27亿元，实现税前利润103.92亿元。

截至年末，民生银行北京分行设有支行88家；共有正式员工3 350人。

公司金融业务 以民营企业为重心，以客户为中心，聚焦重点客群开发。在传统领域，聚焦国家、北京区域战略，支持京津冀协同发展，按照北京“十三五”规划核心蓝图，配合市、区各级政府及相关职能部门，重点支持城镇化建设（棚户区改造、保障房建设）、轨道交通、高速公路等基础设施项目建设；支持“一带一路”倡议中的海外并购及国际信贷等项目，按照“一户一策”进行综合一体化开发。在新经济领域，聚焦上市公司、产业链上下游客群及中小企业客群，支持区域大型集团企业和优质上市公司的技术改造、产业升级、行业并购等项目；介入互联网金融业务，支持优质中央企业、国有企业及龙头民营企业的线上供应链金融项目；通过系统对接、资金托管、供应链融资等特色创新服务，为企业提供链式综合金融服务；支持服务中小企业，提供资金结算、现金管理、投融资等多种金融服务。

个人金融业务 截至年末，储蓄余额674.2亿元；个人贷款余额759.3亿元，比上年增加42亿元，增长5.9%；金融资产余额2 048.2亿元，比上年增加218.5亿元，增长11.9%。零售客户稳步增长，有效客户37.5万户，比上年增加1.8万户；贵宾客户27.6万户，比上年增加1.6万户。网络金融业务健康发展，手机银行客户总量220.47万户，比上年增加38.23万户，增长20.98%；直销银行客户总量31.38万户，比上年增加14.84万户，增长89.72%；电子银行交易替代率99.5%，比上年提升0.15%。

中间业务 截至2017年末，同业存款余额2 992.99亿元。全年发行债券45只，承销规模293.97亿元。资产托管业务存量规模1.77万亿元，年内新增规模

2 900 亿元，增长 19.2%。

风险管理 回归信贷本源，持续提升全面风险管理水平。坚持服务实体经济，抓住区域性机遇，大力服务绿色金融和科技金融领域；加强资产组合管理，坚持有保有压，优化和提升行业和客户结构；采取有效措施防范重点领域风险，加大检查考核力度，强化风险问责机制，保持资产质量稳定。高度重视依法治行工作，从推进法治文化培育、推进业务规范运行、推进法治绩效监督等方面着手，夯实法治合规基础，不断完善内控合规体系建设，坚定依法治行理念，努力走出一条可持续发展的法治合规建设新道路。

（龚耀星）

华夏银行股份有限公司北京分行

2017 年末，华夏银行股份有限公司北京分行（以下简称华夏银行北京分行）资产总额 2 706.05 亿元，负债总额 2 669.33亿元；一般性存款余额 2 050.95 亿元，比上年增加 70.38 亿元，增长 3.55%；一般性存款日均 2 012.78 亿元，比上年增加 119.74 亿元；贷款余额 1 401.56亿元，比上年增加 135.7 亿元；累计实现拨备前利润 43.75 亿元，同比增加 8.55 亿元；实现中间业务净收入 11.81 亿元，同比增加 1.52 亿元。

截至年末，华夏银行北京分行设有综合性支行 61 家，社区支行 11 家，自助银行 72 家，布放自助设备 641 台；共有正式员工 2 148 人。

服务首都经济 创新服务模式，确定服务市属国有企业及各区县的主办支行，增强经营单位与政府、企业的黏性。大力支持首都民生建设，为北京新机场项目、通州新城的基础设施建设项目、大兴区集体建设用地入市项目等提供信贷支持，棚户区改造项目涉及石景山、房山、西城、丰台等区域。强化对首都经济产业升级、京津冀协同发展项目的支持，为亦庄移动硅谷创新中心项目、通州区数据技术研发中心建设项目等提供专项授信。加强平台搭建和重点客户对接，与北京 8 个区搭建了总、分、支联动营销平台。

科技金融和文创产业业务 积极推动“知识产权贷”“高新易贷”“创业易贷”等创新产品，构建投保贷一体化金融服务机制。截至年末，中关村管理部对公用信户中，高新技术企业占比 60%，上市公司和“新三板”挂牌企业占比近 30%。积极打造华夏银行投贷联动业务特色，设立总规模为 15 亿元的华夏银行中关村投贷联动母基金；华夏银行总行出资 20 亿元支持中关村管理部参与设立总规模超过 300 亿元的北京市科技创新基金项目。全力支持北京市互联网金融专项整治工作，5 家平台正式上线，实现存管规模近 1 000亿元。设立北京文创产业管理部，创新推出四大产品线，为文创类企业提供差异化服务。与中国文化投资基金管理公司等机构签署战略协议，搭建专项投资于文创类相关产业的大基金。

个人金融业务 截至年末，个人存款日均 491.38 亿元，比上年增加 32.53 亿元，增长7.09%；个人基础客户23.63万户，比上年增加1.93万户；信用卡VIP客户39.44万户，比上年增加7.82万户；“速通卡”累计签约60.8万张，比上年增加6.57万张；移动银行客户95.04万户，比上年增加25.7万户。

优化机构布局 机构布局继续向远郊区延伸，门头沟支行、运河支行正式开业，完成石景山支行、菜户营支行、怀柔南大街社区支行等网点装修改造工作。加强在通州地区的网点建设，截至年末，在通州地区设立2家综合性支行、1家社区支行、2家自助银行，布放40多台各类自助机具。

全面风险管理 加强信用风险管理，制定并严格执行《北京分行2017年信贷与投融资政策》，组织开展非零售客户信用评级补评和更新工作，加强授信业务尽职调查和信用风险专项排查。做好操作风险关键指标监测，防范重要业务的连续性风险；加强外包业务管理，控制重点业务市场风险。实施全天候舆情监测，完善声誉风险和突发事件管理机制，有效防范声誉风险。加强“三防一保”工作，防范信息技术风险，不断完善技防、物防基础设施建设。全年实现安全稳定运行“零案件”，确保党的十九大等重大活动期间安全稳定运行“零事故”。组建分行反洗钱专职团队，对可疑交易报告进行集中分析处理，报送可疑交易报告103份、重点可疑交易报告2份、重点可疑案件2起。加强对分支机构的突击检查和员工的异常行为排查，发现隐患苗头，主动及时予以制止，防止其发展成为重大风险事件。强化合规文化的宣传教育，开展“学习监管新规”宣传教育活动，积极组织全员普法学习。

（李原野）

渤海银行股份有限公司北京分行

2017年末，渤海银行股份有限公司北京分行（以下简称渤海银行北京分行）本外币总资产1 025.53亿元；本外币各项存款余额694.03亿元，比上年增加179.94亿元，增长35%；本外币各项贷款（含贴现）余额508.44亿元，比上年增加103.41亿元，增长25.53%；实现营业收入58.36亿元；实现中间业务收入11.4亿元，同比增长40.74%；实现考核利润17.56亿元，同比增长37.44%；实现经济增加值11.93亿元，同比增长42.13%；不良资产余额3 460.58万元，不良贷款率0.068%，资产质量保持优良。

截至年末，渤海银行北京分行设有营业机构（含分行营业部）30家，其中，支行（含分行营业部）19家，社区支行11家；共有员工831人，其中，合同制员工780人，派遣制员工51人。

公司金融业务 负债业务。通过投放带动负债增长，深挖存量客户潜力，确保对公存款稳定增长。截至年末，批发存款余额627.86亿元，比上年增加147.76亿元；投放回存率27%，投放带动年日均存款42.81亿元。

资产业务。对接京津冀协同发展、

北京通州副中心建设、非首都功能疏解以及首都“双轮驱动”战略，重点支持北京市城镇化、轨道交通、航空枢纽等基础设施项目建设。设立科技金融专营机构，创新业务产品，服务首都科技文化企业。全年累计为科技文化企业发放贷款37.95亿元，发行各类债务融资工具41.33亿元，发放绿色信贷25.81亿元。

金融市场业务。全年累计投放442.86亿元，其中，银证业务投放272.93亿元，资本市场投放169.93亿元。年内新增资产规模260.69亿元。

托管业务。截至年末，托管业务余额4 799亿元，比上年增加2 216亿元，增长101.98%。全年新增规模2 260亿元，其中，行内托管业务新增规模1 064亿元，行外托管业务新增规模1 196亿元，全面完成总行任务指标。

资本市场业务。成功叙做渤海银行首单股票质押回购业务（2亿元、3年期），成功落地首笔基金中基金（FOF）股权直投业务。

投资银行业务。全年累计发行各类债券产品148.51亿元；成功发行渤海银行首单债权融资计划、首个单一租赁资产支持票据（ABN）项目、首单公司债券等。

国际业务。立足于服务实体经济，紧跟“一带一路”倡议，助力中国企业“走出去”。与中信信托有限责任公司达成300亿元的战略合作意向，与中国进出口银行、中国工商银行、中国银行等重要合作平台搭建业务渠道；支持大型国有企业“一带一路”建设项目，开展了首单2.8亿美元海外电站业务。全年累计实现国际结算量28.99亿美元，带动稳定存款沉淀约101亿元。

普惠金融业务 成立普惠金融事业部，服务实体经济，为小微企业提供全方位的金融体验。围绕北京地区经济发展重点，依托核心企业开发小微专属标准化授信产品，解决核心客户上下游小微企业融资问题，利用组合担保产品解决小微企业实物资产抵押不足的融资难题，为符合条件的小微企业提供票据再贴现业务，助力小微企业降低融资成本快速成长。截至年末，小微企业贷款余额92.71亿元，比上年增加28.85亿元，增长45%，高出全行全部贷款增速17个百分点；贷款户数比上年同期增加3户，申贷获得率比上年同期增加6个百分点，圆满完成了“三个不低于”的监管要求。

零售业务 积极开展全员营销，财富业务实现跨越式发展，财富资产年末规模183亿元，比上年增加56.6亿元；理财销量327亿元；有效客户突破12万户，比上年增加6.3万户。个贷业务实现新突破，年末个人贷款余额215.7亿元，比上年增加50.7亿元；年日均199亿元，比上年增加34亿元，完成全年日均新增计划的194%；信用卡分期业务持续健康发展，实现专项分期放款9 227万元，完成全年任务的205%。网络银行6项业务指标全部完成全年考核指标，企业新客户网银开通率118%，微信银行客户签约率160%，“个人线上渤海”开通率176%，线上“渤海平台”完成率275%，直销银行产品余额完成率100%，企业结算宝交易额完成102%，企业结算宝总交易金额1 172亿元，实现中间业务收入456万元，日均对公存款余额达到2亿元以上；手机银行上线“城市通”市政公交充值功能；与中国泛海控股集团合作开展“泛海助学行动”项目，承接开卡、资金发放工作，年内开卡 91 178 张，代发 90 523 名学生。

（张俊魁）

浙商银行股份有限公司北京分行

2017 年末，浙商银行股份有限公司北京分行（以下简称浙商银行北京分行）总资产规模 1 019.3 亿元；本外币各项存款余额 1 005.27 亿元，比上年增加 133.01 亿元，增长 13.23%；本外币各项贷款余额 294.05 亿元，比上年增加 30.48 亿元，增长 10.37%；实现营业增加值 19.96 亿元，同比增长 2.2%。资产质量保持优良，不良率为 0.07% 。

截至年末，浙商银行北京分行设有营业机构（含分行营业部）9 家；共有员工 641 人。

公司业务 依托北京汽车集团有限公司、河钢集团有限公司等供应链核心企业，通过“1 + N”模式并结合票据池等产品，进行产业链拓展，解决核心客户上下游中小型企业融资问题。年内，新增资产池（票据池）有效户 120 户，开发集团票据池客户 60 户，累计入池资产 982.3 亿元，占全行入池资产的 19.56%，存款派生近 99.7 亿元。抓住北京周边棚户区改造和环境整治、重点村建设以及集体经济发展的机会，以设立分支机构的方式，重点发展乡镇金融业务。截至年末，乡镇金融存款余额 47.96 亿元，年日均 42.2 亿元；授信乡镇 7 个，融资余额 30.29 亿元。依托北京地区总部经济优势，积极申报主动授信客户，通过主动授信推进客户分层管理，提升服务战略客户能力。

资产托管业务 积极探索托管业务模式和业务品种，从资金源头入手营销，目标主要锁定北京农商银行，实现多单业务成功落地。突破“以销定托”，通过多角度合作打开公募基金新局面，全年上线 5 只公募基金的托管。完善托管业务基础设施建设，发布《浙商银行北京分行托管业务管理细则》，明确相关要求，简化业务流程，提升客户满意度。截至年末，托管业务规模 1 547.17 亿元（其中行外资源项目 755.2 亿元），托管收入 6 266.09 万元。

国际业务 开辟国际业务发展新思路，着力推动跨境金融业务发展，助力境内企业参与跨国经营。加快代客外汇衍生产品营销推进，为客户提供汇率保值、增值产品综合服务方案，提升国际业务综合服务能力。全年，实现国际结算量 59.68 亿美元，计划完成率 132.62 %；实现中间业务收入 4 611.6 万元；代客资金交易量 38.59 亿美元，其中，代客外汇衍生产品交易量 16.39 亿美元；实现国际业务基础客户 123 户；带动存款年日均 53.2 亿元。

（吉轩）

北京银行股份有限公司

2017年末，北京银行股份有限公司（以下简称北京银行）表内外总资产3.09万亿元，净利润188.82亿元，成本收入比26.85%，人均创利近130万元；不良贷款率1.24%，比年初下降0.03个百分点，拨备覆盖率265.57%，拨贷比3.3%，风险抵御能力在经济转型期持续增强。北京银行品牌价值365亿元，位居中国银行业第7位；一级资本在全球千家大银行中排名第73位，荣获第二届“北京市人民政府质量管理奖”，成为首家在北京城市副中心设立分行的银行。

截至年末，北京银行设有分支机构561家，其中，北京地区分支机构257家。

公司业务 惠民金融服务水平稳步提升。支持地方政府重点项目建设，全年累计中标地方国库现金管理635.5亿元，累计承销地方债335.6亿元；交易银行客户5.9万户，同比增长13.6%，交易银行结算存款日均4 266亿元，占公司客户结算日均的70%；扩大社保服务范围，实现医疗保险全国异地支付，累计归集医疗保险资金3.1亿元；开立市、区两级城乡居民基本医疗保险基金账户，启动200万“新农合”人口社保卡发放工作；推出教育行业综合服务方案“教育e通”，满足教育机构现金管理、代发代缴、资金计价、资金监管等需求；捐资450万元赞助“紫禁杯”优秀班主任奖励基金；债券承销规模1 066.3亿元，发行143只；成为市场上承销发行“债券通”的首批银行，发行首只“债券通”产品；成为北京地区首家获批绿色金融债的银行，成功发行2期累计金额300亿元的绿色金融债；实现并购贷款投放42.47亿元，银团业务牵头规模347亿元，实现放款246.94亿元；与昌平区签署500亿元授信协议，支持未来科技城、北京科技商务区等重点项目；支持通州文化旅游区及环球主题公园配套基础设施建设项目50亿元；服务非首都功能疏解，向“动批”疏解项目贷款9.2亿元；与房山区人民政府签署全面战略合作协议，授信300亿元支持棚户区改造等重点工程。

小微业务 截至年末，本外币小微贷款余额3 856.9亿元，客户数23 792户，完成中国银监会“三个不低于”要求；文化、科技金融贷款余额分别为568亿元、1 180亿元，分别比年初增长31%、33%。成立文创金融事业总部，挂牌成立大望路、雍和两家文创专营支行，在业内率先发布IP产业链文化金融服务方案“文化IP通”；与北京电视台签署全面战略合作协议，与北京市新闻出版广电局签署500亿元授信协议；累计为北京地区3 000多家文创企业提供超过900亿元的贷款支持；承办2017北京文创产业投融资年会暨文化金融合作峰会；牵头成立“北京银行中关村投贷联动共同体”；首创以农村承包土地的经营权为抵押的“农权贷”特色产品，与大兴区人民政府签署合作协议；荣获人民银行营业管理部2016年度小微企业、科技金融信贷政策导向效果评估一等奖；荣获北京市服务业扩大开放综合试点领导小组办公室投贷联动改革示范单位和金融服务领导示范项目称号。

零售业务 深化“一体两翼”战略，强化客户分层，做大核心客群规模，年末零售客户 1 872 万户，同比增长 12.5%，其中，VIP 客户增长 17.5%；存贷款市场份额保持双提升，北京地区储蓄规模增量排名同业第一位；零售资金量与理财销售量双双突破 6 000 亿元，资金量增长超过 1 000 亿元，理财销售量同比增长 40%；零售贷款突破 3 000 亿元，不良率 0.48%，比年初实现不良双降；电子银行客户突破 650 万户，手机银行用户增长 44%，线上渠道重点产品替代率超过 93%；与京东金融签署战略合作协议，联手打造“金融 + 电商”跨界合作典范；“富民直通车”服务体系全面升级；业内首创全线上 ETC 服务；蝉联《亚洲银行家》“中国最佳城市商业零售银行”大奖。

金融市场业务 围绕“两高两轻”战略，主动压降同业资产负债规模，着力提升资产收益水平和同业高收益资产占比，高收益资产同比增长 15.3%；大力发展轻资本业务，托管、理财、国内外贸易融资等低资本耗用业务，规模结构持续优化；年末有效代理行 1 023 家，覆盖全球 101 个国家和地区。

信息化建设 年内，北京银行在科技支持网点转型、互联网业务拓展、支付能力升级等方面多项落地成果，完成接入网联支付清算平台、全国首家 ETC 线上业务、委托贷款业务系统、对公单位结算卡、银联二维码平台、投产集团票据池业务等项目；顺义科技研发中心建成，占地 187 亩，建筑面积 37.5 万平方米，满足未来 50 年科技发展需求；与小米、腾讯、京东等企业在多个领域开展深度合作，积极打造金融科技“朋友圈”。

（王昕芳）

大连银行股份有限公司北京分行

2017 年末，大连银行股份有限公司北京分行（以下简称大连银行北京分行）资产总额 489.34 亿元，比年初增加 97.19 亿元，增长 24.78%。各项贷款余额 274.13 亿元，比年初增加 151.92 亿元，增长 124.31%。一般性存款余额 355.1 亿元，比年初增加 196.32 亿元，增长 123.64%。不良贷款率 0.49%，比年初减少 0.52 个百分点。

截至年末，大连银行北京分行设有营业机构（含分行营业部）6 家；共有员工 246 人。

公司业务 充分发挥中国东方资产管理股份有限公司全金融牌照优势，积极拓展优质资产，持续壮大核心客户群，发挥公司业务对全行业务发展的拉动作用。以专业管理引导发展转型，全面实施市场化改革，新建 8 个直营部门，从风险与收益平衡的角度甄选客户，积极拓展优质资产，抓好项目储备。做强做深传统授信、非标准化债权投资、集团协同和新产品的推广与应用，增强客户黏度。

零售业务 深度开展集团协同业务，加强集团内部协作；积极研发个贷产品，成功上线针对社会五大类优质客户群体的个人信用贷款业务；与中华联合财产保险股份有限公司、“助拍网”开办“法拍贷”业务；强化团队建设，提升客户经理产能和专业能力；高度重视金融消费者权益保护工作，加强网点社区宣传力度，提升为社区居民的服务能力。

同业业务 加强资金业务流动性管理，积极开展线上存单线下同存等资金业务；关注货币市场利率走向和投资交易所等机构发行的标准化产品；强化传统票据业务优势，通过部门信息联动，进行动态的贴现价格指导，服务中小企业融资；紧跟市场步伐，根据上海票据交易所的业务指导，积极开展票据转贴现及各类票据创新业务。

（于涵）

天津银行股份有限公司北京分行

2017年末，天津银行股份有限公司北京分行（以下简称天津银行北京分行）资产总额945亿元，比上年增加137.40亿元。其中，各项贷款余额188亿元，比上年增加37亿元；渠道投资业务（含入池资产）366亿元，比上年增加243亿元。负债总额936.27亿元，其中，各项存款余额336亿元，日均存款318亿元。实现账面利润8.73亿元，比上年增加3.48亿元。

截至年末，天津银行北京分行共设有营业机构16家（含分行营业部）；共有员工432人，其中，正式员工404人，派遣制员工28人。

公司业务 狠抓高收益、优质资产投放，推动经营利润增长，稳定公司存款规模。制定业务营销指引，加大对新领域的研究、新业务的探索，指导经营机构创新业务模式，培育利润新的增长点。制定《公司业务综合考评实施细则》，突出利润导向，调整优化存款结构，降低负债成本，加大基础客户拓展，优化授信客户结构。加大与先进制造业、互联网、人工智能等行业客户的业务合作，支持雄安新区建设、“一带一路”建设、京津冀协同发展等领域创新业务的尝试，把握国家构建多层次资本市场的契机，做大上市公司定向增发、股票质押式回购等资本市场业务，助推分行整体业务良性发展。

个人金融业务 完善关键绩效指标（KPI）考核政策，促进零售业务稳步发展。推进客户关系管理（CRM）体系建立，做好客户分级管理维护工作。组织“春暖花开”“雷霆行动”“财富嘉年华”等活动。加大贵金属、保险、基金等中间业务产品销售，拓宽利润来源。开展公私联动营销，尝试互联网金融平台业务，加快零售业务转型。深入开展社区营销宣传活动，向公众普及金融知识，践行社会责任。

国际业务 重点推出进出口售付汇、同业代付和内保外贷等业务模式，累计完成国际结算量22亿美元，比上年增加6亿美元，完成全年指标进度的183%。积极调整存款结构，稳规模降成本，年末外汇存款时点余额 9.12 亿美元，折合人民币 63.3 亿元，比上年增加 22.6 亿元。全年实现贸易融资投放量 47 亿元，比上年增加 10 亿元，完成全年指标进度的 117%。运用国际业务产品对接客户融资需求，拓展中间业务收入渠道。加大对国内证福费廷、跨境保函等产品的营销力度，扩大代理业务规模。

（王京）

杭州银行股份有限公司北京分行

2017 年末，杭州银行股份有限公司北京分行（以下简称杭州银行北京分行）资产总额 483.95 亿元；各项存款余额 470.75 亿元，比上年增加 40.74 亿元，增长 9.47%；各项贷款余额 200.52 亿元，比上年增加 29.3 亿元，增长 17.11%；实现营业收入 9.14 亿元，利润 4.59 亿元。

截至年末，杭州银行北京分行设有经营机构（含分行营业部）16 家；共有员工 516 人。

公司业务 坚持转型发展，以业务增长促进战略目标的实现，做专做大公司业务，做强产品组合营销。加大对优质大客户的信贷投放，资产质量持续优化；加快新产品的应用，实现交易银行、资本市场、结构化融资三驾齐驱，客户服务能力持续提升；聚焦重点客户，开展深度多维度合作，有效拉动利润增长。

零售业务 深化零售“区域化品牌”建设，开展高密度进社区宣传；健全专业化服务体制，成立房贷中心，实现按揭业务审批的专业化；推动零售客户分配机制改革，逐步实现客户业务分配与职责之间的统一；探索“顾问辅导”模式，以优秀支行帮扶落后支行促进业务发展。

小微业务 回归信贷本源，稳步推动业务转型发展，紧抓村集体，组织重点户存款，打造优势产品抵押贷款“云抵贷”，推进小微信贷向强担保抵押类业务、综合金融服务转型；严控风险，扎实推进存量结构调整，有序进行调整和退出。

文化金融业务 打造文化金融特色品牌，积极开展银政、银企互动，扶持首都文化产业；成立杭州银行北京文化金融事业部，发布专为北京地区文化人才提供的金融服务方案——“追梦计划”，向符合北京地区“3+3+X”的文化创意产业体系范围内的人才提供一揽子金融服务方案。

内控与风险管理 深化存量信贷结构调整，加大存量风险清收转化力度，资产质量持续好转；严格放款审核把关和用印审批，完善贷后和风险预警管理，开展风险排查和案件防控管理，实现全年无重大违规事件、无重大安全事故的目标；组织为期四个阶段的“双基”管理实施年活动，探索“双重导师”制度，开展“八项禁令”学习，组织“一把手一堂课”专题培训，严格管控员工行为，合规管理效果显著提升。切实履行反洗钱义务，落实消费者权益保护工作。

（石竟成）

南京银行股份有限公司北京分行

2017年末，南京银行股份有限公司北京分行（以下简称南京银行北京分行）资产总额865.45亿元，比上年增加114.25亿元，增长15.2%；各项存款余额491.17亿元，比上年增加63.17亿元，增长14.76%；各项贷款余额190.25亿元，比上年增加20.11亿元，增长11.82%；不良贷款率1.29%。

截至年末，南京银行北京分行下设营业网点（含分行营业部）14家，在岗正式员工503人。

公司业务 挖掘市场潜力，优化业务结构，深化重点客户金融合作；拓宽业务渠道，主动带动负债业务增长；推进“淘金计划”，确立实体经济服务体系。截至年末，对公存款余额402亿元。

零售业务 坚持“客户发展”的核心经营理念，做大、做精客户群；调整业务组织架构，成立私人银行；把握终端市场变化需求，打通线上渠道，在网络金融、消费金融、私人银行三个领域协同发展。组织高考状元分享会、公益徒步走、“健康防御计划”主题沙龙、“不负英雄、芳华永驻”私人银行观影等活动，增加客户黏度；开展“金融服务进万家”“金融知识普及月”等活动，提升金融服务品质和服务体验。

投行业务 响应总行“鑫火”计划，推进资本市场业务；开展直接融资业务，夯实现有客户，开拓新客户；产品创新力度强化，绿色债务融资工具有序推进；加强业务后续管理，对存续债务融资业务进行动态监测。

普惠金融 大力发展普惠金融业务，成立分行普惠金融专项推进领导小组，对各阶段工作的开展进行统筹协调与指导，配套专项审批、人力等多项资源，为普惠金融业务开展提供有力保证。

（雷赛赛）

盛京银行股份有限公司北京分行

2017年末，盛京银行股份有限公司北京分行（以下简称盛京银行北京分行）本外币各项资产合计1 061.53亿元，同比减少78.07亿元，下降6.85%；本外币各项贷款余额239.75亿元，同比增加31.95亿元，增长15.38%；本外币各项存款余额645.10亿元，同比减少187.26亿元，下降22.50%。

截至年末，盛京银行北京分行设有支行（含分行营业部）8家；共有正式员工232人，劳务派遣员工4人。

公司业务 立足首都经济结构调整和产业升级，调整优化业务结构，落实差异化信贷政策，加大对战略新兴、科技创新产业升级领域，现代服务、文化创意等消费升级领域，以及节能环保、低碳排放等绿色环保领域的营销及信贷投放力度；根据中国银监会政策导向，多次开展专项风险排查，强化风险监督管理，有效防范经营风险。

国际业务 全面树立贸易金融理念，打造以“贸易链”为基础的国内贸易融资全线产品；利用“全口径跨境融资管理”政策优势，拓展“内保+外贷”“内保+直贷”“内保+外债”业务，丰富融资渠道，并搭配外汇衍生产品等，提高风险控制水平。全年实现结算量55.07亿美元，同比增长34%；实现利润1.45亿元，同比增长59%。

中小企业及零售业务 截至年末，储蓄存款时点余额25.21亿元，同比增加5.02亿元；储蓄存款日均余额25.52亿元，同比增加5.32亿元。小微贷款余额1.25亿元，净投放0.39亿元；个人贷款余额6.72亿元，净投放6.17亿元，其中，个人按揭贷款余额4.56亿元，净投放4.03亿元。零售客户数新增11 355户，电子银行新增11 604户；个人理财销售量18.36亿元，理财客户数新增807户。在北京市银行业协会组织开展的北京市2017年度中国银行业文明规范服务星级营业网点评选中，分行营业部、中关村支行、顺义支行分别被评为北京市五星级示范单位、四星级示范单位、三星级示范单位。

（郭雨晴）

上海银行股份有限公司北京分行

2017年末，上海银行股份有限公司北京分行（以下简称上海银行北京分行）资产总额1 756.02亿元。各项存款余额726.57亿元，比年初增加343.70亿元，增长89.77%；各项贷款余额662.69亿元，比年初增加222.66亿元，增长50.60%。

截至年末，上海银行北京分行设有营业网点6家；共有员工341人，其中，正式员工295人，派遣员工46人。

业务发展 顺应供给侧改革号召，发行国内首单权益性长租公寓资产类REITs产品——“新派公寓权益型房托资产支持专项计划”。积极服务疏解非首都功能，推动上海银行与朝阳区人民政府签署银政战略合作协议，年内累计向朝阳区5个乡投放疏解贷款49.9亿元；向大兴区投放疏解贷款30亿元。积极探索金融配套融资服务，与厚朴投资管理有限责任公司、北京天恒置业集团有限公司共同参与设立100亿元城市疏解专项基金，并作为优先级资金出资20亿元。巩固同业客户渠道，联合举办“秋意浓·同业融——百家金融同业高层峰会”，邀请74家金融机构总部高层负责人，就当前同业业务严监管背景下，如何迎接新挑战、抓住新机遇，共同推动同业合作合规发展和创新转型展开研讨。立足北京市场实际情况，将产业基金及国有企业混合所有制改革等作为重点，成功落地中国铝业集团30亿元产业基金项目，助力中国铝业集团有限公司产业结构调整。

（牛艳艳）

江苏银行股份有限公司北京分行

2017 年末，江苏银行股份有限公司北京分行（以下简称江苏银行北京分行）资产总额 1 034.93 亿元，其中，各项贷款余额 626.40 亿元，比年初增加 65.97 亿元，增长 11.77%；表外资产余额 203.90 亿元，比年初减少 54.82 亿元，下降 21.19%。负债总额 1 027.46 亿元，其中，各项存款余额 777.08 亿元，比年初增加 43.28 亿元，增长 5.89%。实现净利润 17.26 亿元。不良贷款率 0.48%。

截至年末，江苏银行北京分行设有营业网点（含分行营业部）21 家；共有正式员工 610 人。

公司业务 与北京国资融资租赁股份有限公司、顺鑫农业股份有限公司、信达投资有限公司等 24 家重点客户签署战略合作协议；参与北京市市级国库现金管理商业银行定期存款项目招标工作，累计中标金额 58.7 亿元。全年新增绿色信贷 22 亿元，年末余额 53 亿元，完成江苏银行首笔公司类绿色产业基金的投放。

国际业务 落地多笔公募债和海外私募债业务，海外资产投放规模居江苏银行第一位。全年，实现中间业务收入 1.12 亿元，实现营业收入 1.98 亿元（含自贸区），实现国际结算量 140.92 亿美元，新增国际业务客户 116 户。

投资银行业务 投资银行业务呈多元化发展趋势，成功落地江苏银行北京分行首单“模式库”股票质押等新型投行业务。主导并担任财务顾问、保管银行及监管银行的“北控水务（中国）投资有限公司 2017 年第一期绿色信托资产支持票据”项目成功发行。该项目不仅是全国首单绿色资产支持票据，也是目前规模最大、基础资产数量最多的水务类证券化产品。

零售业务 推动社区化营销及“党员进社区”活动，以深化党建为引领，坚持服务社区群众，不断壮大基础客户群。全年，21 个党支部共与 115 个社区党组织签订《共建协议》，组织各类活动 641 场，参与活动党员 1 517 人次。私人银行中心迁址后正式开业，形成包括现金管理、固定收益、权益类、另类投资在内的 4 大产品线，为高净值客户打造全方位的财富管理计划。

小企业信贷服务 截至年末，小微企业全口径贷款余额 237.03 亿元，资本节约口径贷款余额 22.96 亿元，科技型企业贷款余额 46.87 亿元，科技型小微企业贷款余额 4.49 亿元。推动小贷特色产品“商 e 融 · 烟商贷”网贷业务成功落地并实现业务零的突破，全年实现新增客户 20 户，授信额度 525 万元。

风险防控 严控新增不良贷款，持续推进清降工作，累计回收结清逾期贷款现金 3.04 亿元。开展全面风险防控自查工作，历时 6 个月，梳理九大风险分项、146 个风险点，发现问题 26 项，制定整改措施 24 条。开展专项自查及内部审计，对全行各条线印章管理及使用情况进行全面梳理排查，组织开展对辖内的 AA－（含）级以上客户评级问题自查、全行转化类贷款排查、第一责任制度贯彻落实情况排查、大额非信贷资产风险排查等，推动风险防控工作的全面开展。

（高晰明）

宁波银行股份有限公司北京分行

2017 年末，宁波银行股份有限公司北京分行（以下简称宁波银行北京分行）资产总额 422.29 亿元，负债总额 426.32 亿元，各项一般性存款余额 418.47 亿元，各项贷款（含贴现）118.68 亿元。根据总行 FTP 核算模式，2017 年净利润 -4.03亿元。

截至年末，宁波银行北京分行设有支行（含分行营业部）7 家；共有员工 596 人。

国际业务 秉承“突出优势、聚焦热点、立足本源、调整结构”的发展战略，立足北京市场，逐步建立集进出口货物贸易客户、资本类客户、服务贸易类客户及 NRA 客户等独具北京特色的国际业务客群，以“网银强、服务优、产品多、费用省”等国际业务优势产品和优质服务打造良好的信誉和口碑。全年，累计完成国际结算量 124.32 亿美元，国际业务收益实现 1.24 亿元。

资产托管 秉承“需求万变，努力不变”的理念，打造资产托管品牌——“易托管”，为客户提供优质服务。通过传统托管优质高效服务与现代智能系统研发拓展的结合，全面实现电子化、系统化、自动化，延续了“高效 + 安全”的托管服务体验。加大“托管 + 外包”等优势业务的推广力度，进一步提升品牌价值。截至年末，托管规模 5 382.83 亿元，实现托管收入 1.15 亿元。

零售业务 以“大银行做不好，小银行做不了”为经营策略，持续开展流程优化，提高产品创新，积极探索小微业务差异化发展道路，根据各类客户的不同需求，提供个性化的产品服务方案。截至年末，零售公司条线基础客群持续扩大，基础业务不断提升，小微客户数 2 887 户，存款余额 28.27 亿元。

个人业务 致力于为北京优质客群提供通畅的资金融通渠道和综合性的金融服务。立足社区，专注于客户经营，为周边居民带来全方位的金融体验。截至年末，个人储蓄存款余额 16.63 亿元，固定期限理财销售 27.93 亿元，开放式及活期类理财产品销售 55.33 亿元，累计销售 83.27 亿元；理财产品销售 27.99 亿元，基础客户增长 38.54%，高端客户增长 54.53%。

（王杜坤）

包商银行股份有限公司北京分行

2017 年末，包商银行股份有限公司北京分行（以下简称包商银行北京分行）资产总额 633.64 亿元；各项存款时点余额 590.86 亿元，比年初增加 51.54 亿元；各项贷款时点余额 210.08 亿元，比年初增加 70.28 亿元；同业存款余额 1.68 亿元；实现净利润 14.50 亿元。

截至年末，包商银行北京分行设有营业机构 16 家，其中，综合性营业机构（含营业部）8 家，小微及社区支行 8 家；共有员工 283 人。

消费专案与小微专案业务 通过督导、点对点跟进等措施推动个人房产抵押（经营类）业务的发展。截至年末，个人房产抵押经营贷款完成放款 749 笔，放款金额 34.13 亿元；开发特定机构消费专案 8 个，累计放款 3 504.07 万元，余额 3 331.75万元。小微专案业务将专案开发列入信贷团队主管考核，梳理北京市交易市场、大型商场名录，并逐家营销，走访核心企业，与第三方平台洽谈合作。截至年末，已立项金额 1 亿元。

个人金融业务 制订年度营销规划，按月制订营销日历及活动方案，对各网点开展营销活动进行指引。截至年末，各网点累计开展营销活动 1 263 场，平均每月组织活动 105 场次，累计通过活动获客 4 231户，新增规模 8 923 万元；储蓄产品销量累计 1.37 亿元；理财产品募集金额共计 169.19 亿元（机构客户认购 2.87 亿元，个人客户认购 166.32 亿元），比上年增长 8%；信托产品销量 5.63 亿元，资产管理计划产品销量 916 万元；贵金属销售共计 23.78 万元；基金销售 4.41 亿元，比上年增长 41%；国债销售 3 263 万元，比上年增长 148%；保险销售 3 008 万元；信用卡新获客近 5 243 户。

风险与内控管理 完善制度体系，全年新增制度 19 项，涉及反洗钱、绩效考核、工作流程等方面，坚持做到“以制度审核和新产品、新流程审核为重心，覆盖重大政策、重大经营事项”的全面合规性审核；充分运用“法律合规系统”，开展关键风险指标监测以及风险再评估工作，全年对该系统内 47 个流程、537 项风险点、1 538 个控制措施进行了梳理及自我评估；开展“合规文化巩固年”活动，组织全员签署《合规承诺函》、合规书籍进支行、一线现场宣讲、合规文化知识培训、在内部刊物《追梦人》上开辟“警钟长鸣”板块等。

（张译丹）

北京农村商业银行股份有限公司

2017 年末，北京农村商业银行股份有限公司（以下简称北京农商银行）资产余额 8 158.98 亿元，比上年增加 924.87 亿元，增长 12.78%。实现净利润 64.13 亿元，同比增加 8.99 亿元，增长 16.30%。资本充足率 14.57%，优于商业银行平均水平。拨备覆盖率 599.07%，比上年提高 202.33 个百分点。在 2017 年英国《银行家》杂志发布的全球千家银行排名中，北京农商银行按照一级资本列第 204 位，按照资产规模列第 164 位。在中国银行业协会 2017 年度“陀螺”评价体系中列全国农商银行第 1 位。在 2017 年 11 月麦肯锡咨询公司发布的《中国 TOP40 家银行价值创造排行榜（2017）》中，北京农商银行多项价值创造指标排名稳居前列。连续 6 年获评“全国最佳农商银行”。在世界品牌实验室 2017 年《中国 500 最具价值品牌》排行榜中，北京农商银行列中国银行业第 13 位，品牌形象和社会影响力持续提升。

截至年末，北京农商银行设有管辖支行 23 家，机构网点 675 家；共有员工 9 190人。

贷款业务 截至年末，各项贷款余额 2 631.45 亿元，比上年增加 76.29 亿元，增长 2.99%，其中，一般性贷款余额 2 391.06亿元，比上年增加 291.37 亿元，增长 13.88%。小微企业贷款余额 680.21 亿元，比上年增加 48.25 亿元，增长 7.63%，高于各项贷款平均增速 4.74 个百分点；小微企业贷款户数 735 户，同比增加 18 户，小微企业申贷获得率 97.54%，维持在 90% 以上，圆满完成小微企业贷款“三个不低于”的监管要求。投放涉农贷款 220 亿元，涉农贷款余额 284.27 亿元，比上年增加 77.29 亿元，增长 37.34%，高于各项贷款平均增速 34.44 个百分点，超额完成涉农贷款“一个不低于”监管指标。

负债业务 截至年末，各项存款余额 5 524.44 亿元，比上年增加 388.04 亿元、增长 7.55%。特色产品“金色时光”储蓄存款余额 218 亿元。

中间业务 全年实现中间业务收入 12.40 亿元，同比增加 1.02 亿元，增长 9%。其中，金融市场板块 4.98 亿元，同比增长 14.3%；银行卡业务 2.16 亿元，同比增长 0.3%；个人金融业务 1.66 亿元，同比增长 47.5%；公司金融业务 1.47 亿元，同比增长 4.7%；网络金融业务 1.14 亿元，同比增长 13.9%；机构业务和结算业务分别为 0.51 亿元和 0.5 亿元。

改革创新 完善公司治理，持续深化金融市场和公司金融准事业部改革，推动 13 家准分行进行改革，新设安全生产委员会、升格设立渠道建设委员会、更名设立特殊资产经营管理委员会，优化党委组织部（宣传部）等 10 余个部门职责及内设机构，运行组织架构逐步完善。坚持科技引领，投产各类科技项目，应用系统增加至 155 个，完成新一代核心银行系统咨询，建成两地三个灾备中心，重要信息系统总体可用率达 99.96%。实现远程授权交易全部上收、票据交换全部集中、反洗钱全面集中，集约化运营能力达到同业先进水平。出台全面风险管理办法，强化风险偏好管理，搭建信用风险全口径限额管理体系，拓宽分层授权的广度和深度。推动质量管理深化和金融标准化建设，完成总支行两级内部控制自我评价，重点业务领域内控差距改进完成率达 100%。积极支持集体经营性建设用地入市项目，成功落地全市首笔集体资产经营权质押贷款业务。推出首都职工创业小额贷款、“农汇通”、马布里主题信用卡、凤凰e托管、凤凰智付等产品。

服务实体经济 以“大文化”的概念，服务首都文化中心建设，成立文创金融服务中心，设立4家文创金融特色支行，截至年末，累计投放文化产业贷款近千亿元。服务城市副中心建设，累计支持重点项目6个，授信金额近百亿元。加大对京津冀协同发展的支持力度，支持有关项目115个，授信金额近2 000亿元。

普惠金融 实现“北京市代理公用事业费”“社保资金代发”的全覆盖，代发各类补贴116项，截至年末，累计发放养老助残卡254万张，建成“两店一点”（乡村便利店、乡村自助店和助农取款服务点）900余个，布放ATM 2 000多台。

党建工作 坚持把党建工作纳入全行工作进行整体规划部署，完善党委领导下的公司治理，构建“大党建”工作格局，充分发挥行党委领导核心作用，开创了以党建引领转型发展的新局面。认真学习贯彻落实党的十九大精神和习近平新时代中国特色社会主义思想，优化“三重一大”决策制度和党委议事规则，坚持党管干部、党管人才，完善管理人员选拔任用工作流程，健全干部考核评价和监督体系。贯彻落实意识形态工作责任制，制定落实中央和市委党建工作任务责任清单，推进“两学一做”学习教育常态化、制度化，构建党内监督体系，开展经常性纪律教育，细化落实中央八项规定精神实施办法，持之以恒正风肃纪。

（吴愔）

北京密云汇丰村镇银行有限责任公司

2017年末，北京密云汇丰村镇银行有限责任公司（以下简称北京密云汇丰村镇银行）各项存款余额8 068万元，比上年减少5 920万元，下降42%；各项贷款余额10 017万元，比上年增加2 755万元，增长38%；核心一级资本充足率、一级资本充足率均为40.8%，均高于监管要求；资产质量优良，不良贷款率为零。

截至年末，北京密云汇丰村镇银行内设业务部、营运部、风控部、合规部、财务部5个部门，员工总数35人。

（南全喜）

北京延庆村镇银行股份有限公司

2017年末，北京延庆村镇银行股份有限公司（以下简称延庆村镇银行）资产总额86 960.69万元，比上年增加14 788.5万元，增长20.49%；负债总额77 808.98万元，比上年增加13 682.85万元，增长21.34%；实现营业收入

4 564.24万元，比上年增加620.25 万元，增长15.73%；实现利润总额1 869.07 万元，比上年增加 122.94 万元，增长7.04%；所有者权益9 151.71 万元，比上年增加1 105.55 万元，增长13.74%；贷款余额 52 381.3 万元，比上年增加5 754.5万元，增长 12.34%；无不良贷款，不良贷款率为零。

截至年末，延庆村镇银行共有员工27 人。

资产业务 全年累计发放贷款633笔，42 744 万元，全部贷款均为绿色涉农贷款，涉及农家乐、新农居建设、生态环保等。截至年末，现金及存放中央银行款项8 568.04 万元，比上年增加1 192.52万元，增长 16.17%。存放同业款项26 166.06万元，比上年增加7 963.39 万元，增长43.75%。

负债业务 截至年末，存款余额71 190.68万元，比上年增加11 069.52 万元，增长 18.41%；同业存放款项4 000万元，比上年增加 1 949.1 万元，增长95.04%。

风险控制 制定并修改完善相关内控管理制度及操作流程共计15 个。针对主要业务风险点，召开信贷专业会议，并通过以会代训等形式，选学与业务相关的内控管理规定及资料，针对经办人员日常业务操作中出现的风险点，及时提出并予以规范。按月收集整理到期贷款明细，按季度进行信贷资产五级分类认定，随时掌控借款人还款还息动态。规范操作管理，切实将贷款“三查”工作落到实处，全年到期应收贷款共计288 笔、12 310 万元，已全部收回，贷款利息也逢结息日一并扣收，季度收息率100%。完善流动风险限额管理体系，提升流动风险管控能力。加强会计结算管理，严防会计结算风险。加强案防工作管理，确保经营场所正常、稳定经营。未发生各类风险事件。

（张帆）

中国邮政储蓄银行股份有限公司北京分行

2017 年末，中国邮政储蓄银行股份有限公司北京分行（以下简称邮储银行北京分行）本外币总资产3 918.82 亿元。本外币各项存款余额2 761.38 亿元，比上年增加 583.98 亿元，增长 26.82%；各项贷款余额1 355.89 亿元，比上年增加279.30 亿元，增长25.94%。实现净利润26.97 亿元。不良贷款率为0.21%。

截至年末，邮储银行北京分行设有一级支行19 家，营业网点571 个，其中，自营网点138 个；共有员工3 509 人。

大零售业务 积极把握政策环境变化，深入分析区域客群特征，持续探索新型合作模式，努力打造具有上市银行“新邮储”特色的零售市场品牌。通过细分市场、细分客户、细分需求带动个人金融业发展，截至年末，个人储蓄存款余额1 406.62 亿元。特色主题银行卡客群持续壮大，全年发放地铁商圈主题“DO”卡和亲子主题“BO”卡共25.30 万张，总量达106.04 万张，比上年增长31.20%，户均余额约4 571 元。小微金融业务逆势增长，出台小企业授信业务发展三年规划，全年发放小企业贷款32.74亿元，年末贷款余额35.10亿元，比上年增长39.22%。紧抓消费扩大升级趋势，以优享贷、信用卡为拉动重点，线上线下协同发展，促进消费金融业务转型升级，全年消费信贷净增26.36亿元，其中，非房消费贷净增10.06亿元，比上年增长183.06%。消费贷结构持续优化，非房消费贷占比由年初的13.38%提升至38.16%。信用卡全年新增发卡8.82万张，比上年增长40%，其中，创新产品养老金主题“YO”卡发卡9 669张。

大公司业务 坚持分支联动、条线协同、加快创新，提升“大公司”业务价值创造能力。充分挖掘“一带一路”倡议下跨境投融资和贸易融资业务需求，成功办理境外主权贷款等多项国际金融新业务。全年国际业务收入3.02亿元，比上年增长80.51%；外汇融资余额24.26亿美元，比上年增长35.93%；国内贸易融资余额71.98亿元，比上年增长10.44%。统筹运用信贷与非信贷融资，全力支持京津冀协同发展、北京城市副中心建设等重点项目和实体经济发展。截至年末，公司贷款余额792.79亿元，比上年增加188.54亿元，增长31.20%。持续推进投行业务发展，全年债券承销规模68.50亿元。坚持做强做优交易类、资管类、托管类业务。开展加强版交易银行竞赛，全年新增交易银行客户108户，户均存款1.41亿元。积极应对市场变化，大力拓展传统资金业务，同业融资、理财销售、资产证券化等业务不断壮大。交易银行、信贷、理财、票据、投行、托管等多维联动，带动对公存款增长，年末对公存款余额643.39亿元。

中间业务 坚持走资本节约型发展道路，非利息收入及占比进一步提升，对营业收入的新增贡献占比达67%。顺应移动互联网金融发展大势，加快电子银行业务发展，年末电子银行客户总数495万户，同比增加79万户，增长15.10%，其中，手机银行总数321万户，同比增加46万户，增长21.20%。全年实现电子及网上支付业务收入3 910万元，比上年增长48.60%。加快推进渠道转型，电子银行交易替代率达87%，比上年提升4.7个百分点。

客户服务 公司客户、优质客户及战略客户的覆盖率进一步提升，其中，优质客户比上年增长8%，使用邮储银行3种产品以上的客户比上年增长32%；战略客户比上年增长342%。小企业客户，深入开展“大走访”营销活动，年末客户数量356户，比上年增加103户。个人客户年末客户资产（AUM）规模715.1亿元，比上年增长5.6%。

智慧银行 积极打造新型网点服务平台，建设智慧银行，将网点创建成“四大平台”，即吸引客户、市场的引流平台，“虚拟+物理”的多元平台，线上线下的交汇平台，精细化管理的基层平台。首家智慧银行——石景山区玲珑路支行全面运行，大堂引导智能机器人、智能导览台、自助填单机、智慧柜台等20余种智能设备提升了客户体验，实现了理财业务99%在线购买，电子银行交易替代率达97%，交易分流率达91%。

风险防控 加强全面风险管理体系建设，运用临期管控、保全清收、呆账核销等手段做好资产质量管控，不良贷款额和不良贷款率实现“双降”。夯实内控管理，发挥前台业务团队、风险管理团队、内部审计团队、党建监察团队“四道防线”的作用，共筑风险防火墙，实现全年安全营运无事故、无重大案件、无重大声誉风险事件。持续营造良好风险合规文化，坚持流程为本，扎实开展“制度执行年”“内控优化年”“合规宣传月”活动，以及“制度大家讲”“合规示范岗、执规示范网点双建双评”等子活动。

改革创新 推进“大型零售商业银行”战略落地，以机构设置创新促进信用卡业务跨越式发展，2017 年 6 月 22 日，成立信用卡部。加快零售信贷审查审批模式创新，开通“信贷工厂”，提高业务审查审批效率。优化公司授信审查审批流程，推行限时服务，开展平行作业，前移风控关口。优化营运体系，推进反洗钱、监控预警、代理保险稽核等集中处理。优化会计处理，推进电子印章系统等 12 项重点流程优化项目。加强科技创新，增强科技支撑，投产“事中监控与信息推送平台”等应用创新项目 28 项。

党建工作 把全面学习宣传贯彻党的十九大精神作为首要政治任务，以习近平新时代中国特色社会主义思想为指引，增强分行党建工作的引领性。开展“促转型、促服务、促发展”主题活动，连续 5 年开展“挂行蹲点”，全年分行机关累计下基层 1 108 天，解决问题 479 个。开展“进地方、进社区、进社会、进企业、进基层、进家庭”活动，与北京市和各区政府、企事业单位、社区等党组织加强联系，为经营发展搭建平台、提供助力。开展“三廉三树”廉洁教育活动，提高全体员工廉洁从业意识。

队伍建设 扎实推进“选、育、用、留”人才培养体系建设，完善职级晋升实施细则，开展岗位交流，拓宽员工职业发展通道。完成人才梯队建设三年规划，打造了一支占全行人数 20% 的“金种子”团队。持续培育先进典型，全年共有 14 个集体、15 名个人获省部级、总行级（含）以上荣誉，8 家网点获评中国银行业星级网点，3 家网点获评北京银行业百佳特色网点。推进员工关爱工程，制订关爱退休人员计划，开设职工线上心理咨询“心灵驿站”；建成 6 家支行小食堂，提高员工体检标准；在办公、经营场所配备空气净化设备 446 台，为员工提供良好的工作条件；完成一级支行“小家建设”三年计划，新建职工之家 4 个、网点“简小家”20 个。

（左言庆）

中国华融资产管理股份有限公司北京市分公司

2017 年，中国华融资产管理股份有限公司北京市分公司（以下简称中国华融北京市分公司）管理资产规模 377. 99 亿元，实现营业收入 33. 66 亿元，实现利润总额 21. 13 亿元，完成公司下达利润计划的 139%。

截至年末，中国华融北京市分公司共有正式员工 84 人。

业务发展 聚焦不良资产主业，成功收购北京地区银行不良资产包；稳步推进不良资产包处置回收，扩大市场影响力；主动调整业务结构，加大不良债权收购力度，资产管理类项目占比超过90%。发挥金融资产管理公司的特有功能，积极服务国有企业、上市公司、集团公司等实体经济企业，项目覆盖批发租赁、电子商贸、机械制造、互联网、房地产等多个行业领域；服务京津冀一体化发展战略，京津冀地区客户和项目占比超过60%。

防控金融风险 规范项目立项、审查、批复流程，开展业务流程合规性检查，提升合规意识。新增、修订项目经理责任制、操作风险管理、资金监管等20多项制度，规范经营行为。坚持风险集中化解专人办事机制、风险化解协作机制、风险处罚和化解奖励机制等，对每户风险项目制订多套处置化解工作方案，风险化解工作取得实质性进展。

（薛超）

中国长城资产管理股份有限公司北京市分公司

2017年，中国长城资产管理股份有限公司北京市分公司实现考核利润5.62亿元，完成利润目标的112%。

党建工作 结合自身实际，明确分公司主要负责人为第一责任人。推进“两学一做”学习教育常态化，认真制订学习计划，通过讲党课、党委中心组扩大学习范围、各支部支组织学习、专家辅导等方式，深入学习领会党的十九大精神。通过微信、板报等形式，深入解读党的十九大提出的新思想、新方略、新理念。深化全面从严治党，推动“两个责任”落实。召开专题会议，制定《北京市分公司2017年纪检监察工作任务分解表》，将7个方面的43项工作任务分解到各部门，明确责任，细化任务；各部门签订《党风廉政建设和防范风险目标责任书》，全员签订《员工廉政和防范风险目标责任书》。

（侯玉荣）

中国东方资产管理股份有限公司北京市分公司

2017年末，中国东方资产管理股份有限公司北京市分公司（以下简称东方资产北京市分公司）实现预算口径利润55 400万元，比上年增长27%，完成公司下达任务的126%。

截至年末，东方资产北京市分公司共有员工36人，其中正式员工35人，外聘人员1人。

业务经营 年内，共有不良资产类项目7个，涉及金额总计513 866万元；实体经济类项目3个，涉及金额总计245 500万元，占新投放总金额的25.46%；房地产类项目3个，涉及金额总计205 000万元。

（段文静）

中国信达资产管理股份有限公司北京市分公司

2017年，中国信达资产管理股份有限公司北京市分公司（以下简称信达资产北京市分公司）实现税前考核利润17.3亿元，年末资产余额372.5亿元。

截至年末，信达资产北京市分公司共有员工99人。

业务经营 强化不良资产核心主业优势，积极布局不良资产市场，成功收购中信银行资产包项目；积极对接京津冀协同发展战略和北京“四大中心”战略，拓展棚户区改造、特色小镇、高科技产业等业务机会，成功实施丰台区张家坟棚户区改造项目和门头沟区潭柘寺特色小镇项目，参与由市政府主导的集成电路产业基金项目。

内控管理 加强风险管控，提高精细化管理水平。对纳入风险化解任务的风险项目，采取多种措施，制订多种方案，成功化解风险；对存量项目进行逐一排查，落实还款来源，对可能存在逾期的项目，及时采取有效措施，避免出现新增逾期；切实强化风险问责机制，对造成逾期、形成损失的处室和个人，按照有关规定对其进行问责；完善各项制度；倡导市场化观念和绩效考核理念，进一步突出业绩导向，加强团队能力建设。

（李苏轩）

北京国际信托有限公司

2017年，北京国际信托有限公司（以下简称北京信托）实现收入总额18.18亿元；净利润9.85亿元，同比增长1%；固有资产总额108.55亿元，负债总额25.79亿元，不良资产率为零。年末受托管理信托资产余额3 044.04亿元，存续项目588个。年内累计向信托受益人分配收益118.43亿元。各项监管指标继续达标，信托赔偿准备金足额提取，占注册资本金的36.36%。

服务区域经济发展 与北京文化投资发展集团有限责任公司、通州区宋庄镇共同推进北京城市副中心“155内通燕高速以北街区棚改项目”、小堡村文化艺术区项目；支持北京新机场临空区域建设，与大兴区金融工作办公室、北京市大兴区国有资本投资运营有限公司合作推进大兴区新城西片区棚户区改造重大项目落地；设立天津市西青区王府井商业综合体、宝坻区天津农垦项目等；推进环雄安区域的白沟万象新城一期项目、白沟农村土地承包经营权流转项目实施；参与了冬季奥林匹克运动会雪上运动项目的投资建设。

业务转型 加大去通道业务力度，推进城市建设基金的信政合作模式，将真实投资作为重点创新方向，投贷联动业务模式逐渐稳固。成立消费金融项目，开办个人房抵贷业务，建立小微系统、个贷系统及银联代理收付系统。与知名企业合作，设立并开展基金业务，以“量化+FOF”策略投资于股票、债券、基金等。

家族信托 稳固与北京银行家族信托业务合作，拓展与华夏银行、中国银行等机构的合作。2017 年，家族信托业务规模达 32 亿元。

（王连顺）

中国银联股份有限公司北京分公司

2017 年，中国银联股份有限公司北京分公司（以下简称北京银联）重点推进非接受理改造和小额双免工作，积极推广云闪付、二维码以及线上支付等创新业务发展，大力推动银行Ⅱ类、Ⅲ类账户的创新应用，全力做好“62”“二维码双百天”“双 12”等营销工作，着力推动移动支付便民示范工程落地，认真做好银行卡风险管理和技术服务，初步实现了“线上银联”的建设目标。

2017 年，北京地区累计完成线上消费金额 2 963 亿元，完成移动交易 2.7 亿笔，贷记业务交易 35 666.22 万笔，交易金额 43 442.23 亿元。实现跨行成功交易 19.2 亿笔、清算交易 14.88 亿笔、清算金额 3.21 万亿元，同比分别增长 11.64%、13.01% 和 5.8%。其中，ATM 成功交易 19 149.16万笔，清算交易9 837.85万笔，清算交易金额 1 900.57 亿元；POS 机成功交易 71 588.04 万笔，清算交易 66 467.6 万笔，清算交易金额25 203.70亿元；其他渠道（固话、自助缴费终端、银行柜面通、网上业务等）成功交易 101 269.57 万笔，清算交易85 042.27万笔，清算交易金额 48 888.94 亿元。

2017 年，北京地区银联信用卡活卡量月均 1 290 万张，活动商户月均 28.14 万户，活跃商户月均 12.36 万户；双免活跃商户数月均 1.19 万户，近距离无线通信技术（NFC）双免活跃商户数月均 0.47 万户。银联二维码活卡量月均 37.87 万张。

2017 年末，北京地区联网活动商户 529 228 户，比上年增长 33.5%；活动 POS 机具 809 998 台，比上年增长 43.6%。

已经开展的业务种类有：银行卡跨行交易转接和资金清算服务；ATM 和网上跨行转账业务；便民售电、燃气费、电话费、手机费等公共支付服务；银联卡跨境使用服务；银联手机闪付、银联二维码支付、互联网支付、固话支付、语音支付、电视支付等创新业务；财税库银、代收代付、分期付款、信用卡还款；银联标准卡特惠商户服务及持卡人服务；助农取款、银联惠农站；打造移动支付管家云闪付 APP。

截至年末，北京银联设有市场拓展部、创新推广部、机构服务部、业务部、运营部和综合管理部 6 个部门；共有员工 69 名。

一、进一步巩固扩大发卡和受理市场，着力提高市场份额

（一）巩固发卡、POS 机和 ATM 等传统业务

整合银行营销资源、对接商户资源，

开展各项基于银联信用卡支付、银联移动支付的银行专享营销活动。通过持续开展首都机场“1元停车”项目，增加要客快速通关服务、运动场馆预订服务，加强银联高端信用卡的权益配套。积极推进存取款一体机、手机闪付及二维码跨行取款等新产品，联合银行开展营销活动，增加ATM交易量。

（二）做大做细示范型商圈、无障碍街区的受理环境建设

完成万达广场等6个重点商圈建设工作，实现商圈内80%以上商户可受理银行二维码、银联云闪付和支持小额双免业务。重点打造机场商圈建设，实现银联全系列支付产品在首都机场3个航站楼内数百家餐饮及商贸类商户的布局应用。

（三）推动移动支付便民示范工程落地

确定辖内示范银行、示范商圈和示范街区，协调推动北京市支付清算协会制订《北京地区移动支付便民示范工程实施细则》，统筹各机构合力推进示范工程落地。

（四）全面拓展行业应用

在公共出行领域，与北京市交通委员会运输管理局合作，通过对车载计价器等设备的智能化改造，实现北京市出租汽车应用银联闪付、二维码支付方式落地。截至年末，共完成对6家示范出租汽车公司的183辆出租汽车的智能化改造。

在民生应用领域，经过北京银联协调，2017年10月，在52条线路的130趟高铁和客运列车上投放近200台移动智能POS机终端，实现银联NFC手机支付、银联二维码及小额免签免密等云闪付产品的受理。与“北京市政府菜篮子工程”6家公司合作，实现57辆蔬菜销售车银联二维码支付，覆盖北京地区91个小区。

在税务征收领域，与北京市地方税务局（以下简称市地税局）合作完成地税线上缴税行业合作项目。2017年7月，在市地税局客户端上线银联卡线上实名认证服务；8月，上线银联钱包加载北京地税网上办税大厅；10月，上线线上银联缴税项目；11月底，完成通州区二手房交易契税征收代征点销售终端POS机安装工作。

（五）开展移动支付营销

借助银联“62”“7·18 ApplePay”“双12”的营销策划宣传爆点，联动辖区数十家品牌、数千家商户门店以及6大商圈开展银联二维码支付、手机闪付营销。推广银联手机闪付以及小额双免业务，推动中国工商银行北京市分行、中国农业银行北京市分行开通发卡侧和受理侧的小额双免业务，推动北京农商银行开通发卡侧业务；推动收单机构将小额免签免密业务与终端流程优化工作结合，加快超市、便利店、快餐店等小额高频类商户，以及出租车、北工大经开等园区、加油站等行业商户完善小额双免受理改造，丰富银联手机闪付快捷支付应用场景。

（六）推广二维码和云闪付APP等新产品

推动收单机构做好商户拓展、终端接入和系统改造及测试工作，重点发掘具有潜在价值的小微商户；加强与二维码服务商的合作，推动银行各类APP及重点电商APP的整合接入，推动银行扩大自有APP用户群；做好云闪付APP的用户拓展和营销支持，提升注册用户数和活跃用户数。

二、着力账基支付创新，扩大银联业务范围

（一）推动京东商城和美团的电子账

户云闪付等创新项目试点

2017 年 7 月 18 日，京东商城实现了二维码、ApplePay、基于主机的卡模拟（HCE）全产品接入。2017 年 6 月 1 日，美团实现了二维码、HCE 全产品接入的产品上线；11 月 24 日，华为 Pay 上线；12 月 1 日，ApplePay 上线。

（二）建设和完善账户服务平台功能

推进基于银行Ⅱ类、Ⅲ类账户的服务平台落地，构建银行快速获客、互联网企业增强账户通用性、银联扩大网络用户群和交易量的多赢商业模式。年内，已与厦门国际银行完成系统对接，实现玖富集团理财账户等账户方业务上线。

（三）推进重点电商银联云闪付业务的应用和营销

积极推动京东商城、百度外卖、去哪儿网、口袋购物、滴滴专车等重点电商全面支持云闪付；实现小黄车、摩拜等共享单车商户 ApplePay 的上线，与去哪儿网、生日管家、闪送、达达等优质线上商户开展满额立减和随机优惠的营销活动；通过与商业银行、支付机构以及渠道服务商的合作快速拓展中小微商户二维码受理市场，并与电子账户的转接项目整合推广，形成规模效应。

（四）推广银联在线支付网关、代付和前置业务

重点做好非银行支付机构网银网关交易量的推动工作，扩大 B2C 网银网关交易量，推进北京地区京东商城、前海亿联、百度外卖、去哪儿网、神州专车和美团等前 20 大电商无卡快捷交易量的巩固和提升；新增拓展中国工商银行北京市分行、北京银行、招商银行北京分行等开展银联代付业务，与光大银行北京分行合作推出基金管理公司货币基金赎回 T+0 代付业务，拓宽了代付业务应用场景。

三、密切产业各方，持续做好业务规范和风险管理工作

（一）积极推动成立北京市支付清算协会

积极推动北京市银行卡市场协调委员会转型成为行业协会。2017 年 9 月，北京市支付清算协会正式成立。北京银联作为会长单位，积极配合制定《北京地区移动支付便民示范工程实施细则》，统筹各机构在移动支付受理环境建设、移动支付便民场景拓展、提升移动支付服务能力、提升银行账户服务能力、组织建设和运营统一 APP、商户营销与培训以及检查反馈等方面的工作。

（二）加强受理市场规范工作

严格按照中国银联总公司要求，及时对辖内 45 家非银行成员机构从监督管理、市场发展、业务合规、工作配合情况四个维度进行统计评价。对不同评级的非银行成员机构配套相应的合作资源，在防范风险的同时加强合作、促进发展。

（三）进一步提升风险管控服务能力

持续做好银行卡日常风险事件的协查通报，全年协查案例 33 806 个，借助中国银联司法查询系统协助公安机关完成司法查询工作 804 起；健全反洗钱业务联络人机制，完成成员机构客户身份识别等工作，协助做好北京地区大额交易和可疑交易的协查处置工作；做好银行卡风险事件处置及风险监控，及时发送银联卡风险提示，督促成员机构加强风险日常管控；开展联网通用检查，组织开展 POS 机终端受理非接交易情况现场检查。

（张会芳）

北京高华证券有限责任公司

2017 年末，北京高华证券有限责任公司（以下简称高华证券）总资产 38.25 亿元，比上年增长 3%；总负债 13.71 亿元，比上年增长 6%；所有者权益 24.54 亿元，比上年增长 2%；实现净利润 0.70 亿元，比上年增长 31%。在中国证监会组织的证券公司分类评价中获得 A 类评级。

截至年末，高华证券设有证券营业部 3 家，子公司 3 家；共有员工 152 人。

第一创业证券承销保荐有限责任公司

（原第一创业摩根大通证券有限责任公司，2017 年 10 月更名）

2017 年末，第一创业证券承销保荐有限责任公司资产总额 13.37 亿元，比上年增长 35.45%；净资产 8.94 亿元，比上年增长 1.88%；实现营业收入 2.16 亿元，比上年下降 35.82%；实现净利润 1 647.10万元，比上年下降 69.62%；净资产收益率 1.84%，比上年下降 70.23%。

截至年末，第一创业证券承销保荐有限责任公司共有正式员工 131 人。

投资银行业务 结合市场和监管环境，努力夯实股权融资、债权融资和并购重组等传统投行业务，积极拓展资产证券化、绿色债等创新业务，为客户提供综合投融资服务。全年，共完成股权融资项目 4 个，承销金额 23.71 亿元；完成债券主承销项目 13 个，承销金额 187 亿元；实现财务顾问收入项目 18 个。

（郑闯）

国都证券股份有限公司

2017 年末，国都证券股份有限公司（以下简称国都证券）资产总额 206.76 亿元，比上年减少 130.77 亿元，下降 38.74%；负债总额 115.39 亿元，比上年减少 134.20 亿元，下降 53.77%；归属于母公司的所有者权益 89.84 亿元，同比增长 3.89%；实现营业收入 16.75 亿元，比上年增加 1.10 亿元，增长 7.06%；营业支出 7.56 亿元，比上年增加 0.21 亿元，增长 2.88%；归属于母公司净利润 7.30 亿元，比上年增加 0.49 亿元，增长 7.22%。

截至年末，国都证券设有证券营业部60家，分公司2家，子公司4家；共有员工1 002人。

2017年，国都证券股票基金日均交易量32.12亿元；客户资金账户34.41万户，同比增长5%；客户托管市值1 002.66亿元，同比增长7%。融资融券业务余额同比增长2.67%。投资银行业务首次公开募股（IPO）提速，募集资金同比增长31%；再融资募集资金同比下降45.6%；企业债、公司债发行规模同比下降57.77%；年内新增报中国证监会项目5个。“新三板”挂牌家数新增13家。资产管理业务客户资产管理受托资金2 153.48亿元，集合资产管理计划管理规模53.65亿元，定向资产管理计划管理规模2 092.39亿元。年内申报公募基金产品5只，报审通过率100%。证券投资业务总体投资收益率28.58%，其中，二级市场权益类投资收益率47.94%。加强信息化建设，年内相继启动信息系统建设约60项。加强分支机构建设，年内新设5家分支机构。

（李岩）

国开证券股份有限公司

（原国开证券有限责任公司，2017年9月更名）

2017年末，国开证券股份有限公司（以下简称国开证券）总资产433.96亿元，同比增长0.66%；总负债280.25亿元，同比下降1.26%；净资产153.88亿元，同比增长4.46%；实现营业净收入17.70亿元，同比增长0.22%；营业支出6.60亿元，同比下降16.24%；实现净利润8.29亿元，同比增长10.36%。在中国证监会组织的证券公司分类评价中获得A类A级评级。

截至年末，国开证券设有证券营业部8家，子公司1家，分公司20家；共有正式员工724人。

投资银行业务　2017年，国开证券投资银行业务实现收入0.72亿元；保荐业务承销规模93.80亿元；完成“新三板”做市总规模1.62亿元，实现收入0.20亿元。

债券承销业务　2017年，国开证券债券承销业务实现收入2.2亿元；累计发行债券136只，发行金额1 214亿元，其中，资产支持证券发行金额447.99亿元。成功发行全国首只利用境内人民币债券市场融资支持“一带一路”建设的债券——浙江恒逸债、全国规模最大的棚户区改造类企业债——包头保障房债。

自营及投资交易业务　2017年，国开证券固定收益投资收益持续平稳增长，投资品种不断多元化，全年实现收入3.84亿元。

证券经纪业务　2017年，国开证券证券经纪业务实现收入1.15亿元，完成交易量1 270亿元。搭建OTC系统，打通投资理财业务通道。

资产管理业务　2017年，国开证券资产管理业务实现收入4.28亿元，同比增长125.26%；管理资产规模1 804亿元，同比增长19.55%。联合设立全国首个跨省流域绿色基金——黄山市新安江绿色发展基金，完成四川省最大单体项目——成都国际机场项目100亿元资金募集工作。

信用交易业务 2017年，国开证券信用交易业务实现收入5.35亿元，同比增长4.09%。年末业务余额131.33亿元，同比增长63.51%。其中，融资融券业务余额10.92亿元，同比增长24.09%；股票质押业务余额120.41亿元，同比增长69.38%。

研究业务 2017年，国开证券完成研究与信息报告483篇，覆盖宏观、策略、固收及重点行业等领域。成功举办“集成电路行业沙龙”等活动，研究品牌影响力持续扩大。

投资顾问业务 2017年，国开证券投资顾问业务实现收入0.58亿元。客户类型涵盖国有商业银行、股份制商业银行、地方城市商业银行、农村商业银行以及合格境外机构投资者（QFII）等各类机构。积极拓展顾问类业务模式创新，完成首单资本中介顾问业务。

高盛高华证券有限责任公司

2017年末，高盛高华证券有限责任公司（以下简称高盛高华证券）总资产17.22亿元，比上年下降20%；总负债3.29亿元，比上年下降60%；所有者权益13.93亿元，比上年增长5%；营业收入5.47亿元，比上年增长3%；营业支出4.57亿元，比上年下降13%；净利润0.66亿元，比上年增长645%。

截至年末，高盛高华证券未设立证券营业部或子公司；共有员工96人。

投资银行业务 2017年，高盛高华证券完成股票与债券承销项目12个，承销总金额276.56亿元，承销项目类型包括A股股票非公开发行、公司债券、可转换债券等。

华融证券股份有限公司

2017年末，华融证券股份有限公司（以下简称华融证券）合并资产总额1 190亿元，净资产137.27亿元；营业收入89.13亿元，同比增长39.30%，净利润15.76亿元。在中国证监会组织的证券公司分类评价中获得A类AA级评级。

截至年末，华融证券设有证券营业部66家，子公司1家；共有员工2 086人。

资产管理业务 2017年，华融证券资产管理业务实现管理净收入15.61亿元，同比增长52.57%。创新设立“共赢稳利”系列产品，首单纯权益类银行委外业务落地，固定收益产品克服市场不利环境，新增募集资金126.3亿元。截至年末，资产管理总规模 2 862.61 亿元，产品总数 298 只；围绕资本市场，加快权益类投资项目推进，全年新增投放 25.5 亿元。

投行业务 2017 年，华融证券在可转债、并购重组、国际化等方面取得突破，项目储备较年初大幅提升，投行整体收入占比达 13.3%；紧抓大客户、新业务，发力并购重组，尝试可转债发行，全年完成并购重组项目 9 个，实现股票承销总规模 31.2 亿元（含 2 单 IPO 和 1 单定向增发），债券承销总规模 353.39 亿元。

财富管理业务 2017 年，华融证券财富管理业务在佣金率持续大幅下滑的形势下，管理净收入和净利润分别较上年增长 3.3% 和 6.8%；可交易型资产规模、产品销售规模等同比增长，实现“百万账户”的跨越目标。在“一人三户”新规及市场交易量同比下降的情况下，重视客户质量，新增客户结构明显优化，客户总数突破百万；实现标准销售规模 140 亿元，同比增长 62.79%；积极推进场外期权和 ETF 做市业务，主经纪商业务（PB 业务）资产累计 326.86 亿元，同比增长 10.51%。

自营投资业务 2017 年，华融证券债券投资收益率 4.31%（扣除风险化解冲回和“三资”成本），跑赢中债指数。

金融市场业务 2017 年，华融证券探索创新金融同业合作模式，全年完成债券承销规模 226 亿元，参与多地政府债券的承销工作，共中标规模 4 000 万元，完成分销 2 835.4 万元。

公募基金业务 2017 年，华融证券公募基金管理总规模 62.70 亿元，较年初增长 945%。充分利用系统内、华融证券内资源做大规模，“‘一体两翼’ + 基金”打造集团内的“余额宝”，中国华融资产管理股份有限公司广西壮族自治区分公司的 5 家战略客户总计购买 1.4 亿元，月均余额存量 6 599 万元；“财富 + 基金”打造华融证券现金管理品牌——华融现金宝，签约客户约 1.5 万名，持仓规模 38.13 亿元。

私募股权业务 2017 年，华融证券私募股权业务新增投放百利基金、华融天元产业基金等 5 个项目，基金新增认缴规模约 290 亿元，新增实缴规模约 90 亿元。

民生证券股份有限公司

2017 年末，民生证券股份有限公司（以下简称民生证券）总资产 349.49 亿元，归属于母公司净资产 113.90 亿元，每股净资产 2.49 元，每股收益 0.08 元，净资产收益率 3.41%。实现营业收入 17.20 亿元，比上年增长 12.47%；归属母公司净利润 3.82 亿元，比上年增长 141.32%。在中国证监会组织的证券公司分类评价中获得 A 类 A 级评级。

截至年末，民生证券设有分公司 23 家，证券营业部 61 家。子公司 3 家；共有员工 2 417 人。

证券经纪业务 2017 年，民生证券代理股票基金交易量 8 642.41 亿元，比上年下降 21.26%。充分利用 PB 业务牌照，实现了业务链的贯通，PB 业务规模达 58.04 亿元，比上年增长 530.87%。理顺机制，完善流程，推进股权质押与融资融券业务，规模达 132.55 亿元，比上年增长 31.11%。提供固定收益类金融产品，满足客户理财需求，全年共销售各类金融产品 62.93 亿元，比上年增长 77.52%。

投资银行业务 2017 年，民生证券投资银行业务完成大投行构建，加强业务管理与质量控制，巩固传统业务优势，均衡发展多元化业务。全年，完成 IPO 项目 16 个，并购重组项目 7 个，再融资项目 5 个，债券项目 11 个，ABS 项目 3 个，“新三板”挂牌项目 13 个，“新三板”定向增发项目 24 个。

资产管理业务 2017 年，民生证券资产管理业务重点发展基于“大投行”客户及业务范畴的主动管理业务，加强产品设计及创新，提高上市公司相关业务服务能力，形成专业化、覆盖投融资的主动管理产品线，年末主动资管业务规模 155.88 亿元，比上年增长 79.01%。

证券投资业务 2017 年，民生证券权益类投资交易业务体系已完成传统股票投资、量化投资、衍生品以及收益凭证业务的多元投融资体系构建。债券投资业务严控风险与资金成本，取得较好的效果；做市业务重点进行结构调整，全年新增做市公司 9 家，累计做市公司 60 家。

（李向东）

瑞信方正证券有限责任公司

2017 年末，瑞信方正证券有限责任公司（以下简称瑞信方正证券）资产总额 91 574.76 万元，比上年增加 2 378.58 万元，增长 2.67%；负债总额 2 649.40 万元，比上年减少 235.12 万元，下降 8.15%；营业收入 26 699.30 万元，比上年增加 8 741.51 万元，增长 48.68%；利润总额 3 307.23 万元，比上年增加 2 535.11万元，增长 328.33%；所有者权益 88 925.36 万元，比上年增加 2 613.71 万元，增长 3.03%。

截至年末，瑞信方正证券共有员工 173 人。

投资银行业务 2017 年，瑞信方正证券完成 15 个主承销项目，总承销金额 148.86 亿元。

证券经纪业务 依托瑞信方正证券的唯一分支机构——深圳前海证券营业部，以服务、开发合格的境外机构投资者（QFII）、人民币合格境外机构投资者（RQFII）客户为主要业务导向，并积极推进国内基金客户的席位租赁业务。截至年末，实现证券交易量 1 491.04 亿元，实现代理买卖证券业务净收入5 297.40 万元。

（张毅）

瑞银证券有限责任公司

2017年末，瑞银证券有限责任公司（以下简称瑞银证券）总资产31.42亿元，总负债12.13亿元，所有者权益19.29亿元；实现营业收入8.52亿元，营业支出8亿元，利润总额5 404.76万元，净利润4 084.01万元。在中国证监会组织的证券公司分类评价中获得B类BBB级评级。

截至年末，瑞银证券设有证券营业部4家，分公司3家，子公司1家；共有正式员工382人，其中，子公司正式员工23人。

首创证券有限责任公司

2017年末，首创证券有限责任公司（以下简称首创证券）总资产188.67亿元，比上年减少3.45亿元，下降1.80%；总负债149.53亿元，比上年减少5.74亿元，下降3.70%；所有者权益39.14亿元，比上年增加2.29亿元，增长6.21%。实现营业收入9.31亿元，比上年减少1.71亿元，下降15.52%；营业支出5.56亿元，比上年减少0.52亿元，下降8.55%。实现净利润3.15亿元，比上年减少1.08亿元，下降25.53%。证券交易量（股票、基金、债券等）5 311.28亿元，比上年减少950.4亿元，下降15.18%；客户数量46.78万户，比上年增加3.94万户，增长9.20%；客户保证金30.26亿元，比上年减少11.24亿元，下降27.08%。代理买卖证券款35.81亿元，比上年减少12.73亿元，下降26.23%。在中国证监会组织的证券公司分类评价中获得B类B级评级。

截至年末，首创证券设有证券营业部49家，分公司12家；共有员工1 668人。

证券经纪业务　2017年，首创证券重新定位互联网证券业务，提出新的目标和实施规划，上线“番茄财富”新版APP，提升客户体验。金融产品销售重点定位低风险固定收益类产品，销售额突破50亿元，比上年增长4倍。重点推进PB主交易系统经纪服务，延伸基金综合服务业务的存续和推进。探索新环境下的业务模式，形成具备一定服务能力的投资顾问团队。严格落实投资者适当性管理、营销行为管理等，加强制度完善、系统改造、流程梳理、营业部培训、投资者教育等环节的工作，确保各项业务合规开展。

信用业务　2017年末，首创证券信用业务总规模50.01亿元，其中，自有资金信用业务总规模41.38亿元。融资融券余额19.55亿元，日均余额同比持平；自有资金股票质押余额21.83亿元，日均余额同比增长19.99%。

资产管理业务　2017年，首创证券坚持回归财富管理本源，形成主动管理、现金管理等多形态固定收益类产品线，强化精准营销全覆盖。大力开展专业理财、市值管理及各类投融资业务，为客户提供资本管理及运作服务。加强权益类资产、衍生品工具、商品期货、外汇等大类资产研究，储备了一批紧跟市场热点的主动管理型产品。截至年末，资产管理规模151.24亿元，其中，主动管理规模97.61亿元，占比64.54%，同比增长86.84%。

投资银行业务 2017年，首创证券IPO、再融资业务，世纪天鸿IPO项目获中国证监会审核通过，并顺利完成发行工作；龙泉股份2016年非公开发行股票业务获中国证监会审核通过，发行准备工作有序进行。全国股转系统业务，年内新增挂牌公司17家，累计推荐挂牌公司99家；持续督导挂牌公司102家；协助挂牌公司融资7.75亿元。担任多家挂牌公司重大资产重组财务顾问，完成首单涉及海外资产收购的重大资产重组项目。债券承销业务，协助首创集团、北汽集团等企业发行、销售公司债合计上百亿元；积极发展资产证券化、可续期债券等业务，为企业募集资金数十亿元。完成首创股份首单非公开可续期绿色公司债等项目。

自营业务 2017年，首创证券债券自营根据市场行情调整交易策略，以配置为主，配合交易盘高抛低吸赚取市场波动差价，获取超额收益；稳步拓展国债期货套利业务，抓住正反向套利机会，绝对收益率名列市场前茅。根据万得公布的数据，全年债券交割量5 792亿元；根据上海证券交易所公布的会员交易统计数据，全年实现交易所交易量11 150亿元；根据银行间同业拆借中心公布的数据，列年度银行间本币市场交易300强。固定收益业务全年实现投资回报率11.27%，所持自营券中无违约现象。严格控制权益类证券投资规模，坚持审慎投资，严控投资风险。在二级市场上重点投资大盘蓝筹股，精选行业龙头公司，全年实现投资收益率19.47%。

新三板做市业务 2017年，首创证券加强做市项目后续跟踪管理，以深化行业研究为切入点，严控做市项目质量。截至年末，累计为65家挂牌企业提供做市报价服务。

信达证券股份有限公司

2017年末，信达证券股份有限公司（以下简称信达证券）总资产533.54亿元，比上年减少21.30亿元，下降3.84%；总负债443.39亿元，比上年减少22.08亿元，下降4.74%；所有者权益90.14亿元，比上年增加0.78亿元，增长0.88%。实现营业收入17.59亿元，比上年减少4.84亿元，下降21.55%；营业支出16.45亿元，比上年减少1.21亿元，下降6.83%；归属母公司净利润1.72亿元，比上年减少2.63亿元，下降60.45%；净资产收益率1.97%，比上年下降2.88个百分点。股票基金成交金额16 430.29亿元，比上年减少3 366.01亿元，下降17%；客户总数157.70万户，比上年增加10.60万户，增长7.21%；

客户托管证券市值1 607.89亿元，比上年增加23.50亿元，增长1.48%；客户保证金96.76亿元，比上年减少40.47亿元，下降29.49%。在中国证监会组织的证券公司分类评价中获得C类CC级评级。

截至年末，信达证券设有证券营业部93家，分公司8家，子公司4家；共有签订劳动合同的员工2 830人，其中，母公司2 383人，子公司447人。

经纪业务及信用交易业务 2017年末，信达证券当年新开户13.05万户，累计客户规模157.70万户，客户托管资产2 168.50亿元。融资融券余额74.91亿元，全年日均余额72.18亿元；股票质押融资余额67.37亿元。经纪业务及信用交易业务实现营业净收入17.03亿元，比上年下降10.32%。其中，代理买卖证券业务净收入6.33亿元，比上年下降28.35%；利差收入2.06亿元，比上年下降20.62%；息费毛收入7.73亿元，比上年增长12.94%。

投资银行业务 2017年，信达证券投资银行业务实现净收入3.02亿元，比上年增长38.04%。其中，承销保荐业务净收入1.50亿元，财务顾问及其他收入1.53亿元。完成白银有色IPO；债券承销金额367.8亿元，承销家数为15家。

资产管理业务 2017年末，信达证券受托资产管理规模688.53亿元，比上年下降3.37%。其中，集合规模155.73亿元，专项计划148.96亿元，定向规模383.83亿元。全年实现管理费等收入1.63亿元。

证券投资业务 2017年末，信达证券权益类投资业务实现投资收益1.37亿元，投资收益率约为11.88%。投资业务共实现投资收益0.92亿元。

场外市场业务 2017年末，信达证券"新三板"挂牌企业共51家，年内新增3家。累计实现做市89家，年内新增37家，退出24家。全年实现营业收入6 321.09万元。其中，财务顾问等手续费净收入976.05万元；做市业务实现投资收益5 345.04万元（其中浮盈2 736.70万元），投资收益率20.62%。

业务创新 2017年，信达证券投资银行业务在绿色债、央企债等创新产品方面有所突破，完成深圳益田假日广场和枣矿发电1号ABS项目，承做2017年台州市黄岩区国有资产经营有限公司绿色债券；完成首单金融资产管理公司ABS；协助沈阳国资、富蕴国资，贵阳铁投等开展债券置换及提前赎回业务。获得军工涉密业务咨询服务资质。在固定收益领域开展黄金另类投资模式，积极扩大银行间利率互换交易规模；主动加强原油期货、香港债券通等新领域的业务研究。

（赵雅君）

新时代证券股份有限公司

2017年末，新时代证券股份有限公司（以下简称新时代证券）总资产284.72亿元，比上年增加74.82亿元，增长35.65%；总负债190.5亿元，比上年增加 72.58 亿元，增长 61.55%；所有者权益 94.22 亿元，比上年增加 2.24 亿元，增长 2.44%；实现营业收入 12.09 亿元，比上年减少 6.49 亿元，下降 34.93%；营业支出 7.92 亿元，比上年减少 2.66 亿元，下降 25.11%；实现利润总额 3.7 亿元，比上年减少 4.3 亿元，下降 53.74%；净利润 2.9 亿元，比上年减少 3.87 亿元，下降 57.17%（母公司未审数）。在中国证监会组织的证券公司分类评价中获得 C 类 CC 级评级。

截至年末，新时代证券设有证券营业部 65 家，控股子公司 2 家，分公司 6 家；共有员工 1 544 人。

证券经纪业务 2017 年，新时代证券证券经纪业务实现营业收入 90 263.79 万元，比上年下降 2.77%；业务成本 37 621.78万元，比上年下降 12.25%；实现营业利润 52 642.01 万元，比上年增长 5.36%。各营业部共实现股票基金交易量 8 875 亿元，比上年减少 2 828 亿元，下降 24%；累计新开户 42 487 户，期末客户结存 705 548 户，比上年增加 40 529 户，增长 6.1%。

融资融券业务 2017 年末，新时代证券融资融券余额 36.33 亿元，信用账户交易成交额约 1 852.11 亿元；融资融券业务实现收入约 3.69 亿元（含税），其中，利息收入 2.90 亿元（含税），佣金收入 0.79 亿元（含税）。股票质押式回购交易业务存续规模 19.41 亿元，股票质押业务实现利息收入 1.57 亿元（含税）。开展针对信用账户的专项营销活动，挖掘存量潜力，促进新增业务，提升客户服务体验。截至年末，累计开通信用账户数量同比增长 70.28%。

投资银行业务 2017 年，新时代证券投资银行业务实现营业收入 20 269.33 万元，比上年下降 52.54%；业务成本 18 243.11万元，比上年下降 30.24%；实现营业利润 2 026.22 万元，比上年下降 87.76%。

期货中间介绍业务 2017 年末，新时代证券参与中间介绍业务的营业部共 25 家，具有期货从业资格的人员共 133 人，参与期货中间介绍业务的投资者共 121 户。全年实现期货中间介绍业务的佣金收入 19.76 万元，成交金额 193.19 亿元。

资产管理业务 2017 年末，新时代证券资产管理业务存续规模 1 799.69 亿元，比上年增长 10.07%。其中，集合资产管理存续规模 42.76 亿元；定向主动管理存续规模 141.99 亿元；定向被动管理存续规模 1 614.94 亿元，比上年增长 12.62%。

自营投资业务 2017 年，新时代证券自营投资业务实现营业收入 -3 903.62 万元，比上年下降 112.12%；业务成本 1 738.71万元，比上年下降 82.42%；实现营业利润 -5 642.33 万元，比上年下降 125.27%。

投顾签约 2017 年末，新时代证券投资顾问队伍有 98 人；签约客户 1 023 户，比上年减少 385 户；签约客户资产 6.37 亿元，比上年减少 600 万元，下降 0.01%，全年总创收合计 1 351.93 万元，占营业部净手续费收入的 3.85%。

资产托管业务 2017 年，新时代证券资产托管业务共为 55 只产品提供综合服务，基金资产净值 10.89 亿元；为 4 只产品提供基金服务业务，基金资产净值 1.85 亿元；PB 交易业务存续项目 42 个，规模 99.19 亿元。综合服务业务和基金服务业务产品 A 股成交金额 199.02 亿元，基金成交金额 154.66 亿元，回购业务成交金额 734.33 亿元。PB 交易业务产品 A 股成交金额 653.52 亿元，基金成交金额 188.63 亿元，回购业务成交金额 11 172.92亿元。

中德证券股份有限公司

2017 年末，中德证券股份有限公司（以下简称中德证券）总资产 14.94 亿元，总负债 2.42 亿元，所有者权益总额 12.52 亿元；实现营业收入 5.76 亿元，营业利润 1.62 元，利润总额 1.62 亿元，净利润 1.18 亿元。在中国证监会组织的证券公司分类评价中获得 B 类 B 级评级。

截至年末，中德证券共有员工 259 人。

投资银行业务 2017 年，中德证券紧抓项目质量，提升内控水平，夯实项目储备，加快业务转型。全年实现营业收入 5.76 亿元，其中，投行业务净收入 5.03 亿元，同比下降 27%。共完成 36 个项目。其中包括 8 个 IPO 项目，9 个再融资及并购重组项目，1 个可交债项目，2 个可转债项目，2 个资产证券化项目以及 14 个公司债项目。

中国国际金融股份有限公司

2017 年末，中国国际金融股份有限公司（以下简称中金公司）总资产1 304.92 亿元，比上年增长 89.85%；总负债 968.30 亿元，比上年增长 86.63%；净资产 336.62 亿元，比上年增长 99.77%；实现营业收入 51.17 亿元，比上年增长 4.64%；营业支出 39.48 亿元，比上年增长 9.33%；实现利润 9.14 亿元，比上年下降 11.11%；客户保证金规模 148.93 亿元，比上年增长 33.59%。在中国证监会组织的 2017 年度证券公司分类评价中获得 A 类 AA 级评级。

截至年末，中金公司设有证券营业部 21 家，多家子公司，在上海市和深圳市设有分公司，在中国香港、美国纽约、英国伦敦、新加坡和美国旧金山设有分支机构；共有员工约 3 258 人，其中，正式员工 3 119 人，外聘员工 139 人。

股权融资 2017 年，中金公司共完成 A 股 IPO 项目 12 个，主承销金额 102.57 亿元；完成 A 股再融资项目 14 单，主承销金额 942.43 亿元。共保荐港股 IPO 项目 9 个，金额 11.82 亿美元；作为账簿管理人主承销港股 IPO 项目 15 单，承销规模 9.64 亿美元。

年内，中国香港和美国市场电信、媒体和科技（Telecommunication，Media，Technology，TMT）行业出现上市潮，中金公司参与多笔重大市场交易，TMT 中概股境外 IPO 中，融资规模在 2.5 亿美元以上的共8笔，中金公司参与了其中的7笔。

债券融资 2017年，中金公司固定收益产品承销项目共完成144个，同比增长逾9.1%，合计承销金额约2 111.26亿元。其中，境内项目105个，承销规模约1 807.06亿元；境外发行项目39个，承销规模约48.31亿美元。加强产品创新，完成俄罗斯铝业联合公司熊猫债券、重庆龙湖地产30.4亿元绿色企业债、印力深国投广场37.9亿元信托受益权资产支持专项计划、弘阳集团5亿美元境外债。

财务顾问服务 2017年，中金公司已公告并购交易67单（其中跨境并购16单），涉及交易额995亿美元。年内参与的已公告标志性项目包括：中国联通混合所有制改革项目，引入战略投资者合计747亿元；神华集团及国电集团重组整合项目，两家公司合计资产规模1.8万亿元；中国建材344亿港元换股合并中材股份；招商公路换股合并华北高速并整体上市；普洛斯161亿美元新加坡私有化；中国华信80亿美元收购俄罗斯石油公司股权；兖煤澳洲31亿美元收购联合煤炭并以12亿美元与嘉能可成立合资公司；海航实业约10亿美元收购新加坡上市公司中航嘉信；淘宝中国224亿港元投资高鑫零售；阿里巴巴199亿港元私有化银泰商业等项目。

财富管理业务 2017年末，中金公司财富管理的客户数量为38 644户（未包括金网客户），客户账户资产总值7 386亿元，户均资产约1 907万元。加强财富管理平台建设，稳步发展资本中介业务，满足客户融资需求。加大人才培养力度，扩展财富顾问管理服务的多元化、定制化。依托财富研究部对产品市场的研究积累，精选优质产品，通过财富管理业务出售的金融产品总销售额172亿元。推动互联网金融业务，利用金网平台，提高对大众客群的覆盖，年末金网客户数量为93 134户。

资产管理业务 2017年，中金公司主动管理规模稳步增长，其中，集合及定向主动管理规模比上年增长34%。以境内外机构客户为重点，通过多元化产品和策略，强化客户服务，机构客户规模和数量稳步增长。积极开拓和维护多种销售渠道，拓展高净值个人客户业务。与子公司——中国中投证券有限责任公司（以下简称中投证券）进行资产管理业务全产品线合作。截至年末，中金公司境内外资产管理总规模3 317.80亿元，比上年增长93%，其中，中投证券资产管理规模574.66亿元；中金公司管理产品数量合计686只，其中中投证券管理产品数量313只。

公募基金业务 2017年，中金公司全资子公司——中金基金管理有限公司不断拓展公募基金产品线，目前已经涵盖货币、债券、股票、量化、混合指数等，年末管理资产规模124.42亿元。

私募投资基金业务 2017年初，中金公司启动直投业务及下属平台的重组整合。3月6日，发起设立境内私募投资基金子公司——中金资本运营有限公司（以下简称中金资本）。截至年末，中金资本管理规模1 905亿元。

研究业务 2017年末，中金公司研究团队由超过100名经验丰富的专业人士组成，覆盖40多个行业以及在中国内地、中国香港、美国纽约及新加坡证券交易所上市的1 000余家公司，超过2/3的研究报告均以中英文两种语言出具，发表中英文研究报告超过10 000篇。

创新业务 2017年，中金证券延续军工涉密业务咨询服务资格，获得全国银行间同业拆借中心债券通北向通报价机构资格，中国国际金融香港证券有限公司成为第一批有债券通资格的中央结算系统成员，中金期货有限公司成为上海国际能源交易中心会员，进一步完善了中金公司的业务格局。

平台建设 2017年，中金公司注重建立综合服务平台，加强主经纪商、权益类衍生品、综合股权融资等产品线的团队、系统、制度、流程等建设，与销售团队、交易团队、技术团队形成合力。选聘具备多年从业经验的海内外专业人员，加大对国内外多个交易、管理系统建设的投入。拓展海外市场，收购美国金瑞基金（Krane Shares），成立旧金山办公室、普林斯顿办公室，积极推进中金公司在美国申请金融业务牌照。

（胡月）

中国民族证券有限责任公司

2017年末，中国民族证券有限责任公司（以下简称民族证券）资产总额165.04亿元，比上年下降26.58%；总负债81.34亿元，比上年下降43.32%；所有者权益83.70亿元，比上年增长2.99%；实现营业收入10.53亿元，比上年下降27.29%；营业支出7.33亿元，比上年下降22.82%；实现利润总额3.16亿元，净利润2.34亿元。

截至年末，民族证券设有证券营业部51家；共有员工1 498人。

证券经纪业务 2017年末，民族证券托管客户总资产922.27亿元，客户总数150万户，报告期内新增客户15万户。全年，实现代理买卖证券业务净收入4.28亿元，经纪业务（含信用业务）累计实现营业收入7.15亿元，利润总额3.61亿元。

自营业务 2017年，民族证券自营业务在债券市场单边下跌的情况下，实现营业收入2 979.29万元。年末，除3只交易受限的债券外，其余自营债券已清仓，自营业务占用公司资金5 750万元。

投资银行业务 2017年，民族证券投资银行业务优化组织架构，完善制度流程，强化质控合规管理，借助整合契机，推进公司内部业务协同。全年，完成财务顾问、公司债、企业债、可转债以及“新三板”等项目29个，实现净收入1.19亿元；股权项目储备27个，债券项目储备28个。

资产管理业务 2017年，民族证券资产管理业务基本完成与母公司业务整合，截至年末，剩余定向通道类产品6只，规模156.04亿元；专项计划产品3只，规模11.47亿元。

信用业务 2017年末，民族证券融资融券余额56.10亿元，融资融券年日均余额55.39亿元，自有资金对接的股票质押业务期末待购回金额900万元。

（宗瑶）

中国银河证券股份有限公司

2017 年末，中国银河证券股份有限公司（以下简称银河证券）合并资产总额2 548.15 亿元，比上年增加 89.34 亿元，增长3.63%；合并负债总额1 899.29 亿元，比上年增加 24.02 亿元，增长 1.28%；合并所有者权益总额 648.86 亿元，比上年增加 65.32 亿元，增长 11.19%；实现合并营业收入 113.44 亿元，同比下降 14.32%；实现合并净利润 40.19 亿元，同比下降 22.49%。

2017 年，银河证券股票基金交易量 10.49 万亿元，比上年减少 2.11 万亿元，下降 16.75%。年末，托管客户证券资产约3.2 万亿元，比上年增加 0.69 万亿元，增长 27.49%；客户资金余额 496 亿元，比上年减少 215 亿元，下降 30.24%。

截至年末，银河证券设有证券营业部 470 家，子公司 5 家；共有员工 10 099 人（含销售类客户经理）。

经纪业务 2017 年，银河证券启动大经纪业务战略转型，优化调整经纪管理委员会，围绕客户、运营、服务、产品、交易五大中心，确立“一会五总”的大经纪业务组织架构，提升管理决策和业务运作效率。全年实现代理买卖证券业务净收入（含租赁席位）40.98 亿元，同比下降 24.89%。

投资银行业务 2017 年，银河证券实现投资银行业务净收入 5.28 亿元，同比下降 46.04%；股权融资业务，累计股票主承销项目 4 个，主承销金额 19.15 亿元，同比下降 22.06%；债券融资业务，累计完成债券主承销项目 52 个，主承销金额 690.63 亿元，同比下降 11.02%。

资产管理业务 2017 年，银河证券子公司——银河金汇证券资产管理有限公司实现资产管理业务净收入 7.01 亿元，同比增长 58.82%；年末管理产品数量 311 只，受托规模 3 375.32 亿元，比上年增长 52.4%。

证券投资业务 2017 年，银河证券启动大投资业务战略转型，成立投资管理委员会，统筹管理权益类、固定收益类、金融创新类自营投资业务和另类投资与跨境投资业务，协调投资部门之间和投资部门与公司其他部门之间的业务协作事项。成立金融创新部，优化公司自营投资类业务种类和收入结构，加快期货等衍生产品交易、外汇交易、大宗商品交易和 FICC（固定收益证券、货币及商品）等创新业务发展。

融资融券业务 2017 年，银河证券分片区开展融资融券精准营销、督导和服务，以上市公司大股东、专业机构投资者及高净值客户为目标，推广融资融券交易策略创新；加强融券券源服务，满足客户特殊交易策略需求。截至年末，融资融券余额 570.29 亿元，比上年增长 7.78%。

股票质押业务 2017 年，银河证券充分调动区域客户和上市公司资源，对股票质押业务实施精准反馈，完善尽职调查，严格风险控制，提升项目时效，业务规模实现较快增长。截至年末，股票质押回购余额 494.04 亿元，比上年增长 118.6%。

业务创新 2017 年，银河证券获得开展“销售实物贵金属制品”业务所需的全部资质。积极推动 WFOE 业务发展，成为新加坡淡马锡富敦投资管理公司发行首只私募产品唯一的交易、外包、托管和代销合作伙伴。积极参与债券市场基础设施建设与创新业务，获得中央结算公司在 2017 年度评选的创新业务奖——中债绿色债券指数成分券优秀承销机构。参加大连商品交易所 2017 年“场外期权试点”，申报铁矿石项目并获准立项，利用场外期权创新业务服务实体经济。

中信建投证券股份有限公司

2017 年末，中信建投证券股份有限公司（以下简称中信建投证券）集团资产总额 2 058.83 亿元，比上年增长 13.31%；负债总额 1 618.85 亿元，比上年增长 15.28%；归属于本公司股东的权益 437.54 亿元，比上年增长 6.55%；实现总收入及其他收入 164.21 亿元，比上年下降 6.61%；归属于本公司股东的净利润 40.15 亿元，比上年下降 23.65%；每股收益 0.51 元，比上年下降 37.04%；加权平均净资产收益率 9.92%，比上年减少 8.18 个百分点。在中国证监会组织的证券公司分类评价中连续 8 年获得 A 类 AA 级评级。

截至年末，中信建投证券设有证券营业部 302 家，子公司 5 家，一级分支机构 23 家；共有正式员工 10 231 人，其中，母公司员工 9 344 人。

证券经纪业务 2017 年，中信建投证券代理股票基金交易额 6.91 万亿元。年末，客户资金账户总数 686 万户，客户托管证券市值 2 万亿元，年内新增客户资产 2 494.37 亿元。

投资银行业务 2017 年，中信建投证券完成股权融资项目 53 单，主承销金额 972.12 亿元，其中，IPO 主承销家数 25 家，主承销金额 144.44 亿元；完成债权融资项目 448 单，主承销金额 10 510.78亿元，其中，主承销发行公司债券 167 只，承销金额 2 821.10 亿元；完成并购重组项目 28 单，涉及交易金额约 1 145.02 亿元；完成“新三板”项目挂牌 64 家。

证券金融业务 2017 年末，中信建投证券融资融券余额 464.09 亿元，融资融券账户 13.47 万户，比上年增长 6.03%；股票质押式回购余额 462.62 亿元，比上年增长 29.93%；约定式回购业务余额 0.87 亿元。

股票及衍生品交易业务 2017 年末，中信建投证券已为 91 家“新三板”挂牌公司提供做市服务。

资产管理业务 2017 年末，中信建投证券主动管理产品的资产规模约 1 543 亿元，占资产管理总规模的比例较上年增长 5 个百分点。受托管理资产规模6 392.51亿元，其中，集合、定向、专项资产管理计划管理资产规模分别为 218.81 亿元、6 036.28亿元和 137.42 亿元。

托管业务 2017 年末，中信建投证券托管及外包总规模 1 381 亿元，比上年增长 7%。其中，托管产品 1 515 只，比上年增长 52.11%；外包产品 1 351 只，比上年增长 115.63%。

研究业务 2017 年，中信建投证券完成各类研究报告 3 747 篇，研究领域涵盖 23 个行业，覆盖境内上市公司2 784家。

期货业务 中信建投证券子公司——中信建投期货有限公司设有期货营业部 23 家，全年完成代理交易额 5.92 万亿元，比上年增加 0.18 个百分点，连续两年被评为期货行业 A 类 AA 级公司。2017 年末，拥有客户总数 9.78 万户，客户权益规模 45.91 亿元。

私募股权投资业务 2017 年末，中信建投证券子公司——中信建投资本管理有限公司共管理基金 24 只，其中，综合基金 8 只、行业基金 4 只、专项基金 9 只、房地产基建类基金 2 只、母基金 1 只，基金管理规模 186.26 亿元，比上年增长 330.66%。全年，完成项目投资 100 个，其中，主板上市 7 家、“新三板”挂牌 22 家，完成全部及部分退出项目 12 个，平均投资收益率 306%。

境外业务 2017 年，中信建投证券子公司——中信建投（国际）金融控股有限公司在香港市场参与并完成 6 个 IPO 项目、12 个公开债券发行项目、3 单财务顾问项目，股权融资总额 326 亿港元，债券融资总额 729 亿港元。2017 年末，零售客户托管资产总值 42.3 亿港元，比上年下降 50%；机构客户托管资产总值 285.2 亿港元，比上年增长 14%。管理资产总规模 6.99 亿美元。中信建投证券 QFII、RQFII 客户年平均资产管理规模约 33.82 亿元。

基金管理业务 2017 年末，中信建投证券子公司——中信建投基金管理有限公司资产管理规模 1 377.27 亿元，比上年下降 35.17%。其中，公募基金规模 86.28 亿元，比上年下降 8.71%；专户产品〔含子公司元达信资本管理（北京）有限公司〕规模 1 290.99 亿元，比上年下降 36.40%。

另类投资业务 2017 年 11 月 27 日，中信建投证券以自有资金出资成立中信建投投资有限公司。该公司注册资本 10 亿元，业务范围包括金融产品投资、证券投资、投资咨询、股权投资等符合法律法规规定的投资业务。

中国银河证券股份有限公司北京分公司

2017 年，中国银河证券股份有限公司北京分公司（以下简称银河证券北京分公司）实现营业收入 6.66 亿元，实现税前利润 4.51 亿元。

截至年末，银河证券北京分公司设有证券营业部 31 家；共有员工 569 人。

证券经纪业务 截至年末，银河证券北京分公司辖区营业部客户数量 88.34 万户，客户总资产 18 937.47 亿元。全年完成股票基金交易量 54 240.74 亿元。

股指期货 IB 业务 辖区共有 9 家营业部获得股指期货中间介绍业务（IB 业务）资格，截至 2017 年末，IB 客户总数 3 979 户，客户权益 6.7 亿元，实现 IB 业务收入 369 万元。

PB 业务 年内共引入主经纪商业务（PB 业务）产品 217 只，产品总规模 320 亿元。

融资融券业务 积极组织辖区营业部开展融资融券开户业务，全年新开融资融券账户 113 户，融资融券期末余额 81.15 亿元。

金融产品 辖区营业部全年累计销售各类金融产品 179.23 亿元。其中，公募基金 26.23 亿元，固定收益类 143.26 亿元，资产管理、私募基金等 9.75 亿元。

（李莹）

北信瑞丰基金管理有限公司

2017 年末，北信瑞丰基金管理有限公司（以下简称北信瑞丰基金）总资产 19 278万元，比上年增长 3.25%；负债 2 953万元，比上年下降 2.09%；所有者权益 16 326 万元，比上年增长 4.27%；收入 10 925 万元，比上年增长 18.15%，其中，管理费收入 8 854 万元；支出 10 092万元，比上年增长 18.67%；净利润 833 万元，比上年增长 4.79%。

2017 年，北信瑞丰基金公募基金完成股票交易 68.66 亿元，比上年减少 59.59 亿元，下降 46.46%；交易所回购 378.93 亿元，比上年减少 83.94 亿元，下降 18.13%；银行间回购 865.35 亿元，比上年减少 122.72 亿元，下降 12.42%；交易所债券 5.6 亿元，比上年增加 1.7 亿元，增长 43.59%；银行间债券 107.19 亿元，比上年减少 15.6 亿元，下降 12.7%。专户产品完成股票交易 81.3 亿元，比上年减少 63.25 亿元，下降 43.76%；交易所回购 724.98 亿元，比上年增加 49.24 亿元，增长 7.28%；银行间回购 36.99 亿元，比上年减少 361.66 亿元，下降 90.72%；交易所债券 5.99 亿元，比上年增加 5.15 亿元，增长 613.10%；银行间债券 11.09 亿元，比上年减少 86.76 亿元，下降 88.67%。

截至年末，北信瑞丰基金设有子公司 1 家；共有正式员工 106 人。

公募基金业务 2017 年，北信瑞丰基金公募基金业务共计实现管理费收入 3 996万元。年末，共计存续公募基金 15 只，管理规模 60.22 亿元。年内，完成新发行公募基金 5 只，比上年增长 25%；共计募集资金 16.97 亿元，比上年增长 92%，其中，封闭式混合基金 2 只，开放式股票型基金 1 只，开放式混合基金 2 只。

特定客户资产管理业务 2017 年末，北信瑞丰基金资产管理计划 137 只，受托规模 370.65 亿元，比上年增加 329.03 亿元，增长 791%。其中，“一对一”专户产品 100 只，受托规模 322.41 亿元；“一对多”产品 37 只，受托规模 48.24 亿元，其中，结构化产品 20 只，受托规模 21.59 亿元。全年实现管理费收入 4 858 万元。专户产品主要投向定向增发股票、A 股流通股票、银行间及交易所债券。

（邱慧饶）

东方基金管理有限责任公司

2017 年末，东方基金管理有限责任公司（以下简称东方基金）总资产 8.31 亿元，比上年增长 21.46%；总负债 1.36 亿元，比上年下降 28.75%；所有者权益 6.95 亿元，比上年增长 40.96%；归属母公司股东权益 5.31 亿元，比上年增长 33.1%；营业收入 3.66 亿元，比上年下降 23.95%；营业支出 2.88 亿元，比上年下降 26.92%；净利润 0.60 亿元，比上年下降 9.79%；归属母公司净利润 0.43 亿元，比上年增长 19.55%；资产管理规模 246 亿元。

截至年末，东方基金设有分公司 4 家，专户子公司 1 家；共有员工 165 人。

公募基金业务 2017 年，东方基金管理公募产品 44 只。其中，混合型基金 30 只，债券型基金 11 只，货币型基金 3 只。公募基金管理规模 201.45 亿元。年内，新发公募基金 5 只，其中，混合型基金 4 只、债券型基金 1 只，首发规模 18 亿元。

特定客户业务 2017 年，东方基金专户管理规模 45.26 亿元。所属子公司特定客户业务累计发行产品 16 只，年末存续产品 123 只，管理资产规模 992 亿元。

机构改革 2017 年，东方基金组建研究部，行业覆盖率 100%，形成了完整的研究梯队。

长盛基金管理有限公司

2017 年末，长盛基金管理有限公司（以下简称长盛基金）资产总额 14.16 亿元，净资产 11. 39 亿元。实现营业收入 6.22 亿元，同比增长 4.42%；实现净利润 1.54 亿元，同比增长 7.04%。

2017 年，长盛基金公募基金管理资产规模 1 031.79 亿元，特定客户资产管理规模 199.68 亿元（专户与专户子公司）。年末社保基金管理规模 300 余亿元。

截至年末，长盛基金设有子公司 2 家，分支机构 4 个；共有员工 201 人（含外聘员工 2 人）。

方正富邦基金管理有限公司

2017 年末，方正富邦基金管理有限公司（以下简称方正富邦基金）总资产

32 928.07 万元，比上年减少 4 773.76 万元，下降 12.66%；总负债 7 449.47 万元，比上年减少 417.78 万元，下降 5.31%；所有者权益 25 478.50 万元，比上年减少 4 355.98 万元，下降 14.60%；实现营业收入 13 339.56 万元，比上年减少 2 067.65 万元，下降 13.42%；利润总额 -3 932.89 万元，比上年减少 4 275.09 万元；实现净利润 -4 745.34 万元，比上年减少 5 249.93 万元。

2017 年末，方正富邦基金管理基金份额规模 130.05 亿份，比上年减少 30.88 亿份，下降 19.19%；管理基金资产净值 132.83 亿元，比上年减少 27.38 亿元，下降 17.09%。

截至年末，方正富邦基金设有子公司 1 家；共有员工 107 人，其中，母公司员工 92 人，子公司员工 15 人。

格林基金管理有限公司

2017 年末，格林基金管理有限公司（以下简称格林基金）总资产 7 328.96 万元，总负债 775.07 万元，所有者权益 6 553.89万元，实现营业收入 494.42 万元，营业支出 3 434.46 万元，实现利润 -2 950.08 万元。

截至年末，格林基金设有分公司 2 家；共有员工 52 人。

公募基金业务 2017 年，格林基金发起成立格林日鑫月熠货币市场基金。该基金下设 A 类、B 类两类基金份额，运作方式为契约型开放式，由格林基金担任管理人，国泰君安证券股份有限公司担任托管人，于 2017 年 7 月 10 日募集发行，2017 年 7 月 20 日成立。截至本报告期末，该基金份额总额 15.85 亿份，其中，A 类份额 0.45 亿份，B 类份额 15.8 亿份。

特定客户资产管理业务 2017 年末，格林基金特定客户资产管理总规模 5 515.57万元，管理费及业绩报酬总收入计提 1 016.03 元，业务收入 958.52 元。

固有资金投资 格林基金固有资金除存入银行（本报告期末存款余额24.29 万元）外，主要投资旗下基金。截至年末，持有格林日鑫月熠货币市场基金份额 6 257.31万份。

国金基金管理有限公司

2017 年末，国金基金管理有限公司（以下简称国金基金）资产总额 1.99 亿元，比上年减少 0.08 亿元，下降 4.21%；负债总额 0.22 亿元，比上年减少 0.12 亿元，下降 34.56%；营业收入 1.49 亿元，比上年减少 0.34 亿元，下降 18.68%；净利润 260.67 万元，比上年减少 5 583.30 万元，下降 95.54%；所有者权益 1.77 亿元，比上年增加 0.03 亿元，增长 1.63%。

2017 年末，国金基金公募基金及特定客户资产管理计划规模合计 358.13 亿份，管理资产净值 360.88 亿元。

截至年末，国金基金设有子公司 2 家；共有正式员工 132 人。

公募基金 2017 年末，国金基金公司旗下共有公募基金 11 只，其中，货币型基金 3 只，混合型基金 5 只，指数型基金 2 只，债券型基金 1 只。公募基金管理规模约 349.68 亿元。

特定客户资产管理 2017 年末，国金基金担任管理人的专户产品总计 11 只，专户管理规模合计 11.20 亿元。

量化投资 2017 年末，国金基金管理或担任投资顾问的量化专户产品累计 29 只，累计管理规模约 41.19 亿元；存续产品 3 只，存续管理规模约 0.95 亿元。

固定收益投资 2017 年末，国金基金管理 4 只固定收益类公募基金和 8 只固定收益类专户产品，管理规模约 348.30 亿元。

互联网金融 与国金证券、微众银行等机构深度合作，推出官方理财平台——及第理财 APP，结合微信、微博、PC 端，构建完善的互联网金融综合服务平台，为客户提供全方位的互联网金融服务。对接国金证券佣金宝平台，推出客户保证金理财产品暨公司首只互联网金融基金——国金金腾通货币市场证券投资基金。与微众银行合作，发行市场上第一款互联网银行基金——国金众赢货币市场证券投资基金。

（张帆）

国寿安保基金管理有限公司

2017 年末，国寿安保基金管理有限公司（以下简称国寿安保基金）管理资产规模 1 833.22 亿元，比上年增长 59.22%。其中，公募基金 1 397.38 亿元，比上年增长 77.97%；专户资产 435.84 亿元，比上年增长 19.00%；实现营业收入约 5.01 亿元，净利润 8 829.39 万元，比上年分别增长 53.8% 和 69.5%。净资产收益率 12.19%，比上年提高 4.23 个百分点。

2017 年，国寿安保基金子公司——国寿财富管理有限公司（以下简称国寿财富）管理资产规模 370.512 亿元，其中，投资顾问业务规模 130 亿元。实现收入 5 080 万元，净利润 1 419 万元。

2017 年末，国寿安保基金与国寿财富合计资产管理规模 2 203.73 亿元，合并报表净利润 9 568.09 万元。

截至年末，国寿安保基金及子公司共有员工 195 人。

基金业务 2017 年，国寿安保基金新发行公募基金 15 只。其中，偏债混合基金 8 只，债券基金 4 只，灵活配置偏股型基金 3 只。全年非货币类基金规模增速 41.5%。43 只公募产品，除基础产品外，增加了细分领域的产品类型，基本上覆盖了主要的传统资产类别。

客户服务 建立客户分级体系，在客户咨询、增值服务、研究成果推广、产品介绍和持续营销等方面，为客户提供服务。全年共受理客户来电 7 695 通，环比增长 42%，接听率达 94%；直销柜台累计受理账户类及交易类业务 5 086 笔；通过微信服务号和资讯号向客户推送资讯类信息 492 条，阅读量超过 11.9 万人和 23 万次。

（厉现芳）

工银瑞信基金管理有限公司

2017 年末，工银瑞信基金管理有限公司（以下简称工银瑞信基金）总资产 77.28 亿元，比上年增加 19.93 亿元，增长 34.74%；净资产 62.98 亿元，比上年增加 18.27 亿元，增长 40.87%；净利润 18.40 亿元，比上年增加 2.03 亿元，增长 12.38%。

2017 年，工银瑞信基金旗下管理 113 只公募基金和逾 570 个年金、社保、专户和专项组合，管理资产总规模近 1.3 万亿元，其中，管理公募基金总份额 5 519.18 亿份，公募基金总净值 5 463.41 亿元。

截至年末，工银瑞信基金设有分公司 3 家，子公司 2 家；共有正式员工 624 人。

公募基金业务 2017 年末，工银瑞信基金旗下管理 113 只公募基金，其中，年内发行 14 只新基金，公募基金管理总规模 5 463.41 亿元，比上年增加 860.14 亿元，增长 18.69%。

企业年金和全国社保业务 2017 年，工银瑞信基金成立养老金投资中心，加强投研销售一体化管理模式改革，充分发挥在社保组合投资管理方面积累的业绩优势，积极对接全国社保投资需求。截至年末，企业年金管理规模比上年增长 28.19%。

国际业务 2017 年，工银瑞信基金子公司——工银瑞信（国际）资产管理有限公司与母公司开展港股通投资顾问合作，营销机构客户开展境外美元债专户投资，推动境外人民币基金和固定收益基金境外多渠道上架；标普中国 500 指数交易所交易基金（ETF）产品在卢森堡、英国、芬兰、法国、德国、意大利、荷兰、瑞典、新加坡等国家注册。

汇安基金管理有限责任公司

2017 年末，汇安基金管理有限责任公司（以下简称汇安基金）总资产 7 157 万元，比上年减少 1 077 万元，下降 13%；总负债 1 081 万元，比上年增加 651 万元，增长 151%；所有者权益 6 075 万元，比上年减少 1 728 万元，下降 22%；营业收入 4 100 万元，比上年增加 3 922 万元，增长 2 204%；营业支出

5 832万元，比上年增加2 680 万元，增长85%；亏损1 741 万元，比上年减少459 万元；自有资金投资收益10 万元，同比上年减少60 万元。

截至年末，汇安基金在北京市、上海市双总部办公，设立分公司1家；共有员工90 人。

公募基金业务 2017 年末，汇安基金管理规模总计243 亿元，其中，公募基金13 只，管理规模66 亿元。

特定客户资产管理业务 2017 年末，汇安基金特定客户资产管理计划55 只，管理规模177 亿元。

（于静君）

泓德基金管理有限公司

2017 年末，泓德基金管理有限公司（以下简称泓德基金）总资产管理规模365.52 亿元，比上年增加65.54 亿元，增长21.85%。其中，公募基金管理规模约167.85 亿元，比上年减少11.71 亿元，下降6.98%；专户管理规模约197.67 亿元，比上年增加77.25 亿元，增长64.15%；实现营业收入2.11 亿元，比上年增加0.65 亿元，增长44.52%；税后净利润8 727.19 万元，比上年增加2 971.49万元，增长51.63%；纳税总额4 211.85万元，比上年增加2 019.54 万元，增长92.12%。

2017 年，泓德基金共计管理公募基金产品20 只。其中，主动偏股型公募基金11 只，债券型基金7 只，货币基金2 只。

截至年末，泓德基金共有员工80 人，其中，正式员工77 人，外聘员工3 人。

渠道及客户 2017 年末，泓德基金共与8 家银行、18 家券商、32 家第三方销售机构签署了销售服务协议。客户总数243 437 户。其中，自然人客户241 756 户，比上年增加177 983 户，增长279.09%；机构客户1 681 户，比上年增加892 户，增长113.05%。

（唐资娜）

华商基金管理有限公司

2017 年末，华商基金管理有限公司（以下简称华商基金）总资产净值380.81 亿元，比上年减少99.16 亿元，下降20.66%；总份额336.36 亿份，比上年减少55.67 亿份，下降14.20%。客户服务总户数494 万户，比上年增长10%。基金申购总量326.02 亿元，比上年减少199.21 亿元，下降37.93%；基金赎回总量411.18 亿元，比上年减少173.47 亿元，下降29.67%；实现营业收入66 968.10万元，比上年减少19 402.80 万元，下降22.46%；营业支出51 149.15

万元，比上年减少 8 545.84 万元，下降 14.32%；净利润 12 210.40 万元，比上年减少 8 467.66 万元，下降 40.95%；资产总计 141 760.23 万元，比上年增加 1 324.72万元，增长 0.94%；其中，负债合计 21 366.53 万元，比上年减少 8 231.38万元，下降 27.81%；所有者权益 120 393.70 万元，比上年增加9 556.10 万元，增长 8.62%。

截至年末，华商基金设有 19 个部门，下辖 2 家公司；共有员工 204 人，其中，正式员工 186 人，派遣人员 18 人。

公募基金 2017 年末，华商基金公募基金数量共计 53 只。其中，股票型基金 1 只，混合型基金 33 只，保本型基金 1 只，债券型基金 17 只，货币型基金 1 只。年内，华商基金旗下基金分红共计 11 次，金额 19.12 亿元，历年累计分红 135.13 亿元。

特定客户资产管理 2017 年末，华商基金专户产品共计 39 只，管理资产规模 148.10 亿份，净值 159.92 亿元。

（彭泽坤　孙轩）

华夏基金管理有限公司

2017 年末，华夏基金管理有限公司（以下简称华夏基金）总资产 94.64 亿元，比上年增加 9.10 亿元，增长 10.64%；总负债 20.97 亿元，比上年增加 2.39 亿元，增长 12.86%；实现合并营业收入 39.13 亿元，发生营业支出 21.83 亿元，实现净利润 13.67 亿元。整体资产管理规模 10 153.99 亿元。

2017 年，华夏基金发行 29 只公募基金，年末公募基金数量 116 只，其中，非货币类基金规模 2 498.19 亿元。发行华夏聚惠稳健目标风险混合型基金中基金（FOF），与外方股东合作发行“Mackenzie 大中华股票基金”（Mackenzie All China Equity Fund），与微软亚洲研究院在人工智能金融领域达成战略合作，正式上线“华夏查理智投”APP，与中国证券投资基金业协会共同推进养老金第三支柱建设，加入联合国责任投资原则组织（UNPRI）。

截至年末，华夏基金设有分公司 8 个，子公司 3 个；共有员工 942 人。

（罗业超）

九泰基金管理有限公司

2017 年末，九泰基金管理有限公司（以下简称九泰基金）总资产 2.65 亿元，比上年增长 17.38%；总负债 1.24 亿元，比上年增长 44.34%；所有者权益 1.41 亿元，比上年增长 0.72%；营业收入 2.33 亿元，比上年增长 21.12%；营业支出 2.30 亿元，比上年增长 16.39%；净利润 108.64 万元，比上年增长 2 746.06%。

2017 年，九泰基金证券交易金额（股票、债券、基金）3 990.07 亿元，同比增长 45.70%；期货交易金额（股指期货、国债期货）101.38 亿元，同比增长 1 373.24%。客户证券交易结算金额（交易佣金）2 914.17 万元，比上年下降 26.21%；客户期货交易结算金额 109.37 万元，比上年增长 1 516%。

截至年末，九泰基金设有销售子公司 1 家，分公司 2 家；共有正式员工 259 人，无劳务派遣员工。

公募基金业务 2017 年末，九泰基金共管理公募基金产品 17 只，资产净值合计 143.97 亿元，比上年增加 24.97 亿元，增长 20.98%；基金份额 149.09 亿份，比上年增加 26.55 亿份，增长 21.67%。年内新增产品 4 只，比上年增长 30.77%。

特定客户资产管理业务 2017 年，九泰基金共成立专户产品 43 只，募集规模 32.71 亿份。截至年末，已起始运作的存续专户产品 99 只，资产净值合计 213.90 亿元。

新三板业务 2017 年末，九泰基金累计设立“新三板”基金 20 余只，累计投资逾 30 亿元，投资项目 70 余个。

销售业务 九泰基金销售团队秉承持有人利益优先和风控第一的原则，建立覆盖渠道、机构的专业化销售平台，为客户提供符合市场趋势、个性化的理财服务，年末保有份额超过 350 亿份。渠道销售以银行、券商合作推进为核心业务，合作银行渠道 8 家，券商渠道 55 家。机构销售以机构客户挖掘为核心业务，全面推进与机构投资者合作，截至年末新增机构 1 500余家，完成 3 只机构定制公募产品、近 30 只专户产品，保有份额近 50 亿份。

（黄涛　赵艳苹）

嘉实基金管理有限公司

2017 年末，嘉实基金管理有限公司（以下简称嘉实基金）总资产 70.3 亿元，营业收入 35.9 亿元，净利润 10 亿元。（集团）总资产管理规模 9 500 亿元。

截至年末，嘉实基金在北京市、深圳市、成都市、杭州市、青岛市、南京市、福州市、广州市设有分公司，拥有数家持牌与非持牌业务公司；共有员工 782 人。

公募基金业务 2017 年末，嘉实基金共管理 1 只封闭式基金、139 只开放式证券投资基金，基金资产规模 3 622.02 亿元，比上年增加 233.78 亿元。

非公募业务 嘉实基金服务于全国社保基金理事会、企业年金、保险公司、银行、财务公司、QFII 等金融机构与一般企业客户，通过个性化的产品设计，为客户提高资金运作效率，改善财务绩效以及实现理财需求。截至 2017 年末，嘉实基金管理的非公募资产规模超过 3 947.98 亿元，比上年增加 37.93 亿元。

建信基金管理有限责任公司

2017 年末，建信基金管理有限责任公司（以下简称建信基金）受托管理资产总规模 1.31 万亿元，比上年增加 700 亿元。其中，公募基金规模 4 880 亿元，比上年增加 1 109 亿元，增长 29%；专户业务规模 3 609 亿元；子公司建信资本管理有限责任公司（以下简称建信资本）管理规模 4 634 亿元。净利润 10.17 亿元，比上年增长 11%。管理费净收入 18.37 亿元，比上年增长 13%。其中，公募基金管理费净收入 11.77 亿元，比上年增长 16%；专户管理费净收入 4.31 亿元，比上年增长 3%；建信资本管理费净收入 2.30 亿元，比上年增长 24%。

截至年末，建信基金设有 5 家分公司，4 个营销中心；共有正式员工 481 人。

公募基金业务 2017 年末，建信基金共管理 95 只公募基金。全年日均管理规模 4 037 亿元，比上年增加 1 198 亿元，增长 42%。年内召开 12 次持有人大会，妥善处理 11 只产品降费率、3 只保本产品到期转型、3 只产品清盘等事宜。

专户产品业务 2017 年，建信基金搭建丰富的产品线，发行港股通产品，扩大投资区域和范围。年内变更产品合同 62 份，清算产品 48 只，变更投资经理 66 人次。

子公司业务 2017 年，建信资本作为财务顾问参与信贷资产证券化业务 11 单，规模近 860 亿元；企业资产证券化业务实现突破，全年发行产品 4 单，规模 33 亿元。

江信基金管理有限公司

2017 年末，江信基金管理有限公司（以下简称江信基金）总资产 21 721.68 万元，总负债 759.09 万元，所有者权益 20 962.6 万元，净资产比上年减少 466.94 万元，下降 2.18%；实现营业收入 4 869.46 万元，比上年减少 8 644.83 万元，下降 63.97%；营业支出 6 409.87 万元，比上年减少 5 059.06 万元，下降 44%；实现净利润 63.32 万元，同比减少 1 768.37 万元，下降 97%。

截至年末，江信基金设有办事处 2 家；共有员工 65 人（均为正式员工，无外聘人员）。

公募基金业务 2017 年，江信基金成立 3 只公募基金产品，即江信瑞福灵活配置混合型证券投资基金、江信一年定期开放债券型证券投资基金和江信增利货币市场基金，规模总计 18.10 亿元。截至年末，共有 9 只公募基金产品，规模总计 28.27 亿元，同比减少 5.18 亿元，下降 15.49%。

特定客户资产管理业务 2017 年末，江信基金共存续 27 只特定客户资产管理计划，产品总规模 44.62 亿元，同比减少 61.32 亿元，下降 57.88%。

（刘琼）

南华基金管理有限公司

2017 年末，南华基金管理有限公司（以下简称南华基金）总资产 13 325.72 万元，比上年减少 1 679.52 万元，下降 11.19%；总负债 888.93 万元，比上年增加 740.64 万元，增长 499.45%；所有者权益 12 436.79 万元，比上年减少 2 420.16万元，下降 16.29%；实现营业收入 1 656.03 万元，比上年增加1 650.79 万元，增长 31 503.63%；营业支出 4 073.35万元，比上年增加 3 925.06 万元，增长 2 646.88%；净亏损 2 409.06 万元，比上年增加 2 266.01 万元，增长 1 584.07%。

截至年末，南华基金无分支机构；共有正式员工 55 人，无外聘人员。

公募基金 2017 年末，南华基金共完成产品设计并上报中国证监会 7 只公募基金产品。其中，混合型发起式基金 1 只，偏债混合型基金 2 只，偏股混合型基金 2 只，货币基金 1 只，定期开放债券型发起式基金 1 只。已获批 6 只开放式基金，总规模 6.03 亿元。年内，共有 3 只公募产品成立并稳健运营。

特定客户资产管理 2017 年末，南华基金有 1 只权益类专户产品——南华鑫瑞天泽 1 号特定客户资产管理计划，产品规模 3 500 万元。

中介机构管理 对代销机构实施准入制度，参考《销售机构准入制度》《销售机构准入评分细则》的标准，审慎调查代销机构的资质、销售能力、合法合规、信息技术等，与 19 家代销机构建立代销合作关系，其中，银行 2 家，券商 10 家，其他独立销售机构 10 家。

鹏扬基金管理有限公司

2017 年末，鹏扬基金管理有限公司（以下简称鹏扬基金）总资产 12 079.18 万元，比上年减少 2 574.12 万元，下降 17.57%；总负债 1 358.16 万元，比上年减少 3 223.49 万元，下降 70.36%；所有者权益 10 721.02 万元，比上年增加 649.38 万元，增长 6.45%；实现营业收入 7 651.53 万元，比上年增加 2 987.75 万元，增长 64.06%；营业支出 7 391.45 万元，比上年增加 2 803.78 万元，增长 61.12%；实现净利润 131.38 万元，比上年增加 59.73 万元，增长 83.38%。

截至年末，鹏扬基金设有分公司 3 家；共有正式员工 102 人，无外聘人员。

公募基金 2017 年 6 月 2 日，鹏扬基金成立首只公募基金。全年共有 5 只公募基金发行成立，其中，债券型基金 2 只，混合型基金 2 只，货币型基金 1 只；初步构建了覆盖固定收益和权益投资的基础产品线。年末基金份额合计 7 188 118 148 份，基金净值合计 7 234 674 772.66 元。在北京市、上海市、深圳市成立 3 家分公司，实现了对全国主要销售区域的覆盖；引入 5 家银行和 13 家券商代销公募产品；成立互联网金融部，实现了与 20 余家三方销售机构的代销合作；上线网上交易平台，面向银行渠道推出“鹏扬 e 理财”微信服务平台，并对公司网站进行全面优化改版，提升用户体验。

特定客户资产管理 2017 年，鹏扬基金引入投研人才，搭建系统性的资产配置框架，加强研究的广度与深度，覆盖信用、利率、转债、套利等不同交易策略，国债期货投资通过深入的研究与定量分析，准确把握投资时点，在单边投机和套利策略上取得不错的业绩，首创组合经理制度，打通投资经理、组合经理、交易员、研究员间的交流渠道，提高投资运作的整体效率。加强客户服务，通过提供宏观研究报告、召开策略研讨会等与客户加强沟通，积极拓展新机构客户，并做好存量客户服务。截至年末，存量机构客户数量 690 户。专户业务管理规模 9 691 995 691.27元，其中，“一对一”专户规模 7 252 691 215.99 元，“一对多”专户规模 2 439 304 475.28 元。

（吉瑞）

泰达宏利基金管理有限公司

2017 年末，泰达宏利基金管理有限公司（以下简称泰达宏利基金）总资产 8.68 亿元，总负债 1.05 亿元，所有者权益 7.63 亿元。实现营业收入 4.24 亿元，营业支出 2.64 亿元，实现利润 1.13 亿元。公募基金管理规模 457 亿元，其中，非货币基金规模 238 亿元。特定客户资产管理规模 347 亿元，同比增长 26%，其中，主动管理专户同比增长 136%。

截至年末，泰达宏利基金设有分公司 3 家；共有员工 171 人。

FOF 产品发行 入选中国证监会养老目标基金管理人名单，并成功发行泰达宏利全能优选混合型基金中基金（FOF）。

先锋基金管理有限公司

2017 年末，先锋基金管理有限公司（以下简称先锋基金）总资产 6 248 万元，其中，各类金融资产的投资额 3 646 万元；净资产 5 882 万元；营业收入 2 492 万元，净利润 –2 302 万元。

截至年末，先锋基金共有员工 67 人。

公募基金业务 2017 年末，先锋基金公募基金产品规模 63.02 亿元，比上年增加 52.28 亿元，增长 488.4%。其中，货币基金规模 59.59 亿元，非货币基金规模 3.43 亿元。

特定客户资产管理业务 2017 年末，先锋基金专户产品规模 16.56 亿元，比上年增加 16.26 亿元，增长 5 420%。其中，“一对多”产品管理规模 8.79 亿元，“一对一”产品管理规模 7.77 亿元。

（王彬彬）

新沃基金管理有限公司

2017 年末，新沃基金管理有限公司（以下简称新沃基金）资产总额16 945.87 万元，比上年增加 693.36 万元，增长 4.27%；负债总额 10 400.39 万元，比上年增加 2 059.44 万元，增长 24.69%；所有者权益总额 6 545.48 万元，比上年下降 17.27%；实现营业收入 2 900.56 万元，比上年增加 1 009.2 万元，增长 53.36%；亏损总额 1 361.35 万元，比上年增加 479.45 万元，增长 54.37%。

截至年末，新沃基金设有分支机构 1 家；共有正式职工 53 人，无外聘人员。

公募基金业务 2017 年末，新沃基金存续的公募基金产品共有 4 只，分别为新沃通宝货币市场基金、新沃通盈灵活配置混合型证券投资基金、新沃通利纯债债券型证券投资基金、新沃鑫禧债券型证券投资基金。

特定客户资产管理业务 年内，新沃基金就旗下投资定向增发的特定客户资产管理计划（以下简称专户产品）逐一签订关于减持新规的补充协议，并多次就专户产品的运作方式、分红方式、展期等事项与各专户产品的托管人及委托人协商一致后，完成补充协议的签订和备案。截至年末，存续专户产品共有 16 只。

英大基金管理有限公司

2017 年末，英大基金管理有限公司（以下简称英大基金）资产总额16 621.74 万元，比上年减少 1 734.02 万元，下降 9.45%；负债总额 999.17 万元，比上年增加 228.74 万元，增长 29.69%；净资产 15 622.57 万元，比上年减少1 962.75 万元，下降 11.16%；营业收入5 092 万元，比上年减少 3 267.80 万元，下降 39.09%；营业支出 7 544.33 万元，比上年增加 774.10 万元，增长 11.43%；实现净利润 –2 473.98 万元，比上年减少 3 713.68万元，下降 299.56%。

2017 年末，英大基金共管理 10 只产品，其中，公募基金 7 只，专户产品 3 只；期末资产管理规模 24.2 亿元，其中，公募基金 18.54 亿元，专户产品 5.66 亿元。全年13只产品（年内新增专户1只、清算4只）实现手续费及佣金收入共计2 067万元。子公司深圳英大资本管理有限公司共管理资管产品52只（40只存续，12只已清盘），比上年增加20只；期末资产管理规模79.44亿元，全年业务收入共计2 732万元。

截至年末，英大基金设有12个部门，共有员工59人；全资子公司深圳英大资本管理有限公司设有9个部门，共有员工29人。

（韩蓄昊）

银华基金管理股份有限公司

2017年末，银华基金管理股份有限公司（以下简称银华基金）总资产289 167.91万元，比上年增长19.48%；总负债74 368.69万元，比上年增长9.65%；所有者权益214 799.22万元，比上年增长23.3%；营业收入比上年增长2.14%，利润总额比上年增长20.86%。

截至年末，银华基金共有员工447人。

公募基金 2017年，银华基金公募基金管理规模2 060.44亿元，比上年增加427.87亿元，增长26.08%。年末，公募基金数量90只，比上年同期增加20只。

社保及基本养老保险基金管理 2017年，银华基金共管理社保及基本养老保险产品12只，管理规模797.29亿元，比上年增加285.29亿元，增长55.7%，其中，5个基本养老保险组合，规模总计199.01亿元。

企业年金管理 2017年末，银华基金共管理45只企业年金产品，规模合计85.49亿元，比上年增加4.78亿元。

特定客户资产管理 2017年末，银华基金旗下共管理各类专户产品94只，规模总计1 230.95亿元。

增资扩股及员工持股工作 根据银华基金2017年第二次股东大会决议精神，于2017年末完成了增资扩股暨员工持股工作。

中航基金管理有限公司

2017年末，中航基金管理有限公司（以下简称中航基金）资产总额9 059.18万元，负债总额95.56万元，净资产8 963.63万元；实现营业收入629.06万元，营业支出2 138.54万元，利润总额－1 508.94万元，净利润－1 095.56万元。

截至年末，中航基金未设立子公司和分公司；共有员工50人。

公募基金业务 2017年，中航基金共取得5只公募基金产品批文，分别为中航航行宝货币基金、中航混改精选混合型基金、中航军民融合精选混合型基金、中航新起航灵活配置混合型基金和中航创新驱动股票型基金。根据发行安排，中航航行宝货币基金和中航混改精选混合型基金完成募集，其余产品正在募集准备中。截至年末，公募基金管理规模 5.85 亿元。其中，中航航行宝货币基金份额 27 566.78万份，资产净值 27 566.78 万元，客户数为 4 257 户；中航混改精选混合型基金份额 30 886.44 万份，资产净值 30 940.64 万元，客户数为 2 190 户。

特定客户资产管理业务 2017 年，中航基金共成立 4 只专户理财产品，分别为“中航基金—远津军民融合 1 号资产管理计划”“中航基金—军民融合动力 1 号资产管理计划”“中航基金—军民融合动力 2 号资产管理计划”“中航基金—军民融合动力 3 号资产管理计划”。上述专户产品投资运作情况良好，未发现风险事件。截至 2017 年末，专户规模 32 999.99 万元。

中加基金管理有限公司

2017 年末，中加基金管理有限公司（以下简称中加基金）资产总计 7.45 亿元，比上年增加 1.79 亿元，增长 31.51%；负债总计 2.57 亿元，比上年增加 1.07 亿元，增长 71.17%；所有者权益总计 4.89 亿元，比上年增加 0.72 亿元，增长 17.25%；实现营业收入 3.37 亿元，比上年增加 0.51 亿元，增长 17.94%；净利润 8 643.87 万元，比上年增加 623.03 万元，增长 7.77%。

截至年末，中加基金设有子公司 2 家；共有正式员工 106 人。

公募基金业务 2017 年，中加基金共发行公募产品 4 只，分别为中加纯债定期开放债券型发起式证券投资基金、中加颐享纯债债券型证券投资基金、中加聚鑫纯债一年定期开放债券型证券投资基金、中加颐慧三个月定期开放债券型发起式证券投资基金。截至年末，在管公募基金产品 17 只，管理总规模 492.17 亿元，其中，非货币公募基金总规模 276.14 亿元。

特定客户资产管理 2017 年，中加基金发行首只权益类专户——中加基金灵活配置 1 号。截至 2017 年末，共成立特定客户资产管理计划 44 只，管理总规模 419.24 亿元。

中金基金管理有限公司

2017 年末，中金基金管理有限公司（以下简称中金基金）总资产 2.65 亿元，比上年增加 0.20 亿元，增长 8%；总负债 0.53 亿元，比上年减少 0.14 亿元，下降 21%；所有者权益 2.12 亿元，比上年增加 0.34 亿元，增长 19%；实现营业收入 0.86 亿元，比上年减少 0.5 亿元，下降 37%；营业支出 1.05 亿元，比上年减少 0.25 亿元，下降 19%；亏损 0.16 亿元，比上年减少 0.28 亿元，下降 246%。

2017 年，中金基金新发行 6 只公募基金，累计发行公募基金 14 只，规模 78.30 亿元，比上年增长 120%；新发行 9 只专户产品，共有 42 只专户产品（不包括进入清算期的产品），规模 46.08 亿元。

截至年末，中金基金共有员工 67 人，均为正式员工。

中融基金管理有限公司

2017 年末，中融基金管理有限公司（以下简称中融基金）固有业务资产总额 123 359.91 万元；总负债 3 049.41 万元，全部为流动负债；所有者权益合计 120 310.50万元；全年实现各类收入共计 26 477.52 万元，其中，管理费收入 21 761.09万元，投资收益 2 279.49 万元，利息收入 1 630.36 万元；营业总支出 25 687.14 万元，其中，税金及附加 120.03 万元，管理费用 23 558.34 万元；实现净利润 661.14 万元。

截至年末，中融基金设有 1 家全资子公司——中融（北京）资产管理有限公司（以下简称中融资产）；中融基金与中融资产共有员工 237 人，其中，中融基金员工 189 人，中融资产员工 48 人。

公募基金业务 2017 年末，中融基金管理公募基金产品 40 只，其中，货币型基金 3 只，债券型基金 15 只，混合型基金 16 只，股票型基金 2 只，指数型基金 4 只。总管理规模 513.25 亿元，比上年增长 22.21%。年内，共新募集成立基金 13 只，首发募集规模 35.27 亿元。

特定客户资产管理业务 2017 年末，中融基金管理特定客户资产管理计划产品 57 只，年内新募集成立 29 只。

业务创新 组建独立的基金中基金（FOF）业务部门，建立以资产配置和基金筛选为双核心的投资体系，并已通过特定客户资产管理计划进行实盘验证，取得了稳定的业绩回报。2016 年 11 月，向监管部门报送“中融量化精选基金中基金（FOF）”的募集注册申请材料，于 2017 年 3 月获准发行。

互联网金融 2017 年末，中融基金共与 67 家具备基金销售资格的基金独立销售机构开展线上公募基金代销业务合作，比上年新增 18 家。第三方销售存量账户数 90 441 个，比上年增长 207%。年内，上线新版企业“工资宝”业务，实现工资定投货币基金；积极拓展与银行、券商及互联网机构的货币基金底层账户合作项目，共上线 8 个项目，包括华西证券“益理财”保证金项目、农信互联平台货币基金底层账户合作项目、人人金服直销前置合作项目等。

（卜滇楠）

中信建投基金管理有限公司

2017年末，中信建投基金管理有限公司（以下简称中信建投基金）总资产55 723.34万元，比上年增加9 004.54万元，增长19.27%；净资产48 752.05万元，比上年增加9 059.27万元，增长22.82%；负债6 971.29万元，比上年减少54.73万元，下降0.78%；实现营业收入31 922.06万元，比上年减少988.41万元，下降3.00%；净利润8 941.38万元，比上年减少2 002.31万元，下降18.30%。

截至年末，中信建投基金设有子公司1家；共有员工161人，其中，正式员工150人，外聘员工11人。

公募基金业务 2017年，中信建投基金新成立公募基金4只，其中，混合型2只，债券型2只；共管理公募基金16只，管理规模86.28亿元，同比下降8.71%。投资业绩稳健，稳信、聚利（原稳利保本2号）和稳祥累计实现分红9 918万元，各只公募基金产品累计实现投资收益3亿元。

特定客户资产管理业务 2017年末，中信建投基金共管理专户产品241只，规模1 290.99亿元，同比下降36.40%。其中，母公司产品172只，规模1 027.02亿元，同比下降28.17%；子公司产品69只，规模263.97亿元，同比下降56.01%。

中邮创业基金管理股份有限公司

2017年，中邮创业基金管理股份有限公司（以下简称中邮基金）共设立6只新公募基金产品，产品数量达到37只。年末公募基金管理规模441亿元（权益类规模257.1亿元、债券类规模74.1亿元、货币类规模109.8亿元），比上年减少182.14亿元，下降29.2%；特定客户资产管理业务管理规模938.37亿元。管理规模总计1 379.37亿元。

2017年，中邮基金完成营业收入63 530.79万元，同比下降36.66%；实际归属于母公司的净利润18 320.96万元，同比下降45.23%；净利润率28.84%，人均创利约92.53万元。

2017年5月16日，中邮基金2016年度股东大会审议并通过了关于受让庆鼎鑫所持首誉光控资产管理有限公司6%股权的议案。中邮基金持有首誉光控资产管理有限公司的股权比例由原先的45%变更为51%，实现了对该公司的绝对控股。

2017年7月，中邮基金实施股票发行，此次股票发行总额为40万股，其中，限售条件零股，无限售条件410万股。公司注册资本变更为30 410万元。

截至年末，中邮基金共有正式员工 198 人。

北京首创期货有限责任公司

2017 年末，北京首创期货有限责任公司（以下简称首创期货）所有者权益 248 147.22 元，客户成交量同比下降 49.20%，客户保证金同比增长 5.98%。在中国证监会开展的期货公司分类评价中获得 BB 类评级。

截至年末，首创期货设有期货营业部 21 家；共有员工 266 人。

资产管理业务 2017 年末，首创期货运行中资产管理类产品 13 只，管理规模 1.93 亿元。

（朴福英）

第一创业期货有限责任公司

2017 年末，第一创业期货有限责任公司（以下简称第一创业期货）客户数量 6 708 户，比上年增加 892 户，增长 15.34%；日均客户权益 10.20 亿元，比上年减少 4.07 亿元，下降 28.52%；全年期货交易量 3 741 137 手，比上年增加 665 775 手，增长 21.65%；代理成交金额 3 919.18 亿元，比上年增加 49.23 亿元，增加 1.27%；实现营业收入4 815.13 万元，比上年增长 20.93%；营业支出 3 111.78万元，比上年下降 0.15%；净利润 1 370.83 万元，比上年增长 66.49%。在中国证监会组织的期货公司分类评价中获得 B 类 BB 级评级。

截至年末，第一创业期货未设立任何分支机构；共有正式员工 51 人。

方正中期期货有限公司

2017 年末，方正中期期货有限公司（以下简称方正中期期货）资产合计 932 211.66万元，比上年增加 111 786.25 万元，增长 13.63%；负债合计 819 501.18万元，比上年增加 93 239.29 万元，增长 12.84%；所有者权益合计 112 710.48万元，比上年增加 18 546.96 万元，增长 19.70%；实现营业收入 59 609.40万元，比上年增加 5 638.29 万元，增长 10.45%；营业支出 34 701.80 万元，比上年增加 1 889.38 万元，增长 5.76%；净利润 18 546.46 万元，比上年增加2 757.61万元，增长 17.47%；成交量 13 057.24万手，比上年减少 5 000.78 万手，下降27.69%；成交额784 934 499.82万元，比上年减少84 096 185.95万元，下降9.68%；总客户数146 341户，新增客户14 275户，比上年减少7 872户，下降35.54%；客户权益796 696.45万元，比上年增加91 096.33万元，增长12.91%。在中国证监会组织的期货公司分类评价中获得A类AA级评级。

截至年末，方正中期期货设有期货营业部31家，子公司1家；共有员工647人。

期货经纪业务 2017年，方正中期期货经纪业务收入37 638.35万元，比上年增加422.74万元，增长1.14%；客户日均权益80.56亿元，同比增长11.61%。

中间介绍业务 2017年，方正中期期货中间介绍业务（IB业务）日均权益8.07亿元，成交量1 951.85万手，留存手续费3 696.19万元，累计客户数量35 115户，比上年增加4 680户，增长15.38%。

资产管理业务 2017年，方正中期期货资产管理业务实现收入748.32万元。截至年末，累计发行管理产品119只，管理规模552 823.98万元，比上年增加55 844.64万元，增长11.20%。

股票期权业务 2017年，方正中期期货股票期权累计开户116户，成交量81.25万手，同比增长123.28%，期末客户权益8 873.49万元。

（李晓慧）

格林大华期货有限公司

2017年末，格林大华期货有限公司（以下简称格林大华期货）总资产724 970.66万元，比上年增加320 596.04万元，增长79.28%；总负债636 640.07万元，比上年增加312 456.91万元，增长96.38%；所有者权益88 330.6万元，比上年增加8 139.13万元，增长10.15%；实现营业收入24 057.22万元，比上年增加4 460.04万元，增长22.76%；营业支出18 008.48万元，比上年增加2 398.29万元，增长15.36%；营业利润6 048.75元，比上年增加2 061.75元，增长51.71%；净利润4 363.85万元，比上年增加1 379.37万元，增长46.22%。在中国证监会组织的期货公司分类评价中获得A类A级评级。

2017年，格林大华期货期货交易量42 098 286手，比上年减少13 323 896手，下降24.04%；成交金额245 052 225.92万元，比上年减少9 413 127.52万元，下降3.70%；客户权益625 549.26万元，比上年增加309 345.28万元，增长97.83%；年末客户数量43 917个，比上年增加3 380个，增长8.34%。

截至年末，格林大华期货设有经营单位27家，子公司1家；共有员工387人，无外聘人员。

资产管理业务 2017年，格林大华期货新增资产管理产品5只，新增规模0.74亿元。年末，存续管理资管产品10只，总规模约8.06亿元，实现净利润189万元。

风险管理业务 2017年，格林大华期货子公司格林大华资本管理有限公司深入橡胶、沥青、玻璃，以及农产品产业链和产业基地走访和考察，立项多个合作套保项目，满足实体企业对风险管理的需求。与山西建邦集团开展合作套保项目，套保品种包括焦炭、焦煤、螺纹钢等。协同在山西省运城市申请设立3家苹果交割库，并与山西新科太方开展苹果期货的基差贸易项目，为企业提供资金流转及销售支持。联合保险公司和鸡蛋养殖企业进行“鸡蛋期货+保险”项目，完成2单。与母公司青岛营业部协同开展场外期权交易，于2017年9月29日成功签订7 000吨橡胶场外期权合约。

冠通期货股份有限公司

2017年末，冠通期货股份有限公司（以下简称冠通期货）总资产147 818.94万元，总负债124 130.50万元，所有者权益23 688.44万元，实现营业收入8 644.13万元，营业支出6 115.51万元，净利润2 531.50万元。在中国证监会组织的期货公司分类评价中获得B类BB级评级。

截至年末，冠通期货设有分支机构14家；共有正式员工137人。

期货经纪业务 2017年，冠通期货累计成交量4 222.95万手，比上年减少6 947.73万手，下降62.20%；累计代理成交额19 420.90亿元，比上年减少17 684.22亿元，下降47.66%；客户数量1.66万户，比上年增加900户，增长5.54%；期末客户保证金120 633.09万元。

资产管理业务 2017年，冠通期货共发行资产管理计划13只，募集资金4 058万元；新增资产管理“一对一”账户1户，“一对多”账户12户。

投资咨询业务 2017年，冠通期货产生1笔投资咨询业务，收入总额0.26万元。

国都期货有限公司

2017年末，国都期货有限公司（以下简称国都期货）总资产76 793.38万元，比上年下降26.85%；负债总额56 979.75万元，扣除客户权益后负债总额1 803.38万元，负债与净资产的比率9.10%，比上年下降68.40%；实收资本20 000万元，所有者权益19 813.62万元，净资本13 866.23万元，比上年末调整后的净资本13 914.15万元，下降0.34%；实现营业收入4 424.11万元，其中，手续费收入2 870.67万元，占营业收入的64.89%；代理交易额4 314.13

亿元，同比下降25.31%；净利润362.70万元，综合收益总额217.66万元。

截至年末，国都期货设有期货营业部3家（郑州营业部办理撤销中）；共有员工105人。

经纪业务 2017年，国都期货经纪业务手续费收入2 860.50万元；成交量791.91万元，比上年下降37.01%；客户权益55 176.38万元，同比下降30.80%；机构客户日均持仓25 486手，同比增长135.94%，机构客户日均权益2.73亿元，同比增长56.90%。

IB业务 2017年，国都期货IB客户日均权益同比增长3.36%，新增客户数同比下降49.56%，净留存手续费收入同比下降12.86%。

国元期货有限公司

2017年末，国元期货有限公司（以下简称国元期货）资产总额147 468.19万元，比上年下降5.34%，其中，客户权益73 615.34万元，比上年下降15.25%；累计营业收入14 828.69万元，同比增长54.56%，其中，手续费收入8 270.49万元，同比增长53.57%；利息收入3 124.64万元，同比增长33.40%；投资收益2 876.83万元，同比增长48.39%；实现净利润3 077.75万元。

截至年末，国元期货设有期货营业部11家，分公司2家；共有正式员工220人，无外聘人员。

经纪业务 2017年末，国元期货客户23 022户，比上年增长60.88%；客户成交总量2 011.73万手，比上年下降27.14%；成交总额10 812亿元，比上年下降39.37%（因股指期货交易受限缘故）。新增机构客户35户，比上年下降22.22%；新增机构客户的日均权益合计6 853.92万元，比上年增长53.15%；新增机构客户创造留存手续费6.86万元，比上年下降14.89%。

资产管理业务 2017年末，国元期货共发行产品9只，规模9 637万元。其中，主动管理型产品8只，投顾产品1只。积极推进3只产品完成备案入金，再新增4 500万元规模。实现营业收入255.2万元，比上年增长72.7%。

风险子公司业务 2017年，国元期货风险子公司国元投资管理（上海）有限公司实现营业收入1 790.27万元，净利润959.35元，其中，大连商品交易所玉米价格险和收入险项目合计承保13.69万吨，预期盈利约1 000万元。农保玉米价格险追加项目及大豆项目，承保标的为大连商品交易所玉米期货1 801合约，承保数量6 016.80吨，项目合计盈利37.88万元。

宏源期货有限公司

2017 年，宏源期货有限公司（以下简称宏源期货）全资股东变更为申万宏源集团股份有限公司，注册资本增至 10 亿元。资产总额 58.11 亿元，同比增长 18.40%；实现营业净收入 2.85 亿元，同比增长 32.53%；实现利润总额 0.88 亿元，同比增长 41.15%；所有者权益总额 11.46 亿元，同比增长 81.33%；成交量 7 439.90 万手，同比下降 16.63%；成交额 4.55 万亿元，同比增长 8.59%；客户数量 5.12 万户，同比增长 16.36%；客户保证金 45.39 亿元，同比增长 15.53%。在中国证监会组织的期货公司分类评级中获得 A 类 A 级评级。

截至年末，宏源期货设有期货营业部 16 家，分公司 1 家，子公司 1 家；共有员工 320 人。

经纪业务 2017 年，宏源期货获得上海国际能源交易中心会员资格。截至年末，完成原油开户 329 户。

资产管理业务 2017 年末，宏源期货资产管理产品 25 只，资产管理规模 21 亿元，其中，主动管理规模约 3 亿元，同比增长 147%。

期货投资咨询业务 2017 年，宏源期货新上线 5 只投资咨询产品。其中，3 只风险管理顾问类产品，2 只交易咨询类产品（含 1 只期权类交易咨询产品）。投资咨询产品囊括了风险管理顾问、研究分析和交易咨询 3 大类 20 余只产品与服务。

风险管理服务子公司业务 积极开展场内与场外期权业务，提高交易定价能力，申请获得期货交易所天然橡胶和白糖“期货 + 保险”项目，并完成项目实施；成功开展 2 笔股票类场外期权业务，实现场外期权业务零突破；发挥专业优势，服务实体经济，与产业客户开展合作套保业务；巩固基差交易业务，丰富交易品种和策略。

（刘思维）

金鹏期货经纪有限公司

2017 年末，金鹏期货经纪有限公司（以下简称金鹏期货）资产总额72 405.52 万元，负债 39 864.55 万元，所有者权益 32 540.98 万元，实现营业收入 6 598.32 万元，利润 3 774.15 万元。全年期货交易量 8 158 297 手，交易额43 898 350.5 万元，客户数量 8 415 户，客户保证金 37 277.1万元。

截至年末，金鹏期货设有分支机构 8 家；共有员工 85 人。

（史琳）

九州期货有限公司

2017 年末，九州期货有限公司（以下简称九州期货）总资产 14.65 亿元，比上年增加 8.45 亿元，增长 136.29%；总负债 9.42 亿元，比上年增加 8.07 亿元，增长 597.31%；实现营业收入 5 671.15 万元，比上年增加 2 238.90 万元，增长 65.23%；净利润 -1 650.23 万元，比上年减少 2 423.97 万元，下降 313.28%；所有者权益 5.22 亿元，比上年增加 0.38 亿元，增长 7.78%。在中国证监会组织的期货公司分类评级中获评 B 类 BB 级评级。

截至年末，九州期货有限公司设有分支机构 1 家；共有正式员工 42 人。

期货经纪业务 2017 年，九州期货客户所有者权益 37 629.86 万元，比上年增加 24 510.21 万元，增长 186.82%；期货交易量 4 963 956 手，比上年增加 2 808 768 手，增长 130.32%；交易额 29 742 949.55 万元，比上年增加 19 612 692.16万元，增长 193.60%；客户数量 4 816 户（自然人客户 4 745 户、机构客户 71 户），比上年增加 2 285 户，增长 90.28%；客户保证金 19 711.67 万元，比上年增加 16 723.6 万元，增长 559.68%；累计实现收入 3 418.65 万元，其中，留存手续费 1 807.37 万元，交易所返还 945.61 万元，保证金利息收入 665.67 万元。

资产管理业务 2017 年，九州期货资产管理业务累计收现管理费及业绩报酬 730.8 万元，比上年增长 111.25%。其中，管理费收入 725.7 万元，业绩报酬 5.1 万元。截至年末，存续产品 9 只，规模共计 67.51 亿元。

保险 + 期货 联合九州证券股份有限公司和中国人民保险集团股份有限公司，在云南省西双版纳自治州国家级贫困县勐腊县开展的精准扶贫项目，试点规模 2 000吨天然橡胶现货，覆盖约 1 000 名胶农，共 2 万亩胶林，荣获上海期货交易所 2017 年天然橡胶“保险 + 期货”精准扶贫试点项目贡献奖。开展“2017 年内蒙古自治区巴林左旗‘保险 + 期货’玉米价格险”项目，为参与投保的巴林左旗 10 149 户贫困户建档立卡，贫困户获赔共计 200.112 万元。

民生期货有限公司

2017 年末，民生期货有限公司（以下简称民生期货）资产总额 91 900.13 万元，比上年减少 6 249.71 万元，下降 6.37%；负债总额 39 008.00 万元，比上年减少 7 319.76 万元，下降 15.80%。全年期货代理成交量 859.22 万手，同比下降15.07%；成交额4 667.73亿元，同比下降0.13%；市场占比1.24‰，同比增长3.98%；期末权益3.73亿元，同比下降16.41%；实现成交额4 667.73亿元，市场份额0.1242%，同比增长3.98%；客户数量13 697个；实现营业收入5 934.84万元，同比增长31.63%；营业支出4 731.68万元，同比增长18.28%；实现净利润971.09万元，同比增长160.95%。

截至年末，公司设有期货营业部15家；共有正式员工161人。

经纪业务 2017年，民生期货新开户数量1 370户，客户累计净收入金额约1.43亿元；客户日均权益5.25亿元；实现手续费收入2 606.61万元，同比增长11.10%。

首创京都期货有限公司

2017年末，首创京都期货有限公司（以下简称首创京都期货）资产总额56 321.25万元，比上年减少5 355.76万元，下降9%；负债总额38 526.24万元，比上年减少6 299.26万元，下降14%；所有者权益17 795.01万元，比上年增加943.5万元，增长5.6%；实现营业收入3 489.26万元，同比增加112.53万元，增长3%；利润总额1 251.24万元，同比增加6.71万元，增长0.5%；净利润944.54万元，同比增加34.7万元，增长3.8%。在中国证监会组织的期货公司分类评价中获得C类CCC级评级。

截至年末，首创京都期货无分支机构；共有员工43人。

经纪业务 2017年末，首创京都期货客户权益3.12亿元，同比减少0.63亿元，下降17%；期货交易量352万手，同比下降34%；成交额3 046亿元，同比下降3%；实现手续费收入1 179万元，同比增长13%；客户数量4 318户，同比增加460户，增长11.9%。

资产管理业务 2017年，首创京都期货共发行3只期货主动管理型资管计划。

中间介绍业务 2017年末，首创京都期货完成IB业务资格备案的证券营业网点共37家，IB客户数量2 604户，账户资产总值1.2亿元。

银河期货有限公司

2017年，银河期货有限公司（以下简称银河期货）实现营业收入8.18亿元，同比增加0.95亿元，增长13.17%；营业支出5.06亿元，同比增加0.28亿元，增长5.84%；利润总额3.15亿元，同比增加0.64亿元，增长25.67%；净利润

2.35 亿元，同比增加 0.50 亿元，增长 26.77%；资产总额 163.85 亿元，同比减少 41.85 亿元，下降 20.34%；负债总额 145.90 亿元，同比减少 42.39 亿元，下降 22.51%；所有者权益总额 17.95 亿元，同比增加 0.54 亿元，增长 3.12%。

截至年末，银河期货设有 5 家分公司，29 家营业部；共有员工 697 人。

期货经纪业务 2017 年，银河期货交易量 1.44 亿手，同比下降 30%；交易额 8.76 万亿元，同比下降 14%。

（徐丽）

英大期货有限公司

2017 年末，英大期货有限公司（以下简称英大期货）总资产 278 721 万元，比上年减少 40 819 万元；总负债 205 423 万元，比上年减少 43 792 万元；所有者权益 73 298 万元，比上年增加2 974万元；净资产 73 298 万元，比上年增加 2 974 万元，增长 4.23%；净资本 44 937 万元，比上年增加 6 267 万元，净资本与净资产的比例为 61.31%；全年实现利润总额 3 804万元，比上年增长 25.67%；实现营业收入 16 995 万元，比上年增长 8.35%，其中，手续费收入 9 199 万元，比上年增长 12.36%；利息净收入 4 526 万元，比上年增长 19.64%；营业支出13 226万元，比上年增长 4.55%。在中国证监会组织的期货公司分类评级中获得 B 类 BBB 级评级。

截至年末，英大期货设有分支机构 8 家；共有员工 188 人。

期货经纪业务 2017 年，英大期货日均客户保证金规模 19.91 亿元，比上年增长 5.62%；累计成交量 3 144 万手，成交额 1.69 万亿元，比上年分别下降 25.57% 和 13.64%。

投资咨询业务 采用市场化机制，积极拓展国网物资供应商资源，创新供应链项目运作模式。成功运作“供应商 + 英大期货 + 英大信托”供应链项目，积极探索与证券资管、保险公司的业务合作，尝试推进“风险监理顾问业务”“基于中小供应商信托受益权集合资产证券化（ABS）”投资咨询业务模式。

（李佳）

中钢期货有限公司

2017 年末，中钢期货有限公司（以下简称中钢期货）总资产 149 228 万元，比上年减少 24 034 万元，下降 13.87%；总负债 97 465 万元，比上年减少 24 734 万元，下降 20.24 %；所有者权益 51 763 万元，比上年增加 700 万元，增长 1.37%。实现营业收入 7 844 万元，比上年减少 846 万元，下降 9.73 %；营业支出6 054万元，比上年增加 829 万元，增长 15.87%，营业利润 1 790 万元，比上年减少 1 675 万元，下降 48.3%；净利润 1 779 万元，比上年减少 838 万元，下降 32%。实现期货交易量 885 万手，比上年减少 422 万手，下降 32%；交易额 6 157 亿元，比上年减少 430 亿元，下降 6.53%；客户数量 6 552 户，比上年增加 580 户，增长 9.7%；客户保证金 93 676 万元，比上年减少 24 187 万元，下降 20.52%。在中国证监会组织的期货公司分类评价中获得 B 类 BB 级评级。

截至年末，中钢期货设有期货营业部 9 家；共有正式职工 108 人。

期货经纪业务 2017 年，中钢期货响应国家扶贫号召，与中国证券监督管理委员会云南监管局、云南农垦集团有限责任公司、中国人民财产保险公司云南分公司共同推进“期货+保险”业务，开展上海期货交易所支持的 1 000 吨天然橡胶“保险+期货”精准扶贫试点项目工作。

资产管理业务 2017 年，中钢期货新成立 6 只资产管理计划。年末，正在运行的资产管理计划共有 11 只，存续产品规模（按期末资产净值）45 082.06万元。

（季新华）

中国国际期货股份有限公司

2017 年末，中国国际期货股份有限公司（以下简称国际期货）总资产 61.8 亿元，比上年减少 19.15 亿元，下降 23.65%；总负债 49.11 亿元，比上年减少 7.89 亿元，下降 13.84%；所有者权益 12.7 亿元，比上年减少 11.25 亿元，下降 46.98%；实现营业收入 3.47 亿元，营业支出 1.86 亿元，实现利润 1.74 亿元。在中国证监会组织的期货公司分类评价中获得 A 类 AA 级评级。

截至年末，国际期货设有分支机构 25 家，子公司 2 家；共有正式员工 324 人。

期货经纪业务 2017 年，国际期货在国内四大期货交易所代理交易量 0.62 亿手，代理交易额 3.62 万亿元；客户数 6.28 万户，比上年增加 0.28 万户，增长 4.66%；客户保证金规模约 47.18 亿元，比上年减少 7.83 亿元，下降 14.23%；实现手续费收入 1.94 亿元，比上年减少 0.39 亿元，下降 16.74%。

资产管理业务 2017 年末，国际期货共有 32 只资产管理产品，管理资产总额 28 254.75 万元，比上年下降 40.46%。

其他业务 2017 年末，国际期货期货投资咨询业务实现收入 245.34 万元；股票期权业务新开户 31 个，累计开户 237 个，成交量 765 853 张，成交额 28 126.92万元；商品期权业务新开户 170 个，成交量 113 554 手，成交额 6 873.69 万元。

（郭一帆）

中粮期货有限公司

2017 年末，中粮期货有限公司（以下简称中粮期货）净资本 159 267.94 万元，净资本与净资产比率为 53%；营业收入 38 758.72 万元，比上年增长 0.2%；净利润 12 810.66 万元，比上年增长 4.18%；ROIC 为 4.27%，比上年下降 0.28%。在中国证监会组织的期货公司分类评价中获得 AA 级评级。

截至年末，中粮期货设有期货营业部 12 家，分公司 2 家，在中国香港设立中粮期货（国际）有限公司（已完成注册，正在申请业务牌照）；共有员工 351 人。

经纪业务 2017 年，中粮期货公司客户保证金规模 79 亿元，同比下降 4.82%；实现手续费收入 1.71 亿元，同比增长 0.3%。期货成交量 5 465.12 万手，比上年下降 27%；成交额 28 328.72 亿元，比上年下降 14.55%。其中，在上海期货交易所成交量、成交额分别为 1 494万手、10 479 亿元，比上年分别下降 20%、0.7%；在郑州商品交易所成交量和成交额分别为 1 189.4 万手、4 795 亿元，比上年分别下降 34.0%、28.4%；在大连商品交易所成交量、成交额分别为 2 762.2 万手、11 147 亿元，比上年分别下降 27.6%、22.8%；在中国金融期货交易所成交量、成交额分别为 19.6 万手，1 908 亿元，比上年分别增长 33%、30.3%。新开商品数 4 914 个，比上年减少 99 户，下降 1.97%；新开股指数 144 个，比上年减少 83 户，下降 36.56%。

资产管理业务 2017 年末，中粮期货资管产品存续规模 61.67 亿元，同比增长 231.74%；存续资管产品数量 26 只。投资范围涉及期货、股票、债券和其他固定收益类产品。

投资咨询业务 2017 年，中粮期货投资咨询业务共开展 367 笔，实现收入 503 万元，比上年下降 31.1%。

风险管理子公司业务 2017 年，中粮期货下属子公司中粮祈德丰（北京）商贸有限公司开展基差贸易业务 127 单，涉及玉米、豆油、棕榈油、豆粕、菜籽油、大豆、沥青、锌、铜、铝、镍、铅等品种。承办上海期货交易所天然橡胶“保险 + 期货”精准扶贫试点项目，为 358 个建档立卡贫困户、1 174 人、涉及 11 个少数民族送去 450 万元的保险赔付，保费赔付比接近 1:10；在内蒙古自治区通辽奈曼旗承办玉米价格保险项目，农户付出 11 万元保费，最终赔付 46 万元；联合太平洋保险公司竞标广西壮族自治区人民政府的 2017 ~ 2018 年榨季糖料蔗价格指数保险招标工作，为蔗农提供价格保险服务；在新疆维吾尔自治区联合地方政府、合作社、中国供销共同参与，开展从棉花种植环节的“保险 + 期货”服务、棉花订单农业服务到棉花收成后的基差贸易，解决棉农及合作社在管理风险、成品销售等方面的难题，从产业链整合的角度服务农业。

（田建籍）

中天期货有限责任公司

2017年末，中天期货有限责任公司（以下简称中天期货）总资产72 185.32万元，比上年增加9 044.14万元，增长14.32%；总负债53 004.97万元，比上年增加8 831.97万元，增长19.99%；所有者权益19 180.35万元，比上年增加212.17万元，增长1.12%；总客户数11 557户，比上年增加2 405户，增长26.28%；实现营业收入5 087.84万元，比上年增加2 200.69万元，增长76.22%；营业支出4 775.41万元，比上年增加1 534.47万元，增长47.35%；实现利润216.90万元，比上年增加464.77万元，增长187.50%。在中国证监会组织的期货公司分类评价中获得B类B级评级。

截至年末，中天期货设有期货营业部5家，分公司1家；共有员工132人。

期货经纪业务 2017年，中天期货经纪业务净开户数2 472户，比上年增长44.47%；期末客户权益4.48亿元，比上年增长33.33%；累计交易量1 022.85万手，比上年增长23.28%；交易额5 609.12亿元，比上年增长52.88%；实现手续费收入3 287.93亿元，比上年增长94.50%。

中衍期货有限公司

2017年末，中衍期货有限公司（以下简称中衍期货）资产总额135 471.36万元，实现营业收入16 334.34万元，营业支出10 776.01万元，实现税前利润总额5 558.34万元。在中国证监会组织的期货公司分类评价中获得B类BBB级评级。

截至年末，公司设有期货营业部2家，风险子公司1家；共有员工156人。

期货经纪业务 2017年，中衍期货客户开户量环比增长19.6%，全年成交金额环比下降9.8%，客户成交量环比下降29.05%，日均权益9.32亿元，环比增长1.15%。全年开户8 621户，环比增长19.6%；客户交易亏损3.27亿元。

资产管理业务 2017年，中衍期货共发行两只“一对多”资产管理产品，即“中衍期货有限公司—稳健1号资产管理计划”“中衍期货有限公司—进取1号资产管理计划”。截至年末，共有4只资产管理产品正常运行，客户数量8名，均为一般级客户；资产管理产品总体规模16 870万元。

基金代销业务 2016年11月，中衍期货正式获得公募及私募基金代销资格。2017年7月，正式对外上线公募及私募基金代销业务。与前海开源基金管理有限公司、金鹰基金管理有限公司签署公募基金代销协议，共代销两公司126只基金产品，实现代销手续费收入1 179.43元。与北京泛融金资产管理有限公司签署私募基金代销协议，代销其3只基金产品，实现管理费收入1 623.03元。

（代大飞）

中国人民财产保险股份有限公司北京市分公司

2017年，中国人民财产保险股份有限公司北京市分公司（以下简称人保财险北京市分公司）累计实现保费收入148.05亿元，比上年增加9.48亿元，增长6.84%，市场占有率34.13%，承保利润4.44亿元。

截至年末，人保财险北京市分公司设有分支机构66个；共有从业人员3 947人，其中，在编员工1 894人。

车险 积极应对后费改时代，通过提高市场反应速度，加快资源配置效率等手段，以渠道、客户、来源、创新和县域主线促进车险业务快速发展，巩固和扩大市场引导地位，实现发展、盈利和服务的领先。

财产险 加快《国务院关于加快发展现代保险服务业的若干意见》所列明险种的对接转化和效益发展，加大险种创新，打造数据平台，启用企财险《风险评估摘要》，提升精细化管理水平。针对重大项目，提供全流程技术支持，升级客户体验；加强异地项目的属地合作，提高效益型海外业务承保能力；紧盯京津冀一体化及雄安新区发展建设项目。

船货/特险 以市场为导向，制定分公司船货/特险发展目标，加大新兴领域开拓，在特险首台套/新材料保险、互联网平台类货运险、分散型险种三大领域实现突破。坚持做优主业，全面提升传统效益型险种贡献度。服务转型升级，精准投放资源，强化人力支撑。

责任险 加强政企互动，做好过程管理，稳固政府项目；梳理现有平台业务资源，主动对接互联网平台，复制已有业务模式，快速抢占市场；加大新型领域拓展力度，保持责任险业务稳定向上。部署产品延保全屋家电项目，做好北京试点先行工作；紧扣北京“文化中心”战略定位，推进电影完片保险、影视制作保险、活动取消保险等工作进程。

信用保证保险 通过产品创新、服务创新，向多家军事装备领域核心企业拓展出口信用险业务，提供信用保障支持；加强与互联网行业领军企业的沟通，探索信用保证保险与互联网金融的合作方式；推动太阳能光伏组件长期质量与功率保证保险业务发展，助力光伏企业拓展国内外市场；积极与政府部门对接，推进工程履约类保证保险，配合北京经济技术开发区建设发展局改革需求，完善农民工工资保险项目方案，探索保险介入低价中标试点，发挥服务社会管理的职能；配合市商务委单用途预付卡行业执法检查，成功拓展京东商城等新业务，保障消费者权益。

普惠金融业务 响应国家普惠金融发展战略，成立普惠金融事业部；设置信审专业团队推进支农融资业务，向市政府、市农村工作委员会汇报支农工作规划，获得行业主管部门的认可及配套补贴支持政策；成功开拓北京正大蛋业有限公司等农业产业化企业，提供融资超过 8 000 万元；扩大助贷险营销队伍，梳理业务流程，强化风险管控能力，实现业务发展与经营效益的平衡，助力个人信贷金融快速发展。

意外健康险 抢抓民生扶贫政策机遇，加快推动政府民生保险业务。结合农网战略，配合“三农”营销服务部的建立，巩固农村意外险市场；深挖公司法人客户潜能，提升团意险渗透率与续保率；推动学生幼儿意外伤害保险和学生幼儿安康保险二维码投保方式，扩大业务规模。医疗意外险实现与清华大学附属玉泉医院以及同仁医院合作，开发妇科手术意外保险、眼科手术意外保险及唇腭裂手术意外保险；逐步落地卓越环球医疗保险项目，实现保费零的突破；完成境外留学相关条款费率的改造，启动《慢病并发症保险条款》《无创产筛保险条款》的开发工作。推广手机销售系统，启动健康险场景营销，探索“互联网 + 两险”创新营销模式。

农险 深挖属地农险资源，通过“一区一品”的方式，提高保障程度，调动农户参保积极性，提升保费规模；深入推动“保险 + 期货”业务发展，对接多家期货机构，强化合作渠道建设；探索农业产业保障新模式，实现“生产资料供给、生产资金供给、风险保障供给、农产品销售渠道供给”全流程可循环生态链条风险保障；强化信息化手段的应用，利用卫星遥感技术、远程电子查勘设备等，实现“按图承保、按图理赔”；强化产品开发，全年共开发新险种 40 个。

（王亮）

中国平安财产保险股份有限公司北京分公司

2017 年，中国平安财产保险股份有限公司北京分公司（以下简称平安财险北京分公司）总保费收入 100.49 亿元，同比增长 13.99%。其中，车险业务实现保费收入 67.83 亿元，同比增长 5.61%；非车险业务实现保费收入 32.66 亿元，同比增长 36.48%。财产险赔付金额 8.02 亿元；车险受理案件逾 41 万笔，赔付金额逾 32 亿元，其中，汛期共受理水淹事故 1 701 笔，赔付金额 3 583 万元。

截至年末，平安财险北京分公司设有支公司 15 家；共有员工 1 966 人，其中，在编员工 1 791 人。

车险 积极响应市场变革，车险承保实现车险保单、发票、投保单全流程电子化。根据监管费改深化要求，改造调试承保系统，每日监控承保和费改情况，关注市场变化，优化自身定价模型和风险筛选工具，提升车险的经营能力和风险管理水平，针对多样化的用车场景和风险需求研发不同类别的保险产品，满足客户需求，于 2017 年 7 月 7 日 24 点完成费改切换。费改后，8 月整体单均保费较 5 月下降 1.7%，商业险单均保费较 5 月下降 3.2%。

非车险 加大产品和模式的创新力

度，推动专利保险、巨灾保险、网络安全保险和天气指数类保险等新产品，以及互联网、综合金融类等新模式的快速尝试和发展。响应北京市“四个中心”建设，为文化创意和设计服务产业的相关企业提供保险服务，全年累计为 2 946 家企业提供服务，实现保费收入 1 540 万元。

重大承保 着力开展服务民生及支持基建项目，实现首台套产品保费收入 6 177万元，新材料产品保费收入 3 500 万元。海外工程项目实现保费收入 7 400 万元，合作项目包括山东电力建设“沙特延布燃油电站”项目、中国葛洲坝集团有限公司“巴基斯坦 NJ 水电站”项目等。承保 7 条轨道交通线路工程，提供总保额达 626 亿元的风险保障。为京张城际铁路建设工程提供总保额超过 60 亿元的风险保障。全年承保多项政府和社会资本合作（PPP）建设项目，提供总保额达 23 亿元的风险保障。为世界园艺博览会管廊项目提供保险保障，保额达 4.6 亿元。

重大理赔 完成中航复合材料有限责任公司火灾等 6 笔千万级以上大案赔付，赔款共计 2.23 亿元。

产品服务创新 创新推出国内首个钥匙保险产品，提升车主对车辆及保险服务的体验。推出平安境外高端人员意外伤害保险产品，增加绑架、勒索、劫持保障，独家与全球顶尖的危机顾问公司化险咨询（Control Risks）合作，为客户提供全方位的保障。搭建“北京首个车险会员体系”。改变传统以市场为导向的营销模式，整合多渠道服务资源，实现效率最大化的“客户导向”经营机制。

（郭晓雨）

华泰财产保险有限公司北京分公司

2017 年，华泰财产保险有限公司北京分公司（以下简称华泰财险北京分公司）实现保费收入 102 677.69 万元。其中，车险保费收入 53 432.31 万元，非车险保费收入 49 245.38 万元。

截至年末，华泰财险北京分公司设有支公司 8 个，营业部 1 个；共有在编员工 281 人。

车险业务 优化专属代理（EA）门店运营管理体系，加强社区营销、新媒体营销等全渠道营销体系建设，强化多产品发展策略，推动业务快速发展。传统车险业务注意开拓集团客户，认真做好客户服务。2017 年 7 月，商业车险二次费改顺利实施。全年车险累计承保利润 1 373.08 万元。

非车险业务 把握细分市场机会，通过深耕国内外经纪重客主渠道，巩固在轨道交通、海外项目、电厂及上游能源险等领域的发展势头，夯实在燃气业务、创新业务等领域的市场领先地位。大力推动向集约化、专业化转型，建立高效的营销组织管理体系。火险结合国家产业政策、“一带一路”倡议，顺应市场需求，积极开拓在京集团客户以及经纪渠道，参与大型海外投资建设；意外险以创新渠道、创新销售模式，促进保费增长；责任险以险种创新，结合社会热点需求发展新兴领域，寻求新的业务增长点；水险加强电子化业务投入，利用电子化手段，大力发展货运险业务，在赔付可控下实现保费稳步增长。

业务创新 通过互联网开展针对多层次医疗保障体系建设的产品，推出百万元医疗保险，并通过企业员工平台、自营网络平台等渠道进行推广。与明亚保险经纪股份有限公司的“700 度”保险网进行对接，开发雇主责任险定制方案，实现线上投保，支付成功后可立即推送电子保单。推出中小微企业综合保险，涵盖财产损失保障、公众责任、雇员意外保障、假币损失及食品饮料安全责任等系列特色产品。

重大赔付 2017 年 5 月 3 日，中节能港建（甘肃）风力发电有限公司 1403 – H5 风机突发火灾事故，导致风机机舱设备及部分塔筒受损，2017 年 11 月结案，华泰财险北京分公司赔付金额共计 611.20 万元。2017 年 6 月 22 日，湖南省怀化市园林县等地持续暴雨，导致中交隧道工程局有限公司项目施工现场的钢平台、钢栈桥、物资及临时设施遭受损失，2017 年 9 月结案，华泰财险北京分公司赔付金额共计 1 100.92 万元。

（童文静）

中国太平洋财产保险股份有限公司北京分公司

2017 年，中国太平洋财产保险股份有限公司北京分公司（以下简称太平洋财险北京分公司）总保费收入 58.64 亿元，累计赔款支出 31.99 亿元，综合赔付率 60.47%。

截至年末，太平洋财险北京分公司设有支公司 11 家，营业部 2 家，营销服务部 7 家；共有正式员工 1 380 人。

车险业务 深化车商合作，加快电话销售、网上销售发展，提速产险寿险交叉销售；提升客户体验，提高客户黏合度和忠诚度。采用移动理赔等手段缩短理赔时间，提高理赔时效；严格控制车险业务的综合成本率，有效降低经营成本。全年车险保费收入 44.86 亿元。

非车险业务 加大非车险业务创新力度，着力推出符合客户个性化需求的产品；积极参与“一带一路”建设，为企业“走出去”提供风险保障；推动健康险、责任险等业务发展，服务民生领域；促进车险、非车险业务联动，加快转型及创新发展，强化融合发展能力。全年非车险保费收入 13.77 亿元。

（孟宪斌）

太平财产保险有限公司北京分公司

2017 年，太平财产保险有限公司北京分公司（以下简称太平财险北京分公司）实现总保费收入 54 224.94 万元。其中，车险保费收入 26 990.07 万元，非车险保费收入 27 234.88 万元。非车险保费收入中，水险保费收入 995.54 万元，非水险保费收入 14 076.24 万元，意外健康险保费收入 4 370.78 万元。

截至年末，太平财险北京分公司设有支公司 5 家；共有在职员工 280 人。

业务发展 有序推进集团签约客户及“总对总”大项目，成功续保及中标国家电力投资集团有限公司、中国大唐集团公司等集签客户。大力拓展安全责任险、医疗责任险等政府统保类责任险，保费同比增长 16%。加强与北京市前 20 家重点经纪公司合作，经纪业务占比达 66%。加大对民生领域保险需求的研究，强化对全国性项目成本的管控力度，探索全国性业务成本管控模式。针对专属人群推出“SVIP”差异化服务，提供 24 小时独立服务热线、无次数限制酒后代驾、代办验车等增值服务；增加 4 个郊区、5 个城区理赔服务网点。

优化组织架构 战略客户渠道打造精细化管理，搭建 7 个专业化板块团队，引进有经验的负责人和专业队伍，提升市场拓展能力。以集团在京公司、重点战略合作伙伴等为目标客户，以价格和服务的双优势推动，实现职域业务迅速发展。充实核保核赔队伍，完善部门科室架构；客户服务部新增查勘定损室和服务管理室，调整查勘定损队伍。

渠道建设 优化车商渠道业务结构，暂停与 7 家店的合作，低端品牌占比降至 2%。职域营销项目在产险、寿险、养老险的配合下，华能煤业有限公司、北京总部基地等项目有序推进。代理渠道业务结构，新签修理厂 25 家，全国统保团车险业务成为渠道主要保费来源。

优化运行管理 着力夯实基础管理，以整顿工作作风为抓手，完善采购、报销、强化应收保费等制度流程，加强职场、会议和公文流转标准检查，倡导无纸化办公，提升运转效率。扎实开展“1 +4”问题排查整改工作，稳步推进“偿二代”风险管理，狠抓稽核整改，全年未发生未有效整改、异常扣分事项，2017 年稽核评级为 A－级。

（曲豪）

中华联合财产保险股份有限公司北京分公司

2017 年，中华联合财产保险股份有限公司北京分公司（以下简称中华财险北京分公司）累计实现保费收入 9.64 亿元，同比下降 9.41%，累计赔款支出 5.70 亿元。

截至年末，中华财险北京分公司设有支公司 14 家，内设业务团队 13 个；共有员工 579 人。

政策性农险 经营覆盖范围首次扩大到北京市 11 个区，其中，石景山区支公司以露地花卉创新险种进入门头沟区农险市场，实现了经营农险新机构、新区域的双重突破。

重大赔付 2017 年 8 月 16 日，平谷区发生特大冰雹灾害，上镇村、季家沟村、下营村以及大庙村等 5 个村所种植的 7 600 亩梨树、3 000 亩桃树的果品和树体遭受不同程度损坏，依据保险条款履行赔偿责任，最终核定赔款金额580万元。

启动专业化改革 以渠道专业化改革为突破口，带动销售、客服、理赔、人事、财务、考核等多方位的改变。朝阳、海淀两家支公司与内设业务机构合并重组，按职能成立车商团队1～4部、经纪团队1～4部、重点客户部1～3部、股东业务部和综合业务部；将各产品线的核保职能由承保中心回归至各产品条线，内设机构内勤工作集中统一至运营中心；成立战将俱乐部，推行销售精英培养留存战略，增强销售人员的归属感、荣誉感与责任感。

（袁婕）

华安财产保险股份有限公司北京分公司

2017年，华安财产保险股份有限公司北京分公司（以下简称华安保险北京分公司）实现保费收入23 081.72万元，比上年下降7.29%。其中，机动车辆险类收入15 803.31万元，占总保费收入的68.47%；财产险类收入6 649.01万元，占总保费收入的28.80%；人身险类收入629.40万元，占总保费收入的2.73%。赔款支出10 694.09万元，比上年增长6.18%，综合赔付率57.7%。

截至年末，华安保险北京分公司设有支公司5家，营销服务部4家；共有在职员工100人（含3名劳务派遣人员）。

重大承保 为中国民生银行所有开通“民生付扫码及小额免密”功能的客户，提供个人账户资金安全保险保障，承保上述客户名下的所有民生银行账户，每人保障额度1万元，预计全年保障400万用户，保额合计约400亿元。

（杨紫怡）

天安财产保险股份有限公司北京分公司

2017年，天安财产保险股份有限公司北京分公司（以下简称天安财险北京分公司）实现保费收入11 692.39万元，同比增加2 864.65万元，增长35.45%。其中，车险保费收入5 769.1万元，同比增加3 884.24万元，增长206.07%；非车险业务保费收入5 923.29万元，同比减少1 019.59万元，下降14.68%。赔款支出8 037.01万元，同比减少1 038.55万元，下降11.44%；综合赔付率48.31%，同比降低21.88个百分点。

截至年末，天安财险北京分公司设有支公司1家，营销服务部5家；共有正式员工120人。

业务发展 建立核心业务渠道，发展保费规模和业务品质较好的团车业务，搭建全方位的服务体系。加深与中资外资经纪渠道合作，与多家互联网平台渠道建立合作关系，成功开展“退运费险”“账户资金安全”及家电延保等合作项目。落实以客户服务为中心的转型升级，提升优质客户续保率，对业务主渠道在客服活动、增值服务、送返修资源、人员派驻等方面进行资源倾斜。强化管控交易风险，严格合同审查，防范经营风险。

重大承保和理赔 2017 年 5 月，承保某公司账户安全责任险，收取保险费 500 万元。2017 年 8 月，对某物流公司仓库火灾事故最终支付赔款 195 万元，成为天安财险北京分公司当年最高赔付案。

（曹征妮）

中国大地财产保险股份有限公司北京分公司

2017 年，中国大地财产保险股份有限公司北京分公司（以下简称大地保险北京分公司）实现保费收入 5.3 亿元，比上年增长 10.73% 。其中，车险业务收入 2.23 亿元，比上年下降 10.33%；非车险业务收入 2.03 亿元，比上年增长 45.27%；意外险、健康险业务收入 1.04 亿元，比上年增长 15.26%。

截至年末，中国大地保险北京分公司设有支公司 7 家，营销服务部 1 家；共有在编员工 291 人。

（樊聪慧）

中国人寿保险股份有限公司北京市分公司

2017 年，中国人寿保险股份有限公司北京市分公司（以下简称中国人寿北京市分公司）实现总保费 94.8 亿元，同比增长 4.5%；新单保费 48.1 亿元，同比增长 15.9%；首年期交保费 17.3 亿元，同比增长 28.6%；10 年期及以上首年期交保费 10.7 亿元，同比增长 44.7%；短期险保费 12.9 亿元，同比增长 2.7%。全年处理各类赔付、给付金额共计 52.56 亿元。

截至年末，中国人寿北京市分公司设有部门 14 个，分支机构 79 个。

（施巍）

中国平安人寿保险股份有限公司北京分公司

2017 年，中国平安人寿保险股份有限公司北京分公司（以下简称平安人寿北京分公司）实现规模保费收入 203.48 亿元，同比增长 23.60%。其中，个险总保费 193.37 亿元，同比增长 25.68%；银保总保费 9.98 亿元，同比下降

6.10%；团险总保费0.13亿元。年末客户数量超过534万人，累计为北京市市民提供人身保障14 380亿元；有效保单4 672 406件，累计办理个人理赔71 136件，赔款、死伤医疗给付累计8.6亿元，年金及满期给付35.5亿元。

截至年末，平安人寿北京分公司设有职能部门17个，营销服务部34个；共有在职员工1 039人，返聘2人，保险代理人35 640人。

个人营销业务 持续推动代理人"先服务 后销售"的客户经营理念的养成，利用"展E宝"、平安金管家APP及微信三大线上工具，开展"相聚金管家 红包任性抢""司庆双月双回馈 假日平安健康行"等客户服务活动，为客户提供一站式服务，推动传统销售模式向客户经营模式的转型。

银行代理业务 秉持"品质优先"的经营理念，加强对员工经营意识的培养，开展线上、线下客户回访活动，为客户提供量身定制、全面高效的保险保障服务；开展中国民生银行北京分行、中国银行北京市分行精准营销，推动期交保费、件数、件均、网均的增长。全年，银保年度期交规模累计达成43 997万元，同比增长118%；13个月保费继续率96.5%，25个月保费继续率99.7%，犹豫期内电话回访成功率99.8%。

重大承保与理赔 年内，客户C女士投保人身险，年度累计承保保额2亿元，成为平安人寿北京分公司当年最高保额承保新契约。客户L先生因交通事故不幸致残，获赔意外伤残保险金约511万元，成为平安人寿北京分公司当年最高理赔案件。

客户服务 以"读家生活，平安相伴"为主题开展阅读服务。线上覆盖人数78万人，人均互动频次在50次以上；线下举办"幕天捐书"志愿者进社区、少儿演讲大赛等活动，全年共捐赠图书近10万余册。升级健康管理服务，从日常预防、诊中治疗、康复调理三个维度提供全方位服务，全年累计覆盖用户82.8万人。提升高端客户的服务体验，打造"4个1"工程，改进VIP服务网上平台，举办"春天有约，读书行路""开门见玺·喜阅一生"等VIP客户沙龙。结合应用大数据、智能理赔等新技术，推出从提交申请到结案通知最多只需30分钟的"闪赔"服务，实现"足不出户，掌上闪付"。理赔服务时效（统计期内所有已决赔案受理至通知额天数总和与统计期内所有已决赔案件数的比例）提升至1.42天。

社会公益 联合北京人民广播电台发起"爱不孤读"暨"幕天捐书"百部睡前故事朗读者征集活动。发挥平安人寿金管家APP与懒人听书APP优势，并在北京人民广播电台进行连续40期的节目展播。2017年9月4日至22日，分三个批次开展为期三周的北京地区平安支教活动，将节目光盘和书籍送到山区希望小学孩子们手中。举办"平安励志杯"第五届首都高校保险·金融广告设计大赛，清华大学、北京大学等十余所北京高校积极参与，共收到优秀设计作品152份。

（王菁）

中国太平洋人寿保险股份有限公司北京分公司

2017 年，中国太平洋人寿保险股份有限公司北京分公司（以下简称太平洋寿险北京分公司）实现保费收入 52.91 亿元，同比增长 19.63%。其中，个人营销业务实现保费收入 18.35 亿元，同比增长 27.05%；渠道经营业务实现保费收入 6.16 亿元，同比下降 28.31%；健康养老业务实现保费收入 1.38 亿元，同比上升 75.03%。全年处理各种赔付、给付 37.1 万件，共计金额 16.35 亿元。

截至年末，太平洋寿险北京分公司设有支公司 11 个，营销服务部 2 个；共有在职员工 537 人，其中，内勤员工 428 人、外勤员工 109 人，个人营销员 13 010人。

个人营销业务 确立新阶段转型目标，通过专业化经营、精细化管理、差异化竞争，对标同业主要公司，在发展中争先进位。巩固升级大个险经营体系及战略协同格局，满足客户多元化保险需求。13 个月累计保费继续率 95.77%，25 个月累计保费继续率 93.68%。

渠道经营业务 实施规模与效益并举、科创与合规齐抓的策略，紧抓政策机遇，聚焦利润定位，优化考核政策、业务结构，加强渠道及队伍建设，破除渠道转型瓶颈。13 个月累计保费继续率 90.17%，25 个月累计保费继续率 83.64%。

健康养老业务 贯彻落实总公司健康养老事业中心发展战略规划要求，聚焦健康养老，聚焦企业员工福利业务，抓好客户积累，关注政保政策，寻求政保业务突破。深度挖掘首都资源，参与城市“养老社区”和“居家养老”事业，找准服务切入点，拓展发展空间。

重大理赔与承保 年内，客户齐女士投保保费金额为 1 000 万元的“利赢年年”C 款保险计划，成为太平洋寿险北京分公司当年最大的承保契约。客户郝先生因交通事故意外身故，其保险受益人获得赔付金 500 万元，成为太平洋寿险北京分公司当年最大赔付案件。

（安吉斯）

泰康人寿保险有限责任公司北京分公司

2017 年，泰康人寿保险有限责任公司北京分公司（以下简称泰康人寿北京分公司）实现原保险保费收入 66.12 亿元，同比增长 42%。其中，个人营销原保险保费收入 48.34 亿元，同比增长 45%（含新契约保费 19.67 亿元，同比增长 115%）；银保原保险保费收入 15.28 亿元，同比增长 41%。各项赔款和给付共计 27.17 亿元，同比下降 30%。其中，退保金支出 7.84 亿元，占比 29%；赔款支出 0.26 亿元，占比 1%；年金给付 7.12 亿元，占比 26%；满期给付 10.91 亿元，占比 40%；死伤医疗给付 1.04 亿元，占比 4%。

截至年末，泰康人寿北京分公司设有支公司 20 个，营销服务部 18 个，电话销售中心 1 个；共有在职内勤员工 373 人，营销代理 10 398 人，电话销售 245 人，银保业务员 425 人。

个险营销业务 全年实现个险标准保费 9.03 亿元，同比增长 54%；“幸福有约终身养老计划” 1 710 件，同比增长 91%。外勤规模人力 10 398 人，同比增长 23%；月均有效人力 2 185 人，同比增长 3%。

电话行销业务 全年累计达成保费 9 955万元，13 个月保费继续率 86.42%。以客户为核心，创新经营，产品销售模式更加多样，“幸福有约终身养老计划”累计承保 68 件，保费环比提升 67%；业务品质逐年趋好，年度累计 13 个月保费继续率环比上年提升 8.31%。

银行保险业务 银保首期团队强化渠道建设，合作渠道扩展至 14 个，通过体验式营销与活动营销，以服务带动销售；续期团队聚焦新单价值、大个险、高端客户、绩优人员，以客户为中心，提升客户体验。全年，大个险达成 3.15 亿元，同比增长 10%；“幸福有约终身养老计划”达成 564 件，同比增长 57%。其中，银保首期大个险达成 1.14 亿元，同比增长 73%，“幸福有约终身养老计划”达成 238 件，同比增长 170%；银保续期大个险达成 2 亿元，同比下降 9%，“幸福有约终身养老计划”达成 326 件，同比增长 20%。

（袁天翼）

新华人寿保险股份有限公司北京分公司

2017 年，新华人寿保险股份有限公司北京分公司（以下简称新华人寿北京分公司）实现规模保费收入 99.53 亿元，同比下降 3.44%。新契约总体保费收入 30.09 亿元，同比下降 21.99%，个险新单实现规模保费收入 14.97 亿元，同比增长 27.13%。个险续期保费同比增长 10.82%，银代续期保费同比下降 5.68%。

推广臻爱会员积分体系 2017 年 11 月 17 日，臻爱会员积分体系正式落地，客户可通过购买保险、交纳保费获取积分，通过“掌上新华”兑换礼品，享受服务。

全媒体客户服务云平台 2017 年 11 月 22 日，新华保险全媒体客户服务云平台荣获“2017 年度中国互动营销学院奖·优秀案例奖”。该平台融合云计算、互联网、大数据等新技术，实现电话、微信、网站、掌上新华 APP、E 保通、短信、邮件的全渠道接入，通过对客户保单、大数据与客户行为进行智能数据分析，主动发掘客户需求，自动推荐服务方案，满足客户多样化服务需求。

（袁帅）

太平人寿保险有限公司北京分公司

2017 年，太平人寿保险有限公司北京分公司（以下简称太平人寿北京分公司）实现总保费收入63.46 亿元，同比增长5.5%。其中，个险总保费收入 33.07 亿元，同比增长 21.7%；银保总保费收入 30.13 亿元，同比下降 8.1%。共处理个险、银险理赔共计 3 036 件，赔款死伤及死伤医疗给付累计 0.77 亿元，满期给付及年金给付累计 12.02 亿元。

截至年末，太平人寿北京分公司设有支公司 5 家，营销服务部 4 家；共有在职内勤员工 379 人，合作银行网点 872 个，续期服务专员 38 人，个人代理 8 078 人。

个人营销业务 聚焦基础管理，结合区位优势，打造新人培养标准模型和绩优养成专属平台；借助“梧桐人家”养老样板间，举办多种形式的客户活动；试点“让爱无缺口”“爱家庭卡单”项目，实现向客户经营模式的转型。截至年末，个险业务新契约保费收入 8.66 亿元，同比增长 34.6%；续期保费收入 24.38 亿元，同比增长 17.7%；外勤规模人力 8 078 人，同比增长 45.4%；月均实动人力 2 483人，同比增长 28.1%；个险业务 13 个月累计保费继续率 94.7%。

银行保险业务 根据北京地区特点，开展系列精准营销，策划精钻项目、面向高端客户的清肺 SPA 项目、名仕私享会，创新开发非银渠道，并取得突破。截至年末，银保业务新契约趸交保费收入 11.89 亿元，同比下降 36.6%；新契约期交保费收入 5.30 亿元，同比增长 98.8%；续期保费收入 37.56 亿元，同比增长 16.4%；银保人力 1 295 人，同比增长 85.5%；银保业务 13 个月累计保费继续率 96.4%。

重大承保与赔付 2017 年 1 月，银保渠道承保某客户“太平吉祥福临门年金保险（分红型）”，实现保费收入 1 000 万元。2017 年 10 月，个险渠道承保某客户“太平卓越逸生终身寿险”，保额1 800 万元，实现保费收入 498 240 元，该客户 7 月已投保该产品 200 万元保额，加保后累计保额 2 000 万元。赔付某客户重大疾病理赔款 120 万元。

社会公益 联合北京青爱教育基金会，为青海玉树称多县阿觉爱心希望学校募集通信设备和网络服务；与中国新闻文化促进会语言文化传播专业委员会、中国少年儿童新闻出版总社携手举办以“少年中国说，太平演说家”为主题的少儿才艺大赛；客服节期间，举办“微心愿认领”活动，收集需要帮助的打工子弟学生心愿，在北京范围内发起心愿认领活动，帮助孩子们实现心愿；联合北京交通管理部门、学校、志愿者协会等，利用社区、学校、企业等场所开展“交通魔法箱”活动，帮助更多的少年儿童及家庭提高交通安全意识。

（潘世林）

民生人寿保险股份有限公司北京分公司

2017年，民生人寿保险股份有限公司北京分公司（以下简称民生人寿北京分公司）实现总规模保费收入21 821.56万元，其中，个险保费收入19 250.12万元，同比增长9.11%。共处理各种赔付、给付659件，共计金额980.68万元。

个险渠道 营造专业化的学习氛围，完善培训体系，丰富销售流程核心课程；打造“领航计划”，培养专业化人才。截至年末，营销渠道累计新单保费收入4 240.66万元，同比增长12.7%；收展渠道累计新单保费收入603.49万元，同比增长110%；个险业务13个月累计保费继续率92.6%。

优化理赔手续 推出“民生理赔瘦身计划”，客户理赔时不需提供保单凭证；申请医疗险理赔时，若病历中有意外事故说明，可不提供意外事故证明；被保险人为未成年人，申请人为法定监护人（投保人）申请非身故保险金时，免提供关系证明；理赔类型为身故时，仅需提供死亡证明或户口注销证明；理赔申请为津贴型险种时，免提供住院发票和费用清单：曾在民生保险办理过理赔的客户，若仍使用原账号，本次理赔可免提供复印件。

（赵玉洁）

六、文件与规章

中国人民银行营业管理部
中国银行业监督管理委员会北京监管局
北京市住房和城乡建设委员会
北京住房公积金管理中心

中国人民银行营业管理部 中国银行业监督管理委员会北京监管局 北京市住房和城乡建设委员会 北京住房公积金管理中心 关于加强北京地区住房信贷业务风险管理的通知

银管发〔2017〕68 号

各有关单位：

2016 年以来，北京市银行个人住房贷款快速增长，各商业银行在拓展房贷业务的过程中累积了一定风险。为进一步落实四部门《关于完善商品住房销售和差别化信贷政策的通知》（京建法〔2017〕3 号），防范住房信贷业务操作风险、信用风险、合规风险等，现将有关事项通知如下：

一、严格落实各项房地产信贷调控措施

各商业银行要坚决落实中央关于“房子是用来住的，不是用来炒的”总体要求，继续从严控制个人购房贷款增量，严格落实差别化的房地产信贷调控政策，配合做好北京市房地产调控工作，促进北京市房地产市场平稳健康发展。北京银监局、人民银行营业管理部将适时会同相关部门对辖区内商业银行房地产信贷调控政策落实情况进行定期检查和不定期抽查，对存在违法违规行为的机构进行严肃问责。

二、对离婚一年内的贷款人实施差别化住房信贷政策，从严防控信贷风险

据有关方面反映，近期，购房家庭通过离婚手段享受首套住房贷款政策的情形有所增加，这既影响了调控政策效果，也容易产生财产纠纷、还款能力下降等问题，增加商业银行住房信贷风险。因此，对于离婚一年以内的房贷申请人，各商业银行应参照二套房信贷政策执行；申请住房公积金贷款的，按二套住房公积金贷款政策执行。

三、认真查询住房贷款记录和公积金贷款记录，严格执行首套房贷认定标准

各商业银行在审核住房信贷业务过程中要严格按照规定查询北京房屋交易权属信息查询系统、人民银行个人信用信息基础数据库。在公积金贷款数据接入征信系统前，各商业银行定期汇总房贷客户信息提交住房公积金中心，由公积金中心查询查证后统一将公积金贷款记录反馈给各商业银行。对于经查询人民银行个人信用信息基础数据库，已确认购房家庭有商业性住房贷款记录的，可不再查询公积金贷款记录，按照二套房贷政策执行。各商业银行对于购房家庭住房记录、商业性住房贷款记录、公积金贷款记录等查询情况要留档备查。

四、严格审核个人住房贷款首付款资金来源，严禁各类“加杠杆”金融产品用于购房首付款

各商业银行要根据“了解你的客户”的原则，加强对客户的尽职调查，认真核查购房人首付款资金来源，对使用“首付贷”等金融产品加杠杆的客户，应拒绝发放贷款。同时，各商业银行应加强消费贷及其他无抵押信用贷款的管理，严禁以消费贷、个人经营性贷款等名义贷出资金用于支付购房首付。

五、严格审核借款人还款能力，防范投资投机购房带来的信贷风险

各商业银行要严格落实月供收入比（不超过50%）等政策要求，强化审核购房人收入证明材料。对于购房人提供虚假收入证明或不符合月供收入比要求的，不得放贷。对于已成年、未就业、没有固定收入且还款资金来源于其他共同还款人的借款人，商业银行应进一步严格住房贷款条件，原则上可参照二套房信贷政策执行。

六、合理评估房屋价值，增强住房信贷风险的识别和防范能力

各商业银行要加强对房地产真实价值的评估，要提高对房产价值真实客观的判断和评估能力，要依据房屋的合理评估价值进行放贷。商业银行与房地产价格评估机构合作进行评估的，要加强对合作方的约束和考核，避免道德风险。

七、加强对支行网点的业务指导和管理，严格落实差别化住房信贷政策

各商业银行要加强对支行网点个人住房贷款业务的管理和指导，督促支行网点严格遵守差别化住房信贷政策及自律机制确定的自律要求。对支行网点违反相关规定的，要及时纠正、严肃处理。

八、规范房地产中介机构与商业银行业务合作，建立商业银行合作中介机构退出机制

各房地产中介机构不得提供或与其他机构合作提供首付贷、尾款贷等违法违规金融产品和服务。对于经有关部门查实存在违法违规问题的中介机构，各商业银行应立即中止与其业务合作。

本通知自发布之日起执行。

二〇一七年三月二十四日

中国人民银行营业管理部
北京市住房和城乡建设委员会
中国银行业监督管理委员会北京监管局

中国人民银行营业管理部 北京市住房和城乡建设委员会 中国银行业监督管理委员会北京监管局 关于北京地区房地产开发企业 房地产经纪机构履行反洗钱义务的通知

银管发〔2017〕99号

各房地产开发企业、房地产经纪机构，国家开发银行北京市分行、辖区内各商业银行：

为预防洗钱活动，遏制洗钱犯罪及相关犯罪，维护房产交易秩序，依据《中华人民共和国中国人民银行法》《中华人民共和国反洗钱法》等有关法律法规，房地产开发企业、房地产经纪机构开展房产交易时，应履行以下反洗钱义务：

一、遵循“了解你的客户”原则，房地产开发企业在售房、房地产经纪机构在提供二手房买卖经纪服务时，应对房屋交易当事人身份信息进行核对、登记，并在房屋买卖合同网上签约环节，要求交易当事人填写确认相关的身份识别表（见附件1－4），上传有效身份证件、企业营业执照或其他身份证明文件的复印件或影印件信息。

二、房地产开发企业在售房、房地产经纪机构在提供二手房买卖经纪服务时，应要求房屋交易当事人购房款以银行转账的方式支付，且必须使用出卖人和买受人的银行账户，通过预售资金、存量房交易资金监管专用账户进行资金支付；如发生退款行为，应按原支付途径，将资金退回出卖人和买受人银行账户。确需使用现金支付的，需经由买卖双方银行账户完成，办理该业务的商业银行需按照反洗钱相关规定，对当日单笔或累计交易人民币5万元以上（含5万元）的现金缴存报告大额交易。

三、房地产开发企业、房地产经纪机构在售房、提供经纪服务中，有承担识别可疑交易的义务和责任。发现可疑交易行为，应向反洗钱行政主管部门或公安机关报告。

四、房地产开发企业、房地产经纪机构对在依法履行反洗钱职责或义务中获得的出卖人和买受人身份信息，应当妥善保管，并予以保密；非依法律规定，不得向任何单位和个人提供。

各房地产开发企业、房地产经纪机构应高度重视本项工作。中国人民银行营业管理部将会同北京市住房和城乡建设委员会，对房地产开发企业、房地产经纪机构履行反洗钱义务情况进行监督检查；会同中国银行业监督管理委员会北京监管局对商业银行执行本通知的情况进行监督检查。

本通知自 2017 年 5 月 1 日起试行。

附件：1. 自然人购房身份识别表（略）

2. 非自然人购房身份识别表（略）

3. 自然人售房身份识别表（存量房）（略）

4. 非自然人售房身份识别表（存量房）（略）

二〇一七年四月十九日

北京市金融工作局
北京市发展和改革委员会
北京市财政局
北京市环境保护局
中国人民银行营业管理部
中国银行业监督管理委员会北京监管局
中国证券监督管理委员会北京监管局
中国保险监督管理委员会北京监管局

关于印发《关于构建首都绿色金融体系的实施办法》的通知

京金融〔2017〕152 号

各在京金融机构：

《关于构建首都绿色金融体系的实施办法》已经市委全面深化改革领导小组第十五次会议审议通过，现印发给你们，请结合实际认真贯彻执行。

二〇一七年九月十一日

关于构建首都绿色金融体系的实施办法

为推进金融供给侧结构性改革，大力发展绿色金融，现就落实中国人民银行等七部委《关于构建绿色金融体系的指导意见》（银发〔2016〕228 号），提出如下实施办法。

一、加快构建绿色金融体系。加快构建基于绿色信贷、绿色债券、绿色上市公司、绿色基金、绿色保险、碳金融等在内的绿色金融体系，是首都金融发展的战略方向，是构建“高精尖”经济结构的重要支撑，要以绿色金融引领首都金融创新，助力绿色发展，参与京津冀协同发展，促进服务业扩大开放，推动“一带一路”建设。（责任单位：市金融局、人民银行营业管理部、北京银监局、北京证监局、北京保监局、市发展改革委、市财政局、市环保局按职责分工负责。列第一位的为牵头单位，下同）

二、加强银行业绿色金融创新发展。支持在京银行业金融机构成立绿色金融事业部或绿色分支行等绿色金融专营机构，鼓励银行在信贷规模、财务、人力、风险容忍度等方面对绿色金融给予大力支持，加快建立绿色信贷授信制度、尽职免责制度和环境保护责任制度，开辟绿色信贷审批专项通道。支持银行业自律组织建立绿色信贷评价机制，在对主要银行先行开展绿色信贷业绩评价基础上，逐渐将绿色银行评价范围扩大至中小商业银行。支持金融机构和民营资本发起组建绿色银行，通过投贷联动、股债结合等方式支持绿色项目，通过再贷款、发行金融债券、资产证券化等多种方式提高放贷能力。支持银行业金融机构在中关村开展科创企业投贷联动试点，积极开展绿色信贷和绿色投资。完善绿色信贷统计制度，加强绿色信贷实施情况监测评价。对于绿色信贷支持的项目，可按规定申请财政贴息支持。对符合国家产业政策和经济转型的绿色项目，加大贷款贴息力度。（责任单位：北京银监局、人民银行营业管理部、市财政局、市金融局按职责分工负责）

三、发展绿色担保和绿色小贷。将股东环保信息作为融资性担保和小额贷款行业准入重要参考，将服务绿色发展情况作为监管评价和信用评级的重要权重指标。根据绿色金融服务绩效对融资性担保机构和小额贷款公司实施差异化监管。完善全市绿色担保体系，建立专业化绿色担保机制，撬动更多社会资本投资于绿色产业。融资性担保机构应加大对绿色项目支持力度，实行快捷担保审批，简化反担保措施。鼓励再担保机构对担保机构因绿色项目发生的风险损失提高代偿比例。（责任单位：市金融局、市财政局按职责分工负责）

四、支持绿色企业上市融资和再融资。发挥上市工作联动机制作用，对从事节能环保、新能源、新能源汽车等战略性新兴产业的绿色企业，加大上市培育支持力度。支持符合条件的已上市绿色企业通过并购布局绿色全产业链，通过增发等方式进行再融资。支持在京上市公司和发债企业加大环境信息披露力度，推动逐步建立和完善强制性环境信息披露制度。推动建立环保、社会责任与公司治理标准，鼓励第三方机构参与采集、研究和发布上市环境信息与分析报告，加强对上市和拟上市企业的环境责任评价。（责任单位：北京证监局、市金融局、市环保局按职责分工负责）

五、大力发展绿色债券。推动建立完善绿色债券标准。支持金融机构发行绿色金融债券。支持企业在交易所市场、银行间市场、北京股权交易中心、机构间私募产品报价与服务系统发行各类绿色债券或绿色债务融资工具。对于依据《绿色债券发行指引》发行绿色债券的申请，市级相关部门建立快速通道，优先办理。通过专业化的担保和增信机制支持绿色债券的发行，降低绿色债券的融资成本。进一步加大政府新增债券资金的投入力度，支持和引导绿色项目发展。推动建立绿色债券第三方评估和评级标准，鼓励信用评级机构在信用评级过程中专门评估发行人的绿色信用记录、募投项目绿色程度、环境成本对发行人及债项信用等级的影响，并在信用评级报告中进行单独披露。（责任单位：人民银行营业管理部、北京银监局、北京证监局、市发展改革委、市财政局、市金融局按职责分工负责）

六、开发绿色资产证券化产品。探索高效率、低成本的抵质押权变更登记方式，推动绿色信贷资产证券化常态化发展。支持发行绿色项目收益债券。开发污水处理收费权、可再生能源发电财政补贴等作为基础资产的证券化产品。推动编制绿色债券指数、绿色股票指数，支持金融机构以绿色指数为基础开发ETF、私募基金等绿色金融产品，发展绿色财富管理。（责任单位：人民银行营业管理部、北京银监局、北京证监局、市金融局按职责分工负责）

七、培育各类绿色机构投资者。引导创业投资、股权投资、养老基金、保险资金等开展绿色投资，鼓励各类机构投资者树立责任投资理念，投资绿色金融产品。鼓励机构投资者发布绿色责任投资报告。提升机构投资者对所投资资产涉及的环境风险和碳排放的分析能力，就环境和气候因素对机构投资者的影响开展压力测试。（责任单位：北京证监局、北京保监局、市金融局按职责分工负责）

八、设立绿色发展基金。服务好国家绿色发展基金，支持其在京设立和发展。整合相关资金，设立北京市绿色发展基金，投资绿色产业，并按照市场化方式进行投资管理。支持社会资本和国际资本设立各类民间绿色投资基金。（责任单位：市财政局、市发展改革委、市金融局、北京证监局、市国资委按职责分工负责）

九、发展绿色项目PPP模式。将节能减排降碳、环保和其他绿色项目与相关高收益项目打捆，建立公共物品绿色服务收费机制。探索政府与社会资本之间分享收益和风险共担机制，按照PPP模式的相关财政政策，出台PPP模式下的绿色项目实施细则，规范化操作绿色PPP项目。同时鼓励绿色发展基金支持以PPP模式操作的绿色项目。（责任单位：市发展改革委、市财政局、市金融局按职责分工负责）

十、积极发展绿色保险。鼓励和支持保险机构创新绿色保险和服务，在环境风险较高的企业，建立强制责任保险制度，开展环境污染强制责任保险。完善与气候变化相关的巨灾风险防范机制，合理确定市政府承担的再保险资金投入规模。支持保险机构充分发挥防灾减灾功能，运用互联网、大数据等技术，研究建立面向环境污染责任保险投保主体的环境风险监控和预警机制，参与环境风险治理体系建设。支持保险机构开发绿色建筑保险、绿色农业保险、天气类保险、碳资产类保险等绿色保险品种。指导保险公司加快绿色保险项目的定损和理赔进度。（责任单位：北京保监局、市环保局、市财政局、市金融局按职责分工负责）

十一、支持碳金融发展。参照本市支持新设立金融机构的相关政策，推动全国统一的碳排放权交易市场、碳定价中心及其他环境权益交易市场等绿色机构落户北京。积极争取在京开展碳排放权期货交易试点，有序发展碳远期、碳掉期、碳期权、碳基金等碳金融交易工具，逐步建成具有国际影响力的碳定价中心。（责任单位：市金融局、市发展改革委按职责分工负责）

十二、支持开展环境权益交易和融资创新。依托在京专业交易场所扩大排污权有偿使用和交易试点，合理推进跨行政区域排污权交易，建立服务京津冀和全国的排污权交易市场。支持在京专业交易场所发展绿色资源产权、绿色技术产权、用能权交易。发展基于碳排放权、排污权、节能量（用能权）、水权等各类环境权益的融资工具。完善市场化的环境权益定价机制，建立高效的抵质押登记及公示系统，降低环境权益抵质押物业务合规风险。发展环境权益信托、回购、保理、托管等金融产品。（责任单位：市金融局、市发展改革委、北京银监局按职责分工负责）

十三、建设绿色金融功能区。在金融功能区开发建设中率先强化节水、节能、节约用地、环境保护标准，积极推广使用清洁能源，支持各金融功能区建成绿色金融功能区。深化京津冀绿色金融区域协同合作，引导金融机构加大对绿色交通基础设施、生态环境治理、绿色产业发展等领域的支持力度。在城市副中心建设中积极探索绿色金融服务模式创新，将城市副中心建设成为绿色金融示范区。积极发挥首都绿色金融引领作用，支持雄安新区规划建设。探索依托城市规划，建设绿色金融产业园和绿色金融小镇，聚集绿色金融机构，重点支持绿色科技创新企业发展，带动绿色产业发展。同等条件下，优先支持绿色金融产业园内的绿色金融创新项目。（责任单位：市发展改革委、市金融局按职责分工负责）

十四、建立绿色项目储备机制。加强金融、环保、工商、安监、经济和信息化等部门之间信息共享，将企业环境违法违规信息纳入企业信用信息公示系统和金融信用信息基础数据库，根据环境保护、安全生产、强制责任保险等信息，建立企业绿色信息档案。根据北京市“十三五”规划，结合城市副中心、新机场、冬奥会建设，围绕京津冀协同发展重点领域，着眼于解决大气污染、交通拥堵等“大城市病”突出问题，遴选一批环境效益显著的绿色项目，建立绿色项目库，并在全国性的资产交易中心挂牌，政府资金支持绿色项目优先从绿色项目库中选取。（责任单位：市金融局、人民银行营业管理部、市发展改革委、市财政局、市环保局按职责分工负责）

十五、发展绿色金融科技。运用互联网、大数据、云计算等技术手段，提高金融机构在绿色项目融资、资产定价、资源配置和风险管理等方面的运作能力。发展基于区块链的绿色金融信息基础设施，提高绿色金融项目安全保障水平。（责任单位：市金融局、人民银行营业管理部、海淀区政府按职责分工负责）

十六、普及宣传绿色金融知识。积极宣传绿色金融领域的优秀案例和业绩突出的金融机构和绿色企业，推动形成发展绿色金融的广泛共识。在全社会进一步普及环保意识，倡导绿色消费，形成共建生态文明、支持绿色金融发展的良好氛围。（责任单位：市金融局、人民银行营业管理部、北京银监局、北京证监局、北京保监局按职责分工负责）

十七、大力培养绿色金融人才。研究绿色金融人才评价制度，完善绿色金融人才服务体系，对做出突出贡献的绿色金融人才，给予金融创新奖励。支持金融机构、科研院所、绿色环保企业共同设立绿色金融博士后科研工作站和绿色金融新型智库，开展北京绿色金融战略研究。（责任单位：市金融局、人民银行营业管理

部、北京银监局、北京证监局、北京保监局）

十八、加强绿色金融国际合作。在二十国集团框架下，发挥首都国际交往中心优势，推动全球形成共同发展绿色金融的理念。推广赤道原则、责任投资原则等自愿准则，促进绿色金融能力建设。支持在京企业和金融机构在绿色信贷、责任投资、自然资源资产负债表管理等方面借鉴国际经验，构建绿色金融国际标准。支持国际金融组织和跨国公司在北京金融市场发行绿色债券，支持在京金融机构和企业在境外发行绿色债券。支持亚洲基础设施投资银行、丝路基金、亚洲金融合作协会等在京国际金融组织通过“一带一路”战略开展绿色金融国际合作，推动在京建设绿色金融国际合作组织和机制。支持在京金融机构在“一带一路”沿线地区率先布局，使用绿色融资工具筹集资金、开展绿色供应链管理和环境风险管理。支持举办绿色金融论坛，推动绿色金融国际交流合作。（责任单位：市金融局、人民银行营业管理部、北京银监局、北京证监局、北京保监局、市发展改革委按职责分工负责）

十九、加强绿色金融协同监管。加强对绿色金融业务和产品的监管协调，将绿色信贷纳入宏观审慎评估框架，开展绿色信贷评价，将评价结果纳入监管指标体系，明确贷款人尽职免责要求和环境保护法律责任，引导银行业金融机构建立健全绿色信贷审批制度，形成支持绿色信贷等绿色业务的激励机制和抑制高污染、高耗能和产能过剩行业贷款的约束机制。坚决取消不合理收费，降低绿色信贷成本。发挥股权融资作用，防止出现绿色项目杠杆率过高、资本空转和“洗绿”等问题。加强绿色金融风险监测预警和信息披露，有效防范绿色信贷和绿色债券违约风险，坚决打击假借绿色金融名义的非法集资行为。完善提升北京绿色金融协会功能，促进绿色金融行业自律发展。（责任单位：人民银行营业管理部、北京银监局、北京证监局、北京保监局、市金融局按职责分工负责）

为强化组织实施，在市金融服务工作领导小组领导下统筹推进绿色金融的政策落实、监管协调、绩效评估、风险防范等工作。各区各部门应综合利用财政贴息、引导基金、政府采购、直接投资、PPP 等方式支持绿色金融发展，明确分工，将绿色金融发展纳入相关规划和政府绩效考核指标体系。

本实施办法在落实中逐步完善，由市金融局负责解释，自发布之日起施行。

中国人民银行营业管理部
中国银行业监督管理委员会北京监管局
中关村科技园区管理委员会

中国人民银行营业管理部 中国银行业监督管理委员会北京监管局 中关村科技园区管理委员会 关于进一步推动中关村国家自主创新示范区科技金融专营组织机构创新发展的意见

银管发〔2017〕260号

辖区内各银行：

根据第五次全国金融工作会议和《国务院关于印发〈北京加强全国科技创新中心建设总体方案〉的通知》（国发〔2016〕52号）精神，为全面落实金融服务实体经济的任务要求，深化实施创新驱动发展战略，促进科技和金融深度融合，支持各银行在中关村国家自主创新示范区（以下简称中关村示范区）设立科技金融专营组织机构（本文件所指的科技金融专营组织机构是指各银行设立在中关村“一区十六园”内，主要为科技创新创业企业服务的支行级机构，以下简称专营组织机构），开展机制体制创新和科技金融产品创新，拓宽企业融资渠道，提高企业融资效率，降低企业融资成本，保持科技创新创业企业贷款较快增长，强化金融对北京加强全国科技创新中心建设、中关村示范区加快建设具有全球影响力的科技创新中心的支撑作用，现提出以下意见：

一、进一步加强专营组织机构组织体系建设

（一）总行或分行层面探索建立管理协调部门。

鼓励各银行立足自身资源禀赋和发展战略，积极围绕北京建设全国科技创新中心的战略定位，将科技金融作为本行“十三五”时期的重要业务发展规划。法人及分行层面可积极探索建立专门的管理协调部门，对本行专营组织机构实现专业化条线管理，将科技金融作为独立业务单元纳入经营管理。鼓励已经在总行或分行层面建立相关部门的银行，进一步完善业务规划、充实人员力量，切实发挥好该部门的管理协调作用，探索深入推进本行专营组织机构整体建设的方式和路径，切实发挥好专营组织机构服务科技创新的重要载体作用。

（二）支行层面做实做强专营组织机构。

鼓励各银行在中关村示范区加快设立

专注服务科技创新创业企业的专营组织机构，重点聚焦“三城一区”，提供科技金融创新产品，更好地服务中关村示范区重点产业和企业。鼓励进一步将专营组织机构做实做强，突出专营组织机构的科技金融属性，逐步提升科技金融业务占比。结合自身业务情况，给予专营组织机构更多业务拓展和管理权限，探索在人力资源管理、业务考核、经营资源调配、风险管理与内部控制等方面实行单独管理。适度提升风险容忍度，突出针对科技创新创业企业的特色，引导专营组织机构向“专业化”和“专营化”方向发展。

二、有序推进科技信贷管理体制创新

（三）优化科技金融信贷管理机制。

鼓励各银行针对科技创新创业企业的发展模式和产业特点，结合企业全生命周期融资规律，探索建立有别于传统企业的信贷管理模式。在信贷计划和财务资源配置方面予以倾斜，探索给予部分专营组织机构更多授权，以客户和市场需求为中心，打造“一站式”信贷服务模式。完善科技创新创业企业贷款利率定价机制，探索建立科技创新创业企业贷款利率风险定价模型，通过风险管理实现收益分享。

（四）加强新一代信息技术的推广应用。

鼓励各银行积极利用新一代信息技术，发挥互联网和大数据等技术在金融机构业务流程改造、金融产品创新、内部风险控制以及科技创新创业企业增信中的作用，收集分析多维度信息数据，搭建符合科技创新创业企业特点的信用评级模型，实现专营组织机构对科技创新创业企业全流程的风险自动预警和实时风险管控，降低人工运营成本，提高金融服务实体经济的效率和水平。

三、积极拓展科技金融特色产品和服务

（五）推进科技金融产品创新。

在符合现有监管法规的前提下，鼓励各银行开发针对科技创新创业企业特点的金融产品，稳步扩大纯信用贷款、知识产权质押贷款、保证保险贷款、信用保险及贸易融资创新产品占比，优化科技信贷结构。鼓励银行发放中长期贷款，满足科技创新创业企业创新研发、成果转化等中长期资金需求。鼓励各银行结合本行实际，在依法合规、风险可控的前提下开展选择权贷款、认股权协议、集合授信、投贷联动协作、银投联贷等多种方式的投贷联动业务，积极探索以投资收益抵补信贷损失的渠道与方式，合理把握业务创新与风险防范之间的平衡。

（六）积极拓展零信贷科技创新创业企业。

鼓励各银行积极拓展创立以来从未在银行获得授信的零信贷科技创新创业企业，将拓展任务纳入专营组织机构年度工作计划和目标考核体系当中，推动专营组织机构通过有计划的走访、入户调查，参加银企对接活动等方式，积极满足零信贷科技创新创业企业需求，通过支付结算、电子银行、个人金融等综合金融服务帮助企业优化财务安排，引导企业完善公司治理、规范财务报表，提高零信贷科技创新创业企业融资可获得性和便利性。

四、不断完善科技金融人才管理制度

（七）加强科技金融人才队伍建设。

各银行应注重培养同时具备科技、金融专业素养的复合型创新人才。坚持理论与实践相结合原则，推动银行、创投、企业、高校之间加强合作，探索创新人才教育培养合作模式。鼓励各银行在总行或分行层面设立科技金融复合型创新人才专项经费，提供有竞争力的薪酬激励机制，积极引进海外高端领军人才。

（八）建立健全科技金融人员考核体系。

鼓励搭建科技金融团队、人员专项考核激励指标体系，降低利润类、不良类指标权重，提高信用类、客户数量规模类指标权重。加强对优秀科技金融人员的激励机制建设，细化尽职免责要求，制订可操作的差异化风险容忍政策，提升一线员工拓展业务的积极性。

五、加强对科技金融专营组织机构的支持和引导

（九）发挥好货币政策工具的引导作用。

继续完善再贴现审批发放等政策，提升货币政策工具的政策导向作用。优先对科技创新创业企业签发和收受的票据办理再贴现；逐步扩大科技创新创业企业的专项再贴现额度，开辟再贴现审批的绿色通道，优先予以审核和放款，引导资金流向科技创新创业企业。

（十）加大对专营组织机构的政策支持。

人民银行营业管理部支持各银行在专营组织机构信贷资源上给予一定程度倾斜，支持科技创新创业企业扩大直接融资规模。北京银监局探索推进差异化监管等政策落地。中关村管委会根据专营组织机构服务中关村科技创新创业企业的效果和信贷业务规模，给予一定比例的资金支持。

（十一）搭建科技金融行业交流机制。

人民银行营业管理部、北京银监局、中关村管委会共同搭建科技金融行业交流机制。建立银行同业交流机制和平台，分专题定期开展科技金融业务经验交流分享。建立高科技行业专家授课机制，定期邀请行业专家针对高新技术最新发展情况与特点进行交流辅导。

（十二）完善专营组织机构监测和评估。

人民银行营业管理部、北京银监局、中关村管委会共同开展专营组织机构监测和评估。人民银行中关村中心支行建立并完善科技信贷规模、信贷产品结构、服务科技创新创业企业数量和效果等专营组织机构综合评估指标体系。定期公布监测情况和评估结果，有效发挥正向激励效应，不断强化评估结果在信贷政策导向和财政资金支持政策中的应用。

二〇一七年九月十八日

中国银行业监督管理委员会北京监管局

北京银监局办公室关于开展对双积分信用优良企业实施激励措施试点工作的通知

京银监办发〔2017〕50号

为进一步健全守信联合激励机制，强化对良好信用企业的正向激励，为北京市开放型经济发展创造更好条件，2017年7月10日，北京市商务委员会联合我局、中国人民银行营业管理部等八个单位印发了《关于对双积分信用优良企业实施联合激励的若干措施的通知》（市服务业扩大开放办字〔2017〕8号，以下简称《通知》）。按照《通知》要求，我局选取10家银行开展初期试点工作，积极落实将企业信用记录和积分情况作为授信融资的参考条件等相关要求。现将具体事项通知如下：

一、企业信用记录查询方式

北京市依托“开放北京”公共信息服务平台建立了重点服务领域信用监管系统（以下简称“系统”），对外资企业和服务业重点领域企业实行“双积分”信用管理。各行在开展授信融资业务时，对已录入系统的企业，应查询其信用记录及积分情况，并在授信融资时作为参考；对于符合激励条件的信用优良企业适当予以倾斜授信融资资源。北京市商务委员会为各行分配了用户名和初始密码（详见附件），请各行及时修改初始密码，并按照使用手册查询企业的相关信息。如遇系统相关问题，请及时与北京市商务委员会联系人联系。

二、后续工作安排

请各行于2017年11月10日前将负责此项工作的联系人名单（包括姓名、职务、所在部门和联系方式）反馈至我局联系人监管信息网邮箱，并于2018年4月27日前向我局报送系统试用报告，内容包括但不限于系统使用情况、典型案例、遇到的问题和改进建议。我局将向北京市商务委反馈相关情况，并及时协调完善系统功能。

二〇一七年十一月二日

附件：

重点领域信用监管系统使用手册（商业银行）（略）

中国证券监督管理委员会北京监管局

关于下发《北京辖区投资者教育基地建设运行工作指引（试行）》的通知

京证监发〔2017〕309 号

为加强对辖区国家级和省级投资者教育基地（以下简称投教基地）的培育，指导投教基地规范建设和运行，充分发挥好投教基地的宣传教育作用，现下发《北京辖区投资者教育基地建设运行工作指引（试行）》，请遵照执行。

各投教基地运行情况及检查的报告，应当在每季度结束后十个工作日内扫描盖章版 PDF 连同 word 版本报送至 bjjigou1gw@csrc.gov.cn 邮箱。

附件：《北京辖区投资者教育基地建设运行工作指引（试行）》

二〇一七年十一月十五日

附件

北京辖区投资者教育基地建设运行工作指引（试行）

第一章　总　则

第一条　根据《国务院关于进一步促进资本市场健康发展的若干意见》《国务院办公厅关于进一步加强资本市场中小投资者合法权益保护工作的意见》，以及中国证监会《关于加强证券期货投资者教育基地建设的指导意见》（以下简称《指导意见》）、《首批投资者教育基地申报工作指引》（证监会公告〔2015〕23 号）、《第二批证券期货投资者教育基地申报工作指引》（证监会公告〔2016〕36 号）等文件，为规范投资者教育基地（以下简称投教基地）建设和管理，提高其宣传教育等投资者保护工作质量，推动辖区投资者保护工作深入开展，特制定本指引。

第二条　投教基地是指面向社会公众开放，具有证券期货知识普及、风险提示、信息服务等投资者教育功能的场所或网络平台等载体，是开展投资者教育的重要平台。

投教基地按照载体形式不同，分为实体投教基地和互联网投教基地；按照命名层级不同，分为国家级投教基地和省级投教基地。

第三条　投教基地可以由下列三类主体建设运行：一类证券期货交易场所、行业协会，以及受中国证监会管理、为证券期货市场提供公共基础设施或服务的专门机构；二类证券期货经营机构，上市公司、非上市公众公司，以及证券期货中介服务机构；三类其他机构，包括教育科研机构、新闻媒体等。

第四条 建设投教基地的目的是为了传播证券期货投资知识，让投资者拥有一站式的教育服务场所，通过开展多样化投资者教育活动，培育成熟理性的投资者队伍，促进我国资本市场持续健康发展，维护社会和谐稳定。

第五条 建设投教基地需具备如下功能：

1. 通过开展多样化投资者教育活动，展示资本市场发展成果；

2. 投放投资者教育产品，提供投资者咨询等服务；

3. 运用体验式、互动式等技术手段，与投资者进行互动沟通，帮助投资者集中系统、持续便利地获取证券期货知识；

4. 帮助投资者认识投资风险并掌握风险防范措施，知悉权利义务，树立理性投资理念，增强自我保护能力，培育成熟的投资者队伍。

第六条 建设投教基地应当体现以下原则：

1. 公益性原则。投教基地的建设及运行不以营利为目的，平等对待所有投资者。

2. 专业性原则。投教基地应当由专业人员提供专业、准确的投资者教育信息，不得欺诈或者误导投资者。

3. 特色性原则。投教基地应当依托建设主体的资源优势，体现差异，突出特色。

4. 节约性原则。投教基地建设应当体现勤俭节约。

第二章　投教基地建设标准

第七条 投教基地应当具备产品展示区、专家讲堂区、模拟体验区、互动沟通区、征集意见区等基本功能区域，还可以根据投资者需要以及建设主体的优势设置特色区域。

第八条 投教基地应当符合中国证监会《指导意见》、证监会公告〔2015〕23号、证监会公告〔2016〕36号中关于国家级、省级、实体、互联网投教基地建设标准的相关要求，并持续符合中国证监会及北京证监局最新建设标准要求。

第九条 投教基地应当提供投资者参与市场需要了解的必要信息，包括但不限于证券期货基础知识和专项产品业务知识、政策法规、自律规则，投资风险与防范措施，投资者权利义务、权利行使与救济方式，非法证券期货活动的特征与危害，互联网金融与信息安全知识等，注重运用典型案例开展教育。

第三章　投教基地申报要求

第十条 投教基地的申报主体是负责其建设运行的具有独立法人资格的单位，省级投教基地可以由其授权建设运行该基地的分支机构申报。两个以上主体合作建设运行投教基地的，应当商定由其中一方主体负责申报。

第十一条 申报主体应当提供以下材料，并保证信息的真实性和准确性：

1. 投教基地申报表；

2. 申报主体营业执照副本复印件；

3. 投教基地建设运行方案；

4. 投教基地管理制度；

5. 投教基地建设效果、年度投放投教产品或者开展投教活动的资料等；

6. 中国证监会及北京证监局要求提交的其他材料。

第十二条 国家级投教基地申报材料提交中国证监会，省级投教基地申报材料提交北京证监局。

第十三条 北京证监局对省级投教基地申报材料进行受理、反馈、审核后，启动命名程序。申报主体为证券期货分支机构的，向其法人所在地的派出机构征求意见；其他机构申报省级投教基地的，北京证监局可以征求相关主管部门意见。

申报国家级投教基地，按照中国证监会相关审核要求进行。

第十四条 为保证评审工作具有权威性、客观性和公正性，北京证监局组织专家对申报材料进行评审，评审委员会由监管机构、行业协会、资深专家、学者等评审专家组成。评审分为初评、复评、现场评审等环节。

第十五条 评审结束后，评审结果将在北京证监局网站进行公示，公示内容包括申报项目名称、申报单位等基本信息，公示期为十个工作日。向社会公示评审结果后，正式为投教基地命名并向社会公布。

第四章 投教基地运行合规管理

第十六条 证券期货经营机构投教基地合规管理应当纳入本单位合规管理工作体系，其他建设主体应当有专门部门负责投教基地合规管理工作。

第十七条 各投教基地建设主体需对照本指引相关规定，定期开展合规自查，如实反映投教基地运行情况，合规检查的内容应包括但不限于：

1. 投教基地制度建设是否完备；

2. 投教基地专职工作人员编制、工作分工；

3. 投教基地工作计划及执行、投教基地专项经费预算编制及使用；

4. 实体投教基地开放时间；

5. 组织开展各类投资者教育活动计划与实施、参与活动人员的统计；

6. 投教基地网站、微博、微信、APP访问量；

7. 投教基地资料制作与更新，内容是否合规；

8. 投教基地满意度调查；

9. 是否存在借助投资者教育活动变相开展营销活动；

10. 专职工作人员是否具备证券、期货从业资格；

11. 投教基地设备维护与场地安全。

第十八条 投教基地运行过程中不得存在下列情形：

1. 从事违法违规、欺诈误导投资者的活动；

2. 明知或者应当知道投资者教育信息存在虚假记载、误导性陈述或者重大遗漏，仍向投资者提供；

3. 不平等对待所有投资者，存在服务质量差或者安全隐患等问题；

4. 违反公益性原则从事经营性活动，实体投教基地未专门用于投教活动，或开展收费性会员制业务；

5. 不履行本指引规定的日常工作要求，不参加、不配合考核或考核不合格；

6. 存在广告宣传、商业链接、荐股信息等内容；

7. 从事其他损害投资者合法权益的活动；

8. 其他相关法律法规禁止的内容。

第五章　投教基地监管

第十九条　辖区内国家级和省级投教基地应当确保运行持续符合建设标准，如存在与本指引要求不相符的问题，应及时进行整改并将整改方案报北京证监局备案。投教基地负责人及建设主体负责投教基地合规运行管理的相关部门信息发生变动的，应当在五个工作日内向我局报备。

第二十条　辖区内国家级和省级的投教基地建设主体，应当按季度向北京证监局报送运行及合规检查情况，报送内容包括但不限于投教产品投放、投教活动开展、投教设备运行、日常管理、人员配备、经费投入、管理制度落实等。报告应当经建设主体合规负责人或分管高管确认。

第二十一条　北京证监局在日常监管中将持续关注投教基地建设运行情况，采取多种形式开展不定期核查。投教基地建设主体应当主动配合现场检查、考核工作，对发现的问题及时整改。考核结果将适时向社会公布。

第二十二条　投教基地运行中，违反相关法律法规规定或违反本指引监管要求和禁止性规定的，北京证监局将要求其限期改正，情节严重或者逾期不改正的，将采取通报批评、约谈、取消命名并向社会公布等措施。

被取消命名的申报主体三年内不得再次申报。

第六章　附　则

第二十三条　本指引适用于北京辖区投教基地的管理。投教基地命名不表明中国证监会及北京证监局对基地建设主体合规水平、盈利水平等情况作出实质性判断或者保证。

第二十四条　本指引解释权归中国证监会北京监管局。

第二十五条　本指引自发布之日起施行。

关于强化北京辖区上市公司财务规范性的通知

京证监发〔2017〕319 号

北京辖区各上市公司：

为贯彻落实依法从严监管理念和中国证监会上市公司监管部统一部署，强化对上市公司年末突击进行利润调节行为的监管，确保 2017 年财务报告真实、准确、完整的反映公司报告期财务状况、经营成果和现金流量，严格执行企业会计准则及资本市场财务信息披露规则相关规定，保护投资者合法权益，现将有关事项通知如下：

一、严格规范资产交易行为

不得利用缺乏商业实质的资产变卖、处置等交易操纵利润。报告年度发生剥离亏损资产或出售非经营性资产等交易，要严格履行必要的决策程序，充分披露资产出售的目的及商业实质，是否有其他利益安排，交易对手方的情况及是否存在关联关系，交易作价的合理性或依据，相关资产过户情况、款项回收情况及未收回款项相关安排在内的交易具体情况，相关交易的会计处理依据及合法合规性。

二、严格规范债务重组行为

不得利用突击性债务重组等手段操纵利润。存在债务重组情形的，要履行必要的决策程序，保证独立董事和监事切实履行监督职责。充分披露债务形成情况、未还款原因和重组时的实际状况，债务重组中债务结算金额的确定依据和还款的具体安排，是否与债务重组相关方存在关联关系，是否存在其他利益安排。将重组收益确认为利润的，要结合交易情况说明对业务实质的判断及会计处理依据。

三、谨慎进行会计政策、会计估计变更和前期差错更正

不得利用会计政策、会计估计变更、前期差错更正等手段调节会计利润。存在会计政策、会计估计变更、前期差错更正情形的，要严格履行必要的决策程序，保证独立董事和监事切实履行监督职责，充分披露变更、更正的原因和合理性，并就变更、更正形成的影响作出明确的比较和解释。涉及追溯调整或重述的，披露对以往报告期经营成果和财务状况的影响金额，及调整前后的数据。

四、合理计提及转回资产减值

建立健全各类资产减值准备计提、转回和实际损失处理的内部控制制度及具体会计政策。不得通过对有明确迹象表明应计提减值准备的资产不予计提或将已计提减值准备无依据转回等方式粉饰财务报表、调节利润。对商誉、使用寿命不确定无形资产及其他有明确迹象表明可能存在减值的资产，要严格履行规定程序进行减值测试并充分披露减值测试的方法、依据等。通过评估确定资产可收回金额的，要充分披露评估方法的选择依据、评估假设的合理性、运用数据的来源及其可靠性等。存在应收款项等资产大额减值准备转回的，要披露报告期相对于过往期间的变化因素、判断减值转回的原因及合理性。

五、严格规范关联方交易

发生对报告年度利润具有重要影响的关联交易，要严格履行关联交易的审议程序，充分披露关联交易作价的依据、与同类市场化交易的可比性，并对关联交易进行恰当的会计处理。不得利用与关联方之间显失公允的交易调节利润；不得未履行审议程序进行关联交易；不得将关联交易非关联化以掩盖实质上的关联方关系及交易。发生与非关联方之间明显有违公平市场原则的交易，且交易中获取超额收益的，要对交易实质、作价基础、与交易对手方关系等进行说明。

六、规范常规性交易的运作和处理

不得通过没有真实交易背景的商品销售等在年末突击制造利润。在年末改变销售策略和常规合同条款、提前发货的，要充分披露销售策略等改变的具体情况及原因，交易对手方是否为关联方，收入确认政策的相应调整对报告期收入、利润的影响及其合规性。报告期发生其他常规性交易事项相关合同条款的实质性改变并对当期业绩产生重大影响的，要披露有关改变的情况、原因及对财务指标的影响、会计处理的合规性。

七、配合审计机构全面尽责履职，提升审计质量

上市公司应及时将本通知精神传达给公司年审机构，上市公司年审机构应严格遵循《中国注册会计师执业准则》《中国注册会计师职业道德守则》规定，结合中国证监会发布的《会计监管风险提示》

有关内容，履行有针对性的审计程序，获取充分、适当的审计证据，发表恰当的审计意见，不得以带强调事项段的无保留意见或关键审计事项披露代替保留意见或无法表示意见的审计报告。对重大非常规交易、其他高风险事项，以及会计政策、会计估计变更等进行重点审计，构成关键审计事项的，按照新审计报告准则的要求在审计报告中作出具体说明。上市公司应积极配合年审机构工作，按照有关规定进行恰当的会计处理和披露。

我局将全面摸排辖区公司财务风险，适时约谈主要负责人和年报审计会计师，密切关注上市公司年底利润调节行为，一旦发现涉嫌利润操纵等违法违规行为，将启动现场检查，依法依规采取行政监管措施，必要时进行立案稽查。

特此通知。

二〇一七年十一月二十八日

中国保险监督管理委员会北京监管局

北京保监局关于印发北京保险业贯彻落实《中国保险业发展“十三五”规划纲要》实施意见的通知

京保监发〔2017〕63 号

各保险公司北京分公司，现代财产保险（中国）有限公司、中意财产保险有限公司、合众财产保险股份有限公司、中国铁路财产保险自保有限公司、安心财产保险有限责任公司、天安人寿保险股份有限公司、瑞泰人寿保险有限公司、新光海航人寿保险有限责任公司、弘康人寿保险股份有限公司、中华联合人寿保险股份有限公司、新华养老保险股份有限公司，各在京保险专业中介机构，北京保险行业协会、北京保险学会、北京保险中介行业协会：

根据《国务院关于加快发展现代保险服务业的若干意见》（国发〔2014〕29 号）、《中国保监会关于印发〈中国保险业发展“十三五”规划纲要〉的通知》（保监发〔2016〕74 号）和《北京市人民政府关于加快发展现代保险服务业的实施意见》（京政发〔2015〕44 号）等文件精神，北京保监局组织制定了《北京保险业贯彻落实〈中国保险业发展“十三五”规划纲要〉实施意见》。现印发给你们，请结合实际认真组织实施。

二〇一七年四月一日

北京保险业贯彻落实《中国保险业发展“十三五”规划纲要》实施意见

根据《国务院关于加快发展现代保险服务业的若干意见》（国发〔2014〕29号）、《中国保监会关于印发〈中国保险业发展“十三五”规划纲要〉的通知》（保监发〔2016〕74号）和《北京市人民政府关于加快发展现代保险服务业的实施意见》（京政发〔2015〕44号）等文件精神，立足北京发展实际，提出北京保险业贯彻落实《中国保险业“十三五”规划纲要》的指导思想、主要目标和具体举措。

一、指导思想和主要目标

（一）指导思想。

全面贯彻党的十八大和十八届三中、四中、五中和六中全会精神，以邓小平理论、“三个代表”重要思想、科学发展观为指导，深入贯彻习近平总书记系列重要讲话和对北京工作的重要指示精神，立足首都城市战略定位，以“创新、协调、绿色、开放、共享”五大发展理念为引领，积极推进“防控风险、服务大局、改革发展”三大战略，主动适应北京经济发展新常态的形势和要求，不断扩大有效保险供给、满足社会日益增长的多元化保险服务需求，着力构建与北京经济社会发展相适应的现代保险服务业，为加快建设国际一流的和谐宜居之都、率先全面建成小康社会做出积极贡献。

（二）主要目标。

“十三五”时期，北京保险业发展的总体目标是：加快发展现代保险服务业，在实现创新发展方面走在全国前列，行业综合实力、服务能力、创新能力和抵御风险能力显著增强，将北京保险市场建设成为发展水平领先、市场体系完善、功能作用突出、综合竞争力较强的区域保险市场。具体目标是：

行业发展水平保持领先。到2020年，北京保险深度、保险密度和行业管理的总资产继续保持全国领先水平，主体类型更加丰富，业务结构不断优化，盈利能力持续提升，国际竞争力大幅增强。

服务大局能力显著提升。产品创新持续加快，服务手段更加丰富，保障功能日益突出。商业保险的灾害损失补偿率、医疗费用补偿率和养老金替代率逐步提高，成为政府应对风险、化解矛盾、保障民生、助推经济等领域的重要手段。

消费者满意度持续提高。理赔难、销售误导等突出问题得到有效化解，消费者投诉处理效率稳步提升，保险纠纷多元化解决机制更加完善。保险机构服务效率和质量显著提高，行业赢得全社会的广泛认可。

监管现代化水平不断提升。监管制度供给进一步优化，监管方式更加科学，监管手段更加丰富，风险识别、防范和处置机制更加完善，市场行为监管的针对性、科学性和有效性进一步提高。

二、推进现代保险服务业建设

（一）完善北京现代保险市场体系。

支持符合首都城市战略定位的保险法人机构和专业保险资产管理机构在京设立或迁入。鼓励科技创新、互联网保险等新兴业态保险法人机构的设立。支持北京设立养老险、健康险等地方性专业保险机构。鼓励区域性、专业性、中小保险机构走差异化发展道路。鼓励在京设立保险行业资产托管中心、保险资产交易平台等基础平台。

（二）深化保险费率市场化改革。

进一步完善北京地区商业车险费率浮动方案，完善交通违法浮动系数等定价因素，提高保险公司自主定价权，鼓励保险公司研究运用驾驶行为、用车习惯以及车辆安全性能等从人从车因素，提供更加丰富多样、科学合理的车险产品，逐步建立以行业纯风险保费为基准、公司自主确定附加费用率及部分费率调整系数的定价机制。继续深化人身险费率市场化改革，积极研究市场化改革可能带来的变化和影响。鼓励保险机构提供个性化、定制化保险服务。

（三）推进保险中介市场发展。

逐步建立多层次、多成分、多形式的保险中介服务体系，鼓励保险销售多元化发展。加强保险中介机构准入和退出管理。建立保险机构管控责任清单制度，探索建立保险中介机构经营异常信息提示机制。强化北京保险中介行业协会自律管理，推进保险中介机构诚信建设。

（四）提高北京保险业国际竞争力。

发挥北京总部经济优势，鼓励在京保险机构扩大对“一带一路”项目的承保支持、技术支持和本地服务支持，构建境外服务网络，实现风险的全球分散。抓住北京服务业扩大开放综合试点契机，加强中外保险企业交流合作，积极引入国际先进管理技术和经验。支持符合条件的保险机构通过境内外资本市场筹集资金。

三、助力北京经济社会发展

（一）支持北京科技文化中心建设。

鼓励保险机构开发适应科技创新特点的保险产品，探索新技术新产品（服务）“首购首用”风险补偿机制。推进中关村小额贷款保证保险试点和科技保险等工作。推进保险产业园建设，支持打造新型保险机构孵化区，构建以保险业为龙头的国家级金融创新示范区。鼓励保险机构加强文化产业保险产品创新，积极开展知识产权、艺术品、影视、演艺、体育、会展、旅游等保险服务。

（二）鼓励保险资金服务北京重点领域建设。

鼓励保险资金支持北京城市副中心建设、轨道交通建设、空气质量和水环境改善等地方重大项目，为符合首都城市战略定位的现代产业发展提供长期稳定的资金支持。鼓励保险资金支持创业创新，助力北京国家创新战略高地建设。鼓励保险资金参与北京国有企业混合所有制改革。进一步发挥保险机构投资者作用，支持北京多层次资本市场发展。坚持稳健审慎和服务主业，引导保险资金坚持长期投资、价值投资、多元化分散投资，做好资产负债匹配管理。

（三）服务都市型现代农业发展。

鼓励保险机构开发多元化保险产品，推动高效节水农业、循环农业、现代种业、生态旅游农业发展。加快农业保险产品创新发展，支持发展区域特色农产品保险、农作物指数保险等产品。支持保险机构加快“三农”保险服务网点建设，提升农业保险服务水平。健全保险机构与气象、农业、国土等部门的合作机制。充分利用北京市农村金融与风险管理信息平台，运用卫星遥感等信息技术手段，提高农业保险风险管理水平。

（四）服务京津冀协同发展。

推动出台京津冀保险市场区域性标

准，逐步实现业务经营、保险服务、人员流动和数据信息一体化。推动京津冀三地保险监管联动和保险合同纠纷异地调处机制的建立，逐步实现三地舆情监控和信息共享。加快实施三地一体化车险电子保单和交通事故快处快赔机制。探索研究三地养老、健康、大病保险保障服务一体化和均等化。鼓励保险机构开发适合京津冀协同发展特点的保险产品，围绕非首都城市功能疏解做好相关保险服务，促进产业合理布局和优化升级。

四、参与北京社会治理现代化建设

（一）辅助政府公共管理创新。

不断深化交通事故快速处理机制，推动实现无人伤简易车辆案件线上报案、定损和理赔的全流程功能，研究建立涉及人伤案件的交通事故快速处理机制，缓解首都交通拥堵。提升车险服务水平，推动建立线下定损网点行业共享机制。试点发展治安保险、社区综合保险等新兴业务。加快发展与公众利益密切相关的责任保险产品，鼓励发展职业责任保险、医疗责任保险、旅行社责任保险、特种设备责任保险等产品和服务，积极推广安全生产责任保险试点。研究建立建设工程质量潜在缺陷保险制度。

（二）参与城市灾害救助体系建设。

鼓励企业和居民利用商业保险应对灾害事故风险，积极发展企业财产保险、家庭财产保险等产品。鼓励企业为包括外来务工人员在内的职工购买意外伤害和补充医疗保险。加强与北京各政府部门沟通协作，将保险风险管理技术纳入灾害防范救助体系，推动保险纳入特大型城市公共安全管理体系。积极运用保险机构的风险管理和专业技术等优势，强化事前风险防范，促进安全生产和突发事件应急管理。

（三）构建绿色保险体系。

鼓励保险机构创新绿色保险产品和服务，支持环保、节能、清洁能源、绿色交通等产业发展。积累挖掘北京新能源汽车保险数据，推动行业研究开发适应新能源汽车产业发展的保险产品。推动环境污染责任保险发展，支持保险机构开发环境高风险领域的环境污染责任保险。积极推动保险机构参与养殖业环境污染风险管理，建立农业保险理赔与病死牲畜无害化联动处理机制。

五、构筑保险民生保障网

（一）拓展多层次养老保险。

鼓励保险机构开发各类商业养老保险产品，扩大商业养老保险覆盖面，为不同群体提供个性化、差异化的养老保障。鼓励保险机构拓展企业年金业务，支持发展与企业年金、职业年金相衔接的商业养老保险产品。鼓励创新适合于老年人群的产品和服务，进一步推广住房反向抵押养老保险项目试点，配合地方政府推进长期护理保险制度试点，积极配合开展个税递延型养老保险试点。支持保险机构参与投资养老服务产业，丰富养老服务供给，促进保险业与养老服务业融合发展。

（二）发展多元化健康保险。

鼓励保险机构大力发展疾病保险、医疗保险等健康保险产品和服务，探索开发“健康保障 + 健康服务”相结合的产品，在保险责任、保险费率等方面为消费者提供更优选择。进一步推进个人税收优惠型商业健康保险。鼓励商业保险参与城乡居民基本医保及大病保险经办服务，探索商业保险经办新模式。鼓励保险机构参与北京健康服务业产业链整合。持续推进北京健康保险信息平台建设，强化对健康险大数据的深度挖掘和分析应用。推动商业健康保险与北京公共卫生、基本医保、医疗服务的信息系统逐步实现信息共享。

（三）推动多领域民生福祉提升。

大力发展普惠保险，支持开发各类保障适度、保费低廉的小额保险产品。试点开展全民意外伤害保险，提升北京市民意外伤害保障水平。全面推广老年人意外伤害保险、低保低收入群体意外伤害保险，引导保险机构参与民政救助服务，为最低生活保障家庭成员、特困供养人员等救助对象提供综合保险保障，不断提高弱势群体的风险保障能力。发展独生子女家庭保障计划，推广计划生育家庭综合保险，探索对独生子女伤残、死亡家庭保障及无子女家庭保障的新模式。

六、加快保险监管现代化建设

（一）完善现代保险监管体系。

逐步搭建专业监管、部门协作、行业自律、社会监督的现代保险监管体系。积极推动保险中介机构“先照后证”改革，改进准入管理。深入开展资金运用属地监管试点工作，引导保险资金参与首都经济社会建设。贯彻实施“偿二代”监管制度，探索研究保险法人机构偿付能力风险管理传导机制，辅助完善保险分支机构市场行为监管。加强与北京党政部门、司法机关、其他金融监管机构等的沟通联系，建立健全执法联动机制。深化北京保险行业协会、北京保险中介行业协会等社会组织自律、维权、协调等职能。支持新闻媒体、会计审计、评级机构、消费者等发挥社会监督作用。

（二）完善风险防范化解机制。

加强风险识别监测、预警和处置，防范满期给付及非正常退保风险，防范跨市场、跨区域、跨行业传递的风险，防范群体性事件风险，防范声誉风险，坚守不发生区域性系统性风险底线。加强市场行为监管，大力整顿市场秩序，严厉查处保险欺诈、非法集资等违法违规行为，打击不正当竞争行为，保持对重点风险的高压态势。借助行业信息平台，运用大数据分析手段，实现对风险的动态监测和预警，完善非现场监管工作机制。完善突发事件应急处理机制，提高风险应对和处置能力。

（三）完善消费者权益保护机制。

健全保险销售、理赔等各业务环节服务标准。持续开展保险服务、投诉处理等方面的指标评价和披露，深入推进人身险公司销售行为关键指标改善计划，持续提升销售品质和服务质量。严厉打击销售误导、理赔难等侵害消费者合法权益的行为。完善“四位一体”消费者权益保护工作机制，推动行业建立保险合同纠纷处理标准，持续完善合同纠纷诉调对接制度。加强保险消费者教育，创新风险提示方式。

七、改善保险行业发展环境

（一）推进保险业信用体系建设。

搭建北京保险业信用信息管理体系，配合北京市社会信用体系建设，建立守信激励、失信惩戒约束机制。探索建立保险机构信用评级制度，不断完善北京地区销售从业人员警示信息管理系统。支持行业搭建保险欺诈信息交互平台，遏制保险欺诈行为。开展与公安、司法机关的跨行业合作，逐步构建社会反欺诈工作体系。加强保险诚信文化建设，用国学滋养保险文化，营造和谐发展环境。

（二）促生保险行业创新发展动力。

扶植行业创新机制，鼓励保险机构建立创新业务专业团队，支持行业搭建创新交流平台。积极推进产学研用协同创新，鼓励保险机构与高校、科研院所共建保险研发机构。促进保险业“跨界 + 融合”发展，探索“互联网 + 保险”新模式，推动保险产品、服务模式、销售渠道等领域的全面创新。

（三）培育高素质保险人才队伍。

以行业协会为依托，建立涵盖法律合规、新闻宣传、国学修养等一体化的教育培训体系，全面提高教育培训的质量，努力造就一批具有国际视野、富有改革创新精神的管理人才。健全完善专业资格认证管理和销售人员分类管理制度，加强保险销售人员职业道德教育和专业培训，切实培养一批适应行业发展、全面综合发展的技术人才、营销人才。

（四）提升全社会保险意识。

发挥新闻媒体正面宣传与引导作用，鼓励新闻媒体开办保险频道或栏目，组织行业通过全国保险公众宣传日、开展公益活动等多种形式，普及保险知识，宣传保险成效，在全社会形成学保险、懂保险、用保险的氛围。积极开展保险知识“五进入”活动。推进行业新闻发言人制度，打造行业新闻宣传队伍，有效宣导保险行业监管价值理念和保险行业价值理念。

八、实施保障

《实施意见》结合首都经济社会发展实际和北京保险市场特点，明确了北京保险业“十三五”时期的主要目标和举措，是北京保险业未来五年发展的行动纲领。

北京保险业各级党委要发挥领导核心作用，提升领导现代保险服务业发展的能力和水平，发挥基层党组织的作用，持续开展党风廉政建设，为落实《实施意见》创造良好环境。

北京保监局负责《实施意见》落实的统一部署，根据国家和北京的经济金融形势，适时调整相关政策措施；分解主要任务，确保目标顺利实现。

北京保险行业协会、北京保险学会、北京保险中介行业协会等行业社团组织应广泛宣传《实施意见》，深化行业自律，加强自身能力建设，充分发挥好各专业委员会职能作用，认真推动会员单位贯彻落实。

各保险机构要按照《实施意见》确定的目标和举措，结合公司自身发展实际，制定年度分解工作计划和评估考核制度，确保各项举措落到实处，为首都社会经济发展发挥积极作用。

附录：

名词解释

一、首购首用：指通过政府采购方式及风险补偿机制，鼓励优先购买和使用代表先进技术发展方向的、首次投向市场但暂时还不具有市场竞争力的自主创新产品。

二、三农：指农村、农业和农民。

三、先照后证：指先向工商部门申请办理营业执照，再到许可审批部门办理经营许可审批手续。

四、偿二代：指中国第二代偿付能力监管制度体系，该体系以风险为导向，分别从定量资本要求、定性监管要求和市场约束机制三个方面对保险机构的风险和资本进行监督和管理。

五、四位一体：指涵盖消费者、保险机构、行业协会、保险监管的消费者权益保护机制。

六、五进入：指进学校、进农村、进社区、进机关、进企业。

北京保监局关于印发《北京地区人身保险电子化回访试点办法》的通知

京保监发〔2017〕155 号

各人身保险公司北京分公司，天安人寿保险股份有限公司、瑞泰人寿保险有限公司、新光海航人寿保险有限责任公司、弘康人寿保险股份有限公司、新华养老保险股份有限公司、爱心人寿保险股份有限公司，北京保险行业协会：

根据中国保监会《关于在北京地区推行电子化回访试点工作的批复》（保监人身险〔2017〕127 号）要求，我局决定在北京地区开展人身保险电子化回访试点工作。为规范电子化回访工作管理，切实保护保险消费者合法权益，我局制定了《北京地区人身保险电子化回访试点办法》，现印发给你们，请遵照执行。

二〇一七年八月九日

北京地区人身保险电子化回访试点办法

第一章　总　则

第一条　为适应信息化技术在保险服务中的应用需求，鼓励保险公司服务模式创新，规范电子化回访管理，保护保险消费者合法权益，根据《中华人民共和国保险法》及相关法律法规，制定本办法。

第二条　本办法适用于北京市行政区内保险公司对在京经营的人身险业务使用电子化方式开展回访工作。

第三条　电子化回访，是指依托互联网和移动通信等技术对合同期限超过一年的个人人身保险新单业务进行回访。

第四条　具备电子化回访试点条件的保险公司，可将电子化回访作为首次回访工作的可选方式。

第二章　备案管理

第五条　保险公司开展电子化回访的，应具备支持电子化回访的信息管理系统。系统应能妥善保存电子数据，保留完整操作日志，杜绝人为干预和数据操控。

第六条　保险公司开展电子化回访的，应提前 15 个工作日向我局备案。逾期未收到我局不同意见，即可开展电子化回访工作。备案应包括以下材料：

（一）开展电子化回访的书面报告，内容至少包括开展电子化回访的载体、方式、流程和适用渠道，客户信息真实性管控手段及纠纷处理机制等；

（二）电子化回访的管理制度，内容至少包括问题件处理机制、客户信息真实性抽检机制、责任追究机制等；

（三）信息管理系统的建设报告，内容至少包括系统建设单位、主要功能、与其他系统对接情况等。

第三章　行为规范

第七条　保险公司开展电子化回访工作的，应依据本办法制定电子化回访相关制度和流程，确保回访工作切实发挥作用，回访服务高效和便捷。应遵循以下要求：

（一）应保证投保人接受回访的权利，不得设置拒绝回访制度，或以其他方式引导客户放弃接受回访的权利。

（二）应本着投保人自愿的原则开展电子化回访，保证投保人自主选择回访方式的权利。

第八条　保险公司应对接受回访客户的真实性进行甄别，使用有效的技术手段确保接受回访的客户为投保人本人。鼓励保险公司采用短信验证码、身份证信息采集比对、人脸识别等技术手段验证客户身份。

第九条　保险公司开展电子化回访的，应在犹豫期内完成回访。电子化回访或电话回访不成功的，应以上门回访、书面信函等形式补充。非投保人原因造成超犹豫期回访的，如投保人在回访后合理期间内退保，应按犹豫期退保处理。

第十条　电子化回访内容应覆盖监管要求的回访内容。应确保投保人认真阅读并了解各项回访内容，并保证投保人对各项回访内容进行逐一确认。

第十一条　保险公司应采取有效措施确保客户在回访过程中充分反映问题的权利，并在系统中准确记录问题件。保险公司在回访中发现存在销售问题的，应当自发现问题之日起15个工作日内由销售人员以外的人员予以解决。

第十二条　保险公司应妥善保存回访记录和有效回访证明，保存期限自保险合同终止之日起计算不得少于10年。

第四章　服务与保障

第十三条　保险公司应针对客户信息真实性建立抽检制度，抽查核实是否为投保人本人接受电子化回访，并留存抽检工作记录。

第十四条　保险公司应根据自身经营情况，对大额投保件、高龄投保件或其他可疑投保件采取承保前回访或回访中补充核实等风险控制措施。

第十五条　保险公司应探索建立与电子化回访相结合的咨询、查询和投诉等在线服务体系。

第五章　法律责任

第十六条　北京保监局依照本办法对保险公司开展电子化回访工作实施监督管理。保险公司在试点过程中违反《中华人民共和国保险法》等有关法律法规的，北京保监局将视情况停止其试点工作，并依法采取监管措施。

第六章　附　则

第十七条　本办法未尽事宜，按中国保监会有关规定以及北京保监局《北京地区人身保险经营行为管理办法》（京保监发〔2014〕213号）执行。

第十八条　本办法自下发之日起执行，施行期限为2年。

中国保险监督管理委员会北京监管局
中国保险监督管理委员会天津监管局
中国保险监督管理委员会河北监管局

北京保监局　天津保监局　河北保监局关于保险公司和保险专业代理机构跨京津冀区域经营备案管理试点有关事项的通知

京保监发〔2017〕70 号

京津冀辖内各相关保险机构：

为深入贯彻落实《中国保监会关于保险业服务京津冀协同发展的指导意见》（保监发〔2015〕106 号）、《中国保监会关于印发〈保险公司跨京津冀区域经营备案管理试点办法〉及开展试点工作的通知》（保监发〔2017〕1 号，以下简称《保险公司备案试点通知》）、《中国保监会关于印发〈保险专业代理机构跨京津冀经营备案管理试点办法〉及开展试点工作的通知》（保监发〔2017〕3 号，以下简称《专业代理备案试点通知》）以及《关于印发〈京津冀保险公司分支机构高级管理人员任职资格备案管理试点办法〉及开展试点工作的通知》（保监发〔2016〕94 号，以下简称《高管人员备案试点通知》）等文件精神，推进京津冀保险服务一体化建设，促进京津冀保险业协同发展，结合三地保险市场实际，现就有关事项通知如下：

一、关于机构设立事项。对于拟开展人身保险业务，车险、家财险等关系社会公众利益的财产保险业务的，保险公司原则上应在备案地设立省级（不含省级）以下分支机构，确保保险消费者权益保护落地、公司合规经营落地、风险防范落地。分支机构命名原则上应遵循“保险公司总公司名称 + 分支机构名称”的规则，并符合工商管理部门的有关要求。分支机构负责人不得跨区域兼任。

二、关于保险产品事项。跨区域经营的保险公司，应当报备并使用符合备案地监管要求和费率水平的保险产品。投保单中应以加粗字体列明公司住所、后续服务等关键信息，对消费者进行必要提示。

三、关于提供偿付能力报告事项。提出跨区域经营备案的保险公司总公司上一年度及提交申请前连续两个季度偿付能力应符合《保险公司分支机构市场准入管理办法》中对于新设分支机构偿付能力的有关要求。备案材料中的偿付能力报告应符合《中国保监会关于正式实施中国风险导向的偿付能力体系有关事项的通知》（保监发〔2016〕10 号）中关于报告事项的要求。上一年度经审计的偿付能力报告须包含审计报告，审计报告应有经签名或盖章的审计机构意见。提交跨区域经营申请时应当提交的偿付能力报告尚未完成的，可提供最近期间已完成的相关报告并附说明，待偿付能力报告完成后及时补报。

四、关于信息系统建设事项。跨区域经营的保险机构应遵循备案地保监局对信息系统建设的要求，与备案地保监局建立公文传输机制，并实现与备案地保险行业有关平台的数据交换等功能。跨区域经营数据统计应当符合《保险公司备案试点通知》和《专业代理备案试点通知》有关要求，避免重复统计。

五、关于保险专业代理机构事项。拟开展跨区域经营的全国性保险专业代理机构的注册资本应不低于人民币 5 000 万元。保险专业代理机构向保监局申请跨区域经营备案的，除提交《专业代理备案试点通知》第七条（一）至（四）项材料外，还应提供上一年度财务报表。

六、关于信访举报和投诉事项。跨区域经营的保险公司在备案地设立两家以上分支机构的，应授权其中一家分支机构负责处理备案地保监局转办的信访举报、消费者投诉等事项，并按照备案地保监局要求提供相关资料。

七、关于高级管理人员任职资格考试事项。实施京津冀三地保险公司分支机构高级管理人员任职资格考试成绩互认制度，拟在京津冀辖内任职人员可在三地任一保监局参加高级管理人员任职资格考试，考试通过并获取考试成绩合格的有效凭证，作为申请京津冀任一地区高级管理人员任职资格的依据，考试成绩 1 年内有效。

八、各保险机构在开展跨区域备案及备案后经营过程中，应严格遵守备案地监管要求，确保依法合规经营。

九、本通知自发布之日起实施，实施时限与《保险公司备案试点通知》《专业代理备案试点通知》和《高管人员备案试点通知》试点期限保持一致。

请各保险公司省级分公司将本通知转至所属总公司，并协调做好贯彻实施工作。

二〇一七年四月十七日

北京市金融工作局

北京市金融工作局
关于建立市区金融协同创新发展工作机制的意见

京金融〔2017〕60 号

各区金融办：

为贯彻落实习近平总书记视察北京重要讲话精神，加快培育现代金融服务业，更好地推动首都金融产业健康发展，现就建立市区两级金融协同创新发展工作机制提出以下意见。

一、总体要求

全面贯彻党的十八大和十八届三中、四中、五中、六中全会精神，落实市委十一届十三次全会精神，牢固坚持新发展理念，在首都金融创新协同发展中充分发挥北京作为集决策监管、资产管理、支付结算、信息交流、标准制定于一体的国家金融管理中心的作用，按照“稳中求进”的工作总基调，深化金融供给侧结构性改革，切实推进金融创新，加强防范化解金融风险，提升首都金融创新发展和管理服务水平，加快建设具有国际影响力的金融中心城市。

二、工作原则

（一）坚持“全市金融工作一盘棋”的原则。市区两级要加强统筹、加强协同、加强风控、加强联动，正确处理局部利益与整体利益的关系、短期发展与长远布局的关系、区域发展与相互协同的关系、金融创新发展与服务实体经济的关系。建立国家级、市级重点金融项目横向布局与纵向协调的联动机制，强化对全局性、战略性及跨区域、跨领域金融工作的统筹协调。发挥各区金融办的主动性、积极性和创造性，鼓励各区根据不同区位条件和资源环境禀赋，优化金融发展规划布局，促进本市金融业联动、融合、协调发展。

（二）坚持整体推进和重点突破相结合的原则。在谋划金融产业发展中，既全面发展，又重点突破。各区在实际工作中，找准金融发展难点和工作突破口，全力以赴抓好重点项目，以重点项目突破、重点机构落地为引领，带动区域金融工作和服务水平的整体提升。加强对传统金融产业与新兴金融产业的统筹规划、系统布局，明确发展时序，促进协调发展。

（三）坚持严格监管与防控风险并重的原则。对市金融局、区金融办职责范围内的审批、监管事项，进一步严格审批，规范流程，对重点领域加强重点监管，对金融风险加强全面监管，综合运用信用监管、非现场监管、现场检查、警示约谈、发警示函、黑名单等手段，加强监测预警与专项检查相结合，在确保金融风险全覆盖的同时，加大防范化解金融风险的力度，提高综合监管、防范化解金融风险和打击非法集资工作的针对性和有效性。市金融局对各区金融办及时传达、深入贯彻中央和市委市政府对首都金融发展的新理念和新要求，不断加强对各区金融创新发展工作和金融风险防控工作的指导和督促，促进市区之间、各区之间的沟通、交流和协作。

三、工作机制

（一）金融改革创新统筹协调机制。

市金融局定期召开市区金融工作协调会，会议分为全体会议和重点推进会议。全体会议每年召开不少于1次，总结全市金融发展工作、研究金融创新措施、部署金融发展任务。重点推进会议根据工作需要不定期召开，议题根据实际工作情况确定，传达、贯彻落实国家和市有关金融政策措施，分析当前金融形势，研究解决工作中遇到的重大问题。

（二）金融发展信息沟通机制。

建立信息联络员制度。每个区设立一名金融信息联络员，发挥好信息联络员的作用，利用信息共享媒介，加强市区两级金融工作沟通联络。市金融局建立日常信息的报送交流机制，每月编发金融工作简报。各区金融办每季度定期报送金融运行、发展与金融风险防控工作情况，市金融局每季下发首都金融运行、在京金融机构信息、金融统计监测、金融产业政策、金融创新举措、金融风险排查、金融研究成果等信息内容。

（三）金融审批事项常态化协同监管机制。

切实加强市区金融协同监管、综合监管、底线监管。市区共同加强金融监管能力建设，完善监管制度，提升监管有效性。市金融局对区金融办的初审事项和金融监管工作发挥指导、协调和监督作用，并充分调动和发挥区金融办作用，每年对区金融办监管能力和风险防控工作进行评估，提出改进意见建议。各区金融办要强化对小额贷款公司、融资性担保公司、交易场所、P2P网络借贷机构等类金融机构的金融监管责任，不断完善非现场监管和现场检查工作，运用现代信息科技手段，缓解监管对象多与监管任务重的矛盾，加强类金融机构准入会商机制建设，实现退出机制常态化、规范化。

（四）金融重点项目跟踪督办机制。

优先完成中央和市委市政府关于金融发展的重大决策部署，做好国家、全市年度重点金融工作与各区年度重点工作的衔接、协同和有效完成。建立全市年度重点金融项目和市领导批示重要事项市区协同办理的跟踪督办机制，市区两级统筹协调、加强服务、形成合力，掌握金融机构诉求，切实做好金融服务工作。

（五）上市公司培育服务机制。

加大金融支持实体经济力度。各区通过政策支持、培育辅导推动区内企业利用主板、创业板、全国中小企业股份转让系统、本市区域性股权市场、机构间私募产品服务与报价系统规范、上市、挂牌、融资、并购。有条件的区可设立上市公司产业园、三板市场挂牌公司培育基地、北京四板市场企业孵化培育基地，促进“高精尖”产业形成和上市公司全产业链发展。市金融局建立场外资本市场专家服务团队，为各区相关工作提供支持。

（六）金融政策激励机制。

不断优化金融产业发展环境，吸引和鼓励金融机构、金融人才创新发展。按季度为符合政策要求的各类金融机构落实金融发展促进政策。加强市区落实金融政策的及时沟通和协调服务工作。市区两级密切配合，严把政策关、严守时间关、严格材料审核关，为金融机构服务首都经济创新发展做好政策服务支持工作。各区要为首都金融人才发展创造良好金融发展环境，制定落实好金融人才激励政策，集聚培育一批勇于创新、精通业务的金融高端人才。

（七）金融风险应急处置机制。

认真履行金融风险防控化解的属地管理责任，把防范处置金融风险放在更加重要的位置，做好日常监管、风险排查、监测预警、案件查处、善后处置、宣传教育、维护稳定的工作，化解一批风险点，守住不发生系统性区域性风险的底线。对于辖区内违规问题严重的金融机构、准金融机构，及时制定突发事件应急方案及维稳工作预案，协调工商、税务、公安等部门联合开展现场检查和风险处置等相关工作，稳妥有序处置可能发生的风险，市区协同，积极处置信访、非正常访、闹访缠访等风险事件。各区对监测和获得的金融机构风险信息，应及时报送市金融局。

四、组织保障

成立市区金融协同发展工作领导小组，组长由市金融局主要领导同志担任，副组长由市金融局分管同志担任，小组成员由各区金融办和市金融局内设处室负责人组成。办公室设在金融协调处，负责统筹推进领导小组议定事项，做好市区金融工作协调和会议筹备工作，协调推进首都金融产业改革创新等相关工作，完成领导小组交办的其他工作。

二〇一七年四月十九日

附：

2017 年文件与规章目录选编

中国人民银行营业管理部

1. 中国人民银行营业管理部关于北京市电子清分服务平台票据影像化业务试点上线运行的通知

银管发〔2017〕3 号

2. 中国人民银行营业管理部关于印发《中国人民银行营业管理部金融机构账户管理办法》的通知

银管发〔2017〕5 号

3. 中国人民银行营业管理部关于开展法人机构反洗钱分类评级管理工作的通知

银管发〔2017〕12 号

4. 中国人民银行营业管理部关于调整非银行支付机构分类评级相关指标的通知

银管发〔2017〕34 号

5. 中国人民银行营业管理部关于北京市电子清分服务平台升级改造（二期）正式上线运行的通知

银管发〔2017〕44 号

6. 中国人民银行营业管理部关于开展 2017 年“金融消费者权益日”活动的通知

银管发〔2017〕45 号

7. 中国人民银行营业管理部关于进一步规范北京地区空头支票行政处罚工作有关事项的通知

银管发〔2017〕51 号

8. 中国人民银行营业管理部关于做好普通纪念币发行管理工作的通知

银管发〔2017〕64 号

9. 中国人民银行营业管理部　中国银行业监督管理委员会北京监管局　北京市住房和城乡建设委员会　北京住房公积金管理中心关于加强北京地区住房信贷业务风险管理的通知

银管发〔2017〕68 号

10. 中国人民银行营业管理部关于印发《北京辖区内支付机构客户备付金交存工作实施细则（暂行）》的通知

银管发〔2017〕71 号

11. 中国人民银行天津分行　中国人民银行营业管理部　中国人民银行石家庄中心支行关于进一步做好 2017 年金融支持京津冀协同发展工作的通知

银管发〔2017〕77 号

12. 中国人民银行营业管理部关于建立北京地区金融机构票据业务监测制度的通知

银管发〔2017〕83 号

13. 中国人民银行营业管理部关于保险专业代理公司等四类新增义务机构大额交易和可疑交易报告主体资格申请的通知

银管发〔2017〕84 号

14. 中国人民银行营业管理部关于报送限期停止为违规交易场所提供支付结算服务整改报告的通知

银管发〔2017〕88 号

15. 中国人民银行营业管理部　北京市住房和城乡建设委员会　中国银行业监督管理委员会北京监管局关于房地产开发

企业　房地产经纪机构履行反洗钱义务的通知

银管发〔2017〕99 号

16. 中国人民银行营业管理部关于修订北京地区农村支付服务环境建设业务指标的通知

银管发〔2017〕102 号

17. 中国人民银行营业管理部关于做好 2017 年度信息安全工作的通知

银管发〔2017〕103 号

18. 中国人民银行营业管理部关于加强北京市商业银行代理国库集中收付业务监督管理有关事宜的通知

银管发〔2017〕104 号

19. 中国人民银行营业管理部关于注销独角兽信用管理（北京）有限公司企业征信业务经营备案的决定

银管发〔2017〕107 号

20. 中国人民银行营业管理部关于调整年度现金需求计划及发行基金调拨计划报送工作的通知

银管发〔2017〕116 号

21. 中国人民银行营业管理部关于中央国家机关住房资金管理中心接入北京市电子清分服务平台的通知

银管发〔2017〕152 号

22. 中国人民银行营业管理部关于开展原封新券先进先出制度执行情况专项检查的通知

银管发〔2017〕154 号

23. 中国人民银行营业管理部关于在北京地区开展空头支票行政处罚改革试点工作的通知

银管发〔2017〕156 号

24. 中国人民银行营业管理部关于印发《北京地区支农再贷款管理办法》的通知

银管发〔2017〕157 号

25. 中国人民银行营业管理部关于印发《中国人民银行营业管理部处理存款准备金违法行为暂行办法》的通知

银管发〔2017〕158 号

26. 中国人民银行营业管理部关于申报农村支付环境建设资金补贴的通知

银管发〔2017〕178 号

27. 中国人民银行营业管理部关于做好现金服务“补短板、惠三农”工作的通知

银管发〔2017〕185 号

28. 中国人民银行营业管理部关于做好《支付业务许可证》未获续展后续相关工作的通知

银管发〔2017〕188 号

29. 中国人民银行营业管理部关于开展北京地区金融消费者投诉分类标准应用试点工作的通知

银管发〔2017〕191 号

30. 中国人民银行营业管理部关于印发《北京地区空头支票行政处罚改革试点工作指引》的通知

银管发〔2017〕200 号

31. 中国人民银行营业管理部关于进一步做好 2017 年北京市金融 IC 卡应用推进工作的通知

银管发〔2017〕205 号

32. 中国人民银行营业管理部关于开展 2017 年度支付系统宣传活动的通知

银管发〔2017〕206 号

33. 中国人民银行营业管理部　中国银行业监督管理委员会北京监管局　关于开展 2017 年“金融知识普及月”暨“金融知识进万家”联合宣传活动的通知

银管发〔2017〕210 号

34. 中国人民银行营业管理部关于开

展2017年“金融知识普及月”活动的通知

银管发〔2017〕211号

35. 中国人民银行营业管理部关于做好中国人民解放军建军90周年普通纪念币发行工作有关事项的通知

银管发〔2017〕217号

36. 中国人民银行营业管理部关于印发《2017年北京市金融机构人民币管理工作考核标准》的通知

银管发〔2017〕227号

37. 中国人民银行营业管理部关于开展2017年北京市反假货币宣传月活动的通知

银管发〔2017〕237号

38. 中国人民银行营业管理部关于建立北京市金融消费者权益保护工作顾问暨争议调解专家库的通知

银管发〔2017〕244号

39. 中国人民银行营业管理部关于落实对代币发行融资开展清理整顿工作加强支付结算管理的通知

银管发〔2017〕245号

40. 中国人民银行营业管理部关于做好境内外币支付系统架构调整有关工作的通知

银管发〔2017〕253号

41. 中国人民银行营业管理部　中国银行业监督管理委员会北京监管局　中关村科技园区管理委员会关于进一步推动中关村国家自主创新示范区科技金融专营组织机构创新发展的意见

银管发〔2017〕260号

42. 中国人民银行营业管理部关于做好北京城市处理中心网络更新上线工作的通知

银管发〔2017〕261号

43. 中国人民银行营业管理部关于同意北京市社会保险基金管理中心接入北京市电子清分服务平台的通知

银管发〔2017〕270号

44. 中国人民银行营业管理部关于印发《北京辖区内金融机构欠交存款准备金行为原因分析》的通知

银管发〔2017〕280号

45. 中国人民银行营业管理部关于再贴现电子化操作有关事项的通知

银管发〔2017〕281号

46. 中国人民银行营业管理部关于进一步做好假美元防范工作的通知

银管发〔2017〕284号

47. 中国人民银行营业管理部关于修订发行库查库制度有关问题的通知

银管发〔2017〕288号

48. 中国人民银行营业管理部关于做好第二代支付系统国产密码算法推广运行工作的通知

银管发〔2017〕293号

49. 中国人民银行营业管理部关于开展2017年度金融业机构信息管理系统信息验证及检查工作的通知

银管发〔2017〕295号

50. 中国人民银行营业管理部关于2017年度国家债券兑付工作有关事项的通知

银管发〔2017〕296号

51. 中国人民银行营业管理部关于修订银行金融机构综合评价反洗钱分项评价标准的通知

银管发〔2017〕306号

52. 中国人民银行营业管理部关于印发《北京地区移动支付便民示范工程实施方案》的通知

银管发〔2017〕314号

53. 中国人民银行营业管理部关于落实银行机构综合评价反洗钱分项评价工作的通知

银管发〔2017〕316 号

54. 中国人民银行营业管理部关于做好“和”字书法——楷书普通纪念币发行工作有关事项的通知

银管发〔2017〕322 号

55. 中国人民银行营业管理部关于启用“央行北京 · 现金服务”小程序的通知

银管发〔2017〕325 号

56. 中国人民银行营业管理部关于进一步做好北京市电子清分服务平台支票截留业务的通知

银管发〔2017〕340 号

中国银行业监督管理委员会北京监管局

1. 《关于加强北京地区住房信贷业务风险管理的通知》

银管发〔2017〕68 号

2. 《关于构建首都绿色金融体系的实施办法》

京金融〔2017〕152 号

3. 《北京银监局办公室关于开展对双积分信用优良企业实施激励措施试点工作的通知》

京银监办发〔2017〕50 号

中国证券监督管理委员会北京监管局

1. 关于基金管理公司及其子公司做好新规落实工作的通知

京证监发〔2017〕4 号

2. 关于做好期货公司资产管理业务现场检查整改工作的通知

京证监发〔2017〕7 号

3. 关于申报第二批证券期货投资者教育基地相关事项的通知

京证监发〔2017〕10 号

4. 关于北京辖区上市公司 2016 年年报监管工作有关事项的通知

京证监发〔2017〕12 号

5. 关于开展北京辖区期货分支机构年度合规自查自纠工作的通知

京证监发〔2017〕16 号

6. 关于做好 2016 年度期货公司年报审计工作的通知

京证监发〔2017〕17 号

7. 关于举办北京辖区挂牌公司“监管第一课”第二期培训的通知

京证监发〔2017〕19 号

8. 关于开展“自查自纠、规整规范”专项活动的通知

京证监发〔2017〕21 号

9. 关于接入证联网测试网络相关工作的通知

京证监发〔2017〕40 号

10. 关于证券公司经理层人员任职资格年检的通知

京证监发〔2017〕43 号

11. 关于举办北京辖区挂牌公司“监管第一课”第三期培训的通知

京证监发〔2017〕46 号

12. 北京证监局关于开展公司债券发行人自查工作的通知

京证监发〔2017〕54 号

13. 关于召开 2017 年机构监管工作会的通知

京证监发〔2017〕60 号

14. 北京证监局关于召开北京辖区公

司债券受托管理人工作会议的通知

京证监发〔2017〕70 号

15. 关于加强北京辖区股转系统挂牌公司 2017 年度监管工作的通知

京证监发〔2017〕72 号

16. 关于上市公司进一步规范限制性股票公允价值确认的监管通报

京证监发〔2017〕81 号

17. 关于加强证券基金经营机构基础设施备案管理工作的通知

京证监发〔2017〕89 号

18. 关于北京辖区证券期货经营机构做好行业信息安全服务保障工作的通知

京证监发〔2017〕90 号

19. 关于开展 2017 年度证券公司信息技术专项检查的通知

京证监发〔2017〕103 号

20. 关于开展"投资者保护·明规则、识风险"专项宣传活动的通知

京证监发〔2017〕106 号

21. 关于做好可转债等发行改革技术准备工作的通知

京证监发〔2017〕136 号

22. 关于落实《通过港股通机制参与香港股票市场交易的公募基金注册审核指引》相关要求的通知

京证监发〔2017〕138 号

23. 关于开展 2017 年北京辖区期货公司专项自查有关工作的通知

京证监发〔2017〕145 号

24. 关于开展第七次证券期货业信息技术资源调查的通知

京证监发〔2017〕159 号

25. 关于报送北京辖区投资者教育基地运行情况的通知

京证监发〔2017〕265 号

26. 关于做好外国证券类机构驻华代表机构 2016 年度工作报告及相关工作的通知

京证监发〔2017〕275 号

27. 关于取消北京辖区上市公司保荐机构持续督导执业质量评价有关工作安排的通知

京证监发〔2017〕284 号

28. 关于推动投资者教育纳入国民教育体系相关工作的通知

京证监发〔2017〕292 号

29. 关于防范英特尔公司 Atom C2000 系列芯片安全风险的通知

京证监发〔2017〕293 号

30. 关于下发《北京辖区投资者教育基地建设运行工作指引（试行）》的通知

京证监发〔2017〕309 号

31. 关于召开北京辖区第十五次公募基金管理机构合规负责人联席会议的通知

京证监发〔2017〕316 号

32. 关于强化北京辖区上市公司财务规范性的通知

京证监发〔2017〕319 号

33. 北京证监局关于开展公司债券投资者权益保护教育专项活动的通知

京证监发〔2017〕330 号

34. 关于进一步强化合规参与投资者投诉举报处理工作的通知

京证监发〔2017〕331 号

35. 关于做好投资者适当性管理办法实施有关工作的通知

京证监发〔2017〕342 号

36. 关于做好《证券公司和证券投资基金管理公司合规管理办法》实施有关工作的通知

京证监发〔2017〕344 号

37. 北京证监局关于开展北京辖区

2017 年“12・4”国家宪法日宣传活动的通知

京证监发〔2017〕345 号

38. 关于持续做好辖区基金管理公司及其专户子公司规范整改工作的通知

京证监发〔2017〕353 号

39. 关于召开北京辖区上市公司 2017 年年报审计监管工作会议的通知

京证监发〔2017〕354 号

40. 北京局关于 IPO 审计失败案例的分析报告

京证监字〔2017〕5 号

41. 关于北京辖区部分高杠杆债券专户产品相关情况的核查报告

京证监字〔2017〕22 号

42. 关于在北京市注册的股份公司首次公开发行上市的情况分析报告

京证监字〔2017〕26 号

43. 北京证监局关于 2016 年证券市场融资情况的报告

京证监字〔2017〕27 号

44. 北京证监局关于 2016 年北京辖区公司债券融资情况的报告

京证监字〔2017〕31 号

45. 关于北京辖区期货公司 2016 年度年报审计监管工作的报告

京证监字〔2017〕73 号

46. 关于北京辖区独立基金销售机构监管情况的报告

京证监字〔2017〕75 号

47. 2017 年北京辖区私募基金专项检查报告

京证监字〔2017〕100 号

48. 关于北京辖区证券公司 2016 年年报分析及审计监管情况的报告

京证监字〔2017〕132 号

49. 关于对北京辖区律师事务所从事企业首次公开发行股票并上市证券法律业务的专项检查报告

京证监字〔2017〕136 号

50. 关于北京辖区证券公司落实账户实名制现场检查情况的报告

京证监字〔2017〕164 号

51. 关于《证券公司和证券投资基金管理公司合规管理办法》实施相关意见的报告

京证监字〔2017〕168 号

52. 关于北京辖区证券公司 2017 年分类评价的初审报告

京证监字〔2017〕171 号

53. 北京证监局关于 2017 年上半年证券市场融资情况的报告

京证监字〔2017〕191 号

54. 北京证监局关于北京区域性股权市场规范发展阶段性情况的报告

京证监字〔2017〕195 号

55. 北京证监局关于上市公司监管工作经验总结及问题建议的报告

京证监字〔2017〕200 号

56. 关于北京辖区上市公司行政监管措施实施情况的调研报告

京证监字〔2017〕202 号

57. 北京证监局关于北京辖区公司债券发行人 2017 年现场检查工作的总结报告

京证监字〔2017〕212 号

58. 关于北京证监局 2016 年年报审计监管工作总结报告

京证监字〔2017〕262 号

59. 关于 2017 年度北京辖区私募基金监管工作的总结报告

京证监字〔2017〕297 号

60. 北京证监局 2017 年度会计监管工作总结报告

京证监字〔2017〕300号

61. 北京证监局2017年打非工作总结

京证监字〔2017〕321号

中国保险监督管理委员会北京监管局

1. 北京保监局关于印发北京保险业贯彻落实《中国保险业发展“十三五”规划纲要》实施意见的通知

京保监发〔2017〕63号

2. 北京保监局　天津保监局　河北保监局关于保险公司和保险专业代理机构跨京津冀区域经营备案管理试点有关事项的通知

京保监发〔2017〕70号

3. 北京保监局关于开展保险专业中介机构经营异常信息提示工作的通知

京保监发〔2017〕118号

4. 北京保监局关于印发《北京地区人身保险电子化回访试点办法》的通知

京保监发〔2017〕155号

5. 中国保险监督管理委员会北京监管局　北京市公安局印发《反保险诈骗合作备忘录》的通知

京保监发〔2017〕184号

6. 关于印发《北京地区保险公司银邮渠道人身险业务管控责任清单（试行）》及《北京地区保险公司银邮渠道人身险业务管控指引（试行）》的通知

京保监发〔2017〕193号

7. 关于做好2018年北京地区人身险市场满期给付与退保风险排查工作的通知

京保监发〔2017〕218号

北京市金融工作局

1. 北京市金融工作局关于建立市区金融协同创新发展工作机制的意见

京金融〔2017〕60号

2. 关于印发《关于构建首都绿色金融体系的实施办法》的通知

京金融〔2017〕152号

3. 中共北京市委教育工作委员会、北京市教育委员会、中国银行业监督管理委员会北京监管局、北京市金融工作局关于加强校园贷款规范管理工作的通知

京教财〔2017〕23号

七、专题与调研

金融服务京津冀产业转移中存在的问题及建议

中国人民银行营业管理部　货币信贷管理处

京津冀协同发展是中央提出的国家战略，以北京非首都功能疏解为核心的产业转移是京津冀协同发展的重要内容。做好金融支持京津冀协同发展工作，关键要发挥金融在服务京津冀产业转移中的作用。通过对北京市15家主要商业银行①及环北京11个地市②187家金融机构③、92家重点企业④开展问卷调查发现，京津冀地区金融机构为京津冀产业转移提供了有力的资金支持，但商业银行机制建设不完善、市场利率走高、金融支持趋同等问题亟待关注解决。建议重点做好支持京津信贷资源流向河北、推动商业银行加强总行层面管理统筹、引导迁移企业金融服务均衡化发展等方面的工作。

一、金融服务京津冀迁移企业现状

（一）主要迁出地（北京地区）金融服务基本情况

一是支持迁移企业贷款占比较低。截至2017年3月末，北京市15家银行京津冀迁移企业贷款余额1 138.9亿元，在银行全部对公贷款余额中占3.5 %。其中，平安银行北京分行、中国光大银行北京分行、上海浦东发展银行北京分行产业转移类贷款余额为零、北京银行、北京农商银行两家地方法人银行迁移企业贷款在各项贷款余额中的占比较低，均不足0.5%。

二是支持迁移企业贷款集中程度较高。截至2017年3月末，北京地区15家主要商业银行⑤累计向92家京津冀迁移企业发放了218笔、1 617.5亿元贷款，主要投向制造业、建筑业等。其中，信用免担保类贷款共148笔，主要投向首钢总公司、北京汽车集团、北京汽车股份有限公司等大型制造业企业。贷款余额排在前三位的分别是首钢总公司、首钢京唐钢铁联合有限责任公司、北京首钢股份有限公司，3家公司贷款余额合计573.2亿元，占比达到65.3%。

---

① 国家开发银行北京市分行、中国进出口银行北京分行、中国工商银行北京市分行、中国农业银行北京市分行、中国建设银行北京市分行、交通银行北京市分行、中国邮政储蓄银行北京分行、中信银行总行营业部、华夏银行北京分行、兴业银行北京分行、中国光大银行北京分行、平安银行北京分行、上海浦东发展银行北京分行、北京银行、北京农商银行。

② 滨海新区及廊坊市、保定市、邢台市、唐山市、衡水市、邯郸市、沧州市、秦皇岛市、张家口市、承德市。

③ 全国性大型银行、全国性中小型银行、民营银行、外资银行、金融租赁公司以及其他金融公司分别占47.6%、38.0%、3.2%、4.8%、3.2%、3.2%。

④ 高技术产业、高端装备制造业、生产性服务业、绿色生态产业以及其他产业企业分别占25.0%、13.0%、19.6%、5.4%、37.0%。

⑤ 高技术产业、高端装备制造业、生产性服务业、绿色生态产业以及其他产业企业分别占25%、13%、19.6%、5.4%、37%。

（二）主要迁入地（河北环京10市）金融服务基本情况

一是支持迁移企业贷款占比较低。截至2017年3月末，河北省有京津产业迁入的10地市银行机构迁入企业贷款余额102.4亿元，在全部对公贷款余额中的占比较低。以邯郸市为例，迁入企业贷款余额13亿元，仅占邯郸市同期全部对公贷款余额的0.51%。

二是支持迁移企业贷款呈逐年递增态势。2015年至2017年3月末，河北环京10市支持京津迁入企业贷款余额呈递增趋势，2015年末为63.9亿元，2016年末为83.1亿元，2017年3月末比2015年末增加了38.5亿元，每年以30%左右的速度递增。迁入企业贷款以大额、短期为主。金额1亿元以上的占比76%，融资期限1年及以下的占比48%。

二、金融服务迁移企业中存在的问题

（一）中小型和低附加值迁移企业金融需求的满足度低

一是银行客户选择趋同性高。在支持企业迁移的过程中，三地金融机构均倾向于高技术产业以及资金实力雄厚、产业发展成熟的大企业，对“三高一剩”或低附加值的迁移企业支持力度微薄。二是中小融资主体信用信息难采集。对于规模小的迁移企业，迁入地金融机构无法在短期内准确获得企业相关信息，而迁出地金融机构为降低风险、贷后管理成本，对异地信贷业务的积极性不高。三是北京市银行业的优势未充分发挥。以北京银行、中国银行北京市分行、中国建设银行北京市分行等为代表的北京地区银行业，相对于河北省银行业在支持小微企业（特别是科技型和文化创意型小微企业）方面具有专业优势和良好的经验积累，但由于无法实现经营范围的地域延伸，限制了其对迁出小微企业的金融服务水平。

（二）商业银行内部机制的建立滞后于企业迁移进度

一是属地管理模式下银行为迁移企业提供融资服务限制较多、流程繁琐。在传统的属地管理模式下，迁出地银行须先征得迁入地分行同意或经总行审批，并由企业注册地分行作为主办行按照行内合作模式发起异地业务。以中国进出口银行北京市分行为例，需先由发起方以公文形式发出邀请函，然后召开合作方案协商会并报总行备案，若总金额超过主办行审批权限还须报总行审批。二是银行分支机构层级低、权限小。商业银行的分支机构往往缺乏产品研发权，难以满足迁移企业的定向金融需求。如中国民生银行唐山分行，其总行层面没有推出针对性的创新产品，分行又无权进行金融创新，导致部分产业对接项目止步于意愿阶段。此外，河北地区银行机构层级相对较低，难以对接高层级的产业转移项目。以中国建设银行唐山分行为例，由于其为二级分行，与客户对接、获取项目一手信息的难度都比较大，项目难以快速推进。三是部分银行在重点迁入城市的网点布局有限。对于在企业迁入地无分支机构的银行，营销及贷后管理难度大，不及迁入地商业银行的本土经营优势，还会造成存量业务及客户的流失。如中信银行在一些京津冀产业转移重点城市如廊坊市、张家口市、秦皇岛市等的网点建设相对滞后；华夏银行和北京银行在对口帮扶的张家口市和承德市均未设立分支机构。此外，目前个别地方法人银行在异地拓展信贷业务还面临约束，如北京农商银行无法在河北省设立分支机构。

（三）竞争大于合作不利于发挥协同

效应

一是金融要素流动受到制约。从政府层面来看，京津冀三地政府均制定金融扶持政策，三地的不同区县也出台政策措施，地方政府层层出台的政策容易形成行政壁垒，阻碍金融要素跨区域流动。二是部分全国性银行系统内部的竞争往往大于合作，跨区域合作难度大。由于不同属地分行的资金成本、收益风险要求存在差异，而总行层面尚未针对京津冀产业转移建立完善的利益分享机制，各分支机构在开展跨区业务时效率不高，甚至出现项目终止推进的情况。如中信银行总行营业部反映，津冀两地资金成本明显高于北京，部分优质企业因贷款定价不符合系统内津冀两地分行的定价要求而未能成功组建内部银团贷款。

（四）市场利率走高压缩银行业务空间

2017 年以来，整体市场利率不断走高，同业拆借利率、银行间质押回购利率均达到 2015 年 5 月以来最高水平，债务市场融资工具发行成本上升，出现企业发债利率与贷款加权利率倒挂的情况。但产业转移涉及的重点企业和重大项目往往议价能力强，融资价格低，部分银行的业务空间被压缩甚至面临经营亏损。如开发性银行和政策性银行低成本资金来源渠道有限，国家开发银行北京市分行、中国进出口银行北京市分行均反映，主要依靠金融债发行筹集资金难以发挥提供低成本资金支持的政策性作用。

（五）政府部门配套制度有待完善

一是部分政府信息透明度不足。诸多银行反映，政府部门尚未建立迁移企业名单等相关信息平台，对地方承接的产业转移项目难以及时跟进。此外，部分贷款项目涉及对地方政府的财力分析，目前尚无官方公布渠道，数据获取的准确性及便捷性较差。二是各级政府协调性不足。河北省财政厅对个别地市的一般基础设施项目倾斜力度不大，各级地市财政部门不能出具纳入财政预算的批复文件，导致金融机构难以开展相关业务。三是政府部门及金融机构审批衔接性较差。部分银行反映，实际业务操作中经常遇到授信已审批完成，但由于项目手续未完全取得无法放款，贷款发放进度落后于项目推进进度的情况。

三、相关建议

（一）支持京津信贷资源流向河北

一是允许华夏银行、渤海银行、北京银行、天津银行等在河北省增设分支机构；允许北京农商银行、天津农商银行、天津滨海农商银行等在京津对口帮扶区县有条件设立分支机构；允许北京远郊区的村镇银行将业务拓展至毗邻的河北省区县。二是推动地方政府积极发挥桥梁作用，河北省各级地方政府组织发布当地优质企业和项目名单，供银行参考；积极协助京津法人银行与当地银行间的银团贷款合作；大力发展政策性担保公司，并推动其与京津两地的法人银行开展业务合作。

（二）推动商业银行总行层面的管理统筹

一是引导商业银行根据京津冀企业迁移实际，在平衡京津冀三地分行利益的基础上，打破属地管理规则，推动迁出地分行业务的拓展。二是推动商业银行总行和一级分行适当下放信贷审批和金融创新权限，提高地方金融机构创新的灵活性及针对性。三是引导金融机构在风险可控的前提下，简化信贷手续，为京津冀产业转移开辟绿色通道，提高审批效率。

（三）引导迁移企业金融服务的均衡

化发展

一是进一步细化信贷政策和监管政策要求，对于制造业企业信贷政策避免“一刀切”，如对新建项目均为生产工艺先进、能耗较低和符合环保政策的外迁企业，适当降低监管要求；对“两高一剩”行业等压降指标采取单独考核机制。二是对于融资需求强但担保能力较弱的优质中小迁入企业，推动地方政府设立专项产业引导母基金，为其提供担保，消除银行顾虑。三是引导金融机构适度放宽可接受的担保物范围。大力发展排污权质押贷款、应收账款质押贷款、仓单质押贷款、知识产权质押贷款及专利权质押贷款等新型信贷种类，解决迁入企业担保物不足等问题。

（四）加大对开发性和政策性银行的定向支持

一是适当加大对开放性和政策性银行的抵押补充贷款（PSL）资金支持力度。二是支持银行在利率上行的背景下，适当上调贷款利率，提高信贷资金配置和使用效率。

（五）积极搭建信息共享平台

一是推动京津冀协同发展项目信息平台建设，鼓励搭建金融机构与京津冀协调发展重点项目之间的信息桥梁，如信息沟通会、项目发布会等。二是完善信息共享。推动地方政府成立京津冀金融综合服务中心，协调政府部门定期向金融机构公布迁入企业名单及信息，同时进一步增强政府信息透明度。三是推动相关部门加强协调配合。加强政府部门与金融机构在审批环节的协作；引导金融机构增加业务资料的可替换性，实现其他证明材料对暂未批复手续材料的可替换。

（魏海滨等）

北京市地方国库现金管理工作存在的问题和建议

中国人民银行营业管理部　国库处

2014 年，中国人民银行与财政部共同协商确定北京、上海、广东、深圳、湖北和黑龙江 6 个地方国库现金管理试点地区，成功启动地方国库现金管理试点工作。同年 12 月，北京市顺利实施了第一期地方（市级）国库现金管理商业银行定期存款操作（以下简称地方国库定期存款）。目前，国库现金管理投放已成为央行基础货币投放工具，并日益得到社会广泛关注。现将北京市开展试点以来的主要情况呈上，以供参考。

一、主要情况和特点

（一）投放金额、期次和利息均居全国前列

截至 2017 年末，国家金库北京市分库会同北京市财政局共开展地方国库定期存款操作 32 期，累计投放 8 150 亿元；累计收回 29 期，金额 7 050 亿元；实现利息收入 55.6 亿元。投放金额、期次和利息均居全国前列。从银行类别看，国有商业银行 3 687.2 亿元，股份制商业银行 2 520.3 亿元，城市商业银行 1 163.8 亿元（北京银行 716.1 亿元），农村商业银行和邮政储蓄银行分别为420.3亿元和358.4亿元（见图1）。

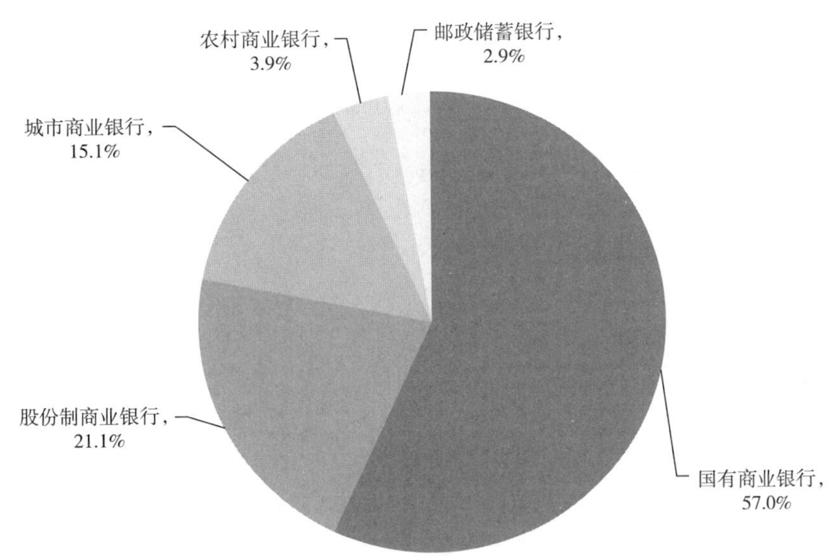

图1　北京市地方国库现金管理余额按银行类别构成

（二）投放逐步转向3个月期定期存款

地方国库定期存款为国库资金，属于财政间歇性资金，列入预算支出管理，并将直接用于支持国民经济建设，其余额规模主要受地方经济发展影响。

按照《关于印发〈地方国库现金管理试点办法〉的通知》规定，试点初期地方国库定期存款投放主要方式为商业银行定期存款。截至2017年末，北京市共开展地方国库定期存款投放32期，其中12个月期1期、6个月期13期、3个月期18期，投放以6个月期逐步转向以3个月期为主（见图2）。

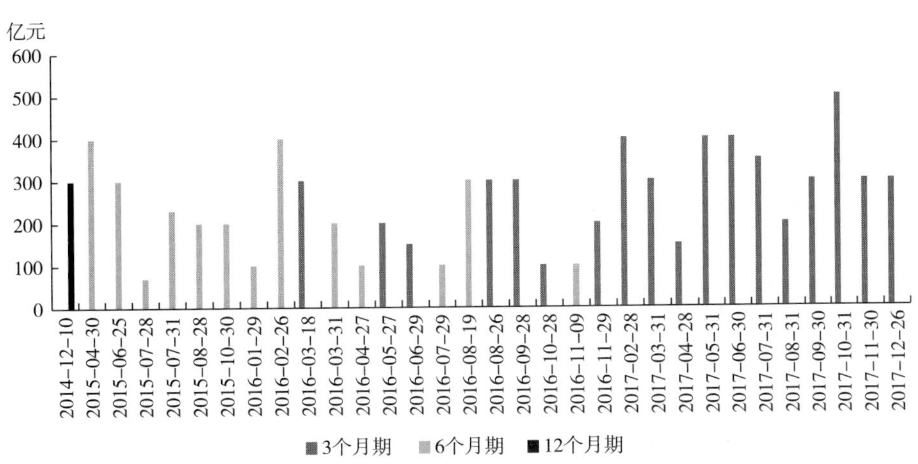

图2　北京市地方国库定期存款金额和期限

（三）中标利率逐级走高，以3个月期尤为明显

北京市地方国库定期存款中标利率有逐级走高的趋势，特别是3个月期定期存款尤为明显（见图3）。数据显示，5月27日400亿元3个月期北京市地方国库定期存款中标利率为1.575%，较同期存款利率上浮43.14%，利率连续四期上行。一方面，商业银行特别是中小银行对一般性存款的需求较以往显著增加；另一方面，商业银行判断未来监管仍有加码空间，有强烈“囤粮过冬”的预期。

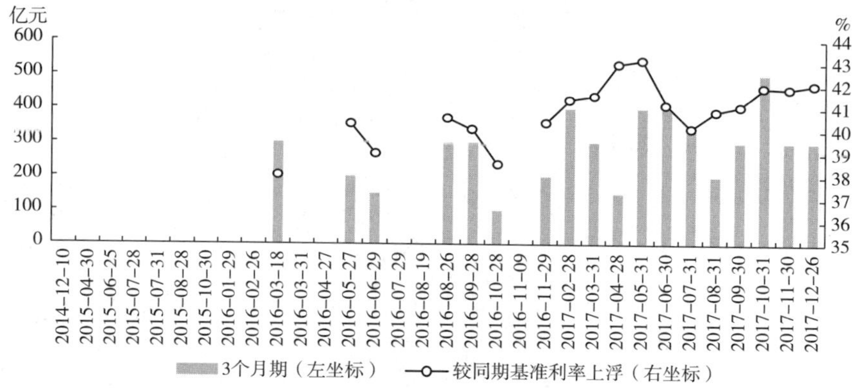

图3　3个月期北京市地方国库定期存款金额和利率上浮情况

（四）地方债逐渐成为商业银行质押绝对首选

2015年6月30日，财政部、中国人民银行联合出台了《关于中央和地方国库现金管理商业银行定期存款质押品管理有关事宜的通知》（财库〔2015〕129号）。一是将国债质押率由120%降为105%，二是将地方政府债券（以下简称地方债）正式纳入地方国库现金管理质押品范围，且不受发行主体限制，实现了跨地域质押。

与国债相比，地方债流动性较差，因此商业银行更倾向保留国债维持流动性。自2015年7月起，地方债逐渐成为商业银行质押主体和绝对首选。其中，2017年9月30日至年末的四期质押品全部为地方债（见图4）。

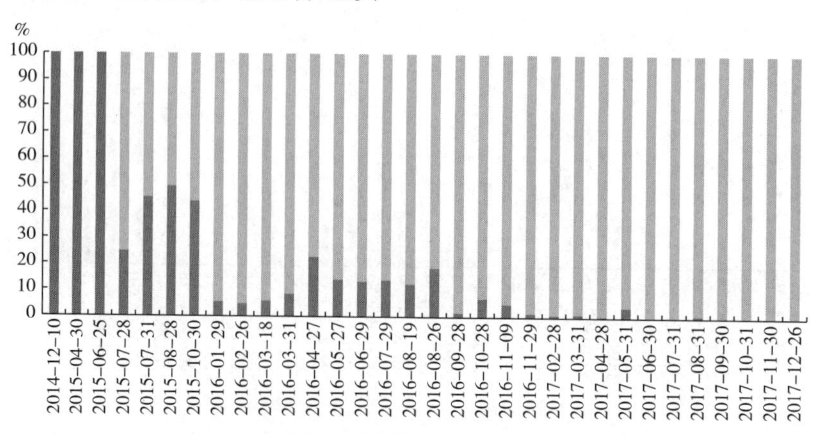

图4　北京市地方国库定期存款债券质押情况

（五）商业银行中标规模和利息倒挂

北京市地方国库定期存款采取公开招标方式，根据当期运作规模、商业银行参与投标情况以及评标结果进行存款额度分配。综合来看，商业银行中标规模和利率倒挂明显（见图5）。

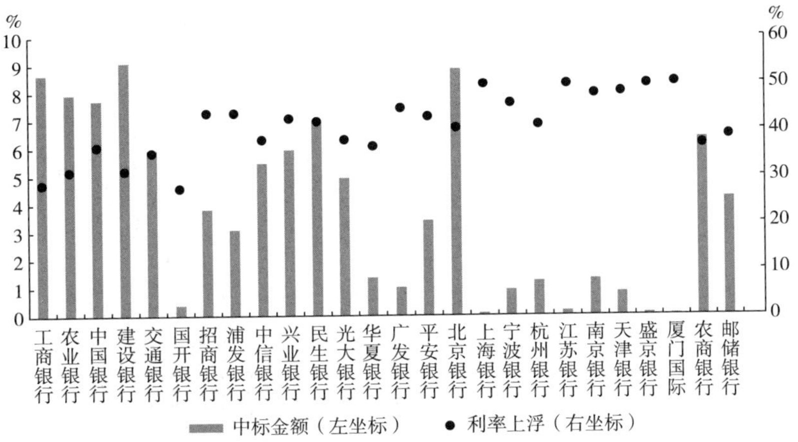

图5　北京市地方国库定期存款分布

二、存在和值得关注的问题

北京市地方国库现金管理经过两年多的探索与实践，逐步建立起完善的规章制度，稳步推进地方国库现金管理试点工作，并结合地方工作实际创新相关管理工作，但是仍存在一些问题，值得关注。

（一）库底余额预测难度大

在开展地方国库现金管理操作后，省级国库库存余额变为地方财政库款（会计科目271）和地方国库定期存款余额（会计科目172）两部分。而随着北京市地方国库现金管理试点工作的逐步开展，每月末可以用于地方政府支配于各项财政支出的地方财政库款逐步减少（见图6）。以2017年6月为例，省级地方财政库款仅为5.8亿元，占省级国库库存余额的0.6%。这就需要人民银行分支机构和市财政国库部门对地方财政库款的预测极为精确，并随时掌握国库资金流入流出情况，否则将影响财政支出进度。

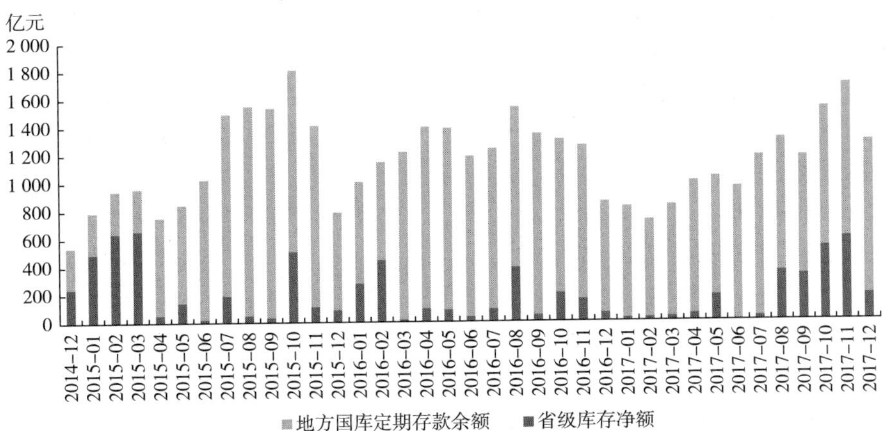

图6　北京市地方国库库存余额构成

（二）实际操作规模和计划存在偏差，且操作时点多集中于月末

按照有关文件规定，每月 25 日人民银行地方分支机构和地方财政国库部门需要分别向中国人民银行和财政部上报下月操作计划。从北京市试点以后的情况看，加权完成率（操作计划/实际操作）为 72.1%，虽处于合理区间，但仍有较大提高余地（见图 7）。

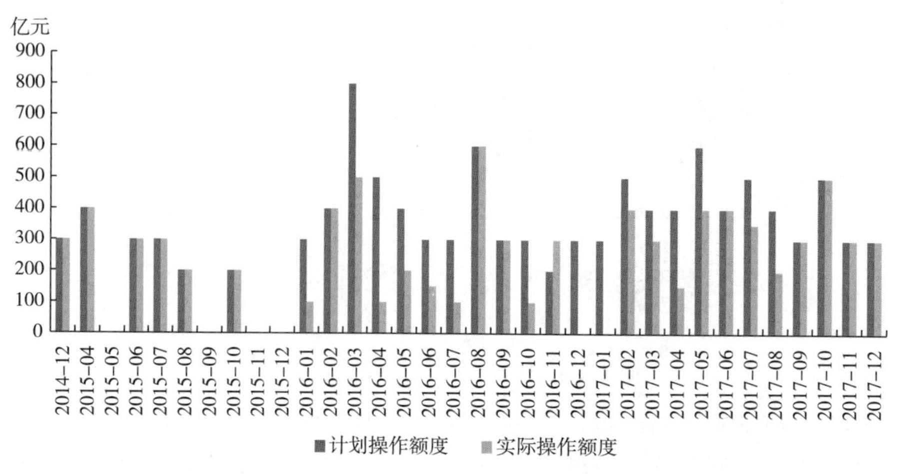

图 7　北京市地方国库定期存款计划和执行情况

同时，操作时点多集中于月末，对资产规模较小的商业银行月末存款偏离度考核存在一定影响。数据显示，月末 5 日操作，占全部操作的 84.4%；月末 3 日操作，占全部操作的 56.3%。

主要原因如下。一是如前文所述对省级库底资金预测难度较大；二是中国人民银行货币政策制定部门对地方国库定期存款实际操作额度少于计划额度有更多的容忍度；三是财政部为更有效盘活财政存量资金，更好地发挥财政资金效益，出台了《关于进一步加强库款管理工作的通知》（财办〔2017〕12 号），按月对地方库款同比增幅过高和规模排前六位等情况进行考核，并进一步加大通报力度。基于以上原因，地方在进行国库定期存款操作时，倾向于多报计划。

（三）地方国库定期存款更具价格优势，但仍无法满足中小银行更多的资金诉求

根据 2017 年 6 月发放的问卷显示：商业银行内部 3 个月期内部资金转移定价（FTP）价格正态分布区间为 3.0% ~ 3.5%，高于北京市地方国库定期存款利率 1 倍左右，较中央定期存款利率更具价格优势。相比于国有银行，中小银行普遍反映希望得到更多的中标额度，但受北京市银行业利率自律机制最高上浮 50% 的约束，无法再提高报价。《北京市地方国库现金管理试点办法》明确规定了地方国库现金管理定期存款利率“按操作当日同期限金融机构人民币存款基准利率执行，由商业银行在中国人民银行规定的金融机构存款利率浮动区间内根据商业原则自主确定”。依照文件要求和北京市银行业利率自律机制最高上浮 50% 的规定。以 3 个月期为例，北京市地方国库定期存款中标利率理论

最高为 1.65%（3 个月定期存款基准利率为 1.1%）。

此外，地方国库现金定期库款被商业银行视为优质、稳定的一般性存款，在当前“强监管”“去杠杆”的大环境下，商业银行特别是中小商业银行对资金的渴求极为迫切。以 2017 年 6 月 30 日 400 亿元 3 个月期（2017 年第 5 期）北京市地方国库定期存款为例，中标金额仅为商业银行投标意愿金额的 25.9%，远远不能满足商业银行更多的资金诉求。

（四）评分体系亟待完善和优化

与中央国库定期存款完全市场化的利率招标方式不同，地方国库定期存款招标则更看重商业银行对当地的贡献程度。北京市目前实行综合评分制，包括但不限于银行安全性、利率、地方税收贡献、地方政府债券（自发自还）、代理服务（综合评价、国库经收、国债）和财政业务合作等。

从北京市现行评分体系看，主要存在以下几点不足。一是地方行政色彩浓厚，参与北京市地方债的情况占了近一半的权重。二是中国人民银行国库相关工作的评分指标，如国库经收、国债发行与兑付等，并不能直接反映商业银行参与国库现金管理工作开展的情况，无法有效调动商业银行国库现金管理工作的积极性。三是大多数指标都为年度性指标，一旦确定，一年内将不再变化，降低了每期招标评分的活跃性。四是未针对上市商业银行年报披露时间不一致等细节有具体规定，造成实际投标中的标准尺度难以统一。五是招标时间和开标时间之间仅有两个完整的工作日，部分总行在异地的商业银行在规定时限内走完用章手续存在一定困难。

三、工作建议

（一）提升国库现金流预测精度和水平

及时准确地预测未来一段时间内国库现金收入、支出及库存是做好国库现金管理的基础，可以为国库现金操作提供量化指标，实现国库现金风险最小化和收益最大化之间的平衡。

一是继续开展国库现金流量预测模型和方法的探索与研究，在现有自回归平均移动季节模型（SARIMA）、Holter - Winter 季节乘积等时间序列模型为主的预测方法外，积极尝试研究灰色模型等其他模型。通过尝试使用非时间序列模型、自回归分布滞后模型等复杂模型进行预测，拓展预测思路，提高预测能力，避免模型自身误差影响预测结果。

二是加强误差修正能力，不断提高预测精度。预测期结束后进行跟踪评估，对预测值与实际值进行比较，根据预测结果对模型进行滚动修正，并提出下一步改进预测方法的思路。

三是在地方财政、国库、国税、地税、海关等部门间建立完善的信息交流体制，实现资源共享，为提高国库现金流预测效率提供参考。例如参加财政局收入形势分析会议，掌握和了解北京市收入进度，并及时对国库现金流的预测工作进行修订和完善；从国库信息处理系统（TIPS）获得网上缴税、非税收入等信息，从万得（Wind）和同花顺（IFIND）等宏观经济数据库及时掌握各类经济指标的变动情况，从行内信贷部门了解地方金融市场的最新变化。

四是加强对国家金库管理信息系统（TMIS）现金管理子模块的学习，充分利用总库提供的系统资源，深入挖掘各类数据，在实践中不断探索和总结，进一步提高北京市国库现金流预测工作水平。

（二）进一步盘活财政存量资金，提升国库资金运行效率

建议地方要进一步加强库款的管理，运用多种创新手段有效盘活财政存量资金。特别是规范预算编制管理、加强资金调度与国库现金管理的协调配合，统筹地方债券发行与国库现金管理协调，进一步拓展地方国库现金管理工作开展的广度和深度。

（三）完善评分指标体系，选取更具代表性的监管指标

一是修订部分商业银行安全性指标，引入更为活跃的监管指标，并增设“红线指标”。

二是增加“国库现金管理工作开展情况”考核指标。对商业银行在发标前一个季度（或半年）以来，人民银行分支机构和财政局布置的各类报表信息，调研工作的开展和调查反馈，每期完成债券质押和资金还款的规范性、及时性，以及临时布置的工作完成情况等情况综合考量。主要目的是为了充分调动商业银行工作积极性，配合中国人民银行和财政部完成各类相关工作，加强日常监督和管理，提升现金管理工作水平。

（陈永波　杜晓雨）

科技金融的首都实践

中国银行业监督管理委员会北京监管局

习近平总书记在党的十九大报告中明确指出要推进以疏解非首都功能为“牛鼻子”的京津冀协同发展。中央批复北京城市总体规划要求“着力优化提升首都功能，加强‘四个中心’功能建设，大力加强科技创新中心建设”。新一届中共北京市委提出“建设全国科技创新中心是推动首都发展的新引擎，也是供给侧结构性改革的着力点”。中国银行业监督管理委员会北京监管局（以下简称北京银监局）认真落实中国银行业监督管理委员会（以下简称中国银监会）及中共北京市委、北京市人民政府（以下简称市政府）部署，紧紧围绕“服务创新驱动发展战略、服务首都”新的城市定位，大力推动北京银行业科技金融服务创新，全力支持国家科技创新中心建设，着力优化提升首都功能。

一、政策引导，健全科技金融体制机制

北京银监局党委高度重视科技金融工作，紧紧围绕服务北京新的城市战略定位和京津冀协同发展战略，依托北京丰富的科技资源禀赋优势，引导北京银行业将科技金融服务创新作为支持供给侧结构性改革的重要抓手。

（一）加大科技金融政策支持

党的十八大以来，积极与市政府相关部门合作，以服务科技创新为已任，搭建服务平台、完善信用环境，逐步形成了具有北京特色的科技金融政策体系。一是建设市级政策体系。形成“1＋6＋10”的

北京市科技金融政策体系，即中关村信用体系建设这一个基础，信用激励、风险补偿、股权投资为核心的投贷保联动、银政企多方合作、分阶段连续支持、市场选择聚焦重点六项机制，天使投资、创业投资、境内外上市、代办股份转让、担保融资、企业债券和信托买断、并购重组、信用贷款、信用保险贸易融资、小额贷款十条渠道。二是形成各部门政策合力。积极联动北京市发展和改革委员会、中关村科技园区管理委员会、北京市科学技术委员会等部门，将推进银行业科技金融服务创新、投贷联动试点等分别纳入京津冀协同发展、全面创新改革试点、服务业对外开放试点等重要任务并合力推进。同时，加大科技与文化融合发展，进一步增强对北京市“双轮驱动”发展战略的支持力度。三是北京银行业政策逐步完善。陆续出台13项针对性政策措施，涵盖市场准入、机构建设、产品业务创新等方面。制定下发加强科技金融创新的指导意见，引导北京银行业搭建由组织体系创新、产品创新、管理创新、服务方式创新、考核机制创新、监管创新等组成的科技金融创新体系。

（二）完善科技金融工作机制

认真组织学习习近平总书记关于科技创新的重要论述，持续深化科技创新在全面创新中的引领作用的思想认识。一是依托“部市合作”机制。以市政府联合中国银监会等九部委发布的关于中关村示范区建设国家科技金融创新中心的意见为指导，进一步完善科技信贷机构体系，实施科技企业金融服务差异化管理等。积极支持和参与组建“中关村科技创新和产业化促进中心”，通过整合资源，采取特事特办、跨层级联合审批模式，积极落实金融支持国家科技创新各项先行先试改革政策在中关村落地试点。二是建立科技金融功能监管机制。成立由主要负责人任组长的科技金融服务创新工作领导小组，由青年监管骨干组成科技金融服务办公室，新设科技金融科室，将科技金融与机构监管紧密结合，突出科技金融政策研究、统筹协调及监管服务工作，在北京银行业辖内建立跨机构、跨部门的科技金融协作机制。三是建立政策研究长效机制。坚持“抓住重点、循序渐进、系统深入”原则，系统总结北京地区科技金融服务的经验成果，加强政策储备和规制研究，持续动态跟踪国内外科技金融发展热点，形成报告上报中国银监会并形成系列调研成果，为推动实践打牢思想和理论基础。

（三）健全科技金融组织体系

北京银行业将科技金融作为重要转型方向，制定科技金融发展规划，不断完善组织体系、人才队伍建设。一是科技金融服务主体多元化。首家定位于服务科创的民营银行——北京中关村银行、科技金融专业银行——浦发硅谷银行北京分行相继批准开业，北京银行投资功能子公司正在积极推进筹建工作，非银行金融机构组建“中关村科技金融创新联盟”。二是内部组织架构持续完善。截至2017年9月末，辖内34家主要中资银行中，28家已明确科技金融牵头管理部门，15家已实现专门部门管理，通过聚焦科技企业客群，建设专门的贷款管理机制和专业人才队伍，加大科技金融服务力度。北京银行机构在中关村国家自主创新示范区内设立银行网点939个，较上年同期增长14%；设立中关村分行3家、特色支行近百家，银行网点密度超过全市均值7倍以上。三是专业服务团队不断壮大。北京银行业科技金融从业人员 1 556 人，其中专职人员 381 人，科技金融专属机构及专业人才队伍增长迅速。

二、监管推动，科技金融服务持续发力

辖内银行业充分认识到科技金融服务创新的重要性和紧迫性，把科技金融服务创新作为推动创新驱动发展国家战略实施、自身改革发展转型的必由之路。

（一）提升科技金融发展定位

围绕北京科技创新中心的新定位，北京银行业机构普遍将科技金融作为机构发展重要目标。一是制定科技金融业务发展规划。强化顶层设计，在董事会、高管层层面将科技金融提升至经营转型和差异化发展的重点方向，如北京银行将科技金融作为全行转型发展的重要战略支持，纳入董事会、经营班子发展规划，作为行内“五五规划”的重要内容并提升至核心发展战略高度。二是确立科技金融发展目标。结合自身发展定位制定阶段性目标，指导全行更好地开展科技金融业务，如中国工商银行北京市分行出台“加快科技金融业务发展的实施意见”，明确 2015～2017 年科技金融“百千万”目标，每年贷款余额增长 100 亿元、表内外融资余额突破 1 000 亿元、结算客户突破 10 000 户。三是明确资源投入及实施路径。强化制度建设以及资源配置的协作联动，形成合力，如北京中关村银行把服务科技金融作为特定发展战略和差异化经营导向，并在业务流程、人才团队、系统建设等方面予以倾斜，注重积累经验、探索特色化的发展模式。

（二）加大科创企业信贷倾斜

北京银行机构通过优化审批流程，探索参考创投思维和方法建立科创贷款新“三查”标准，建立专门的科技金融考核机制，加大对科创企业的信贷支持。截至 2017 年 9 月末，北京地区科技企业贷款余额 4 259.51 亿元（集中于中关村园区内、获得中关村高新技术证书的企业），创新载体、新型业态不断涌现，中关村科技创新高地优势明显。中关村示范区 2017 年 1～8 月工业总产值、出口总额、企业获专利授权分别占全市的 55.6%、49.9% 和 56.10%，有力支撑了北京全国科技创新中心建设。一是信用贷款产品日益丰富。向发展前景良好、获得天使投资、在产业链中具有比较优势、进入政府扶持名录的企业研发“瞪羚诚信贷”“科技信用贷”等产品，增加无抵押信用贷款投放。辖内机构对中关村高新技术企业贷款较年初增长 27.09%，其中支持新“瞪羚”企业贷款达 581.35 亿元，增长 37.65%。二是科创专属产品推陈出新。研发“智权贷（知识产权抵押）”“软件贷”“见贷即保”等产品，接受以专利、核心技术等无形资产抵（质）押；引入担保公司为企业增强信用评级；在授信额度内允许企业通过网银自主申请用款期限，自助办理提款、还款操作。三是股债贷综合融资形成特色。整合公共服务、金融机构及各类专业中介，构建科技金融服务“生态圈”。如国家开发银行北京市分行充分发挥投资、贷款、债券、租赁、证券一体化综合服务优势，重点支持园区基础设施和重大产业类项目建设，投贷债综合支持科创企业。

（三）投贷联动试点取得重要进展

投贷联动试点启动后，与市政府相关部门联合印发支持投贷联动试点的风险补偿政策，出台时间、补偿比例均处于试点地区前列。截至 2017 年 9 月末，北京地区内部投贷联动贷款发放 13.84 亿元，较年初增长 359.29%；投资 7.06 亿元，较年初增长近 20 倍。外部投贷联动贷款余额 59.68 亿元，较年初增长 314.17%。一是内部投贷联动积极开展。在国家开发银行北京市分行、国开科技创业投资有限责任公司支持北京仁创生态科技的全国首个投贷联动试点项目落地中关村后，共有贷款 + 直投项目 4 个，贷款 + 远期协议等 119 个项目相继落地。二是外部投贷联动迅速发展。2017 年前 3 个季度，辖内机构外部投贷联动贷款累计服务客户 301 户，累计发放贷款 81.28 亿元；9 月末贷款余额 59.68 亿元，较年初增长 3 倍多。三是创新联动形式不断涌现。支持互相推荐客户、借鉴风险控制技术，积极开展选择权贷款、有限合伙基金、股债贷结合等探索。如中国工商银行北京市分行设立 50 亿元“北京工盈中关村科创基金”；招商银行北京分行在种子期即介入摩拜单车成为主办行；北京银行建立“中关村投贷联动共同体”，优化投贷联动生态圈；北京中关村银行论证“一体两翼”，探索外部投贷联动新形式等。

三、激发动力，探索科技金融服务新路径

北京科技金融服务创新虽然取得一定成绩，但科技金融发展基础设施仍需完善，解决融资需求最强烈的“初创期、成长期”科创企业与银行风险偏好之间存在矛盾，需要银行机构对支持科技金融、特别是科创金融的风险管理技术、流程、系统、人才引进等方面进一步提出系统化、差异化、特色化、专业化的措施。下一步，将坚持鼓励创新与实施审慎监管并重的原则，认真落实中国银监会政策要求，通过加强事中事后监管、强化风险容忍、风险隔离等底线监管要求、探索监管负面清单等方式，在坚守风险底线的基础上，不断深化和推进北京银行业科技金融服务创新。

（一）引领转型发展，把科技金融发展摆在更加重要位置

新形势下，科技创新产业具有高端高效、资源能源消耗小、环境污染少等优势。大力发展科技金融、推进科技产业发展，必然成为北京发展转型、产业结构优化、城市综合实力提升的首要选择。因此，加强科技金融服务创新对于落实创新驱动发展战略，推进以非首都功能疏解为“牛鼻子”的京津冀协同发展以及加强国家科技创新中心建设具有重要意义。北京银行业必须把科技金融服务创新摆在服务首都实体经济、打造高精尖经济结构的突出位置。一是提升发展战略前瞻性。引导有条件的法人机构制定完善的科技金融发展战略、分支机构出台中长期科技金融规划，落实董事会、管理层主体责任，加大资源配置投入，提升风险管控精细化水平，培养“耐心资本”，增强商业可持续性，防止片面追求规模和收益回报。二是健全基础设施完备性。支持城市副中心、雄安新区基础设施建设，推动三大科学城成为创新发展的高地。争取政府部门信用信息开放，推动完善科技金融风险补贴补偿。加强科技信贷专业化机制建设，跟踪全球前沿科技和相关产业发展趋势。培养和引进一批具有科技行业背景、科技金融专业知识的复合型人才。三是提升风险管控专业性。鼓励银行机构借鉴运用各类新型技术，更新升级风险管控模型与手段，探索紧密型、贴近式业务合作关系，全面掌握企业信息，提升风险预警、识别、定价能力，提升风险管理技术、流程专

业性。

（二）坚持问题导向，推进以投贷联动为代表的科技金融服务创新

科技金融服务与传统信贷存在显著差异，必须大力推进银行机构从产品到模式、从管理到服务等方面进行持续创新。一是做好投贷联动试点推进。坚持以投补贷、风险分担和以贷为主、专业经营的原则，在推进机构强化科技信贷五项机制基础上，依法合规开展内外部投贷联动，防止一哄而起及监管套利。按照中国银监会部署，做好试点机构投资功能子公司、专营机构的相关行政许可。加强工作联动，对设立专门针对投贷联动试点的市场化风险补偿基金进行研究论证，探索与担保、保险、投资等机构合作，加大风险补偿及政策引导。二是加强产品创新。继续鼓励银行机构开展科创企业信用、知识产权质押、股权质押等贷款等业务，支持围绕服务科创企业开展“走出去”、资产证券化等业务。鼓励优化原有服务科创企业的并购贷款、银团贷款等产品审批流程、模型参数，丰富产品体系，探索利用信贷资产证券化、中小企业私募债、联合开发等方式创新产品模式。三是推动管理与服务方式创新。结合投贷联动试点、特色支行建设等工作，做好贷款新“三查”机制、专业人才队伍建设的调研和推动，进一步丰富科创企业线上线下金融服务链条，建设科技金融服务“生态圈”。

（三）增强内生动力，建立科技金融考核激励机制

把握好引导创新与风险监管的平衡，探索引入“监管沙盒”理念，引导银行机构建立健全科技金融考核激励制度，建立更少资本消耗、更集约经营方式、更精细风险管控、更依赖技术产品创新的科技金融发展模式，强化北京地区科技金融特色品牌。一是探索专项评估机制。分层细化北京地区科技金融创新目标，继续加大科创企业聚集区的机构网点建设力度，推动法人机构探索设立科技信贷专营事业部，分支机构设立专门的科技金融管理部门，实现条线管理；重点做好贷款新“三查”机制、专业人才队伍建设；丰富科创企业线上线下金融服务链条，探索将科创信贷、风险贷款与其他种类贷款严格分离，重点做好专门不良容忍、尽职免责机制的建设推动。二是加强政府政策激励。探索实施差别化监管，研究将小微差别化监管政策扩展至科创企业。同时，开展政府联动、银行督导、宣传交流等，抓好调查研究及统计监测，加强评估结果应用，树立科技金融服务标杆机构，探索给予荣誉、联合政府部门进行表彰，推进差异化监管政策落地、协调政府部门进一步加大风险补偿补贴。三是发挥监管工作合力。联合中国人民银行营业管理部及市政府相关部门，出台推动中关村示范区专营组织机构创新发展的政策。着力引导北京银行机构突出专营组织机构科技金融属性，探索通过发挥货币政策引导、监管政策差异化、产业政策扶持的合力，推动特色支行在组织架构、管理模式、绩效考核、产品研发、人员管理等方面切实体现“专属、专有、专业”属性，切实增强机构科技金融发展的内生动力。

北京银行业绿色信贷发展成效、问题与建议

中国银行业监督管理委员会北京监管局

目前，我国经济步入新常态，经济增长从高速转为中高速，从规模速度型粗放增长转向质量效率型集约增长，发展绿色经济正逐渐成为一种新常态下的迫切需求和主动选择。而作为支持绿色经济发展重要工具之一的绿色信贷，在改善民生、实现经济可持续发展等方面正扮演着越来越重要的角色。“十二五”时期，特别是党的十八大以来，中共中央、国务院先后出台了《中共中央　国务院关于加快推进生态文明建设的意见》《生态文明体制改革总体方案》等文件，将生态文明建设上升为国家战略，纳入“五位一体”总体布局中。2016年，国务院编制实施《“十三五”生态环境保护规划》，进一步突出了生态环境保护的战略地位，明确提出到2020年，生态文明建设水平要与全面建成小康社会目标相适应。

为贯彻落实国家宏观调控政策，推动银行业金融机构以绿色信贷为抓手，有效防范环境与社会风险，促进经济可持续发展，中国银监会近十年来陆续出台了《节能减排授信工作指导意见》《绿色信贷指引》和《能效信贷指引》等一系列政策文件，逐步构建起了多维度的绿色信贷政策体系。在北京银监局的积极推动和引领下，北京银行业在绿色信贷领域开展了多种多样的有益尝试，为支持节能环保产业发展、促进产业结构转型升级起到了良好的推动作用。

一、监管措施正向引导

北京银监局高度重视金融支持生态文明建设，积极落实国家及中国银监会关于推进绿色信贷发展的各项工作部署，促进北京银行业大力支持绿色经济、循环经济和低碳经济发展。

（一）坚持多措并举，充分发挥监管引领作用

北京银监局不断夯实绿色信贷统计数据基础，提高数据质量，全面、准确地反映北京银行业绿色信贷发展成果。持续开展绿色信贷监测分析，多次开展专题调研，并现场走访北京银行机构及典型项目，实地考察北京银行业在绿色信贷领域取得的成效及遇到的困难和问题。组织地方中资法人银行对自身绿色信贷实施情况开展自评价，全面总结其开展绿色信贷工作中的不足之处，逐步探索建立适用于北京地区的绿色信贷实施情况评价机制。

（二）强化内外联动，合力推进绿色体系建设

北京银监局充分发挥监管协调职能，联合北京市环境保护局、北京市金融工作局等职能部门做好北京市大气、水、土壤等各类污染治理体制机制的建设工作，并会商制定《关于构建首都绿色金融体系的实施办法》，重点从支持绿色金融创新发展、强化绿色金融协同监管等方面入手，助力推进北京市绿色金融发展。积极参与各类座谈与交流活动，多角度了解政

府部门及实体企业对发展绿色信贷的意见与建议。加强与新闻媒体的合作，通过报纸、网媒、新闻发布会等多种形式适时公布北京银行业绿色信贷发展情况，努力做好正面宣传与舆论引导工作。

二、银行实践卓有成效

北京银行业金融机构积极贯彻执行国家产业政策，严格落实中国银监会及北京银监局各项监管要求，坚持金融服务实体经济的本质要求，重点支持以节能环保、战略性新兴产业等为代表的绿色产业领域，以构建绿色信贷发展长效机制为目标，积极开展绿色信贷业务，取得了积极成效。

（一）完善工作机制，定向倾斜资源

北京银行业普遍根据中国银监会《绿色信贷指引》要求建立了绿色信贷配套机制。其中，法人银行机构将开展绿色信贷工作纳入本行中长期战略发展规划，从战略高度推进绿色信贷实施；分支机构积极对接总行绿色信贷发展战略，因地制宜建立分行的绿色信贷业务发展与管理机制，确保绿色信贷相关工作层层落实。多数机构还以指定高管人员和业务部室的形式建立了绿色信贷牵头管理机制，负责组织推进全行的绿色信贷各项工作。通过合理配置信贷资源，机构将授信额度向低能耗、低资源消耗、低污染、低排放的行业和企业倾斜，扩大对低碳经济、循环经济、节能环保产业的支持力度。如北京农商银行在中长期发展战略规划中指出要坚持共享发展，打造“绿色银行”。中国民生银行北京分行设立了科技环保二级部，明确将绿色信贷板块作为业务开展的重点方向。

（二）客户科学分类，流程精细管理

根据中国银监会《绿色信贷指引》及《绿色信贷实施情况关键评价指标》要求，银行机构自行拟定或对接总行重点支持绿色信贷行业清单，并将信贷客户按照环境友好程度进行分类，将环境友好类的企业视为未来信贷投放的战略方向，予以优先支持；将存在潜在环境与社会风险的企业视为应审慎介入的客户，并在贷后管理过程中制定包括重大风险应对预案在内的风险缓释措施。银行机构在开展贷款调查评估、授信审查审批等信贷流程时坚决执行“环保一票否决制”，并通过在借款合同中增设企业环境违法违规时可提前收贷等限制性条款、放款前复核项目环保达标情况、加强对环境与社会风险客户的贷后检查频率等措施，进一步确保信贷资金切实流向绿色信贷领域，规避环境与社会风险引发的信用风险。部分机构依托于自建信贷预警系统，将各类涉及环境与社会风险的负面信息整合纳入，为做好绿色授信及环境与社会风险防控提供了便捷而可靠的工具。如中国工商银行北京市分行将境内法人客户全部贷款分为友好类、合格类、观察类和整改类等四级、十二类。

（三）优化授信服务，创新金融产品

北京银行业立足于首都区位优势及总部经济特点，不断加大对节能减排、环境保护、技术改造等产业的支持力度，积极服务于北京“十三五”期间加快构建“高精尖”经济结构的要求。各机构还有针对性地开发各种特色化金融产品及服务，为相关企业和项目提供个性化、低成本的信贷及直接融资服务支持。如华夏银行与世界银行联合推出结果规划贷款模式①的京津冀大气污染防治融资创新项目，为所在地位于京津冀晋鲁豫蒙7省的特定环保领域项目提供优质融资支持。

在北京银监局监管引领和银行自主实践的双重推进下，北京银行业绿色信贷业务规模呈现“量质齐升”的良好态势。截至2017年9月末，北京23家主要银行业金融机构（包括政策性银行、国有商业银行、股份制商业银行和邮政储蓄银行，下同）绿色信贷领域贷款余额9 134.15亿元，较2013年末②增加3 187.06亿元，增长53.59%，高于各项贷款同期增速23.20个百分点；绿色信贷占各项贷款的比重达17.11%，较2013年末提高2.59个百分点；信贷资金重点投向了绿色出行、污染防治、节能节水、可再生能源等项目，积极响应了北京市“十三五”规划中关于建设资源节约型、环境友好型社会的要求，有力地支持了首都生态文明建设。

三、问题与困难

北京银行业在发展绿色信贷、支持首都生态文明建设方面已取得了不俗的成绩，但在推进绿色信贷发展的过程中仍存在一些问题或困难，需要引起各方关注。

（一）绿色信贷的行业特点制约着自身的快速发展

从绿色信贷自身行业特点看，环境及社会效益较高的大型项目面临着一次性投入较大、投资回报周期长等问题，而提供节能环保服务的小微型企业则存在着重技术、轻资产，缺乏传统意义上的足值不动产作为抵押物或担保物等不利因素。此外，由于节能环保行业大量应用新技术、新工艺，相关企业还时刻面临高新技术快速进步产生的技术替代风险。

（二）绿色信贷体系的顶层设计有待完善

从绿色信贷体系的顶层设计看，一是目前我国对节能环保产业的认定标准尚未形成统一意见，多部门协作、联合制定鼓励绿色信贷发展的政策法规较难操作；二是对银行支持节能环保企业时可能出现的信贷风险缺乏必要的财政贴息、所得税减免等相应的激励补偿机制，在一定程度上影响了银行信贷支持节能环保项目及企业的积极性；三是缺乏公开、统一的环保信息管理与发布机制，过高的信息收集成本在一定程度上制约了环保信息在银行授信全流程管理中的有效运用。

四、展望与建议

为贯彻党的十九大报告中关于“推进绿色发展、建立健全绿色低碳循环发展的经济体系”的要求，落实习近平总书记提出的北京“建设国际一流的和谐宜居之都”的战略目标，全面加快推进首都生态文明建设，营造推动绿色信贷全面发力、纵深推进的良好外部环境，现提出以下政策建议。

① 世界银行结果规划贷款产品（Program－for－results lending，P4R）主要用于支持借款国某一部门的规划项目。P4R可以是新项目，也可以是在建项目。P4R的主要特点是注重结果导向，每个项目均设有清晰完整的结果指标体系。世界银行贷款资金支付依据支付相关指标的完成情况，而不是按传统世界银行项目的根据支出发生情况实行提款报账制。支付相关指标是P4R项目贷款资金拨付的基础，需要根据每个项目的具体情况进行设计，可以是结果指标（如婴儿死亡率、识字率等），也可以是产出指标（如疫苗接种率等）。

② 根据《中国银监会办公厅关于报送绿色信贷统计表的通知》（银监办发〔2013〕185号）要求，北京银监局自2013年起开始统计绿色信贷数据。

（一）完善绿色信贷政策体系

以七部委出台《关于构建绿色金融体系的指导意见》为契机，着手完善对“绿色金融”“绿色信贷”等关键用语内涵及外延的解释，建立起统一适用、能准确反映绿色信贷实质的分类体系；积极推进北京市八部门印发的《关于构建首都绿色金融体系的实施办法》中有待探索和完善的相关政策的出台，加快构建北京市绿色金融体系；进一步完善环境保护的法律法规和实施细则，加大环境污染者的法律责任，强化相关责任部门的执法力度；探索以联席会议、工作专班等形式设立专门机构推进绿色信贷相关工作，不断完善政府各职能部门之间的协调联动机制，为后续出台相关政策法规及各类实施细则扫清障碍，共同推进绿色信贷与绿色债券、绿色基金、绿色保险等金融工具协调发展，不断完善绿色金融体系。

（二）丰富绿色信息交流渠道

探索搭建部门间协调统一的绿色信息发布平台，对现有分散在各政府部门平台的信息进行整合，建立统一、权威的绿色信息发布平台。探索建立绿色企业（项目）评级办法，根据企业（项目）生产经营对环境的影响、企业（项目）环境违法处罚及后续整改等情况将其划入“白名单”或“黑名单”。探索搭建政银、银银、银企交流平台，为政府、银行和企业三方有效对接提供简便、快捷的沟通渠道，打破信息不对称，拓宽企业融资渠道，实现银企共赢发展。

（三）健全绿色业务激励机制

探索建立引导信贷资金投向的财税政策。在统一绿色信贷认定标准的基础上，联合政府相关财税部门研究建立正向激励方案，对开展绿色信贷业务的银行实行税收优惠或对绿色信贷提供财政贴息，充分调动银行业开展绿色信贷业务的积极性。针对轻资产型环保企业有效抵押不足的问题，探索设立担保基金或协调专门的担保公司优先为优质环保企业提供担保，在帮助企业获取信贷资金支持的同时，有效降低银行的风险敞口。

分享改革发展成果，营造价值投资氛围

——中国神华特别现金分红案例分析报告

中国证券监督管理委员会北京监管局

维护中小投资者合法权益是资本市场持续健康发展的基础，现金分红是实现投资回报、保护股东收益权的重要方式。上市公司作为资本市场基石，与股东分享公司发展成果，给予合理投资回报，是加强投资者收益权保障力度的必然要求，也是培育资本市场价值投资、长期投资理念，增强市场活力和吸引力的有效途径。北京辖区上市公司中国神华能源股份有限公司（以下简称中国神华）发布了总额近591亿元的现金分红方案，实实在在回报投资者，树立了国有蓝筹股的良好形象，在我国资本市场中具有一定表率作用。

一、中国神华概况

中国神华由神华集团有限责任公司（以下简称神华集团）于2004年独家发起设立。作为我国煤炭行业龙头，中国神华分别于2005年、2007年在香港联合交易所、上海证券交易所上市，目前总股本198.90亿股，其中A股164.91亿股、H股33.99亿股。控股股东神华集团于2017年11月28日更名为国家能源投资集团（以下简称国能集团），在中国神华持股占比73.06%，公司实际控制人为国务院国有资产监督管理委员会。中国神华2017年6月30日的总市值为616亿美元，列全球煤炭上市公司首位。

中国神华是以煤炭业务为基础，电力、铁路、港口、航运、煤化工一体化运营的大型综合能源企业。2016年末，中国神华总资产5 716.64亿元，归属于上市公司股东的净资产为3 123.57亿元；2016年实现营业收入1 831.27亿元，归属于上市公司股东的净利润为227.12亿元。2017年前三个季度，中国神华实现营业收入1 825.35亿元，归属于上市公司股东的净利润为356.49亿元（未经审计），分别同比增长46.26%和105.98%。

二、公司现金分红情况

中国神华作为上市时间较久的A+H股公司，分红制度较为规范，近年来也保持了较为稳定的现金分红比例。中国神华自上市以来已累计向股东派息约2 044亿元，相当于其在H股、A股市场募集资金净额的2倍（见图1）。

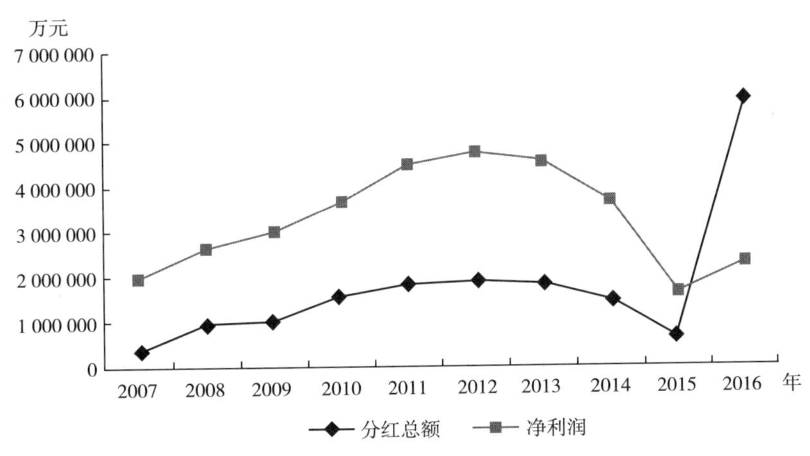

图1　中国神华各年度A股现金分红情况

中国神华2016年归属于上市公司股东的净利润为227.12亿元；基本每股收益为1.142元，净资产收益率为8.1%。经公司董事会、股东大会审议通过，向股东派发2016年度末期股息现金0.46元/股（含税），共计90.49亿元；同时派发特别股息现金2.51元/股（含税），共计499.23亿元。上述两项利润分配方案合计派发股息达到2.97元/股，共计590.72亿元。上述特别股息及2016年度末期股息已经于2017年8月前派发到账。

根据中国神华《公司章程》规定：除非发生可能会对公司持续正常经营造成重大不利影响的特殊情况，公司在当年盈利且累计未分配利润为正的情况下，采取现金方式分配股利，每年以现金方式分配的利润不少于归属于公司股东净利润的35%。在实际执行中，中国神华2013～2016年每年度末期派发股息金额在当年合并报表中归属于上市公司股东的净利润的占比均在40%左右，有利于投资者形成稳定的回报预期。2017年3月17日，中国神华发布的近500亿元的特别股息预案迅速引爆市场，就股息率而言为央企A股史上最高。按照预案披露当天的股价计算，中国神华A股股息率约为17.8%，H股股息率达到20.3%，反映出中国神华积极回报投资者的意识和决心，更有效提振了投资者长期持有公司股票和优质大盘蓝筹股的信心。

三、原因分析

根据《公司法》及公司章程规定，利润分配属于上市公司自主决策事项，分红方案也应当与公司经营情况、行业环境、战略决策等相匹配，能够保障公司正常运营和可持续发展。综合考虑中国神华的经营状况、行业整体形势和未来发展需求，2016年高额现金分红预案的背后有其内在逻辑和现实基础。

（一）持续良好业绩支撑，核心竞争优势明显

上市公司派发股息主要来源于当期经营利润和以前年度累积收益，良好的经营业绩和持续发展能力，是夯实分红回报的基础。当前，中国神华所处的煤炭行业正处于淘汰落后产能、加快重组整合和市场出清的关键时期，中国神华依靠“煤电路港航化”一体化运营方式完善产业链条，形成了核心竞争优势，抗风险能力得到加强。在2015年我国煤炭行业大面积亏损的背景下，中国神华仍然实现了161亿元盈利。2016年，得益于供给侧结构性改革带来的煤价回升和运输需求恢复，中国神华煤炭、运输业务收益大幅增长，净利润同比增长41%；母公司2016年期末未分配利润已超过1 500亿元。持续良好的经营业绩使中国神华具备较高的长期投资价值和吸引力，成为高股息率的优质上市公司。

（二）负债率远低于同业，杠杆水平保持稳定

中国神华的资产负债率持续处于同行业内较低水平，且拥有较为畅通的融资渠道。中国神华2016年资产负债率为33.5%，近5年来基本持平，大约比行业均值低20个百分点。即使本次派发股息后，预计2017年底资产负债率也不超过40%。因此，中国神华的分红方案预计并不会对其偿债能力造成重大影响，这一点其他高杠杆运行的上市公司难以比肩。

（三）经营现金流较充裕，回应投资者分红诉求

较为充足的存量资金及经营性流入资金为中国神华高额分红提供了有力支撑，公司2016年经营活动现金净流量为819亿元、同比增长48%，2016年期末货币资金约为508亿元。在煤炭行业经历低谷时期，公司电力业务板块也对稳定现金流起到了重要作用。同时，公司的中小股东在股东大会、投资者交流等活动中，也持续表达了要求加大派息力度的诉求，希望公司将更多的现金派发给股东。资金充裕确保公司能够进一步加大派息力度，回应中小股东的呼声。

（四）供给侧改革深入推进，顺应未来发展需要

2016年以来，国内经济运行缓中趋稳、稳中向好，推动供给侧结构性改革取得阶段性进展。中国神华近四年由于受煤炭行业供大于求、火电业务产能过剩的影

响，资本开支呈持续下降趋势，2016 年资本支出仅为 294 亿元，较 2015 年下降 60.5 亿元，并对部分收益率低的项目采取了缓建、停建措施。2017 年煤炭、电力行业兼并重组将成为重中之重。虽然目前煤炭去产能工作取得阶段性进展，市场供需严重失衡局面得到改善，煤炭销售价量齐升，但整体风险依然存在，央企层面对涉煤业务的整合措施已有部署，行业重组导向较为明确。同时，我国火电供应相对过剩的局面仍将延续，发电成本有所上升，电力改革及发电计划放开将导致火电市场竞争激烈。未来，供给侧结构性改革将加速淘汰落后产能，推动煤炭、电力行业重组整合，中国神华本次高额分红也符合行业改革政策和未来发展趋势。

四、境外市场“特别派息”的适用

优质上市公司的分红政策通常具备连贯、透明、可持续性的特点，“特别股息”则是公司在年度中期或末期分红之外，额外派发的股息，包括现金和送红股形式。中国神华本次发布的特别派息预案与国际市场惯例相符。境外上市公司除通过按季度分红、回购股份等方式回报投资者之外，在个别年份中出于盈利大幅提升或其他特别考虑，也可能一次性将累积的未分配利润以特别股息的方式分配给股东。

例如，港股市场 2016 年共计有 122 家上市公司派发了特别股息。其中，有 24 家上市公司年内 2 次以上派发特别股息，包括年报、中报和季报分红；涉及行业广泛，既有中银香港（控股）有限公司等金融企业，也包括房地产、工业、医疗、信息技术、日常消费类等上市公司。

特别派息不仅是对既定分红水平的追加，也是对公司广大股东长期投资的一种奖励，如此既不会突破其稳健的分红政策，可以使市场对公司未来分红水平保持合理预期，又利于与投资者及时分享公司发展成果。一些上市公司由于行业周期性波动、政策调整等因素，其分红规模在一段时期内未能保持稳定性，甚至出现负增长，待行业回暖、业绩明显改善时，公司通过派发特别股息的方式对股东给予补偿，体现出上市公司对投资者的诚信和责任意识。

五、经验与启示

充分维护股东依法享有的资产收益等权利是上市公司应当承担的义务和责任。上市公司在专注主业、做大做强的同时，主动呵护、积极回报投资者，有助于实现公司与投资者的长期和谐共赢。近年来，中国证券监督管理委员会（以下简称中国证监会）通过完善制度建设、严格监管执法等工作，不断强化上市公司回报股东的意识，并对市场上长期不分红的“铁公鸡”加强监管约束。中国神华的现金分红案例，对进一步优化我国资本市场投资回报机制、营造价值投资环境具有借鉴意义，中国证监会新闻发布会、上海证券交易所官方公众号均对中国神华的现金分红方案作出了正面评价。

（一）央企与多地上市公司分红积极，发挥引领示范作用

从整体上看，2017 年北京辖区已有 250 家上市公司实施年度现金分红，分红总额约为 4 708.25 亿元，整体股利支付率为 34.69%；其中 129 家主板上市公司现金分红金额共计 4 642.44 亿元，对提高辖区现金分红水平贡献显著。另有 5 家公司实施了中期现金分红，分红金额共计 293.44 亿元，均为主板上市公司。综上所述，北京辖区上市公司 2017 年现金分

红金额共计5 001.69亿元。

从具体公司看，北京辖区的大型央企、多地上市公司分红较为积极，高额分红案例屡见不鲜，表现出负责任的国有上市公司的良好风范。例如，国有控股银行是较早形成稳定分红预期的典范，2016年年报中国工商银行派息835亿元、中国建设银行派息695亿元，保持了高分红水平；中国石油化工股份有限公司则采用“中期+末期”分红方案，派息规模共300亿元，回馈投资者的力度加强。“特别股息”在A+H公司中较为常见，北京辖区除中国神华外，新华人寿保险股份有限公司、中国石油天然气股份有限公司等都曾采用此类分红方式。多地上市公司的分红指标与境外成熟资本市场接轨，也在A股市场起到主动积极回报投资者的引领示范作用，有利于培育长期投资、价值投资理念。

（二）夯实上市公司分红回报基础，服务实体经济发展

诸多上市公司高额分红案例表明，提高上市公司质量是加大分红回报力度的基础。党的十九大对我国经济、政治、文化、社会和生态文明等方方面面作出了全面战略部署，上市公司是国民经济中最有活力和最有效率的中坚力量，涉及各个领域、覆盖各个行业，应当坚决贯彻十九大提出的新战略、新部署、新要求，全面提升公司质量，自觉融入和服务国家战略和经济社会发展全局，专注主业，提升自主创新和服务能力。

北京主板公司多处于发展成熟期，促进公司提升盈利能力和持续发展能力，完善公司治理和规范运作，在满足公司未来营运需求的基础上，增强持续回报投资者的能力，可以为股东创造更多价值。同时，上市公司与各方股东分享利用资本市场平台取得的成果，也可以更好地围绕供给侧改革主线，配合我国经济社会改革与发展需要。

（三）严格依法加强现金分红监管，倡导回馈股东理念

伴随着各方对中国神华等公司高分红方案的积极评价，市场对多年不分红的“铁公鸡”的质疑之声也不绝于耳。中国证监会曾在新闻发布会上郑重申明，将对不分红、少分红，反而利用“高送转”等概念配合违规减持、内幕交易的行为依法严查严办。在中国证监会发布的《上市公司监管指引第3号——上市公司现金分红》《关于进一步落实上市公司现金分红有关事项的通知》等规范性文件，以及交易所发布的上市公司现金分红指引等自律管理文件中，均体现了以信息披露为核心，提高上市公司现金分红透明度，实现长期资金入市与现金分红之间的良性互动，增强资本市场活力和吸引力的基本指导思想。

中国证券监督管理委员会北京监管局（以下简称北京证监局）也曾于2012年专门发布《关于进一步完善上市公司现金分红有关事项的通知》，要求辖区上市公司不断完善董事会、股东大会对利润分配事项的决策程序和机制，董事会应当就长期的股东回报事宜进行专项研究论证，综合考虑公司所处的竞争环境、行业特点、发展战略及阶段等各方面因素，制定中长期股利分配政策，明确股东回报规划；在公司章程中应明确现金分红相对于股票股利在利润分配方式中的优先顺序，具备现金分红条件的，应当采用现金分红进行利润分配；应确定公司利润分配尤其是现金分红的期间间隔、现金分红和发放

股票股利的具体条件、各期现金分红的最低金额或比例等，并做好现金分红事项的信息披露工作。同时，北京证监局还发布了《公司章程中利润分配部分修改建议》以供辖区上市公司参考，取得了良好效果。

2017 年，北京证监局按照中国证监会专项工作要求，对北京辖区具备分红能力而连续多年不分红的上市公司逐一进行监管约谈，督促公司严格依照法律法规和公司章程的规定，切实履行现金分红义务，保持分红政策的一致性、合理性、稳定性以及相关信息披露的真实性。同时以扶优限劣为原则，一方面，对现金分红持续稳定的上市公司，在监管政策上给予一定支持；另一方面，对有能力却不分红的公司，通过采取监管措施、记入诚信档案、限制再融资等方式加强约束，并对此类公司再融资活动进行必要的限制。

（四）进一步完善税收等配套机制，切实惠及中小投资者

针对中国神华高额分红预案，也有个别媒体指出，由于中小股东需要就现金分红支付较高比例税费，而大股东缴纳的红利税则可以和自身企业所得税相抵扣，从而使神华集团以及包括中国证券金融股份有限公司、中央汇金资产管理有限责任公司等在内的“国家队”股东从本次派息中实现了不菲收益。这从一个侧面折射出，我国现金分红相关的税收等配套制度仍有待调整完善。建议进一步发挥税收政策在市场中的调节作用，充分用好这一有力抓手，从经济上对资本市场的长期价值投资者给予支持和激励。同时，研究完善股份回购等机制，加强制度供给，不断丰富上市公司回报投资者的方式，以使中小投资者从我国资本市场改革发展中真正获得实惠。

北京个人税收优惠型健康保险试点情况及政策思考

中国保险监督管理委员会北京监管局

根据财政部、国家税务总局和中国保险监督管理委员会《关于实施商业健康保险个人所得税试点政策的通知》（财税〔2015〕126 号）的要求。北京作为首批 31 个试点城市之一，自 2016 年 3 月起正式开始个人税收优惠型健康保险试点工作。一年来，项目整体运行平稳，参与主体逐步增多，业务稳步发展。中国保险监督管理委员会北京监管局（以下简称北京保监局）在积极推进试点工作的基础上，结合实际，对试点情况及存在难点进行了深入分析，对进一步完善个人税收优惠型健康保险政策形成了几点思考。

一、试点情况

截至 2017 年 3 月末，已有 23 家保险公司获批在京开展个人税收优惠型健康保

险业务，其中13家已实现出单①，累计承保4 816件，实现保费收入1 019.94万元②，承保人数和保费收入在全国占比分别为7.2%和8.6%，均列全国第三位③。

具体来看，现阶段北京个人税收优惠型健康保险试点呈现以下三个特点。一是项目起步扎实、发展平稳。数据显示，该险种产品销售量逐月上升，月均增幅约为13%，呈现正向增长的良好趋势。二是机构积极参与，力求创新。目前，北京共有13家保险公司开展该险种产品销售，参与机构数量居全国首位。同时，部分保险公司主动运用信息化手段优化承保流程，如泰康养老保险股份有限公司和平安养老保险股份有限公司创新开发了税优健康险专属APP，有效减轻了投保人所属企业免税申报的工作量，改善了客户体验。三是产品得到认可，补偿作用初显。个人税收优惠型健康保险产品以其高医疗保障、可积累财富、可享受税收优惠等特点受到业内人士的普遍认可，北京已出单的业务中，保险公司员工购买占比约为40%。截至2017年3月末，已累计完成赔付32件，赔付金额20.54万元；其中，带病投保赔付约占20%；个人税收优惠型健康保险与社保、企业补充医疗保险共同作用，对客户住院费用的补偿率基本达到100%。

二、项目难点

总体来看，北京保险业正积极落实个人税收优惠型健康保险试点政策要求，工作进展较为顺利。但应当正视，现阶段市场仍处于预热期，需要一个较长的培育过程。个人税收优惠型健康保险产品允许带病投保、保证续保等特点，在激发民众健康险意识、撬动健康险需求的同时，也带来了逆向选择等道德风险。目前，在京加快推进个人税收优惠型健康保险试点工作的难点主要集中在主体、产品、环境三个方面。

（一）保险机构和民众参与动力不足

一是保险机构成本压力和管理风险较大，业务推进动力不足。由于个人税收优惠型健康保险产品具有保额高、保障责任宽、允许带病投保且保证续保等特点，部分参与试点的保险机构业务推广较为谨慎，甚至出现个别已经获批试点资格的机构长期未申报产品的情况。二是民众投保迫切性不足。受到个人税收优惠型健康保险产品上述特点以及免税额度较低（每月应纳税所得额减少200元）的影响，身体健康程度较好、收入较低的年轻群体投保意愿偏低。三是部分企业受制于内部限制，购买动力不足。由于目前试点仅在全国31个地区开展，很多总部在北京的全国性企业集团考虑到系统内员工福利的一致性，暂未在京投保。

（二）产品设计有待完善

一是产品保障时间相对偏短。目前市场上在售的绝大多数个人税收优惠型健康保险的保障期间（保证续保期间）到法定退休年龄结束，仅阳光人寿保险股份有

① 截至2017年3月31日，中国保险监督管理委员会已分5次批准了26家保险公司的税收优惠健康险经营资格，除东吴人寿保险股份有限公司、上海人寿保险股份有限公司和德华安顾人寿保险有限公司3家在北京没有机构的保险公司外，其余23家均可在京开展上述试点。

② 上述数据来源为中国保险信息技术管理有限责任公司税收优惠健康险信息平台，时间范围为2016年3月4日至2017年3月31日。

③ 江苏省累计生效保单16 421件，实收保费3 785.80万元，远高于其他地区，主要得益于东吴人寿保险股份有限公司的新单贡献；上海市排名第二位，北京市排名第三位。

限公司、太平人寿保险有限公司等几家保险公司将保证续保年龄有条件延长至75周岁。二是个人税收优惠型健康保险与企业补充医疗保险的住院责任存在部分重叠。特别是对北京市场而言，大部分企事业单位福利制度相对完善，在员工已经参与社会保险并购买企业补充医疗保险的情况下，个人税收优惠型健康保险现有的保障补充作用体现不明显，影响了企业和个人的投保选择。三是万能险账户锁定期限长、用途较为局限。这是目前保险机构和民众反映较多、意见相对集中的一个问题。根据《个人税收优惠型健康保险业务管理暂行办法》（保监发〔2015〕82号）规定，万能险“个人账户积累仅可用于退休后购买商业健康保险和个人自负医疗费用支出”，对于潜在投保人，特别是年轻人而言，资金的沉淀周期太长，用途过窄，影响了其投保积极性。

（三）市场环境需进一步改善

一是市场认知有待提高。个人税收优惠型健康保险作为一个全新险种，社会公众对其了解、接受尚需要一个过程。目前，社会公众对该产品的认知度远未达到政策预期。数据显示，全国31个试点地区中，以保险公司为单位投保的保单件数占出单总量的46%，这一比例虽较试点初期有所降低，但仍说明该产品在保险业外影响力有待提升。二是个人投保申报免税流程不清晰。数据显示，上述试点地区代扣代缴保单件数占比98%，绝大多数客户为工作单位统一组织投保，由单位履行代扣代缴职责；仅有2%为个人投保。研究发现，目前个人投保抵扣税、退补税流程不明确是一个重要原因。部分个人投保客户甚至因此放弃了税收优惠，影响了政策效果。

三、政策思考

从长远看，个人税收优惠型健康保险将逐步成为与基本医保、城乡居民大病保险相衔接的重要医疗保障制度，并将在普惠人民群众、提高医疗保障的获得感方面发挥了积极作用。从国际经验看，国家通过税收优惠政策扶持商业保险市场的发展，虽然减少了当期财政收入，但能有效调动企事业团体和个人购买商业保险的积极性，鼓励商业保险公司进入健康险领域，分担公共医疗保障体系的压力，满足多元化、多层次的保障需求。

为有效推进个人税收优惠型健康保险试点工作向政策预期发展，北京保监局在改进相关政策方面进行了几点思考。

（一）政策完善需保证可持续性

数据显示，北京商业健康险呈现高速发展的良好态势。2016年，北京健康险业务共实现保费收入323.2亿元，接近全国总量的10%，业务规模居全国首位；健康险业务增速32.8%，高于同期北京保险行业增速1.8个百分点。与此同时，由于风险控制难度大，技术要求高等原因，商业健康险普遍存在高赔付、高成本、盈亏平衡期长等经营问题。保险公司作为以市场化经营为基础的主体，具有逐利的天性，而上述问题必然成为影响其发展健康险业务积极性的重要因素。对于个人税收优惠型健康保险尤其如此。目前，个人税收优惠型健康保险政策中关于带病投保、保证续保等要求，可能影响保险公司参与的积极性，导致产品出现“宽进严出”的倒置现象，不仅会影响政策的可持续发展，更可能给行业形象带来负面影响。

（二）政策完善需提升可操作性

个人税收优惠型健康保险产品既具有

普通免税产品的特点，又具有明显的连续性和契约特征。要保障免税政策落到实处，确保以国家财力为前提惠及民众，就需要提升政策的可操作性。一是完善免税操作流程。针对目前个人投保免税流程不清晰的问题，建议将国税征管系统与中国保险信息技术管理有限责任公司的税优健康险信息平台对接，实现投保人自动身份识别和减免税操作。二是完善退保补税制度。如明确退保时，如何认定当初购买个人税收优惠型健康保险产品时的免征个税数额，如何补缴税款，明确补缴义务人等。三是强化宣传力度。建议财政、税务和保监三部门进一步加强个人税收优惠型健康保险政策宣传，扩大社会公众对该险种的认知度，进一步培育消费者健康的保险消费习惯。

（三）政策完善需体现普惠性

个人税收优惠型健康保险的设计初衷是提升民众的医疗保障水平，减轻群众医疗负担，并加快构建多层次的医疗保障体系，维护社会稳定。要实现这个政策目标，在下一步完善政策时就需要充分体现其普惠性。一是建议在全国逐步推广个人税收优惠型健康保险制度。这不仅将体现政策的普惠性，也有助于市场的认可和政策的推广。二是优化产品设计。以“严进宽出”，体现个人税收优惠型健康保险产品的保障功能、发挥个人账户资金积累功能。一方面，以相对谨慎的投保条件和相对宽松的赔付标准，从服务中体现保险产品的吸引力，提升市场主体参与的积极性，避免逆向选择风险；另一方面，适度扩大万能险个人账户资金的使用途径，满足不同年龄层被保险人的现实需求。三是适度提升免税额度。个人税收优惠型健康保险的税收优惠额度应结合我国财政实力、国民收入水平和健康保障需求，综合考量个税收入的减收规模、商业健康险保费支出占个人收入的比例等因素，使税收优惠政策在分担疾病经济负担、促进健康保险消费和控制财政支出等各项政策目标之间实现平衡。针对目前市场普遍反映的每年 2 400 元的免税额度优惠力度不足的问题，建议根据社会经济发展情况适时进行动态调整，以促进保险公司优化产品结构、满足人们日益增长的多层次需求。

（邢露）

附：

2017 年专题与调研目录选编

中国人民银行营业管理部 2017 年优秀调研报告

一等奖

1. 大型企业信用风险有效监测机制的实现路径——基于在京大型企业信用风险的监测分析（金融稳定处）

2. 关于集体建设用地建设租赁住房试点的调研报告（金融研究处）

3. 上海、福建自贸区金融改革实践对北京中关村地区金融改革的启示（中关村中心支行）

二等奖

1. 北京市地方国库现金管理工作存在的问题和建议（国库处）

2. 北京、上海金融业比较分析（金融研究处）

3. 北京地区中资商业银行投资有限合伙型私募基金的现状、问题及建议（金融稳定处）

4. 我国三大城市群城市经济引力测度及对京津冀协同发展的启示（金融研

究处）

5. 人民币汇率向国内价格的传递系数大小、变动趋势及启示——基于汇改后数据的 VAR 模型分析（支付结算处）

6. 跨境资金流动本外币一体化监管框架研究（经常项目管理处）

7. 京津冀三地主要经济金融指标对比分析及思考（调查统计处）

8. 关于对盒马鲜生无现金支付争议问题的几点思考（法律事务处）

9. 关于境外机构投资者投资银行间债券市场外汇风险管理政策影响的调查报告（国际收支处）

10. 金融去杠杆背景下商业银行资产管理业务面临的风险及建议——基于北京地区主要法人银行的典型调查（金融稳定处）

11.《个人信息保护法》立法研究报告（征信管理处）

12. 金融服务京津冀产业转移中存在的问题及建议（货币信贷管理处）

13. 新时期中美贸易关系动态演进趋势及应对分析（经常项目管理处）

14. 特殊目的公司改革回顾和政策再定位的思考（资本项目管理处）

15. VIE 架构企业跨境资金运作情况调查（中关村中心支行）

16. 内保外贷业务潜在风险及建议——基于渤海银行北京分行综合执法检查担保履约案例（跨境办）

17. 碳金融的基础性法律问题研究（法律事务处）

18. 调查显示：房地产市场调控政策效应持续显现，房地产开发企业在政策变革中探索创新（调查统计处）

19. 关于“网络炒汇”的问题与对策（外汇检查处）

20. 利用绿色基金促进京津冀协同发展（调查统计处）

21. 支付机构留学类跨境支付业务交易背景真实性审核违规风险值得关注（外汇检查处）

三等奖

1. 北京地区部分商贸公司套取银行信贷资金投资 P2P 平台现象亟需关注（反洗钱处）

2. 利用房地产洗钱的手法分析和应对建议——借鉴 FATF 房地产行业洗钱和恐怖融资报告（反洗钱处）

3. 关于监督中央八项规定精神落实纠正“四风”工作的调研报告（纪检监察办公室）

4. 行政处罚中“个人与单位并罚”条款适用研究（法律事务处）

5. 人民银行审计常见问题综合分析与建议（内审处）

6. 关于京津冀科技金融协同发展的思考（中关村中心支行）

7. 外汇管理中充分发挥银行“一线”作用的方法探索（经常项目管理处）

8. 关于开展外汇舆情信息工作的思考（外汇综合业务处）

9. 加强开户管理及可疑交易报告后续控制新规出台后的各方反应及需要关注的问题（反洗钱处）

10. 北京地区非金融企业债务融资工具调查分析及政策建议（货币信贷管理处）

11. 浅析人民银行机房供电与业务网连续性面临的问题与对策（内审处）

12. 利率倒挂的相关影响（货币信贷管理处）

13. 从外汇管理角度看中国的热钱规模测算及其对经济的影响分析（外汇检

查处）

14. 汇率弹性不断增强背景下我国外汇预期管理机制探析（外汇综合业务处）

15. 区块链技术在跨境支付领域的应用研究（清算中心）

16. 人民银行预算绩效管理实践研究（会计财务处）

17. 电商平台清结算业务监管思路初探（支付结算处）

18. 欠发达资源富集地区金融扶贫的问题与对策研究——以陕西省榆林市为例（清算中心）

19. 全球资本流动冲击下外汇干预有效性研究及国际经验比较（国际收支处）

20. 北京市非金融企业杠杆率问题研究（办公室）

21. 非银行金融机构外汇业务现状与外汇管理研究（资本项目管理处）

22. 协议供货在人民银行采购中的应用研究（会计财务处）

23. 跨国公司外汇资金集中运营管理理论及政策升级研究报告（资本项目管理处）

24. 中央银行合并财务报表问题研究（会计财务处）

25. 供给侧改革背景下京津冀区域信用体系建设研究（征信管理处）

26. 关于在非洲推动人民币跨境使用的研究（跨境办）

27. 北京市代理发行库运行能力评价与分析——基于指数运算评价方法（货币金银处）

28. 智能机器人在营业管理部数据中心机房巡检方面的应用研究（科技处）

29. 新形势下进一步加强和改进营业管理部基层党建工作的思考（人事处）

30. 中国人民银行营业管理部干部职工思想状况调查报告（宣传群工部）

31. 中国人民银行营业管理部干部职工压力与心理健康测评情况及相关建议（工会办公室）

32. 在新形势下加强离退休干部党支部建设的思考与建议（离退休干部处）

33. 关于党风廉政建设工作的几点思考（后勤服务中心）

34. 视频监控标准在招投标中的有关问题研究（保卫处）

35. 关于国库监管事后监督系统运行情况的调研报告（事后监督中心）

八、统计资料

（一）金融业务综合统计

表 1.1 北京市金融机构（含外资）本外币信贷收支统计

单位：亿元

项目名称	余额	比年初	项目名称	余额	比年初
一、各项存款	144 086	5 651	一、各项贷款	69 556	5 817
（一）境内存款	142 352	5 033	（一）境内贷款	65 965	6 376
1. 住户存款	30 377	871	1. 住户贷款	16 467	2 316
（1）活期存款	12 802	191	（1）短期贷款	1 831	136
（2）定期及其他存款	17 575	680	消费贷款	971	200
2. 非金融企业存款	56 399	2 665	经营贷款	860	-65
（1）活期存款	19 285	103	（2）中长期贷款	14 636	2 181
（2）定期及其他存款	37 114	2 561	消费贷款	12 697	1 668
3. 广义政府存款	34 980	5 063	经营贷款	1 938	513
（1）财政性存款	2 323	924	2. 非金融企业及机关团体贷款	48 821	4 490
（2）机关团体存款	32 658	4 140	（1）短期贷款	19 640	2 706
4. 非银行业金融机构存款	20 595	-3 566	（2）中长期贷款	27 366	2 286
（二）境外存款	1 734	618	（3）票据融资	1 501	-560
二、金融债券	1 981	401	（4）融资租赁	298	74
其中：境外发行			（5）各项垫款	16	-15
三、卖出回购资产	16	-70	3. 非银行业金融机构贷款	677	-431
四、借款及非银行业金融机构拆入	602	155	（二）境外贷款	3 592	-559
五、联行往来（净）			二、债券投资	11 488	1 436
六、应付及暂收款	2 705	148	其中：境外债券	77	60
七、各项准备	1 577	-70	三、股权及其他投资	8 833	377
八、所有者权益	4 901	993	四、买入返售资产	493	-190
其中：实收资本	1 186	231	五、存放非银行业金融机构款项	29	-30
九、其他	8 069	-3 169	六、联行往来（净）	72 013	-3 727
			其中：境内存放二级准备金	4 050	220
			七、金银占款		
			八、外汇占款		
			九、应收及预付款	1 002	343
			十、投资性房地产	28	
			十一、固定资产	494	15
资金来源总计	163 937	4 039	资金运用总计	163 937	4 039

表 1.2　北京市中资金融机构本外币信贷收支统计

单位：亿元

项目名称	余额	比年初	项目名称	余额	比年初
一、各项存款	141 014	5 477	一、各项贷款	68 091	5 599
（一）境内存款	139 575	4 959	（一）境内贷款	64 583	6 170
1. 住户存款	30 132	856	1. 住户贷款	16 251	2 285
（1）活期存款	12 685	189	（1）短期贷款	1 827	135
（2）定期及其他存款	17 448	667	消费贷款	971	201
2. 非金融企业存款	53 942	2 453	经营贷款	856	-66
（1）活期存款	18 702	160	（2）中长期贷款	14 424	2 150
（2）定期及其他存款	35 240	2 293	消费贷款	12 491	1 639
3. 广义政府存款	34 980	5 063	经营贷款	1 933	511
（1）财政性存款	2 323	924	2. 非金融企业及机关团体贷款	47 655	4 316
（2）机关团体存款	32 657	4 140	（1）短期贷款	18 969	2 572
4. 非银行业金融机构存款	20 521	-3 414	（2）中长期贷款	26 952	2 278
（二）境外存款	1 439	519	（3）票据融资	1 421	-593
二、金融债券	1 981	401	（4）融资租赁	298	74
其中：境外发行			（5）各项垫款	16	-15
三、卖出回购资产	16	-70	3. 非银行业金融机构贷款	677	-431
四、借款及非银行业金融机构拆入	568	174	（二）境外贷款	3 508	-571
五、联行往来（净）			二、债券投资	11 487	1 480
六、应付及暂收款	2 665	157	其中：境外债券	76	60
七、各项准备	1 554	-70	三、股权及其他投资	8 833	379
八、所有者权益	4 630	955	四、买入返售资产	493	-190
其中：实收资本	1 186	231	五、存放非银行业金融机构款项	19	-30
九、其他	8 767	-3 227	六、联行往来（净）	70 778	-3 806
			其中：境内存放二级准备金	4 045	220
			七、金银占款		
			八、外汇占款		
			九、应收及预付款	973	350
			十、投资性房地产	28	
			十一、固定资产	492	15
资金来源总计	161 194	3 796	资金运用总计	161 194	3 796

表 1.3　北京市外资银行本外币信贷收支统计

单位：亿元

项目名称	余额	比年初	项目名称	余额	比年初
一、各项存款	3 156	223	一、各项贷款	2 275	269
（一）境内存款	2 860	123	（一）境内贷款	2 192	257
1. 个人存款	245	15	1. 短期贷款	1 255	213
其中：活期储蓄存款	118	2	（1）个人贷款及透支	4	1
定期储蓄存款	81	-7	其中：个人消费贷款		
结构性存款	40	19	（2）单位贷款及透支	671	134
2. 单位存款	2 457	211	经营贷款及透支	462	62
其中：活期存款	584	-57	固定资产贷款	19	5
定期存款	503	-101	并购贷款		
保证金存款	43	2	贸易融资	190	67
结构性存款	543	140	（3）非存款类金融机构贷款	580	79
3. 国库定期存款			2. 中长期贷款	857	11
4. 非存款类金融机构存款	158	-103	（1）个人贷款	212	30
（二）境外存款	295	100	其中：个人消费贷款	206	28
二、代理财政性存款			（2）单位贷款	414	8
三、金融债券			经营贷款	152	-28
其中：境外发行			固定资产贷款	233	20
四、卖出回购资产			并购贷款		
五、向中央银行借款			贸易融资	29	16
六、银行业存款类金融机构往来	114	62	（3）非存款类金融机构贷款	230	-27
七、借款及非存款类金融机构拆入	35	-18	3. 票据融资	80	32
八、联行往来（净）			4. 融资租赁		
九、应付及暂收款	40	-9	5. 各项垫款		
其中：应付利息	18	-1	（二）境外贷款	83	13
十、其他负债	490	271	二、债券投资	1	-44
十一、所有者权益	270	38	三、股权及其他投资		-3
其中：实收资本			四、买入返售资产		
			五、存放中央银行存款	33	2
			六、缴存中央银行财政性存款		
			七、银行业存款类金融机构往来	152	-15
			八、存放非存款类金融机构款项	10	
			九、联行往来	1 235	79
			其中：境内存放二级准备金	4	-1
			十、库存现金	2	-1
			十一、应收及预付款	29	-7
			其中：应收利息	19	4
			十二、投资性房地产		
			十三、固定资产	2	-1
			十四、其他资产	387	286
			十五、减：各项准备	23	
			其中：贷款减值准备	21	
资金来源总计	4 104	567	资金运用总计	4 104	567

表1.4 北京市金融机构（含外资）人民币信贷收支统计

单位：亿元

项目名称	余额	比年初	项目名称	余额	比年初
一、各项存款	137 952	5 134	一、各项贷款	63 383	6 764
（一）境内存款	137 355	5 217	（一）境内贷款	63 301	6 782
1. 住户存款	28 962	950	1. 住户贷款	16 463	2 316
（1）活期存款	12 068	305	（1）短期贷款	1 828	136
（2）定期及其他存款	16 894	645	消费贷款	968	201
2. 非金融企业存款	53 771	2 774	经营贷款	860	-65
（1）活期存款	18 368	396	（2）中长期贷款	14 635	2 181
（2）定期及其他存款	35 403	2 377	消费贷款	12 697	1 668
3. 广义政府存款	34 741	4 989	经营贷款	1 938	513
（1）财政性存款	2 323	924	2. 非金融企业及机关团体贷款	46 160	4 897
（2）机关团体存款	32 418	4 065	（1）短期贷款	18 517	2 512
4. 非银行业金融机构存款	19 881	-3 496	（2）中长期贷款	25 829	2 882
（二）境外存款	597	-82	（3）票据融资	1 501	-560
二、金融债券	1 981	401	（4）融资租赁	298	74
其中：境外发行			（5）各项垫款	16	-11
三、卖出回购资产	16	-70	3. 非银行业金融机构贷款	677	-431
四、借款及非银行业金融机构拆入	302	56	（二）境外贷款	82	-19
五、联行往来（净）			二、债券投资	10 430	447
六、应付及暂收款	2 633	140	其中：境外债券	6	6
七、各项准备	1 364	65	三、股权及其他投资	8 820	364
八、所有者权益	4 584	799	四、买入返售资产	493	-190
其中：实收资本	1 184	230	五、存放非银行业金融机构款项	5	-14
九、其他	5 901	-2 566	六、联行往来（净）	70 135	-3 770
			其中：境内存放二级准备金	4 014	208
			七、金银占款		
			八、外汇买卖		
			九、应收及预付款	945	344
			十、投资性房地产	28	
			十一、固定资产	493	15
资金来源总计	154 733	3 960	资金运用总计	154 733	3 960

表 1.5　北京市中资金融机构人民币信贷收支统计

单位：亿元

项目名称	余额	比年初	项目名称	余额	比年初
一、各项存款	135 501	4 828	一、各项贷款	62 132	6 579
（一）境内存款	134 977	4 914	（一）境内贷款	62 060	6 596
1. 住户存款	28 827	938	1. 住户贷款	16 248	2 285
（1）活期存款	12 003	301	（1）短期贷款	1 824	135
（2）定期及其他存款	16 824	637	消费贷款	968	201
2. 非金融企业存款	51 589	2 332	经营贷款	856	-66
（1）活期存款	17 996	322	（2）中长期贷款	14 424	2 150
（2）定期及其他存款	33 593	2 010	消费贷款	12 491	1 639
3. 广义政府存款	34 740	4 989	经营贷款	1 933	511
（1）财政性存款	2 323	924	2. 非金融企业及机关团体贷款	45 135	4 741
（2）机关团体存款	32 417	4 066	（1）短期贷款	17 936	2 411
4. 非银行业金融机构存款	19 821	-3 345	（2）中长期贷款	25 464	2 860
（二）境外存款	524	-87	（3）票据融资	1421	-593
二、金融债券	1 981	401	（4）融资租赁	298	74
其中：境外发行			（5）各项垫款	15	-11
三、卖出回购资产	16	-70	3. 非银行业金融机构贷款	677	-431
四、借款及非银行业金融机构拆入	302	56	（二）境外贷款	72	-17
五、联行往来（净）			二、债券投资	10 430	453
六、应付及暂收款	2 592	134	其中：境外债券	6	6
七、各项准备	1 347	65	三、股权及其他投资	8 820	366
八、所有者权益	4 397	767	四、买入返售资产	493	-190
其中：实收资本	1 184	230	五、存放非银行业金融机构款项	5	-14
九、其他	6 368	-2 638	六、联行往来（净）	69 179	-4 006
			其中：境内存放二级准备金	4 010	209
			七、金银占款		
			八、外汇买卖		
			九、应收及预付款	925	340
			十、投资性房地产	28	
			十一、固定资产	492	15
资金来源总计	152 506	3 544	资金运用总计	152 506	3 544

表1.6　北京市外资银行人民币信贷收支统计

单位：亿元

项目名称	余额	比年初	项目名称	余额	比年初
一、各项存款	2 534	356	一、各项贷款	1 945	219
（一）境内存款	2 461	351	（一）境内贷款	1 936	222
1. 个人存款	135	12	1. 短期贷款	1 083	149
其中：活期储蓄存款	65	4	（1）个人贷款及透支	4	1
定期储蓄存款	30	-8	其中：个人消费贷款		
结构性存款	33	16	（2）单位贷款及透支	580	101
2. 单位存款	2 183	442	经营贷款及透支	402	41
其中：活期存款	372	75	固定资产贷款	19	5
定期存款	447	-4	并购贷款		
保证金存款	42	3	贸易融资	159	55
结构性存款	539	136	（3）非存款类金融机构贷款	499	47
3. 国库定期存款			2. 中长期贷款	772	40
4. 非存款类金融机构存款	143	-103	（1）个人贷款	211	30
（二）境外存款	73	4	其中：个人消费贷款	206	28
二、代理财政性存款			（2）单位贷款	365	22
三、金融债券			经营贷款	119	-18
其中：境外发行			固定资产贷款	217	24
四、卖出回购资产			并购贷款		
五、向中央银行借款			贸易融资	29	16
六、银行业存款类金融机构往来	97	63	（3）非存款类金融机构贷款	196	-12
七、借款及非存款类金融机构拆入			3. 票据融资	80	32
八、联行往来（净）			4. 融资租赁		
九、应付及暂收款	41	6	5. 各项垫款		
其中：应付利息	16	-1	（二）境外贷款		-2
十、其他负债	718	377	二、债券投资		-6
十一、所有者权益	186	31	三、股权及其他投资		-3
其中：实收资本			四、买入返售资产		
			五、存放中央银行存款	28	
			六、缴存中央银行财政性存款		
			七、银行业存款类金融机构往来	11	-23
			八、存放非存款类金融机构款项		
			九、联行往来	955	236
			其中：境内存放二级准备金	4	-1
			十、库存现金	1	
			十一、应收及预付款	20	4
			其中：应收利息	17	4
			十二、投资性房地产		
			十三、固定资产	2	
			十四、其他资产	630	405
			十五、减：各项准备	17	
			其中：贷款减值准备	16	1
资金来源总计	3 575	833	资金运用总计	3 575	833

表 1.7　北京市金融机构（含外资）外汇信贷收支统计

单位：亿美元

项目名称	余额	比年初	项目名称	余额	比年初
一、各项存款	939	129	一、各项贷款	945	-82
（一）境内存款	765	18	（一）境内贷款	408	-35
1. 住户存款	217	1	1. 住户贷款	1	
（1）活期存款	112	-10	（1）短期贷款		
（2）定期及其他存款	104	11	消费贷款		
2. 非金融企业存款	402	8	经营贷款		
（1）活期存款	140	-34	（2）中长期贷款		
（2）定期及其他存款	262	42	消费贷款		
3. 广义政府存款	37	13	经营贷款		
（1）财政性存款			2. 非金融企业及机关团体贷款	407	-35
（2）机关团体存款	37	13	（1）短期贷款	172	38
4. 非银行业金融机构存款	109	-4	（2）中长期贷款	235	-72
（二）境外存款	174	111	（3）票据融资		
二、金融债券			（4）融资租赁		
其中：境外发行			（5）各项垫款		-1
三、卖出回购资产			3. 非银行业金融机构贷款		
四、借款及非银行业金融机构拆入	46	17	（二）境外贷款	537	-47
五、联行往来（净）			二、债券投资	162	152
六、应付及暂收款	11	2	其中：境外债券	11	8
七、外汇买卖	33	-18	三、股权及其他投资	2	2
八、各项准备	49	31	四、买入返售资产		
九、所有者权益			五、存放非银行业金融机构款项	4	-2
其中：实收资本	332	-68	六、联行往来（净）	287	23
十、其他			其中：境内存放二级准备金	6	2
			七、应收及预付款	9	
			八、投资性房地产		
			九、固定资产		
资金来源总计	1 409	93	资金运用总计	1 409	93

表 1.8　北京市中资金融机构外汇信贷收支统计

单位：亿美元

项目名称	余额	比年初	项目名称	余额	比年初
一、各项存款	844	143	一、各项贷款	912	-88
（一）境内存款	704	47	（一）境内贷款	386	-39
1. 住户存款	200		1. 住户贷款		
（1）活期存款	104	-10	（1）短期贷款		
（2）定期及其他存款	95	10	消费贷款		
2. 非金融企业存款	360	38	经营贷款		
（1）活期存款	108	-17	（2）中长期贷款		
（2）定期及其他存款	252	55	消费贷款		
3. 广义政府存款	37	13	经营贷款		
（1）财政性存款			2. 非金融企业及机关团体贷款	386	-39
（2）机关团体存款	37	13	（1）短期贷款	158	32
4. 非银行业金融机构存款	107	-4	（2）中长期贷款	228	-71
（二）境外存款	140	95	（3）票据融资		
二、金融债券			（4）融资租赁		
其中：境外发行			（5）各项垫款		-1
三、卖出回购资产			3. 非银行业金融机构贷款		
四、借款及非银行业金融机构拆入	41	19	（二）境外贷款	526	-49
五、联行往来（净）			二、债券投资	162	157
六、应付及暂收款	11	4	其中：境外债券	11	8
七、各项准备	32	-18	三、股权及其他投资	2	2
八、所有者权益	36	29	四、买入返售资产		
其中：实收资本			五、存放非银行业金融机构款项	2	-2
九、其他	367	-64	六、联行往来（净）	245	43
			其中：境内存放二级准备金	5	2
			七、应收及预付款	7	2
			八、投资性房地产		
			九、固定资产		
资金来源总计	1 330	114	资金运用总计	1 330	114

表 1.9 北京市外资银行外汇信贷收支统计

单位：亿美元

项目名称	余额	比年初	项目名称	余额	比年初
一、各项存款	95	-14	一、各项贷款	51	10
（一）境内存款	61	-29	（一）境内贷款	39	7
1. 个人存款	17	1	1. 短期贷款	26	11
其中：活期储蓄存款	8		（1）个人贷款及透支		
定期储蓄存款	8	1	其中：个人消费贷款		
结构性存款	1	1	（2）单位贷款及透支	14	6
2. 单位存款	42	-31	经营贷款及透支	9	3
其中：活期存款	32	-17	固定资产贷款		
定期存款	9	-13	并购贷款		
保证金存款			贸易融资	5	2
结构性存款	1	1	（3）非存款类金融机构贷款	12	5
3. 国库定期存款			2. 中长期贷款	13	-3
4. 非存款类金融机构存款	2		（1）个人贷款		
（二）境外存款	34	16	其中：个人消费贷款		
二、代理财政性存款			（2）单位贷款	8	-2
三、金融债券			经营贷款	5	-1
其中：境外发行			固定资产贷款	2	
四、卖出回购资产			并购贷款		
五、向中央银行借款			贸易融资		
六、银行业存款类金融机构往来	3		（3）非存款类金融机构贷款	5	-2
七、借款及非存款类金融机构拆入	5	-2	3. 票据融资		
八、联行往来（净）			4. 融资租赁		
九、应付及暂收款		-2	5. 各项垫款		
其中：应付利息			（二）境外贷款	11	3
十、其他负债	38	26	二、债券投资		-6
十一、所有者权益	13	2	三、股权及其他投资		
其中：实收资本			四、买入返售资产		
			五、存放中央银行存款	1	
			六、缴存中央银行财政性存款		
			七、银行业存款类金融机构往来	22	2
			八、存放非存款类金融机构款项	1	
			九、联行往来	43	-20
			其中：境内存放二级准备金		
			十、库存现金		
			十一、应收及预付款	1	-1
			其中：应收利息		
			十二、投资性房地产		
			十三、固定资产		
			十四、其他资产	36	24
			十五、减：各项准备	1	
			其中：贷款减值准备	1	
资金来源总计	154	9	资金运用总计	154	9

表 1.10　北京市金融机构本外币存贷款总量情况

单位：亿元、亿美元、%

项目名称	余额		比年初增减	
	2017 年	同比增长	2017 年	2016 年
一、金融机构存款				
（一）本外币存款	144 086	4.1	5 651	9 834
（二）人民币存款	137 952	3.9	5 134	9 022
其中：中资金融机构	135 501	3.7	4 828	8 769
外资金融机构	2 534	16.3	356	237
（三）外币存款	939	15.9	129	70
其中：中资金融机构	844	20.4	143	41
外资金融机构	95	-12.5	-14	29
二、金融机构贷款				
（一）本外币贷款	69 556	9.1	5 817	5 180
（二）人民币贷款	63 383	11.9	6 764	6 059
其中：中资金融机构	62 132	11.8	6 579	6 022
外资金融机构	1 945	12.7	219	49
（三）外币贷款	945	-8.0	-82	-206
其中：中资金融机构	912	-8.8	-88	-193
外资金融机构	51	25.1	10	-9

表 1.11　北京市金融机构存贷款总量全国占比情况

单位：亿元、亿美元、%

项目名称	北京		全国		占比	
	比年初累计增加	余额同比增长	比年初累计增加	余额同比增长	余额占比	增量占比
本外币存款	5 651.2	4.1	137 338.9	8.8	8.5	4.1
其中：人民币存款	5 134.4	3.9	135 120.1	9.0	8.4	3.8
外币存款	129.0	15.9	779.1	11.1	11.9	16.6
本外币贷款	5 816.8	9.1	135 521.0	12.1	5.5	4.3
其中：人民币贷款	6 763.7	11.9	135 277.8	12.7	5.3	5.0
外币贷款	-81.6	-8.0	521.6	6.6	11.3	-15.7

表 1.12　北京市金融机构贷款行业分布

单位：亿元、亿美元

项目名称	本外币		人民币		外币	
	余额	比年初增减	余额	比年初增减	余额	比年初增减
A. 农、林、牧、渔业	337.5	6.4	331.6	8.9	0.9	-0.3
B. 采矿业	2 124.8	-160.2	1 402.6	151.6	110.5	-38.5
C. 制造业	6 918.6	649.4	6 349.0	541.8	87.2	20.6
D. 电力、热力、燃气及水的生产和供应业	4 457.9	657.2	4 368.6	671.4	13.7	-1.2
E. 建筑业	1 930.7	223.8	1 797.0	256.5	20.5	-3.5
F. 批发和零售业	4 418.1	317.5	3 776.0	315.9	98.3	5.9
G. 交通运输、仓储和邮政业	8 537.3	900.3	8 439.3	967.5	15.0	-8.8
H. 住宿和餐饮业	266.9	-19.0	266.9	-19.0		
I. 信息传输、软件和信息技术服务业	1 629.8	16.5	1 615.4	6.0	2.2	1.6
J. 金融业	4 044.9	-86.0	3 776.6	-48.8	41.1	-3.0
K. 房地产业	6 696.0	680.3	6 653.6	692.8	6.5	-1.4
L. 租赁和商务服务业	6 387.2	1 496.7	6 210.9	1 513.5	27.0	-0.9
M. 科学研究和技术服务业	276.9	45.1	276.3	46.6	0.1	-0.2
N. 水利、环境和公共设施管理业	940.8	-64.9	937.3	-53.9	0.5	-1.6
O. 居民服务、修理和其他服务业	101.7	42.5	91.9	32.8	1.5	1.5
P. 教育	52.8	-0.6	52.8	-0.6		
Q. 卫生和社会工作	68.9	4.4	68.8	4.4		
R. 文化、体育和娱乐业	321.1	51.8	298.9	63.1	3.4	-1.4
S. 公共管理、社会保障和社会组织	853.1	-198.7	851.9	-198.2	0.2	-0.1
T. 国际组织						
对境外贷款	3 591.5	-558.7	81.8	-18.7	537.1	-46.7
个人贷款及透支	16 466.8	2 316.2	16 463.3	2 316.4	0.5	
贷款总计	70 423.2	6 320.1	64 110.5	7 249.9	966.1	-77.9

注：贷款总计不包括委托贷款、票据融资。

表 1.13　北京市存款类金融机构大中小企业贷款情况

单位：亿元

项目名称	本外币		人民币	
	余额	比年初增减	余额	比年初增减
境内大型企业				
一般贷款	27 313. 8	2 877. 5	25 198. 2	3 246. 6
票据贴现	244. 8	-41. 8	244. 8	-41. 8
表外授信	12 285. 5	-14. 7	8 432. 1	-491. 6
其中：票据承兑	1 756. 4	-121. 1	1 756. 4	-121. 1
境内中型企业				
一般贷款	10 534. 9	1 680. 8	10 152. 8	1 737. 8
票据贴现	206. 8	47. 8	206. 8	47. 8
表外授信	4 550. 5	59. 7	3 330. 9	-204. 7
其中：票据承兑	886. 6	-193. 5	886. 6	-193. 5
境内小型企业				
一般贷款	5 649. 8	698. 0	5 574. 4	696. 2
票据贴现	120. 4	13. 0	120. 4	13. 0
表外授信	1 632. 0	220. 5	1 219. 2	179. 2
其中：票据承兑	303. 8	-100. 1	303. 8	-100. 1
境内微型企业				
一般贷款	1 789. 0	368. 0	1 762. 0	371. 4
票据贴现	15. 8	-13. 4	15. 8	-13. 4
表外授信	293. 8	-91. 3	197. 0	-45. 7
其中：票据承兑	67. 6	-17. 9	67. 6	-17. 9

表 1.14　北京市银行业（含外资）人民币房地产信贷情况

单位：亿元、%

项目名称	余额		比年初增减	
	2017 年	同比增长	2017 年	2016 年
合计	**16 333.6**	**13.5**	**1 942.3**	**2 792.5**
一、房地产开发贷款	5 166.4	8.8	417.0	-13.7
1. 地产开发贷款	1 955.7	1.3	25.0	219.3
其中：政府土地储备机构贷款	74.9	-86.1	-464.0	-426.3
2. 房产开发贷款	3 210.7	13.9	391.9	-233.0
（1）住房开发贷款	1 595.5	8.5	124.4	-279.4
其中：保障性住房开发贷款	608.6	62.8	234.7	-344.7
（2）商业用房开发贷款	1 224.5	18.4	190.3	40.1
（3）其他房产开发贷款	390.8	24.6	77.2	6.3
二、购房贷款	11 027.7	16.2	1 539.4	2 666.1
1. 企业购房贷款	536.8	13.4	63.4	81.9
（1）商业用房贷款	498.0	13.4	58.9	77.0
（2）住房贷款	38.8	13.3	4.5	4.9
2. 机关团体购房贷款				-1.6
（1）商业用房贷款				
（2）住房贷款				-1.6
3. 个人购房贷款	10 490.9	16.4	1 476.0	2 585.7
（1）个人商业用房贷款	826.4	15.3	109.7	143.8
（2）个人住房贷款	9 664.5	16.5	1 366.3	2 442.0
a. 新建房贷款	4 091.9	7.3	277.0	569.5
其中：抵押贷款	4 048.2	7.6	286.8	662.1
b. 再交易房贷款	5 572.6	24.3	1 089.3	1 872.5
三、证券化的房地产贷款	139.5	-8.4	-14.1	140.0
1. 证券化个人住房贷款	121.6	5.3	4.9	108.0
2. 其他证券化房地产贷款	17.9	-51.5	-19.0	32.1
附：个人购买保障性住房贷款	66.9	19.7	11.0	4.9
附：企业收购、租赁保障性住房贷款	31.9	10.3	3.0	2.8
附：机关团体收购、租赁购买保障性住房贷款				-1.6

表 1.15　北京市银行业个人住房贷款发放、偿还情况

单位：亿元、笔

项目名称	累计	
	2017 年	2016 年
个人住房贷款发放总额	2 120.9	3 596.0
其中：发放新建房贷款	615.1	1 194.8
发放再交易房贷款	1 505.8	2 401.2
住房贷款偿付总额	782.6	1 033.4
其中：正常还款	299.5	353.2
部分提前还款	126.7	141.6
全额提前还款	356.4	538.5
批准笔数	84 999	151 128

注：以上统计表由中国人民银行营业管理部调查统计处提供。

表 1.16　北京辖区直接外债余额

单位：亿美元、%

年份	总计	为上年	中长期债务	占总计	短期债务	占总计
2008	1 332	105.22	889	66.74	443	33.26
2009	1 443	108.33	972	67.36	471	32.64
2010	1 950	135.14	1 027	52.67	923	47.33
2011	3 114	159.69	1 154	37.06	1 960	62.94
2012	3 299	105.94	1 257	38.10	2 042	61.90
2013	4 922	149.21	1 205	24.49	3 717	75.51
2014	5 956	121.01	1 309	21.98	4 647	78.02
2015	4 142	69.55	1 276	30.81	2 866	69.20
2016	4 218	101.83	1 533	36.34	2 685	63.66
2017	5 466	129.59	1 904	34.83	3 562	65.17

注：本统计表由国家外汇管理局北京外汇管理部资本项目管理处根据外汇局资本项目信息系统数据提供。

表 1.17　2017 年北京地区储蓄国债统计（凭证式）

单位：亿元

期　数	金　额
一期	24.22
二期	24.3
三期	25.88
四期	31.29
五期	26.73
六期	30.93
七期	26.75
八期	31.24
合计	221.34

表 1.18　2017 年北京地区储蓄国债统计（电子式）

单位：亿元

期　数	金　额
一期	38.31
二期	41.64
三期	23.96
四期	46.98
五期	24.56
六期	36.36
七期	30.81
八期	46.2
九期	28.67
十期	46.26
合计	363.75

注：以上统计表由中国人民银行营业管理部国库处提供。

表 1.19　北京辖区上市公司情况统计

单位：亿元、家

项目	2013 年	2014 年	2015 年	2016 年	2017 年
股票市价总值	97 040.23	158 109.31	133 059.03	122 303.34	137 764.24
其中：股票流通市值	67 570.99	108 491.60	115 451.13	107 584.50	122 448.64
境内上市公司数	217	235	264	281	306
其中：A 股	191	207	238	255	278
A+B 股	1	1	1	1	1
A+H 股	25	27	25	25	27

表 1.20　北京地区基金管理公司业务综合统计

指标	2017 年		2016 年		2015 年	
	绝对值	同比增长（%）	绝对值	同比增长（%）	绝对值	同比增长（%）
主要经营地在辖区基金管理公司数（家）	32	3.23	31	24.00	25	8.70
其中：中外合资基金管理公司数（家）	11	0.00	11	0.00	11	-8.33
辖区法人基金管理公司数（家）	19	0.00	19	11.76	17	-5.56
其中：中外合资基金管理公司数（家）	8	0.00	8	0.00	8	-11.11
辖区法人基金管理公司管理基金数（只）	624	21.40	514	42.78	360	44.58
其中：封闭式基金数（只）	9	-71.88	32	300.00	8	33.33
开放式基金数（只）	615	27.59	482	36.93	352	44.86
辖区法人基金管理公司管理基金季末总规模（亿份）	16 565.22	14.39	14 481.11	-2.56	14 861.69	91.73
其中：封闭式基金总规模（亿份）	52.32	-96.53	1 507.76	3 360.55	43.57	-48.06
开放式基金总规模（亿份）	16 512.90	23.48	13 373.15	-9.75	14 818.12	93.26
辖区法人基金管理公司管理基金资产季末净值（亿元）	17 303.36	11.42	15 529.43	-5.13	16 368.74	91.20
其中：封闭式基金资产净值（亿元）	52.57	-96.56	1 529.65	2 723.80	54.17	-43.40
开放式基金资产净值（亿元）	17 250.79	23.22	13 999.78	-14.19	16 314.57	92.72
辖区法人基金管理公司 QDII 总规模（亿份）	123.12	-10.25	137.18	87.79	73.05	-46.53
辖区法人基金管理公司 QDII 总净值（亿元）	157.28	11.87	140.59	65.21	85.1	-26.90
辖区法人基金管理公司当年新发基金数（只）	130	-23.98	171	27.61	134	103.03
辖区法人基金管理公司新发基金首次募集规模（亿份）	1 669.70	-49.14	3 282.78	4.63	3 137.54	216.57
辖区法人基金管理公司新发基金首次募集金额（亿元）	1 669.70	-49.18	3 285.78	4.72	3 137.54	216.57
辖区法人基金管理公司新发基金年末净值（亿元）						

注：以上统计表由中国证券监督管理委员会北京监管局提供。

表 1.21　2017 年北京市保险业务统计

单位：万元、%

指标项目	2017 年	2016 年	增长率
一、原保险保费收入	**19 731 532.74**	**18 389 561.55**	**7.30**
1. 财产保险	4 043 848.82	3 692 494.00	9.52
其中：机动车辆保险	2 721 564.69	2 614 843.48	4.08
2. 意外伤害保险	585 748.08	449 100.06	30.43
3. 健康保险	3 018 305.64	3 231 773.31	-6.61
4. 人寿保险	12 083 630.20	11 016 194.18	9.69
二、赔付支出	**5 777 425.66**	**5 966 412.88**	**-3.17**
1. 财产保险	2 124 912.89	2 293 147.76	-7.34
其中：机动车辆保险	1 521 885.80	1 509 072.67	0.85
2. 意外伤害保险	141 288.91	136 803.74	3.28
3. 健康保险	796 311.25	727 416.84	9.47
4. 人寿保险	2 714 912.61	2 809 044.54	-3.35

注：1. “原保险保费收入”为按《企业会计准则（2006）》设置的统计指标，指保险企业确认的原保险合同保费收入。

2. “原保险赔付支出”为按《企业会计准则（2006）》设置的统计指标，指保险企业支付的原保险合同赔付款项。

3. 原保险保费收入、原保险赔付支出为本年累计数。

4. 上述数据来源于各保险公司报送的数据，未经审计。

表 1.22　北京市各财产保险公司业务统计（按公司）

单位：万元、%

保费收入	公司名称	2017 年累计			
		保费收入	同比增长	赔款支出	同比增长
中资	人保股份京分	1 480 453.84	6.84	864 014.16	1.56
	平安财京分	1 004 949.72	13.99	452 324.11	-9.40
	太保财京分	586 366.44	7.34	319 911.38	2.22
	国寿财产京分	249 926.95	11.35	130 835.54	15.76
	华泰京分	102 677.69	1.01	56 409.35	-7.60
	中华联合京分	96 393.86	-9.41	59 258.18	-12.81
	阳光财产京分	74 052.83	35.90	28 576.47	1.33
	英大财产京分	72 118.91	-7.72	25 463.52	-22.74
	大地财产京分	53 039.12	15.94	27 502.06	19.95
	太平保险京分	50 711.21	-7.20	28 210.53	-28.13
	中石油专属保险京分（虚拟）	49 781.39	27.79	13 838.69	40.07
	中银保险京分	39 533.06	35.31	19 270.16	17.82
	众安财产京分（虚拟）	35 347.28	28.18	11 313.01	-10.24
	安心财产京分（虚拟）	28 062.32	7 554.97	1 817.98	13 155.36
	华安京分	23 081.72	-7.29	11 062.34	27.16
	永安京分	20 844.81	40.88	11 098.03	30.27
	信达财险京分	16 501.83	9.93	5 136.91	137.24
	珠峰财险京分	15 278.94		3 738.20	

续表

保费收入	公司名称	2017 年累计			
		保费收入	同比增长	赔款支出	同比增长
中资	易安财产京分（虚拟）	13 955.07	3 496.20	1 021.13	299.18
	安邦京分	13 725.18	-13.00	9 198.95	-2.90
	永诚京分	13 068.91	-28.88	10 082.29	3.42
	天安京分	11 692.39	32.45	8 037.01	-11.44
	合众财产京分（虚拟）	10 050.54	73.12	3 686.37	292.01
	阳光信用京分（虚拟）	9 782.49	406.59	1 065.68	1 344.55
	长安责任京分	9 430.04	-19.82	5 458.10	-6.32
	亚太财险京分	9 342.38	52.13	3 112.76	259.47
	中铁自保京分（虚拟）	9 217.28	81.23	785.58	294.43
	建信财产京分	8 468.75		1 403.38	
	渤海京分	8 370.71	148.37	2 312.37	41.31
	安华农业京分	7 456.54	-32.80	7 184.07	15.01
	华农京分	7 236.10	36.03	4 261.81	-37.08
	紫金财产京分	6 974.89	10.97	5 343.21	47.50
	长江财险京分	4 299.52	42.09	1 722.66	-19.32
	安诚京分	3 604.23	62.00	1 816.83	334.59
	富德财险京分	3 361.38	-70.50	6 207.86	-32.56
	泰康在线京分（虚拟）	3 132.34	346.59	1 515.94	235.41
	众惠相互京分（虚拟）	2 406.30		48.93	
	浙商财产京分	1 549.01	77.13	754.30	-1.28
	都邦京分	1 298.06	-38.22	1 535.67	-21.70
	汇友互助京分（虚拟）	465.31		2.41	
	泰山财险京分	412.19	-74.11	2 109.95	1 372.39
小计		4 158 421.53	10.83	2 148 447.90	-0.37
外资	利宝京分	56 379.90	30.38	47 653.70	83.78
	苏黎世京分	38 186.75	-1.59	18 225.75	-75.58
	中意财产京分（虚拟）	20 621.05	0.66	8 873.23	-0.50
	安盛天平京分	13 229.85	9.95	8 173.77	-1.37
	美亚京分	8 762.11	-11.77	1 827.24	-54.74
	现代财产京分（虚拟）	8 761.55	-6.00	2 345.01	-97.70
	东京海上京分	7 315.79	1.00	2 921.07	-76.32
	国泰财产京分	6 114.83	-33.19	4 239.37	-9.10
	三井京分	6 109.96	17.43	1 741.84	-84.16
	三星京分	5 689.76	19.18	2 085.61	5.08
	史带财产京分	2 579.74	42.47	1 051.47	206.36
	瑞再企商京分	2 540.66	32.04	231.42	-24.95
	日本财产京分	1 570.66	15.73	376.43	-5.75
	中航安盟京分	836.44		46.90	
	安达保险京分	167.39		30.11	
	安联京分	88.88		0.00	
	劳合社京分	48.04	-83.34	11.39	-80.75
小计		179 003.35	8.11	99 834.32	-60.84
合计		4 337 424.87	13.76	2 248 282.21	9.02

注：虚拟指已在北京开展业务但未设立北京分公司的保险公司。

表 1.23　北京市各财产保险公司业务统计（按险种）

单位：万元、%

险　种	保费收入	同比增长	赔款支出	同比增长
1. 企业财产保险	352 631. 10	6. 87	165 242. 10	-53. 79
2. 家庭财产保险	39 714. 60	65. 33	19 713. 02	48. 98
其中：投资型家庭财产保险	152. 93	-77. 48	11. 68	-32. 25
3. 机动车辆保险	2 721 564. 69	4. 08	1 521 885. 80	0. 85
其中：交强险	445 718. 05	-2. 94	242 946. 68	-0. 94
4. 工程保险	103 280. 54	37. 00	29 927. 79	3. 38
5. 责任保险	410 928. 51	16. 82	202 989. 13	16. 57
6. 信用保险	11 861. 08	-13. 95	8 996. 87	-4. 37
7. 保证保险	141 393. 30	162. 81	16 497. 66	26. 25
其中：机动车辆消费贷款保证保险	2 507. 52	84. 77	56. 38	307. 79
其中：个人贷款抵押房屋保证保险	-57. 19	67. 47	16. 29	168. 35
8. 船舶保险	7 950. 21	-9. 45	5 032. 36	-47. 74
9. 货物运输保险	99 782. 23	14. 30	53 336. 56	-32. 83
10. 特殊风险保险	81 094. 57	27. 80	46 539. 59	36. 89
11. 农业保险	63 874. 14	6. 44	51 030. 03	-12. 50
12. 健康保险	132 900. 95	21. 85	84 885. 59	1. 39
其中：投资型健康保险	0. 00		0. 00	
13. 意外伤害保险	160 675. 11	38. 39	38 483. 73	11. 60
其中：投资型意外伤害保险	-0. 17	-100. 25	937. 44	56. 27
14. 其他保险	9 773. 86	4. 29	3 721. 99	-41. 05
合计	4 337 424. 87	10. 71	2 248 282. 21	-6. 76

表 1.24　北京市各人身保险公司业务统计（按公司）

单位：万元、%

公司	原保费收入	同比	退保金	同比	赔款支出	同比	死伤医疗给付	同比	满期给付	同比	年金给付	同比
平安寿京分	2 034 800. 61	23. 60	145 916. 37	47. 15	5 355. 18	31. 75	81 196. 82	22. 86	268 768. 58	1. 79	85 997. 27	18. 19
安邦人寿京分	2 005 452. 01	14. 04	425 976. 86	36. 20	20. 50		3 551. 20	126. 22	4 422. 16	301. 82	160. 57	11 259. 39
国寿股份京分	947 502. 71	4. 54	291 382. 11	54. 11	98 869. 56	-8. 03	19 882. 37	17. 06	362 067. 85	-10. 96	44 822. 90	64. 35
新华京分	932 235. 15	-7. 40	360 419. 42	4. 58	26 793. 63	18. 21	30 689. 52	22. 76	178 768. 18	-26. 02	106 130. 32	-11. 68
人保寿险京分	771 039. 48	-8. 39	394 781. 77	0. 98	41 040. 16	5. 92	75 880. 62	29. 05	214 477. 29	10. 82	3 799. 04	-9. 32
华夏人寿京分	743 078. 00	83. 10	6 939. 37	92. 54	2 410. 43	75. 26	4 071. 60	150. 32	3 147. 37	151. 24	18 041. 77	122. 65
泰康京分	661 171. 21	42. 54	78 362. 84	-33. 40	2 612. 51	13. 60	10 415. 02	-0. 49	109 051. 79	-52. 53	71 211. 94	30. 67
太平人寿京分	634 583. 68	5. 51	235 184. 13	54. 77	923. 41	32. 41	6 763. 85	31. 68	69 440. 34	23. 33	50 763. 97	16. 51
天安人寿京分（虚拟）	596 692. 47	-0. 94	183 960. 42	-45. 23	549. 17	-75. 43	629. 64	239. 80	8 772. 72		32 011. 34	187. 45
太保寿京分	52 9103. 93	19. 56	60 519. 03	-16. 02	6 316. 94	48. 04	16 582. 16	41. 23	100 059. 27	-39. 62	40 563. 57	41. 34
工银安盛京分	436 927. 34	9. 43	212 629. 19	615. 63	11 582. 91	25. 06	2 542. 89	100. 46	53 258. 00	143. 21	3 158. 17	-2. 61
友邦京分	383 505. 61	33. 86	7 293. 21	-0. 65	9 924. 66	22. 83	10 649. 70	37. 76	20 390. 07	-55. 93	9 999. 93	65. 95
中信保诚京分	335 551. 30	43. 42	4 647. 02	64. 47	11 856. 63	25. 61	6 713. 39	74. 17	14 309. 45	75. 81	426. 78	37. 54
君康人寿京分	309 737. 43	346. 31	68 477. 29	899. 03	863. 36	47. 19	38. 56	81. 03	2 773. 21	-39. 81	102. 45	
和谐健康京分	295 549. 71	-73. 27	82 108. 67	634. 68	466. 52	501. 25	1 353. 46	373. 33				
中美联泰京分	295 511. 73	4. 62	12 309. 04	-3. 60	3 232. 96	-24. 06	9 170. 48	16. 50	42 597. 42	-24. 02	894. 31	11. 87
招商信诺京分	245 696. 97	-3. 96	22 874. 22	260. 78	15 910. 65	2. 60	2 257. 11	17. 16	0. 00		1 046. 34	1 806. 64
富德生命人寿京分	241 105. 47	-20. 14	221 506. 09	229. 23	2 535. 22	4. 38	1 214. 66	8. 73	47 734. 03	-20. 07	4. 12	120. 75
交银康联京分	191 400. 63	-27. 75	46 320. 22	29. 09	50. 25	2 123. 08	662. 25	759. 27	46. 29	1. 67	102. 66	43. 17
中意京分	180 091. 89	-24. 44	76 745. 57	54. 70	27 139. 79	19. 81	1 871. 06	-7. 23	196. 72	-84. 73	172 453. 63	4. 62
国华人寿京分	152 339. 44	8. 93	17 050. 56	863. 09	2. 58	340. 88	157. 92	6. 82	15 194. 99	-4. 53	2 917. 51	37. 45
平安养老京分	149 800. 31	18. 98	42. 39	-58. 76	104 412. 09	24. 59	46. 12	6 524. 18			348. 81	-7. 57
弘康人寿京分（虚拟）	136 842. 97	51. 13	114 775. 71	-53. 39	0. 00		831. 19	38. 80	5. 86		67. 91	
幸福人寿京分	135 701. 85	9. 80	46 969. 02	-15. 81	3 447. 61	18. 74	648. 13	38. 36	27 686. 14	-13. 27	565. 05	66. 28
阳光人寿京分	133 578. 40	-5. 26	29 238. 28	56. 28	4 772. 49	73. 04	2 638. 51	26. 62	30 917. 18	-56. 88	0. 00	
中荷人寿京分	129 149. 63	30. 02	8 452. 30	23. 89	178. 67	-59. 20	1 103. 65	90. 69	28 355. 26	20. 41	1 058. 70	204. 66
建信人寿京分	122 565. 91	-59. 41	104 138. 58	-8. 48	2 029. 72	62. 48	602. 01	-34. 15	87 268. 04	8 386. 14	11 453. 68	-10. 97
农银人寿京分	117 898. 07	62. 01	40 124. 12	-29. 87	986. 97	65. 29	693. 93	12. 97	29 751. 71	34. 34	969. 67	156. 54
中邮人寿京分	115 399. 19	81. 03	28 418. 60	26. 00	1 767. 24	79. 14	279. 04	65. 47	20 592. 63	-8. 53	57. 92	-0. 29
泰康养老京分	114 065. 83	29. 22	449. 46	113. 91	25 455. 49	15. 34	2 832. 44	154. 88	640. 49	0. 00	222. 82	105. 44
光大永明京分	106 300. 98	47. 07	15 162. 84	206. 58	9 847. 44	80. 57	1 250. 28	-6. 49	13 726. 06	-62. 23	1 437. 29	44. 82
人保健康京分	106 139. 59	-18. 87	44 605. 19	-0. 44	57 180. 41	-18. 80	433. 27	4. 08	899. 71	140. 82	0. 00	

结表

公司	原保费收入	同比	退保金	同比	赔款支出	同比	死伤医疗给付	同比	满期给付	同比	年金给付	同比
合众人寿京分	100 928.19	37.29	15 751.84	133.11	1 380.11	19.21	530.52	-21.17	9 840.10	-54.18	1 492.39	27.85
中英人寿京分	94 540.89	2.77	4 004.98	0.82	7 858.35	28.37	1 668.98	-1.51	25 270.17	31.90	2 668.63	23.15
百年人寿京分	60 357.27	-18.23	49 639.20	48.43	853.59	-13.39	184.97	582.89	6 250.10	-36.47	2 967.16	191.36
中德安联京分	59 592.58	7.82	1 111.99	-38.46	2 752.97	19.79	235.89	-60.84	230.00		4 342.61	26.95
汇丰人寿京分	56 362.17	32.47	1 907.06	300.18			417.99				1 779.83	64.40
英大人寿京分	55 871.55	33.57	25 195.55	-9.77	6 051.05	28.28	203.46	-51.28	5 705.57	122.91	1 027.67	13.46
平安健康京分	53 280.32	65.25	11.05	-62.95	33 660.72	43.77	916.76	-50.80				
长生人寿京分	52 034.98	-27.32	2 131.04	7.51	875.04	11.82	14.45	-76.02	6 596.15	178.44	0.00	
信美人寿京分（虚拟）	47 404.35		27.42									
中银三星京分	46 927.08	8.38	21 641.14	3.70	2 928.13	64.59	230.81	-11.45	6 556.15	-55.13	1 033.86	47.39
同方全球人寿京分	45 294.12	36.60	891.60	-12.36	15 471.92	8.38	691.47	191.65	5 377.36	101.95	775.77	-4.40
太平养老京分	44 946.00	-0.25	4 736.86	-45.98	10 146.50	43.46	2 914.70	86.13	4.22	0.00	4.19	
安邦养老京分	36 886.78	146 439.49	20.07		20.84	57.60	0.00		0.00		0.00	
中华人寿京分	32 720.33	161.18	32.10	895.22	1 836.98	161.62	957.75	394.96	0.00		0.00	
昆仑健康京分	31 736.05	188.28	199.67	0.71	5 349.56	12.20	78.62	10.13	19.04	-91.99	0.00	
利安人寿京分	30 020.61	72.82	13 606.90	2 678.81	252.39	66.48	32.23		0.00		498.09	74.93
复星保德信京分	28 349.98	651.38	180.73	724.15	294.89	1 220.54	39.37				587.61	89.49
长城京分	27 401.27	-52.85	3 922.12	-16.92	1 314.48	48.51	246.39	-34.67	23 800.13	-61.57	2 118.69	45.04
民生人寿京分	27 178.59	20.70	9 876.03	3.27	615.77	-6.42	703.69	35.60	2 412.00	12.55	2 176.34	13.17
珠江人寿京分	26 829.71	-49.69	749.34		94.08		0.00		0.00		0.00	
信泰京分	21 436.96	-28.09	620.45	43.25	2.32	-39.35	191.80	47.16	3 143.70	6.95	148.33	66.12
中宏人寿京分	20 774.33	57.39	617.60	40.00	868.00	-19.63	274.34	25.26	277.86	502.72	472.92	35.70
中融人寿京分	19 308.69	163 638.13	2 297.58	-3.63	7.80	30.73	0.34		762.55		0.00	-100.00
国寿存续京分	15 329.62	-38.61	1 383.88	47.03	50.55	-10.81	4 055.01	2.22	8 049.70	43.48	34 617.95	-6.58
恒安标准京分	12 570.92	17.94	1 472.24	62.01	1 286.04	11.30	340.38	186.74	18 176.27	176.85	701.17	23.89
陆家嘴国泰人寿京分	10 989.58	158.53	22.44	-40.65	1 185.04	36.33	40.77	96.62			72.69	5.17
瑞泰人寿京分（虚拟）	10 948.26	-33.38	6 842.70	3 374.78	1 628.62	5.98	180.71	182.16	12.00		390.48	
华泰人寿京分	9 581.74	20.40	953.17	-64.21	662.81	-58.89	295.15	1.85	18 482.60	-11.29	523.69	26.24
北大方正人寿京分	8 560.72	41.01	102.67	137.98	2 777.94	171.81	64.00	540.00	0.00		53.64	7 224.68
太保安联健康京分	7 443.83	383.01	2.07	29 246.39	2 889.52	730.44	254.97	210.63				
爱心人寿京分（虚拟）	4 433.64				0.16							
新光海航京分（虚拟）	3 529.20	-7.96	1 128.38	-39.31	1.96	-99.69	236.00	59.32	13 184.90	68.58	255.15	7.77
中法人寿京分	18.06	-99.72	6 140.15	414.85	0.28	93.85	35.02	63.07	4 578.47	132.40	273.36	
合计	15 394 107.87	6.37	3 564 999.91	20.70	581 653.58	10.80	313 689.37	27.60	1 914 027.82	-11.67	719 772.67	16.58

注：虚拟指已在北京开展业务但未设立北京分公司的保险公司。

表 1.25　北京市各人身保险公司业务统计（按险种）

单位：万元

险种名称	原保险保费收入	赔款支出	死伤医疗给付	满期给付	年金给付	退保金
一、寿险小计	12 083 630.20		83 521.77	1 911 618.17	719 772.67	3 201 270.70
1. 普通寿险	7 802 516.44		45 680.22	178 918.63	308 769.37	2 370 209.19
（1）定期寿险	74 135.03		12 715.25	318.33		968.76
（2）两全寿险	2 310 846.88		14 193.64	157 568.24	30 129.72	918 660.73
（3）终身寿险	561 263.07		11 842.91	2 993.61		7 860.30
（4）年金保险	4 856 271.47		6 928.42	18 038.45	278 639.66	1 442 719.40
2. 分红寿险	4 240 065.08		32 804.12	1 727 423.68	410 272.58	830 973.23
（1）定期寿险						
（2）两全寿险	1 678 109.79		23 427.45	1 717 569.65	73 390.08	625 231.09
（3）终身寿险	358 949.64		4 598.88	21.40		12 176.59
（4）年金保险	2 203 005.65		4 777.79	9 832.63	336 882.50	193 565.55
3. 投资连结保险	3 992.19		357.15	1 064.00	0.00	2.79
4. 万能保险	37 056.50		4 680.28	4 211.86	730.72	85.49
二、意外伤害保险小计	425 072.97	102 805.18				
1. 一年期以内业务	40 237.07	1 104.42				
2. 一年期业务	301 767.27	101 700.75				
3. 一年期以上业务	83 068.63					
三、健康保险小计	2 885 404.69	478 848.40	230 167.60	2 409.65		363 729.20
1. 短期业务	693 694.33	478 848.40				
2. 长期业务	2 191 710.36		230 167.60	2 409.65		363 729.20
合计	15 394 107.87	581 653.58	313 689.37	1 914 027.82	719 772.67	3 564 999.91

注：以上统计表由中国保险监督管理委员会北京监管局提供。

表 1.26　中国人民银行对金融机构存款利率

单位：年利率%

时间	2002-02-21	2003-12-21	2005-03-17	2008-11-27
一、金融机构存款				
准备金存款	1.89	1.89	1.89	1.62
超额准备金	1.89	1.62	0.99	0.72
欠交准备金①	按日利率万分之六计收利息	同前		
二、保险公司存款	1.89	1.89	1.89	
三、邮政储蓄转存款②	4.347	4.131		

注：①2004 年 12 月 30 日银发〔2004〕302 号文，规定金融机构未按照中国人民银行规定交存存款准备金的，按照相关法规规定处罚；依法减轻处罚的，对其欠交存款准备金不足部分按每日万分之六的比例处以罚款。

②2002 年 12 月 31 日银发〔2002〕393 号文，规定从 2003 年 1 月 1 日起邮政储蓄转存款利率暂调整为 4.131%。2003 年 9 月 1 日银发〔2003〕177 号文，规定自 2003 年 8 月 1 日起，邮政储蓄新增存款转存中国人民银行的部分，按照金融机构准备金存款利率（年利率为 1.89%）计息；此前的邮政储蓄在中国人民银行的转存款暂按现行转存款利率计息（年利率为 4.131%）。

表1.27　中国人民银行对金融机构贷款利率

单位：年利率%

项目[①]	2010-12-26	2014-03-20	2014-12-19	2015-05-28	2015-11-05
一、流动性再贷款[②]					
1个月	3.25				2.9
3个月	3.55				3.2
6个月	3.75				3.4
1年	3.85				3.5
二、信贷政策支持再贷款					
（一）支农再贷款[③]					
3个月	3.05		2.8	2.55	2.45
6个月	3.25		3.0	2.75	2.65
1年	3.35		3.1	2.85	2.75
（二）支小再贷款					
3个月		3.7	3.3	3.05	2.95
6个月		3.9	3.5	3.25	3.15
1年		4.0	3.6	3.35	3.25
三、再贴现	2.25	同前	同前	同前	同前
四、逾期贷款	按日利率万分之五计收利息	同前	同前	同前	同前

注：①2014年2月7日银发〔2014〕36号文，决定对再贷款分类予以调整，将流动性再贷款划分为流动性再贷款和信贷政策支持再贷款，金融稳定再贷款和专项政策性再贷款分类总体不变。流动性再贷款利率执行人民银行总行确定的流动性再贷款利率，信贷政策支持再贷款执行人民银行总行确定的信贷政策支持再贷款利率。

②2014年2月7日银发〔2014〕36号文指出，中国人民银行对全国性存款类金融机构发放的流动性再贷款，期限设置为1个月、3个月、6个月、1年四个档次。在此之前流动性再贷款期限为20天以内、3个月以内、6个月以内和1年。

③该时点利率为对农村信用社再贷款（不含紧急贷款）利率。2014年12月29日银发〔2014〕396号文指出，将正常支农再贷款各期限档次利率分别下调0.25个百分点，贫困地区支农再贷款利率再调整后的正常支农再贷款利率基础上下调1个百分点。

表 1.28 金融机构存款利率

单位：年利率%

项目	2002-02-21	2004-10-29	2006-04-28	2006-08-19	2007-03-18	2007-05-19	2007-07-21	2007-08-22	2007-09-15	2007-12-21	2008-10-09	2008-10-30	2008-11-27	2008-12-23	2009-12-31
一、活期存款	0.72	0.72	0.72	0.72	0.72	0.72	0.81	0.81	0.81	0.72	0.72	0.72	0.36	0.36	0.36
二、定期存款															
1. 整存整取															
三个月	1.71	1.71	1.71	1.8	1.98	2.07	2.34	2.61	2.88	3.33	3.15	2.88	1.98	1.71	1.71
半年	1.89	2.07	2.07	2.25	2.43	2.61	2.88	3.15	3.42	3.78	3.51	3.24	2.25	1.98	1.98
一年	1.98	2.25	2.25	2.52	2.79	3.06	3.33	3.6	3.87	4.14	3.87	3.6	2.52	2.25	2.25
二年	2.25	2.7	2.7	3.06	3.33	3.69	3.96	4.23	4.5	4.68	4.41	4.14	3.06	2.79	2.79
三年	2.52	3.24	3.24	3.69	3.96	4.41	4.68	4.95	5.22	5.4	5.13	4.77	3.6	3.33	3.33
五年	2.79	3.6	3.6	4.14	4.41	4.95	5.22	5.49	5.76	5.85	5.58	5.13	3.87	3.6	3.6
2. 零存整取、整存零取、存本取息															
一年	1.71	1.71	1.71	1.8	1.98	2.07	2.34	2.61	2.88	3.33	3.15	2.88	1.98	1.71	1.71
三年	1.89	2.07	2.07	2.25	2.43	2.61	2.88	3.15	3.42	3.78	3.51	3.24	2.25	1.98	1.98
五年	1.98	2.25	2.25	2.52	2.79	3.06	3.33	3.6	3.87	4.14	3.87	3.6	2.52	2.25	2.25
3. 定活两便	按一年以内定期整存整取同档次利率60%执行	按一年以内定期整存整取同档次利率60%执行	同前	同前	同前	同前	同前	同前	同前	同前	同前	同前	同前	同前	同前
三、协定存款	1.44	1.44	1.44	1.44	1.44	1.44	1.53	1.53	1.53	1.53	1.53	1.53	1.17	1.17	1.17
四、通知存款															
一天	1.08	1.08	1.08	1.08	1.08	1.08	1.17	1.17	1.17	1.17	1.17	1.17	0.81	0.81	0.81
七天	1.62	1.62	1.62	1.62	1.62	1.62	1.71	1.71	1.71	1.71	1.71	1.71	1.35	1.35	1.35

续表

项目	2010-10-20	2010-12-26	2011-02-09	2011-04-06	2011-07-07	2012-06-08①	2012-07-06	2014-11-22②	2015-03-01③	2015-05-11④	2015-06-28	2015-08-26⑤	2015-10-24⑥
一、活期存款	0.36	0.36	0.40	0.50	0.50	0.40	0.35	0.35	0.35	0.35	0.35	0.35	0.35
二、定期存款													
1. 整存整取													
三个月	1.91	2.25	2.60	2.85	3.10	2.85	2.60	2.35	2.10	1.85	1.60	1.35	1.10
半年	2.2	2.5	2.80	3.05	3.30	3.05	2.80	2.55	2.30	2.05	1.80	1.55	1.30
一年	2.5	2.75	3.00	3.25	3.50	3.25	3.00	2.75	2.50	2.25	2.00	1.75	1.50
二年	3.25	3.55	3.90	4.15	4.40	4.10	3.75	3.35	3.10	2.85	2.60	2.35	2.10
三年	3.85	4.15	4.50	4.75	5.00	4.65	4.25	4.00	3.75	3.50	3.25	3.00	2.75
五年	4.2	4.55	5.00	5.25	5.50	5.10	4.75						
2. 零存整取、整存零取、存本取息													
一年	1.91	2.25	2.60	2.85	3.10	2.85	2.60	2.35	2.10	1.85	1.60	1.35	1.10
三年	2.2	2.5	2.80	3.05	3.30	3.05	2.80	2.55	2.30	2.05	1.80	1.55	1.30
五年	2.5	2.75	3.00	3.25	3.50	3.25	3.00						
3. 定活两便	同前	同前	同前	同前	同前	同前	同前	同前	同前	同前	同前	同前	同前
三、协定存款	1.17	1.17	1.21	1.31	1.31	1.21	1.15	1.15	1.15	1.15	1.15	1.15	1.15
四、通知存款													
一天	0.81	0.81	0.85	0.95	0.95	0.85	0.80	0.80	0.80	0.80	0.80	0.80	0.80
七天	1.35	1.35	1.39	1.49	1.49	1.39	1.35	1.35	1.35	1.35	1.35	1.35	1.35

注：①自2012年6月8日起，金融机构存款利率浮动区间由基准利率的（0，1］倍调整为（0，1.1］倍。

②自2014年11月22日起，存款利率浮动区间的上限由基准利率的1.1倍调整为1.2倍，并且中国人民银行不再公布人民币五年期定期存款基准利率。

③自2015年3月1日起，人民币存款利率浮动区间的上限由基准利率的1.2倍调整为1.3倍。

④自2015年5月11日起，存款利率浮动区间上限由基准利率的1.3倍调整为1.5倍。

⑤自2015年8月26日起，一年以上（不含一年）定期存款利率浮动上限放开，其余期限品种存款利率浮动上限仍为基准利率的1.5倍。

⑥自2015年10月24日起，活期存款、一年以内（含）定期存款、协定存款、通知存款利率上限放开。

表 1.29　金融机构贷款利率

单位：年利率%

项目	2002-02-21	2004-10-29	2005-03-17	2006-04-28	2006-08-19①	2007-03-18	2007-05-19	2007-07-21	2007-08-22	2007-09-15	2007-12-21	2008-09-16	2008-10-09	2008-10-30	2008-11-27	2008-12-23	2009-12-31
一、短期贷款																	
六个月以内（含六个月）	5.04	5.22	5.22	5.4	5.58	5.67	5.85	6.03	6.21	6.48	6.57	6.21	6.12	6.03	5.04	4.86	4.86
六个月至一年（含一年）	5.31	5.58	5.58	5.85	6.12	6.39	6.57	6.84	7.02	7.29	7.47	7.2	6.93	6.66	5.58	5.31	5.31
二、中长期贷款																	
一年至三年（含三年）	5.49	5.76	5.76	6.03	6.3	6.57	6.75	7.02	7.2	7.47	7.56	7.29	7.02	6.75	5.67	5.4	5.4
三年至五年（含五年）	5.58	5.85	5.85	6.12	6.48	6.75	6.93	7.2	7.38	7.65	7.74	7.56	7.29	7.02	5.94	5.76	5.76
五年以上	5.76	6.12	6.12	6.39	6.84	7.11	7.2	7.38	7.56	7.83	7.83	7.74	7.47	7.2	6.12	5.94	5.94
三、贴现	在再贴现利率基础上，按不超过同期贷款利率（含浮动）加点	在再贴现利率基础上，按不超过同期贷款利率（含浮动）加点	同前	同前	同前	同前	同前	同前	同前	同前	同前	同前	同前	同前	同前	同前	
四、个人住房贷款																	
1. 个人住房公积金贷款																	
五年以下（含五年）	3.60	3.78	3.96	4.14	4.14	4.32	4.41	4.5	4.59	4.77	4.77	4.59	4.32	4.05	3.51	3.33	3.33
五年以上	4.05	4.23	4.41	4.59	4.59	4.77	4.86	4.95	5.04	5.22	5.22	5.13	4.86	4.59	4.05	3.87	3.87
2. 自营性个人住房贷款																	
五年以下（含五年）	4.77	4.95	取消优惠利率，改按商业性贷款利率执行	同前	同前	同前	同前	同前	同前	同前	同前	同前	同前	同前	同前	同前	同前
五年以上	5.04	5.31															

续表

项目	2010－10－20	2010－12－26	2011－02－09	2011－04－06	2011－07－07	2012－06－08②	2012－07－06③	2013－07－20④	2014－11－22⑤	2015－03－01	2015－05－11	2015－06－28	2015－08－26	2015－10－24
一、短期贷款														
六个月以内（含六个月）	5.1	5.35	5.60	5.85	6.10	5.85	5.60	同前	5.60	5.35	5.10	4.85	4.60	4.35
六个月至一年（含一年）	5.56	5.81	6.06	6.31	6.56	6.31	6.00		5.60	5.35	5.10	4.85	4.60	4.35
二、中长期贷款														
一年至三年（含三年）	5.6	5.85	6.10	6.40	6.65	6.40	6.15	同前	6.00	5.75	5.50	5.25	5.00	4.75
三年至五年（含五年）	5.96	6.22	6.45	6.65	6.90	6.90	6.40		6.00	5.75	5.50	5.25	5.00	4.75
五年以上	6.14	6.4	6.60	6.80	7.05	6.80	6.55		6.15	5.90	5.65	5.40	5.15	4.90
三、贴现	同前	同前	同前	同前	同前	同前	同前	改变贴现利率在再贴现利率基础上加点确定的方式，由金融机构自主确定	同前	同前	同前	同前	同前	同前
四、个人住房贷款														
1. 个人住房公积金贷款														
五年以下（含五年）	3.5	3.75	4.00	4.20	4.45	4.20	4.00	同前	3.75	3.50	3.25	3.00	2.75	2.75
五年以上	4.05	4.3	4.50	4.70	4.90	4.70	4.50		4.25	4.00	3.75	3.50	3.25	3.25
2. 自营性个人住房贷款														
五年以下（含五年）	同前	同前	同前	同前	同前	同前	同前	同前	同前	同前	同前	同前	同前	同前
五年以上														

注：①自2006年8月19日起，商业银行个人住房贷款利率的下限扩大为贷款基准利率的0.85倍，自2008年10月27日起，商业银行个人住房贷款利率的下限扩大为贷款基准利率的0.7倍，其他商业性贷款利率下限仍保持0.9倍不变。

②自2012年6月8日起，金融机构贷款利率的下限由基准利率的0.9倍调整为0.8倍。

③自2012年7月6日起，金融机构贷款利率的下限由基准利率的0.8倍调整为0.7倍。

④自2013年7月20日起，取消金融机构贷款利率0.7倍的下限，个人住房贷款利率仍保持原区间不变；取消票据贴现利率管制，改变贴现利率在再贴现利率基础上加点确定的方式，由金融机构自主确定；取消农村信用社贷款利率2.3倍的上限。

⑤自2014年11月22日起，贷款基准利率期限档次简并为一年以内（含一年）、一年至五年（含五年）和五年以上三个档次。

以上统计表由中国人民银行营业管理部货币信贷管理处提供。

表 1.30　2017 年中国人民银行发行普通纪念币一览表

名称	发行日期①	材质	规格	面值（元）	图案		发行数量
					正面	背面	
2017 年贺岁普通纪念币	2017－01－04	双色铜合金	直径 27mm	10	正面刊“中国人民银行”“10 元”、汉语拼音字母“SHIYUAN”及年号“2017”，底纹衬以团花图案	背面主景图案为一只中国传统剪纸艺术与装饰年画元素相结合造型的公鸡，其上方为宫灯和牡丹图案，币面左侧刊“丁酉”字样	5 亿枚
中国人民解放军建军 90 周年普通纪念币	2017－09－22	双色铜合金	直径 27mm	10	正面图案为中华人民共和国国徽，并刊国名、年号	背面主景由飘带、橄榄枝、军徽以及“1927－2017”组成，并蕴含“90”字样。上方刊“中国人民解放军建军 90 周年”字样，下方为面额“10 元”和长城图案	2.5 亿枚
“和”字书法——楷书普通纪念币	2017－12－13	黄色铜合金	直径 30mm	5	正面图案为中华人民共和国国徽，内缘上方刊“中华人民共和国”国名，下方刊“伍圆”及年号“2017”	背面主景图案为“和”字的楷书书法，衬景图案为书法的飞白，内缘右上方刊“和”字五种书法体	2.5 亿枚

注：普通纪念币发行日期为首次对公众办理预约兑换日期。

本表由北京市钱币学会提供。

（二）金融机构业务统计

表 2.1　国家开发银行北京市分行人民币信贷收支统计

单位：万元

项目名称	余额	比年初	项目名称	余额	比年初
一、各项存款	6 973 532	-3 418 524	一、各项贷款	67 837 478	7 990 217
（一）境内存款	6 973 530	-3 418 524	（一）境内贷款	67 837 478	7 992 095
1. 个人存款			1. 短期贷款	15 992 649	1 059 426
其中：活期储蓄存款			（1）个人贷款及透支		
定期储蓄存款			其中：个人消费贷款		
结构性存款			（2）单位贷款及透支	15 992 649	1 059 426
2. 单位存款	6 936 999	-3 437 302	经营贷款及透支	9 710 667	992 044
其中：活期存款	5 578 633	1 830 368	固定资产贷款	6 281 982	67 382
定期存款	548 701	-130 562	并购贷款		
保证金存款	3 252	-219 138	贸易融资		
结构性存款		-270 000	（3）非存款类金融机构贷款		
3. 国库定期存款			2. 中长期贷款	51 844 829	6 932 669
4. 非存款类金融机构存款	36 531	18 778	（1）个人贷款		
（二）境外存款	3		其中：个人消费贷款		
二、代理财政性存款			（2）单位贷款	51 844 829	6 932 669
三、金融债券			经营贷款	2 992 144	1 275 379
其中：境外发行			固定资产贷款	47 990 884	5 685 534
四、卖出回购资产			并购贷款	90 000	-345 070
五、向中央银行借款			贸易融资	771 801	316 826
六、银行业存款类金融机构往来	637 303	95 951	（3）非存款类金融机构贷款		
七、借款及非存款类金融机构拆入			3. 票据融资		
八、联行往来（净）	57 787 583	3 756 564	4. 融资租赁		
九、应付及暂收款	235 951	12 856	5. 各项垫款		
其中：应付利息	143 452	4 580	（二）境外贷款		-1 878
十、其他负债	66 816	-43 727	二、债券投资	423 677	423 677
十一、所有者权益	1 052 664	80 217	三、股权及其他投资		-577 500
其中：实收资本			四、买入返售资产		
			五、存放中央银行存款	30 788	-62 177
			六、缴存中央银行财政性存款		
			七、银行业存款类金融机构往来	5	-7 399 995
			八、存放非存款类金融机构款项		
			九、联行往来		
			十、库存现金		
			十一、应收及预付款	325 482	54 083
			其中：应收利息	214 089	33 237
			十二、投资性房地产		
			十三、固定资产	16 963	-1 724
			十四、其他资产	213 016	43 087
			十五、减：各项准备	2 093 561	-13 668
			其中：贷款减值准备	2 004 970	-102 259
资金来源总计	66 753 849	483 337	资金运用总计	66 753 849	483 337

表 2.2　中国进出口银行北京分行人民币信贷收支统计

单位：万元

项目名称	余额	比年初	项目名称	余额	比年初
一、各项存款	93 035	49 124	一、各项贷款	3 629 509	-4 159 864
（一）境内存款	87 867	43 958	（一）境内贷款	3 571 680	-4 095 693
1. 个人存款			1. 短期贷款	375 254	-669 187
其中：活期储蓄存款			（1）个人贷款及透支		
定期储蓄存款			其中：个人消费贷款		
结构性存款			（2）单位贷款及透支	375 254	-669 187
2. 单位存款	87 867	44 024	经营贷款及透支	295 470	26 379
其中：活期存款	75 493	59 464	固定资产贷款		-6 000
定期存款			并购贷款		
保证金存款	12 374	-15 440	贸易融资	79 784	-689 566
结构性存款			（3）非存款类金融机构贷款		
3. 国库定期存款			2. 中长期贷款	3 196 426	-3 404 936
4. 非存款类金融机构存款		-66	（1）个人贷款		
（二）境外存款	5 169	5 166	其中：个人消费贷款		
二、代理财政性存款			（2）单位贷款	3 196 426	-3 404 936
三、金融债券			经营贷款	1 203 855	-299 625
其中：境外发行			固定资产贷款	733 881	-2 184 766
四、卖出回购资产			并购贷款	630 801	-162 456
五、向中央银行借款			贸易融资	627 890	-758 089
六、银行业存款类金融机构往来			（3）非存款类金融机构贷款		
七、借款及非存款类金融机构拆入			3. 票据融资		
八、联行往来（净）	3 428 824	-4 108 352	4. 融资租赁		
九、应付及暂收款	13 651	-8 810	5. 各项垫款		-21 570
其中：应付利息	4 083	-4 693	（二）境外贷款	57 829	-64 171
十、其他负债	23 556	-8 336	二、债券投资		
十一、所有者权益	38 680	38 680	三、股权及其他投资		
其中：实收资本			四、买入返售资产		
			五、存放中央银行存款	4 880	3 721
			六、缴存中央银行财政性存款		
			七、银行业存款类金融机构往来		
			八、存放非存款类金融机构款项		
			九、联行往来		
			十、库存现金	1	-2
			十一、应收及预付款	5 711	-19 439
			其中：应收利息	5 440	-19 528
			十二、投资性房地产		
			十三、固定资产	194	-18
			十四、其他资产	81	24
			十五、减：各项准备	42 629	-137 885
			其中：贷款减值准备	42 494	-137 964
资金来源总计	3 597 746	-4 037 693	资金运用总计	3 597 746	-4 037 693

表 2.3　中国农业发展银行北京市分行人民币信贷收支统计

单位：万元

项目名称	余额	比年初	项目名称	余额	比年初
一、各项存款	1 314 248	-121 387	一、各项贷款	3 183 573	-103 348
（一）境内存款	1 314 248	-121 387	（一）境内贷款	3 183 573	-103 348
1. 个人存款			1. 短期贷款	1 283 972	103 493
其中：活期储蓄存款			（1）个人贷款及透支		
定期储蓄存款			其中：个人消费贷款		
结构性存款			（2）单位贷款及透支	1 283 972	103 493
2. 单位存款	1 314 248	-121 387	经营贷款及透支	1 273 972	93 493
其中：活期存款	1 005 157	-122 130	固定资产贷款	10 000	10 000
定期存款	249 068	32 256	并购贷款		
保证金存款	9 789	2 764	贸易融资		
结构性存款			（3）非存款类金融机构贷款		
3. 国库定期存款			2. 中长期贷款	416 834	48 622
4. 非存款类金融机构存款			（1）个人贷款		
（二）境外存款			其中：个人消费贷款		
二、代理财政性存款	99 325	7 837	（2）单位贷款	416 834	48 622
三、金融债券			经营贷款		
其中：境外发行			固定资产贷款	416 834	48 622
四、卖出回购资产			并购贷款		
五、向中央银行借款			贸易融资		
六、银行业存款类金融机构往来		-8 000	（3）非存款类金融机构贷款		
七、借款及非存款类金融机构拆入			3. 票据融资	1 482 768	-255 463
八、联行往来（净）	2 270 223	-522 688	4. 融资租赁		
九、应付及暂收款	9 336	2 089	5. 各项垫款		
其中：应付利息	3 864	2 402	（二）境外贷款		
十、其他负债	27 745		二、债券投资	495 478	495 478
十一、所有者权益	27 353	-28 958	三、股权及其他投资		
其中：实收资本			四、买入返售资产		
			五、存放中央银行存款	5 189	-2 469
			六、缴存中央银行财政性存款		
			七、银行业存款类金融机构往来	590	-1 049 875
			八、存放非存款类金融机构款项		
			九、联行往来		
			十、库存现金	207	-42
			十一、应收及预付款	10 657	1 590
			其中：应收利息	8 986	1 445
			十二、投资性房地产		
			十三、固定资产	86 452	-14 760
			十四、其他资产	884	-129
			十五、减：各项准备	34 800	-2 447
			其中：贷款减值准备	34 800	-2 447
资金来源总计	3 748 230	-671 108	资金运用总计	3 748 230	-671 108

表 2.4　中国工商银行北京市分行人民币信贷收支统计

单位：万元

项目名称	余额	比年初	项目名称	余额	比年初
一、各项存款	339 884 208	19 772 529	一、各项贷款	71 511 187	7 178 682
（一）境内存款	339 108 448	19 771 486	（一）境内贷款	71 454 503	7 172 041
1. 个人存款	81 179 164	1 578 384	1. 短期贷款	14 434 311	2 400 546
其中：活期储蓄存款	33 380 479	1 547 580	（1）个人贷款及透支	285 054	165 276
定期储蓄存款	40 231 646	-1 932 509	其中：个人消费贷款	276 881	158 038
结构性存款	1 580 322	170 928	（2）单位贷款及透支	14 149 258	2 235 269
2. 单位存款	240 145 516	20 372 335	经营贷款及透支	12 466 452	1 563 204
其中：活期存款	57 108 600	2 818 861	固定资产贷款	24 310	-46 396
定期存款	119 516 165	9 026 322	并购贷款		
保证金存款	197 643	-20 789	贸易融资	1 658 496	718 462
结构性存款	2 568 186	-916 609	（3）非存款类金融机构贷款		
3. 国库定期存款	1 603 000	791 000	2. 中长期贷款	56 045 345	4 926 993
4. 非存款类金融机构存款	16 180 768	-2 970 233	（1）个人贷款	17 872 337	1 719 776
（二）境外存款	775 760	1 043	其中：个人消费贷款	16 439 848	1 576 820
二、代理财政性存款	9 121 116	4 586 057	（2）单位贷款	38 173 008	3 207 217
三、金融债券			经营贷款	4 225 403	-176 990
其中：境外发行			固定资产贷款	32 222 679	3 225 746
四、卖出回购资产			并购贷款	933 691	-19 646
五、向中央银行借款	15 353	13 069	贸易融资	791 235	178 107
六、银行业存款类金融机构往来	11 041 842	-2 993 402	（3）非存款类金融机构贷款		
七、借款及非存款类金融机构拆入			3. 票据融资	974 846	-155 498
八、联行往来（净）			4. 融资租赁		
九、应付及暂收款	5 082 905	104 102	5. 各项垫款		
其中：应付利息	3 070 156	-91 569	（二）境外贷款	56 685	6 640
十、其他负债	834 685	-10 293	二、债券投资	23 314 871	-964 767
十一、所有者权益	3 482 063	776	三、股权及其他投资	28 605 562	5 633 610
其中：实收资本			四、买入返售资产		
			五、存放中央银行存款	13 328	97
			六、缴存中央银行财政性存款	9 228 278	4 247 852
			七、银行业存款类金融机构往来		-1 791 912
			八、存放非存款类金融机构款项	11 689	4 377
			九、联行往来	235 525 207	6 832 871
			十、库存现金	395 585	-28 251
			十一、应收及预付款	775 636	-13 237
			其中：应收利息	607 248	-23 607
			十二、投资性房地产		
			十三、固定资产	542 045	-26 164
			十四、其他资产	403 374	218 138
			十五、减：各项准备	864 591	-181 542
			其中：贷款减值准备	856 350	-181 124
资金来源总计	369 462 173	21 472 838	资金运用总计	369 462 173	21 472 838

表 2.5 中国农业银行北京市分行人民币信贷收支统计

单位：万元

项目名称	余额	比年初	项目名称	余额	比年初
一、各项存款	85 791 199	5 768 127	一、各项贷款	33 308 727	6 479 824
（一）境内存款	85 613 561	5 771 261	（一）境内贷款	33 208 076	6 382 937
1. 个人存款	26 527 603	689 263	1. 短期贷款	11 029 037	2 643 555
其中：活期储蓄存款	12 764 716	218 263	（1）个人贷款及透支	472 636	115 811
定期储蓄存款	11 331 248	-257 156	其中：个人消费贷款	459 740	141 752
结构性存款	178 216	92 328	（2）单位贷款及透支	10 556 402	2 527 744
2. 单位存款	41 347 622	4 468 660	经营贷款及透支	10 460 297	2 676 007
其中：活期存款	16 077 214	1 284 533	固定资产贷款		
定期存款	11 211 352	616 055	并购贷款		
保证金存款	1 593 246	162 204	贸易融资	96 104	-148 263
结构性存款	751 000	41 200	（3）非存款类金融机构贷款		
3. 国库定期存款	1 063 000	570 000	2. 中长期贷款	21 836 671	3 440 950
4. 非存款类金融机构存款	16 675 336	43 339	（1）个人贷款	8 523 950	1 204 715
（二）境外存款	177 637	-3 135	其中：个人消费贷款	8 354 908	1 229 982
二、代理财政性存款	185	-1 076	（2）单位贷款	13 312 721	2 236 235
三、金融债券			经营贷款	2 597 324	446 744
其中：境外发行			固定资产贷款	10 415 668	1 724 954
四、卖出回购资产			并购贷款	299 729	64 537
五、向中央银行借款			贸易融资		
六、银行业存款类金融机构往来	1 988 995	830	（3）非存款类金融机构贷款		
七、借款及非存款类金融机构拆入			3. 票据融资	322 097	297 141
八、联行往来（净）			4. 融资租赁		
九、应付及暂收款	1 794 051	83 381	5. 各项垫款	20 271	1 291
其中：应付利息	1 146 240	14 288	（二）境外贷款	100 651	96 887
十、其他负债	192 736	7 619	二、债券投资	319 353	83 647
十一、所有者权益	488 041	-453 268	三、股权及其他投资		
其中：实收资本			四、买入返售资产		
			五、存放中央银行存款		
			六、缴存中央银行财政性存款	5 386	167
			七、银行业存款类金融机构往来		
			八、存放非存款类金融机构款项		
			九、联行往来	56 032 678	-1 185 577
			十、库存现金	219 200	-49 927
			十一、应收及预付款	118 701	42 462
			其中：应收利息	49 254	12 613
			十二、投资性房地产		
			十三、固定资产	940 683	-15 701
			十四、其他资产	268 708	-62 888
			十五、减：各项准备	958 227	-113 605
			其中：贷款减值准备	870 702	-140 568
资金来源总计	90 255 208	5 405 613	资金运用总计	90 255 208	5 405 613

表 2.6 中国银行北京市分行人民币信贷收支统计

单位：万元

项目名称	余额	比年初	项目名称	余额	比年初
一、各项存款	69 219 144	271 648	一、各项贷款	39 128 080	4 570 103
（一）境内存款	68 041 474	358 605	（一）境内贷款	38 851 105	4 817 524
1. 个人存款	18 044 165	339 236	1. 短期贷款	14 974 016	2 361 896
其中：活期储蓄存款	6 655 954	1 970	（1）个人贷款及透支	1 405 984	529 522
定期储蓄存款	8 593 162	-632 187	其中：个人消费贷款	1 404 804	529 972
结构性存款			（2）单位贷款及透支	13 561 252	1 828 783
2. 单位存款	43 940 713	1 417 080	经营贷款及透支	13 027 871	1 682 508
其中：活期存款	11 921 679	277 113	固定资产贷款	6 208	-149 492
定期存款	14 801 591	751 417	并购贷款		
保证金存款	394 672	-88 880	贸易融资	527 173	295 766
结构性存款	450 000	450 000	（3）非存款类金融机构贷款	6 780	3 591
3. 国库定期存款	1 330 000	614 000	2. 中长期贷款	23 546 249	3 318 306
4. 非存款类金融机构存款	4 726 595	-2 011 711	（1）个人贷款	7 611 549	755 539
（二）境外存款	1 177 670	-86 957	其中：个人消费贷款	6 882 324	626 923
二、代理财政性存款	61	-996	（2）单位贷款	15 934 700	2 659 067
三、金融债券			经营贷款	1 357 982	317 580
其中：境外发行			固定资产贷款	13 016 727	1 409 617
四、卖出回购资产			并购贷款	1 020 663	657 003
五、向中央银行借款			贸易融资	539 327	274 867
六、银行业存款类金融机构往来	3 980 648	492 803	（3）非存款类金融机构贷款		-96 300
七、借款及非存款类金融机构拆入			3. 票据融资	330 840	-862 678
八、联行往来（净）			4. 融资租赁		
九、应付及暂收款	1 799 107	220 997	5. 各项垫款		
其中：应付利息	1 091 977	-13 229	（二）境外贷款	276 975	-247 421
十、其他负债	301 733	119	二、债券投资	3 570	-2 666
十一、所有者权益	514 644	514 644	三、股权及其他投资		
其中：实收资本			四、买入返售资产		
			五、存放中央银行存款		-409 239
			六、缴存中央银行财政性存款	14 537	-339
			七、银行业存款类金融机构往来		
			八、存放非存款类金融机构款项		
			九、联行往来	36 515 832	-2 731 255
			十、库存现金	198 953	-57 148
			十一、应收及预付款	238 770	96 203
			其中：应收利息	92 356	11 802
			十二、投资性房地产		
			十三、固定资产	274 311	-6 193
			十四、其他资产	50 995	78 817
			十五、减：各项准备	609 712	39 066
			其中：贷款减值准备	564 932	40 443
资金来源总计	75 815 336	1 499 216	资金运用总计	75 815 336	1 499 216

表 2.7　中国建设银行北京市分行人民币信贷收支统计

单位：万元

项目名称	余额	比年初	项目名称	余额	比年初
一、各项存款	140 390 350	-2 793 094	一、各项贷款	61 693 974	8 385 897
（一）境内存款	140 059 666	-2 625 404	（一）境内贷款	61 664 830	8 377 711
1. 个人存款	36 600 030	1 095 902	1. 短期贷款	23 722 138	5 983 507
其中：活期储蓄存款	15 915 730	495 284	（1）个人贷款及透支	2 023 581	600 577
定期储蓄存款	14 005 319	-1 441 325	其中：个人消费贷款	2 022 635	600 622
结构性存款	1 146 176	429 244	（2）单位贷款及透支	21 698 558	5 382 929
2. 单位存款	76 418 355	4 363 459	经营贷款及透支	20 891 509	5 874 248
其中：活期存款	29 384 258	5 333 958	固定资产贷款	210 000	-371 556
定期存款	13 955 795	2 757 152	并购贷款		
保证金存款	1 253 606	453 462	贸易融资	597 048	-119 764
结构性存款	6 047 180	-3 328 193	（3）非存款类金融机构贷款		
3. 国库定期存款	1 429 000	619 000	2. 中长期贷款	37 798 734	4 034 921
4. 非存款类金融机构存款	25 612 281	-8 703 765	（1）个人贷款	15 412 115	1 921 384
（二）境外存款	330 684	-167 689	其中：个人消费贷款	14 573 419	1 806 674
二、代理财政性存款	234 401	-89 190	（2）单位贷款	22 386 619	2 113 536
三、金融债券			经营贷款	4 783 375	1 143 360
其中：境外发行			固定资产贷款	16 073 421	570 044
四、卖出回购资产			并购贷款	1 016 200	27 050
五、向中央银行借款		-5 990	贸易融资	513 623	373 082
六、银行业存款类金融机构往来	7 902 479	5 202 503	（3）非存款类金融机构贷款		
七、借款及非存款类金融机构拆入		-100 000	3. 票据融资	100 242	-1 640 856
八、联行往来（净）			4. 融资租赁		
九、应付及暂收款	2 728 947	289 434	5. 各项垫款	43 716	140
其中：应付利息	1 315 413	-240 769	（二）境外贷款	29 144	8 185
十、其他负债	761 200	28 196	二、债券投资	49 674	1 320
十一、所有者权益	336 358	-48 016	三、股权及其他投资	2 175 269	2 171 026
其中：实收资本			四、买入返售资产		-2 337 606
			五、存放中央银行存款		
			六、缴存中央银行财政性存款	543 707	395 827
			七、银行业存款类金融机构往来	2 422 408	116 790
			八、存放非存款类金融机构款项		
			九、联行往来	83 996 032	-6 459 436
			十、库存现金	262 648	16 798
			十一、应收及预付款	496 312	66 172
			其中：应收利息	341 036	7 918
			十二、投资性房地产		
			十三、固定资产	499 429	75 760
			十四、其他资产	218 272	51 254
			十五、减：各项准备	3 992	-40
			其中：贷款减值准备	4	2
资金来源总计	152 353 734	2 483 842	资金运用总计	152 353 734	2 483 842

表 2.8 交通银行北京市分行人民币信贷收支统计

单位：万元

项目名称	余额	比年初	项目名称	余额	比年初
一、各项存款	76 695 021	7 682 471	一、各项贷款	35 538 258	1 991 982
（一）境内存款	76 468 625	7 680 098	（一）境内贷款	35 497 439	1 991 254
1. 个人存款	13 450 146	466 856	1. 短期贷款	15 731 319	2 295 359
其中：活期储蓄存款	5 443 085	-236 138	（1）个人贷款及透支	89 468	-68 113
定期储蓄存款	3 714 023	-370 893	其中：个人消费贷款	55 921	-52 763
结构性存款	3 348 682	988 096	（2）单位贷款及透支	11 702 775	1 324 395
2. 单位存款	31 774 082	3 367 551	经营贷款及透支	11 397 174	1 863 696
其中：活期存款	7 221 450	-1 026	固定资产贷款	43 935	43 635
定期存款	7 041 722	704 860	并购贷款		
保证金存款	405 632	-21 154	贸易融资	261 665	-582 937
结构性存款	7 783 151	2 206 452	（3）非存款类金融机构贷款	3 939 077	1 039 077
3. 国库定期存款	854 000	343 000	2. 中长期贷款	19 123 293	-311 212
4. 非存款类金融机构存款	30 390 397	3 502 691	（1）个人贷款	7 692 157	291 354
（二）境外存款	226 396	2 372	其中：个人消费贷款	6 815 850	81 305
二、代理财政性存款			（2）单位贷款	11 078 829	-954 873
三、金融债券			经营贷款	3 442 291	813 773
其中：境外发行			固定资产贷款	7 361 157	-1 347 288
四、卖出回购资产			并购贷款	12 914	11 614
五、向中央银行借款			贸易融资	262 467	-432 972
六、银行业存款类金融机构往来	7 831 768	-1 224 297	（3）非存款类金融机构贷款	352 307	352 307
七、借款及非存款类金融机构拆入			3. 票据融资	642 828	7 107
八、联行往来（净）			4. 融资租赁		
九、应付及暂收款	1 293 581	75 166	5. 各项垫款		
其中：应付利息	1 137 120	118 008	（二）境外贷款	40 819	728
十、其他负债	232 329	27 158	二、债券投资		
十一、所有者权益	1 030 037	123 950	三、股权及其他投资		
其中：实收资本			四、买入返售资产		
			五、存放中央银行存款	562 431	375 142
			六、缴存中央银行财政性存款	4 019	3 596
			七、银行业存款类金融机构往来	12 613	318
			八、存放非存款类金融机构款项		
			九、联行往来	49 096 561	4 165 037
			十、库存现金	86 014	-13 411
			十一、应收及预付款	133 670	27 113
			其中：应收利息	127 509	33 705
			十二、投资性房地产	274 500	
			十三、固定资产	322 071	-13 300
			十四、其他资产	1 487 394	101 000
			十五、减：各项准备	434 795	-46 969
			其中：贷款减值准备	433 037	-46 942
资金来源总计	87 082 737	6 684 447	资金运用总计	87 082 737	6 684 447

表 2.9 招商银行北京分行人民币信贷收支统计

单位：万元

项目名称	余额	比年初	项目名称	余额	比年初
一、各项存款	56 548 599	7 914 218	一、各项贷款	21 411 039	2 588 081
（一）境内存款	55 507 237	7 968 549	（一）境内贷款	21 387 954	2 587 813
1. 个人存款	18 009 022	399 255	1. 短期贷款	6 737 940	1 088 620
其中：活期储蓄存款	13 261 506	196 391	（1）个人贷款及透支	479 189	-22 592
定期储蓄存款	3 226 496	-948 787	其中：个人消费贷款	244 089	47 378
结构性存款	1 028 295	996 630	（2）单位贷款及透支	6 258 751	1 111 212
2. 单位存款	31 283 803	9 141 075	经营贷款及透支	4 778 137	137 334
其中：活期存款	13 102 925	2 730 211	固定资产贷款	4 356	3 756
定期存款	6 188 608	1 979 505	并购贷款	183 000	183 000
保证金存款	680 583	234 258	贸易融资	1 293 258	787 122
结构性存款	4 623 961	2 238 447	（3）非存款类金融机构贷款		
3. 国库定期存款	357 000	155 000	2. 中长期贷款	14 059 378	1 856 910
4. 非存款类金融机构存款	5 857 412	-1 726 781	（1）个人贷款	9 945 402	1 616 844
（二）境外存款	1 041 362	-54 331	其中：个人消费贷款	7 226 122	987 805
二、代理财政性存款	15	-1 536	（2）单位贷款	4 113 976	240 066
三、金融债券			经营贷款	1 134 166	489 050
其中：境外发行			固定资产贷款	2 564 416	-76 639
四、卖出回购资产	21 240	-877 983	并购贷款	329 141	-191 475
五、向中央银行借款	99 394	99 394	贸易融资	86 253	19 130
六、银行业存款类金融机构往来	3 460 804	2 778 517	（3）非存款类金融机构贷款		
七、借款及非存款类金融机构拆入			3. 票据融资	590 636	-357 717
八、联行往来（净）			4. 融资租赁		
九、应付及暂收款	760 053	-35 744	5. 各项垫款		
其中：应付利息	350 865	-64 412	（二）境外贷款	23 085	268
十、其他负债	87 714	-28 895	二、债券投资	60 298	
十一、所有者权益	977 636	394 424	三、股权及其他投资	6 133 149	1 710 495
其中：实收资本			四、买入返售资产		
			五、存放中央银行存款		
			六、缴存中央银行财政性存款	7 219	3 964
			七、银行业存款类金融机构往来	864	213
			八、存放非存款类金融机构款项	2	
			九、联行往来	34 177 835	5 646 270
			十、库存现金	134 843	8 894
			十一、应收及预付款	74 449	14 857
			其中：应收利息	48 145	8 246
			十二、投资性房地产		
			十三、固定资产	36 602	-4 793
			十四、其他资产	104 098	60 520
			十五、减：各项准备	184 943	-213 894
			其中：贷款减值准备	135 108	-173 251
资金来源总计	61 955 455	10 242 395	资金运用总计	61 955 455	10 242 395

表 2.10 上海浦东发展银行北京分行人民币信贷收支统计

单位：万元

项目名称	余额	比年初	项目名称	余额	比年初
一、各项存款	42 466 531	4 108 251	一、各项贷款	15 187 267	-5 508 191
（一）境内存款	42 349 883	4 086 170	（一）境内贷款	15 168 985	-5 518 160
1. 个人存款	2 570 377	24 055	1. 短期贷款	4 010 328	-7 048 169
其中：活期储蓄存款	1 391 522	109 527	（1）个人贷款及透支	481 717	180 692
定期储蓄存款	576 943	-166 124	其中：个人消费贷款	358 621	160 111
结构性存款	247 917	127 674	（2）单位贷款及透支	3 528 611	31 139
2. 单位存款	18 757 081	1 318 620	经营贷款及透支	2 200 621	-283 607
其中：活期存款	6 848 653	170 939	固定资产贷款	2 500	-6 500
定期存款	2 395 545	2 306	并购贷款		
保证金存款	363 553	96 438	贸易融资	1 325 490	321 246
结构性存款	4 162 779	1 355 181	（3）非存款类金融机构贷款		-7 260 000
3. 国库定期存款	302 000	173 000	2. 中长期贷款	10 661 923	1 405 192
4. 非存款类金融机构存款	20 720 425	2 570 495	（1）个人贷款	4 718 965	634 818
（二）境外存款	116 648	22 081	其中：个人消费贷款	4 358 376	530 714
二、代理财政性存款	8	-21	（2）单位贷款	4 942 958	770 374
三、金融债券			经营贷款	3 038 535	573 411
其中：境外发行			固定资产贷款	1 627 178	9 505
四、卖出回购资产	150 653	-99 924	并购贷款	277 245	187 458
五、向中央银行借款			贸易融资		
六、银行业存款类金融机构往来	8 778 140	-2 350 939	（3）非存款类金融机构贷款	1 000 000	
七、借款及非存款类金融机构拆入			3. 票据融资	496 734	124 817
八、联行往来（净）			4. 融资租赁		
九、应付及暂收款	280 899	-22 691	5. 各项垫款		
其中：应付利息	226 046	-24 660	（二）境外贷款	18 282	9 969
十、其他负债	60 453	-1 563	二、债券投资	12 473 863	-11 154 534
十一、所有者权益	444 950	-53 594	三、股权及其他投资		
其中：实收资本			四、买入返售资产		
			五、存放中央银行存款		-121 247
			六、缴存中央银行财政性存款	228	-411
			七、银行业存款类金融机构往来	155 461	-2 450 631
			八、存放非存款类金融机构款项		
			九、联行往来	22 134 851	18 669 048
			十、库存现金	43 892	1 893
			十一、应收及预付款	2 368 398	2 161 131
			其中：应收利息	146 028	-37 446
			十二、投资性房地产		
			十三、固定资产	19 787	-1 589
			十四、其他资产	6 260	632
			十五、减：各项准备	208 373	16 582
			其中：贷款减值准备	169 008	18 413
资金来源总计	52 181 634	1 579 519	资金运用总计	52 181 634	1 579 519

表 2.11 广发银行北京分行人民币信贷收支统计

单位：万元

项目名称	余额	比年初	项目名称	余额	比年初
一、各项存款	20 700 686	1 859 358	一、各项贷款	4 349 240	825 688
（一）境内存款	20 684 584	1 870 155	（一）境内贷款	4 349 068	826 139
1. 个人存款	1 196 193	177 449	1. 短期贷款	2 522 997	258 388
其中：活期储蓄存款	548 421	615	（1）个人贷款及透支	115 348	-93 048
定期储蓄存款	205 024	-60 756	其中：个人消费贷款	9 798	6 576
结构性存款	424 462	225 359	（2）单位贷款及透支	2 407 649	351 436
2. 单位存款	14 703 924	1 573 461	经营贷款及透支	2 377 525	383 558
其中：活期存款	3 280 106	1 026 570	固定资产贷款		
定期存款	4 121 838	216 644	并购贷款		
保证金存款	450 192	88 607	贸易融资	30 124	-32 122
结构性存款	3 927 078	514 761	（3）非存款类金融机构贷款		
3. 国库定期存款	93 000	-55 000	2. 中长期贷款	1 791 155	715 333
4. 非存款类金融机构存款	4 691 467	174 245	（1）个人贷款	676 188	120 725
（二）境外存款	16 102	-10 797	其中：个人消费贷款	514 749	176 705
二、代理财政性存款			（2）单位贷款	1 114 967	594 608
三、金融债券			经营贷款	686 632	299 165
其中：境外发行			固定资产贷款	428 335	295 443
四、卖出回购资产			并购贷款		
五、向中央银行借款			贸易融资		
六、银行业存款类金融机构往来	2 754 285	1 093 660	（3）非存款类金融机构贷款		
七、借款及非存款类金融机构拆入			3. 票据融资	19 952	-144 597
八、联行往来（净）			4. 融资租赁		
九、应付及暂收款	318 207	69 601	5. 各项垫款	14 964	-2 985
其中：应付利息	295 853	68 241	（二）境外贷款	172	-451
十、其他负债	57 164	-401	二、债券投资	5 249	642
十一、所有者权益	450 444	234 372	三、股权及其他投资		
其中：实收资本			四、买入返售资产		
			五、存放中央银行存款	66 194	-84 505
			六、缴存中央银行财政性存款	161	112
			七、银行业存款类金融机构往来	24	-4
			八、存放非存款类金融机构款项		
			九、联行往来	19 813 201	2 524 345
			十、库存现金	20 794	-2 756
			十一、应收及预付款	13 151	-8 160
			其中：应收利息	9 759	199
			十二、投资性房地产		
			十三、固定资产	26 715	-1 957
			十四、其他资产	18 455	-1 668
			十五、减：各项准备	32 398	-4 853
			其中：贷款减值准备	32 398	-4 853
资金来源总计	24 280 786	3 256 590	资金运用总计	24 280 786	3 256 590

表 2.12 兴业银行北京分行人民币信贷收支统计

单位：万元

项目名称	余额	比年初	项目名称	余额	比年初
一、各项存款	32 048 364	165 520	一、各项贷款	14 133 241	1 036 365
（一）境内存款	32 035 251	164 138	（一）境内贷款	14 132 472	1 036 576
1. 个人存款	2 193 970	42 260	1. 短期贷款	3 556 160	-1 417 359
其中：活期储蓄存款	1 124 771	-142 789	（1）个人贷款及透支	523 430	-318 336
定期储蓄存款	940 019	180 227	其中：个人消费贷款	128 046	-46 318
结构性存款	4 275	-230	（2）单位贷款及透支	2 966 975	-1 161 137
2. 单位存款	17 714 261	1 303 421	经营贷款及透支	2 939 225	-790 087
其中：活期存款	4 963 359	-29 753	固定资产贷款		
定期存款	5 725 247	-319 975	并购贷款		
保证金存款	202 404	112 098	贸易融资	27 750	-371 050
结构性存款	3 261 600	1 894 100	（3）非存款类金融机构贷款	65 754	62 114
3. 国库定期存款	283 000	-163 000	2. 中长期贷款	10 568 422	2 501 254
4. 非存款类金融机构存款	11 844 020	-1 018 543	（1）个人贷款	5 084 592	837 602
（二）境外存款	13 112	1 382	其中：个人消费贷款	4 088 275	561 035
二、代理财政性存款			（2）单位贷款	5 483 830	1 663 652
三、金融债券			经营贷款	2 193 450	877 366
其中：境外发行			固定资产贷款	2 514 723	457 606
四、卖出回购资产			并购贷款	402 600	-26 000
五、向中央银行借款			贸易融资	373 057	354 680
六、银行业存款类金融机构往来	14 809 991	4 558 886	（3）非存款类金融机构贷款		
七、借款及非存款类金融机构拆入			3. 票据融资	7 891	-47 319
八、联行往来（净）			4. 融资租赁		
九、应付及暂收款	370 135	-126 368	5. 各项垫款		
其中：应付利息	283 849	-84 910	（二）境外贷款	769	-210
十、其他负债	359 336	6 517	二、债券投资	8 294 061	7 555 740
十一、所有者权益	545 710	373 122	三、股权及其他投资	326 536	-859 288
其中：实收资本			四、买入返售资产		-27 000
			五、存放中央银行存款		
			六、缴存中央银行财政性存款	4 026	2 340
			七、银行业存款类金融机构往来	28 444	-1 524
			八、存放非存款类金融机构款项	1	
			九、联行往来	24 818 813	-2 801 834
			十、库存现金	27 837	-6 350
			十一、应收及预付款	274 081	4 064
			其中：应收利息	62 688	-1 912
			十二、投资性房地产		
			十三、固定资产	153 782	-5 250
			十四、其他资产	323 824	8 606
			十五、减：各项准备	251 110	-71 805
			其中：贷款减值准备	188 336	-2 454
资金来源总计	48 133 536	4 977 676	资金运用总计	48 133 536	4 977 676

表 2.13 平安银行北京分行人民币信贷收支统计

单位：万元

项目名称	余额	比年初	项目名称	余额	比年初
一、各项存款	22 437 942	1 757 614	一、各项贷款	6 289 224	486 896
（一）境内存款	22 419 574	1 760 127	（一）境内贷款	6 285 631	486 679
1. 个人存款	1 778 007	126 901	1. 短期贷款	1 128 105	-141 986
其中：活期储蓄存款	971 417	59 856	（1）个人贷款及透支	300 849	-230 703
定期储蓄存款	162 953	-78 386	其中：个人消费贷款	46 042	10 019
结构性存款	66 068	66 068	（2）单位贷款及透支	827 256	88 718
2. 单位存款	12 663 043	-863 798	经营贷款及透支	827 256	91 085
其中：活期存款	3 492 950	-769 451	固定资产贷款		-2 367
定期存款	3 648 362	204 415	并购贷款		
保证金存款	1 245 186	-425 419	贸易融资		
结构性存款			（3）非存款类金融机构贷款		
3. 国库定期存款	134 000	-77 000	2. 中长期贷款	4 921 267	503 562
4. 非存款类金融机构存款	7 844 524	2 574 023	（1）个人贷款	2 761 304	963 799
（二）境外存款	18 368	-2 513	其中：个人消费贷款	2 448 324	799 963
二、代理财政性存款			（2）单位贷款	2 159 963	-460 237
三、金融债券			经营贷款	611 266	-100 903
其中：境外发行			固定资产贷款	1 494 238	-330 277
四、卖出回购资产			并购贷款	51 000	-11 120
五、向中央银行借款	19 591	5 776	贸易融资	3 459	-17 937
六、银行业存款类金融机构往来	1 090 103	-203 424	（3）非存款类金融机构贷款		
七、借款及非存款类金融机构拆入			3. 票据融资	222 856	169 885
八、联行往来（净）			4. 融资租赁		
九、应付及暂收款	304 430	52 307	5. 各项垫款	13 402	-44 782
其中：应付利息	237 492	39 679	（二）境外贷款	3 594	217
十、其他负债	51 032	-3 457	二、债券投资		
十一、所有者权益	212 134	62 695	三、股权及其他投资	679 854	350 770
其中：实收资本			四、买入返售资产		
			五、存放中央银行存款		
			六、缴存中央银行财政性存款	501	43
			七、银行业存款类金融机构往来	565 000	-875 024
			八、存放非存款类金融机构款项		
			九、联行往来	16 504 187	1 715 915
			十、库存现金	31 442	-6 681
			十一、应收及预付款	89 167	19 514
			其中：应收利息	66 930	18 074
			十二、投资性房地产		
			十三、固定资产	15 953	-2 997
			十四、其他资产	54 465	-14 211
			十五、减：各项准备	114 561	2 713
			其中：贷款减值准备	113 626	2 224
资金来源总计	24 115 232	1 671 512	资金运用总计	24 115 232	1 671 512

表 2.14 中信银行总行营业部人民币信贷收支统计

单位：万元

项目名称	余额	比年初	项目名称	余额	比年初
一、各项存款	53 804 198	-7 419 366	一、各项贷款	27 387 287	1 141 702
（一）境内存款	53 147 235	-7 023 136	（一）境内贷款	27 341 537	1 137 738
1. 个人存款	5 336 463	-100 521	1. 短期贷款	7 636 317	249 449
其中：活期储蓄存款	2 748 254	117 748	（1）个人贷款及透支	111 320	-207 711
定期储蓄存款	1 419 885	-224 551	其中：个人消费贷款	81 404	-105 729
结构性存款	424 845	-55 147	（2）单位贷款及透支	2 501 588	-383 737
2. 单位存款	37 480 098	-6 418 254	经营贷款及透支	2 441 328	-228 726
其中：活期存款	9 674 100	-2 996 936	固定资产贷款		-4 747
定期存款	10 853 280	-1 437 138	并购贷款		
保证金存款	767 507	-26 847	贸易融资	60 260	-150 264
结构性存款	3 757 684	695 812	（3）非存款类金融机构贷款	5 023 409	840 897
3. 国库定期存款	335 000	-6 000	2. 中长期贷款	19 195 144	690 972
4. 非存款类金融机构存款	9 995 674	-498 362	（1）个人贷款	10 691 217	2 778 152
（二）境外存款	656 963	-396 230	其中：个人消费贷款	4 985 782	421 454
二、代理财政性存款	1 212	-414	（2）单位贷款	8 503 927	662 819
三、金融债券			经营贷款	1 942 332	1 559 695
其中：境外发行			固定资产贷款	3 993 969	-837 569
四、卖出回购资产	26 632	26 632	并购贷款	1 254 050	93 575
五、向中央银行借款	2 988	2 988	贸易融资	1 313 576	-152 881
六、银行业存款类金融机构往来	3 219 258	-7 105 968	（3）非存款类金融机构贷款		-2 750 000
七、借款及非存款类金融机构拆入			3. 票据融资	509 079	197 431
八、联行往来（净）			4. 融资租赁		
九、应付及暂收款	1 249 541	218 532	5. 各项垫款	997	-114
其中：应付利息	515 734	-7 060	（二）境外贷款	45 750	3 964
十、其他负债	169 215	26 688	二、债券投资	140	140
十一、所有者权益	845 697	48 407	三、股权及其他投资		
其中：实收资本			四、买入返售资产		
			五、存放中央银行存款		
			六、缴存中央银行财政性存款	3 434	1 047
			七、银行业存款类金融机构往来	2 162 944	-4 057 399
			八、存放非存款类金融机构款项		
			九、联行往来	29 575 620	-11 161 952
			十、库存现金	69 873	-14 257
			十一、应收及预付款	296 120	-51 958
			其中：应收利息	196 591	49 698
			十二、投资性房地产		
			十三、固定资产	28 575	-3 773
			十四、其他资产	10 447	-55 227
			十五、减：各项准备	215 701	824
			其中：贷款减值准备	212 620	1 905
资金来源总计	59 318 739	-14 202 501	资金运用总计	59 318 739	-14 202 501

表 2.15　中国光大银行北京分行人民币信贷收支统计

单位：万元

项目名称	余额	比年初	项目名称	余额	比年初
一、各项存款	38 281 055	2 033 540	一、各项贷款	10 937 379	1 319 062
（一）境内存款	38 173 772	2 024 785	（一）境内贷款	10 919 534	1 316 998
1. 个人存款	5 108 421	54 698	1. 短期贷款	4 292 447	19 757
其中：活期储蓄存款	1 801 816	-274 233	（1）个人贷款及透支	25 632	-13 941
定期储蓄存款	1 098 777	-196 383	其中：个人消费贷款	19 129	-4 895
结构性存款	1 806 395	339 862	（2）单位贷款及透支	3 465 646	-767 471
2. 单位存款	21 923 921	-81 236	经营贷款及透支	2 689 512	-914 512
其中：活期存款	4 098 107	822 361	固定资产贷款	7 000	7 000
定期存款	9 663 935	1 328 654	并购贷款		
保证金存款	541 265	-741 455	贸易融资	769 135	140 042
结构性存款	3 645 055	-1 670 290	（3）非存款类金融机构贷款	801 168	801 168
3. 国库定期存款	331 000	-85 000	2. 中长期贷款	6 621 853	1 320 094
4. 非存款类金融机构存款	10 810 429	2 136 322	（1）个人贷款	3 588 098	292 205
（二）境外存款	107 284	8 756	其中：个人消费贷款	2 931 971	432 425
二、代理财政性存款			（2）单位贷款	3 033 754	1 027 888
三、金融债券			经营贷款	647 600	311 842
其中：境外发行			固定资产贷款	1 847 238	382 026
四、卖出回购资产			并购贷款	248 620	244 620
五、向中央银行借款			贸易融资	290 296	89 400
六、银行业存款类金融机构往来	4 149 408	-8 378 367	（3）非存款类金融机构贷款		
七、借款及非存款类金融机构拆入			3. 票据融资	4 323	2 674
八、联行往来（净）			4. 融资租赁	15	
九、应付及暂收款	739 127	56 798	5. 各项垫款	896	-25 527
其中：应付利息	659 962	59 982	（二）境外贷款	17 845	2 064
十、其他负债	152 069	28 478	二、债券投资	201 311	1 038
十一、所有者权益	270 758	114 627	三、股权及其他投资		
其中：实收资本			四、买入返售资产		
			五、存放中央银行存款	38	-116 194
			六、缴存中央银行财政性存款	475	128
			七、银行业存款类金融机构往来	5 338	-63 916
			八、存放非存款类金融机构款项		
			九、联行往来	32 239 517	-7 534 282
			十、库存现金	51 049	-1 348
			十一、应收及预付款	36 880	14 880
			其中：应收利息	33 594	15 205
			十二、投资性房地产		
			十三、固定资产	17 578	-2 766
			十四、其他资产	329 918	257 790
			十五、减：各项准备	227 067	19 317
			其中：贷款减值准备	204 845	16 305
资金来源总计	43 592 416	-6 144 925	资金运用总计	43 592 416	-6 144 925

表 2.16　华夏银行北京分行人民币信贷收支统计

单位：万元

项目名称	余额	比年初	项目名称	余额	比年初
一、各项存款	25 128 492	2 704 504	一、各项贷款	14 147 011	1 505 061
（一）境内存款	25 078 760	2 681 400	（一）境内贷款	14 140 527	1 503 431
1. 个人存款	3 817 888	-197 537	1. 短期贷款	5 605 604	1 681 097
其中：活期储蓄存款	2 350 285	-476 423	（1）个人贷款及透支	95 146	9 829
定期储蓄存款	1 118 307	226 571	其中：个人消费贷款	3 510	414
结构性存款	73 144	73 144	（2）单位贷款及透支	5 310 457	1 481 269
2. 单位存款	14 335 283	570 910	经营贷款及透支	5 073 816	1 468 607
其中：活期存款	6 327 066	-137 809	固定资产贷款		
定期存款	2 218 807	-250 109	并购贷款		
保证金存款	538 317	17 890	贸易融资	236 642	12 662
结构性存款	978 300	651 100	（3）非存款类金融机构贷款	200 000	190 000
3. 国库定期存款	188 000	-239 000	2. 中长期贷款	8 461 232	-100 597
4. 非存款类金融机构存款	6 737 589	2 547 028	（1）个人贷款	1 877 676	6 273
（二）境外存款	49 732	23 103	其中：个人消费贷款	1 491 172	-18 081
二、代理财政性存款			（2）单位贷款	6 583 556	-106 870
三、金融债券			经营贷款	1 806 847	484 358
其中：境外发行			固定资产贷款	4 689 708	-578 041
四、卖出回购资产			并购贷款		
五、向中央银行借款			贸易融资	87 000	-13 187
六、银行业存款类金融机构往来	425 309	-614 296	（3）非存款类金融机构贷款		
七、借款及非存款类金融机构拆入			3. 票据融资	70 619	-77 070
八、联行往来（净）			4. 融资租赁		
九、应付及暂收款	423 341	-497 669	5. 各项垫款	3 072	
其中：应付利息	175 058	-20 331	（二）境外贷款	6 484	1 630
十、其他负债	86 929	463	二、债券投资	174 000	174 000
十一、所有者权益	367 180	157 981	三、股权及其他投资	2 437 178	468 773
其中：实收资本			四、买入返售资产		-100 219
			五、存放中央银行存款		
			六、缴存中央银行财政性存款	3 941	199
			七、银行业存款类金融机构往来	352 818	-2 624 808
			八、存放非存款类金融机构款项		
			九、联行往来	9 340 242	2 547 098
			十、库存现金	37 542	-14 389
			十一、应收及预付款	171 500	-153 245
			其中：应收利息	6 812	6 646
			十二、投资性房地产		
			十三、固定资产	25 822	-2 063
			十四、其他资产	10 688	1 088
			十五、减：各项准备	269 491	50 512
			其中：贷款减值准备	245 913	33 179
资金来源总计	26 431 250	1 750 982	资金运用总计	26 431 250	1 750 982

表 2.17 中国民生银行北京分行人民币信贷收支统计

单位：万元

项目名称	余额	比年初	项目名称	余额	比年初
一、各项存款	54 761 021	-38 782 548	一、各项贷款	22 855 980	1 572 283
（一）境内存款	54 631 830	-38 784 114	（一）境内贷款	22 843 667	1 575 324
1. 个人存款	6 236 764	-282 149	1. 短期贷款	11 263 024	-934 380
其中：活期储蓄存款	2 283 896	53 574	（1）个人贷款及透支	4 268 790	-143 724
定期储蓄存款	1 195 388	-547 825	其中：个人消费贷款	695 988	114 109
结构性存款	791 586	262 901	（2）单位贷款及透支	6 994 234	-790 656
2. 单位存款	37 584 518	-764 200	经营贷款及透支	6 994 234	-519 656
其中：活期存款	10 156 241	-812 909	固定资产贷款		-210 000
定期存款	8 892 491	-553 408	并购贷款		-61 000
保证金存款	2 424 685	-36 391	贸易融资		
结构性存款	6 269 138	1 612 189	（3）非存款类金融机构贷款		
3. 国库定期存款	290 000	-387 000	2. 中长期贷款	10 023 329	2 362 939
4. 非存款类金融机构存款	10 520 547	-37 350 764	（1）个人贷款	3 311 792	566 562
（二）境外存款	129 191	1 565	其中：个人消费贷款	2 963 248	412 815
二、代理财政性存款			（2）单位贷款	6 711 537	1 796 377
三、金融债券			经营贷款	2 929 603	1 237 301
其中：境外发行			固定资产贷款	3 209 798	431 751
四、卖出回购资产	564 774	-30 703	并购贷款	572 136	127 325
五、向中央银行借款	97 410	76 798	贸易融资		
六、银行业存款类金融机构往来	858 912	-7 564 833	（3）非存款类金融机构贷款		
七、借款及非存款类金融机构拆入			3. 票据融资	1 546 019	148 300
八、联行往来（净）			4. 融资租赁		
九、应付及暂收款	1 076 843	342 901	5. 各项垫款	11 296	-1 536
其中：应付利息	619 825	12 240	（二）境外贷款	12 312	-3 041
十、其他负债	190 933	-4 920	二、债券投资		
十一、所有者权益	1 049 464	28 315	三、股权及其他投资		
其中：实收资本			四、买入返售资产		-99 446
			五、存放中央银行存款		
			六、缴存中央银行财政性存款	527	170
			七、银行业存款类金融机构往来	27 362	720
			八、存放非存款类金融机构款项		
			九、联行往来	35 510 388	-47 672 354
			十、库存现金	109 176	21 414
			十一、应收及预付款	386 152	220 121
			其中：应收利息	134 160	15 307
			十二、投资性房地产		
			十三、固定资产	35 655	-4 664
			十四、其他资产	88 632	-2 076
			十五、减：各项准备	414 516	-28 844
			其中：贷款减值准备	411 020	-29 393
资金来源总计	58 599 355	-45 934 989	资金运用总计	58 599 355	-45 934 989

表 2.18　渤海银行北京分行人民币信贷收支统计

单位：万元

项目名称	余额	比年初	项目名称	余额	比年初
一、各项存款	6 721 460	1 165 639	一、各项贷款	4 535 590	1 058 548
（一）境内存款	6 719 993	1 165 815	（一）境内贷款	4 534 403	1 058 856
1. 个人存款	271 397	-27 864	1. 短期贷款	867 651	93 955
其中：活期储蓄存款	132 430	-27 100	（1）个人贷款及透支	13 896	6 424
定期储蓄存款	84 267	-31 617	其中：个人消费贷款	11 306	6 018
结构性存款	35 126	13 010	（2）单位贷款及透支	853 755	87 531
2. 单位存款	3 766 002	1 229 131	经营贷款及透支	853 755	159 570
其中：活期存款	1 637 023	537 989	固定资产贷款		-72 039
定期存款	346 660	-92 813	并购贷款		
保证金存款	222 815	25 585	贸易融资		
结构性存款	192 300	114 300	（3）非存款类金融机构贷款		
3. 国库定期存款			2. 中长期贷款	3 650 450	953 316
4. 非存款类金融机构存款	2 682 594	-35 451	（1）个人贷款	2 142 395	501 302
（二）境外存款	1 467	-177	其中：个人消费贷款	1 835 734	453 865
二、代理财政性存款			（2）单位贷款	1 508 055	452 013
三、金融债券			经营贷款	402 660	116 728
其中：境外发行			固定资产贷款	966 067	201 057
四、卖出回购资产			并购贷款		
五、向中央银行借款	12 910	11 364	贸易融资	139 327	134 228
六、银行业存款类金融机构往来	18 876	-452 384	（3）非存款类金融机构贷款		
七、借款及非存款类金融机构拆入			3. 票据融资	15 178	11 585
八、联行往来（净）	1 869 589	-8 262 078	4. 融资租赁		
九、应付及暂收款	130 428	23 277	5. 各项垫款	1 125	
其中：应付利息	109 692	16 785	（二）境外贷款	1 187	-307
十、其他负债	18 923	3 282	二、债券投资		
十一、所有者权益	473 385	-305 993	三、股权及其他投资	4 634 436	-8 862 410
其中：实收资本			四、买入返售资产		
			五、存放中央银行存款		
			六、缴存中央银行财政性存款	81	58
			七、银行业存款类金融机构往来	5 645	-2 657
			八、存放非存款类金融机构款项		
			九、联行往来		
			十、库存现金	4 681	-248
			十一、应收及预付款	48 937	-7 092
			其中：应收利息	36 306	-8 384
			十二、投资性房地产		
			十三、固定资产	15 299	-1 892
			十四、其他资产	903	-1 200
			十五、减：各项准备		
			其中：贷款减值准备		
资金来源总计	9 245 571	-7 816 894	资金运用总计	9 245 571	-7 816 894

表 2.19　浙商银行北京分行人民币信贷收支统计

单位：万元

项目名称	余额	比年初	项目名称	余额	比年初
一、各项存款	9 609 311	563 691	一、各项贷款	2 875 470	587 062
（一）境内存款	9 608 914	563 319	（一）境内贷款	2 875 470	587 062
1. 个人存款	274 496	226 628	1. 短期贷款	1 433 054	147 596
其中：活期储蓄存款	127 677	88 805	（1）个人贷款及透支	313 429	31 209
定期储蓄存款	144 901	136 670	其中：个人消费贷款	2 222	1 533
结构性存款			（2）单位贷款及透支	1 119 625	116 386
2. 单位存款	8 640 080	849 508	经营贷款及透支	1 115 581	377 084
其中：活期存款	2 562 559	813 525	固定资产贷款		-125 000
定期存款	3 073 102	857 836	并购贷款		
保证金存款	1 711 606	-1 014 819	贸易融资	4 044	-135 698
结构性存款			（3）非存款类金融机构贷款		
3. 国库定期存款	15 000	15 000	2. 中长期贷款	1 348 940	405 197
4. 非存款类金融机构存款	679 339	-527 816	（1）个人贷款	215 380	120 662
（二）境外存款	397	372	其中：个人消费贷款	62 700	50 479
二、代理财政性存款			（2）单位贷款	1 133 560	284 535
三、金融债券			经营贷款	601 488	419 977
其中：境外发行			固定资产贷款	532 072	-135 442
四、卖出回购资产			并购贷款		
五、向中央银行借款	3 976	3 976	贸易融资		
六、银行业存款类金融机构往来	20 809	-789 266	（3）非存款类金融机构贷款		
七、借款及非存款类金融机构拆入			3. 票据融资	93 325	34 119
八、联行往来（净）			4. 融资租赁		
九、应付及暂收款	26 313	8 293	5. 各项垫款	150	150
其中：应付利息	819	-963	（二）境外贷款		
十、其他负债	10 000		二、债券投资		
十一、所有者权益	25 180	-73 604	三、股权及其他投资		-6 221 168
其中：实收资本			四、买入返售资产	831 447	831 447
			五、存放中央银行存款		
			六、缴存中央银行财政性存款		
			七、银行业存款类金融机构往来	18 137	-715 370
			八、存放非存款类金融机构款项		
			九、联行往来	5 920 047	5 296 269
			十、库存现金	1 256	559
			十一、应收及预付款	16 083	-19 375
			其中：应收利息	8 101	-24 071
			十二、投资性房地产		
			十三、固定资产	1 763	520
			十四、其他资产	31 386	-46 853
			十五、减：各项准备		
			其中：贷款减值准备		
资金来源总计	9 695 589	-286 910	资金运用总计	9 695 589	-286 910

表 2.20　恒丰银行北京分行人民币信贷收支统计

单位：万元

项目名称	余额	比年初	项目名称	余额	比年初
一、各项存款	8 332 088	2 029 020	一、各项贷款	2 958 664	583 477
（一）境内存款	8 331 502	2 028 841	（一）境内贷款	2 958 664	583 477
1. 个人存款	55 087	-166 274	1. 短期贷款	1 001 509	-506 007
其中：活期储蓄存款	42 394	27 664	（1）个人贷款及透支	16 772	-9 650
定期储蓄存款	7 622	-198 862	其中：个人消费贷款	2 970	-3 406
结构性存款			（2）单位贷款及透支	984 737	-496 357
2. 单位存款	6 937 102	1 913 840	经营贷款及透支	583 514	-836 286
其中：活期存款	1 927 346	667 371	固定资产贷款	3 769	2 519
定期存款	3 925 392	1 733 293	并购贷款	20 000	20 000
保证金存款	820 063	-560 506	贸易融资	377 454	317 410
结构性存款	12 000	-2 068	（3）非存款类金融机构贷款		
3. 国库定期存款			2. 中长期贷款	1 867 599	1 299 391
4. 非存款类金融机构存款	1 339 313	281 275	（1）个人贷款	65 838	13 780
（二）境外存款	585	179	其中：个人消费贷款	46 978	16 747
二、代理财政性存款			（2）单位贷款	1 801 761	1 285 611
三、金融债券			经营贷款	668 634	433 037
其中：境外发行			固定资产贷款	684 425	622 174
四、卖出回购资产			并购贷款	180 000	180 000
五、向中央银行借款			贸易融资	268 702	50 400
六、银行业存款类金融机构往来	649 360	273 727	（3）非存款类金融机构贷款		
七、借款及非存款类金融机构拆入			3. 票据融资	79 586	-219 878
八、联行往来（净）			4. 融资租赁		
九、应付及暂收款	137 074	68 221	5. 各项垫款	9 971	9 971
其中：应付利息	126 964	64 565	（二）境外贷款		
十、其他负债	14 000	-4 012	二、债券投资		
十一、所有者权益	46 508	46 508	三、股权及其他投资		
其中：实收资本			四、买入返售资产		-390 038
			五、存放中央银行存款	60 678	36 469
			六、缴存中央银行财政性存款		
			七、银行业存款类金融机构往来	835	434
			八、存放非存款类金融机构款项		
			九、联行往来	6 184 920	2 202 870
			十、库存现金	2 772	1 334
			十一、应收及预付款	14 765	1 486
			其中：应收利息	9 645	228
			十二、投资性房地产		
			十三、固定资产	1 058	-10
			十四、其他资产	-8 171	-10 345
			十五、减：各项准备	36 492	12 215
			其中：贷款减值准备	36 486	12 208
资金来源总计	9 179 029	2 413 463	资金运用总计	9 179 029	2 413 463

表2.21 北京银行人民币信贷收支统计（全国）

单位：万元

项目名称	余额	比年初	项目名称	余额	比年初
一、各项存款	147 632 499	15 295 266	一、各项贷款	106 981 161	14 746 798
（一）境内存款	147 505 595	15 356 992	（一）境内贷款	106 874 729	14 719 551
1. 个人存款	24 486 508	2 055 450	1. 短期贷款	38 528 716	4 538 184
其中：活期储蓄存款	7 202 633	582 034	（1）个人贷款及透支	3 234 409	165 750
定期储蓄存款	7 861 541	-718 938	其中：个人消费贷款	847 846	69 580
结构性存款	7 149 800	1 859 426	（2）单位贷款及透支	32 221 611	5 533 634
2. 单位存款	95 308 661	10 036 305	经营贷款及透支	31 015 072	5 164 240
其中：活期存款	39 736 644	2 967 265	固定资产贷款	20 523	-27 963
定期存款	17 019 166	3 404 772	并购贷款	6 000	4 470
保证金存款	4 562 446	-769 534	贸易融资	1 180 017	392 888
结构性存款	9 053 732	-1 433 222	（3）非存款类金融机构贷款	3 072 697	-1 161 200
3. 国库定期存款	1 995 000	297 600	2. 中长期贷款	67 080 635	11 666 356
4. 非存款类金融机构存款	25 715 426	2 967 637	（1）个人贷款	27 404 481	5 233 729
（二）境外存款	126 905	-61 725	其中：个人消费贷款	21 895 124	3 477 965
二、代理财政性存款	35	1	（2）单位贷款	37 102 541	6 747 263
三、金融债券	14 790 106	3 005 554	经营贷款	8 365 783	-612 882
其中：境外发行			固定资产贷款	24 463 641	6 720 636
四、卖出回购资产	3 095 527	-2 018 349	并购贷款	1 199 542	-129 705
五、向中央银行借款	5 351 633	1 051 633	贸易融资	3 073 575	769 214
六、银行业存款类金融机构往来	31 194 902	-667 579	（3）非存款类金融机构贷款	2 573 613	-314 636
七、借款及非存款类金融机构拆入		-50 000	3. 票据融资	1 263 128	-1 482 239
八、联行往来（净）	8 259	-9 232	4. 融资租赁		
九、应付及暂收款	2 875 608	562 125	5. 各项垫款	2 250	-2 750
其中：应付利息	1 786 886	334 614	（二）境外贷款	106 432	27 247
十、其他负债	286 241	-29 887	二、债券投资	41 094 069	7 472 681
十一、所有者权益	17 426 208	3 205 996	三、股权及其他投资	39 231 235	10 887 363
其中：实收资本	3 898 411	593 631	四、买入返售资产	6 242 177	-2 031 622
			五、存放中央银行存款	17 847 974	1 857 644
			六、缴存中央银行财政性存款	7 806	888
			七、银行业存款类金融机构往来	10 668 731	-12 660 639
			八、存放非存款类金融机构款项	25 048	-138 348
			九、联行往来		
			十、库存现金	330 286	16 492
			十一、应收及预付款	1 781 712	156 386
			其中：应收利息	1 347 381	109 169
			十二、投资性房地产	48 061	-3 010
			十三、固定资产	1 159 620	275 792
			十四、其他资产	1 942 508	569 195
			十五、减：各项准备	4 699 371	804 093
			其中：贷款减值准备	3 430 773	568 838
资金来源总计	222 661 018	20 345 527	资金运用总计	222 661 018	20 345 527

表 2.22　北京银行人民币信贷收支统计（北京）

单位：万元

项目名称	余额	比年初	项目名称	余额	比年初
一、各项存款	102 222 582	11 926 886	一、各项贷款	56 178 359	6 761 407
（一）境内存款	102 148 943	11 982 840	（一）境内贷款	56 163 868	6 758 668
1. 个人存款	20 418 305	1 762 213	1. 短期贷款	22 002 147	3 103 968
其中：活期储蓄存款	5 714 393	400 098	（1）个人贷款及透支	2 285 084	57 549
定期储蓄存款	6 971 225	-548 676	其中：个人消费贷款	714 673	7 834
结构性存款	5 671 198	1 539 373	（2）单位贷款及透支	16 712 366	3 162 619
2. 单位存款	63 755 209	5 186 067	经营贷款及透支	16 106 922	2 736 138
其中：活期存款	28 674 252	118 514	固定资产贷款	20 470	-27 713
定期存款	11 314 890	2 915 667	并购贷款	6 000	4 470
保证金存款	1 189 203	-101 298	贸易融资	578 974	449 724
结构性存款	5 865 127	-1 545 828	（3）非存款类金融机构贷款	3 004 697	-116 200
3. 国库定期存款	1 077 000	419 000	2. 中长期贷款	34 005 349	4 145 662
4. 非存款类金融机构存款	16 898 429	4 615 561	（1）个人贷款	12 389 711	1 973 143
（二）境外存款	73 639	-55 955	其中：个人消费贷款	10 181 576	1 412 126
二、代理财政性存款			（2）单位贷款	19 042 025	2 131 107
三、金融债券	14 790 106	3 005 554	经营贷款	2 969 691	-831 423
其中：境外发行			固定资产贷款	12 664 855	2 804 767
四、卖出回购资产	3 095 527	-1 976 475	并购贷款	819 202	-233 661
五、向中央银行借款	5 350 000	1 050 000	贸易融资	2 588 277	391 424
六、银行业存款类金融机构往来	25 612 954	1 699 340	（3）非存款类金融机构贷款	2 573 613	41 413
七、借款及非存款类金融机构拆入		-50 000	3. 票据融资	156 372	-490 962
八、联行往来（净）			4. 融资租赁		
九、应付及暂收款	2 232 711	459 792	5. 各项垫款		
其中：应付利息	1 280 244	193 479	（二）境外贷款	14 492	2 739
十、其他负债	375 126	-12 585	二、债券投资	41 091 069	7 490 340
十一、所有者权益	16 659 947	2 934 108	三、股权及其他投资	37 721 118	12 686 237
其中：实收资本	3 898 411	593 631	四、买入返售资产	6 242 177	-2 031 622
			五、存放中央银行存款	17 847 974	1 949 322
			六、缴存中央银行财政性存款	7 769	863
			七、银行业存款类金融机构往来	9 264 776	-1 434 872
			八、存放非存款类金融机构款项	25 048	-138 348
			九、联行往来	1 610 334	-6 007 333
			十、库存现金	254 456	7 383
			十一、应收及预付款	1 582 888	264 364
			其中：应收利息	1 161 930	214 594
			十二、投资性房地产	5 096	-1 396
			十三、固定资产	519 611	166 886
			十四、其他资产	1 857 953	353 231
			十五、减：各项准备	3 869 677	1 029 843
			其中：贷款减值准备	2 746 595	783 965
资金来源总计	170 338 954	19 036 620	资金运用总计	170 338 954	19 036 620

表2.23 天津银行北京分行人民币信贷收支统计

单位：万元

项目名称	余额	比年初	项目名称	余额	比年初
一、各项存款	3 766 999	20 161	一、各项贷款	1 681 380	178 142
（一）境内存款	3 766 999	20 161	（一）境内贷款	1 681 380	178 142
1. 个人存款	165 976	-30 841	1. 短期贷款	649 044	-45 287
其中：活期储蓄存款	53 575	-11 149	（1）个人贷款及透支	41 949	-34 199
定期储蓄存款	112 162	-18 459	其中：个人消费贷款	24 167	-16 356
结构性存款			（2）单位贷款及透支	607 094	-11 088
2. 单位存款	2 077 071	-30 542	经营贷款及透支	607 094	-11 088
其中：活期存款	841 455	158 078	固定资产贷款		
定期存款	872 525	18 819	并购贷款		
保证金存款	150 173	-36 137	贸易融资		
结构性存款			（3）非存款类金融机构贷款		
3. 国库定期存款		-31 000	2. 中长期贷款	1 030 368	223 429
4. 非存款类金融机构存款	1 523 952	112 545	（1）个人贷款	279 456	-20 550
（二）境外存款			其中：个人消费贷款	216 173	-5 118
二、代理财政性存款			（2）单位贷款	750 913	243 979
三、金融债券			经营贷款	640 974	359 847
其中：境外发行			固定资产贷款	109 939	-115 868
四、卖出回购资产			并购贷款		
五、向中央银行借款			贸易融资		
六、银行业存款类金融机构往来	708 041	-357 099	（3）非存款类金融机构贷款		
七、借款及非存款类金融机构拆入			3. 票据融资		
八、联行往来（净）			4. 融资租赁		
九、应付及暂收款	86 530	32 647	5. 各项垫款	1 967	
其中：应付利息	64 065	11 598	（二）境外贷款		
十、其他负债	16 112	40	二、债券投资	739 850	184 302
十一、所有者权益	48 886	16 750	三、股权及其他投资		
其中：实收资本			四、买入返售资产		-38 000
			五、存放中央银行存款	24 173	-2 628
			六、缴存中央银行财政性存款		
			七、银行业存款类金融机构往来	302	-1 377
			八、存放非存款类金融机构款项		
			九、联行往来	2 167 597	-611 481
			十、库存现金	1 846	-193
			十一、应收及预付款	5 445	3 770
			其中：应收利息	3 840	2 831
			十二、投资性房地产		
			十三、固定资产	2 615	-13
			十四、其他资产	3 360	-22
			十五、减：各项准备		
			其中：贷款减值准备		
资金来源总计	4 626 568	-287 500	资金运用总计	4 626 568	-287 500

表 2.24　大连银行北京分行人民币信贷收支统计

单位：万元

项目名称	余额	比年初	项目名称	余额	比年初
一、各项存款	4 894 797	2 502 847	一、各项贷款	2 741 305	1 519 190
（一）境内存款	4 894 561	2 502 956	（一）境内贷款	2 741 305	1 519 190
1. 个人存款	76 429	22 527	1. 短期贷款	1 863 908	1 187 561
其中：活期储蓄存款	17 910	－3 854	（1）个人贷款及透支	37 596	30 451
定期储蓄存款	54 355	26 570	其中：个人消费贷款	21 862	21 072
结构性存款	2 560	2 560	（2）单位贷款及透支	1 826 312	1 157 110
2. 单位存款	3 438 317	2 054 632	经营贷款及透支	1 826 312	1 157 110
其中：活期存款	677 861	271 462	固定资产贷款		
定期存款	1 099 615	803 010	并购贷款		
保证金存款	254 424	87 962	贸易融资		
结构性存款	231 700	159 700	（3）非存款类金融机构贷款		
3. 国库定期存款			2. 中长期贷款	752 010	245 242
4. 非存款类金融机构存款	1 379 814	425 796	（1）个人贷款	12 257	3 889
（二）境外存款	236	－109	其中：个人消费贷款	12 257	3 889
二、代理财政性存款			（2）单位贷款	739 753	241 353
三、金融债券			经营贷款	487 955	120 955
其中：境外发行			固定资产贷款	251 798	120 398
四、卖出回购资产			并购贷款		
五、向中央银行借款	10 441	10 441	贸易融资		
六、银行业存款类金融机构往来	1	－1 532 999	（3）非存款类金融机构贷款		
七、借款及非存款类金融机构拆入			3. 票据融资	125 387	86 387
八、联行往来（净）			4. 融资租赁		
九、应付及暂收款	29 261	9 834	5. 各项垫款		
其中：应付利息	25 670	7 265	（二）境外贷款		
十、其他负债	19 361	2 786	二、债券投资	12	
十一、所有者权益	－70 043	－18 157	三、股权及其他投资		
其中：实收资本			四、买入返售资产		
			五、存放中央银行存款		
			六、缴存中央银行财政性存款		
			七、银行业存款类金融机构往来	428	19
			八、存放非存款类金融机构款项		
			九、联行往来	2 196 401	－524 429
			十、库存现金	1 364	67
			十一、应收及预付款	12 551	9 242
			其中：应收利息	10 540	8 848
			十二、投资性房地产		
			十三、固定资产	442	61
			十四、其他资产	1 839	－714
			十五、减：各项准备	70 525	28 683
			其中：贷款减值准备	70 070	28 307
资金来源总计	4 883 818	974 752	资金运用总计	4 883 818	974 752

表2.25　杭州银行北京分行人民币信贷收支统计

单位：万元

项目名称	余额	比年初	项目名称	余额	比年初
一、各项存款	4 862 292	-128 922	一、各项贷款	1 972 040	281 738
（一）境内存款	4 861 630	-128 736	（一）境内贷款	1 972 040	281 738
1. 个人存款	338 133	-17 842	1. 短期贷款	659 548	18 698
其中：活期储蓄存款	80 568	-29 707	（1）个人贷款及透支	122 965	7 198
定期储蓄存款	117 218	-22 501	其中：个人消费贷款	2 411	995
结构性存款	28 052	20 752	（2）单位贷款及透支	536 582	11 499
2. 单位存款	3 713 769	313 593	经营贷款及透支	515 082	25 303
其中：活期存款	2 748 400	299 797	固定资产贷款	20	-1 980
定期存款	644 839	-70 249	并购贷款	2 360	1 760
保证金存款	126 012	22 281	贸易融资	19 120	-13 583
结构性存款			（3）非存款类金融机构贷款		
3. 国库定期存款	42 000	-119 000	2. 中长期贷款	1 185 943	346 642
4. 非存款类金融机构存款	767 729	-305 486	（1）个人贷款	189 127	92 823
（二）境外存款	662	-186	其中：个人消费贷款	125 552	72 468
二、代理财政性存款			（2）单位贷款	996 816	253 819
三、金融债券			经营贷款	597 239	181 120
其中：境外发行			固定资产贷款	277 954	80 037
四、卖出回购资产			并购贷款	69 778	-7 222
五、向中央银行借款			贸易融资	51 845	-116
六、银行业存款类金融机构往来	773 300	300 300	（3）非存款类金融机构贷款		
七、借款及非存款类金融机构拆入			3. 票据融资	120 084	-79 884
八、联行往来（净）		-872 820	4. 融资租赁		
九、应付及暂收款	85 884	42 201	5. 各项垫款	6 465	-3 718
其中：应付利息	54 372	22 725	（二）境外贷款		
十、其他负债	12 882	-1 467	二、债券投资		
十一、所有者权益	41 173	27 421	三、股权及其他投资	1 515 856	-2 920 019
其中：实收资本			四、买入返售资产		
			五、存放中央银行存款		
			六、缴存中央银行财政性存款	3	-6
			七、银行业存款类金融机构往来	190 108	-158 237
			八、存放非存款类金融机构款项		
			九、联行往来	2 093 970	2 093 970
			十、库存现金	6 624	-616
			十一、应收及预付款	38 506	23 196
			其中：应收利息	9 275	4 477
			十二、投资性房地产		
			十三、固定资产	273	-189
			十四、其他资产	2 441	-1 283
			十五、减：各项准备	44 291	-48 160
			其中：贷款减值准备	44 291	-48 160
资金来源总计	5 775 531	-633 286	资金运用总计	5 775 531	-633 286

表 2.26　南京银行北京分行人民币信贷收支统计

单位：万元

项目名称	余额	比年初	项目名称	余额	比年初
一、各项存款	4 589 925	484 439	一、各项贷款	1 867 203	179 957
（一）境内存款	4 587 213	484 600	（一）境内贷款	1 867 203	180 044
1. 个人存款	510 853	-77 536	1. 短期贷款	873 574	-26 018
其中：活期储蓄存款	149 856	-43 067	（1）个人贷款及透支	131 254	-40 737
定期储蓄存款	281 439	-56 500	其中：个人消费贷款	91 730	-61 667
结构性存款			（2）单位贷款及透支	742 320	14 719
2. 单位存款	3 257 733	548 126	经营贷款及透支	739 990	12 389
其中：活期存款	870 201	270 432	固定资产贷款	1 000	1 000
定期存款	1 308 596	68 791	并购贷款		
保证金存款	127 488	59 484	贸易融资	1 330	1 330
结构性存款	184 900	-32 000	（3）非存款类金融机构贷款		
3. 国库定期存款	69 000	-57 000	2. 中长期贷款	906 311	221 992
4. 非存款类金融机构存款	749 627	71 010	（1）个人贷款	574 037	239 246
（二）境外存款	2 712	-161	其中：个人消费贷款	530 742	237 593
二、代理财政性存款			（2）单位贷款	332 274	-17 254
三、金融债券			经营贷款	158 967	5 468
其中：境外发行			固定资产贷款	88 461	20 150
四、卖出回购资产			并购贷款		
五、向中央银行借款			贸易融资	84 846	-42 872
六、银行业存款类金融机构往来	173 257	19 565	（3）非存款类金融机构贷款		
七、借款及非存款类金融机构拆入			3. 票据融资	85 393	-8 860
八、联行往来（净）			4. 融资租赁		
九、应付及暂收款	109 955	19 358	5. 各项垫款	1 925	-7 070
其中：应付利息	94 842	21 008	（二）境外贷款		-87
十、其他负债	9 800	-200	二、债券投资		
十一、所有者权益	-82 779	-82 779	三、股权及其他投资		
其中：实收资本			四、买入返售资产		
			五、存放中央银行存款		
			六、缴存中央银行财政性存款	2	-1
			七、银行业存款类金融机构往来	3 101	-1 510
			八、存放非存款类金融机构款项		
			九、联行往来	2 984 909	232 638
			十、库存现金	3 778	43
			十一、应收及预付款	19 160	9 966
			其中：应收利息	3 076	-3 491
			十二、投资性房地产		
			十三、固定资产	1 158	388
			十四、其他资产	5 196	2 167
			十五、减：各项准备	84 349	-16 735
			其中：贷款减值准备	84 349	-16 735
资金来源总计	4 800 158	440 383	资金运用总计	4 800 158	440 383

表2.27　盛京银行北京分行人民币信贷收支统计

单位：万元

项目名称	余额	比年初	项目名称	余额	比年初
一、各项存款	6 402 239	-1 873 508	一、各项贷款	2 298 041	421 515
（一）境内存款	6 402 239	-1 873 508	（一）境内贷款	2 297 989	421 476
1. 个人存款	252 137	50 195	1. 短期贷款	973 158	128 903
其中：活期储蓄存款	24 672	2 014	（1）个人贷款及透支	21 149	20 624
定期储蓄存款	127 611	24 165	其中：个人消费贷款	21 149	21 124
结构性存款			（2）单位贷款及透支	952 009	108 279
2. 单位存款	3 949 876	349 552	经营贷款及透支	785 509	180 463
其中：活期存款	1 018 340	-15 788	固定资产贷款	8 000	3 000
定期存款	998 682	-92 282	并购贷款		
保证金存款	742 521	131 704	贸易融资	158 500	-75 184
结构性存款			（3）非存款类金融机构贷款		
3. 国库定期存款	988 000	572 000	2. 中长期贷款	1 324 831	292 573
4. 非存款类金融机构存款	1 212 226	-2 845 255	（1）个人贷款	48 500	40 570
（二）境外存款			其中：个人消费贷款	46 000	40 516
二、代理财政性存款			（2）单位贷款	1 276 331	252 003
三、金融债券			经营贷款	1 203 999	420 371
其中：境外发行			固定资产贷款	72 332	-168 368
四、卖出回购资产			并购贷款		
五、向中央银行借款			贸易融资		
六、银行业存款类金融机构往来			（3）非存款类金融机构贷款		
七、借款及非存款类金融机构拆入			3. 票据融资		
八、联行往来（净）			4. 融资租赁		
九、应付及暂收款	93 837	-9 310	5. 各项垫款		
其中：应付利息	91 141	-10 103	（二）境外贷款	52	39
十、其他负债	31 917	29 277	二、债券投资		
十一、所有者权益	30 815	30 815	三、股权及其他投资		
其中：实收资本			四、买入返售资产		
			五、存放中央银行存款		
			六、缴存中央银行财政性存款	5	5
			七、银行业存款类金融机构往来	721	-622
			八、存放非存款类金融机构款项		
			九、联行往来	4 200 384	-2 273 647
			十、库存现金	1 798	364
			十一、应收及预付款	6 885	2 621
			其中：应收利息	6 377	2 393
			十二、投资性房地产		
			十三、固定资产	19 831	-1 212
			十四、其他资产	31 143	28 250
			十五、减：各项准备		
			其中：贷款减值准备		
资金来源总计	6 558 808	-1 822 726	资金运用总计	6 558 808	-1 822 726

表 2.28　上海银行北京分行人民币信贷收支统计

单位：万元

项目名称	余额	比年初	项目名称	余额	比年初
一、各项存款	5 884 782	3 155 641	一、各项贷款	5 738 884	2 094 688
（一）境内存款	5 883 712	3 155 158	（一）境内贷款	5 724 634	2 080 438
1. 个人存款	56 650	1 671	1. 短期贷款	2 515 230	313 305
其中：活期储蓄存款	32 208	9 192	（1）个人贷款及透支	832 968	310 769
定期储蓄存款	20 512	-10 034	其中：个人消费贷款	829 970	308 795
结构性存款			（2）单位贷款及透支	1 682 262	2 536
2. 单位存款	4 967 227	2 555 240	经营贷款及透支	1 038 262	-605 623
其中：活期存款	1 684 385	924 532	固定资产贷款	592 000	592 000
定期存款	1 301 123	894 475	并购贷款		
保证金存款	815 983	450 131	贸易融资	52 000	16 159
结构性存款	45 000	-197 902	（3）非存款类金融机构贷款		
3. 国库定期存款	115 000	115 000	2. 中长期贷款	2 377 924	2 050 400
4. 非存款类金融机构存款	744 835	483 247	（1）个人贷款	125 434	51 568
（二）境外存款	1 070	483	其中：个人消费贷款	123 763	51 744
二、代理财政性存款			（2）单位贷款	2 252 490	1 998 832
三、金融债券			经营贷款	1 390 779	1 179 121
其中：境外发行			固定资产贷款	802 900	760 900
四、卖出回购资产			并购贷款	16 000	16 000
五、向中央银行借款			贸易融资	42 811	42 811
六、银行业存款类金融机构往来	821 366	547 448	（3）非存款类金融机构贷款		
七、借款及非存款类金融机构拆入			3. 票据融资	831 480	-283 267
八、联行往来（净）		-593 354	4. 融资租赁		
九、应付及暂收款	69 489	15 749	5. 各项垫款		
其中：应付利息	40 806	22 486	（二）境外贷款	14 250	14 250
十、其他负债	12 636	2 187	二、债券投资		
十一、所有者权益	46 775	-25 501	三、股权及其他投资		
其中：实收资本			四、买入返售资产		
			五、存放中央银行存款		
			六、缴存中央银行财政性存款		-26
			七、银行业存款类金融机构往来	118 914	42 131
			八、存放非存款类金融机构款项		
			九、联行往来	963 834	963 834
			十、库存现金	2 185	-417
			十一、应收及预付款	21 998	13 102
			其中：应收利息	573	263
			十二、投资性房地产		
			十三、固定资产	785	-281
			十四、其他资产	621	-601
			十五、减：各项准备	12 173	10 260
			其中：贷款减值准备	9 673	7 760
资金来源总计	6 835 048	3 102 170	资金运用总计	6 835 048	3 102 170

表 2.29　江苏银行北京分行人民币信贷收支统计

单位：万元

项目名称	余额	比年初	项目名称	余额	比年初
一、各项存款	9 142 733	−2 216 835	一、各项贷款	6 165 818	641 196
（一）境内存款	9 140 758	−2 215 652	（一）境内贷款	6 163 207	638 585
1. 个人存款	329 827	47 903	1. 短期贷款	3 678 057	67 675
其中：活期储蓄存款	97 135	33 806	（1）个人贷款及透支	332 470	132 778
定期储蓄存款	132 597	−19 453	其中：个人消费贷款	157 645	85 484
结构性存款	75 662	30 280	（2）单位贷款及透支	3 345 587	−65 103
2. 单位存款	5 580 900	−787 768	经营贷款及透支	3 341 047	−25 643
其中：活期存款	1 637 778	535 364	固定资产贷款		−44 000
定期存款	785 882	−526 350	并购贷款		
保证金存款	626 907	−103 916	贸易融资	4 540	4 540
结构性存款	1 336 670	−255 820	（3）非存款类金融机构贷款		
3. 国库定期存款	169 000	169 000	2. 中长期贷款	2 303 112	702 568
4. 非存款类金融机构存款	3 061 031	−1 644 787	（1）个人贷款	451 255	122 233
（二）境外存款	1 975	−1 183	其中：个人消费贷款	337 158	107 541
二、代理财政性存款			（2）单位贷款	1 851 857	580 335
三、金融债券			经营贷款	284 626	105 425
其中：境外发行			固定资产贷款	1 562 531	470 210
四、卖出回购资产			并购贷款	4 700	4 700
五、向中央银行借款			贸易融资		
六、银行业存款类金融机构往来	717 879	−2 909 974	（3）非存款类金融机构贷款		
七、借款及非存款类金融机构拆入			3. 票据融资	182 038	−131 658
八、联行往来（净）			4. 融资租赁		
九、应付及暂收款	122 577	20 810	5. 各项垫款		
其中：应付利息	101 295	22 116	（二）境外贷款	2 611	2 611
十、其他负债	15 947	−806	二、债券投资		
十一、所有者权益	58 553	58 553	三、股权及其他投资		
其中：实收资本			四、买入返售资产		
			五、存放中央银行存款		
			六、缴存中央银行财政性存款	323	298
			七、银行业存款类金融机构往来	2 809	−1 233
			八、存放非存款类金融机构款项		
			九、联行往来	3 896 309	−5 677 233
			十、库存现金	2 693	−1 198
			十一、应收及预付款	18 852	1 316
			其中：应收利息	10 990	1 217
			十二、投资性房地产		
			十三、固定资产	44 400	−2 980
			十四、其他资产	722	3 502
			十五、减：各项准备	74 238	11 921
			其中：贷款减值准备	74 133	11 836
资金来源总计	10 057 689	−5 048 252	资金运用总计	10 057 689	−5 048 252

表 2.30　宁波银行北京分行人民币信贷收支统计

单位：万元

项目名称	余额	比年初	项目名称	余额	比年初
一、各项存款	3 621 912	495 803	一、各项贷款	1 175 459	229 139
（一）境内存款	3 621 271	496 858	（一）境内贷款	1 175 459	229 139
1. 个人存款	164 130	30 220	1. 短期贷款	871 271	87 355
其中：活期储蓄存款	70 961	10 208	（1）个人贷款及透支	414 308	8 224
定期储蓄存款	57 489	-10 505	其中：个人消费贷款	341 944	-49 287
结构性存款			（2）单位贷款及透支	456 963	79 131
2. 单位存款	3 027 972	370 665	经营贷款及透支	429 428	56 119
其中：活期存款	1 082 411	-95 974	固定资产贷款		
定期存款	518 690	116 757	并购贷款		
保证金存款	156 623	-207 648	贸易融资	27 535	23 012
结构性存款	117 703	117 703	（3）非存款类金融机构贷款		
3. 国库定期存款	79 000	46 000	2. 中长期贷款	291 582	165 789
4. 非存款类金融机构存款	350 169	49 973	（1）个人贷款	35 983	30 998
（二）境外存款	641	-1 055	其中：个人消费贷款	20 535	17 493
二、代理财政性存款			（2）单位贷款	255 599	134 791
三、金融债券			经营贷款	154 225	101 950
其中：境外发行			固定资产贷款	97 074	28 541
四、卖出回购资产			并购贷款	4 300	4 300
五、向中央银行借款			贸易融资		
六、银行业存款类金融机构往来	13 995	13 957	（3）非存款类金融机构贷款		
七、借款及非存款类金融机构拆入			3. 票据融资	12 443	-15 266
八、联行往来（净）			4. 融资租赁		
九、应付及暂收款	52 785	14 798	5. 各项垫款	163	-8 739
其中：应付利息	36 531	16 134	（二）境外贷款		
十、其他负债	10 019	-98	二、债券投资		
十一、所有者权益	-34 334	-47 247	三、股权及其他投资		
其中：实收资本			四、买入返售资产		
			五、存放中央银行存款		
			六、缴存中央银行财政性存款	104	78
			七、银行业存款类金融机构往来	1 656	1 069
			八、存放非存款类金融机构款项		
			九、联行往来	2 422 172	219 444
			十、库存现金	3 208	249
			十一、应收及预付款	42 688	35 181
			其中：应收利息	1 937	387
			十二、投资性房地产		
			十三、固定资产	45 911	-2 844
			十四、其他资产	1 740	-553
			十五、减：各项准备	28 561	4 550
			其中：贷款减值准备	28 555	4 544
资金来源总计	3 664 377	477 213	资金运用总计	3 664 377	477 213

表2.31　包商银行北京分行人民币信贷收支统计

单位：万元

项目名称	余额	比年初	项目名称	余额	比年初
一、各项存款	5 794 214	-511 206	一、各项贷款	2 100 787	652 776
（一）境内存款	5 791 231	-512 966	（一）境内贷款	2 100 787	652 776
1. 个人存款	135 598	43 502	1. 短期贷款	763 180	220 680
其中：活期储蓄存款	77 609	23 496	（1）个人贷款及透支	89 160	44 509
定期储蓄存款	36 853	5 342	其中：个人消费贷款	2 948	2 483
结构性存款			（2）单位贷款及透支	674 020	226 171
2. 单位存款	2 550 864	112 765	经营贷款及透支	668 020	226 751
其中：活期存款	569 469	212 398	固定资产贷款		
定期存款	1 363 276	499 756	并购贷款		
保证金存款	315 975	-65 642	贸易融资	6 000	-580
结构性存款			（3）非存款类金融机构贷款		-50 000
3. 国库定期存款			2. 中长期贷款	1 261 168	420 117
4. 非存款类金融机构存款	3 104 769	-669 233	（1）个人贷款	902 808	222 233
（二）境外存款	2 983	1 760	其中：个人消费贷款	553 723	-17 912
二、代理财政性存款			（2）单位贷款	358 360	197 884
三、金融债券			经营贷款	299 000	177 114
其中：境外发行			固定资产贷款	46 100	7 510
四、卖出回购资产			并购贷款	13 260	13 260
五、向中央银行借款			贸易融资		
六、银行业存款类金融机构往来		-1 476 400	（3）非存款类金融机构贷款		
七、借款及非存款类金融机构拆入			3. 票据融资	65 942	8 490
八、联行往来（净）			4. 融资租赁		
九、应付及暂收款	132 213	28 285	5. 各项垫款	10 497	3 489
其中：应付利息	128 097	32 019	（二）境外贷款		
十、其他负债	12 428	-1 706	二、债券投资		
十一、所有者权益	144 884	144 884	三、股权及其他投资		
其中：实收资本			四、买入返售资产		
			五、存放中央银行存款	4 979	-3 916
			六、缴存中央银行财政性存款	22	-12
			七、银行业存款类金融机构往来		-1
			八、存放非存款类金融机构款项		
			九、联行往来	3 887 471	-2 471 762
			十、库存现金	2 241	556
			十一、应收及预付款	7 743	720
			其中：应收利息	4 999	-195
			十二、投资性房地产		
			十三、固定资产	77 726	-3 945
			十四、其他资产	17 995	10 616
			十五、减：各项准备	15 225	1 175
			其中：贷款减值准备	15 225	1 175
资金来源总计	6 083 739	-1 816 143	资金运用总计	6 083 739	-1 816 143

表 2.32　锦州银行北京分行人民币信贷收支统计

单位：万元

项目名称	余额	比年初	项目名称	余额	比年初
一、各项存款	7 445 722	1 047 283	一、各项贷款	1 608 479	136 919
（一）境内存款	7 391 786	1 030 424	（一）境内贷款	1 608 479	136 919
1. 个人存款	1 203 180	502 500	1. 短期贷款	766 222	461 265
其中：活期储蓄存款	49 232	2 398	（1）个人贷款及透支	3 709	-9 172
定期储蓄存款	1 153 272	500 088	其中：个人消费贷款	959	509
结构性存款			（2）单位贷款及透支	762 513	470 437
2. 单位存款	6 188 565	604 575	经营贷款及透支	762 513	477 193
其中：活期存款	645 141	-60 348	固定资产贷款		
定期存款	1 491 510	-49 192	并购贷款		
保证金存款	1 632 421	182 413	贸易融资		-6 756
结构性存款	423 000	4 132	（3）非存款类金融机构贷款		
3. 国库定期存款			2. 中长期贷款	842 257	-324 346
4. 非存款类金融机构存款	41	-76 651	（1）个人贷款	24 189	-2 481
（二）境外存款	53 936	16 859	其中：个人消费贷款	12 254	736
二、代理财政性存款			（2）单位贷款	818 068	-321 865
三、金融债券			经营贷款	758 599	-255 872
其中：境外发行			固定资产贷款	59 469	-65 993
四、卖出回购资产			并购贷款		
五、向中央银行借款			贸易融资		
六、银行业存款类金融机构往来	419	314	（3）非存款类金融机构贷款		
七、借款及非存款类金融机构拆入			3. 票据融资		
八、联行往来（净）			4. 融资租赁		
九、应付及暂收款	163 882	67 911	5. 各项垫款		
其中：应付利息	159 726	68 546	（二）境外贷款		
十、其他负债	10 165	21	二、债券投资		
十一、所有者权益	124 807	124 807	三、股权及其他投资		
其中：实收资本			四、买入返售资产		
			五、存放中央银行存款		
			六、缴存中央银行财政性存款	8	1
			七、银行业存款类金融机构往来	1 627	775
			八、存放非存款类金融机构款项		
			九、联行往来	6 090 222	1 103 209
			十、库存现金	1 228	241
			十一、应收及预付款	5 113	1 089
			其中：应收利息	4 520	1 055
			十二、投资性房地产		
			十三、固定资产	35 164	-1 485
			十四、其他资产	3 154	-413
			十五、减：各项准备		
			其中：贷款减值准备		
资金来源总计	7 744 995	1 240 336	资金运用总计	7 744 995	1 240 336

表 2.33　厦门国际银行北京分行人民币信贷收支统计

单位：万元

项目名称	余额	比年初	项目名称	余额	比年初
一、各项存款	8 590 400	-1 966 010	一、各项贷款	3 614 551	-9 160
（一）境内存款	8 342 700	-1 798 021	（一）境内贷款	3 613 101	-10 610
1. 个人存款	302 740	-48 154	1. 短期贷款	735 168	-8 417
其中：活期储蓄存款	42 072	8 573	（1）个人贷款及透支	220 669	43 347
定期储蓄存款	65 878	-20 393	其中：个人消费贷款		-1 507
结构性存款	185 405	-33 237	（2）单位贷款及透支	514 499	-51 765
2. 单位存款	7 430 963	-150 613	经营贷款及透支	514 499	-51 765
其中：活期存款	1 569 002	495 305	固定资产贷款		
定期存款	385 699	-365 649	并购贷款		
保证金存款	2 804 100	-88 818	贸易融资		
结构性存款	2 184 616	-333 954	（3）非存款类金融机构贷款		
3. 国库定期存款	18 000	18 000	2. 中长期贷款	2 872 360	-1 235
4. 非存款类金融机构存款	590 996	-1 617 253	（1）个人贷款	25 033	5 552
（二）境外存款	247 700	-167 989	其中：个人消费贷款	5 653	-2 486
二、代理财政性存款			（2）单位贷款	2 847 328	-6 787
三、金融债券			经营贷款	1 822 568	24 868
其中：境外发行			固定资产贷款	1 024 759	-31 655
四、卖出回购资产			并购贷款		
五、向中央银行借款			贸易融资		
六、银行业存款类金融机构往来	2	-125	（3）非存款类金融机构贷款		
七、借款及非存款类金融机构拆入			3. 票据融资		
八、联行往来（净）			4. 融资租赁		
九、应付及暂收款	66 041	-51 811	5. 各项垫款	5 573	-958
其中：应付利息	75 071	-779	（二）境外贷款	1 450	1 450
十、其他负债	44 094	34 094	二、债券投资		
十一、所有者权益	23 645	-31 024	三、股权及其他投资	367 930	-642 309
其中：实收资本			四、买入返售资产		
			五、存放中央银行存款	15 565	4 011
			六、缴存中央银行财政性存款		
			七、银行业存款类金融机构往来	2 040	-926
			八、存放非存款类金融机构款项		
			九、联行往来	4 697 421	-1 369 324
			十、库存现金	2 003	397
			十一、应收及预付款	21 292	2 542
			其中：应收利息	18 376	2 622
			十二、投资性房地产		
			十三、固定资产	1 348	154
			十四、其他资产	2 032	-259
			十五、减：各项准备		
			其中：贷款减值准备		
资金来源总计	8 724 182	-2 014 875	资金运用总计	8 724 182	-2 014 875

表 2.34　北京农商银行人民币信贷收支统计

单位：万元

项目名称	余额	比年初	项目名称	余额	比年初
一、各项存款	59 269 525	5 607 825	一、各项贷款	32 310 839	2 387 262
（一）境内存款	59 263 166	5 609 212	（一）境内贷款	32 310 839	2 387 262
1. 个人存款	27 080 524	2 139 570	1. 短期贷款	13 665 132	3 358 205
其中：活期储蓄存款	6 693 346	611 974	（1）个人贷款及透支	310 308	96 910
定期储蓄存款	18 383 708	330 811	其中：个人消费贷款	263 723	104 878
结构性存款	175 939	-14 652	（2）单位贷款及透支	8 272 337	1 679 293
2. 单位存款	29 557 965	2 274 658	经营贷款及透支	8 157 354	1 935 534
其中：活期存款	18 253 998	795 017	固定资产贷款	25 605	-227 181
定期存款	4 314 767	83 147	并购贷款		
保证金存款	127 639	-10 195	贸易融资	89 378	-29 060
结构性存款	1 719 319	474 666	（3）非存款类金融机构贷款	5 082 488	1 582 002
3. 国库定期存款	426 000	-7 000	2. 中长期贷款	15 238 651	1 181 429
4. 非存款类金融机构存款	2 198 677	1 201 984	（1）个人贷款	1 819 722	593 779
（二）境外存款	6 360	-1 387	其中：个人消费贷款	1 779 347	584 256
二、代理财政性存款	21 701	-12 772	（2）单位贷款	13 418 929	587 650
三、金融债券	1 000 000	-510 000	经营贷款	1 375 109	-531 232
其中：境外发行			固定资产贷款	11 149 571	1 155 155
四、卖出回购资产	5 010 368	859 505	并购贷款	535 912	-14 000
五、向中央银行借款	4 775 151	1 060 496	贸易融资	358 336	-22 273
六、银行业存款类金融机构往来	4 761 253	1 412 822	（3）非存款类金融机构贷款		
七、借款及非存款类金融机构拆入	20 000	20 000	3. 票据融资	3 400 081	-2 145 060
八、联行往来（净）	17 794	17 794	4. 融资租赁		
九、应付及暂收款	1 385 522	-186 054	5. 各项垫款	6 975	-7 312
其中：应付利息	966 789	-40 354	（二）境外贷款		
十、其他负债	331 908	34 353	二、债券投资	16 205 619	98 965
十一、所有者权益	4 489 245	507 033	三、股权及其他投资	1 483 606	951 415
其中：实收资本	1 214 847		四、买入返售资产	4 397 374	1 813 742
			五、存放中央银行存款	8 893 264	830 911
			六、缴存中央银行财政性存款	24 365	-11 615
			七、银行业存款类金融机构往来	17 076 823	2 683 855
			八、存放非存款类金融机构款项	17 345	5 842
			九、联行往来		-1 654
			十、库存现金	182 110	-8 136
			十一、应收及预付款	488 644	150 392
			其中：应收利息	402 565	137 377
			十二、投资性房地产	17	-2
			十三、固定资产	598 990	-8 054
			十四、其他资产	746 516	13 001
			十五、减：各项准备	1 343 044	94 924
			其中：贷款减值准备	902 849	-39 873
资金来源总计	81 082 468	8 811 001	资金运用总计	81 082 468	8 811 001

表 2.35　北京密云汇丰村镇银行人民币信贷收支统计

单位：万元

项目名称	余额	比年初	项目名称	余额	比年初
一、各项存款	8 068	-5 920	一、各项贷款	10 018	2 755
（一）境内存款	8 062	-5 820	（一）境内贷款	10 018	2 755
1. 个人存款	2 759	-674	1. 短期贷款	8 909	1 932
其中：活期储蓄存款	1 001	637	（1）个人贷款及透支	3 574	813
定期储蓄存款	1 623	-1 422	其中：个人消费贷款		
结构性存款			（2）单位贷款及透支	5 335	1 119
2. 单位存款	5 303	-5 146	经营贷款及透支	5 335	1 119
其中：活期存款	4 294	-4 773	固定资产贷款		
定期存款	894	-26	并购贷款		
保证金存款			贸易融资		
结构性存款			（3）非存款类金融机构贷款		
3. 国库定期存款			2. 中长期贷款	1 109	823
4. 非存款类金融机构存款			（1）个人贷款	1 109	823
（二）境外存款	6	-100	其中：个人消费贷款	1 091	838
二、代理财政性存款			（2）单位贷款		
三、金融债券			经营贷款		
其中：境外发行			固定资产贷款		
四、卖出回购资产			并购贷款		
五、向中央银行借款			贸易融资		
六、银行业存款类金融机构往来			（3）非存款类金融机构贷款		
七、借款及非存款类金融机构拆入			3. 票据融资		
八、联行往来（净）			4. 融资租赁		
九、应付及暂收款	323	33	5. 各项垫款		
其中：应付利息	169	10	（二）境外贷款		
十、其他负债	2	1	二、债券投资		
十一、所有者权益	4 239	-209	三、股权及其他投资		
其中：实收资本	5 000		四、买入返售资产		
			五、存放中央银行存款	1 060	-644
			六、缴存中央银行财政性存款		
			七、银行业存款类金融机构往来	1 559	-8 057
			八、存放非存款类金融机构款项		
			九、联行往来		
			十、库存现金	73	-116
			十一、应收及预付款	62	-24
			其中：应收利息	40	-11
			十二、投资性房地产		
			十三、固定资产	69	12
			十四、其他资产	51	7
			十五、减：各项准备	261	28
			其中：贷款减值准备	261	28
资金来源总计	12 632	-6 095	资金运用总计	12 632	-6 095

表 2.36　北京延庆村镇银行人民币信贷收支统计

单位：万元

项目名称	余额	比年初	项目名称	余额	比年初
一、各项存款	71 191	11 070	一、各项贷款	52 381	5 755
（一）境内存款	71 191	11 070	（一）境内贷款	52 381	5 755
1. 个人存款	46 803	6 990	1. 短期贷款	29 693	9 072
其中：活期储蓄存款	1 811	-835	（1）个人贷款及透支	29 593	9 072
定期储蓄存款	42 234	6 380	其中：个人消费贷款		
结构性存款			（2）单位贷款及透支	100	
2. 单位存款	24 388	4 079	经营贷款及透支	100	
其中：活期存款	22 276	9 134	固定资产贷款		
定期存款	634	-5 935	并购贷款		
保证金存款	328	-70	贸易融资		
结构性存款			（3）非存款类金融机构贷款		
3. 国库定期存款			2. 中长期贷款	22 688	-3 318
4. 非存款类金融机构存款			（1）个人贷款	22 328	-3 250
（二）境外存款			其中：个人消费贷款	122	-273
二、代理财政性存款			（2）单位贷款	360	-68
三、金融债券			经营贷款	360	-68
其中：境外发行			固定资产贷款		
四、卖出回购资产			并购贷款		
五、向中央银行借款			贸易融资		
六、银行业存款类金融机构往来	4 000	1 949	（3）非存款类金融机构贷款		
七、借款及非存款类金融机构拆入			3. 票据融资		
八、联行往来（净）			4. 融资租赁		
九、应付及暂收款	2 580	671	5. 各项垫款		
其中：应付利息	1 961	561	（二）境外贷款		
十、其他负债	38	-6	二、债券投资		
十一、所有者权益	9 152	1 106	三、股权及其他投资		
其中：实收资本	3 000		四、买入返售资产		
			五、存放中央银行存款	8 568	1 193
			六、缴存中央银行财政性存款		
			七、银行业存款类金融机构往来	26 166	7 963
			八、存放非存款类金融机构款项		
			九、联行往来		
			十、库存现金	437	40
			十一、应收及预付款	391	127
			其中：应收利息	311	56
			十二、投资性房地产		
			十三、固定资产	64	8
			十四、其他资产	429	-30
			十五、减：各项准备	1 475	267
			其中：贷款减值准备	1 469	267
资金来源总计	86 961	14 788	资金运用总计	86 961	14 788

表 2.37　北京怀柔村镇银行人民币信贷收支统计

单位：万元

项目名称	余额	比年初	项目名称	余额	比年初
一、各项存款	225 756	12 083	一、各项贷款	125 248	13 353
（一）境内存款	225 756	12 141	（一）境内贷款	125 248	13 353
1. 个人存款	23 101	-1 010	1. 短期贷款	96 724	18 530
其中：活期储蓄存款	11 351	318	（1）个人贷款及透支	29 559	13 202
定期储蓄存款	11 405	-903	其中：个人消费贷款	266	152
结构性存款			（2）单位贷款及透支	67 166	5 328
2. 单位存款	202 654	13 151	经营贷款及透支	67 166	5 328
其中：活期存款	172 677	17 788	固定资产贷款		
定期存款	28 316	-2 600	并购贷款		
保证金存款	1 662	-1 037	贸易融资		
结构性存款			（3）非存款类金融机构贷款		
3. 国库定期存款			2. 中长期贷款	27 001	2 453
4. 非存款类金融机构存款			（1）个人贷款	17 356	3 813
（二）境外存款		-58	其中：个人消费贷款	3 055	47
二、代理财政性存款			（2）单位贷款	9 645	-1 360
三、金融债券			经营贷款	9 645	-1 360
其中：境外发行			固定资产贷款		
四、卖出回购资产			并购贷款		
五、向中央银行借款			贸易融资		
六、银行业存款类金融机构往来	20 000	-4 000	（3）非存款类金融机构贷款		
七、借款及非存款类金融机构拆入			3. 票据融资	1 522	-7 629
八、联行往来（净）			4. 融资租赁		
九、应付及暂收款	1 553	-211	5. 各项垫款		
其中：应付利息	924	-118	（二）境外贷款		
十、其他负债			二、债券投资		
十一、所有者权益	36 547	2 528	三、股权及其他投资		
其中：实收资本	20 000		四、买入返售资产		
			五、存放中央银行存款	15 591	-1 060
			六、缴存中央银行财政性存款		
			七、银行业存款类金融机构往来	106 714	-5 336
			八、存放非存款类金融机构款项	20 000	20 000
			九、联行往来	17 589	-16 224
			十、库存现金	421	99
			十一、应收及预付款	894	172
			其中：应收利息	359	-26
			十二、投资性房地产		
			十三、固定资产	199	3
			十四、其他资产	669	65
			十五、减：各项准备	3 469	672
			其中：贷款减值准备	3 469	672
资金来源总计	283 856	10 401	资金运用总计	283 856	10 401

表 2.38　北京大兴华夏村镇银行人民币信贷收支统计

单位：万元

项目名称	余额	比年初	项目名称	余额	比年初
一、各项存款	81 723	-21 585	一、各项贷款	77 947	24 618
（一）境内存款	81 723	-21 585	（一）境内贷款	77 947	24 618
1. 个人存款	18 281	3 790	1. 短期贷款	37 976	3 429
其中：活期储蓄存款	7 208	1 619	（1）个人贷款及透支	13 008	4 973
定期储蓄存款	9 914	1 102	其中：个人消费贷款	1 349	1 247
结构性存款			（2）单位贷款及透支	24 968	-1 544
2. 单位存款	63 442	-25 375	经营贷款及透支	24 968	-1 544
其中：活期存款	24 457	-55 201	固定资产贷款		
定期存款	3 001	102	并购贷款		
保证金存款	4 909	-658	贸易融资		
结构性存款			（3）非存款类金融机构贷款		
3. 国库定期存款			2. 中长期贷款	39 971	21 277
4. 非存款类金融机构存款			（1）个人贷款	9 576	7 200
（二）境外存款			其中：个人消费贷款	3 122	2 371
二、代理财政性存款			（2）单位贷款	30 395	14 076
三、金融债券			经营贷款	30 395	14 076
其中：境外发行			固定资产贷款		
四、卖出回购资产			并购贷款		
五、向中央银行借款	1 927	1 927	贸易融资		
六、银行业存款类金融机构往来	12 000	12 000	（3）非存款类金融机构贷款		
七、借款及非存款类金融机构拆入			3. 票据融资		
八、联行往来（净）			4. 融资租赁		
九、应付及暂收款	2 501	1 128	5. 各项垫款		-88
其中：应付利息	1 347	799	（二）境外贷款		
十、其他负债			二、债券投资		
十一、所有者权益	12 210	127	三、股权及其他投资		
其中：实收资本	12 500		四、买入返售资产		
			五、存放中央银行存款	29 206	-23 321
			六、缴存中央银行财政性存款		
			七、银行业存款类金融机构往来	3 825	-8 194
			八、存放非存款类金融机构款项		
			九、联行往来	71	54
			十、库存现金	308	-204
			十一、应收及预付款	255	101
			其中：应收利息	253	99
			十二、投资性房地产		
			十三、固定资产	188	-22
			十四、其他资产	1 285	-194
			十五、减：各项准备	2 725	-758
			其中：贷款减值准备	2 725	-758
资金来源总计	110 362	-6 404	资金运用总计	110 362	-6 404

表 2.39　北京昌平包商村镇银行人民币信贷收支统计

单位：万元

项目名称	余额	比年初	项目名称	余额	比年初
一、各项存款	57 329	17 567	一、各项贷款	50 973	6 768
（一）境内存款	57 329	17 567	（一）境内贷款	50 973	6 768
1. 个人存款	38 652	12 734	1. 短期贷款	31 487	1 164
其中：活期储蓄存款	9 083	5 151	（1）个人贷款及透支	18 961	2 922
定期储蓄存款	29 569	7 582	其中：个人消费贷款	988	-582
结构性存款			（2）单位贷款及透支	12 526	-1 758
2. 单位存款	18 678	4 833	经营贷款及透支	12 526	-1 758
其中：活期存款	16 222	8 060	固定资产贷款		
定期存款	2 106	-3 362	并购贷款		
保证金存款	350	135	贸易融资		
结构性存款			（3）非存款类金融机构贷款		
3. 国库定期存款			2. 中长期贷款	19 486	5 604
4. 非存款类金融机构存款			（1）个人贷款	13 394	3 787
（二）境外存款			其中：个人消费贷款	6 030	2 801
二、代理财政性存款			（2）单位贷款	6 092	1 817
三、金融债券			经营贷款	6 092	1 817
其中：境外发行			固定资产贷款		
四、卖出回购资产			并购贷款		
五、向中央银行借款	650	650	贸易融资		
六、银行业存款类金融机构往来	35 000	1 800	（3）非存款类金融机构贷款		
七、借款及非存款类金融机构拆入			3. 票据融资		
八、联行往来（净）			4. 融资租赁		
九、应付及暂收款	6 124	349	5. 各项垫款		
其中：应付利息	1 318	458	（二）境外贷款		
十、其他负债	3	3	二、债券投资		
十一、所有者权益	15 783	46	三、股权及其他投资		
其中：实收资本	17 200		四、买入返售资产		
			五、存放中央银行存款	5 829	844
			六、缴存中央银行财政性存款		
			七、银行业存款类金融机构往来	52 412	9 810
			八、存放非存款类金融机构款项		
			九、联行往来		
			十、库存现金	1 506	501
			十一、应收及预付款	878	158
			其中：应收利息	581	-15
			十二、投资性房地产		
			十三、固定资产	979	-29
			十四、其他资产	3 586	2 534
			十五、减：各项准备	1 274	169
			其中：贷款减值准备	1 274	169
资金来源总计	114 889	20 416	资金运用总计	114 889	20 416

表 2.40　北京大兴九银村镇银行人民币信贷收支统计

单位：万元

项目名称	余额	比年初	项目名称	余额	比年初
一、各项存款	413 705	68 347	一、各项贷款	178 450	14 894
（一）境内存款	413 705	68 347	（一）境内贷款	178 450	14 894
1. 个人存款	99 489	33 626	1. 短期贷款	114 286	14 764
其中：活期储蓄存款	55 523	24 913	（1）个人贷款及透支	80 014	9 688
定期储蓄存款	35 561	1 285	其中：个人消费贷款	4 945	229
结构性存款			（2）单位贷款及透支	34 273	5 076
2. 单位存款	314 215	34 721	经营贷款及透支	34 273	5 076
其中：活期存款	272 598	47 604	固定资产贷款		
定期存款	39 586	1 499	并购贷款		
保证金存款	2 031	1 118	贸易融资		
结构性存款			（3）非存款类金融机构贷款		
3. 国库定期存款			2. 中长期贷款	51 739	28 837
4. 非存款类金融机构存款			（1）个人贷款	41 569	22 707
（二）境外存款			其中：个人消费贷款	17 223	13 142
二、代理财政性存款			（2）单位贷款	10 170	6 130
三、金融债券			经营贷款	10 170	6 130
其中：境外发行			固定资产贷款		
四、卖出回购资产			并购贷款		
五、向中央银行借款	2 094	2 094	贸易融资		
六、银行业存款类金融机构往来	358	-55 137	（3）非存款类金融机构贷款		
七、借款及非存款类金融机构拆入			3. 票据融资	12 080	-28 707
八、联行往来（净）			4. 融资租赁		
九、应付及暂收款	3 916	1 388	5. 各项垫款	345	
其中：应付利息	1 343	34	（二）境外贷款		
十、其他负债	221	221	二、债券投资		
十一、所有者权益	16 664	2 227	三、股权及其他投资		
其中：实收资本	12 000		四、买入返售资产		
			五、存放中央银行存款	162 782	134 273
			六、缴存中央银行财政性存款		
			七、银行业存款类金融机构往来	99 587	-129 020
			八、存放非存款类金融机构款项		
			九、联行往来		
			十、库存现金	1 587	416
			十一、应收及预付款	484	211
			其中：应收利息	311	216
			十二、投资性房地产		
			十三、固定资产	701	-102
			十四、其他资产	594	26
			十五、减：各项准备	7 227	1 558
			其中：贷款减值准备	7 227	1 558
资金来源总计	436 958	19 140	资金运用总计	436 958	19 140

表2.41　北京顺义银座村镇银行人民币信贷收支统计

单位：万元

项目名称	余额	比年初	项目名称	余额	比年初
一、各项存款	654 786	61 690	一、各项贷款	345 825	35 885
（一）境内存款	654 786	61 692	（一）境内贷款	345 825	35 885
1. 个人存款	264 692	11 411	1. 短期贷款	259 099	7 326
其中：活期储蓄存款	105 372	-2 708	（1）个人贷款及透支	243 414	4 311
定期储蓄存款	158 741	14 599	其中：个人消费贷款	12 139	-5 013
结构性存款			（2）单位贷款及透支	15 685	3 015
2. 单位存款	390 094	50 280	经营贷款及透支	15 685	3 015
其中：活期存款	121 533	26 654	固定资产贷款		
定期存款	267 372	22 543	并购贷款		
保证金存款	389	284	贸易融资		
结构性存款			（3）非存款类金融机构贷款		
3. 国库定期存款			2. 中长期贷款	79 499	26 923
4. 非存款类金融机构存款			（1）个人贷款	79 299	26 723
（二）境外存款		-2	其中：个人消费贷款	50 629	11 905
二、代理财政性存款			（2）单位贷款	200	200
三、金融债券			经营贷款	200	200
其中：境外发行			固定资产贷款		
四、卖出回购资产			并购贷款		
五、向中央银行借款			贸易融资		
六、银行业存款类金融机构往来			（3）非存款类金融机构贷款		
七、借款及非存款类金融机构拆入			3. 票据融资	7 227	1 636
八、联行往来（净）	518	-460	4. 融资租赁		
九、应付及暂收款	22 295	6 771	5. 各项垫款		
其中：应付利息	20 435	6 756	（二）境外贷款		
十、其他负债	96	52	二、债券投资		
十一、所有者权益	52 157	10 538	三、股权及其他投资		
其中：实收资本	25 000		四、买入返售资产		
			五、存放中央银行存款	63 938	9 894
			六、缴存中央银行财政性存款		
			七、银行业存款类金融机构往来	321 084	33 420
			八、存放非存款类金融机构款项		
			九、联行往来		
			十、库存现金	2 330	-71
			十一、应收及预付款	4 159	548
			其中：应收利息	3 598	486
			十二、投资性房地产		
			十三、固定资产	151	-154
			十四、其他资产	1 758	69
			十五、减：各项准备	9 392	1 000
			其中：贷款减值准备	9 337	969
资金来源总计	729 852	78 592	资金运用总计	729 852	78 592

表 2.42　北京通州中银富登村镇银行人民币信贷收支统计

单位：万元

项目名称	余额	比年初	项目名称	余额	比年初
一、各项存款	21 424	-23 378	一、各项贷款	10 761	-1 252
（一）境内存款	21 424	-23 378	（一）境内贷款	10 761	-1 252
1. 个人存款	668	-914	1. 短期贷款	8 500	2 230
其中：活期储蓄存款	10	-5	（1）个人贷款及透支	496	-246
定期储蓄存款	658	-910	其中：个人消费贷款		
结构性存款			（2）单位贷款及透支	8 004	2 476
2. 单位存款	20 756	-22 464	经营贷款及透支	8 004	2 476
其中：活期存款	18 255	-19 484	固定资产贷款		
定期存款	2 500	-2 900	并购贷款		
保证金存款	1	-80	贸易融资		
结构性存款			（3）非存款类金融机构贷款		
3. 国库定期存款			2. 中长期贷款	2 261	-3 482
4. 非存款类金融机构存款			（1）个人贷款	268	233
（二）境外存款			其中：个人消费贷款		
二、代理财政性存款			（2）单位贷款	1 994	-3 714
三、金融债券			经营贷款	1 994	-3 714
其中：境外发行			固定资产贷款		
四、卖出回购资产			并购贷款		
五、向中央银行借款			贸易融资		
六、银行业存款类金融机构往来			（3）非存款类金融机构贷款		
七、借款及非存款类金融机构拆入			3. 票据融资		
八、联行往来（净）			4. 融资租赁		
九、应付及暂收款	230	-27	5. 各项垫款		
其中：应付利息	68	-86	（二）境外贷款		
十、其他负债			二、债券投资		
十一、所有者权益	14 358	222	三、股权及其他投资		
其中：实收资本	10 000		四、买入返售资产		
			五、存放中央银行存款	3 981	-2 571
			六、缴存中央银行财政性存款		
			七、银行业存款类金融机构往来	21 106	-19 142
			八、存放非存款类金融机构款项		
			九、联行往来		
			十、库存现金	6	-2
			十一、应收及预付款	163	-15
			其中：应收利息	159	-13
			十二、投资性房地产		
			十三、固定资产	47	-16
			十四、其他资产	413	-126
			十五、减：各项准备	465	60
			其中：贷款减值准备	465	60
资金来源总计	36 012	-23 183	资金运用总计	36 012	-23 183

表 2.43　北京门头沟珠江村镇银行人民币信贷收支统计

单位：万元

项目名称	余额	比年初	项目名称	余额	比年初
一、各项存款	384 075	12 054	一、各项贷款	89 890	-98 632
（一）境内存款	384 075	12 054	（一）境内贷款	89 890	-98 632
1. 个人存款	27 388	8 804	1. 短期贷款	79 893	-77 155
其中：活期储蓄存款	6 191	3 178	（1）个人贷款及透支	29 360	8 989
定期储蓄存款	20 568	5 683	其中：个人消费贷款	298	185
结构性存款			（2）单位贷款及透支	50 534	14 357
2. 单位存款	356 687	23 250	经营贷款及透支	50 534	14 357
其中：活期存款	240 849	52 432	固定资产贷款		
定期存款	88 542	15 157	并购贷款		
保证金存款	1 676	537	贸易融资		
结构性存款			（3）非存款类金融机构贷款		-100 500
3. 国库定期存款			2. 中长期贷款	8 927	2 976
4. 非存款类金融机构存款		-20 000	（1）个人贷款	8 177	2 856
（二）境外存款			其中：个人消费贷款	3 220	1 229
二、代理财政性存款			（2）单位贷款	750	120
三、金融债券			经营贷款	750	120
其中：境外发行			固定资产贷款		
四、卖出回购资产			并购贷款		
五、向中央银行借款			贸易融资		
六、银行业存款类金融机构往来		-64 500	（3）非存款类金融机构贷款		
七、借款及非存款类金融机构拆入			3. 票据融资	1 069	-24 453
八、联行往来（净）	3	-167	4. 融资租赁		
九、应付及暂收款	8 866	2 952	5. 各项垫款		
其中：应付利息	5 623	2 234	（二）境外贷款		
十、其他负债			二、债券投资		
十一、所有者权益	15 390	2 625	三、股权及其他投资	30 000	-149 060
其中：实收资本	10 000		四、买入返售资产		
			五、存放中央银行存款	206 484	138 546
			六、缴存中央银行财政性存款		
			七、银行业存款类金融机构往来	82 127	61 766
			八、存放非存款类金融机构款项		
			九、联行往来		
			十、库存现金	925	277
			十一、应收及预付款	1 074	653
			其中：应收利息	992	573
			十二、投资性房地产		
			十三、固定资产	161	-64
			十四、其他资产	821	-219
			十五、减：各项准备	3 148	303
			其中：贷款减值准备	3 148	303
资金来源总计	408 334	-47 036	资金运用总计	408 334	-47 036

表 2.44　北京房山沪农商村镇银行人民币信贷收支统计

单位：万元

项目名称	余额	比年初	项目名称	余额	比年初
一、各项存款	105 766	-148 101	一、各项贷款	73 632	-6 102
（一）境内存款	105 765	-148 101	（一）境内贷款	73 632	-6 102
1. 个人存款	29 018	-296	1. 短期贷款	67 467	-4 398
其中：活期储蓄存款	3 569	-422	（1）个人贷款及透支	12 547	1 642
定期储蓄存款	25 449	126	其中：个人消费贷款	254	243
结构性存款			（2）单位贷款及透支	54 920	-6 040
2. 单位存款	76 747	-147 805	经营贷款及透支	54 920	-6 040
其中：活期存款	56 176	-45 767	固定资产贷款		
定期存款	18 196	850	并购贷款		
保证金存款	28	8	贸易融资		
结构性存款			（3）非存款类金融机构贷款		
3. 国库定期存款			2. 中长期贷款	6 166	-1 704
4. 非存款类金融机构存款			（1）个人贷款	3 906	836
（二）境外存款			其中：个人消费贷款	1 261	816
二、代理财政性存款			（2）单位贷款	2 260	-2 540
三、金融债券			经营贷款	2 260	-2 540
其中：境外发行			固定资产贷款		
四、卖出回购资产			并购贷款		
五、向中央银行借款			贸易融资		
六、银行业存款类金融机构往来			（3）非存款类金融机构贷款		
七、借款及非存款类金融机构拆入			3. 票据融资		
八、联行往来（净）	8	-16	4. 融资租赁		
九、应付及暂收款	2 479	603	5. 各项垫款		
其中：应付利息	1 603	334	（二）境外贷款		
十、其他负债			二、债券投资		
十一、所有者权益	20 201	3 258	三、股权及其他投资		
其中：实收资本	10 000		四、买入返售资产		
			五、存放中央银行存款	12 911	-81 111
			六、缴存中央银行财政性存款		
			七、银行业存款类金融机构往来	42 549	-56 480
			八、存放非存款类金融机构款项		
			九、联行往来		
			十、库存现金	411	-15
			十一、应收及预付款	595	-364
			其中：应收利息	258	-345
			十二、投资性房地产		
			十三、固定资产	53	-57
			十四、其他资产	630	-125
			十五、减：各项准备	2 328	
			其中：贷款减值准备	2 328	
资金来源总计	128 454	-144 255	资金运用总计	128 454	-144 255

表2.45　北京平谷新华村镇银行人民币信贷收支统计

单位：万元

项目名称	余额	比年初	项目名称	余额	比年初
一、各项存款	66 543	32 290	一、各项贷款	21 852	756
（一）境内存款	66 543	32 290	（一）境内贷款	21 852	756
1. 个人存款	2 618	-6 364	1. 短期贷款	4 377	-8 928
其中：活期储蓄存款	1 500	-1 397	（1）个人贷款及透支	1 079	-1 226
定期储蓄存款	1 088	-4 954	其中：个人消费贷款	12	-62
结构性存款			（2）单位贷款及透支	3 298	-7 702
2. 单位存款	63 925	38 653	经营贷款及透支	3 298	-7 702
其中：活期存款	58 712	36 270	固定资产贷款		
定期存款	5 000	2 220	并购贷款		
保证金存款	213	163	贸易融资		
结构性存款			（3）非存款类金融机构贷款		
3. 国库定期存款			2. 中长期贷款	17 384	11 468
4. 非存款类金融机构存款			（1）个人贷款	8 892	3 905
（二）境外存款			其中：个人消费贷款	5 521	1 981
二、代理财政性存款			（2）单位贷款	8 493	7 563
三、金融债券			经营贷款	8 493	7 563
其中：境外发行			固定资产贷款		
四、卖出回购资产			并购贷款		
五、向中央银行借款			贸易融资		
六、银行业存款类金融机构往来			（3）非存款类金融机构贷款		
七、借款及非存款类金融机构拆入			3. 票据融资	90	-1 784
八、联行往来（净）			4. 融资租赁		
九、应付及暂收款	214	176	5. 各项垫款		
其中：应付利息	29	5	（二）境外贷款		
十、其他负债			二、债券投资		
十一、所有者权益	21 309	1 292	三、股权及其他投资		
其中：实收资本	20 000		四、买入返售资产		
			五、存放中央银行存款	5 589	-550
			六、缴存中央银行财政性存款		
			七、银行业存款类金融机构往来	60 652	34 071
			八、存放非存款类金融机构款项		
			九、联行往来	3	3
			十、库存现金	287	-25
			十一、应收及预付款	176	-250
			其中：应收利息	112	112
			十二、投资性房地产		
			十三、固定资产	89	-18
			十四、其他资产	275	98
			十五、减：各项准备	858	327
			其中：贷款减值准备	858	327
资金来源总计	88 066	33 758	资金运用总计	88 066	33 758

表 2.46　中国邮政储蓄银行北京分行人民币信贷收支统计

单位：万元

项目名称	余额	比年初	项目名称	余额	比年初
一、各项存款	27 686 582	6 095 179	一、各项贷款	12 581 766	2 418 901
（一）境内存款	27 682 945	6 095 691	（一）境内贷款	12 581 766	2 418 901
1. 个人存款	14 031 980	434 248	1. 短期贷款	6 490 926	2 065 634
其中：活期储蓄存款	5 782 723	200 229	（1）个人贷款及透支	647 413	154 957
定期储蓄存款	2 611 948	-886 043	其中：个人消费贷款	94 081	82 522
结构性存款			（2）单位贷款及透支	5 843 513	1 910 677
2. 单位存款	12 588 376	6 991 741	经营贷款及透支	5 661 941	1 964 493
其中：活期存款	3 670 747	511 714	固定资产贷款		
定期存款	1 940 960	7 912	并购贷款		
保证金存款	173 551	5 099	贸易融资	181 571	-53 815
结构性存款			（3）非存款类金融机构贷款		
3. 国库定期存款	323 000	81 000	2. 中长期贷款	5 098 492	476 996
4. 非存款类金融机构存款	739 589	-1 411 298	（1）个人贷款	1 854 622	180 435
（二）境外存款	3 637	-512	其中：个人消费贷款	1 800 534	171 869
二、代理财政性存款			（2）单位贷款	3 243 870	296 560
三、金融债券			经营贷款	581 212	391 032
其中：境外发行			固定资产贷款	2 662 658	-94 472
四、卖出回购资产			并购贷款		
五、向中央银行借款			贸易融资		
六、银行业存款类金融机构往来	2 129 159	-3 280 760	（3）非存款类金融机构贷款		
七、借款及非存款类金融机构拆入			3. 票据融资	992 348	-123 729
八、联行往来（净）			4. 融资租赁		
九、应付及暂收款	348 908	12 782	5. 各项垫款		
其中：应付利息	216 726	-13 598	（二）境外贷款		
十、其他负债	2 156 184	322 561	二、债券投资		
十一、所有者权益	483 594	275 624	三、股权及其他投资		-1 645 000
其中：实收资本			四、买入返售资产		
			五、存放中央银行存款	28 124	-3 251
			六、缴存中央银行财政性存款	881	843
			七、银行业存款类金融机构往来	1 645	1 241
			八、存放非存款类金融机构款项		
			九、联行往来	22 305 490	-5 039 600
			十、库存现金	98 872	-10 756
			十一、应收及预付款	30 061	-2 150
			其中：应收利息	23 825	-3 320
			十二、投资性房地产		
			十三、固定资产	274 120	19 412
			十四、其他资产	-2 321 303	7 722 047
			十五、减：各项准备	195 229	36 301
			其中：贷款减值准备	195 045	36 304
资金来源总计	32 804 427	3 425 387	资金运用总计	32 804 427	3 425 387

表 2.47　中信百信银行人民币信贷收支统计

单位：万元

项目名称	余额	比年初	项目名称	余额	比年初
一、各项存款	65 625	65 625	一、各项贷款	199 824	199 824
（一）境内存款	65 625	65 625	（一）境内贷款	199 824	199 824
1. 个人存款	84	84	1. 短期贷款	181 413	181 413
其中：活期储蓄存款	61	61	（1）个人贷款及透支	178 283	178 283
定期储蓄存款	23	23	其中：个人消费贷款	178 283	178 283
结构性存款			（2）单位贷款及透支	3 130	3 130
2. 单位存款	5 542	5 542	经营贷款及透支	3 130	3 130
其中：活期存款	42	42	固定资产贷款		
定期存款			并购贷款		
保证金存款			贸易融资		
结构性存款			（3）非存款类金融机构贷款		
3. 国库定期存款			2. 中长期贷款	18 412	18 412
4. 非存款类金融机构存款	60 000	60 000	（1）个人贷款	18 412	18 412
（二）境外存款			其中：个人消费贷款	18 412	18 412
二、代理财政性存款			（2）单位贷款		
三、金融债券			经营贷款		
其中：境外发行			固定资产贷款		
四、卖出回购资产			并购贷款		
五、向中央银行借款			贸易融资		
六、银行业存款类金融机构往来	750 000	750 000	（3）非存款类金融机构贷款		
七、借款及非存款类金融机构拆入			3. 票据融资		
八、联行往来（净）			4. 融资租赁		
九、应付及暂收款	10 576	10 576	5. 各项垫款		
其中：应付利息	1 241	1 241	（二）境外贷款		
十、其他负债			二、债券投资		
十一、所有者权益	170 766	170 766	三、股权及其他投资	743 976	743 976
其中：实收资本	200 000	200 000	四、买入返售资产		
			五、存放中央银行存款	153	153
			六、缴存中央银行财政性存款		
			七、银行业存款类金融机构往来	35 843	35 843
			八、存放非存款类金融机构款项		
			九、联行往来	10	10
			十、库存现金		
			十一、应收及预付款	13 422	13 422
			其中：应收利息	2 037	2 037
			十二、投资性房地产		
			十三、固定资产	223	223
			十四、其他资产	13 378	13 378
			十五、减：各项准备	9 862	9 862
			其中：贷款减值准备	5 932	5 932
资金来源总计	996 967	996 967	资金运用总计	996 967	996 967

表 2.48 北京中关村银行人民币信贷收支统计

单位：万元

项目名称	余额	比年初	项目名称	余额	比年初
一、各项存款	463 201	463 201	一、各项贷款	145 629	145 629
（一）境内存款	463 201	463 201	（一）境内贷款	145 629	145 629
1. 个人存款	901	901	1. 短期贷款	135 586	135 586
其中：活期储蓄存款	1	1	（1）个人贷款及透支	48	48
定期储蓄存款	900	900	其中：个人消费贷款	48	48
结构性存款			（2）单位贷款及透支	75 538	75 538
2. 单位存款	462 294	462 294	经营贷款及透支	75 538	75 538
其中：活期存款	352 000	352 000	固定资产贷款		
定期存款	19 600	19 600	并购贷款		
保证金存款	16	16	贸易融资		
结构性存款			（3）非存款类金融机构贷款	60 000	60 000
3. 国库定期存款			2. 中长期贷款	10 042	10 042
4. 非存款类金融机构存款	6	6	（1）个人贷款	29	29
（二）境外存款			其中：个人消费贷款	29	29
二、代理财政性存款			（2）单位贷款	10 013	10 013
三、金融债券			经营贷款		
其中：境外发行			固定资产贷款		
四、卖出回购资产			并购贷款		
五、向中央银行借款			贸易融资	10 013	10 013
六、银行业存款类金融机构往来	40 000	40 000	（3）非存款类金融机构贷款		
七、借款及非存款类金融机构拆入			3. 票据融资		
八、联行往来（净）	32	32	4. 融资租赁		
九、应付及暂收款	4 533	4 533	5. 各项垫款		
其中：应付利息	312	312	（二）境外贷款		
十、其他负债	23	23	二、债券投资		
十一、所有者权益	400 636	400 636	三、股权及其他投资	578 316	578 316
其中：实收资本	400 000	400 000	四、买入返售资产		
			五、存放中央银行存款	29 488	29 488
			六、缴存中央银行财政性存款		
			七、银行业存款类金融机构往来	141 241	141 241
			八、存放非存款类金融机构款项		
			九、联行往来		
			十、库存现金	44	44
			十一、应收及预付款	6 817	6 817
			其中：应收利息	5 751	5 751
			十二、投资性房地产		
			十三、固定资产	2 301	2 301
			十四、其他资产	6 811	6 811
			十五、减：各项准备	2 223	2 223
			其中：贷款减值准备	2 141	2 141
资金来源总计	908 424	908 424	资金运用总计	908 424	908 424

表 2.49　昆仑银行国际业务结算中心人民币信贷收支统计

单位：万元

项目名称	余额	比年初	项目名称	余额	比年初
一、各项存款	351 292	-1 203 935	一、各项贷款	121 929	68 455
（一）境内存款	351 220	-1 203 222	（一）境内贷款	121 929	68 455
1. 个人存款			1. 短期贷款	121 332	73 246
其中：活期储蓄存款			（1）个人贷款及透支		
定期储蓄存款			其中：个人消费贷款		
结构性存款			（2）单位贷款及透支	121 332	73 246
2. 单位存款	321 187	-1 233 255	经营贷款及透支	49 440	48 555
其中：活期存款	222 721	-1 287 240	固定资产贷款		
定期存款	5 102	672	并购贷款		
保证金存款	49 061	31 548	贸易融资	71 892	24 691
结构性存款	23 000	23 000	（3）非存款类金融机构贷款		
3. 国库定期存款			2. 中长期贷款		
4. 非存款类金融机构存款	30 033	30 033	（1）个人贷款		
（二）境外存款	71	-713	其中：个人消费贷款		
二、代理财政性存款			（2）单位贷款		
三、金融债券			经营贷款		
其中：境外发行			固定资产贷款		
四、卖出回购资产			并购贷款		
五、向中央银行借款			贸易融资		
六、银行业存款类金融机构往来		-50 000	（3）非存款类金融机构贷款		
七、借款及非存款类金融机构拆入			3. 票据融资	598	-4 792
八、联行往来（净）			4. 融资租赁		
九、应付及暂收款	1 449	295	5. 各项垫款		
其中：应付利息	305	75	（二）境外贷款		
十、其他负债	10 581	357	二、债券投资		
十一、所有者权益	8 094	8 094	三、股权及其他投资		
其中：实收资本			四、买入返售资产		
			五、存放中央银行存款	1 055	45
			六、缴存中央银行财政性存款		
			七、银行业存款类金融机构往来	445	-3
			八、存放非存款类金融机构款项		
			九、联行往来	248 507	-1 314 314
			十、库存现金		
			十一、应收及预付款	1 358	1 357
			其中：应收利息	1 358	1 357
			十二、投资性房地产		
			十三、固定资产	471	5
			十四、其他资产		
			十五、减：各项准备	2 349	735
			其中：贷款减值准备	2 349	735
资金来源总计	371 416	-1 245 189	资金运用总计	371 416	-1 245 189

表 2.50 国家开发银行北京市分行外汇信贷收支统计

单位：万美元

项目名称	余额	比年初	项目名称	余额	比年初
一、各项存款	294 253	95 856	一、各项贷款	6 171 955	-1 131 960
（一）境内存款	149 271	4 743	（一）境内贷款	1 483 477	-388 149
1. 个人存款			1. 短期贷款	261 475	245 375
其中：活期储蓄存款			（1）个人贷款及透支		
定期储蓄存款			其中：个人消费贷款		
结构性存款			（2）单位贷款及透支	261 475	245 375
2. 单位存款	149 271	4 743	经营贷款及透支	261 475	245 375
其中：活期存款	24 971	4 743	固定资产贷款		
定期存款	124 300		并购贷款		
保证金存款			贸易融资		
结构性存款			（3）非存款类金融机构贷款		
3. 国库定期存款			2. 中长期贷款	1 222 003	-633 524
4. 非存款类金融机构存款			（1）个人贷款		
（二）境外存款	144 981	91 113	其中：个人消费贷款		
二、代理财政性存款			（2）单位贷款	1 222 003	-633 524
三、金融债券			经营贷款		-2 300
其中：境外发行			固定资产贷款	1 066 792	-594 089
四、卖出回购资产			并购贷款	155 210	-37 135
五、向中央银行借款			贸易融资		
六、银行业存款类金融机构往来	75 170	9 951	（3）非存款类金融机构贷款		
七、借款及非存款类金融机构拆入			3. 票据融资		
八、联行往来（净）	6 748 606	183 610	4. 融资租赁		
九、应付及暂收款	6 263	550	5. 各项垫款		
其中：应付利息	6 264	550	（二）境外贷款	4 688 478	-743 811
十、其他负债	25 902	13 405	二、债券投资	1 490 000	1 490 000
十一、所有者权益	259 429	218 156	三、股权及其他投资		
其中：实收资本			四、买入返售资产		
			五、存放中央银行存款		
			六、缴存中央银行财政性存款		
			七、银行业存款类金融机构往来		
			八、存放非存款类金融机构款项		
			九、联行往来		
			十、库存现金		
			十一、应收及预付款	31 456	5 003
			其中：应收利息	29 672	4 299
			十二、投资性房地产		
			十三、固定资产		
			十四、其他资产	1 092	-161
			十五、减：各项准备	284 881	-158 646
			其中：贷款减值准备	239 883	-203 644
资金来源总计	7 409 623	521 528	资金运用总计	7 409 623	521 528

表 2.51 中国进出口银行北京分行外汇信贷收支统计

单位：万美元

项目名称	余额	比年初	项目名称	余额	比年初
一、各项存款	15 482	4 774	一、各项贷款	147 983	-159 807
（一）境内存款	13 867	3 159	（一）境内贷款	131 376	-151 436
1. 个人存款			1. 短期贷款	30 680	-29 322
其中：活期储蓄存款			（1）个人贷款及透支		
定期储蓄存款			其中：个人消费贷款		
结构性存款			（2）单位贷款及透支	30 680	-29 322
2. 单位存款	13 867	3 159	经营贷款及透支	18 300	-35 105
其中：活期存款	11 866	1 218	固定资产贷款		
定期存款	2 000	2 000	并购贷款		
保证金存款		-59	贸易融资	12 380	5 783
结构性存款			（3）非存款类金融机构贷款		
3. 国库定期存款			2. 中长期贷款	100 696	-115 814
4. 非存款类金融机构存款			（1）个人贷款		
（二）境外存款	1 615	1 615	其中：个人消费贷款		
二、代理财政性存款			（2）单位贷款	100 696	-115 814
三、金融债券			经营贷款	23 900	-81 996
其中：境外发行			固定资产贷款	51 085	-11 910
四、卖出回购资产			并购贷款	23 398	-10 191
五、向中央银行借款			贸易融资	2 313	-11 718
六、银行业存款类金融机构往来			（3）非存款类金融机构贷款		
七、借款及非存款类金融机构拆入		-3 092	3. 票据融资		
八、联行往来（净）	124 400	-154 854	4. 融资租赁		
九、应付及暂收款	135	-171	5. 各项垫款		-6 300
其中：应付利息	126	-113	（二）境外贷款	16 608	-8 371
十、其他负债	2 282	-2 039	二、债券投资		
十一、所有者权益	4 535	4 535	三、股权及其他投资		
其中：实收资本			四、买入返售资产		
			五、存放中央银行存款		
			六、缴存中央银行财政性存款		
			七、银行业存款类金融机构往来	5	-177
			八、存放非存款类金融机构款项		
			九、联行往来		
			十、库存现金		
			十一、应收及预付款	325	-543
			其中：应收利息	325	-543
			十二、投资性房地产		
			十三、固定资产		
			十四、其他资产		
			十五、减：各项准备	1 480	-9 679
			其中：贷款减值准备	1 480	-9 679
资金来源总计	146 833	-150 848	资金运用总计	146 833	-150 848

表 2.52　中国农业发展银行北京市分行外汇信贷收支统计

单位：万美元

项目名称	余额	比年初	项目名称	余额	比年初
一、各项存款	318	-3	一、各项贷款		
（一）境内存款	318	-3	（一）境内贷款		
1. 个人存款			1. 短期贷款		
其中：活期储蓄存款			（1）个人贷款及透支		
定期储蓄存款			其中：个人消费贷款		
结构性存款			（2）单位贷款及透支		
2. 单位存款	318	-3	经营贷款及透支		
其中：活期存款	318	-3	固定资产贷款		
定期存款			并购贷款		
保证金存款			贸易融资		
结构性存款			（3）非存款类金融机构贷款		
3. 国库定期存款			2. 中长期贷款		
4. 非存款类金融机构存款			（1）个人贷款		
（二）境外存款			其中：个人消费贷款		
二、代理财政性存款			（2）单位贷款		
三、金融债券			经营贷款		
其中：境外发行			固定资产贷款		
四、卖出回购资产			并购贷款		
五、向中央银行借款			贸易融资		
六、银行业存款类金融机构往来			（3）非存款类金融机构贷款		
七、借款及非存款类金融机构拆入			3. 票据融资		
八、联行往来（净）			4. 融资租赁		
九、应付及暂收款			5. 各项垫款		
其中：应付利息			（二）境外贷款		
十、其他负债			二、债券投资		
十一、所有者权益	2	2	三、股权及其他投资		
其中：实收资本			四、买入返售资产		
			五、存放中央银行存款		
			六、缴存中央银行财政性存款		
			七、银行业存款类金融机构往来		
			八、存放非存款类金融机构款项		
			九、联行往来	320	-2
			十、库存现金		
			十一、应收及预付款		
			其中：应收利息		
			十二、投资性房地产		
			十三、固定资产		
			十四、其他资产		
			十五、减：各项准备		
			其中：贷款减值准备		
资金来源总计	320	-2	资金运用总计	320	-2

表 2.53　中国工商银行北京市分行外汇信贷收支统计

单位：万美元

项目名称	余额	比年初	项目名称	余额	比年初
一、各项存款	1 324 096	106 623	一、各项贷款	686 791	138 351
（一）境内存款	1 165 424	63 949	（一）境内贷款	561 777	127 170
1. 个人存款	486 405	-18 237	1. 短期贷款	484 441	102 074
其中：活期储蓄存款	288 552	-21 450	（1）个人贷款及透支		
定期储蓄存款	194 342	2 104	其中：个人消费贷款		
结构性存款	98		（2）单位贷款及透支	484 441	102 074
2. 单位存款	393 982	32 952	经营贷款及透支	65 125	33 589
其中：活期存款	157 049	30 671	固定资产贷款		
定期存款	234 361	4 895	并购贷款		
保证金存款	2 571	-464	贸易融资	419 316	68 486
结构性存款			（3）非存款类金融机构贷款		
3. 国库定期存款			2. 中长期贷款	77 336	25 096
4. 非存款类金融机构存款	285 037	49 233	（1）个人贷款		
（二）境外存款	158 672	42 674	其中：个人消费贷款		
二、代理财政性存款			（2）单位贷款	77 336	25 096
三、金融债券			经营贷款	40 070	26 070
其中：境外发行			固定资产贷款	34 963	15
四、卖出回购资产			并购贷款		
五、向中央银行借款			贸易融资	2 303	-988
六、银行业存款类金融机构往来	446 073	-616 406	（3）非存款类金融机构贷款		
七、借款及非存款类金融机构拆入	21 171	-256	3. 票据融资		
八、联行往来（净）			4. 融资租赁		
九、应付及暂收款	18 783	-3 498	5. 各项垫款		
其中：应付利息	6 122	2 808	（二）境外贷款	125 014	11 180
十、其他负债	55 057	-9 243	二、债券投资		
十一、所有者权益	12 176	6 708	三、股权及其他投资		
其中：实收资本			四、买入返售资产		
			五、存放中央银行存款		
			六、缴存中央银行财政性存款		
			七、银行业存款类金融机构往来	859	667
			八、存放非存款类金融机构款项	1 305	177
			九、联行往来	1 130 043	-644 164
			十、库存现金	18 523	-6 650
			十一、应收及预付款	4 845	1 517
			其中：应收利息	3 220	1 316
			十二、投资性房地产		
			十三、固定资产		
			十四、其他资产	42 657	-6 565
			十五、减：各项准备	7 668	-598
			其中：贷款减值准备	7 343	-736
资金来源总计	1 877 356	-516 071	资金运用总计	1 877 356	-516 071

表 2.54 中国农业银行北京市分行外汇信贷收支统计

单位：万美元

项目名称	余额	比年初	项目名称	余额	比年初
一、各项存款	527 447	-9 746	一、各项贷款	125 777	-65 064
（一）境内存款	523 590	-11 906	（一）境内贷款	125 777	-65 064
1. 个人存款	33 967	-5 118	1. 短期贷款	6 882	-2 579
其中：活期储蓄存款	18 060	-4 721	（1）个人贷款及透支	599	50
定期储蓄存款	15 781	-392	其中：个人消费贷款	599	50
结构性存款			（2）单位贷款及透支	6 284	-2 629
2. 单位存款	412 074	34 979	经营贷款及透支		
其中：活期存款	37 188	-68 810	固定资产贷款		
定期存款	232 767	128 512	并购贷款		
保证金存款	140 619	-23 724	贸易融资	6 284	-2 629
结构性存款			（3）非存款类金融机构贷款		
3. 国库定期存款			2. 中长期贷款	118 895	-62 484
4. 非存款类金融机构存款	77 548	-41 767	（1）个人贷款		
（二）境外存款	3 857	2 160	其中：个人消费贷款		
二、代理财政性存款			（2）单位贷款	118 895	-62 484
三、金融债券			经营贷款		-66 500
其中：境外发行			固定资产贷款	106 986	-3 607
四、卖出回购资产			并购贷款		
五、向中央银行借款			贸易融资	11 909	7 623
六、银行业存款类金融机构往来	8 482	-14 122	（3）非存款类金融机构贷款		
七、借款及非存款类金融机构拆入	11 909	364	3. 票据融资		
八、联行往来（净）			4. 融资租赁		
九、应付及暂收款	15 081	27 966	5. 各项垫款		
其中：应付利息	4 631	634	（二）境外贷款		
十、其他负债	7 369	150	二、债券投资		
十一、所有者权益	4 293	14 130	三、股权及其他投资		
其中：实收资本			四、买入返售资产		
			五、存放中央银行存款		
			六、缴存中央银行财政性存款		
			七、银行业存款类金融机构往来		
			八、存放非存款类金融机构款项		
			九、联行往来	440 531	67 817
			十、库存现金	2 648	-80
			十一、应收及预付款	7 127	6 035
			其中：应收利息	944	-42
			十二、投资性房地产		
			十三、固定资产		
			十四、其他资产	1	1
			十五、减：各项准备	1 503	-10 034
			其中：贷款减值准备	1 503	-10 034
资金来源总计	574 581	18 743	资金运用总计	574 581	18 743

表 2.55　中国银行北京市分行外汇信贷收支统计

单位：万美元

项目名称	余额	比年初	项目名称	余额	比年初
一、各项存款	1 083 480.46	66 186.43	一、各项贷款	309 211.53	106 453.90
（一）境内存款	1 048 373.24	59 221.99	（一）境内贷款	208 224.65	93 419.31
1. 个人存款	532 968.07	-6 467.82	1. 短期贷款	174 167.53	74 947.20
其中：活期储蓄存款	292 325.34	-3 190.12	（1）个人贷款及透支	2 291.12	266.29
定期储蓄存款	238 505.07	-3 532.41	其中：个人消费贷款	2 291.12	266.29
结构性存款			（2）单位贷款及透支	171 876.40	74 680.91
2. 单位存款	452 338.32	67 353.44	经营贷款及透支	3 938.32	2 806.32
其中：活期存款	274 679.21	-36 376.07	固定资产贷款		
定期存款	165 993.78	97 513.74	并购贷款		
保证金存款	11 165.34	5 715.77	贸易融资	167 938.09	71 874.60
结构性存款			（3）非存款类金融机构贷款		
3. 国库定期存款			2. 中长期贷款	33 889.31	18 304.29
4. 非存款类金融机构存款	63 066.84	-1 663.63	（1）个人贷款	153.38	-21.05
（二）境外存款	35 107.22	6 964.44	其中：个人消费贷款	153.38	-21.05
二、代理财政性存款			（2）单位贷款	33 735.93	18 325.34
三、金融债券			经营贷款		
其中：境外发行			固定资产贷款	32 751.51	20 922.18
四、卖出回购资产			并购贷款		-3 581.25
五、向中央银行借款			贸易融资	984.42	984.42
六、银行业存款类金融机构往来	1 043 958.26	107 819.04	（3）非存款类金融机构贷款		
七、借款及非存款类金融机构拆入	12 664.38	4 329.91	3. 票据融资		
八、联行往来（净）			4. 融资租赁		
九、应付及暂收款	2 170.11	618.79	5. 各项垫款	167.81	167.81
其中：应付利息	1 645.88	383.16	（二）境外贷款	100 986.88	13 034.59
十、其他负债	1 869 791.06	176 451.40	二、债券投资		
十一、所有者权益	32 576.57	32 576.57	三、股权及其他投资		
其中：实收资本			四、买入返售资产		
			五、存放中央银行存款		
			六、缴存中央银行财政性存款		
			七、银行业存款类金融机构往来		
			八、存放非存款类金融机构款项		
			九、联行往来	3 719 317.49	302 627.25
			十、库存现金	14 688.52	-9 141.99
			十一、应收及预付款	3 284.50	990.00
			其中：应收利息	2 459.34	706.63
			十二、投资性房地产		
			十三、固定资产		
			十四、其他资产	2 182.14	-12 266.95
			十五、减：各项准备	4 043.34	680.08
			其中：贷款减值准备	3 762.38	794.14
资金来源总计	4 044 640.84	387 982.13	资金运用总计	4 044 640.84	387 982.13

表 2.56 中国建设银行北京市分行外汇信贷收支统计

单位：万美元

项目名称	余额	比年初	项目名称	余额	比年初
一、各项存款	709 950	71 839	一、各项贷款	328 839	-53 673
（一）境内存款	707 108	72 067	（一）境内贷款	328 839	-53 673
1. 个人存款	142 427	-9 130	1. 短期贷款	124 021	59 810
其中：活期储蓄存款	68 098	1 271	（1）个人贷款及透支	1 121	-304
定期储蓄存款	69 637	1 750	其中：个人消费贷款	1 121	-304
结构性存款			（2）单位贷款及透支	122 900	60 114
2. 单位存款	286 178	92 800	经营贷款及透支	14 339	7 628
其中：活期存款	98 636	-12 865	固定资产贷款	44 329	44 329
定期存款	181 479	113 470	并购贷款		
保证金存款	5 333	-6 912	贸易融资	64 232	8 157
结构性存款			（3）非存款类金融机构贷款		
3. 国库定期存款			2. 中长期贷款	204 807	-113 483
4. 非存款类金融机构存款	278 503	-11 602	（1）个人贷款		-2
（二）境外存款	2 843	-228	其中：个人消费贷款		-2
二、代理财政性存款			（2）单位贷款	204 807	-113 480
三、金融债券			经营贷款	88 074	2 414
其中：境外发行			固定资产贷款	76 488	-134 233
四、卖出回购资产			并购贷款	10 672	-5 105
五、向中央银行借款			贸易融资	29 573	23 445
六、银行业存款类金融机构往来	239 737	-39 025	（3）非存款类金融机构贷款		
七、借款及非存款类金融机构拆入	86 039	35 494	3. 票据融资		
八、联行往来（净）			4. 融资租赁		
九、应付及暂收款	6 834	947	5. 各项垫款	11	
其中：应付利息	4 198	633	（二）境外贷款		
十、其他负债	625	-5 678	二、债券投资		
十一、所有者权益	7 626	-8 023	三、股权及其他投资		
其中：实收资本			四、买入返售资产		
			五、存放中央银行存款		
			六、缴存中央银行财政性存款		
			七、银行业存款类金融机构往来	192 777	192 505
			八、存放非存款类金融机构款项		
			九、联行往来	507 445	-84 859
			十、库存现金	5 323	82
			十一、应收及预付款	15 363	551
			其中：应收利息	2 294	570
			十二、投资性房地产		
			十三、固定资产		
			十四、其他资产	1 066	949
			十五、减：各项准备		
			其中：贷款减值准备		
资金来源总计	1 050 812	55 555	资金运用总计	1 050 812	55 555

表 2.57　交通银行北京市分行外汇信贷收支表统计

单位：万美元

项目名称	余额	比年初	项目名称	余额	比年初
一、各项存款	305 117	37 542	一、各项贷款	16 116	9 073
（一）境内存款	297 209	31 365	（一）境内贷款	11 515	8 068
1. 个人存款	98 790	-28 173	1. 短期贷款	10 697	8 766
其中：活期储蓄存款	37 664	-8 824	（1）个人贷款及透支		
定期储蓄存款	26 651	-2 121	其中：个人消费贷款		
结构性存款	33 350	-17 257	（2）单位贷款及透支	10 697	8 766
2. 单位存款	170 899	38 476	经营贷款及透支		
其中：活期存款	86 105	-5 252	固定资产贷款		
定期存款	63 138	26 384	并购贷款		
保证金存款	21 656	17 929	贸易融资	10 697	8 766
结构性存款			（3）非存款类金融机构贷款		
3. 国库定期存款			2. 中长期贷款	818	-699
4. 非存款类金融机构存款	27 521	21 063	（1）个人贷款		
（二）境外存款	7 907	6 176	其中：个人消费贷款		
二、代理财政性存款			（2）单位贷款	818	-699
三、金融债券			经营贷款		
其中：境外发行			固定资产贷款	818	-699
四、卖出回购资产			并购贷款		
五、向中央银行借款			贸易融资		
六、银行业存款类金融机构往来	22 705	12 264	（3）非存款类金融机构贷款		
七、借款及非存款类金融机构拆入			3. 票据融资		
八、联行往来（净）			4. 融资租赁		
九、应付及暂收款	11 529	-5 320	5. 各项垫款		
其中：应付利息	1 593	994	（二）境外贷款	4 601	1 006
十、其他负债	3 312	-17 274	二、债券投资		
十一、所有者权益			三、股权及其他投资		
其中：实收资本			四、买入返售资产		
			五、存放中央银行存款		
			六、缴存中央银行财政性存款		
			七、银行业存款类金融机构往来	2 677	-1 801
			八、存放非存款类金融机构款项	1 866	-498
			九、联行往来	314 798	16 580
			十、库存现金	3 506	209
			十一、应收及预付款	209	124
			其中：应收利息	205	134
			十二、投资性房地产		
			十三、固定资产		
			十四、其他资产	3 700	3 644
			十五、减：各项准备	209	120
			其中：贷款减值准备	209	120
资金来源总计	342 662	27 211	资金运用总计	342 662	27 211

表 2.58 招商银行北京分行外汇信贷收支统计

单位：万美元

项目名称	余额	比年初	项目名称	余额	比年初
一、各项存款	484 137	-214 332	一、各项贷款	104 536	-131 601
（一）境内存款	459 003	-230 366	（一）境内贷款	100 443	-135 694
1. 个人存款	291 004	-33 229	1. 短期贷款	100 443	-135 694
其中：活期储蓄存款	207 740	-43 453	（1）个人贷款及透支		
定期储蓄存款	83 052	10 012	其中：个人消费贷款		
结构性存款			（2）单位贷款及透支	100 443	-135 694
2. 单位存款	162 609	-178 947	经营贷款及透支		-1 721
其中：活期存款	90 738	-19 024	固定资产贷款		
定期存款	9 829	-13 602	并购贷款		
保证金存款	62 042	-146 321	贸易融资	100 443	-133 973
结构性存款			（3）非存款类金融机构贷款		
3. 国库定期存款			2. 中长期贷款		
4. 非存款类金融机构存款	5 390	-18 190	（1）个人贷款		
（二）境外存款	25 134	16 034	其中：个人消费贷款		
二、代理财政性存款			（2）单位贷款		
三、金融债券			经营贷款		
其中：境外发行			固定资产贷款		
四、卖出回购资产			并购贷款		
五、向中央银行借款			贸易融资		
六、银行业存款类金融机构往来	14 568	2 916	（3）非存款类金融机构贷款		
七、借款及非存款类金融机构拆入	60 313	58 114	3. 票据融资		
八、联行往来（净）			4. 融资租赁		
九、应付及暂收款	1 993	-98	5. 各项垫款		
其中：应付利息	1 932	-154	（二）境外贷款	4 093	4 093
十、其他负债			二、债券投资		
十一、所有者权益	12 061	10 850	三、股权及其他投资		
其中：实收资本			四、买入返售资产		
			五、存放中央银行存款		
			六、缴存中央银行财政性存款		
			七、银行业存款类金融机构往来	2 094	1 043
			八、存放非存款类金融机构款项		
			九、联行往来	461 991	-12 534
			十、库存现金	2 730	-818
			十一、应收及预付款	873	553
			其中：应收利息	858	554
			十二、投资性房地产		
			十三、固定资产		
			十四、其他资产	1 115	-3 654
			十五、减：各项准备	267	-4 461
			其中：贷款减值准备	266	-4 462
资金来源总计	573 072	-142 550	资金运用总计	573 072	-142 550

表 2.59　上海浦东发展银行北京分行外汇信贷收支统计

单位：万美元

项目名称	余额	比年初	项目名称	余额	比年初
一、各项存款	63 073	－2 939	一、各项贷款	3 117	－1 837
（一）境内存款	62 902	－2 971	（一）境内贷款	3 117	－1 837
1. 个人存款	30 214	5 211	1. 短期贷款	2 697	－1 578
其中：活期储蓄存款	17 811	1 389	（1）个人贷款及透支		
定期储蓄存款	8 538	47	其中：个人消费贷款		
结构性存款	3 778	3 769	（2）单位贷款及透支	2 697	－1 578
2. 单位存款	27 729	－13 004	经营贷款及透支	1 460	722
其中：活期存款	11 003	－14 742	固定资产贷款		
定期存款	16 540	1 875	并购贷款		
保证金存款	186	－137	贸易融资	1 237	－2 300
结构性存款			（3）非存款类金融机构贷款		
3. 国库定期存款			2. 中长期贷款	420	－120
4. 非存款类金融机构存款	4 959	4 822	（1）个人贷款		
（二）境外存款	171	32	其中：个人消费贷款		
二、代理财政性存款			（2）单位贷款	420	－120
三、金融债券			经营贷款		
其中：境外发行			固定资产贷款	420	－120
四、卖出回购资产			并购贷款		
五、向中央银行借款			贸易融资		
六、银行业存款类金融机构往来	3 467	－12 952	（3）非存款类金融机构贷款		
七、借款及非存款类金融机构拆入			3. 票据融资		
八、联行往来（净）			4. 融资租赁		
九、应付及暂收款	179	－685	5. 各项垫款		－139
其中：应付利息	169	121	（二）境外贷款		
十、其他负债	504	1	二、债券投资		
十一、所有者权益	460	16	三、股权及其他投资		
其中：实收资本			四、买入返售资产		
			五、存放中央银行存款		
			六、缴存中央银行财政性存款		
			七、银行业存款类金融机构往来	453	111
			八、存放非存款类金融机构款项		
			九、联行往来	63 202	－14 522
			十、库存现金	593	－66
			十一、应收及预付款	206	
			其中：应收利息	10	
			十二、投资性房地产		
			十三、固定资产		
			十四、其他资产	112	－245
			十五、减：各项准备		
			其中：贷款减值准备		
资金来源总计	67 683	－16 559	资金运用总计	67 683	－16 559

表 2.60 广发银行北京分行外汇信贷收支统计

单位：万美元

项目名称	余额	比年初	项目名称	余额	比年初
一、各项存款	185 550	-50 933	一、各项贷款	31 896	3 716
（一）境内存款	172 633	-63 596	（一）境内贷款	31 896	3 716
1. 个人存款	12 348	1 010	1. 短期贷款	31 896	5 498
其中：活期储蓄存款	2 653	-81	（1）个人贷款及透支		
定期储蓄存款	9 603	1 106	其中：个人消费贷款		
结构性存款			（2）单位贷款及透支	31 896	5 498
2. 单位存款	89 405	-14 356	经营贷款及透支	25 674	9 860
其中：活期存款	23 070	11 858	固定资产贷款		
定期存款	60 585	-10 908	并购贷款		
保证金存款	5 750	-15 306	贸易融资	6 222	-4 362
结构性存款			（3）非存款类金融机构贷款		
3. 国库定期存款			2. 中长期贷款		-1 782
4. 非存款类金融机构存款	70 880	-50 250	（1）个人贷款		
（二）境外存款	12 917	12 663	其中：个人消费贷款		
二、代理财政性存款			（2）单位贷款		-1 782
三、金融债券			经营贷款		-1 782
其中：境外发行			固定资产贷款		
四、卖出回购资产			并购贷款		
五、向中央银行借款			贸易融资		
六、银行业存款类金融机构往来			（3）非存款类金融机构贷款		
七、借款及非存款类金融机构拆入			3. 票据融资		
八、联行往来（净）			4. 融资租赁		
九、应付及暂收款	1 126	-740	5. 各项垫款		
其中：应付利息	1 125	-732	（二）境外贷款		
十、其他负债	17	-171	二、债券投资		
十一、所有者权益	5 988	4 966	三、股权及其他投资		
其中：实收资本			四、买入返售资产		
			五、存放中央银行存款		
			六、缴存中央银行财政性存款		
			七、银行业存款类金融机构往来	788	335
			八、存放非存款类金融机构款项		
			九、联行往来	159 491	-50 831
			十、库存现金	352	35
			十一、应收及预付款	80	-55
			其中：应收利息	55	-55
			十二、投资性房地产		
			十三、固定资产		
			十四、其他资产	74	-78
			十五、减：各项准备		
			其中：贷款减值准备		
资金来源总计	192 681	-46 878	资金运用总计	192 681	-46 878

表 2.61　兴业银行北京分行外汇信贷收支统计

单位：万美元

项目名称	余额	比年初	项目名称	余额	比年初
一、各项存款	119 387	56 420	一、各项贷款	207 570	207 570
（一）境内存款	116 637	53 866	（一）境内贷款	207 570	207 570
1. 个人存款	35 742	24 067	1. 短期贷款		
其中：活期储蓄存款	5 859	-1 688	（1）个人贷款及透支		
定期储蓄存款	21 550	18 979	其中：个人消费贷款		
结构性存款	8 333	6 776	（2）单位贷款及透支		
2. 单位存款	40 233	13 722	经营贷款及透支		
其中：活期存款	3 450	-5 563	固定资产贷款		
定期存款	36 784	19 792	并购贷款		
保证金存款		-507	贸易融资		
结构性存款			（3）非存款类金融机构贷款		
3. 国库定期存款			2. 中长期贷款	207 570	207 570
4. 非存款类金融机构存款	40 661	16 077	（1）个人贷款		
（二）境外存款	2 750	2 554	其中：个人消费贷款		
二、代理财政性存款			（2）单位贷款	207 570	207 570
三、金融债券			经营贷款		
其中：境外发行			固定资产贷款		
四、卖出回购资产			并购贷款	207 570	207 570
五、向中央银行借款			贸易融资		
六、银行业存款类金融机构往来	28 379	28 313	（3）非存款类金融机构贷款		
七、借款及非存款类金融机构拆入			3. 票据融资		
八、联行往来（净）	54 887	54 887	4. 融资租赁		
九、应付及暂收款	583	444	5. 各项垫款		
其中：应付利息	573	476	（二）境外贷款		
十、其他负债			二、债券投资		
十一、所有者权益	4 385	3 218	三、股权及其他投资		
其中：实收资本			四、买入返售资产		
			五、存放中央银行存款		
			六、缴存中央银行财政性存款		
			七、银行业存款类金融机构往来	1 070	7
			八、存放非存款类金融机构款项		
			九、联行往来		-62 943
			十、库存现金	325	-25
			十一、应收及预付款	743	743
			其中：应收利息	743	743
			十二、投资性房地产		
			十三、固定资产		
			十四、其他资产		
			十五、减：各项准备	2 086	2 069
			其中：贷款减值准备	2 086	2 069
资金来源总计	207 621	143 283	资金运用总计	207 621	143 283

表 2.62　平安银行北京分行外汇信贷收支统计

单位：万美元

项目名称	余额	比年初	项目名称	余额	比年初
一、各项存款	189 504	-15 396	一、各项贷款	75 435	17 945
（一）境内存款	169 966	-31 275	（一）境内贷款	63 435	5 945
1. 个人存款	9 844	518	1. 短期贷款	38 938	29 025
其中：活期储蓄存款	2 041	-994	（1）个人贷款及透支		
定期储蓄存款	7 775	1 525	其中：个人消费贷款		
结构性存款			（2）单位贷款及透支	38 938	29 025
2. 单位存款	103 418	-51 288	经营贷款及透支	18 385	13 346
其中：活期存款	30 434	1 539	固定资产贷款		
定期存款	5 799	-33 394	并购贷款		
保证金存款	67 185	-19 433	贸易融资	20 553	15 679
结构性存款			（3）非存款类金融机构贷款		
3. 国库定期存款			2. 中长期贷款	24 350	-23 079
4. 非存款类金融机构存款	56 704	19 494	（1）个人贷款		
（二）境外存款	19 538	15 879	其中：个人消费贷款		
二、代理财政性存款			（2）单位贷款	24 350	-23 079
三、金融债券			经营贷款	24 350	-23 079
其中：境外发行			固定资产贷款		
四、卖出回购资产			并购贷款		
五、向中央银行借款			贸易融资		
六、银行业存款类金融机构往来	27 001	-999	（3）非存款类金融机构贷款		
七、借款及非存款类金融机构拆入			3. 票据融资		
八、联行往来（净）			4. 融资租赁		
九、应付及暂收款	7 228	2 103	5. 各项垫款	147	-1
其中：应付利息	1 942	-76	（二）境外贷款	12 000	12 000
十、其他负债	15	1	二、债券投资		
十一、所有者权益	-2 981	-3 251	三、股权及其他投资		
其中：实收资本			四、买入返售资产		
			五、存放中央银行存款		
			六、缴存中央银行财政性存款		
			七、银行业存款类金融机构往来	166	-2
			八、存放非存款类金融机构款项		
			九、联行往来	146 422	-34 342
			十、库存现金	363	81
			十一、应收及预付款	259	-1 326
			其中：应收利息	228	-1 280
			十二、投资性房地产		
			十三、固定资产		
			十四、其他资产		
			十五、减：各项准备	1 878	-102
			其中：贷款减值准备	1 851	-101
资金来源总计	220 767	-17 542	资金运用总计	220 767	-17 542

表 2.63　中信银行总行营业部外汇信贷收支统计

单位：万美元

项目名称	余额	比年初	项目名称	余额	比年初
一、各项存款	725 217	292 049	一、各项贷款	234 104	161 768
（一）境内存款	606 527	178 656	（一）境内贷款	62 053	-760
1. 个人存款	105 993	49 279	1. 短期贷款	5 797	-31 866
其中：活期储蓄存款	37 285	-2 047	（1）个人贷款及透支		
定期储蓄存款	27 092	9 820	其中：个人消费贷款		
结构性存款	40 810	40 810	（2）单位贷款及透支	5 797	-26 866
2. 单位存款	464 532	104 246	经营贷款及透支		-30 386
其中：活期存款	254 657	100 986	固定资产贷款		
定期存款	196 219	-2 913	并购贷款		
保证金存款	13 656	6 173	贸易融资	5 797	3 520
结构性存款			（3）非存款类金融机构贷款		-5 000
3. 国库定期存款			2. 中长期贷款	56 255	31 106
4. 非存款类金融机构存款	36 003	25 130	（1）个人贷款		
（二）境外存款	118 690	113 394	其中：个人消费贷款		
二、代理财政性存款			（2）单位贷款	56 255	31 106
三、金融债券			经营贷款	30 526	15 439
其中：境外发行			固定资产贷款		
四、卖出回购资产			并购贷款	24 000	16 263
五、向中央银行借款			贸易融资	1 729	-595
六、银行业存款类金融机构往来	63 247	-169 884	（3）非存款类金融机构贷款		
七、借款及非存款类金融机构拆入			3. 票据融资		
八、联行往来（净）			4. 融资租赁		
九、应付及暂收款	3 254	798	5. 各项垫款		
其中：应付利息	1 801	368	（二）境外贷款	172 051	162 528
十、其他负债	935	-7 963	二、债券投资		
十一、所有者权益	6 533	5 280	三、股权及其他投资		
其中：实收资本			四、买入返售资产		
			五、存放中央银行存款		
			六、缴存中央银行财政性存款		
			七、银行业存款类金融机构往来	879	645
			八、存放非存款类金融机构款项	96	-20 197
			九、联行往来	559 766	-25 282
			十、库存现金	1 249	-371
			十一、应收及预付款	885	494
			其中：应收利息	806	506
			十二、投资性房地产		
			十三、固定资产		
			十四、其他资产	4 617	4 617
			十五、减：各项准备	2 412	1 392
			其中：贷款减值准备	2 412	1 392
资金来源总计	799 186	120 281	资金运用总计	799 186	120 281

表 2.64 中国光大银行北京分行外汇信贷收支统计

单位：万美元

项目名称	余额	比年初	项目名称	余额	比年初
一、各项存款	295 268	167 331	一、各项贷款	21 078	-649
（一）境内存款	285 096	159 073	（一）境内贷款	19 394	-318
1. 个人存款	85 346	11 166	1. 短期贷款	19 394	39
其中：活期储蓄存款	22 285	-8 291	（1）个人贷款及透支		
定期储蓄存款	10 113	-1 207	其中：个人消费贷款		
结构性存款	52 558	20 618	（2）单位贷款及透支	19 394	39
2. 单位存款	73 686	57 303	经营贷款及透支	16 866	316
其中：活期存款	10 308	-2 552	固定资产贷款		
定期存款	61 844	58 744	并购贷款		
保证金存款	1 534	1 111	贸易融资	2 528	-277
结构性存款			（3）非存款类金融机构贷款		
3. 国库定期存款			2. 中长期贷款		-357
4. 非存款类金融机构存款	126 065	90 605	（1）个人贷款		
（二）境外存款	10 171	8 257	其中：个人消费贷款		
二、代理财政性存款			（2）单位贷款		-357
三、金融债券			经营贷款		
其中：境外发行			固定资产贷款		
四、卖出回购资产			并购贷款		
五、向中央银行借款			贸易融资		-357
六、银行业存款类金融机构往来	30		（3）非存款类金融机构贷款		
七、借款及非存款类金融机构拆入			3. 票据融资		
八、联行往来（净）			4. 融资租赁		
九、应付及暂收款	2 641	2 417	5. 各项垫款		
其中：应付利息	2 638	2 429	（二）境外贷款	1 684	-331
十、其他负债	3 277	1 726	二、债券投资		
十一、所有者权益	-2 772	-1 794	三、股权及其他投资		
其中：实收资本			四、买入返售资产		
			五、存放中央银行存款		
			六、缴存中央银行财政性存款		
			七、银行业存款类金融机构往来	1 137	-1 465
			八、存放非存款类金融机构款项		
			九、联行往来	275 954	171 776
			十、库存现金	1 150	-163
			十一、应收及预付款	143	41
			其中：应收利息	143	41
			十二、投资性房地产		
			十三、固定资产		
			十四、其他资产	2	-11
			十五、减：各项准备	1 021	-150
			其中：贷款减值准备	1 021	-150
资金来源总计	298 443	169 679	资金运用总计	298 443	169 679

表 2.65　华夏银行北京分行外汇信贷收支统计

单位：万美元

项目名称	余额	比年初	项目名称	余额	比年初
一、各项存款	80 841	46 245	一、各项贷款	10 540	6 700
（一）境内存款	80 537	46 290	（一）境内贷款	5 540	1 700
1. 个人存款	8 983	83	1. 短期贷款	4 206	1 407
其中：活期储蓄存款	5 012	-60	（1）个人贷款及透支		
定期储蓄存款	3 467	-16	其中：个人消费贷款		
结构性存款			（2）单位贷款及透支	4 206	1 407
2. 单位存款	49 903	24 557	经营贷款及透支	1 000	-450
其中：活期存款	12 644	-9 852	固定资产贷款		
定期存款	28 103	27 863	并购贷款		
保证金存款	6 156	3 546	贸易融资	3 206	1 857
结构性存款			（3）非存款类金融机构贷款		
3. 国库定期存款			2. 中长期贷款	1 334	293
4. 非存款类金融机构存款	21 651	21 650	（1）个人贷款		
（二）境外存款	305	-45	其中：个人消费贷款		
二、代理财政性存款			（2）单位贷款	1 334	293
三、金融债券			经营贷款		
其中：境外发行			固定资产贷款	1 334	293
四、卖出回购资产			并购贷款		
五、向中央银行借款			贸易融资		
六、银行业存款类金融机构往来	2 981	1 919	（3）非存款类金融机构贷款		
七、借款及非存款类金融机构拆入	28 724	9 858	3. 票据融资		
八、联行往来（净）			4. 融资租赁		
九、应付及暂收款	1 380	673	5. 各项垫款		
其中：应付利息	267	250	（二）境外贷款	5 000	5 000
十、其他负债	83	19	二、债券投资		
十一、所有者权益	6	-513	三、股权及其他投资		
其中：实收资本			四、买入返售资产		
			五、存放中央银行存款		
			六、缴存中央银行财政性存款		
			七、银行业存款类金融机构往来	429	349
			八、存放非存款类金融机构款项		
			九、联行往来	102 199	51 124
			十、库存现金	470	-18
			十一、应收及预付款	482	56
			其中：应收利息		
			十二、投资性房地产		
			十三、固定资产		
			十四、其他资产		
			十五、减：各项准备	105	10
			其中：贷款减值准备	105	10
资金来源总计	114 015	58 201	资金运用总计	114 015	58 201

表 2.66　中国民生银行北京分行外汇信贷收支统计

单位：万美元

项目名称	余额	比年初	项目名称	余额	比年初
一、各项存款	702 680	402 218	一、各项贷款		
（一）境内存款	368 981	102 366	（一）境内贷款		
1. 个人存款	58 328	8 424	1. 短期贷款		
其中：活期储蓄存款	19 329	-871	（1）个人贷款及透支		
定期储蓄存款	10 548	-4 128	其中：个人消费贷款		
结构性存款	25 626	13 174	（2）单位贷款及透支		
2. 单位存款	309 664	110 331	经营贷款及透支		
其中：活期存款	21 685	-8 538	固定资产贷款		
定期存款	193 361	128 485	并购贷款		
保证金存款	82 248	-21 686	贸易融资		
结构性存款			（3）非存款类金融机构贷款		
3. 国库定期存款			2. 中长期贷款		
4. 非存款类金融机构存款	989	-16 389	（1）个人贷款		
（二）境外存款	333 700	299 851	其中：个人消费贷款		
二、代理财政性存款			（2）单位贷款		
三、金融债券			经营贷款		
其中：境外发行			固定资产贷款		
四、卖出回购资产			并购贷款		
五、向中央银行借款			贸易融资		
六、银行业存款类金融机构往来	68	-17 180	（3）非存款类金融机构贷款		
七、借款及非存款类金融机构拆入	15 169	15 169	3. 票据融资		
八、联行往来（净）			4. 融资租赁		
九、应付及暂收款	8 175	6 561	5. 各项垫款		
其中：应付利息	7 775	6 482	（二）境外贷款		
十、其他负债	8	-23	二、债券投资		
十一、所有者权益	-2 205	-1 492	三、股权及其他投资		
其中：实收资本			四、买入返售资产		
			五、存放中央银行存款		
			六、缴存中央银行财政性存款		
			七、银行业存款类金融机构往来	59 619	48 698
			八、存放非存款类金融机构款项		
			九、联行往来	651 187	352 343
			十、库存现金	1 615	-151
			十一、应收及预付款	1 369	1 174
			其中：应收利息	1 360	1 176
			十二、投资性房地产		
			十三、固定资产		
			十四、其他资产	10 109	3 190
			十五、减：各项准备	4	2
			其中：贷款减值准备		
资金来源总计	723 894	405 252	资金运用总计	723 894	405 252

表 2.67　渤海银行北京分行外汇信贷收支统计

单位：万美元

项目名称	余额	比年初	项目名称	余额	比年初
一、各项存款	64 110	34 158	一、各项贷款	84 313	1 801
（一）境内存款	64 110	34 158	（一）境内贷款	84 313	1 801
1. 个人存款	115	-16	1. 短期贷款	11 068	8 188
其中：活期储蓄存款	44	-15	（1）个人贷款及透支		
定期储蓄存款	71	-1	其中：个人消费贷款		
结构性存款			（2）单位贷款及透支	11 068	8 188
2. 单位存款	63 968	34 174	经营贷款及透支		-2 880
其中：活期存款	1 967	-3 665	固定资产贷款		
定期存款	62 001	44 863	并购贷款		
保证金存款		-7 025	贸易融资	11 068	11 068
结构性存款			（3）非存款类金融机构贷款		
3. 国库定期存款			2. 中长期贷款	73 245	-6 387
4. 非存款类金融机构存款	27		（1）个人贷款		
（二）境外存款			其中：个人消费贷款		
二、代理财政性存款			（2）单位贷款	73 245	-6 387
三、金融债券			经营贷款	73 245	-6 387
其中：境外发行			固定资产贷款		
四、卖出回购资产			并购贷款		
五、向中央银行借款			贸易融资		
六、银行业存款类金融机构往来	2	-17 500	（3）非存款类金融机构贷款		
七、借款及非存款类金融机构拆入	531	531	3. 票据融资		
八、联行往来（净）	18 183	-14 302	4. 融资租赁		
九、应付及暂收款	773	-452	5. 各项垫款		
其中：应付利息	721	-234	（二）境外贷款		
十、其他负债			二、债券投资		
十一、所有者权益	1 180	-569	三、股权及其他投资		
其中：实收资本			四、买入返售资产		
			五、存放中央银行存款		
			六、缴存中央银行财政性存款		
			七、银行业存款类金融机构往来	273	-21
			八、存放非存款类金融机构款项		
			九、联行往来		
			十、库存现金	8	1
			十一、应收及预付款	185	85
			其中：应收利息	185	85
			十二、投资性房地产		
			十三、固定资产		
			十四、其他资产		
			十五、减：各项准备		
			其中：贷款减值准备		
资金来源总计	84 780	1 866	资金运用总计	84 780	1 866

表 2.68 浙商银行北京分行外汇信贷收支统计

单位：万美元

项目名称	余额	比年初	项目名称	余额	比年初
一、各项存款	75 184	9 100	一、各项贷款	9 990	-40 009
（一）境内存款	37 967	-28 097	（一）境内贷款	9 990	-40 009
1. 个人存款	72	-43	1. 短期贷款	9 990	-24 009
其中：活期储蓄存款	57	1	（1）个人贷款及透支		
定期储蓄存款	14	-44	其中：个人消费贷款		
结构性存款			（2）单位贷款及透支	9 990	-24 009
2. 单位存款	37 695	-28 254	经营贷款及透支	9 536	9 536
其中：活期存款	2 568	-700	固定资产贷款		
定期存款	33 798	-27 134	并购贷款		
保证金存款	1 329	-421	贸易融资	454	-33 545
结构性存款			（3）非存款类金融机构贷款		
3. 国库定期存款			2. 中长期贷款		-16 000
4. 非存款类金融机构存款	200	200	（1）个人贷款		
（二）境外存款	37 217	37 197	其中：个人消费贷款		
二、代理财政性存款			（2）单位贷款		-16 000
三、金融债券			经营贷款		-16 000
其中：境外发行			固定资产贷款		
四、卖出回购资产			并购贷款		
五、向中央银行借款			贸易融资		
六、银行业存款类金融机构往来	454	-12 194	（3）非存款类金融机构贷款		
七、借款及非存款类金融机构拆入			3. 票据融资		
八、联行往来（净）			4. 融资租赁		
九、应付及暂收款			5. 各项垫款		
其中：应付利息			（二）境外贷款		
十、其他负债	137	79	二、债券投资		
十一、所有者权益	731	105	三、股权及其他投资		
其中：实收资本			四、买入返售资产		
			五、存放中央银行存款		
			六、缴存中央银行财政性存款		
			七、银行业存款类金融机构往来	64	57
			八、存放非存款类金融机构款项		
			九、联行往来	66 300	37 312
			十、库存现金	6	-1
			十一、应收及预付款	147	-270
			其中：应收利息	147	-270
			十二、投资性房地产		
			十三、固定资产		
			十四、其他资产		
			十五、减：各项准备		
			其中：贷款减值准备		
资金来源总计	76 506	-2 910	资金运用总计	76 506	-2 910

表2.69 恒丰银行北京分行外汇信贷收支统计

单位：万美元

项目名称	余额	比年初	项目名称	余额	比年初
一、各项存款	85 822	23 752	一、各项贷款	118 712	22 070
（一）境内存款	67 485	7 809	（一）境内贷款	54 824	-17 854
1. 个人存款	47	30	1. 短期贷款	6 782	-12 572
其中：活期储蓄存款	33	25	（1）个人贷款及透支		
定期储蓄存款	13	5	其中：个人消费贷款		
结构性存款			（2）单位贷款及透支	6 782	-12 572
2. 单位存款	67 438	62 789	经营贷款及透支	5 335	-13 058
其中：活期存款	6 978	6 718	固定资产贷款		
定期存款	60 460	56 070	并购贷款		
保证金存款			贸易融资	1 447	486
结构性存款			（3）非存款类金融机构贷款		
3. 国库定期存款			2. 中长期贷款	48 042	-5 282
4. 非存款类金融机构存款		-55 009	（1）个人贷款		
（二）境外存款	18 338	15 943	其中：个人消费贷款		
二、代理财政性存款			（2）单位贷款	48 042	-5 282
三、金融债券			经营贷款	48 042	-5 282
其中：境外发行			固定资产贷款		
四、卖出回购资产			并购贷款		
五、向中央银行借款			贸易融资		
六、银行业存款类金融机构往来	293	-11 687	（3）非存款类金融机构贷款		
七、借款及非存款类金融机构拆入			3. 票据融资		
八、联行往来（净）	29 123	8 060	4. 融资租赁		
九、应付及暂收款	635	-123	5. 各项垫款		
其中：应付利息	635	-123	（二）境外贷款	63 887	39 924
十、其他负债	25	24	二、债券投资		
十一、所有者权益	1 843	1 843	三、股权及其他投资		
其中：实收资本			四、买入返售资产		
			五、存放中央银行存款		
			六、缴存中央银行财政性存款		
			七、银行业存款类金融机构往来		
			八、存放非存款类金融机构款项		
			九、联行往来		
			十、库存现金	10	-6
			十一、应收及预付款	184	2
			其中：应收利息	184	2
			十二、投资性房地产		
			十三、固定资产		
			十四、其他资产	23	23
			十五、减：各项准备	1 187	221
			其中：贷款减值准备	1 187	221
资金来源总计	117 741	21 869	资金运用总计	117 741	21 869

表 2.70　北京银行外汇信贷收支统计（全国）

单位：万美元

项目名称	余额	比年初	项目名称	余额	比年初
一、各项存款	634 145	-42 154	一、各项贷款	617 552	193 168
（一）境内存款	586 194	-82 005	（一）境内贷款	463 503	61 578
1. 个人存款	51 777	-4 680	1. 短期贷款	460 903	61 578
其中：活期储蓄存款	14 683	-10 020	（1）个人贷款及透支	226	-11
定期储蓄存款	23 237	-2 523	其中：个人消费贷款	226	-11
结构性存款	13 849	7 867	（2）单位贷款及透支	409 276	38 890
2. 单位存款	523 887	-22 407	经营贷款及透支	8 589	-40 669
其中：活期存款	49 021	-5 974	固定资产贷款		
定期存款	153 727	-89 835	并购贷款		
保证金存款	321 139	73 401	贸易融资	400 687	79 558
结构性存款			（3）非存款类金融机构贷款	51 400	22 700
3. 国库定期存款			2. 中长期贷款	2 600	
4. 非存款类金融机构存款	10 530	-54 919	（1）个人贷款		
（二）境外存款	47 950	39 852	其中：个人消费贷款		
二、代理财政性存款			（2）单位贷款	2 600	
三、金融债券			经营贷款	2 600	
其中：境外发行			固定资产贷款		
四、卖出回购资产			并购贷款		
五、向中央银行借款			贸易融资		
六、银行业存款类金融机构往来	409 388	81 427	（3）非存款类金融机构贷款		
七、借款及非存款类金融机构拆入	143 042	84 981	3. 票据融资		
八、联行往来（净）	8	6	4. 融资租赁		
九、应付及暂收款	17 508	1 619	5. 各项垫款		
其中：应付利息	7 743	4 598	（二）境外贷款	154 050	131 590
十、其他负债	51 100	29 853	二、债券投资	127 645	83 787
十一、所有者权益	546	1 843	三、股权及其他投资	19 370	19 355
其中：实收资本			四、买入返售资产		
			五、存放中央银行存款	37 828	-3 358
			六、缴存中央银行财政性存款		
			七、银行业存款类金融机构往来	431 988	-139 014
			八、存放非存款类金融机构款项	16 603	-1 527
			九、联行往来		
			十、库存现金	2 497	83
			十一、应收及预付款	9 963	4 695
			其中：应收利息	9 960	4 721
			十二、投资性房地产		
			十三、固定资产		
			十四、其他资产	18	18
			十五、减：各项准备	7 727	-369
			其中：贷款减值准备	5 194	-1 151
资金来源总计	1 255 736	157 575	资金运用总计	1 255 736	157 575

表2.71　北京银行外汇信贷收支统计（北京）

单位：万美元

项目名称	余额	比年初	项目名称	余额	比年初
一、各项存款	168 998	-46 760	一、各项贷款	67 602	-23 641
（一）境内存款	147 652	-67 685	（一）境内贷款	63 809	-21 163
1. 个人存款	47 063	-3 943	1. 短期贷款	63 809	-21 163
其中：活期储蓄存款	12 984	-8 206	（1）个人贷款及透支	226	-11
定期储蓄存款	22 228	-2 320	其中：个人消费贷款	226	-11
结构性存款	11 852	6 587	（2）单位贷款及透支	27 183	-28 852
2. 单位存款	95 429	-18 260	经营贷款及透支	4 016	-24 995
其中：活期存款	31 363	-11 465	固定资产贷款		
定期存款	63 662	-5 550	并购贷款		
保证金存款	404	-1 245	贸易融资	23 168	-3 857
结构性存款			（3）非存款类金融机构贷款	36 400	7 700
3. 国库定期存款			2. 中长期贷款		
4. 非存款类金融机构存款	5 160	-45 481	（1）个人贷款		
（二）境外存款	21 346	20 925	其中：个人消费贷款		
二、代理财政性存款			（2）单位贷款		
三、金融债券			经营贷款		
其中：境外发行			固定资产贷款		
四、卖出回购资产			并购贷款		
五、向中央银行借款			贸易融资		
六、银行业存款类金融机构往来	115 381	57 094	（3）非存款类金融机构贷款		
七、借款及非存款类金融机构拆入	32 841	27 841	3. 票据融资		
八、联行往来（净）	3 531	3 531	4. 融资租赁		
九、应付及暂收款	9 757	-3 496	5. 各项垫款		
其中：应付利息	1 198	552	（二）境外贷款	3 792	-2 477
十、其他负债	9 044	24	二、债券投资	127 645	83 787
十一、所有者权益	9 805	6 134	三、股权及其他投资	19 370	19 355
其中：实收资本			四、买入返售资产		
			五、存放中央银行存款	34 832	-3 058
			六、缴存中央银行财政性存款		
			七、银行业存款类金融机构往来	60 990	-13 980
			八、存放非存款类金融机构款项	16 603	-1 527
			九、联行往来		-28 584
			十、库存现金	1 651	-29
			十一、应收及预付款	1 935	1 280
			其中：应收利息	1 932	1 277
			十二、投资性房地产		
			十三、固定资产		
			十四、其他资产	21 080	10 003
			十五、减：各项准备	2 351	-762
			其中：贷款减值准备	705	-1 141
资金来源总计	349 357	44 368	资金运用总计	349 357	44 368

表 2.72　天津银行北京分行外汇信贷收支统计

单位：万美元

项目名称	余额	比年初	项目名称	余额	比年初
一、各项存款	91 377	32 563	一、各项贷款	30 126	29 796
（一）境内存款	91 335	37 770	（一）境内贷款	30 126	29 796
1. 个人存款	202	12	1. 短期贷款	30 126	29 796
其中：活期储蓄存款	7	-5	（1）个人贷款及透支		
定期储蓄存款	195	17	其中：个人消费贷款		
结构性存款			（2）单位贷款及透支	30 126	29 796
2. 单位存款	91 133	37 758	经营贷款及透支		
其中：活期存款	23	-873	固定资产贷款		
定期存款	61 112	8 633	并购贷款		
保证金存款	29 998	29 998	贸易融资	30 126	29 796
结构性存款			（3）非存款类金融机构贷款		
3. 国库定期存款			2. 中长期贷款		
4. 非存款类金融机构存款			（1）个人贷款		
（二）境外存款	41	-5 207	其中：个人消费贷款		
二、代理财政性存款			（2）单位贷款		
三、金融债券			经营贷款		
其中：境外发行			固定资产贷款		
四、卖出回购资产			并购贷款		
五、向中央银行借款			贸易融资		
六、银行业存款类金融机构往来	29 998	29 998	（3）非存款类金融机构贷款		
七、借款及非存款类金融机构拆入			3. 票据融资		
八、联行往来（净）			4. 融资租赁		
九、应付及暂收款	933	833	5. 各项垫款		
其中：应付利息	933	833	（二）境外贷款		
十、其他负债	49	1	二、债券投资		
十一、所有者权益	-939	-1 076	三、股权及其他投资		
其中：实收资本			四、买入返售资产		
			五、存放中央银行存款		
			六、缴存中央银行财政性存款		
			七、银行业存款类金融机构往来	33	-23
			八、存放非存款类金融机构款项		
			九、联行往来	91 249	32 546
			十、库存现金	9	-1
			十一、应收及预付款		
			其中：应收利息		
			十二、投资性房地产		
			十三、固定资产		
			十四、其他资产		
			十五、减：各项准备		
			其中：贷款减值准备		
资金来源总计	121 417	62 318	资金运用总计	121 417	62 318

表 2.73　大连银行北京分行外汇信贷收支统计

单位：万美元

项目名称	余额	比年初	项目名称	余额	比年初
一、各项存款	1 681	-17	一、各项贷款		
（一）境内存款	65	-31	（一）境内贷款		
1. 个人存款	62	-1	1. 短期贷款		
其中：活期储蓄存款	16	-3	（1）个人贷款及透支		
定期储蓄存款	46	2	其中：个人消费贷款		
结构性存款			（2）单位贷款及透支		
2. 单位存款	3	-30	经营贷款及透支		
其中：活期存款	3	-30	固定资产贷款		
定期存款			并购贷款		
保证金存款			贸易融资		
结构性存款			（3）非存款类金融机构贷款		
3. 国库定期存款			2. 中长期贷款		
4. 非存款类金融机构存款			（1）个人贷款		
（二）境外存款	1 616	14	其中：个人消费贷款		
二、代理财政性存款			（2）单位贷款		
三、金融债券			经营贷款		
其中：境外发行			固定资产贷款		
四、卖出回购资产			并购贷款		
五、向中央银行借款			贸易融资		
六、银行业存款类金融机构往来			（3）非存款类金融机构贷款		
七、借款及非存款类金融机构拆入			3. 票据融资		
八、联行往来（净）			4. 融资租赁		
九、应付及暂收款	8	1	5. 各项垫款		
其中：应付利息	8	1	（二）境外贷款		
十、其他负债	100		二、债券投资		
十一、所有者权益	-17	-2	三、股权及其他投资		
其中：实收资本			四、买入返售资产		
			五、存放中央银行存款		
			六、缴存中央银行财政性存款		
			七、银行业存款类金融机构往来		
			八、存放非存款类金融机构款项		
			九、联行往来	1 728	-16
			十、库存现金	24	-3
			十一、应收及预付款	20	
			其中：应收利息		
			十二、投资性房地产		
			十三、固定资产		
			十四、其他资产		
			十五、减：各项准备		
			其中：贷款减值准备		
资金来源总计	1 772	-19	资金运用总计	1 772	-19

表 2.74　杭州银行北京分行外汇信贷收支统计

单位：万美元

项目名称	余额	比年初	项目名称	余额	比年初
一、各项存款	55 537	39 769	一、各项贷款	5 074	1 915
（一）境内存款	55 522	39 757	（一）境内贷款	5 074	1 915
1. 个人存款	2 429	734	1. 短期贷款	5 074	1 915
其中：活期储蓄存款	37	-24	（1）个人贷款及透支		
定期储蓄存款	2 393	759	其中：个人消费贷款		
结构性存款			（2）单位贷款及透支	5 074	1 915
2. 单位存款	53 093	39 023	经营贷款及透支		
其中：活期存款	2 425	730	固定资产贷款		
定期存款	49 837	38 342	并购贷款		
保证金存款	831	-49	贸易融资	5 074	1 915
结构性存款			（3）非存款类金融机构贷款		
3. 国库定期存款			2. 中长期贷款		
4. 非存款类金融机构存款			（1）个人贷款		
（二）境外存款	14	12	其中：个人消费贷款		
二、代理财政性存款			（2）单位贷款		
三、金融债券			经营贷款		
其中：境外发行			固定资产贷款		
四、卖出回购资产			并购贷款		
五、向中央银行借款			贸易融资		
六、银行业存款类金融机构往来	898	746	（3）非存款类金融机构贷款		
七、借款及非存款类金融机构拆入	1 932	450	3. 票据融资		
八、联行往来（净）			4. 融资租赁		
九、应付及暂收款	559	449	5. 各项垫款		
其中：应付利息	559	449	（二）境外贷款		
十、其他负债			二、债券投资		
十一、所有者权益	-701	-571	三、股权及其他投资		
其中：实收资本			四、买入返售资产		
			五、存放中央银行存款		
			六、缴存中央银行财政性存款		
			七、银行业存款类金融机构往来	95	46
			八、存放非存款类金融机构款项		
			九、联行往来	52 800	38 733
			十、库存现金	245	147
			十一、应收及预付款	11	1
			其中：应收利息	11	1
			十二、投资性房地产		
			十三、固定资产		
			十四、其他资产		
			十五、减：各项准备		
			其中：贷款减值准备		
资金来源总计	58 225	40 842	资金运用总计	58 225	40 842

表 2.75　南京银行北京分行外汇信贷收支统计

单位：万美元

项目名称	余额	比年初	项目名称	余额	比年初
一、各项存款	39 229	4 779	一、各项贷款	5 763	3 540
（一）境内存款	35 337	3 202	（一）境内贷款	5 763	3 540
1. 个人存款	730	159	1. 短期贷款	5 763	3 540
其中：活期储蓄存款	63	-35	（1）个人贷款及透支		
定期储蓄存款	542	69	其中：个人消费贷款		
结构性存款	125	125	（2）单位贷款及透支	5 763	3 540
2. 单位存款	34 607	3 043	经营贷款及透支	5 421	5 249
其中：活期存款	443	-3 424	固定资产贷款		
定期存款	34 077	33 595	并购贷款		
保证金存款	87	-1 531	贸易融资	342	-1 709
结构性存款			（3）非存款类金融机构贷款		
3. 国库定期存款			2. 中长期贷款		
4. 非存款类金融机构存款			（1）个人贷款		
（二）境外存款	3 892	1 577	其中：个人消费贷款		
二、代理财政性存款			（2）单位贷款		
三、金融债券			经营贷款		
其中：境外发行			固定资产贷款		
四、卖出回购资产			并购贷款		
五、向中央银行借款			贸易融资		
六、银行业存款类金融机构往来	60	60	（3）非存款类金融机构贷款		
七、借款及非存款类金融机构拆入			3. 票据融资		
八、联行往来（净）			4. 融资租赁		
九、应付及暂收款	747	469	5. 各项垫款		
其中：应付利息	480	278	（二）境外贷款		
十、其他负债	24	8	二、债券投资		
十一、所有者权益	-990	-990	三、股权及其他投资		
其中：实收资本			四、买入返售资产		
			五、存放中央银行存款		
			六、缴存中央银行财政性存款		
			七、银行业存款类金融机构往来	17	
			八、存放非存款类金融机构款项		
			九、联行往来	33 349	838
			十、库存现金	132	76
			十一、应收及预付款	9	-1
			其中：应收利息	9	-1
			十二、投资性房地产		
			十三、固定资产		
			十四、其他资产		
			十五、减：各项准备	200	127
			其中：贷款减值准备	200	127
资金来源总计	39 070	4 326	资金运用总计	39 070	4 326

表 2.76 盛京银行北京分行外汇信贷收支统计

单位：万美元

项目名称	余额	比年初	项目名称	余额	比年初
一、各项存款	7 467	574	一、各项贷款	15 226	-13 821
（一）境内存款	7 467	574	（一）境内贷款	15 226	-13 821
1. 个人存款	196	-37	1. 短期贷款	13 051	-13 804
其中：活期储蓄存款	72	-22	（1）个人贷款及透支		
定期储蓄存款	124	-15	其中：个人消费贷款		
结构性存款			（2）单位贷款及透支	13 051	-13 804
2. 单位存款	7 271	611	经营贷款及透支	9 755	-14 197
其中：活期存款	7 199	1 047	固定资产贷款		
定期存款		-200	并购贷款		
保证金存款	72	-236	贸易融资	3 296	393
结构性存款			（3）非存款类金融机构贷款		
3. 国库定期存款			2. 中长期贷款	2 175	-17
4. 非存款类金融机构存款			（1）个人贷款		
（二）境外存款			其中：个人消费贷款		
二、代理财政性存款			（2）单位贷款	2 175	-17
三、金融债券			经营贷款	2 175	-17
其中：境外发行			固定资产贷款		
四、卖出回购资产			并购贷款		
五、向中央银行借款			贸易融资		
六、银行业存款类金融机构往来			（3）非存款类金融机构贷款		
七、借款及非存款类金融机构拆入			3. 票据融资		
八、联行往来（净）	7 611	-14 642	4. 融资租赁		
九、应付及暂收款	15	-3	5. 各项垫款		
其中：应付利息	15	-3	（二）境外贷款		
十、其他负债	7	5	二、债券投资		
十一、所有者权益	193	193	三、股权及其他投资		
其中：实收资本			四、买入返售资产		
			五、存放中央银行存款		
			六、缴存中央银行财政性存款		
			七、银行业存款类金融机构往来	10	-4
			八、存放非存款类金融机构款项		
			九、联行往来		
			十、库存现金	21	-11
			十一、应收及预付款	34	-39
			其中：应收利息	34	-39
			十二、投资性房地产		
			十三、固定资产		
			十四、其他资产	2	2
			十五、减：各项准备		
			其中：贷款减值准备		
资金来源总计	15 293	-13 873	资金运用总计	15 293	-13 873

表 2.77　上海银行北京分行外汇信贷收支统计

单位：万美元

项目名称	余额	比年初	项目名称	余额	比年初
一、各项存款	263 109	134 446	一、各项贷款	136 424	27 626
（一）境内存款	120 552	31 511	（一）境内贷款	135 683	27 626
1. 个人存款	269	-45	1. 短期贷款	126 283	38 226
其中：活期储蓄存款	235	-35	（1）个人贷款及透支		
定期储蓄存款	34	-10	其中：个人消费贷款		
结构性存款			（2）单位贷款及透支	126 283	38 226
2. 单位存款	120 174	31 756	经营贷款及透支	3 087	-833
其中：活期存款	323	-3 810	固定资产贷款		
定期存款	30	-230	并购贷款		
保证金存款	119 821	35 796	贸易融资	123 196	39 059
结构性存款			（3）非存款类金融机构贷款		
3. 国库定期存款			2. 中长期贷款	9 400	-10 600
4. 非存款类金融机构存款	109	-200	（1）个人贷款		
（二）境外存款	142 557	102 935	其中：个人消费贷款		
二、代理财政性存款			（2）单位贷款	9 400	-10 600
三、金融债券			经营贷款	9 400	-10 600
其中：境外发行			固定资产贷款		
四、卖出回购资产			并购贷款		
五、向中央银行借款			贸易融资		
六、银行业存款类金融机构往来	18 409	18 253	（3）非存款类金融机构贷款		
七、借款及非存款类金融机构拆入	104 845	21 052	3. 票据融资		
八、联行往来（净）			4. 融资租赁		
九、应付及暂收款	2 490	2 044	5. 各项垫款		
其中：应付利息	2 341	1 983	（二）境外贷款	741	
十、其他负债			二、债券投资		
十一、所有者权益	-3 168	-3 042	三、股权及其他投资		
其中：实收资本			四、买入返售资产		
			五、存放中央银行存款		
			六、缴存中央银行财政性存款		
			七、银行业存款类金融机构往来	84	44
			八、存放非存款类金融机构款项		
			九、联行往来	248 352	144 557
			十、库存现金	32	-2
			十一、应收及预付款	793	528
			其中：应收利息		
			十二、投资性房地产		
			十三、固定资产		
			十四、其他资产		
			十五、减：各项准备		
			其中：贷款减值准备		
资金来源总计	385 685	172 753	资金运用总计	385 685	172 753

表 2.78　江苏银行北京分行外汇信贷收支统计

单位：万美元

项目名称	余额	比年初	项目名称	余额	比年初
一、各项存款	44 425	2 537	一、各项贷款	15 093	3 616
（一）境内存款	38 901	-2 723	（一）境内贷款	15 093	3 616
1. 个人存款	661	467	1. 短期贷款	15 093	3 616
其中：活期储蓄存款	113	23	（1）个人贷款及透支		
定期储蓄存款	62	5	其中：个人消费贷款		
结构性存款	486	439	（2）单位贷款及透支	15 093	3 616
2. 单位存款	38 240	-3 190	经营贷款及透支	3 205	240
其中：活期存款	18 498	1 604	固定资产贷款		
定期存款	9 349	-1 169	并购贷款		
保证金存款	4 761	-857	贸易融资	11 888	3 376
结构性存款	5 632	-768	（3）非存款类金融机构贷款		
3. 国库定期存款			2. 中长期贷款		
4. 非存款类金融机构存款			（1）个人贷款		
（二）境外存款	5 524	5 260	其中：个人消费贷款		
二、代理财政性存款			（2）单位贷款		
三、金融债券			经营贷款		
其中：境外发行			固定资产贷款		
四、卖出回购资产			并购贷款		
五、向中央银行借款			贸易融资		
六、银行业存款类金融机构往来			（3）非存款类金融机构贷款		
七、借款及非存款类金融机构拆入			3. 票据融资		
八、联行往来（净）			4. 融资租赁		
九、应付及暂收款	82	6	5. 各项垫款		
其中：应付利息	82	6	（二）境外贷款		
十、其他负债	180	133	二、债券投资		
十一、所有者权益	179	179	三、股权及其他投资		
其中：实收资本			四、买入返售资产		
			五、存放中央银行存款		
			六、缴存中央银行财政性存款		
			七、银行业存款类金融机构往来	106	-171
			八、存放非存款类金融机构款项		
			九、联行往来	29 518	-641
			十、库存现金	7	-5
			十一、应收及预付款	142	56
			其中：应收利息	142	56
			十二、投资性房地产		
			十三、固定资产		
			十四、其他资产		
			十五、减：各项准备		
			其中：贷款减值准备		
资金来源总计	44 866	2 855	资金运用总计	44 866	2 855

表 2.79 宁波银行北京分行外汇信贷收支统计

单位：万美元

项目名称	余额	比年初	项目名称	余额	比年初
一、各项存款	86 534	27 056	一、各项贷款	1 746	-1 757
（一）境内存款	60 766	3 091	（一）境内贷款	1 746	-1 757
1. 个人存款	329	-117	1. 短期贷款	1 746	-1 757
其中：活期储蓄存款	139	-167	（1）个人贷款及透支		
定期储蓄存款	190	50	其中：个人消费贷款		
结构性存款			（2）单位贷款及透支	1 746	-1 757
2. 单位存款	60 437	3 208	经营贷款及透支	744	-1 939
其中：活期存款	21 054	12 659	固定资产贷款		
定期存款	33 260	3 345	并购贷款		
保证金存款	65	65	贸易融资	1 002	182
结构性存款			（3）非存款类金融机构贷款		
3. 国库定期存款			2. 中长期贷款		
4. 非存款类金融机构存款			（1）个人贷款		
（二）境外存款	25 768	23 965	其中：个人消费贷款		
二、代理财政性存款			（2）单位贷款		
三、金融债券			经营贷款		
其中：境外发行			固定资产贷款		
四、卖出回购资产			并购贷款		
五、向中央银行借款			贸易融资		
六、银行业存款类金融机构往来			（3）非存款类金融机构贷款		
七、借款及非存款类金融机构拆入			3. 票据融资		
八、联行往来（净）			4. 融资租赁		
九、应付及暂收款	407	326	5. 各项垫款		
其中：应付利息	401	320	（二）境外贷款		
十、其他负债	2	-2	二、债券投资		
十一、所有者权益	-916	-1 119	三、股权及其他投资		
其中：实收资本			四、买入返售资产		
			五、存放中央银行存款		
			六、缴存中央银行财政性存款		
			七、银行业存款类金融机构往来	34	31
			八、存放非存款类金融机构款项		
			九、联行往来	84 190	28 016
			十、库存现金	54	-22
			十一、应收及预付款	1	-2
			其中：应收利息	1	-2
			十二、投资性房地产		
			十三、固定资产		
			十四、其他资产	2	-5
			十五、减：各项准备		
			其中：贷款减值准备		
资金来源总计	86 027	26 261	资金运用总计	86 027	26 261

表 2.80　包商银行北京分行外汇信贷收支统计

单位：万美元

项目名称	余额	比年初	项目名称	余额	比年初
一、各项存款	20 070	19 616	一、各项贷款		
（一）境内存款	20 067	19 614	（一）境内贷款		
1. 个人存款	353	101	1. 短期贷款		
其中：活期储蓄存款	49	-5	（1）个人贷款及透支		
定期储蓄存款	304	106	其中：个人消费贷款		
结构性存款			（2）单位贷款及透支		
2. 单位存款	19 714	19 513	经营贷款及透支		
其中：活期存款	126	-75	固定资产贷款		
定期存款	19 588	19 588	并购贷款		
保证金存款			贸易融资		
结构性存款			（3）非存款类金融机构贷款		
3. 国库定期存款			2. 中长期贷款		
4. 非存款类金融机构存款			（1）个人贷款		
（二）境外存款	3	2	其中：个人消费贷款		
二、代理财政性存款			（2）单位贷款		
三、金融债券			经营贷款		
其中：境外发行			固定资产贷款		
四、卖出回购资产			并购贷款		
五、向中央银行借款			贸易融资		
六、银行业存款类金融机构往来			（3）非存款类金融机构贷款		
七、借款及非存款类金融机构拆入			3. 票据融资		
八、联行往来（净）			4. 融资租赁		
九、应付及暂收款	213	212	5. 各项垫款		
其中：应付利息	213	212	（二）境外贷款		
十、其他负债			二、债券投资		
十一、所有者权益	23	23	三、股权及其他投资		
其中：实收资本			四、买入返售资产		
			五、存放中央银行存款		
			六、缴存中央银行财政性存款		
			七、银行业存款类金融机构往来	73	49
			八、存放非存款类金融机构款项		
			九、联行往来	20 187	19 796
			十、库存现金	46	6
			十一、应收及预付款		
			其中：应收利息		
			十二、投资性房地产		
			十三、固定资产		
			十四、其他资产		
			十五、减：各项准备		
			其中：贷款减值准备		
资金来源总计	20 306	19 851	资金运用总计	20 306	19 851

表2.81　锦州银行北京分行外汇信贷收支统计

单位：万美元

项目名称	余额	比年初	项目名称	余额	比年初
一、各项存款	2 952	-75	一、各项贷款	4 271	-27 731
（一）境内存款	2 951	-75	（一）境内贷款	4 271	-27 731
1. 个人存款	305	216	1. 短期贷款	4 271	-27 731
其中：活期储蓄存款	7	-8	（1）个人贷款及透支		
定期储蓄存款	298	224	其中：个人消费贷款		
结构性存款			（2）单位贷款及透支	4 271	-27 731
2. 单位存款	2 646	-291	经营贷款及透支		-28 989
其中：活期存款	641	-867	固定资产贷款		
定期存款		-1 427	并购贷款		
保证金存款	605	603	贸易融资	4 271	1 258
结构性存款			（3）非存款类金融机构贷款		
3. 国库定期存款			2. 中长期贷款		
4. 非存款类金融机构存款			（1）个人贷款		
（二）境外存款	1		其中：个人消费贷款		
二、代理财政性存款			（2）单位贷款		
三、金融债券			经营贷款		
其中：境外发行			固定资产贷款		
四、卖出回购资产			并购贷款		
五、向中央银行借款			贸易融资		
六、银行业存款类金融机构往来			（3）非存款类金融机构贷款		
七、借款及非存款类金融机构拆入			3. 票据融资		
八、联行往来（净）	1 331	-27 689	4. 融资租赁		
九、应付及暂收款	53	41	5. 各项垫款		
其中：应付利息	43	37	（二）境外贷款		
十、其他负债			二、债券投资		
十一、所有者权益	32	32	三、股权及其他投资		
其中：实收资本			四、买入返售资产		
			五、存放中央银行存款		
			六、缴存中央银行财政性存款		
			七、银行业存款类金融机构往来	25	12
			八、存放非存款类金融机构款项		
			九、联行往来		
			十、库存现金	47	38
			十一、应收及预付款	25	-10
			其中：应收利息	25	-10
			十二、投资性房地产		
			十三、固定资产		
			十四、其他资产		
			十五、减：各项准备		
			其中：贷款减值准备		
资金来源总计	4 368	-27 691	资金运用总计	4 368	-27 691

表 2.82 厦门国际银行北京分行外汇信贷收支统计

单位：万美元

项目名称	余额	比年初	项目名称	余额	比年初
一、各项存款	279 723	167 990	一、各项贷款	11 612	5 745
（一）境内存款	43 836	-10 309	（一）境内贷款	17	-5 850
1. 个人存款	3 264	-141	1. 短期贷款		
其中：活期储蓄存款	18	-16	（1）个人贷款及透支		
定期储蓄存款	3 245	-125	其中：个人消费贷款		
结构性存款			（2）单位贷款及透支		
2. 单位存款	40 572	-10 168	经营贷款及透支		
其中：活期存款	6 198	-9 843	固定资产贷款		
定期存款	34 022	-677	并购贷款		
保证金存款	352	352	贸易融资		
结构性存款			（3）非存款类金融机构贷款		
3. 国库定期存款			2. 中长期贷款		-5 850
4. 非存款类金融机构存款			（1）个人贷款		
（二）境外存款	235 887	178 299	其中：个人消费贷款		
二、代理财政性存款			（2）单位贷款		-5 850
三、金融债券			经营贷款		-5 850
其中：境外发行			固定资产贷款		
四、卖出回购资产			并购贷款		
五、向中央银行借款			贸易融资		
六、银行业存款类金融机构往来			（3）非存款类金融机构贷款		
七、借款及非存款类金融机构拆入			3. 票据融资		
八、联行往来（净）			4. 融资租赁		
九、应付及暂收款	6 331	6 365	5. 各项垫款	17	
其中：应付利息	1 491	1 250	（二）境外贷款	11 595	11 595
十、其他负债	9 402	954	二、债券投资		
十一、所有者权益	1 290	528	三、股权及其他投资		
其中：实收资本			四、买入返售资产		
			五、存放中央银行存款		
			六、缴存中央银行财政性存款		
			七、银行业存款类金融机构往来	92	-73
			八、存放非存款类金融机构款项		
			九、联行往来	271 545	165 133
			十、库存现金	36	19
			十一、应收及预付款	3	1
			其中：应收利息	3	1
			十二、投资性房地产		
			十三、固定资产		
			十四、其他资产	13 458	5 011
			十五、减：各项准备		
			其中：贷款减值准备		
资金来源总计	296 746	175 837	资金运用总计	296 746	175 837

表 2.83　北京农商银行外汇信贷收支统计

单位：万美元

项目名称	余额	比年初	项目名称	余额	比年初
一、各项存款	17 803	-7 106	一、各项贷款	12 592	-4 554
（一）境内存款	17 796	-7 112	（一）境内贷款	12 592	-4 554
1. 个人存款	2 626	432	1. 短期贷款		-3 362
其中：活期储蓄存款	646	-197	（1）个人贷款及透支		
定期储蓄存款	1 980	629	其中：个人消费贷款		
结构性存款			（2）单位贷款及透支		-3 362
2. 单位存款	5 171	-7 544	经营贷款及透支		-1 500
其中：活期存款	1 303	-1 989	固定资产贷款		
定期存款	3 505	-5 555	并购贷款		
保证金存款	363		贸易融资		-1 862
结构性存款			（3）非存款类金融机构贷款		
3. 国库定期存款			2. 中长期贷款	12 592	-1 192
4. 非存款类金融机构存款	10 000		（1）个人贷款		
（二）境外存款	7	6	其中：个人消费贷款		
二、代理财政性存款			（2）单位贷款	12 592	-1 192
三、金融债券			经营贷款		
其中：境外发行			固定资产贷款	2 390	-435
四、卖出回购资产			并购贷款		
五、向中央银行借款			贸易融资	10 202	-757
六、银行业存款类金融机构往来	77 791	57 991	（3）非存款类金融机构贷款		
七、借款及非存款类金融机构拆入	29 500	22 500	3. 票据融资		
八、联行往来（净）	312	98	4. 融资租赁		
九、应付及暂收款	228	-130	5. 各项垫款		
其中：应付利息	71	36	（二）境外贷款		
十、其他负债	7 041	41	二、债券投资		
十一、所有者权益	962	478	三、股权及其他投资		
其中：实收资本			四、买入返售资产		
			五、存放中央银行存款	405	-26
			六、缴存中央银行财政性存款		
			七、银行业存款类金融机构往来	118 790	78 504
			八、存放非存款类金融机构款项	1 353	-55
			九、联行往来		
			十、库存现金	263	-31
			十一、应收及预付款	234	38
			其中：应收利息	26	22
			十二、投资性房地产		
			十三、固定资产		
			十四、其他资产		-5
			十五、减：各项准备		
			其中：贷款减值准备		
资金来源总计	133 638	73 872	资金运用总计	133 638	73 872

表 2.84　中国邮政储蓄银行北京分行外汇信贷收支统计

单位：万美元

项目名称	余额	比年初	项目名称	余额	比年初
一、各项存款	7 936	-51 309	一、各项贷款	149 546	62 612
（一）境内存款	7 936	-51 309	（一）境内贷款	114 546	27 612
1. 个人存款	6 387	1 719	1. 短期贷款	32 046	19 612
其中：活期储蓄存款	3 320	1 570	（1）个人贷款及透支		
定期储蓄存款	3 061	146	其中：个人消费贷款		
结构性存款			（2）单位贷款及透支	32 046	19 612
2. 单位存款	1 548	-3 029	经营贷款及透支	32 046	19 612
其中：活期存款	1 048	-3 529	固定资产贷款		
定期存款	500	500	并购贷款		
保证金存款			贸易融资		
结构性存款			（3）非存款类金融机构贷款		
3. 国库定期存款			2. 中长期贷款	82 500	8 000
4. 非存款类金融机构存款		-50 000	（1）个人贷款		
（二）境外存款			其中：个人消费贷款		
二、代理财政性存款			（2）单位贷款	82 500	8 000
三、金融债券			经营贷款	8 000	8 000
其中：境外发行			固定资产贷款		
四、卖出回购资产			并购贷款	74 500	
五、向中央银行借款			贸易融资		
六、银行业存款类金融机构往来			（3）非存款类金融机构贷款		
七、借款及非存款类金融机构拆入			3. 票据融资		
八、联行往来（净）	305	271	4. 融资租赁		
九、应付及暂收款	29	2	5. 各项垫款		
其中：应付利息	30	3	（二）境外贷款	35 000	35 000
十、其他负债		-394	二、债券投资		
十一、所有者权益	1 789	-683	三、股权及其他投资		
其中：实收资本			四、买入返售资产		
			五、存放中央银行存款		
			六、缴存中央银行财政性存款		
			七、银行业存款类金融机构往来		
			八、存放非存款类金融机构款项		
			九、联行往来		
			十、库存现金	154	44
			十一、应收及预付款	488	123
			其中：应收利息	488	267
			十二、投资性房地产		
			十三、固定资产		
			十四、其他资产	-135 354	-110 723
			十五、减：各项准备	4 775	4 169
			其中：贷款减值准备	4 775	4 169
资金来源总计	10 058	-52 112	资金运用总计	10 058	-52 112

表2.85　昆仑银行国际业务结算中心外汇信贷收支统计

单位：万美元

项目名称	余额	比年初	项目名称	余额	比年初
一、各项存款	2 201	-2 336	一、各项贷款	25	-164
（一）境内存款	2 201	-2 336	（一）境内贷款	25	-164
1. 个人存款			1. 短期贷款	25	25
其中：活期储蓄存款			（1）个人贷款及透支		
定期储蓄存款			其中：个人消费贷款		
结构性存款			（2）单位贷款及透支	25	25
2. 单位存款	2 201	-2 336	经营贷款及透支		
其中：活期存款	2 201	-2 336	固定资产贷款		
定期存款			并购贷款		
保证金存款			贸易融资	25	25
结构性存款			（3）非存款类金融机构贷款		
3. 国库定期存款			2. 中长期贷款		-190
4. 非存款类金融机构存款			（1）个人贷款		
（二）境外存款			其中：个人消费贷款		
二、代理财政性存款			（2）单位贷款		-190
三、金融债券			经营贷款		
其中：境外发行			固定资产贷款		
四、卖出回购资产			并购贷款		
五、向中央银行借款			贸易融资		-190
六、银行业存款类金融机构往来			（3）非存款类金融机构贷款		
七、借款及非存款类金融机构拆入			3. 票据融资		
八、联行往来（净）			4. 融资租赁		
九、应付及暂收款	152	18	5. 各项垫款		
其中：应付利息			（二）境外贷款		
十、其他负债			二、债券投资		
十一、所有者权益	23	23	三、股权及其他投资		
其中：实收资本			四、买入返售资产		
			五、存放中央银行存款		
			六、缴存中央银行财政性存款		
			七、银行业存款类金融机构往来		
			八、存放非存款类金融机构款项		
			九、联行往来	2 352	-2 130
			十、库存现金		
			十一、应收及预付款		
			其中：应收利息		
			十二、投资性房地产		
			十三、固定资产		
			十四、其他资产		
			十五、减：各项准备		
			其中：贷款减值准备		
资金来源总计	2 377	-2 294	资金运用总计	2 377	-2 294

注：以上统计表由中国人民银行营业管理部调查统计处提供。

（三）机构、人员统计

表 3.1 北京辖区内金融管理机构数量与从业人员数量统计

2017 年 12 月 31 日

单位：家、人

机构名称	机构数量	职工人数
中国人民银行营业管理部	1	517
中国银行业监督管理委员会北京监管局	1	237
中国证券监督管理委员会北京监管局	1	113
中国保险监督管理委员会北京监管局	1	83
北京市金融工作局	1	78
合计	5	1 028

注：表中数据由表中各部门提供。

表 3.2 北京辖区内银行及其他金融机构数量与从业人员数量统计

2017 年 12 月 31 日

单位：家、人

机构名称	机构数			从业人员数	营业员工数
	法人机构	分行级（含总行营业部、办事处、代表处）	支行及支行以下营业网点		
国家开发银行在京营业机构		2		366	
政策性银行合计		3	13	552	322
中国进出口银行北京分行		1		63	
中国农业发展银行在京营业机构		1	13	444	322
中国农业发展银行总行营业部		1		45	
国有商业银行合计		8	1 817	55 265	53 325
中国工商银行北京市分行		1	561	18 636	18 635
中国农业银行北京市分行		2	362	8 624	8 559
中国银行北京市分行		1	298	10 245	10 158
中国建设银行北京市分行		3	446	13 296	11 516
交通银行北京市分行		1	150	4 464	4 457
股份制商业银行合计		13	887	24 262	17 392
中信银行总行营业部		1	86	2 984	1 984
中国光大银行北京分行		1	121	2 774	2 026

续表

机构名称	机构数			从业人员数	营业员工数
	法人机构	分行级（含总行营业部、办事处、代表处）	支行及支行以下营业网点		
华夏银行北京分行		1	75	2 148	1 459
广发银行北京分行		1	58	1 655	1 278
平安银行北京分行		1	58	1 686	1 343
招商银行北京分行		1	108	4 517	3 674
上海浦东发展银行北京分行		1	75	1 593	1 124
兴业银行北京分行		1	69	1 885	1 436
中国民生银行北京分行		1	195	3 350	2 196
浙商银行北京分行		1	8	635	250
渤海银行北京分行		1	29	780	504
恒丰银行北京分行		2	5	255	118
城市商业银行合计	1	16	393	11 441	7 688
北京银行	1	5	261	6 828	5 064
天津银行北京分行		1	16	439	258
大连银行北京分行		1	6	246	29
杭州银行北京分行		1	16	496	312
南京银行北京分行		1	14	503	365
盛京银行北京分行		1	9	232	154
上海银行北京分行		1	6	295	106
江苏银行北京分行		1	21	610	427
宁波银行北京分行		1	7	690	313
包商银行北京分行		1	17	298	175
锦州银行北京分行		1	7	228	144
厦门国际银行北京分行		1	13	576	341
农村金融机构合计	12		702	9 958	8 810
北京农商银行	1		674	9 191	8 043
村镇银行	11		28	767	767
中国邮政储蓄银行北京分行		1	573	3 267	1 784
卡中心		11	1	7 167	
外资银行	9	46	66	5 313	1 048
外资银行代表处		64		171	
外资非银行代表处		13		52	
非银行金融机构合计	95	5		12 684	12 684
资产管理公司		4		266	266
企业集团财务公司	71	1		4 784	4 784
信托公司	12			3 557	3 557
金融租赁公司	3			332	332
汽车金融公司	7			3 257	3 257
消费金融公司	1			328	328
货币经纪公司	1			160	160
合计	117	182	4 452	130 498	103 053

注：1. 营业员工数指营业网点的所有员工数。

2. 中国工商银行票据营业部北京分部的数据计入“工商银行北京市分行”。

3. 本表由中国银行业监督管理委员会北京监管局提供。

表 3.3　北京辖区内证券机构数量与从业人员数量统计

2017 年 12 月 31 日

单位：家、人、万户

机构类别	机构数量	从业人员数量	投资者开户数
证券公司	18	36 724	2 304
证券分公司	82	11 066	1 191
证券营业部	473		
基金管理公司	32	6 056	
基金分公司	60		
期货公司	19	4 249	67
期货分支机构	102	868	13.7
证券投资咨询公司	18	4 271	7.39
上市公司			
外资代表处	34		

注：本表由中国证券监督管理委员会北京监管局提供。

表 3.4　北京辖区内保险机构数量与从业人员数量统计

2017 年 12 月 31 日

单位：家、人

机构类别	总公司	分公司	支公司	营业部	营销服务部	专属机构（电销中心）	公司职工	保险营销员
中资产险	13	32	143	43	74			
中资寿险	22	37	96	14	178	11		
中资再保险	4							
外资产险	3	15	3	1	3			
外资寿险	8	22	3		35	9		
外资再保险		3						
政策性保险	1							
资产管理公司	10							
保险集团	8							
相互保险组织	2							
合计	71	109	246	58	290	20		
中介法人机构								
其中：代理公司	172	421					397 231	
经纪公司	182	79					31 654	
公估公司	51	13					2 281	
总计	405	513					431 166	162 822

注：1. 总公司是指注册地在北京的保险公司总公司。

2. 本表由中国保险监督管理委员会北京监管局提供。

九、大 事 记

1月

1月1日 北京保险中介行业协会与北京博派通达科技有限公司共同开发的“北京保险中介行业信息发布系统”正式上线启用。

1月6日 北京市电子清分服务平台票据影像化业务试点上线运行。

1月10日 中国人民银行营业管理部在中关村地区开展“加强信息保护和支付安全 防范电信网络欺诈”宣传活动。

1月18日 上海浦东发展银行北京分行与爱尔兰贸易与科技局、爱尔兰驻华大使馆举行出国金融战略合作签约仪式，推出爱尔兰“一站式”留学金融服务。

1月19日 北京秉正银行业消费者权益保护促进中心挂牌成立。该中心是北京地区首家独立的第三方银行业服务纠纷调处机构和银行业消费者保护促进机构。

1月20日 中国农业银行北京市分行作为独家承贷银行，为兴延高速公路政府与社会资本合作（PPP）项目发放首笔贷款。该项目是世界园艺博览会与冬季奥林匹克运动会的重点配套工程，也是北京市按照财政部政策标准运作的首例公路PPP项目，融资总额超过60亿元。

2月

2月4日 章波任盛京银行北京分行行长。

2月8日 中国平安财产保险公司北京分公司与先锋合众（北京）汽车贸易公司签署合作协议，联合推出“BMW车钥匙”保险产品。“BMW车钥匙”保险，针对BMW不同车型及钥匙种类设计，保障在保险期间内，保险标的因意外丢失而需重新配置的，保险公司将按合同约定负责赔偿保险标的作废处理后重新配置一套钥匙的费用。

2月15日 昌平区人民政府与相关金融机构战略合作框架协议签约仪式暨昌平区建设发展基金成立大会举行。会上，昌平区委常委、副区长苏贵光介绍了基金设立情况；区委副书记、区长张燕友与相关金融机构签署了战略合作协议；未来科技城公司董事长董贵蛟与相关金融机构签署了500亿元的有限合伙协议。昌平区建设发展基金设母基金，并由母基金联合金融机构等社会资本设立多只子基金。本次签约设立的两只子基金已经募集500亿元资金，其中，未来科技城项目类子基金300亿元、其他项目类子基金200亿元。

2月23日 北京银行举办“积极试点农村承包土地的经营权抵押贷款暨北京市首单‘农权贷’落地签约仪式”。北京银行与北京亿水阳光园林工程有限公司签订借款合同，提供120万元“农权贷”贷款支持，实现北京市首单农村承包土地经营权抵押贷款落地。同时，北京银行与北京市农村产权交易所签署战略合作协议，为“农权贷”产品抵押登记开辟绿色通道；与大兴区政府签署《推动三农金融创新暨“农权贷”业务合作协议》。

2月28日 北京市国家税务局、中国人民银行营业管理部、北京银行举行“电子缴税三方协议网签业务上线”启动仪式，三方合作在国内率先推出网上“一站式”纳税服务。税库银三方网签业务于3月1日正式上线启用。

2～4月 中国金融工会北京工作委员会开展2017年北京金融系统评先创优

活动，评选出北京“金融五一劳动奖章”6人、“北京金融先锋号”8个、“北京金融模范职工之家”3个、“北京金融五一巾帼标兵岗”6个、“北京金融五一巾帼标兵”7人、“北京金融优秀职工之友”4人、“北京金融系统先进工会组织”5个、“北京金融优秀工会工作者”5人、“北京金融优秀工会积极分子”5人。同时，向中国金融工会推荐2个集体获评“全国金融先锋号”“全国金融五一巾帼标兵岗”，推荐5名个人获评“全国金融五一劳动奖章”“全国金融五一巾帼标兵”“全国金融系统优秀工会干部”。

3月

3月2日　袁桂军任中国建设银行北京市分行党委书记、行长职务。廖林不再担任中国建设银行北京市分行党委书记、行长。

3月15日　中国工商银行北京市分行、交通银行北京市分行、华夏银行北京分行与京报集团全资子公司——京报长安资产投资管理有限公司举行产业基金签约仪式，四方将共同设立一只规模50亿元的产业基金，用于京报集团媒体融合及多元化发展。

3月28日　北京农商银行与华夏银行签署全面战略合作协议。根据协议，双方将充分发挥在产业金融、区域金融、资金结算、网点覆盖方面的优势，在产品、渠道、信息资源和管理等方面实现全面合作，主要合作领域包括授信业务、投行业务、金融同业、个人金融、电子银行、托管业务、民生领域业务等。

3月29日　由中国银行业监督管理委员会北京监管局（以下简称北京银监局）、共青团北京市委员会、北京市教育委员会等部门共同主办的2017年度北京地区“送金融知识进校园”活动启动仪式在中国人民大学举办。本次活动以“共筑金融互盾，守护美好未来”为主题，由中国人民大学和北京秉正消费者权益保护促进中心协办，中国工商银行北京市分行、中国建设银行北京市分行、中国邮政储蓄银行北京分行和中国民生银行北京分行共同承办，旨在向在校大学生普及金融知识，提高青年人识别和防范金融风险的能力，加强金融自我保护意识。

3月　北京保险行业协会在北京铁路运输法院内设立“北京保险行业协会保险合同纠纷调解委员会北铁诉调对接调解室”。这是保险纠纷调解工作探索化解消费者和保险公司矛盾的创新举措，在程序上、操作上实现了现场接案、现场调解、现场确权的对接。

4月

4月6日　中国农业银行北京市分行上线自助机具“刷脸取款”功能，通过人脸识别、身份证号码验证、密码验证等实现人脸扫描取款。

4月10日　中国保险监督管理委员会北京监管局（以下简称北京保监局）发布《关于印发北京保险业贯彻落实〈中国保险业发展“十三五”规划纲要〉实施意见》，明确了“十三五”时期北京保险业发展的指导思想、战略目标和具体举措，是新形势下北京保险行业发展的指导性文件。

4月12日　中国银行北京市分行与酒仙网电子商务股份有限公司签订战略合作协议，双方将在公司授信、个人金融、银行卡、中银保险、投贷联动等方面开展业务合作。

4月17日 北京保监局、中国保险监督管理委员会天津监管局、中国保险监督管理委员会河北监管局联合发布《关于保险公司和保险专业代理机构跨京津冀区域经营备案管理试点有关事项的通知》，指导三地保险行业协会共同签署关于建立京津冀区域车险反欺诈机制的合作协议。

北京保险行业协会与天津市保险行业协会、河北省保险行业协会共同签署《京津冀车险反欺诈协同工作机制》，就车险反欺诈工作开展全面合作。

4月18日 北京银行正式发布“京彩易联”互联网金融服务体系，通过京彩e管家、京彩e账户、京彩e支付系列产品，为各种类型的互联网金融机构提供资金存管、电子账户、支付结算等一揽子综合服务。北京银行与凤凰金融开启战略合作，双方将基于“京彩易联”互联网金融服务体系，在资金存管、账户服务、支付结算、财资管理等多个业务层面展开深入合作。

京津冀城际铁路发展基金签约仪式在京举行。该基金由12家金融机构共同出资设立，总规模1 000亿元，首期规模600亿元，重点投向京津冀区域内的城际铁路建设、沿线土地综合开发等。

中国邮政储蓄银行北京分行新一代零售信贷工厂上线。

4月26日 中国人民财产保险股份有限公司北京市分公司携手上海金汇通用航空股份有限公司举行以“买人保车险，享航空医疗救援”项目合作启动仪式，为人保车险的优质客户提供“航空医疗救援”增值服务。

5月

5月5日 信美人寿相互保险社正式获得中国保险监督管理委员会（以下简称中国保监会）开业批复；5月11日，在北京市工商行政管理局完成工商注册登记手续，取得《营业执照》。信美人寿相互保险社是国内首家相互人寿保险社，由浙江蚂蚁小微金融服务集团股份有限公司、天弘基金管理有限公司、国金鼎兴投资有限公司、成都佳辰投资管理有限公司、汤臣倍健股份有限公司、深圳市新国都技术股份有限公司、北京远望创业投资有限公司、北京创联中人技术服务有限公司共同发起设立，初始运营资金10亿元，法定代表人为杨帆。

中国平安财产保险公司北京分公司成功参与首架中国制造的中型客机C919飞机研制总装试验试飞保险项目，承保的险种为机身、零备件一切险与责任险。

5月9日 中华联合财产保险公司北京分公司与杭州助拍信息技术有限公司就“法拍贷”抵（质）押贷款阶段性保证保险业务实现合作。“法拍贷”系针对司法拍卖中竞拍人对按揭贷款需求开发的阶段保险产品，对于拍卖房交易场景首次使用信保产品嫁接，解决了在司法拍卖中竞拍人需足额缴纳拍品全款才能实现拍卖成交，与银行按揭在未落实抵押权到位前不能放款的矛盾，实现了司法拍卖场景与常规按揭贷款的合理衔接。

5月18日 中国邮政储蓄银行北京分行与北京登记结算有限公司签订战略合作协议。双方将以此为契机，依托各自优势，不断深化合作领域，扩展合作空间，在交易结算、银企直连和现金管理等业务领域开展全方位和多层次合作，实现交易银行业务新发展。

5月23日 北京市总工会、北京农商银行、北京首创融资担保公司共同签署“首都职工创业小额贷款三方合作协议”，正式推出“首都职工创业小额贷款”。签约仪式上，北京农商银行与北京市总工会会员企业——北京哞哞小花牛餐饮管理有限公司签署借款合同，标志着“首都职工创业小额贷款”产品正式落地。

5月25～26日 中国人民银行营业管理部联合中国银联北京分公司、国家金融IC卡安全检测中心共同举办“国家金融IC卡安全检测中心实验室开放日”活动，向社会公众普及银行卡用卡安全、防范支付风险、防范电信欺诈、保护个人敏感信息等科技知识。

5～6月 中国人民银行北京市青年联合委员会、北京市金融学会、北京市金融业文化建设协会联合举办首届北京市金融系统青年学术辩论赛，中国工商银行北京市分行等11个金融机构参赛。本次比赛围绕“互联网金融能或不能颠覆传统金融”“银行业务应不断创新发展优先，还是应注重风险合规优先”“产业政策能或不能有效促进经济转型”“解决金融‘脱实向虚’问题重在金融行业改革还是实体经济改革”等辩题，进行初赛、复赛、半决赛、决赛四轮11场比赛。最终，交通银行北京市分行获得冠军，招商银行北京市分行获得亚军，中国人民银行营业管理部与中国农业银行北京市分行获得季军。

6月

6月6日 北京首家民营银行——北京中关村银行股份有限公司经北京银监局批准开业，成为全国第13家获批开业的民营银行。该行注册资本40亿元，发起股东共11家，郭洪任董事长，王萌任行长。7月16日，北京中关村银行股份有限公司正式开业。

6月8日 中国保监会印发《中国保监会关于商业车险费率调整及管理等有关问题的通知》，决定进一步扩大保险公司自主定价权，下调商业车险费率浮动系数下限，通过市场化手段进一步降低商业车险费率水平，减轻消费者保费负担。此次车险费率调整，北京地区自主核保系数仍在0.85～1.15范围内，自主渠道系数范围由0.85～1.15调整为0.75～1.15。

中信银行私人银行北京分中心在富华大厦D座正式揭牌。

6月9日 平安银行北京分行与北京科技大学举行战略合作签约与助学捐赠仪式，双方将在资金存放和结算、配套金融服务等领域进行合作。平安银行北京分行还向北京科技大学教育发展基金会捐赠50万元，由该校统筹用于教学、学科发展和学生奖助等活动。

北京农商银行为中建一局集团建设发展有限公司成功办理首笔“农民工工资支付保函”业务。农民工工资支付保函是一项符合国家政策倡导的新型保函，是银行应承包商申请，保证其在劳务用工合同项下或根据工程所在地政府相关要求，按时、足额向参与工程建设的施工人员支付工资的书面承诺。

6月13日 施刚任中国工商银行区域总监兼中国工商银行北京市分行行长、党委书记。由于年龄原因，王珍军不再担任中国工商银行区域总监和中国工商银行北京市分行行长、党委书记职务。

6 月 16 日 北京银行联合首发集团、速通公司共同举办战略协议签署暨速通卡服务发布仪式。“e 路畅通”速通卡服务以“线上一站申请、线下上门安装”的 O2O 服务模式，支持用户“足不出户、车不出库”即可完成速通卡申请及速通电子标签安装，支持速通卡绑定借记卡、信用卡，实现代扣速通卡交易费用功能。

6 月 22 日 中国邮政储蓄银行北京分行成立信用卡部。该信用卡部为一级部建制，负责信用卡业务市场拓展、产品研发和推广、风险管理及信用卡审核等相关工作。

爱心人寿保险股份有限公司在京注册成立。该公司是经中国保监会批准成立的全国性、综合性人寿保险公司，由北京保险产业园投资控股有限责任公司等 11 家企业发起设立，注册资金 17 亿元，注册地为北京。

汇友建工财产相互保险社经中国保监会批准开业，主营业务包括住建及工程领域的责任保险、信用保证保险等，是国内首家专业服务于住建及工程领域的相互保险企业，由长安责任保险股份有限公司和潍坊峡山中骏投资管理有限公司发起筹建，初始运营资金为 6 亿元，法定代表人为阎波。

6 月 28 日 北京银行牵头设立“北京银行中关村投贷联动共同体”，在京搭建创新创业融合生态圈。“投贷联动”，指银行采用成立类似风险投资公司或基金的方式，对创新企业给予资金支持，并建立在严格的风险隔离基础上，以实现银行业的资本性资金早期介入。同时，通过信贷投放等方式给企业提供另一种资金支持。此次设立的“北京银行中关村投贷联动共同体”包含四类机构，分别是以北京银行为代表的金融服务机构，北京市重点产业领域领军企业，以创新企业为投资标的的知名投资机构，以及服务创新创业企业的各类平台、协会、组织等。

6 月 29 日 北京保险行业协会、北京保险学会联合新浪网、和讯网、《北京商报》、“A 智慧保”微信公众号等多家媒体共同开展北京地区消费者商业健康保险调查。

6 月 30 日 中国人民银行营业管理部与中国证券监督管理委员会北京监管局（以下简称北京证监局）签署《关于加强证券期货监管合作共同维护金融稳定的备忘录》，建立信息共享、联席会议、联络员制度“三个机制”，进一步强化十个方面的监管合作。

7 月

7 月 4 日 中国农业银行北京市分行为国家电力投资集团公司面向境内外投资者发行首单非金融企业“债券通”债券，金额 10 亿元。本次发行是“债券通”正式上线试运行以来首批发行中第一笔完成缴款的业务。“债券通”全称为“内地与香港债券市场互联互通合作”，指全球投资者可以通过中国香港离岸市场的金融业务平台，投资中国银行间债券市场。

7 月 5 日 由北京保险行业协会主办、中国人民财产保险股份有限公司北京市分公司承办的 2017 年北京“保险进农村”宣传活动启动仪式在怀柔区桥梓镇凯甲庄村村委会举行。

7 月 11 日 泰康人寿保险有限责任公司北京分公司与北京燕化医院举办“健保通”项目合作签约仪式。“健保通”直付式理赔是由保险公司通过与合作医院的医疗系统对接，在客户出院时，院方代为垫付泰康人寿应赔付的医疗费用，客户只需支付个人剩余的医疗费用，从而实现出院即理赔的零等待服务。

7月19日 北京银行与神雾科技集团股份有限公司达成全面战略合作协议。根据协议，北京银行将为神雾集团提供包括三年期、总额度为50亿元的意向性综合授信、投行发债、“现金优管家”、投资理财、“资金快链”等内容的一揽子金融服务，重点支持神雾集团在“一带一路”倡议中的节能减排项目的建设开发。

7月28日 “京津冀资产管理公司战略合作联盟”签约仪式在国家体育场“鸟巢”金色大厅举行。该联盟由河北省资产管理有限公司、北京市国通资产管理有限责任公司、天津津融资产管理有限公司共同发起成立。上海浦东发展银行北京分行受邀参加，并与京津冀三方国有资产管理公司签署《合作意向书》。

7月27~30日 2017年中国国际金融展在北京展览馆举行，本届展会以“创新驱动、稳健转型、共享金融”为主题，来自国内外金融、IT等行业的200余家单位参展。与展会同期举办的中国金融发展论坛围绕“创新驱动、稳健转型、共享金融”“‘Security +’金融网络安全趋势研讨”“支付产业发展前瞻”“我国现金机具管理之路”等主题展开研讨。

8月

8月3日 2017年北京市实名注册志愿者团体人身意外伤害保险签约仪式举行。中国人寿保险公司北京市分公司与北京市志愿服务联合会签订《志愿者保险服务合同》，标志着惠及全市近400万实名注册志愿者的保险保障项目在新一年度的正式生效。

8月10日 北京保监局正式启动北京地区人身保险电子化回访试点工作，同时出台《北京地区人身保险电子化回访试点办法》。

8月23日 第十五届北京国际图书节开幕。北京银行作为唯一一家金融机构受邀参展，并在启动仪式上与北京市新闻出版广电局签署《支持北京新闻出版与广播影视产业发展全面战略合作协议》，在未来5年内提供500亿元意向性授信，重点支持北京市新闻出版及广播电影电视产业发展，推动北京市全国文化中心建设。

8月24日 北京农商银行在北京金融资产交易所成功挂牌发行大兴区庞各庄镇集体经营性建设用地入市试点一期项目永续债权融资计划，融资金额1.6亿元。这是北京辖内银行机构首次采用直接融资方式支持北京市集体经营性建设用地入市项目。永续债权融资计划是融资人以非公开方式向合格投资者募集资金的债权性固定收益类产品，可在优化借款人财务结构的同时满足其融资需求。该产品由北京金融资产交易所推出，并于2017年6月初纳入银行间市场产品体系。

8月29日 网联清算有限公司在京注册成立。该公司是经中国人民银行批准成立的非银行支付机构网络支付清算平台的运营机构。

8月31日 北京证监局与北京市金融工作局签署《关于北京区域性股权市场监管合作及信息共享机制备忘录》。

9月

9月1日 中国农业银行北京市分行挂牌成立普惠金融事业部，主要承担全行“三农”金融、科技金融等普惠金融各领域的牵头管理工作，与前期设立的中关村分行及密云、延庆“三农”事业部一道，初步构建了较为完备的普惠金融服务体系。

北京农商银行与国开金融有限责任公司、北京农村产权交易所签署《关于共同创新推进市民农庄特色小镇建设的战略合作协议》。根据协议，三方将充分发挥各自在金融服务、政府资源、产权流转等领域的优势，携手助力特色小镇建设，北京农商银行将提供150亿元的意向性授信。

9月12日 北京市支付清算协会举行揭牌仪式。北京市支付清算协会由辖内13家主要金融机构共同发起申请设立，业务主管部门为中国人民银行营业管理部。协会设会长单位1家，副会长单位16家，会员单位77家，包括北京地区商业银行、支付机构和部分行业相关机构。

9月18日 中国人民银行营业管理部、北京银监局、中关村科技园区管理委员会联合出台《关于进一步推动中关村国家自主创新示范区科技金融专营组织机构创新发展的意见》。主要涵盖五个方面的内容：一是进一步加强科技金融专营组织机构组织体系建设，在分行层面探索管理协调部门，支行层面做实做强；二是有序推进科技信贷管理体制创新，优化信贷管理机制，加强新一代信息技术推广应用；三是积极拓展科技金融特色产品和服务，加强对科创企业的支持力度；四是不断完善科技金融人才管理制度，加强人才队伍建设，健全考核体系；五是加强相关部门对科技金融专营组织机构的支持和引导，推动形成政策合力。

9月21日 由北京市社会科学界联合会主办，北京市金融学会承办的“京津冀协同发展与产业布局”学术论坛在中国人民银行营业管理部举办。本次论坛围绕“京津冀协同发展与产业布局”这一主题，探讨交流京津冀三地在产业空间布局、产业对接协作和结构转型升级等方面的工作进展与合作前景，并就京津冀协同发展中如何有效发挥金融对区域经济发展和产业转型升级的助推作用作了进一步讨论。

中国人民银行营业管理部与北京市国家安全局签订《预防和打击危害国家安全、金融安全违法犯罪活动》合作备忘录。

9月23日 北京保监局与北京市公安局联合签署《反保险诈骗合作备忘录》，进一步深化保险行业与公安机关的反保险欺诈合作。

9月26日 中国银行北京市分行开发的“精彩e校园—助学贷款”项目投产，为高校学生在线申请助学贷款提供更多解决方案，并可自主实时查询贷款审批进度，减少助贷集中受理期间网点大量手工输入工作。

9月28日 北京保险行业实现车险电子投保，这是继2016年12月28日车险电子保单实施以来，北京地区在车险电子化改革工作中的又一突破。

9月 中国人民银行营业管理部、北京银监局联合举办的2017年“金融知识普及月”暨“金融知识进万家”联合宣传活动月。

中国民生银行北京分行与中央国家机关住房资金管理中心签订合作协议，被授予办理公积金贷款及组合贷款业务资格，开启股份制银行开展国管公积金业务的时代。

10月

10月11日 华夏银行文创产业中心暨北京文创产业管理部正式成立。

10月14日 北京银行成立文创金融事业总部，并结合朝阳国家文化产业创新实验区建设、东城国家文化与金融合作示范区创建，分别揭牌大望路、雍和两家文创专营支行，创新发布业内首个IP产业链文化金融服务方案“文化IP通”。

10月23日 北京保监局制定保险公司银邮渠道人身险业务管控责任清单，强化保险公司对银邮渠道人身险业务合规管控的主体责任和第一责任。

10月26日 杭州银行北京分行首笔资产支持证券（ABS）产品投资业务成功落地，投资金额2亿元。

11月

11月9日 北京银行城市副中心分行揭牌，这是在北京城市副中心落户的第一家一级分行机构。开业仪式上，城市副中心分行与通州区投资促进局签署全面战略合作协议，双方将针对区内重点企业和科技、文化、绿色等特色企业共同开展政策与金融服务产品对接，并对区域内优质企业开辟绿色通道，协助企业拓宽融资渠道。城市副中心分行还与北京建工投资发展有限责任公司签署100亿元战略合作协议，支持其在城市副中心文化旅游区环球影城的基础设施建设项目。

11月10日 中国银行北京市分行上线电子指令审核流转平台。

11月15日 北京证监局制定下发《北京辖区投资者教育基地建设运行工作指引（试行）》。

11月18日 中信百信银行股份有限公司正式开业。这是首家获批的独立法人形式的直销银行，由中信银行与百度联合发起，注册资本20亿元，法定代表人为李庆萍。

11月21日 上海浦东发展银行北京分行离岸客户——周大福企业有限公司13亿美元离岸银团项目成功落地，此笔银团贷款由该行与上海浦东发展银行香港分行联合担任牵头行，各参团6.5亿美元。

11月27日 中国农业银行北京市分行完成辖内全部网点柜面综合化改造工作，实现柜面业务的凭证、印章和签字电子化，推动风险管控由“人控”向“机控”转变。

11月30日 “北京市出租汽车智能计价终端”项目正式落地实施，开始装机试运行。这是中国银联北京分公司与北京市交通委员会运输管理局直接合作，通过对车载计价器等设备的智能化改造，实现北京市出租汽车应用银联闪付、二维码支付。首批试运行的6家出租汽车公司共安装172辆车，208名司机领取到了新版从业资格证卡和中信银行借贷合一卡。

12月

12月5日 由北京市金融工作局、北京保监局指导，北京商报社、北京品牌协会主办的“2017年度（第三届）北京金融论坛”在京举行。论坛以“去杠杆，金融改革与服务实体”为主题，发布了解密最严调控下的首都金融业生存现状的《北京金融业发展报告》，同步颁发了《年度北京金融业十大品牌》奖项。

12月6日 “2017信用北京暨（第三届）信用中关村高峰论坛”在中关村丰台科技园华夏幸福创新中心举行。本届论坛以“构建新时代的信用新模式”为主题。在论坛上，国家发展和改革委员会、北京市经济和信息化委员会、中国人民银行营业管理部及中关村发展集团股份有限公司等政府部门和企业机构相关负责人，共同启动了“北京市公共信用信息服务平台”，北京市信用联合奖惩备忘录、《中关村企业信用发展报告2017》也正式发布，同时举行了中关村信用智库成立仪式。

12月6日 中国建设银行北京市分行与海淀区人民政府签订《战略合作框架协议》，涉及区域内产业园区建设、棚户区改造、非首都功能疏解、区域内企业金融服务、租赁房项目和公共资源交易平台项目等多项内容。

12月15日 由北京秉正银行业消费者权益保护促进中心主办的2017年度“秉正杯——感动消费者的那些人和那些事”评选活动在北京金融大街航宇大厦举行颁奖仪式，11家银行业金融机构和10名银行从业人员荣获2017年度“秉正杯”。

12月18日 北京地区行业车险理赔共享服务网点正式面向社会公众提供车险理赔服务。共享网点是车险全流程电子化工作中的重要环节，即凡在本市投保的机动车，在北京地区发生无人伤、仅造成车辆损失且责任明确的事故，消费者可就近选择共享网点办理事故车辆的查勘、定损，也可以直接在共享网点办理事故车辆维修。首批百家共享网点依托北京地区部分汽车维修企业设立，由北京保险行业协会和北京汽车维修行业协会共同选定，涵盖北京六环之内的主要区域，覆盖10个行政区。

12月19日 华安财产保险公司北京分公司与中国民生银行开展合作，为在中国民生银行开通“民生付扫码及小额免密”功能的客户提供个人账户资金安全保险保障，即承保上述客户名下的所有民生银行账户，每人保障额度1万元。

12月22日 中国金融工会北京工作委员会、北京市金融工会、北京市银行业协会联合召开北京市金融系统推进企业集体协商工作会议，并举行《北京银行业2017年度工资专项集体合同》签字仪式，北京市金融系统约80家单位共130余人参加了会议。

全国中小企业股份转让系统发布《全国中小企业股份转让系统挂牌公司分层管理办法》《全国中小企业股份转让系统股票转让细则》和《全国中小企业股份转让系统挂牌公司信息披露细则》。

12月26日 杭州银行北京文化金融事业部在北京新闻大厦举办挂牌成立仪式。仪式上，杭州银行北京分行发布了专门为北京地区文化人才提供的金融服务方案“追梦计划”，成立了杭州银行“文化梦想导师团”，并与北京市文化投资发展集团有限责任公司、北京市文化科技融资租赁股份有限公司、北京市文化科技融资担保有限公司、北京华录百纳影视股份有限公司、完美世界股份有限公司等签署战略合作协议，为企业提供融资、现金管理、供应链金融、投行资管等一揽子金融服务方案。

十、附　　录

（一）北京市金融机构名录

（2017 年 12 月 31 日）

1. 金融管理机构

机构名称	地址	邮编	电话
中国人民银行营业管理部	西城区月坛南街 79 号	100045	68559550
（国家外汇管理局北京外汇管理部）	（海淀区莲花池东路 39 号西金大厦）	100036	（68559915）
中国银行业监督管理委员会北京监管局	西城区金融大街 20 号交通银行大厦 B 座	100033	58391815
中国证券监督管理委员会北京监管局	西城区金融大街 26 号金阳大厦 6 层	100033	88088060
中国保险监督管理委员会北京监管局	西城区金融大街 15 号鑫茂大厦北楼 9 层	100033	66060530
北京市金融工作局	西城区槐柏树街 2 号市府大楼 2 号楼	100053	63020601

2. 银行业机构

（1）中资银行

机构名称	地址	邮编	电话
国家开发银行北京市分行	西城区复兴门内大街 158 号远洋大厦 8 层	100031	63223100
国家开发银行企业局	西城区太平桥大街 16 号丰融国际大厦 11 层	100032	88303829
中国进出口银行北京分行	东城区北河沿大街 77 号	100009	64099656
中国农业发展银行北京市分行	丰台区南四环西路 186 号一区 1 号楼 5 层	100045	68081842

中国农业发展银行总行营业部	西城区月坛北街甲2号月坛大厦南楼	100045	68081456
中国工商银行股份有限公司北京市分行	西城区复兴门南大街2号天银大厦B座	100031	66410579
中国农业银行股份有限公司北京市分行	东城区朝阳门北大街13号	100027	61128111
中国银行股份有限公司北京市分行	东城区朝阳门内大街2号凯恒中心C座、E座	100010	85121710
中国建设银行股份有限公司北京市分行	西城区宣武门西大街28号楼4门	100053	63603682
交通银行股份有限公司北京市分行	西城区金融大街22号	100033	88668000
中国建设银行股份有限公司北京中关村分行	海淀区知春路96号	100086	82118322
中国农业银行股份有限公司北京中关村分行	海淀区知春路6号	100091	82270080－1038
中国建设银行股份有限公司北京通州分行	通州区玉带河西街25号	101100	69546921
中信银行股份有限公司总行营业部	西城区金融大街甲27号投资广场A座	100033	66293575
中国光大银行股份有限公司北京分行	西城区宣武门内大街1号	100031	66567647
中国民生银行股份有限公司总行营业部	西城区复兴门内大街2号	100032	58560626
华夏银行股份有限公司北京分行	西城区金融大街11号	100032	58598600
兴业银行股份有限公司北京分行	朝阳区朝阳门北大街20号兴业银行大厦	100020	59886119
广发银行股份有限公司北京分行	东城区东长安街甲2号	100005	65169007
平安银行股份有限公司北京分行	西城区复兴门内大街158号远洋大厦	100031	66292032
上海浦东发展银行股份有限公司北京分行	西城区太平桥大街18号丰融国际大厦	100032	84085589
招商银行股份有限公司北京分行	西城区复兴门内大街156号	100031	66426900
渤海银行股份有限公司北京分行	西城区复兴门内大街28号凯晨世贸中心东座F1	100031	66270100
浙商银行股份有限公司北京分行	西城区金融大街甲一号－1	100033	88006088
恒丰银行股份有限公司北京分行	西城区金融大街八号C座	100033	50961834
中国邮政储蓄银行股份有限公司北京分行	朝阳区建国门北大街光华路50号	100600	65217190
北京银行股份有限公司	西城区金融大街丙17号	100033	66426500
北京中关村银行股份有限公司	海淀区知春路63号中国卫星通信大厦	100190	83023264
北京银行股份有限公司中关村分行	海淀区彩和坊路6号朔黄发展大厦4层	100080	60190019

北京银行股份有限公司北京分行	西城区复兴门内大街 156 号 D 座 7 层	100031	66426114
北京银行股份有限公司城市副中心分行	朝阳区广渠路 28 号甲 201 号楼 3 层	100022	67767809
天津银行股份有限公司北京分行	西城区东河沿胡同 73 号宣武门大厦	100052	83175899
大连银行股份有限公司北京分行	朝阳区建国路 93 号万达广场 B 座	100022	65812731
杭州银行股份有限公司北京分行	东城区建国门内大街 26 号新闻大厦 11 层	100005	64088100
盛京银行股份有限公司北京分行	朝阳区光华路 4 号院 4 号楼	100026	85597777 – 5035
南京银行股份有限公司北京分行	海淀区阜成路 101 号 B 座	100092	56879595
上海银行股份有限公司北京分行	朝阳区建国门外大街丙 12 号宝钢大厦	100020	57610173
江苏银行股份有限公司北京分行	朝阳区光熙家园 1 号楼	100028	56986006
宁波银行股份有限公司北京分行	海淀区西三环北路 100 号	100037	53266262
包商银行股份有限公司北京分行	朝阳区北四环东路 115 号	100101	64816089
锦州银行股份有限公司北京分行	东城区建国门北大街 5 号	100005	85072111
厦门国际银行股份有限公司北京分行	西城区三里河东路 5 号中商大厦	100045	68533333 – 200
北京农村商业银行股份有限公司	西城区月坛南街 1 号院 2 号楼	100045	63229161
北京延庆村镇银行股份有限公司	延庆区高塔街 73 号	102199	69178738
北京密云汇丰村镇银行有限责任公司	密云区新东路 126 – 1 号	101500	58120710
北京怀柔融兴村镇银行有限责任公司	怀柔区南华园二区甲 41 号楼	101400	61620106
北京大兴九银村镇银行股份有限公司	大兴区西红门镇欣荣北大街 18 号院 3 号	100162	80255566
北京昌平包商村镇银行有限责任公司	昌平区南环东路 32 – 6 号	102200	60783888
北京大兴华夏村镇银行股份有限公司	大兴区康庄路 52 号院 14 号楼	102600	69221122
北京顺义银座村镇银行股份有限公司	顺义区西辛南区乙 62 号	101300	61408713
北京通州中银富登村镇银行股份有限公司	通州区杨庄南里甲 66 号	101121	52998500
北京门头沟珠江村镇银行股份有限公司	门头沟区永定镇石龙南路 8 号	102308	60865137
北京房山沪农商村镇银行股份有限公司	房山区良乡拱辰北大街 1 号 2 号楼	102488	61378796
北京平谷新华村镇银行股份有限公司	平谷区迎宾花园 4 号楼 1 ~3 层	101200	89999790

（2）中资银行分支机构

中国农业发展银行北京市分行

机构名称	地址	邮编	电话
分行营业部	丰台区南四环西路186号汉威国际广场1区1号楼5层	100060	68081051
天坛支行	东城区广渠门内大街11号	100062	87103181
西三环支行	海淀区西三环北路87号	100089	88568363
门头沟支行	门头沟区滨河路87号	102300	69828640
房山区支行	房山区良乡西路乙28号	102488	69373003
通州区支行	通州区新华北路55号	101100	69521324
昌平区支行	昌平区北环路4号	102200	89784518
顺义区支行	顺义区新顺南大街27号	101300	69449488
大兴区支行	大兴区黄村西大街51号	102622	69209352
平谷区支行	平谷区平谷镇太和园甲7号楼	101200	89980042
怀柔区支行	怀柔区后横街15号	101400	69684840
密云区支行	密云区新南路73号	101500	69040079
延庆区支行	延庆区妫水南街33号1幢-1至3层102室	102100	69188337

中国工商银行股份有限公司北京市分行

机构名称	地址	邮编	电话
分行营业部	西城区复兴门南大街2号天银大厦B座	100031	66411138
东城支行	东城区东四十条24号	100007	84026009

王府井支行	东城区金宝街 18 号	100008	65272100
和平里支行	东城区安定门东大街 28 号雍和大厦 A 座	100007	64289844
长安支行	西城区宣内大街乙 6 号	100031	66064152
新街口支行	西城区西直门内大街 143 号	100035	62263632
南礼士路支行	西城区阜外大街 8 号	100037	68039710
金融街支行	西城区太平桥大街 11 号	100032	58362263
地安门支行	西城区德胜门外大街 77 号 D 座	100088	82066288
崇文支行	东城区永外大街 86 号	100075	87205518
宣武支行	西城区菜市口大街 1 号	100052	63570938
广安门支行	西城区广外南滨河路 3 号	100055	63480653
珠市口支行	东城区珠市口东大街 15 号	100050	67020823
朝阳支行	朝阳区朝外大街 1 号	100020	65993723
九龙山支行	朝阳区广渠路甲 40 号	100022	67732423
亚运村支行	朝阳区慧忠北里 407 号	100012	64863542
望京支行	朝阳区酒仙桥路甲 10 号	100015	64388313
商务中心区支行	朝阳区建国路 108 号	100022	85215929
海淀支行	海淀区中关村东路甲 100 号	100190	62542643
海淀西区支行	海淀区北四环西路 65 号	100080	82886391
中关村支行	海淀区上地信息路 2 号	100085	82896250
翠微路支行	海淀区阜成路 79 号	100142	88126486
西客站支行	海淀区莲花池东路 39 号	100036	63955379
丰台支行	丰台区文体路 19 号	100071	63815968
方庄支行	丰台区蒲芳璐 5 号	100022	67670626
经济技术开发区支行	北京经济技术开发区荣昌东街甲 5 号	100176	67862119
石景山支行	石景山区政达路 2 号	100040	68865773

门头沟支行	门头沟区新桥大街16号	102300	69843145
房山支行	房山区良乡西潞北大街32号	102488	89350717
通州支行	通州区新华西街47号	101100	69545118
大兴支行	大兴区兴政街24号	102600	69243009
顺义支行	顺义区仓上街1号	101300	69466538
昌平支行	昌平区昌平镇鼓楼西街35号	102200	69709347
怀柔支行	怀柔区商业街23号	101400	69645762
密云支行	密云区鼓楼南大街7号	101500	69024414
平谷支行	平谷区府前西街14号	101200	69962074
延庆支行	延庆区东街28号	102100	69142425

中国农业银行股份有限公司北京市分行

机构名称	地址	邮编	电话
东城支行	东城区金宝街58号华丽大厦	100005	65283536
西城支行	西城区车公庄北街16号院1号楼	100044	88319655
崇文支行	东城区珠市口东大街1号新阳商务楼A座	100062	67089993－8686
宣武支行	西城区宣武门外大街甲1号环球财讯中心D座	100052	53266781
朝阳支行	朝阳区朝外工体路东2号	100020	65522914
海淀支行	海淀区海淀大街37号	100080	62533651
丰台支行	丰台区东大街9号	100071	63811911
石景山支行	石景山区八角南路18号	100043	68885947
万寿路支行	海淀区西四环中路16号院6号楼	100039	68276732
亚运村支行	朝阳区安定路33号化信大厦A座	100029	64411280
开发区支行	北京经济技术开发区中和街3号	100176	56965304

海淀东区支行	海淀区学院路丁 11 号	100083	82376481
朝阳东区支行	朝阳区建外大街 8 号 IFC 大厦 B 座 31 层	100022	85660026
通州支行	通州区八里桥南街 1 号院 9 号楼	101100	69542656
顺义支行	顺义区府前西街 2 号	101300	69444435
昌平支行	昌平区西环路 25 号蓝郡嘉苑 13 号楼	102200	69740107
大兴支行	大兴区兴丰南大街 128 号	102600	69243488
房山支行	房山区良乡拱辰北大街 19 号	102488	81389559
怀柔支行	怀柔区青春路 39 号	101400	69644982
平谷支行	平谷区府前街 23 号	101200	69961393
密云支行	密云区滨河路 24 号	101500	69041923
延庆支行	延庆区东外大街 73 号	102100	69141625
中关村分行	海淀区知春路 6 号锦秋国际大厦 A 座 3 层	100191	82961104
分行营业部	东城区朝阳门北大街 13 号	100010	68358266

中国银行股份有限公司北京市分行

机构名称	地　址	邮　编	电　话
分行营业部	东城区朝阳门内大街 2 号凯恒中心大厦	100010	85121491
雅宝路支行	朝阳区雅宝路 8 号	100020	85662950
王府井支行	东城区东长安街 1 号	100738	85190600
奥运村支行	朝阳区北辰东路 8 号院 1 号楼	100101	64818079
金融中心支行	西城区金融大街 7 号英蓝国际中心 1 层	100033	66555033
中银大厦支行	西城区复兴门内大街 1 号 1 层 G 区	100818	66591141
石景山支行	石景山区八角西街 57 号	100043	68864969
国际贸易中心支行	朝阳区建国门外大街 1 号	100004	65058027

使馆区支行	朝阳区三里屯路5号	100027	84429005
世纪财富中心支行	朝阳区建国门外大街光华东里8号中海广场商业楼1层	100020	85875213
中关村支行	海淀区海淀大街8号中钢国际广场	100080	62687060
方庄中心支行	丰台区南三环东路23号	100078	59763751
东城支行	东城区交道口东大街81号	100007	64065271
西城支行	西城区阜外大街5号	100037	68001383
崇文支行	东城区广渠门内大街47号	100062	87550686
宣武支行	西城区南新华街1号	100052	63916155
朝阳支行	朝阳区东三环北路霞光里18号佳程广场A座	100027	59207001
商务区支行	朝阳区北三环东路8号	100028	64689535
海淀支行	海淀区北四环西路58号	100080	82607380
丰台支行	丰台区西三环南路14号院1号楼	100073	53256988
首都机场支行	顺义区首都机场四纬路9号	100621	64558010－156
通州支行	通州区车站路44号	101100	
经济技术开发区支行	大兴区荣京东街3号1层、2层2－201号	100176	67825908
大兴支行	大兴区黄村镇兴丰大街（三段）199号	102600	81291679
昌平支行	昌平区南环路57号	102200	69745394
顺义支行	顺义区府前西街4号	101300	69420847
平谷支行	平谷区林荫北街11号	101200	69973914
密云支行	密云区密云镇鼓楼南大街24号	101500	69043791
怀柔支行	怀柔区开放路33号	101400	69658329
延庆支行	延庆区延庆镇庆园街12号	102100	69144079
房山支行	房山区良乡拱辰北大街3号	102488	89354126
中银营业部	西城区复兴门内大街1号1层	100818	66596688

中国建设银行股份有限公司北京市分行

机构名称	地　址	邮　编	电　话
中关村分行	海淀区知春路96号	100086	51998353
分行营业部	西城区闹市口大街1号院1号楼	100033	63603260
东四支行	东城区美术馆后街8号	100010	51997802
西四支行	西城区阜外大街甲26号	100037	51999600
前门支行	东城区西打磨厂街1号	100062	51992008
城建支行	丰台区方庄蒲芳路28号	100078	51999175
宣武支行	西城区广内大街314号	100053	63553958
铁道专业支行	丰台区莲花池东路114－1	100055	51996539
朝阳支行	朝阳门外大街乙10号楼	100020	51995613
丰台支行	丰台区西四环南路54号	100161	63811316
石景山支行	石景山区石景山路22号	100043	51993506
长安支行	海淀区复兴路33号翠微大厦西配楼	100036	68151098
开发区支行	北京经济技术开发区景园北街2号55栋	100176	67881039
安华支行	朝阳区安定路35号	100029	51993427
西单支行	西城区西单北大街34号	100032	66035636
安慧支行	朝阳区北辰东路8号汇欣大厦B座1层、2层	100101	84970085
光华支行	朝阳区光华路7号汉威大厦	100004	65614009
月坛支行	西城区金融大街19号富凯大厦B座	100033	66573046
鼎昆支行	西城区黄寺大街23号	100120	51996260
保利支行	东城区朝阳门北大街1号新保利大厦G103	100010	65263453
苏州桥支行	海淀区北三环西路99号西海国际中心118号	100086	82194459

阜成路支行	海淀区阜成路 19 号	100048	68726207
东大街支行	丰台区东大街 25 号	100071	63818305
望京支行	朝阳区花家地北里 1 号	100102	64729808
华贸支行	朝阳区建国路 89 号院 18 号楼北座	100025	51996592
地坛支行	东城区安定门外大街 138 号皇城国际大厦 1 层	100011	64268442
房山支行	房山区良乡拱辰北大街 1 号	102488	81389777
门头沟支行	门头沟区双峪路 22 号	102300	69835874
通州支行	通州区玉带河西街 25 号	101100	69543798
顺义支行	顺义区府前中街 7 号	101300	69443295
昌平支行	昌平区东环路 95 号	102200	69742953
延庆支行	延庆区东外大街 97 号	102100	69189302
怀柔支行	怀柔区南大街 22 号	101400	69644594
密云支行	密云区新南路 71 号	101500	69044986
平谷支行	平谷区文化南街 19 号	101200	69961565
大兴支行	大兴区兴政街 25 号	102600	69244497

交通银行股份有限公司北京市分行

机构名称	地　　址	邮　编	电　话
分行营业部	西城区金融大街 33 号	100033	66102323
金融大街支行	西城区金融大街 22 号和 20 号	100033	88668030
东单支行	东城区大雅宝胡同 8 号	100005	65125868
东单北大街支行	东城区东单北大街乙 112 号	100005	65274814
王府井支行	东城区王府井大街 200 号	100005	65289470
工体北路支行	东城区新中街 68 号	100027	65521157

东大桥支行	朝阳区工体东路20号百富国际大厦南侧1层	100020	65862053
亚运村支行	朝阳区安慧里2区4号楼	100101	64912548
慧忠北里支行	朝阳区慧忠北里小区111号	100012	64800993
亚北支行	朝阳区安立路60号院润丰花园6号楼X座西段	100101	64820724
北苑支行	朝阳区北苑6号院1区102号楼公建04号房天怡家园底商首层	100012	84945329
媒体村支行	朝阳区北辰绿色家园天朗园C座1层西侧	110107	84932021
和平里支行	朝阳区外馆东街51号柳清居裙房	100011	64408085
胜古园支行	朝阳区胜古西庄胜古家园3号楼	100029	64426223
兴化路支行	东城区和平里兴化路11号	100013	64283083
中轴路支行	朝阳区安贞西里3区26号楼	100029	84134538
西坝河支行	朝阳区西坝河西里28号英特公寓1层、3层南侧	100028	64476075
太阳宫支行	朝阳区太阳宫火星园10号楼	100028	84158643
西直门支行	海淀区高粱桥斜街59号院2号楼09号	100044	62239929
百万庄支行	西城区百万庄大街11号1层	100037	68342240
三里河支行	西城区三里河1区五号院8号楼首层	100034	68028553
官园支行	西城区车公庄路新华里16-3号京侨国际公馆	100044	88359267
时代之光支行	海淀区西直门北大街45号2号楼	100082	82582582
海淀支行	海淀区苏州街16号神州数码大厦	100080	82608175
双榆树支行	海淀区中关村东路123号都市网景E座首层南侧	100086	62142618
中关村支行	海淀区成府路蓝旗营高校住宅楼首层西端	100084	62768691
万柳支行	海淀区长春桥路11号万柳亿城大厦B座北侧1层、2层	100089	58816704

西区支行	海淀区复兴路40号中国铁道建筑总公司综合办公大厦1～5层东侧	100039	52689830
永定路支行	海淀区永定路66号	100039	68230978
翠微路支行	海淀区翠微路12号1～2层西侧	100036	68250874
定慧寺支行	海淀区定慧寺恩济庄2区北3号楼	100142	88119807
丰台东路支行	丰台区万芳园1区1号楼1层02号	100070	83683722
大成路支行	丰台区大成路25号	100141	88255570
三元支行	朝阳区曙光西里28号中冶大厦	100028	84493935
团结湖支行	朝阳区农展馆南路13号瑞晨国际中心首层1号铺	100125	85983575
麦子店支行	朝阳区农展馆北路甲5号	100125	65935314
水碓子支行	朝阳区水碓北里19号楼	100026	85960974
东润支行	朝阳区南十里居28号东润枫景底商1层	100016	64361088
八里庄北里支行	朝阳区八里庄北里128号楼1层23号底商	100025	85852528
天坛支行	东城区天坛东里北区12号	100061	67197198
华威路支行	朝阳区华威北里20号楼	100021	67785143
崇文门支行	东城区东兴隆街56号北京商界1层	100062	67022908
东方庄支行	丰台区芳城东里9号楼1层	100078	87623896
西单支行	西城区西长安街甲17号	100031	66229928
北蜂窝路支行	海淀区北蜂窝路乙15号	100038	63985269
经济技术开发区支行	北京经济技术开发区隆庆街3号	100176	67883551
东高地支行	丰台区南苑路警备东路6号方仕国际酒店1层、2层北端	100076	67063671
文化园西路支行	北京经济技术开发区文化园西路8号院30号楼1层108室	100176	87220063
旧宫支行	大兴区旧宫镇旧桥路1号院1号楼103室	100163	56407580

望京支行	朝阳区望京街 9 号	100102	64711124
望京中环路支行	朝阳区望京西园 3 区 304 号楼	100102	64751171
望京南湖中园支行	朝阳区望京南湖中园 K3－301 号楼	100102	84713883
望京西园支行	朝阳区望京西园 4 区 416 号楼	100102	64713569
酒仙桥支行	朝阳区酒仙桥路 10 号星城国际大厦 C 座	100016	64350991
望京东路支行	朝阳区望京东园 4 区 13 号楼 1 层 109 室	100102	84294760
顺义支行	顺义区仓上街 AMB 大厦 B 区 1 层	101300	89448050
顺义天竺支行	顺义区天竺花园天韵广场 109－4 商铺	101312	64577282
顺义石门支行	顺义区石门街 6 号顺义供销社大厦	101300	60416538
东区支行	朝阳区广渠路 21 号	100124	58202964
广渠路支行	朝阳区双井 1 号优仕阁大厦 B 座和 C 座首层	100022	58614207
东三环中路支行	朝阳区东三环中路 61 号商用物业	100022	59037431
双井支行	朝阳区广渠路 36 号院 5 号楼 1～2 层	100022	67043110
金茂支行	朝阳区广渠路 23 号院 1 号楼	100124	67043878
林萃路支行	朝阳区林萃路倚林家园 24 号楼	100192	82724866
安翔里支行	朝阳区安翔里 1 号	100101	64853141
清河支行	海淀区龙岗路清景园 4 号楼 1 层	100192	52718580
西三旗支行	昌平区建材城西路 87 号院 8 号楼新龙大厦	100096	82969332
建材城西路支行	海淀区建材城西路 27 号 1 层	100096	82463362
丰台支行	丰台区南四环西路 188 号 5 区 24 号楼	100070	63705569
玉泉营支行	丰台区草桥欣园 1 区 6 号楼 1 层 102 号	100070	87584450
长辛店支行	丰台区张郭庄 16 号	100072	83880276
丰台北路支行	丰台区丰台北路 36 号	100071	83897709
丰管路支行	丰台区东大街 20 号东南角楼 1 层	100071	52598203
丰台科技园支行	丰台区汽车博物馆东路 1 号院 4 号楼南座	100160	57327656

西三环支行	海淀区西三环北路89号	100089	88825870
紫竹桥支行	海淀区紫竹院路1号人济山庄D座裙房103号、203号	100044	88556270
阜成路支行	海淀区阜成路14号1层	100048	68768149
车公庄西路支行	海淀区车公庄西路20号	100044	68411979
通州支行	通州区九棵树街187号、191号、195号、185号、189号、193号	101100	81511871
通州梨园支行	通州区九棵树东路156号	101100	60553287
临河里支行	通州区临河里53号楼1层116~118室	101101	81595602
世纪星支行	通州区通朝大街305号	101100	56865645
世纪城支行	海淀区蓝靛厂世纪城小区金夕园甲1号楼4段	100097	88467105
闵庄路支行	海淀区闵庄南路9号玉泉馨苑服务楼首层	100195	88403062
田村路支行	海淀区畅茜园景宜里7号楼	110143	88181633
观山园支行	海淀区蓝靛厂观山园5号楼	100097	88879878
半壁店支行	海淀区永定路2号院5号楼1层	100143	57797303
青年路支行	朝阳区青年路27号院1号楼	100025	56089566
常营支行	朝阳区丽景园底商6号楼	100024	56303350
朝阳北路支行	朝阳区朝阳北路99号楼	100123	85526505
朝阳路支行	朝阳区八里庄西里99号	100025	85795583
常通路支行	朝阳区常通路3号院2号楼1层112号	100024	85094930
八里庄支行	朝阳区八里庄北里219号楼1层101局部	100025	85511566
宣武支行	西城区广安门内大街319号1层及2层东侧	100055	83131682
马连道支行	西城区广外大街248号	100055	63327912
右安门支行	西城区白纸坊东街10号	100054	63513255
西便门支行	西城区宣武门西大街甲129号	100031	66410239

政务中心支行	丰台区西三环南路 1 号	100161	89151024
东直门支行	东城区东直门外大街 48 号东方银座大厦	100027	84476501
春秀路支行	朝阳区春秀路甲 1 号	100027	64152925
和平里东街支行	东城区和平里东街民旺园 31 号楼 1 层南侧	100013	84252417
上地支行	海淀区上地科技路甲 2 号	100085	62964297
北清路支行	昌平区北清路 1 号院 5 号楼	102209	80700789
学府树支行	海淀区学府树家园 2 区 8－1～8－21 号 1 层	100085	60603286
北三环中路支行	西城区北三环中路 29 号院 2 号楼 1 层	100029	82251033
马甸支行	西城区德胜门外大街 5 号	100088	62381996
北太平庄支行	海淀区花园东路 32 号	100191	62352647
德胜门支行	西城区德外关厢地区中交大厦	100088	82015220
黄寺大街支行	西城区黄寺大街 23 号院 1 号楼 1 层 1010 室	100120	82235085
大望路支行	朝阳区西大望路 3 号蓝堡北区写字楼 101～103 号	100026	85997420
光华路支行	朝阳区光华路甲 8 号	100026	65832085
兴华大街支行	大兴区兴华大街二段 13 号院 3 号楼－2 号	102600	80220731
西红门支行	大兴区西红门北 1 街 1 号院 3 号楼 1 层 106 号	100162	80220725
清城支行	大兴区富强路 106 号	102600	89293108
中关村园区支行	海淀区中关村新科祥园甲 6 号楼 1 层、2 层东南侧	100190	82523200
五道口支行	海淀区中关村东路 16 号院 1 号楼 1 层 108 室	100083	62423913
五棵松支行	海淀区复兴路 69 号 A1－02 号房	100036	88213725
西四环中路支行	丰台区靛厂路 26 号 12 号楼底商 6－1 号	100039	68265676
慧忠里支行	朝阳区慧忠北里 413 号楼	100012	64924239
宝盛里支行	海淀区黑泉路 8 号 1 幢康健宝胜广场 A 座 1 层 1002 号	100192	62999986
来广营支行	朝阳区来广营西路 7 号院 18 号楼	100012	84363511

奥运村支行	朝阳区清林路1号院7号楼1层103室	100107	84940897
华贸天地支行	朝阳区清河营南街7号院7号楼	100012	84870662
芳群园支行	丰台区方庄芳群园4区23号	100078	67672631
东三环支行	朝阳区东三环北路19号嘉盛中心B2座中青大厦1~2层	100020	65869818
朝外支行	朝阳区朝阳门外大街16号	100021	85253857
天通苑支行	昌平区天通苑小区203B－4单元	102218	84826491
石景山支行	石景山区石景山路29号京燕饭店西配楼	100043	68871196
璟都会支行	石景山区时代花园南路19号院20号楼1层106室	100043	68800712
海特花园支行	石景山区海特花园57号楼1层	100041	68800876
永安里支行	朝阳区建外永安东里甲3号通用时代国际中心首层	100022	65699303
回龙观支行	昌平区回龙观镇天龙苑25号1层01号	102208	81748371
育惠东路支行	朝阳区小营路12号亚运花园1层	100101	84624402
农科院支行	海淀区学院南路55号6号楼	100081	62119831
松榆里支行	朝阳区弘燕路周庄山水文园201号楼103号	100022	67328200
木樨园支行	丰台区东木樨园9号	100075	87299717
福海国际支行	丰台区南苑5号金泰彤翔商厦2号楼1层1009号	100075	87202341
彩虹城支行	丰台区光彩路65号1号楼101－C底商	100075	87866609

招商银行股份有限公司北京分行

机构名称	地　址	邮　编	电　话
分行营业部	西城区复兴门内大街156号A座	100031	66426622
长安街支行	东城区建国门内大街11号	100736	65292024
中关村支行	海淀区中关村南大街2号数码大厦A座2层	100086	52786212

东三环支行	朝阳区东三环北路1号	100027	64623026
甘家口支行	西城区百万庄大街甲39号	100037	68365433
亚运村支行	朝阳区北辰东路8号	100101	84987476
万寿路支行	海淀区万寿路西街2号	100036	68286557
双榆树支行	海淀区白石桥路7号理工科技大厦1层	100081	62467183
小关支行	朝阳区惠新东街2号小营珠宝城1层	100101	64822450
工体支行	朝阳区新东路10号楼	100006	65272067
宣武门支行	西城区宣外大街30号	100052	63164385
西三环支行	海淀区阜成路67号	100036	68716009
朝阳门支行	东城区朝阳门北大街6号	100027	85282349
北三环支行	东城区北三环东路36号D座	100086	59575075
光华路支行	朝阳区光华路1号嘉里中心2层	100020	85296382
东方广场支行	东城区东长安街1号东方广场E3座2层	100005	85150201
崇文门支行	东城区东兴隆街58号	100062	67089468
建国路支行	朝阳区建国路116号	100022	65660168
大屯路支行	朝阳区大屯路南沙滩66号华源冠军城1号楼	100089	82884290
首体支行	海淀区西直门外大街168号腾达大厦	100044	88577116
大运村支行	海淀区知春路27号	100086	82357645
万泉河支行	海淀区万柳东路阳春光华家园甲5号	100089	82573007
方庄支行	丰台区方庄通润商务会馆B区首层	100078	87656923
金融街支行	西城区金融大街35号	100033	88091265
清华园支行	海淀区清华大学东门外紫光大厦	100084	62793655
静安里支行	朝阳区左家庄北里58号天虹商场1层	100028	57622875
德胜门支行	西城区德胜门外大街81号	100088	82065228
海淀支行	海淀区北四环西路56号	100080	62695363

世纪城支行	海淀区蓝靛厂垂虹园甲1号楼	100089	88876703
望京支行	朝阳区南湖南路15号院甲1号金隅丽港城	100102	64799870
朝外大街支行	朝阳区朝外大街26号	100020	85653253
东直门支行	东城区东直门外大街46号	100027	84608015
万达广场支行	朝阳区建国路93号万达广场7号楼	100022	58203546
慧忠北里支行	朝阳区慧忠北里305号楼	100012	64880995
北苑路支行	朝阳区北苑路168号首层	100101	84468546
建外大街支行	朝阳区东三环中路39号建外SOHO小区6号楼	100022	59000510
万通中心支行	朝阳区朝外大街甲6号万通中心1层	100020	59070211
望京西园支行	朝阳区望京西园134号楼1层	100102	64789785
大望路支行	朝阳区西大望路15号3号楼首层	100022	87723210
上地支行	海淀区农大南路1号院2号楼B座首层	100085	62667340
清华科技园支行	海淀区中关村东路1号院8号楼首层	100086	62602911
东四环支行	朝阳区东四环中路56号远洋国际中心首层	100025	59080172
清河支行	海淀区清河中街68号	100085	82810951
京广桥支行	朝阳区东三环北路38号院1号楼首层	100026	85879760
玉泉路支行	海淀区复兴路83号景藏健康大厦首层	100039	68170065
朝阳公园支行	朝阳区朝阳公园路佳隆国际大厦首层	100125	65398883
北辰大厦支行	朝阳区北辰东路8号院1号楼北辰时代大厦30层	100101	84977479
建国门支行	朝阳区建国门外大街24号京华公寓	100022	65150612
阜外大街支行	西城区阜成门外大街22号外经贸大厦1层	100037	68784023
富力城支行	朝阳区东三环中路55号楼1~2层	100022	58767070
立水桥支行	朝阳区北苑路13号院1号楼1－9号	100012	52086577
金融街中心支行	西城区金融大街16号	100033	66290749
青年路支行	朝阳区青年路西里5号院15号楼1~2层	100123	85563076

华贸中心支行	朝阳区建国路79号、81号北京华贸中心	100025	65981757
十里河支行	朝阳区东三环南路19号联合国际大厦首层	100122	87667094
西二旗支行	海淀区上地十街1号院6号楼	100085	62410167
陶然亭支行	西城区南纬路39号-1至3层3单元商业601号	100050	59362234
天通苑支行	昌平区东小口镇天通中苑F区商业楼1~2层	102218	57859588
西翠路支行	海淀区西翠路17号院	100036	68277623
太阳宫支行	朝阳区太阳宫南街21号楼	100028	84158938
西直门支行	海淀区西直门北大街32号院	100082	62252085
海淀黄庄支行	海淀区丹棱街6号	100080	57569765
丰台科技园支行	丰台区科学城中核路1号03号楼	100070	83816865
广渠门支行	东城区广渠门内大街27号	100062	87103306
北太平庄支行	海淀区北太平庄路18号	100083	82274783
回龙观支行	昌平区回龙观西大街16号院1号楼	100085	59548108
亦庄支行	北京经济技术开发区4号街区	100176	57862359
望京西路支行	朝阳区南湖中园316号楼	100102	64728174
姚家园支行	朝阳区星火西路17号楼	100123	85855171
大成路支行	丰台区大成路8号	100141	68291432
通州支行	通州区九棵树中路1至9号（单号）	101121	56865615
西客站支行	丰台区西客站南广场东区	100073	63301781
广渠路支行	朝阳区广渠路36号院5号楼	100022	61655881
鲁谷支行	石景山区玉泉西里一区2号楼	100040	68547146
六里桥支行	丰台区华源四里甲4号	100161	63634346
亦庄文化园支行	北京经济技术开发区文化园西路8号院30号楼	100176	87520584
公益西桥支行	丰台区城南嘉园益城园16号楼	100068	67525031
莱户营支行	丰台区丽泽路5号	100073	63384813

清华东路支行	海淀区学院路6号1号楼	100083	62313361
科荟路支行	朝阳区林萃西里16号	100192	57761780
三环新城支行	丰台区丰桥路7号院8号楼	100070	83615332
石景山支行	石景山区政达路6号院3号楼	100040	57796493
旧宫东路支行	大兴区旧宫镇旧桥路1号院3号楼	100076	57862361
望京利泽支行	朝阳区利泽西街8号院1号楼	100102	84676819
阳光上东支行	朝阳区东四环北路6号二区1号楼1层	100016	52509479
常营支行	朝阳区常惠路6号	100024	65406701
财富中心支行	朝阳区东三环中路5号楼	100102	65969957
嘉铭桐城社区支行	朝阳区北苑路86号院215号楼1层	100101	84830772
润枫欣尚社区支行	昌平区东小口镇中东路5号院7号楼1层	102208	64127326
富力又一城支行	朝阳区黄厂南里2号院12号楼1层	100121	59643762
晨光家园社区支行	朝阳区晨光家园326号楼1层	100025	85852764
米市社区支行	西城区菜市口大街6号院6号楼1层	100052	83985505
蝶翠华庭社区支行	西城区广安门外大街305号二区	100045	63425271
世纪城观山园社区支行	海淀区蓝靛厂观山园5号楼	100097	88478710
万科红社区支行	丰台区宋庄路26号院10号楼1层109室	100079	87165104
三元桥支行	朝阳区曙光西里甲1号	100028	58220767
望京融科支行	朝阳区望京东园523号融科望京中心A座101单元	100102	64140953
上东八号社区支行	朝阳区芳园南里9号院6号楼	100016	53017495
西红门支行	大兴区欣旺北大街8号	100041	50927475
华贸城支行	朝阳区水岸南街8号院2号楼	100012	64187166
金融大街支行	西城区金融大街乙9号楼5层503－01单元	100032	
月坛支行	西城区月坛南街1号院3号楼1层	100045	86493169
通州北苑支行	通州区北苑一路1号院3号楼116号	100022	60565811

上海浦东发展银行股份有限公司北京分行

机构名称	地　址	邮　编	电　话
分行营业部	西城区太平桥大街18号丰融国际大厦	100032	57395588
金融街支行	西城区金融大街35号国际企业大厦A座	100033	88091847
宣武支行	西城区广安门内大街316号	100053	63585776
黄寺支行	东城区安德里北街21号	100120	84138702
中关村支行	海淀区海淀南路15号	100080	62550747
朝阳支行	朝阳区朝阳门外大街19号	100020	65802602
建国路支行	朝阳区建国路99号中服大厦	100020	65819177
万寿路支行	海淀区万寿路西街2号	100036	68233372
安外支行	东城区安外大街甲88号	100011	64264903
阜成支行	西城区车公庄大街3号	100044	88383590
雅宝路支行	东城区建国门北大街8号	100005	85192337
海淀园支行	海淀区北四环西路62号中国化工集团公司大厦1层	100080	82660900
西直门支行	西城区西直门外大街18号楼金贸大厦1单元	100044	88026239
东三环支行	朝阳区曙光西里甲6号时间国际中心	100028	84584729
亚运村支行	朝阳区媒体村天畅园8号楼底商1层、2层	100107	84891031
知春路支行	海淀区知春路9号蓟门坤讯大厦	100083	82319520
安华桥支行	朝阳区安贞西里3区15号凯康海油大厦	100029	64417341
东长安街支行	东城区建国门内大街28号民生金融中心B座1层、2层		85116060
电子城支行	朝阳区酒仙桥路10号	100016	64350556

经济技术开发区支行	北京经济技术开发区荣华南路10号院2号楼1层、2层	100176	67890993
永定路支行	海淀区永定路甲51号	100039	68152005
复兴路支行	海淀区北蜂窝路5号1号楼	100038	51932666
花园路支行	海淀区花园东路10号高德大厦C座1层南侧	100191	82030630
莱户营支行	丰台区丽泽路1号院16号楼北侧1层、2层	100073	63470661
紫竹院支行	海淀区紫竹院路116号嘉豪国际中心C座	100097	51709797
通州宋庄支行	通州区小堡村南3号楼1号院	101118	56673335
和平里支行	朝阳区和平西苑20号楼B座	100013	52081598
马家堡支行	丰台区马家堡西路15号时代风帆大厦	100068	67562966
世纪城支行	海淀区蓝靛厂晨月园甲1号楼	100097	88895800
清华园支行	海淀区中关村东路1号院5号楼文津国际酒店1层	100084	62618572
富丰路支行	丰台区西四环南路1号	100070	83208200
三里屯支行	朝阳区工体北路甲6号中宇大厦	100027	59752555
望京支行	朝阳区望京花园西区101号楼	100102	84780661
北沙滩支行	朝阳区北沙滩一号院31号楼B座	100083	64866883
德胜支行	西城区德胜门外大街乙十号1层、2层南侧	100088	82063208
东四支行	东城区东四十条68号平安发展大厦	100007	84086436
富力城支行	朝阳区东三环中路61号万丽酒店	100022	59037768
通州支行	通州区梨园镇云景东路432号隆孚大厦	101101	57902222
东花市支行	东城区东花市南里东区1号楼	100062	87102681
大望路支行	朝阳区西大望路3号院2号楼1层S117号	100022	85997995
慧忠支行	朝阳区慧忠北里小区214号楼北京中奥华美达酒店	100012	64872366
金台路支行	朝阳区水碓子北里1号楼−1至2层1单元1−2号	100026	59079680
丰台支行	丰台区万柳西园8号楼1~2层	100070	63259702

方庄支行	丰台区紫芳园四区5号楼	100078	87557088
顺义支行	顺义区怡馨家园1号楼	101300	61429550
大兴支行	大兴区兴华大街2号1幢1层	102600	80220031
天华园支行	北京经济技术开发区天华园二里19号	100176	67891180
昌平支行	昌平区南环东路24号1~3层	102200	69741599
回龙观支行	昌平区回龙观镇龙域北街8号院1号楼112室、113室	100085	82830359
陶然亭支行	西城区陶然亭路2号9号楼1层111室	100050	83989166
远洋自然小微支行	丰台区马家堡东路108号院10-108号	100068	58032620
荣丰社区支行	西城区小马厂路1号院4号楼1层102号	100055	52606124
赛洛城小微支行	朝阳区百子湾东里110号楼1层104室	100124	87776557
雍景四季社区支行	石景山区西黄村西里七号商业楼	100144	88701778
雅世合金小微支行	海淀区永定路2号院6号楼1层6-1号	100039	57797199
科南路小微支行	海淀区科学院南路55号	100086	62566775
流星花园社区支行	昌平区流星花园三区39号楼1层05号	102208	81733342
龙跃苑社区支行	昌平区回龙观东大街336号院2号楼1层101室	102208	80746853
橡树湾小微支行	海淀区学府家园二区7-1号至7-20号1层7-15室	100085	82156706
今典花园小微支行	海淀区文慧园北路9号今典花园9号楼空间蒙太奇1层	100082	62235088
嘉铭桐城社区支行	朝阳区北苑路86号院209号楼1层01-6室	100012	84835288
科兴佳园小微支行	丰台区靛厂路26号12号楼底商10-1号	100036	68260095
彩虹城小微支行	丰台区光彩路65号楼1~2层商业03号	100075	87260629
华业东方玫瑰小微支行	通州区临河里33号楼106号	101100	56865787
南湖中园小微支行	朝阳区南湖中园130号楼1层底商	100102	84787660

远洋一方社区支行	朝阳区双桥东路5号院1号楼1层103室	100121	56649255
华贸天地小微支行	朝阳区清河营南街7号院7号楼-1层136号	100012	84870781
万年花城小微支行	丰台区樊羊路15号院11号楼1层	100070	63760266
北工大软件园小微支行	北京市经济技术开发区地盛北街1号院43号楼1层101室	100176	67896090
融泽嘉园社区支行	昌平区回龙观镇回龙观村龙域中路1号院7号楼105号内	100085	82817820
增光路小微支行	海淀区增光路37号中海馥园3号楼108号	100037	88586283
远洋山水社区支行	石景山区玉泉西里二区4号楼1层D号	100040	68650511
大西洋新城小微支行	朝阳区南湖南路16号院4号楼101号	100102	64708355
胜古誉园社区支行	朝阳区胜古中路甲1号院4楼400815号商铺	100029	64450550
大成路小微支行	丰台区大成南里三区4号楼1层02号	100141	68165060
融科橄榄城小微支行	朝阳区望京东园513号楼	100102	84781956

广发银行股份有限公司北京分行

机构名称	地　址	邮　编	电　话
分行营业部	东城区东长安街甲2号	100005	65169303
月坛支行	西城区月坛北街2号	100045	68083556
中关村支行	海淀区中关村大街45号	100086	62510783
亚运村支行	朝阳区北辰东路8号	100101	64993863
建国路支行	朝阳区建国路112号	100022	65660210
西三环支行	海淀区西三环北路72号A座1层	100037	88415097
国展支行	朝阳区西坝河东里18号	100028	84603165
朝阳门支行	东城区朝阳门内大街288号院1号楼	100010	65255322

新外支行	海淀区新街口外大街 19 号	100875	62202585
西客站支行	西城区广莲路 1 号	100055	63954853
魏公村支行	海淀区中关村南大街甲 18 号院 A 座 2 层商业 02－202 号	100081	82481015
东直门支行	东城区东中街 9 号东环广场 A 座首层	100027	64182989
车公庄支行	海淀区车公庄西路乙 19 号	100044	88018701
翠微路支行	海淀区西四环中路 16 号院 1 号楼	100039	68285001
方庄支行	丰台区方庄路 5 号	100078	87681097
安贞支行	朝阳区北辰东路 8 号	100101	64993863
太阳宫支行	朝阳区夏家园 11 号楼 1 层 03 号、04 号	100028	64253052
金融街支行	西城区金融大街 16 号	100033	63190613
京广支行	朝阳区朝外大街甲 6 号万通中心 1 层	100020	59070890
知春路支行	海淀区知春路希格玛大厦 49 号	100190	88099482
王府井支行	东城区王府井大街 301－1 号	100006	65271103
奥运村支行	朝阳区北沙滩甲 1 号中科电大厦首层	100083	64836760
黄寺支行	西城区德外大街 12 号	100011	62039133
天通苑支行	昌平区天通苑北 1 区甲 6 号楼	102218	81758219
莲花支行	西城区广莲路 1 号	100055	63954853
大望路支行	朝阳区西大望路 15 号 4 号楼外企大厦 B 座	100022	87723795
望京支行	朝阳区望京悠乐汇中心 E 座	100102	84787933
潘家园支行	朝阳区华威里 10 号	100021	87785266
上地支行	海淀区农大南路 1 号院 4 号楼	100084	82349373
东四环支行	朝阳区慈云寺北里 118 号楼 1 层	100025	85782060
中轴路支行	东城区鼓楼外大街甲 56 号	100011	84130503
广渠门支行	东城区广渠门内大街 27 号	100062	87103902

五棵松支行	海淀区西四环中路16号院1号楼	100039	68285001
广渠路支行	朝阳区广渠路21号3号楼1层03号	100022	59693929
宣武门支行	西城区宣武门外大街甲1号	100052	83151388
学院路支行	海淀区学院路30号	100083	62660291
海淀支行	海淀区海淀大街27号8号楼	100080	62623602
日坛支行	朝阳区建国门外大街17号38～39栋	100020	85306905
西单支行	西城区复兴门内大街45号1号楼西南侧配楼	100801	88088268
动物园地铁支行	西城区西直门外大街元沃天地商场A503号	100081	88332458
大红门支行	丰台区大红门西马场甲14号	100076	52264037
万柳支行	海淀区万柳中路蜂鸟家园2号楼1～3层5号	100089	62423063
安立路支行	朝阳区慧忠北里105号楼B段	100012	84504056
东二环支行	东城区南竹杆胡同2号	100010	65206522
石景山支行	石景山区实兴大街30号院15号楼1层102室	100144	68809228
西直门支行	西城区西直门外大街18号楼金贸大厦1层	100044	88333595
工体支行	朝阳区新东路12号院3号楼1层	100027	84004115
世纪城支行	海淀区远大路1号居然之家1层	100097	88862281
朝阳北路支行	朝阳区朝阳北路99号1层107室	100123	85516207
顺义支行	顺义区仁和镇新顺南大街8号院1幢	101300	61429587
双井支行	朝阳区广渠门外大街9号3号楼1层裙房西部	100022	67711879
玉泉路支行	石景山区鲁谷路74号中国瑞达大厦1层	100040	68705936
来广营支行	朝阳区来广营西路5号院3号楼101A、101B	100012	84360268
夕照寺街社区支行	东城区夕照寺街16号院1层16－5～6号	100061	87167574
花园路社区支行	海淀区花园路甲2号院2号楼1层3101室	100191	82076761
龙旗广场社区支行	昌平区回龙观镇黄土店黄平路19号院泰华龙旗广场3号楼C0218113商铺	100096	82540396

翠城社区支行	朝阳区垡头路翠成馨园甲 401 号 C0202136 商铺	100023	56350536
文慧桥社区支行	海淀区西直门北大街 41 号天兆家园南部 1 层 103 号商铺	100044	62440829
马家堡社区支行	丰台区马家堡东路 106 号新天地写字楼 1 层 C0220110 号商铺	100068	58030019

兴业银行股份有限公司北京分行

机构名称	地　址	邮　编	电　话
分行营业部	朝阳区朝阳门北大街 20 号	100020	59886666
西城支行	西城区新街口外大街冰窖口胡同 8 号院首层	100088	66035292
广安门支行	西城区广安门内大街 315 号信息大厦 A 座首层	100053	63691537
西单支行	西城区宣武门内大街甲 6 号	100031	66035292
月坛支行	西城区车公庄大街 9 号院五栋大楼 A－A03 室	100044	88395672
丽泽支行	西城区马连道中新佳园二区商业楼南侧 1 层、2 层	100055	59560221
金融街支行	西城区金城坊街 1 号 C106	100033	63134483
东城支行	东城区鼓楼外大街 26 号荣宝大厦 1 层、2 层	100120	84110095
东单支行	东城区东单 3 条 8－2 号	100005	65212373
永定门支行	东城区永定门外大街 101－3 号楼 1 层	100077	87803747
崇文门支行	东城区珠市口东大街 5 号首层	100062	67016186
东四支行	东城区朝阳门北大街 5 号第五广场 B 座	100010	64088698
东长安街支行	东城区灯市口大街 50 号 1 层底商 B 单元	100005	65980023
朝阳支行	朝阳区朝外大街 22 号 2 层及首层西侧 03 单元	100020	65883385
朝外支行	朝阳区朝外大街 77 号	100020	65522429
亚运村支行	朝阳区亚运村安慧里 16 号楼	100101	84885261

东外支行	朝阳区东直门外大街23号	100600	64688102
安华支行	朝阳区北三环安华桥福建大厦	100029	64450941
三元桥支行	朝阳区霄云路21号1层、4层	100027	84540815
光华路支行	朝阳区东三环中路25号住总大厦1层、2层	100020	65082570
望京支行	朝阳区望京阜荣街15号院3号楼首层	100102	68638798
海淀支行	海淀区海淀南路30号东侧1~3层	100080	82607709
甘家口支行	海淀区三里河路19号甘家口大厦1层北侧	100037	88392787
中关村支行	海淀区中关村南大街32号中关村科技发展大厦A座	100081	62140577
上地支行	海淀区农大南路1号院2号楼B座102室、103室	100084	62960282
西客站支行	海淀区复兴路12号恩菲科技大厦1层	100038	63959951
长安支行	海淀区复兴路65号北京电信实业大厦首层	100036	68130944
西直门支行	海淀区西直门北大街42号1号楼节能大厦1层	100082	62226738
知春路支行	海淀区北四环西路9号1层109室、2层208室	100190	62617230
花园路支行	海淀区花园东路19号配楼1层、3层	100191	82247800
世纪坛支行	海淀区复兴路甲1号水利指挥中心南1~3层南	100038	68525871
中关村西区支行	海淀区丹棱街3号1层	100080	82607656
金源支行	海淀区蓝靛厂东路2号院2号楼	100080	88894051
首体支行	海淀区首体南路9号主语商务中心2号楼1层、2层东侧	100048	68790567
魏公村支行	海淀区中关村南大街17号韦伯时代中心首层	100081	88571330
丰台支行	丰台区方庄路5号	100078	87527090
方庄支行	丰台区方庄紫芳园三区5号楼	100078	87660014
石景山支行	石景山区玉泉西里二区1号楼-1至2层商业05号	100040	68638798

鲁谷支行	石景山区政达路6号院2号楼1层117~118号	100043	57796805
经济技术开发区支行	北京经济技术开发区荣京东街3号1幢1层102号	100040	67870507
大兴支行	大兴区黄村镇兴华中路9号1~2层	102600	81297431
房山支行	房山区长阳镇昊天北大街15号1幢1层、2层	102041	89363966
大兴瀛海支行	大兴区瀛海镇南海家园六里5号楼101室、102室	100076	50927003
通州支行	通州区车站路39号1栋、2栋	101100	69530061
顺义支行	顺义区仁和地区裕龙花园西区9号楼1层、2层	101300	64583310
通州运河支行	通州区玉带河东街2号院1号楼明珠大厦1层	101100	80542072
顺义天竺支行	顺义区天竺地区小天竺路1号埃力生商厦甲2首层	100621	64571358
昌平支行	昌平区城南街道龙水路26号龙水路22号院1号楼	102200	57700011
怀柔支行	怀柔区青春路4号楼1层1062号、2层2107号	101499	69640988
陶然亭支行	西城区陶然亭路2号9号楼1层108室	100050	83953697
菜市口支行	西城区菜市口大街6号院4号楼1层109-5号	100120	83985636
国瑞城社区支行	东城区西花市大街39号	100062	67116791
新奥洋房社区支行	东城区景泰西里东区1号楼1层B07	100075	87863968
富力城社区支行	朝阳区广渠门外大街5号院13号楼11号	100022	58764588
安立花园社区支行	朝阳区安立路66号安立花园首层	100101	64907570
媒体村支行	朝阳区天溪园20号楼商业17号	100107	84920906
华纺易城社区支行	朝阳区青年路29号院20号楼1层20-3号	100123	58764588
沿海赛洛城社区支行	朝阳区百子湾东里314-07号	100124	87213689
太阳宫社区支行	大兴区旧宫镇旧忠路12号院旧宫新苑2号楼17门	100028	84298494
碧水云天社区支行	海淀区挽留星标家园11号楼1层底商	100089	82566980
大成郡支行	丰台区大成南里四区2号楼101号	100141	68291031
怡海花园支行	丰台区怡海花园内怡海路3号四区6号铺位	100070	63710071
彩虹城社区支行	丰台区光彩路68号院西区1号楼1层08号	100079	87862126

苹果园社区支行	石景山区海特饭店写字楼 1 层西侧 2 号	100041	88795915
海户路社区支行	丰台区骏景园中区 10 号楼 4－106 室	100068	87870237
珠江帝景社区支行	朝阳区广渠路 28 号院 401 号楼 106 室	100022	58633151
广渠路社区支行	朝阳区广渠路 36 号院乙 6 号楼 22 号	100022	87789986
橡树湾社区支行	海淀区学府树家园二区橡树湾二期底商 7－13 号	100085	82815766
宋家庄社区支行	丰台区宋庄路 26 号院 10 号楼 102 室	100079	87165805

平安银行股份有限公司北京分行

机构名称	地　址	邮　编	电　话
分行营业部	西城区复兴门内大街 158 号首层	100031	66292375
神华支行	东城区安德路 16 号洲际大厦首层	100011	64485661
花园路支行	海淀区花园东路 11 号泰兴大厦首层	100029	57625289
中关村支行	海淀区苏州街 1 号首层	100080	62547455
三元桥支行	朝阳区新源南路 9 号首层	100027	84538105
朝阳门支行	朝阳区关东店北街国安宾馆首层	100020	65061188
官园支行	西城区车公庄大街乙 1 号首层	100044	68334240
建国门支行	东城区建国门内大街 18 号首层	100005	65188100
知春路支行	海淀区知春路 113 号首层	100086	62637549
海淀支行	海淀区中关村南大街甲 32 号首层	100081	62185355
东直门支行	东城区东直门外大街 48 号首层	100027	84477761
东城支行	东城区金宝街 58 号首层	100005	65127792
和平支行	东城区和平里 9 区甲 4 号首层	100013	64464970
亚运村支行	朝阳区安立路 66 号 1 号楼首层	100101	64907719
万柳支行	海淀区万柳中路 35 号万柳蜂鸟家园 2 号楼首层	100089	82871700

德胜门支行	西城区安德路81号首层	100011	82061004
光华路支行	朝阳区光华路4号东方梅地亚中心A座首层	100026	65832350
望京支行	朝阳区望京新城南湖西园125号首层	100101	84721377
花园桥支行	海淀区西三环北路87号首层	100089	88825851
东四环支行	朝阳区八里庄西里100号1号楼首层	100102	85866189
开阳桥支行	丰台区开阳路1号瀚海花园大厦首层	100069	83973756
亚奥支行	朝阳区北辰东路8号5号楼2层	100101	84982996
清华园支行	海淀区成府路113号首层	100084	62760580
丰台支行	丰台区华源四里甲4号楼首层	100073	63252082
财满街支行	朝阳区朝阳路67号5号楼首层	100084	85752317
朝外支行	朝阳区朝外大街18号首层	100020	65881991
广渠门支行	东城区广渠家园5号楼首层	100022	87512336
方庄支行	丰台区紫芳园四区5号楼5-03号首层	100078	87669591
丰盛支行	西城区丰盛胡同20号B座首层	100032	57041381
世纪金源支行	海淀区蓝靛厂东路2号院2号楼首层	100097	88877366
国贸支行	朝阳区光华路5号院2号楼首层	100020	50949248
天通苑支行	昌平区东小口镇立汤路186号甲5幢首层	102218	84675783
亦庄支行	北京经济技术开发区文化园西路6号院18号楼首层	100176	87927816
总部基地支行	丰台区南四环西路188号16区18号楼首层	100028	50949301
大红门支行	丰台区石榴庄西街232号1幢首层	100075	87862752
北苑支行	朝阳区天畅园5号楼首层	100107	84829006
金融街支行	西城区金融大街23号首层	100033	50949295
十里河支行	朝阳区东三环南路19号院1号楼首层	100122	87667376
首体南路支行	海淀区首体南路甲20号首层	100044	88356976

双井支行	朝阳区广渠门39号院2号楼首层	100022	50916385
石景山支行	石景山区石景山路2号北京台湾街C－02－10号楼首层	100040	66171701
木樨园支行	丰台区果园8号楼首层	100068	50868350
崇文门支行	东城区崇文门外大街7号、9号1幢南段首层	100062	67085906
学院南路支行	海淀区学院南路15号院10号楼首层	100082	62440786
白云路支行	西城区莲花池东路甲5号院1号楼首层	100038	63377326
大兴新航城支行	大兴区榆垡镇南十路3号首层	102602	89219451
上地支行	海淀区上地西路41号院1号楼首层	100085	50960878
通州支行	通州区临河里33号楼首层	101101	50838739
东三环支行	朝阳区新源南路1号首层	100027	57309415
大兴支行	大兴区兴华大街3段25号1层101号	102600	81290306

中信银行股份有限公司总行营业部

机构名称	地　　址	邮　编	电　话
营业结算部	西城区金融大街甲27号投资广场A座	100033	66293012
国际大厦支行	朝阳区建国门外大街19号	100004	65122233－225
京城大厦支行	朝阳区新源里南路6号	100004	84865386
富华大厦支行	东城区朝阳门北大街8号富华大厦E座1层	100027	65558365
朝阳支行	朝阳区农展馆南里12号	100026	65389575
中关村支行	海淀区中关村南大街1号友谊宾馆苏园公寓13－1328号	100086	62187401
富力支行	朝阳区双花园南里二区13号楼	100022	65687793
广安门支行	西城区广安门外南滨河路1号	100055	63288394

海淀支行	海淀区海淀北一街 2 号首创拓展大厦 1 ~3 层	100190	62613870
东大桥支行	朝阳区工体东路 18 号	100020	65944950
知春路支行	海淀区知春路 14 号	100088	62369830
新兴支行	海淀区西三环中路 17 号新兴宾馆写字楼首层	100036	68212510
交大支行	海淀区上园村 3 号交大科技大厦 1 层南侧 102 室	100044	66579713
奥运村支行	朝阳区大屯路慧忠北里 309 号楼	100012	64802827
酒仙桥支行	朝阳区酒仙桥路 14 号兆维大厦 1 层	100016	64319780
崇文支行	东城区东花市南里富贵园三区底商裙房	100062	67151791
西单支行	西城区复兴门内大街 45 号	100801	66035493
万达广场支行	朝阳区建国路 93 号北京万达广场东区商业 B 座	100022	58208406
首体南路支行	海淀区首体南路 22 号国兴大厦首层	100044	88354581
中粮广场支行	东城区建国门内大街 8 号	100005	65228710
金运大厦支行	海淀区西直门北大街甲 43 号 1 号楼 101 室	100044	62294402
上地支行	海淀区上地东里 1 区 4 号楼科贸大厦 1 层	100085	62969970
经济技术开发区支行	北京经济技术开发区天华园一里三区 14 号楼 1 层	100176	67874552
安贞支行	朝阳区安贞西里三区 26 号浙江大厦 1 层、5 层	100029	64417162
广渠路支行	朝阳区东三环外广渠路九龙商厦 1 层	100022	87768422
望京支行	朝阳区望京利泽中园 2 区 208 号院内 B 座 1 层	100102	64391220
清华科技园支行	海淀区中关村东路 1 号清华科技园 9 号楼威新国际大厦 1 层 01 ~02 单元	100084	58722191
三元桥支行	朝阳区曙光西里甲 1 号首层	100028	58221129
世纪城支行	海淀区蓝靛厂垂虹园甲 2 号	100097	88862208
尚都国际中心支行	朝阳区东大桥路 8 号尚都国际中心	100020	58700920
紫竹桥支行	海淀区北洼路 9 号世纪新景园 7 号楼	100089	88583990
花园路支行	海淀区塔院志新村 2 号飞利信大厦 1 层	100031	82036521

万柳支行	海淀区万柳星标家园5－31号、5－32号、5－217号	100089	82567560
来福士支行	东城区东直门南大街1号来福士中心1层	100007	64008190
财富中心支行	朝阳区东三环中路7号北京财富中心1期商铺E101、E205	100020	65309351
长安支行	朝阳区广渠路23号院6号楼底商	100022	61654807
北辰支行	朝阳区慧忠里320号住总大厦	100101	84837995
出国中心支行	朝阳区小亮马桥西路6号院7号楼1层	100016	84551178
福码大厦支行	朝阳区广顺路北大街33号院1号楼福码大厦B座1层102室	100102	84729727
观湖国际支行	朝阳区姚家园路105号3号楼万企控股大厦102室、201室、202室	100025	59283846
太阳宫支行	朝阳区夏家园12号楼半岛国际公寓12号楼102号	100028	84419951
媒体村支行	朝阳区红军营南路北辰绿色家园天朗园C座1层	100012	84910928
国奥村支行	朝阳区林萃东路2号楼甲3号楼1层F101、2层F201	100101	84370723
通州支行	通州区翠景北里7号楼底商	101101	81593083
金泰国际支行	朝阳区广渠路11号院1号楼	100022	87213209
瑞城中心支行	朝阳区亮马桥路48号院4号楼1层	100125	60837085
丰台支行	丰台区太平路桥华源四里甲7号楼1层底商	100073	63252031
顺义支行	顺义区站前街2号办公楼	101399	60416922
回龙观支行	昌平区回龙观西大街北侧北店时代广场宜尚百货1层	102208	60728206
北苑支行	朝阳区水岸南街8号院6号楼	100012	84360115
中信城支行	西城区菜市口大街甲2号院6号楼	100052	83194420

房山支行	房山区西潞街道良乡西路26号西路时代大厦1层、2层	102488	69389317
珠市口支行	东城区珠市口东大街5号楼光明日报社办公楼西侧1楼底商	100062	67029851
密云支行	密云区鼓楼东大街19号院	101500	61094656
怀柔支行	怀柔区青春路21号慧友大厦	101400	61628741
方庄支行	丰台区方庄紫芳园四区3号楼	100164	87153978
石景山支行	石景山区政达路6号4号楼、5号楼	100041	68705670
和平里支行	东城区和平里六区8号1段	100013	84504966
德外支行	西城区德胜门外大街甲10号中轻大厦	100011	62426501
八里庄支行	朝阳区八里庄东里1号A区1号楼	100025	65501797
三里屯支行	朝阳区新东路8号院3号楼	100027	84185830
大兴支行	大兴区金星西路6号兴创大厦	102627	60260012
高碑店支行	朝阳区高碑店兴隆街2号兴隆小区综合楼潮青汇百货1层东侧	100005	85787801
天桥支行	西城区天桥南大街1号天桥艺术大厦B座	100050	83132981
十里河支行	朝阳区周庄山水文园201号楼101房	100122	67480452
翠微路支行	海淀区复兴路20号	100840	68267230
西红门支行	大兴区西红门鸿坤广场购物中心F1－18C、F2－16C	100162	80225561
南新仓支行	东城区朝阳门北大街9号东方文化大厦1层	100010	89936588
橡树湾支行	海淀区学府树家园3号楼3－1～12号	100085	62845296
宝盛广场支行	海淀区黑泉路8号宝盛广场A座1001号	100192	62740781
门头沟支行	门头沟区石龙工业区18号骏洋国际大厦1层	102308	60868120
西山壹号院支行	海淀区德惠路1号院13号楼1层2－101室	100094	62730587

石韵浩庭社区支行	朝阳区广渠路33号院3号楼04室	100022	87768607
西山林语社区支行	海淀区冷泉林语山庄二区15号楼106室	100095	62469252
远洋沁山水社区支行	石景山区玉泉西里一区3号楼1层101室	100040	68686189
太阳公元社区支行	朝阳区太阳宫一街1号院太阳绿园小区10楼底商102号	100080	84298016
椿树社区支行	西城区山西街6号院1号楼116室	100011	83166007
当代万国城社区支行	东城区香河园街1号院当代MOMA 8号楼2幢S8－102室	100028	84388806
绿港家园社区支行	顺义区绿港家园一区10号楼1层部分区域	101300	60417358
阳光上东社区支行	朝阳区东四环北路6号二区5号楼1层商业02号	100016	59513856
晶都国际社区支行	朝阳区酒仙桥路26号院2号楼1层B05	100016	51306190
八里庄北里社区支行	朝阳区八里庄北里219号楼1层商业102局部	100025	85838295
紫金长安社区支行	海淀区西翠路17号院6号楼商铺5号	100036	68215366
陶然亭社区支行	西城区陶然亭路2号8号楼1层106室	100050	83910523
天翠园社区支行	朝阳区天翠园1号楼1层商业5号	100107	64129105
西山公馆社区支行	海淀区东北旺西路8号院31号楼1层101室	100193	62980310

中国光大银行股份有限公司北京分行

机构名称	地　　址	邮　编	电　话
分行营业部	西城区宣武门内大街1号	100031	66567688
朝内支行	东城区朝阳门北大街17号人保大厦1层	100010	65279078
宣武支行	西城区广安门外大街1号深圳大厦1层	100055	63271188－8697
德胜门支行	西城区黄寺大街23号北广大厦1层	100011	82236900
海淀支行	海淀区中关村大街18号科贸电子城1层	100190	82598021－800

朝阳支行	朝阳区朝外大街16号中国人寿大厦1层	100020	85252009
建国门支行	朝阳区建国门外大街甲6号中环世贸中心D座1层	100022	65630255
复兴路支行	海淀区复兴路47号天行建商务大厦	100036	51921033
学院路支行	海淀区西直门北大街56号生命人寿大厦1层	100082	63018827
天宁寺支行	西城区莲花池东路1号	100045	63489739
西城支行	西城区车公庄大街甲4号-1物华大厦	100044	68002194
中关村支行	海淀区知春路63号	100190	62563410
东城支行	东城区东四北大街337号	100010	64079747
新源支行	朝阳区新源西里中街12号	100027	64648252
安定门支行	东城区安定门外大街208号三利大厦	100011	64280003
礼士路支行	西城区南礼士路66号建威大厦	100045	68025382
亚运村支行	朝阳区慧忠路5号远大中心C座1层	100101	84891160
交大支行	海淀区西直门外上园村3号交大知行大厦	100044	62249612
阜成路支行	海淀区西三环北路100号金玉大厦1层	100037	68727490
花园路支行	海淀区花园东路10号高德大厦B段1层	100191	82038352
三里河支行	西城区月坛南街71号1层配楼1~3层	100045	68519372
工体路支行	东城区东中街46号鸿基大厦1层、2层	100027	64171771
定慧桥支行	海淀区阜成路99号	100142	88504835
西直门支行	西城区德宝新园22号德宝饭店1层	100044	68332338
方庄支行	丰台区方庄芳古园1区29号楼	100078	87673414
长安支行	西城区复兴门外大街6号光大大厦	100045	68561246
长虹桥支行	朝阳区东三环北路17号恒安大厦	100027	65958221
世纪城支行	海淀区板井路59号	100097	88508844
万柳支行	海淀区万柳中路11号	100089	82362712
北太平庄支行	海淀区北太平庄路18号城建大厦B座1层	100088	62091421

惠新西街支行	朝阳区安外小关东里14号	100029	64417446
望京支行	朝阳区望京中环南路花家地街花家地商业1号楼	100102	84723281
金源支行	海淀区蓝靛厂垂虹园甲5号	100097	88878901
光华路支行	朝阳区光华路2号阳光100 G座	100026	65063528
亦庄支行	北京经济技术开发区天宝园5里2区1-C2号	100176	67820492
金融街支行	西城区金融大街28号院2号楼1层	100032	66578055
石景山支行	石景山区阜石路166号泽洋大厦北座1层	100043	52638610
京广桥支行	朝阳区东三环中路7号北京财富中心写字楼A座1层E108	100020	65309889
崇文支行	东城区广渠门内大街27号	100062	87103728
苏州街支行	海淀区苏州街18号长远天地D座1层	100080	82609760
丰台支行	丰台区南四环西路168号汉威国际广场4区6号楼1层	100070	83368199
劲松桥支行	朝阳区东三环南路甲52号-1	100022	67727118
清华园支行	海淀区双青路88号华园世纪商务楼1层	100083	82527673
上地支行	海淀区上地三街9号嘉华大厦B座1层	100085	62978318
顺义支行	顺义区站前西街3号顺鑫国际商务中心1层	101300	61409500
东高地支行	丰台区东高地万源西里36栋-甲44栋航天万源广场1层	100076	68753688
东长安街支行	朝阳区建国门外大街乙12号LG双子座大厦	100022	51208555
西坝河支行	朝阳区西坝河北里23号恒川广场1层	100028	64473806
富力城支行	朝阳区双井富力城A2楼	110105	58764958
金融街丰盛支行	西城区太平桥大街25号	100032	63639100
奥运支行	朝阳区南沙滩66号院1号楼	100101	84097001
五棵松支行	海淀区西四环中路16号院1号楼	100143	59739704

望京西支行	朝阳区望京新城南湖西园125号楼	100102	64751830
和平里支行	东城区和平里东街10号院1号楼	100013	64212258
姚家园路支行	朝阳区星火西路19号楼	100025	85855778
马连道西支行	丰台区华源四里甲4号楼	100073	63259978
经济技术开发区支行	北京经济技术开发区景园北街2号59幢	100176	87163918
安慧支行	朝阳区安慧北里逸园29号楼	100101	84860620
建国门内大街支行	东城区建国门内大街18号恒基中心1层	100005	65188876
大兴金星路支行	大兴区金星路12院3号楼	102628	69221131
大兴支行	大兴区兴华南路1号	102628	81281531
通州支行	通州区新华东街296号1层	101100	80882801
双井桥支行	朝阳区广渠路39号院2号楼汉督国际中心1层02单元	100022	87759599
科技园支行	丰台区科学城恒富街2号院5号楼阳光四季1层	100070	63712533
顺义后沙浴支行	顺义区后沙浴镇安富街8号院1号楼1层103号	101300	60408695
文创园小微支行	西城区车公庄大街4号院3号楼1层109－07室	100044	68292944
四季青支行	海淀区通惠路12号	100195	56081878
西客站支行	西城区莲花池东路甲5号院白云时代大厦1层	100045	63385690

华夏银行股份有限公司北京分行

机构名称	地　址	邮　编	电　话
石景山支行	石景山区石景山路66号	100041	88294148
和平门支行	西城区前门西大街14号	100052	63163290
紫竹桥支行	海淀区广源闸5号	100081	68703275
东四支行	东城区东四十条21号北京一商集团大厦1层	100007	64019779

长安支行	西城区三里河东路 5 号	100045	68535115
中关村支行	海淀区北四环西路 56 号	100080	62695278
知春支行	海淀区知春路 111 号理想大厦 1 层	100086	82665348
灯市口支行	东城区灯市口大街 33 号	100006	65261075
平安支行	西城区平安里西大街 16 号	100035	66187120
安定门支行	东城区安定门外大街甲 68 号	100011	84287858
建国门支行	东城区建国门内大街 5 号	100005	65132004
朝阳门支行	朝阳区工体西路 18 号光彩国际公寓 S107 号	100020	65536200
京广支行	朝阳区东三环中路 7 号北京财富中心	100020	65330559
首体支行	海淀区西直门外大街 168 号腾达大厦 1 层	100044	88576283
亮马河支行	朝阳区东三环北路 3 号幸福大厦 B 座	100027	64688003
东直门支行	朝阳区东土城路 14 号	100013	85271101
中轴路支行	东城区鼓楼外大街 45 号	100011	62361848
奥运村支行	朝阳区慧忠北里 410 号楼 1 层	100101	64858139
万柳支行	海淀区万柳中路 29 号	100089	82577095
两广支行	东城区东珠市口 1 号	100062	67086078
国贸支行	朝阳区双花园南里三区合生国际花园 24 号楼1 ~2 层	100022	65667131
光华支行	朝阳区光华路 8 号	100026	65832410
魏公村支行	海淀区中关村南大街甲 12 号	100081	62109308
阜外支行	西城区阜外大街甲 34 号	100034	68528798
东单支行	东城区建内大街 22 号	100005	85237918
北沙滩支行	朝阳区德胜门外北沙滩 1 号	100083	64848676
德外支行	西城区德外大街 3 号	100088	82011388
西直门支行	海淀区西直门北大街 60 号	100088	82295260
分行营业部	西城区金融大街 11 号	100034	58598428

望京支行	朝阳区望京广顺大街 222 号	100102	84725997
世纪城支行	海淀区蓝靛厂 2 号金源时代商务中心 2 号楼 A 座	100089	88861768
车公庄支行	西城区车公庄大街 12 号核建大厦首层	100037	88306398
秀水支行	朝阳区秀水东街 8 号秀水市场 5 层	100020	65930679
东外支行	东城区东外大街 35 号	100027	84511042
上地支行	海淀区信息路甲 28 号科实大厦	100085	82771598
丰台科技园支行	丰台区航丰路 1 号时代财富天地大厦	100070	58090566
广外支行	西城区广安门外大街甲 397 号	100055	63328322
青年路支行	朝阳区青年路雅成一里 19 号世丰国际大厦 1 层	100025	85521533
通州支行	通州区梨园北杨洼 25 号商务楼	101100	81537960
北三环支行	西城区北三环中路 6 号	100011	58572871
亦庄支行	北京经济技术开发区荣昌东街甲 5 号隆盛大厦 A 座 1 层	100176	67806862
顺义支行	顺义区石园南区 33 号楼首层	101300	89443092
房山支行	房山区良乡苏庄东街 9 号	102488	69369931
怀柔支行	怀柔区青春路 26 号工会综合楼	101400	61604075
大望路支行	朝阳区百子湾南 2 路 70 号 1 层 102 室	100124	87724593
天通苑支行	昌平区天通苑北一区甲 4 号	102218	80782905
玉泉路支行	石景山区鲁谷路 74 号中国瑞达大厦 1 层	100040	68608568
方庄支行	丰台区方庄芳古园一区 28 号楼 –2 号	100078	84827482
菜户营支行	丰台区菜户营 58 号	100054	63356771
姚家园支行	朝阳区姚家园路 105 号观湖国际大厦	100025	59282276
学院路支行	海淀区学院路 30 号科技园大厦	100083	62660706
媒体村支行	朝阳区红军营南路媒体村天畅园 8 号楼 1 层	100107	84827683
新发地支行	丰台区新发地锦程园 19 号楼	100045	83790335

四道口支行	海淀区四道口2号	100081	82481231
陶然支行	西城区太平街8号院朱雀门30号	100050	83197751
永安支行	朝阳区建国门外大街3号京伦饭店1层	100020	56765757
朝内支行	东城区朝内大街南竹杆胡同2号银河 SOHO 1层	100010	56765293
西客站支行	丰台区广安路9号国投财富广场1号楼1~2层	100055	83665598
大兴支行	大兴区金星西路绿地中央广场D座1层	102600	59513215
门头沟支行	门头沟区大峪新桥大街57号	100041	61820375
运河支行	通州区通胡大街1号院2号楼武夷花园商业楼	101199	56760055

中国民生银行股份有限公司北京分行

机构名称	地　　址	邮　编	电　话
木樨地支行	海淀区复兴路甲3号	100038	68579345
阜成门支行	西城区阜外大街2号万通新世界广场B座	100037	68588449
建国门支行	朝阳区建国门外大街21号国际俱乐部	100020	65325937
中关村支行	海淀区知春路113号银网中心	100086	62619096
西坝河支行	朝阳区西坝河北里甲24号首层	100028	64474590
工体北路支行	朝阳区工体北路9号	100027	64155280
安定门支行	朝阳区安外大街1号信义大厦	100011	58295809
万寿路支行	海淀区复兴路甲65号	100036	68169091
西客站支行	丰台区西客站南广场中盐大厦	100055	63485530
正义路支行	东城区正义路3号共青团中央综合楼	100006	65262023
上地支行	海淀区上地东里一区4号楼科贸大厦	100085	62971290
国贸支行	朝阳区建国路128号一航大厦	100022	65676300
首体支行	西城区西直门外大街甲143号凯旋大厦	100044	68310386

金融街支行	西城区金融街33号通泰大厦B座	100140	88087334
什刹海支行	东城区地安门东大街56号	100009	84050115
北太平庄支行	西城区新街口外大街2号金辉科技楼	100088	62382766
广安门支行	西城区广内大街338号港中旅大厦	100053	83512515
方庄支行	丰台区芳古园一区28–3号通润会馆	100078	67670385
朝阳门支行	朝阳区朝外大街22号泛利大厦	100020	65884529
紫竹支行	海淀区紫竹院路31号华澳中心嘉慧苑	100089	88510821
魏公村支行	海淀区中关村南大街16号科技出版社	100081	68937489
东单支行	东城区金鱼胡同18号丽苑公寓	100006	85110682
亚运村支行	朝阳区北四环东路131号中国西藏博物馆	100101	64916864
苏州街支行	海淀区海淀南路32号中信国安数码港	100080	62526249
西直门支行	海淀区西直门大街45号时代之光名苑	100044	62266015
和平里支行	东城区青龙胡同1号歌华大厦B座	100007	84186208
崇文门支行	崇文区崇外大街9号正仁大厦	100062	67089851
奥运村支行	朝阳区北辰西路8号院2号楼北辰世纪中心A座2层	100101	84377376
三元支行	朝阳区东三环北路甲2号京信大厦西南配楼	100027	84489520
西单支行	西城区西单北大街107号北京电信综合楼	100032	58503909
劲松支行	朝阳区劲松三区甲302号华腾大厦	100021	87730408
成府路支行	海淀区成府路298号中关村方正大厦	100080	82529408
德胜门支行	西城区德外大街新风街2号天成科技大厦	100088	82271439
电子城支行	朝阳区酒仙桥路14号兆维大厦	100015	58671027
首都机场支行	朝阳区航安路首都机场职工之家综合楼	100621	64595916
西二环支行	西城区平安里西大街26号新时代大厦首层101–01室	100034	88009826

空港支行	顺义区天竺空港工业区经纬四街9号院办公楼	101318	64595916
复兴门支行	西城区太平桥大街111号1~2层	100032	66178450
南二环支行	东城区永定门外大街101号百荣世贸商城A区	100077	87804382
建国门外支行	朝阳区建国门外大街甲12号新华保险大厦	100022	65693081
京广支行	朝阳区西大望路3号院2号楼	100026	65974216
航天桥支行	海淀区西三环北路100号	100048	88516466－600
中关村西区支行	海淀区海淀北二街10号泰鹏大厦	100080	62684314
望京支行	朝阳区南湖东园122号博泰国际B座	100102	64755278
环保园支行	海淀区地锦路5号中关村环保园原动力空间1号楼	100095	59738716
首体南路支行	海淀区首体南路9号中国电工大厦	100048	68790947
大兴支行	大兴区黄村镇永华路1号兴政家园	102600	69228357
东二环支行	东城区东直门南大街甲3号居然大厦	100007	64012217
顺义支行	顺义区大东路3号院27号商住楼	101300	81487783
总部基地支行	丰台区丰台镇富丰路2号星火科技大厦2－6幢	100070	83739712
世纪金源支行	海淀区蓝靛厂垂虹园甲4号楼	100097	88877430
国奥支行	朝阳区安立路66号4号楼	100101	64906808
朝阳北路支行	朝阳区朝阳北路107号院58号楼	100025	58626018
亦庄支行	北京经济技术开发区隆庆街7号1幢	100076	67879915
通州支行	通州区九棵树西路京洲园195号楼1~2层	101121	81595959
长椿街支行	西城区宣武门西大街97号2号楼	100031	88086601
光华支行	朝阳区金桐西路10号	100020	85906828
华威支行	朝阳区松榆南路38号院1号楼	100122	87328256
顺义新城支行	顺义区顺安南路68号首层	101300	56360188
万柳支行	海淀区万柳中路6号院2号楼	100089	82362533
广渠门支行	东城区广渠家园10号楼1层101室	100022	85003233

昌平支行	昌平区白浮泉路26号院2号楼	102200	80112288－8018
房山支行	房山区拱辰街道政通路12号1号楼首层大厅	102488	60305550
陶然桥支行	东城区永定门西滨河路8号院7楼	100077	57837821
石景山支行	石景山区银河南街2号院1号楼	100040	68633588
西大望路支行	朝阳区西大望路19号院1号楼	100022	87756735
回龙观支行	昌平区回龙观西大街16号院1号楼	102208	60779375
媒体村支行	朝阳区天朗园C座1层01商业	100107	84923352－600
亮马桥支行	朝阳区亮马桥路48号院4号楼1层101室	100125	84401191
万丰路支行	丰台区万丰路303号梦都酒家首层	100161	63858550
林萃路支行	朝阳区林萃西里16号楼1层F1－27室	100085	50866206
常营支行	朝阳区常惠路4号楼	100024	65774955
杏石口支行	海淀区杏石口路80号益园文化创意产业基地A区1号楼108号	100095	65884508
东坝支行	朝阳区朝新嘉园东里六区1号楼	100018	65676308
大兴新城支行	大兴区枣园东巷1号院1号楼	102611	60280088
榆垡支行	大兴区榆垡镇今荣街9号首层、2层	102602	89210011
香山支行	海淀区闵庄路3号清华科技园玉泉慧谷二期1号楼1层	100097	88405400
望京科技园支行	朝阳区望京东园五区502号楼1～2层精品店－2至－6号	100102	64799009
东四支行	东城区东四北大街265号	100007	64025688
南苑支行	丰台区马家堡东路189号院2号楼首层	100077	56678898
天通苑支行	昌平区东小口镇立汤路181号院6号楼	102218	62382704
知春路支行	海淀区知春路13号航南大厦首层	100083	82310055
中关村软件园支行	海淀区西北旺东路10号院16号楼1层102号	100094	56647098

太阳宫支行	朝阳区太阳宫中路16号院1号楼冠捷大厦101室	100028	84629097
丽泽商务区支行	丰台区丽泽路5号1层101号-2室	100073	63384900
门头沟支行	门头沟区滨河路115号滨河大厦1层西北侧	102399	61809096
新源里支行	朝阳区新源南路8号院4号楼1层103单元	100027	85952619
东三环支行	朝阳区东三环北路甲26号楼	100026	85952689

渤海银行股份有限公司北京分行

机构名称	地　址	邮　编	电　话
分行营业部	西城区复兴门内大街28号凯晨世贸中心东C座F1层	100031	66270781
魏公村支行	海淀区中关村南大街31号神舟科技大厦	100081	68729077
商务中心区支行	朝阳区光华路15号泰达时代中心1号楼	100600	85885416
亚运村支行	朝阳区慧忠里318号	100101	64953799
朝阳门支行	朝阳区吉庆里9、10号楼蓝筹名座E座	100020	65538038
万柳支行	海淀区长春桥路11号亿城中心4号楼	100089	62416917
望京支行	朝阳区广顺南大街21号	100102	64775011
德胜门支行	西城区德外大街36号楼德胜凯旋大厦A座	100120	82069650
京广支行	朝阳区呼家楼京广中心商务楼首层	100020	65973500
东二环支行	东城区南竹杆胡同2号银河SOHO	100010	65206625
航天桥支行	西城区莲花池东路106号汇融大厦底商	100055	63943100
西客站支行	海淀区西三环北路100号光耀东方中心底商	100048	68729121
中关村支行	海淀区海淀大街3号1幢1层101北侧及2层201北侧	100080	82696321
总部基地支行	丰台区南四环西路188号一区31号楼	100070	83203087

首体南路支行	海淀区首体南路 20 号 4 号楼、5 号楼	100044	88357178
安贞支行	朝阳区安定路 35 号 1 层餐厅	100029	64443055
万寿路支行	海淀区万寿路西街 2 号 1 层北侧	100036	88175373
经济技术开发区支行	北京经济技术开发区天华北街 11 号院 2 号楼	100176	67866885
通州支行	通州区新华西街 60 号院 1 号楼 1 层	101100	50952500
珠江骏景社区支行	丰台区骏景园北区 25 号楼 1 层 103 号	100075	87805923
清林路社区支行	朝阳区清林路 1 号院 7 号楼 1 层 107 号	100107	84913763
远洋风景社区支行	海淀区德胜门西大街 15 号 1 号楼 D3 区	100082	82290301
双井社区支行	朝阳区天力街 16 号楼 8 号	100022	58621559
橡树湾社区支行	海淀区学府树家园二区 7－1～20 号 7－5 室	100085	82815613
紫金长安社区支行	海淀区西翠路 17 号院 18 号楼 1 层 2 单元商铺 5 号	100036	68212123
远洋山水社区支行	石景山区玉泉西里二区 3 号楼 1 层 D 号	100073	68636908
林肯公园社区支行	北京经济技术开发区文化园西路 8 号院 30 号楼 1 层 110 号	100176	87925275
广顺北大街社区支行	朝阳区利泽西园 306 号楼 1 层 109 号	100102	64190260
百子湾社区支行	朝阳区百子湾路 16 号百子园后现代城社区 5 号楼 1 层 A 单元 102 号	100124	87765688
国贸社区支行	朝阳区东柏街 9 号院 2 号楼 1 层 103 号	100022	87751631

浙商银行股份有限公司北京分行

机构名称	地　址	邮　编	电　话
中关村支行	海淀区中关村南大街甲 12 号寰太大厦	100081	62109927
丰台支行	丰台区南四环西路 188 号 17 区 1 号楼	100070	83739402
五方支行	朝阳区王四营甲 2 号观音堂文化大道观 68 号	100023	87661395

十里河支行	朝阳区十八里店乡大羊坊路闽龙广场	100122	67329052
朝阳支行	朝阳区东坝乡朝新嘉园东里五区18号楼D101室	100018	65432522
大兴支行	大兴区兴华大街三段25－1号	102600	61219471
长虹桥支行	朝阳区工体北路甲2号北京盈科中心	100027	65391035
通州支行	通州区中山大街59号院1号楼	101100	60532310

北京银行股份有限公司

机构名称	地　址	邮　编	电　话
总行营业部	西城区金融大街甲17号、乙17号	100033	66225025
北京分行	西城区复兴门内大街156号B座、D座	100031	66426708
中关村分行	海淀区彩和坊路6号首层	100080	60190041
城市副中心分行	通州区梨园南街326号2层	100121	67743600
车公庄支行	西城区车公庄大街乙8号	100044	68341546
德外支行	西城区德胜门外新风大街2号天成科技大厦A座	100120	82029815
西四支行	西城区西单北大街30号	100032	66072541
阜成支行	西城区阜外大街2号	100037	68032848
复兴支行	西城区月坛南街14号	100045	68525276
展览路支行	西城区西直门外南路8号	100044	68355049
三里河支行	西城区月坛南街85号	100045	68587528
月坛支行	西城区阜外大街27号1层	100037	68104632
华安支行	西城区地安门西大街171号	100034	66112950
西直门支行	西城区冠英园西区31号楼	100035	66537790
燕京支行	西城区复兴门外大街甲19号	100045	68561704
金融街支行	西城区金融大街丁26号	100033	88087441

官园支行	西城区平安里西大街22号1层、2层	100034	66110674
慧园支行	西城区教场口街9号院7号楼及巳9号楼1层	100120	82061216
西单支行	西城区复兴门内大街156号招商国际金融中心B座	100031	66426677
长安街支行	西城区真武庙一号中国职工之家C座首层	100045	68563182
西内大街支行	西城区西黄城根北街甲2号	100035	82141644
北三环支行	西城区北三环中路6号1幢1层、2层	100120	82087500
马连道支行	西城区马连道南街1号院2号楼	100055	63282060
百万庄社区支行	西城区百万庄大街21号院1号楼配套底商1号及2号商铺	100037	68104621
白塔寺支行	西城区太平桥大街8号院10号楼	100034	59352616
右安门支行	西城区右安门内大街65号	100054	63514476
前门支行	西城区前门西大街正阳市场1号楼	100051	63037838
琉璃厂支行	西城区南新华街48号	100052	63044326
广安支行	西城区广安门外白菜湾5号楼1层	100055	63486028
报国寺支行	西城区广安门内大街甲306－3号	100053	63547801
天宁支行	西城区核桃园西街36号	100053	63041992
滨河路支行	西城区枣林前街119号	100053	63517012
白云支行	西城区广安门外小马厂西里2号	100055	63408261
陶然支行	西城区永定门内西街5号	100050	83162495
宣武门支行	西城区广安门内大街6号	100053	83513740
广源支行	西城区广安门外大街305号院7号楼1层	100055	63459126
陶然亭路支行	西城区陶然亭路45号网信鸿玺宾馆1层	100052	83559985
永定门支行	西城区天桥南大街1号1座1层01单元	100050	67217268
南纬路支行	西城区南纬路35号1层	100050	83150491
车公庄大街社区支行	西城区车公庄大街9号院2号楼1层01商业门厅	100044	88312860

工体北路支行	东城区新中西里13号巨石大厦首层	100027	51909895
和平里支行	东城区和平里东街1号	100013	84232251
建国支行	东城区建国门内大街乙18号	100005	65265285
东四支行	东城区东四北大街303-8号	100007	64062934
长城支行	东城区金鱼胡同18号万富大厦首层	100006	65258088
灯市口支行	东城区灯市口大街50号	100006	65248163
景山支行	东城区东四十条24号青蓝大厦1层西侧	100007	64016958
中轴路支行	东城区安德路16号洲际大厦首层	100011	84882626
沙滩支行	东城区北河沿大街97号	100006	65220219
东单支行	东城区建内大街19号中纺大厦1层	100005	65262730
安定门支行	东城区交道口南大街16号	100007	64075243
东直门支行	东城区东直门南大街9号4号楼1层	100007	84098610
海运支行	东城区东直门南大街5号	100007	58156081
雍和支行	东城区东直门北小街青龙胡同1号歌华大厦首层	100007	84186329
忠实里支行	东城区忠实里西区7号楼1层107室	100022	67799887
天桥支行	东城区珠市口东大街20号	100050	67075138
天坛支行	东城区天坛东路76号	100061	67169114
花市支行	东城区东花市北里中区甲27号楼	100062	67189320
光明支行	东城区光明路13-3号	100061	67129144
广渠门支行	东城区夕照寺街2号北京市电信工程局办公大楼1层	100061	67184883
广渠门外大街支行	东城区广渠家园5号首东国际大厦1层101号	100022	87521598
东直门外支行	东城区北二里庄44号迤南1层	100027	64606623
磁器口支行	东城区珠市口东大街3号101室	100062	67085430
白石桥支行	海淀区中关村南大街48号A座九龙商务中心	100081	62196712

北航支行	海淀区学院路35号世宁大厦首层102室	100191	82338398
北京大学支行	海淀区成府路298号方正大厦1层北侧	100871	82529701
北清路支行	海淀区永丰路9号院1号楼	100094	82789960
北太平庄支行	海淀区北三环中路戊40号	100088	62043336－8205
北洼路支行	海淀区北洼路28号	100089	68451673
翠微路支行	海淀区复兴路33号翠微大厦1层	100036	68172288
大钟寺支行	海淀区中关村南大街12号培训中心01－02层	100081	62154096－8818
阜裕支行	海淀区阜成路28号航医大厦西侧1～2层	100142	51817100
甘家口支行	海淀区三里河路39号	100037	68349787
国兴家园支行	海淀区首体南路20号	100044	88355438
海淀路支行	海淀区中关村大街22号中科大厦B座1层	100190	62628358
航天支行	海淀区海淀南路30号航天精密大厦1层	100080	82671123
金运支行	海淀区西直门北大街甲43号金运大厦	100044	52129223
清华大学支行	海淀区清华大学校内照澜院商业楼1～2层	100084	62780101
清华园支行	海淀区双清路同方大厦A座	100084	62770461
上地支行	海淀区上地信息路1号	100085	82895594
世纪城支行	海淀区板井路69号世纪金源大饭店首层东侧	100097	88462505
双秀支行	海淀区北三环中路31号泰思特大厦1层、凯奇大厦1层	100088	82005324
双榆树支行	海淀区双榆树东里甲22号	100086	82116611－152
四道口支行	海淀区西直门外大柳树路2号铁科院北区11号楼	100081	62243859
四季青支行	海淀区世纪城三区蓝靛厂时雨园甲1－1	100097	88892385
万泉路支行	海淀区新建官门路1号	100091	62872154
万寿路支行	海淀区万寿路17号综合楼B座	100036	68224508
魏公村支行	海淀区中关村南大街25号中扬大厦	100081	68937792

西客站支行	海淀区羊坊店路21号东北角	100038	63953594
新华支行	海淀区万柳中路15号1层	100089	82565337
新街口北大街支行	海淀区德胜门西大街15号远洋风景8号楼1单元102室	100082	82293543
学院路支行	海淀区学院路30号	100083	62313296
学知支行	海淀区北土城西路197号	100191	62074986
燕园支行	海淀区西草场一号硅谷电脑城南裙楼1～2层	100080	82852397
永定路支行	海淀区复兴路40号中国铁建科研大厦首层西侧	100039	52689307
永丰支行	海淀区西北旺德政路南茉莉园甲19号楼	100094	82403379
友谊支行	海淀区中关村南大街3号海淀科技大厦1层	100081	68945858
中关村海淀园支行	海淀区北一街2号鸿城拓展大厦1～2层	100080	62699713
中关村科技园区支行	海淀区中关村大街甲28号海淀文化艺术大厦B座1层	100086	82533000
中关村支行	海淀区中关村科学院南路12号	100086	62563804
紫竹支行	海淀区车道沟路十号兵器大厦首层	100089	58830099
田村支行	海淀区田村路畅茜园圣华里小区9号楼1层	100049	68162290
橡树湾支行	海淀区学府树家园二区1号楼1层	100085	82816756
五棵松支行	海淀区复兴路75号中央广播电视大学五棵松业务楼B座首层	100850	56765771
温泉支行	海淀区温泉路临58号1层	100095	62407990
东升科技园支行	海淀区西小口路66号中关村东升科技园B区2号楼1层B105室	100096	82830702
互联网金融中心支行	海淀区丹棱街甲1号	100080	82362040
玉渊潭支行	海淀区美丽园中路16号院5号楼	100097	88506911
西翠路社区支行	海淀区西翠路17号院1号楼	100036	68211927

中关村创业大街小微支行	海淀区海淀西大街29号院1层115号、117号	100080	61934677
苏家坨支行	海淀区苏家坨镇凤仪佳苑七里8号楼	100194	57809300
清河支行	海淀区清河清景园5号商业楼地上1层A区	100192	62990536
朝外支行	朝阳区朝外大街12号海蓝云天商城1层西门	100020	65993325
望京支行	朝阳区望京西园429号楼底商	100102	64775719
东大桥支行	朝阳区东直门外新东路甲5号	100027	64167514
酒仙桥支行	朝阳区酒仙桥路3号	100015	64382939
九龙山支行	朝阳区农光里117号	100021	67342062
芳草地支行	朝阳区东大桥路10号	100020	65867822
金台路支行	朝阳区团结湖路52号	100026	85985900
亚运村支行	朝阳区慧忠北里天创世缘309楼A座首层	100012	64802490
八里庄支行	朝阳区朝外红庙延静西里2号	100025	65949698
新源支行	朝阳区北三环东路6号	100028	64643177
安华路支行	朝阳区外馆东街51号商业楼首层0102室	100011	64408638
樱花支行	朝阳区北三环东路15号	100029	64418052
关东店支行	朝阳区关东店17号楼101内1层	100020	65062512
北辰路支行	朝阳区北辰东路8号汇珍楼1层	100101	85803048
现代城支行	朝阳区建国路88号现代城A区S座0101室	100022	85803045
商务中心区支行	朝阳区光华路丙12号首层	100020	65083280
雅宝路支行	朝阳区雅宝路2号天雅大厦1层	100020	51362661
红星支行	朝阳区朝外大街20号	100020	65885738
北苑路支行	朝阳区北苑路172号万兴苑11号楼1层04室	100101	84854563
东长安街支行	朝阳区建国门外大街乙12号双子座大厦西塔1层	100022	65683696
健翔支行	朝阳区安翔北里甲11号北京创业大厦B座1层	100101	64889928
惠新支行	朝阳区惠新东街4号富盛大厦1层	100029	84663956

孙河支行	朝阳区孙河乡康营家园小区KY15区D8R号楼	100015	84591236
双桥支行	朝阳区双柳北街39号商业2层203号	100024	65734009
大望路支行	朝阳区广渠路28号甲201号楼1层	100022	57528618
燕莎支行	朝阳区东方东路19号亮马桥外交办公大楼1层东侧	100125	85322826
望京科技园支行	朝阳区利泽西街8号院1号楼	100102	64789992
远洋国际中心支行	朝阳区东四环中路56号远洋国际中心A座	100025	85865177
奥北支行	朝阳区天乐园1号楼1层	100107	84927536
奥东支行	朝阳区惠新西街19号	100029	51300080
高碑店支行	朝阳区高碑店北路5号	100123	51361730
奥运村支行	朝阳区北辰西路8号院2号楼	100101	84378372
富力又一城支行	朝阳区黄厂南里2号院31号楼1层	100121	59643615
电子城支行	朝阳区高家园二区14号	100015	64363756
朝阳北路支行	朝阳区朝阳北路102号楼	100123	85790459
姚家园支行	朝阳区星火西路19号楼1~2层	100025	85855636
太阳宫支行	朝阳区夏家园11号楼1层5号商业和2层11号商业	100028	84298352
国贸支行	朝阳区建国门外大街1号院1号楼58层01~25单元	100004	57068900
芍药居支行	朝阳区芍药居16号楼	100029	84648865
常营支行	朝阳区朝阳北路17号楼	100024	50866270
力源里社区支行	朝阳区力源里北街2号院5号楼1层108室	100025	85757767
华侨城支行	朝阳区金蝉欢乐园2号院甲1号楼N2－F1－02、N2－F2－01	100023	67366850
东四环支行	朝阳区慈云寺北里210号楼1层102室	100025	85886436

甘露园社区支行	朝阳区甘露园4号楼1层	100123	85773241
西坝河支行	朝阳区太阳宫火星园1号楼1层	100028	84299756
松榆南路社区支行	朝阳区松榆南路38号院1号楼B座	100021	87351792
西大望路社区支行	朝阳区西大望路19号院12号楼1层8单元	100022	57528618
崔各庄支行	朝阳区崔各庄乡京旺家园一区8号楼3－6门底商	100015	64358782
新城国际小微支行	朝阳区朝阳门外大街6号院22号楼1层商业	100020	65089280
丰台支行	丰台区丰台镇东安街1号	100071	63822841
西罗园支行	丰台区洋桥12号综合楼1层101室	100068	67253444
两桥支行	丰台区西四环南路31号	100071	63825045
方庄支行	丰台区方庄芳星园2区甲3号院6号	100078	67665046
成寿寺支行	丰台区南三环四方景园二区配套商业1－5号	100164	87647377
总部基地支行	丰台区南四环西路188号三区5号	100070	63701838
三环新城支行	丰台区丰桥路7号院8号楼28号	100070	83631804
金融港支行	丰台区南四环西路188号17区15号1层101室	100070	63298514
东高地支行	丰台区东高地万源西里41栋	100076	88524555
玉泉营支行	丰台区南三环西路16号3号楼1层101室	100068	87576150
马家堡支行	丰台区星河苑2号院9号楼01商业02商业03商业	100068	67500706
太平桥支行	丰台区华源四里甲2号	100073	63380829
青塔支行	丰台区青塔西路9号	100141	68211713
丰体南路社区支行	北京市丰台区丰体南路3号	100166	63876516
政务中心支行	丰台区西三环南路1号	100073	89151001
南三环中路小微支行	丰台区南三环中路67号6号楼1层A1002、A1003、A1004	100076	67253040
光彩路社区支行	丰台区贾家花园3号院13号楼112号	100076	87822559

西马场路社区支行	丰台区西马场路6号院3号楼1层105室	100068	87646359
长辛店支行	丰台区杜家坎南路9号	100072	83872332
马家堡东路社区支行	丰台区马家堡东路101号院4号楼	100077	87646359
美域家园社区支行	丰台区美域家园北区8号楼1层106室	100166	88609078
青塔西路社区支行	丰台区青塔西路52号院8号楼	100141	63878198
京源路支行	石景山区石景山路23号中础大厦1层	100049	88706621
石景山支行	石景山区石景山路42号	100043	88706585
远洋山水支行	石景山区玉泉西里二区18号楼1层	100040	68547511
杨庄中区社区支行	石景山区杨庄中区21号楼3单元101号	100043	88706368
银河大街社区支行	石景山区双锦园16号楼1层	100043	68635090
景阳东街社区支行	石景山区景阳东街66号院3号楼1层102室	100043	68640650
中关村石景山园支行	石景山区实兴大街30号院16号楼	100043	68866384
昌平支行	昌平区政府街2号	102200	80103925
天通苑支行	昌平区东小口镇立汤路188号北方明珠大厦商业首层	102218	58608621
回龙观支行	昌平区回龙观镇北店时代广场商业综合楼E段地上1层	102208	80750306
龙水路支行	昌平区龙水路28－12号底商	102200	69711931
北七家支行	昌平区北七家镇立汤路58号王子大厦瑰宝商业中心	102209	89756452
西三旗支行	昌平区建材城西路87号2号楼1层	100096	82969620
宏福科技园支行	昌平区北七家镇宏福创业园商业街D栋	102209	81775199
顺义支行	顺义区站前街粮食局商办楼	101300	81482121
天竺支行	顺义区天竺地区天竺花园天韵阁1层	101312	64561937
石园支行	顺义区仁和镇石园南区33号楼102号	101300	89452683

首都国际机场支行	顺义区首都机场三号航站楼 A2E3－1	100621	64532594
新国展支行	顺义区天竺空港工业区 B 区空港融慧园 4 号楼	101318	80470186
绿港国际中心支行	顺义区首都机场四纬路 2 号绿港国际商务中心	100621	84169602
石门支行	顺义区仁和镇前进花园石门苑甲 13 号国泰宏城购物广场 F1－2	101300	89418302
航港支行	顺义区南法信镇顺平路 566 号 ACLP 国际大厦	101300	69479250
裕龙支行	顺义区裕龙花园三区 7 号楼 5 号	101300	89430810
顺义新城支行	顺义区佳和宜园 1 号楼 101 室	101300	56441347
燕山支行	房山区燕山岗南路东一巷 6 号 C 座 1 层	102500	69344783
房山支行	房山区良乡月华大街 3 号龙建大厦首层	102488	81388783
加州水郡支行	房山区长阳镇昊天北大街 48 号加州水郡东区商业中心 A 座 106 室	102445	80393773
良乡支行	房山区西潞街道长虹西路 71 号	102488	60330575
通州支行	通州区新华西街 59 号 4 号楼 1 层	101100	89501576
瑞都支行	通州区九棵树街 165 号、167 号、171 号、175 号	101100	89501820
运河支行	通州区通胡大街 11 号－1	101100	80853166
光机电园区支行	通州区次二村南 6 号 1 幢 1 层	101111	81509319
马驹桥支行	通州区马驹桥镇 245 号院 12 号商业楼 105 号	101100	60570929
国际新城支行	通州区梨园南大街 326 号	101100	81531790
新华联家园社区支行	通州区杨庄南里 8 号楼－1	101100	81511819
梨园西里社区支行	通州区梨园西里 27 号楼 1 层 1 单元	101121	81531895
玉桥西里社区支行	通州区玉桥西里 72 号院 21 号楼商 8 号	101121	81521808
怡乐北街社区支行	通州区怡乐北街 92 号 1 层	101121	51270080
大兴支行	大兴区永华南里 1 号楼	102600	69232938
经济技术开发区支行	北京经济技术开发区宏达北路 12 号	100176	67873396

黄村支行	大兴区黄村镇兴华路212号	102600	69237798
西红门支行	大兴区西红门镇北一街1号院24号楼1层103号	100162	80258233
亦庄支行	北京经济技术开发区文化园西路8号院25号楼	100176	87925534
大兴经济开发区支行	大兴区金星路12号院2号楼1层西侧	102600	69261626
魏善庄支行	大兴区魏善庄镇魏北路28号院18号楼	102611	89232810
富强西路社区支行	大兴区黄村镇富强路155号1层	102600	89295219
利民西巷社区支行	大兴区黄村镇利民西巷5号1层	102600	81290176
兴华大街社区支行	大兴区兴华大街19号院16号楼1层102室	102600	80250351
怀柔支行	怀柔区府前西街2号楼F1－b1	101400	69697032
门头沟支行	门头沟区双峪路5号	102300	69863186
石龙经济开发区支行	门头沟区石龙经济开发区永安路20号3号楼	102308	69802619
平谷支行	平谷区迎宾环岛东南角金谷园21号楼1层商铺	101200	89999875
府前街支行	平谷区平谷镇新平东路13号	101200	61995618
密云支行	密云区鼓楼东大街19－5号	101500	69087741
季庄支行	密云区果园新里北区综合楼1层	101500	69026772
延庆支行	延庆区延庆镇高塔街67号2幢	102100	61125600
杨宋支行	怀柔区杨宋镇怀耿路120号院5号楼	101400	56449061
龙乡支行	昌平区回龙观镇南店村东三旗百汇分市场1号楼	100096	82989032
窦店支行	房山区大窦路257号院21号楼105～107室	102402	80320426
城关支行	房山区城关东大街4号院1号楼102房	102400	61375285
向军北里社区支行	朝阳区向军北里6号楼1层103室	100020	85959287
蓝堡小微支行	朝阳区西大望路三号院2号楼1层	100026	85950811
瞰都国际社区支行	朝阳区东四环北路10号1号楼1层	100015	64346701
东坝支行	朝阳区朝新嘉园东里七区4号楼1层	100018	85095292
朝阳门小微支行	东城区南竹竿胡同2号1幢1层	100010	65206765

科兴佳园社区支行	丰台区靛厂路26号院科兴佳园12号楼底商第8门1层8-1号	100039	68271040
八家嘉园社区支行	海淀区八家嘉园小区商业配套22-5号	100084	62946150
万柳支行	海淀区万柳中路7号万柳医院医疗辅楼	100089	82560112
中关村软件园支行	海淀区西北旺东路10号院东区1号楼106室	100193	59403093
车站路支行	通州区车站路22号	101199	80882188

天津银行股份有限公司北京分行

机构名称	地　址	邮　编	电　话
分行营业部	西城区东河沿胡同73号宣武门大厦	100052	83175930
朝外支行	朝阳区朝外大街乙6号朝外SOHO 0185号、1133号	100020	59004326
三元桥支行	朝阳区东三环北路乙2号圣元中心A座	100027	84471038
中关村支行	海淀区海淀中街15号远中悦来1-E、1-F底商	100080	58730423
新兴桥支行	海淀区复兴路21号1幢底商	100036	68573491
丰台支行	丰台区石榴庄西街232号商业楼1层1F01、2层2F01	100075	63706631
金融街支行	西城区二龙路甲33号新龙大厦B座	100032	66227910
西直门支行	海淀区西直门北大街52号	100082	82206898
东城支行	东城区朝阳门内大街8号底商	100010	57929206
广渠门支行	东城区广渠家园3楼1层	100022	87521500
东直门支行	东城区东直门外大街46号1号楼	100027	84608981
航天桥支行	海淀区西三环北路100号	100048	68456337
房山支行	房山区良乡地区政通西里小区1号楼、2号楼南侧	102488	60309553
大兴支行	大兴区兴业大街（三段）32号-3-2北侧	102600	89293614

机构名称	地　址	邮　编	电　话
通州支行	通州区新华西街 61 号 8－1－31 层东侧	101100	56865717
顺义支行	顺义区站前街 1 号院 1 号楼	101300	81487825

大连银行股份有限公司北京分行

机构名称	地　址	邮　编	电　话
分行营业部	朝阳区建国路 93 号万达广场 B 座	100022	65813121
西城支行	西城区金融大街甲 9 号	100033	66016356
海淀支行	海淀区中关村南大街 6 号中电信息大厦 1 层	100086	62308122
北京经济技术开发区支行	北京经济技术开发区宏达北路 16 号	100176	87220795
丰台支行	丰台区科学城中核路 1 号院	100070	63713132
朝阳支行	朝阳区阜通东大街 10 号楼	100102	87328618

杭州银行股份有限公司北京分行

机构名称	地　址	邮　编	电　话
分行营业部	东城区建国门内大街 26 号新闻大厦 1 层南侧	100005	64088117
安贞支行	朝阳区安定路 10 号中国有色大厦 1 层	100029	64423711
顺义支行	顺义区府前东街 10 号自来水公司 1 层	101300	60417021
朝阳支行	朝阳区甜水园东街 10 号	100026	65000847
中关村支行	海淀区彩和坊西小街 1 号中湾国际 1 层	100080	59260522
通州支行	通州区九棵树街 177 号	101100	89542750
丰台支行	丰台区望园东里 28 号楼	100161	63822337
大兴支行	大兴区兴华大街（二段）13 号院 2 号楼－2 号、－3 号	102606	80255721

平谷支行	平谷区新平北路南侧紫贵庄园西侧9号楼10号	101200	61997288
房山支行	房山区良乡西潞南大街8号楼1-1号	102401	69389718
昌平支行	昌平区府学路1-3号	102200	89787271
上地支行	海淀区小营西路33号金山软件大厦1层	100085	57041785
石景山文创支行	石景山区石景山路45号	100043	88952010
次渠支行	通州区次渠南里120号	101111	80823357
东城支行	东城区东花市北里西区23号楼1层23-3号	100062	87167841
顺义裕龙支行	顺义区裕龙四区甲5号	101300	61426870

南京银行股份有限公司北京分行

机构名称	地　址	邮　编	电　话
分行营业部	海淀区阜成路101号B座	100092	56872008
车公庄支行	海淀区首体南路20号4号楼、5号楼	100044	88334001
万寿路支行	海淀区万寿路28号	100036	88619369
万柳支行	海淀区万泉庄路28号万柳新贵大厦A座1~2层	100089	58720008
中关村支行	海淀区中关村南三街6号中科资源大厦裙楼	100080	82649800
西坝河支行	朝阳区西坝河北里23号恒川广场	100028	64473898
朝阳门支行	东城区朝阳门南小街2号	100005	65267509
呼家楼支行	朝阳区呼家楼北街7号1~2层	100026	65860699
顺义支行	顺义区南法信镇华英园9号	101300	89425691
北辰支行	朝阳区北辰东路8号汇园公寓M座首层北侧	100101	84975583
通州支行	通州区滨河中路249号1层、251号1层、253号1~2层	101101	80570207
方庄支行	丰台区四方景园二区配套商业1-3号	100078	87656026

西客站支行	丰台区华源三里1号楼首科商务酒店	100073	63254707
金融街支行	西城区金融大街10号大厦B座1层	100033	83399112

盛京银行股份有限公司北京分行

机构名称	地　址	邮　编	电　话
分行营业部	朝阳区光华路4号东方梅地亚中心D座	100026	85597777
中关村支行	海淀区海淀北二街8号1层108~109单元	100080	82012999
官园支行	西城区车公庄大街9号院1号楼商业5号	100044	85251177
五棵松支行	海淀区复兴路69号3号楼	100038	88199777
顺义支行	顺义区仁和镇新顺南大街8号院1幢F	101399	85886222
大兴支行	大兴区兴业大街三段26号楼	102600	69267591
石景山支行	石景山区玉泉西里一区2号楼1层107室	100040	68636855
望京支行	朝阳区望京东园四区绿地中心A座D区	100102	64391577

上海银行股份有限公司北京分行

机构名称	地　址	邮　编	电　话
分行营业部	朝阳区建国门外大街丙12号1层	100022	57610106
中关村支行	海淀区北四环西路66号	100080	62418659
安贞支行	东城区安定路20号	100029	84109289
学院南路支行	海淀区学院南路15号	100088	82418630
复兴门支行	西城区鲍家街43号	100031	66411223
金融街支行	西城区金融大街甲9号	100033	66528799

江苏银行股份有限公司北京分行

机构名称	地　址	邮　编	电　话
分行营业部	朝阳区光熙家园1号楼	100028	56986950
德胜支行	西城区德胜门外大街36号德胜凯旋大厦A座	100120	82063188
东直门支行	东城区东直门南大街甲3号居然大厦	100007	64025328
宣武门支行	西城区宣武门外大街甲1号环球财讯中心大厦	100052	63039950
西三环支行	海淀区西三环北路87号国际财经中心	100089	88824955
朝阳门支行	东城区朝阳门内大街8号朝阳首府大厦	100010	57929210
东四环支行	朝阳区百子湾东里101号楼首层	100124	67048235
马连道支行	西城区红莲南路28号楼红莲大厦A座	100055	63325956
安定门支行	东城区安定门外大街丁88号		64407800
石景山支行	石景山区石景山路31号盛景国际广场	100043	57537005
中关村支行	海淀区中关村南三街6号中科资源大厦1层	100190	62631232
中关村西区支行	海淀区善缘街1号立方庭大厦1层	100080	82483853
亚运村支行	朝阳区安慧北里秀园16号楼118室	100101	84468312
总部基地支行	丰台区南四环西路128号院3号楼诺德中心1层	100070	83816960
东三环支行	朝阳区东三环北路甲26号楼博瑞大厦	100011	65167590
望京支行	朝阳区望京园601号楼1层102室	100102	84766295
亦庄支行	北京经济技术开发区荣华南路10号院4号楼1层106室	100176	50949890
通州支行	通州区九棵树东路152号	101101	56175691
上地支行	海淀区马连洼北路亿城国际中心1层	100085	50955736

光华路支行	朝阳区光华路5号院世纪财富中心3号楼1层及夹层103单元	100026	50953462
广渠门支行	东城区东花市南里东区8号尼奥大厦1层	100062	50955239

包商银行股份有限公司北京分行

机构名称	地　　址	邮　编	电　话
分行营业部	朝阳区北四环东路115号	100101	64816060
中关村支行	海淀区彩和坊路8号	100080	60190675
大红门支行	丰台区马家堡东路101号阳光花园	100070	57704006
通州支行	通州区九棵树东路150号	101100	60552315
望京支行	朝阳区望京西路47号	100102	64790081
国贸支行	朝阳区呼家楼新苑4号楼锐创大厦	100020	56175308
方庄支行	丰台区方庄紫芳园四区5号楼102室	100078	56175717
常营支行	朝阳区常惠路6号楼1层116室	110110	50959598
万科星园社区支行	朝阳区仰山路万科星园甲3号1层C4	110105	64816226
芍药居社区支行	朝阳区芍药居北里318号楼-1至1层318-2内1层	110105	84596754
惠新里社区支行	朝阳区惠新里218~219号楼1层1-6内111号	110101	64816235
大红门服装城小微支行	丰台区骏景园北区29号楼1层101室	110106	84596637
马连道小微支行	西城区马连道南街6号院1号楼	110102	84596726
嘉园里社区支行	丰台区草桥东路14号楼商业1D	110106	57704008
三环新城社区支行	丰台区丰桥路8号院甲14号1层	110106	84596682
颐瑞西里社区支行	通州区群芳中三街133号	110112	50959050

宁波银行股份有限公司北京分行

机构名称	地　址	邮　编	电　话
分行营业部	海淀区西三环北路100号	100037	53266393
中关村支行	海淀区海淀大街1号1层、6层	100080	53239636
丰台支行	丰台区万丰路300号	100161	53239556
东城支行	东城区东兴隆街58号	100062	53239518
望京支行	朝阳区酒仙桥中路26号院1号楼1层	100015	53231700
亚运村支行	朝阳区慧忠北里214号	100012	53272233
石景山支行	石景山区石景山路2号北京台湾街B区1号楼	100040	53272323

北京农村商业银行股份有限公司

机构名称	地　址	邮　编	电　话
总行营业部	西城区月坛南街1号院1号楼	100045	63229001
朝阳支行	朝阳区北苑路90号	100101	64945311
亚运村支行	朝阳区安外安立路甲56号	100012	84802802
将台支行	朝阳区酒仙桥路14号51号楼兆维华灯大厦1层A108室	100015	84799322
金盏支行	朝阳区金盏乡长店组团13号综合楼1层底商	100018	84334505
来广营支行	朝阳区望京北路18号	100102	64390751
高碑店支行	朝阳区建国路29号兴隆家园9号楼	100123	85775890
和平支行	朝阳区来广营东路5号东郊农场综合服务楼	100103	84701595
光华路支行	朝阳区光华路甲14号诺安大厦1层	100020	51309953

新源支行	朝阳区新源里16号琨莎中心1座	100027	84683590
太阳宫支行	朝阳区西坝河北里15号楼	100028	64215209
姚家园支行	朝阳区平房乡政府北侧10米	100123	85574332
东坝支行	朝阳区东坝二条龙禹安达加油站北50米	100018	84313444
商务中心区支行	朝阳区朝阳门北大街16号1层、3层、4层	100020	85605330
小红门支行	朝阳区小红门乡少角村142号院4号楼	100076	67632186
南磨房支行	朝阳区大望路平乐园路口南300米	100022	67311917
王四营支行	朝阳区王四营乡官庄大队陶庄个体公园南侧	100023	67382042
双桥支行	朝阳区朝阳路管庄路口西20米	100021	65761658
京粮支行	朝阳区东三环中路16号	100022	51672307
黑庄户支行	朝阳区黑庄户乡政府旁边路南	100121	85382975
盛景园支行	朝阳区王四营乡观音景园小区双龙超市东侧	100023	87744560
丰台支行	丰台区西局南街101号	100161	63842592
成寿寺支行	丰台区四方景园二区配套商业2－11号	100078	87644286
花乡支行	丰台区看丹路甲15号	100070	63736453
六里桥支行	丰台区华源一街2号楼	100073	63334756
两广路支行	西城区广安门内大街311号院2号楼1层	100053	83130710
世界公园支行	丰台区丰葆路富锦嘉园综合服务楼1层北段	100070	83623032
新发地支行	丰台区新发地京新酒店西侧	100070	83727020
政务中心支行	丰台区西三环南路1号	100161	89151011
三环新城支行	丰台区丰桥路7号院8号楼	100070	83293061
未来城支行	丰台区益辰欣园小区10号楼	100075	83706909
明春苑支行	丰台区明春苑小区向南100米	100160	83701163
槐新支行	丰台区槐房西路316号院3号楼	100076	67913384
卢沟桥支行	丰台区丰台体育中心北路1号	100166	63814573

小井支行	丰台区丰北路 81 号 1 层 1～4 号	100161	63814548
小屯支行	丰台区卢沟桥张仪村路 125 号院 18 号	100071	63811247
王佐支行	丰台区云岗南宫路 3 号	100074	83318546
长辛店支行	丰台区长辛店杜家坎南路甲 6 号	100072	83840581
马连道支行	西城区马连道南街 1 号依莲轩小区 D 座	100055	63326122
丽泽支行	西城区北京西站南路 80 号院 6 号楼 1 层 101 室	100073	83062902
宛平支行	丰台区卢沟桥晓月中路 5 号楼	100165	83896722
右安门支行	丰台区右安门外大街 56 号 2 号楼底商	100069	83974591
银河新区支行	丰台区王佐镇西王佐 27 号首层	100074	83312418
张郭庄支行	丰台区长辛店张郭庄南路 4 号	100072	83875244
石景山支行	石景山区杨庄东路 78 号	100043	68877815
八角支行	石景山区八角南路 7 号	100043	68872063
西山支行	石景山区西黄新村西里 4 号楼 1 层 3 单元 103 室	100144	88701303
京原支行	石景山区玉泉路玉泉大厦 1 层	100040	88255285
海淀支行	海淀区苏州街 77 号	100089	82518896
中关村支行	海淀区彩和坊路 10 号中关村瀚海国际大厦	100080	62535994
世纪城支行	海淀区蓝靛厂晴波园甲 5 号楼	100097	62881232
东升支行	海淀区清华东路甲 1 号	100083	62312130
志新路支行	海淀区志新路二里庄 35 号	100083	59862769
清河支行	海淀区西三旗花园三里 76 号 1 层	100192	62913272
玉渊潭支行	海淀区阜成路 81 号	100142	88130053
莲花路支行	丰台区莲花池西里 6 号院综合楼	100161	63957532
大钟寺支行	海淀区北三环西路甲 18 号中鼎大厦 B 座	100098	62123603
海淀新区支行	海淀区丰秀中路 3 号院 14 号楼	100094	62475162
上地支行	海淀区上地信息路 7 号	100085	62983467

西北旺支行	海淀区西北旺镇百旺新城A4地块6号综合办公楼	100094	82404104
上庄支行	海淀区上庄镇上庄路72号	100095	62478333
温泉支行	海淀区温泉镇温泉路59号	100095	62456901
苏家坨支行	海淀区苏家坨镇温阳路18号	100095	62454903
北安河支行	海淀区苏家坨镇北安河路5号	100095	62454950
四季青支行	海淀区板井路81号	100097	88432571
军博支行	海淀区会城门北口路东	100038	63264781
阜外支行	西城区车公庄大街9号院1号楼商业2	100044	88312313
杏石路支行	海淀区杏石口路甲29号	100195	88431545
门头沟支行	门头沟区滨河路115号滨河大厦1层、12层	102300	69820909
斋堂支行	门头沟区斋堂镇斋堂大街43号	102300	69816714
永定支行	门头沟区永兴小区15号楼底商	102300	69809509
城龙支行	门头沟区门头沟路38号	102300	69825126
龙泉支行	门头沟区滨河路47号2幢1层、2层及地下1层	102300	69838943
昌平支行	昌平区昌平镇鼓楼南大街西侧（永安信用社）2幢	102200	69744185
兴昌支行	昌平区昌平镇东环路中医院对面	102200	69744889
南口支行	昌平区南口镇东大街保温瓶厂南侧	102201	69771185
小汤山支行	昌平区小汤山镇地税所西院	102211	61781226
兴寿支行	昌平区兴寿镇兴寿村709号	102211	61726064
阳坊支行	昌平区阳坊镇南阳路大都饭店北侧	102205	69760458
沙河支行	昌平区沙河镇兆丰家园12－1号楼1层底商	102206	80700636
马池口支行	昌平区马池口镇马池口村新街347号	102202	60772425
崔村支行	昌平区崔村镇西崔村11号	102212	60721355
南邵支行	昌平区南环路南邵回迁小区11号、12号	102200	60732142
十三陵支行	昌平区十三陵镇胡庄	102213	89761489

北环支行	昌平区昌平镇北环路2号金兰大厦3单元地下1层C1及C2号房	102200	69709342
百善支行	百善镇政府西侧	102200	61739209
天通苑支行	昌平区东小口镇中滩村东镇政府后	102218	84811232
回龙观支行	昌平区回龙观镇政府北100米	102200	62713086
北七家支行	昌平区北七家镇政府街八仙别墅北	102209	69751147
天通苑东区支行	昌平区东小口镇天通苑东苑东三区2号楼	102218	61765510
通州支行	通州区梨园北街63号、65号	101101	69540796
永顺支行	通州区新华北街31号	101100	69544516
宋庄支行	通州区宋庄文化创意产业集聚区京榆旧路南公共服务平台1~2层	101118	69595718
潞城支行	通州区潞城镇政府东侧	101117	89581155
西集支行	通州区西集镇国防路39号	101108	61576524
漷县支行	通州区漷县镇漷兴一街北侧	101109	80586191
永乐店支行	通州区永乐店镇永乐大街54号	101105	69568495
张家湾支行	通州区张家湾镇光华路西侧	101113	69572793
台湖支行	通州区台湖镇台湖小区集贸市场	101116	61532735
晶城支行	通州区通胡大街11号-2	101100	89526810
梨园支行	通州区梨园镇九棵树大街17号	101101	81514458
翠屏北里支行	通州区翠屏北里商11号、12号	101100	81510142
马驹桥支行	通州区马驹桥镇兴华南街245号院12号楼106号、107号	101102	60509385
光机电支行	通州区中关村科技园区通州园区光机电一体化产业基地政府路8号	101111	81500307
顺义支行	顺义区新顺南大街15号	101300	69443744

仁和支行	顺义区石园南区 33 号楼	101300	89448105
建新东街支行	顺义区建南东街 2 号	101300	69443034
平各庄支行	顺义区仁和镇平各庄村顺通路 27 号	101300	89492041
马坡支行	顺义区马坡地区西马坡村西	101300	69402009
赵全营支行	顺义区赵全营镇政府西 300 米	101300	60432619
杨镇支行	顺义区杨镇顺平路杨镇段 53 号	101300	61451286
南彩支行	顺义区南彩镇顺平路南彩段 45 号	101300	89469253
北小营支行	顺义区北小营府前街 11 号	101300	60483974
高丽营支行	顺义区高丽营镇顺沙路高丽营段 7 号	101300	69455929
光明街支行	顺义区光明北街 9 号	101300	69429097
空港支行	顺义区天竺镇府前街 37 号	101312	80467224
南法信支行	顺义区华英园 9 号	101300	69478100
李家桥支行	顺义区李桥中心街 53 号	101304	81473831
后沙峪支行	顺义区后沙峪镇双裕街 15 号	101318	80496752
机场南路支行	朝阳区首都机场南路 3 号	100621	64573633
牛栏山支行	顺义区牛栏山镇牛板路牛山段邮局东侧	101300	69411241
大兴支行	大兴区黄村东大街 9 号	102600	69255471
旧宫支行	大兴区旧宫镇旧宫东路 90 号	100076	87965968
西红门支行	大兴区西红门镇政府西侧 1 米	100076	60253045
北臧村支行	大兴区庆丰西路 1 号院 17 号楼 104～105 号	102609	61253449
庞各庄支行	大兴区庞各庄镇农行分理处南	102601	89287439
榆垡支行	大兴区榆垡镇卫生院东侧 5 米	102602	89217898
安定支行	大兴区安定镇农行分理处西侧	102607	80231261
青云店支行	大兴区青云店大东新村 B 区 47 号楼	102605	80285780

清澄支行	大兴区黄村镇清澄名苑南区 31 号楼政府综合服务大厅内	102600	81296803
采育支行	大兴区采育镇电管站西侧 2 米	102606	80271469
金星支行	大兴区西红门镇金星庄村黄亦路 50 号	100162	61285905
黄村支行	大兴区黄村镇兴华路 216 号	102600	69266642
礼贤支行	大兴区礼贤镇派出所东侧	102604	89271252
孙村支行	大兴区黄村镇新凤街 16 号	102600	61267484
清源支行	大兴区兴丰大街二段 146 号	102600	69261797
经济技术开发区支行	北京经济技术开发区荣华南路 10 号院 2 号楼	100176	53269614
亦庄支行	大兴区亦庄镇政府内	100176	67881644
房山支行	房山区良乡长虹东路 1 号	102488	69367916
燕房支行	房山区城关镇南大街 16 号	102400	69313461
阎村支行	房山区阎村镇紫园路 115 号	102412	89318563
青龙湖支行	房山区青龙湖镇豆各庄村下四区 43 号	102447	60322343
琉璃河支行	房山区琉璃河镇东街 28 号	102403	89382853
河北镇支行	房山区河北镇李各庄村	102417	60377229
长阳支行	房山区长阳镇北广阳城村西 5 号	102445	80351557
窦店支行	房山区窦店镇窦店村	102433	69391813
张坊支行	房山区张坊镇张坊村中二区 61 号	102409	61338351
长沟支行	房山区长沟镇长沟大街 48 号	102407	61361345
西潞支行	房山区良乡西路东里甲 1 号西潞商业大厦 1 层	102488	89368225
良乡支行	房山区良乡中路 26 号	102401	69361014
平谷支行	平谷区平谷镇新平北路平乐街 8 号	101200	89989578
东高村支行	平谷区东高村镇东高村兴业路 6 号院	101200	69900799
王辛庄支行	平谷区王辛庄镇齐各庄前街 75 号	101200	89990798

马坊支行	平谷区马坊镇西大街 17 号	101204	60995562
金海湖支行	平谷区金海湖镇韩庄北街 154 号	101201	69992097
南独乐河支行	平谷区南独乐河镇同乐路 128 号	101212	60920737
大华山支行	平谷区大华山镇大华山大街 136 号	101207	61948597
峪口支行	平谷区峪口镇峪口村西大街 2 号	101206	61906024
大兴庄支行	平谷区大兴庄镇大兴庄村东	101205	89932423
新开街支行	平谷区平谷镇林荫北街 13 号 1 层、2 层东侧	101200	69975132
绿谷支行	平谷区光明西小区 5 号	101200	69961228
夏各庄支行	平谷区夏各庄镇安固村村东 6 号	101200	60913108
密云支行	密云区鼓楼南大街 25 号	101500	69045330
穆家峪支行	密云区穆家峪镇南穆家峪村南侧	101500	61051835
河南寨支行	密云区河南寨镇滨河工业开发区	101500	61086583
十里堡支行	密云区十里堡镇政府东侧	101500	89096276
溪翁庄支行	密云区溪翁庄镇溪翁庄村委会北楼	101512	69012347
巨各庄支行	密云区巨各庄镇巨各庄村南侧	101501	61030163
高岭支行	密云区高岭镇高岭村政府路东侧	101507	81081281
季庄支行	密云区果园西路 21 号	101500	89099803
檀州支行	密云区鼓楼东大街世豪大酒店对面	101500	69043475
太师屯支行	密云区太师屯镇永安街 149 号 1 ~4 层 149 –6 号	101504	69032543
怀柔支行	怀柔区迎宾北路 18 号	101400	69626174
泉河支行	怀柔区迎宾北路 32 号	101400	69646145
杨宋支行	怀柔区杨宋镇凤翔科技开发区四园 1 号	101400	61679451
雁栖支行	怀柔区雁栖镇下庄村 435 号	101407	61641348
怀北支行	怀柔区怀北镇西庄村 317 号	101408	69662627
渤海支行	怀柔区渤海镇沙峪村 350 号	101405	61631741

庙城支行	怀柔区庙城镇庙城 293 号院 3 号楼	101401	60693356
桥梓支行	怀柔区桥梓镇桥梓村村北	101402	57496022
汤河口支行	怀柔区汤河口镇汤河口村 16 号	101411	89671055
富乐支行	怀柔区富乐大街乐红园小区 1 号楼	101400	89688706
青春路支行	怀柔区青春路 8 号	101400	69642910
延庆支行	延庆区东外大街 109 号	102100	69189202
夏都支行	延庆区高塔路 62 号	102100	69141623
张山营支行	延庆区张山营镇张山营村南	102115	69111994
永宁支行	延庆区永宁镇北门口	102104	60171284
八达岭支行	延庆区八达岭镇政府院内	102102	69129421
旧县支行	延庆区旧县镇村北侧	102109	61152932
南菜园支行	延庆区延庆镇南菜园开发区 17 号	102100	69171149
西城支行	西城区复兴门外大街 4 号迤东 1～3 层	100045	68066001
鼓楼支行	西城区旧鼓楼外大街甲 1 号	100011	82082572
陶然亭支行	西城区太平街 6 号 1～2 层	100044	59361651
北太平庄支行	西城区新街口外大街 12 号	100088	82083385
车公庄支行	海淀区首体南路 9 号主语家园 17 号楼	100048	68790579
宣武支行	西城区广安门南街 6 号广安大厦 1 层、4 层	100053	83533578
牛街支行	西城区牛街 20 号和 22 号	100053	83530366
东城支行	东城区北三环东路 37 号 A 座	100013	52979440
王府井支行	东城区东单北大街 3 号	100005	65229768
工体支行	东城区工体西路工体综合楼	100025	65515361
雍和宫支行	东城区安定门东大街 28 号 2 号楼 B1 号、B2 号	100007	64097201
崇文支行	东城区崇文门外大街 9 号正仁大厦 1 层、7 号崇文文化馆主楼	100062	67086326

建国门支行	朝阳区东三环中路39号建外SOHO 12号楼1200商铺	100022	58696372
尚都支行	朝阳区东大桥路8号	100020	59000362
广渠门支行	东城区东花市南里东区15号楼2－101号	100062	87101003
天坛支行	东城区光明路13号1层	100062	67167698
东四十条支行	东城区东四十条甲22号	100007	52185020

中国邮政储蓄银行股份有限公司北京分行

机构名称	地　址	邮　编	电　话
百荣支行	东城区永外大街101号	100077	87802003
交道口东大街支行	东城区交道口东大街10号楼底商B	100007	64003719
建内大街支行	东城区站西路2号	100001	65196657
崇文支行	东城区崇文门外大街11号－7、11号－212	100078	67086252
三里河支行	西城区月坛南街65号	100045	68539131
西四支行	西城区西四南大街16号	100034	66179752
南滨河路支行	西城区南滨河路27号	100055	63364461
真武庙支行	西城区真武庙路四条8号院4号楼	100045	68032808
金融大街支行	西城区金融大街3号A座1～2层	100808	66555571
西城区支行	西城区阜成门北大街17号	100047	68790664
广安门支行	西城区广安门外大街172号	100055	63279593
牛街支行	西城区牛街4号	100053	83555017
永安路支行	西城区虎坊路21－7号、21－8号	100052	51251400
西外大街支行	西城区西外大街德宝新园甲22号	100044	68352749
新街口支行	西城区西内大街32号	100035	66181633

新华里支行	西城区新华里16号院2号楼商业02号	100044	88359239
大山子支行	朝阳区酒仙桥路13号	100015	64333112
吕家营支行	朝阳区观筑庭园801号楼104室、204室	100122	87641653
常营支行	朝阳区朝阳北路万象新天家园426号楼1层	100024	65431812
双龙南里支行	朝阳区双龙南里204号楼	100122	87321621
广渠门外大街支行	朝阳区广渠门外大街D51～D55号	100022	临时停业
花家地支行	朝阳区花家地北里1号楼	100102	64737340
东城区支行	朝阳区光华路50号	100600	65217055
吉庆里支行	朝阳区吉庆里6号楼102号A部分	100020	65520455
工体东路支行	朝阳区工人体育场东路甲2号1层101室	100027	85871416
水碓子支行	朝阳区金台北街6号楼	100026	65005146
支行	朝阳区西大望路59号甲3号楼	100022	67753157
广顺北大街支行	朝阳区广顺北大街19号1层	100102	64724599
垡头支行	朝阳区垡头一区4号楼	100023	67385807
农光里支行	朝阳区农光里102号楼	100021	67341867
亚运村支行	朝阳区安慧里2区11号楼	100101	64938202
左家庄中街支行	朝阳区左家庄中街6号院9号楼	100028	64628165
杨闸支行	朝阳区朝阳路8号杨闸环岛西南侧朗廷大厦底商	100024	85583351
三间房支行	朝阳区三间房223号	100024	65762454
望京支行	朝阳区望京西园一区120号楼	100102	84718103
双井支行	朝阳区广渠东路48号楼	100022	67716753
南湖南路支行	朝阳区南湖南路15号院甲2号楼	100102	59724555
北苑支行	朝阳区朝来绿色家园赢秋苑18号楼底商	100012	84953875
姚家园路支行	朝阳区姚家园路甲1号活力东方奥特莱斯购物广场首层	100123	51193713

十里河支行	朝阳区东三环南路19号嘉多丽园A座京门综合楼1层底商	100021	87641653
万科星园支行	朝阳区仰山路万科星园甲7号	100107	84921227
云岗支行	丰台区云岗南里2号	100074	83310974
开阳里支行	丰台区开阳里五区3号楼	100069	83559587
丰台南路支行	丰台区风格与林苑甲9号楼102室	100068	83712880
金融港支行	丰台区南四环西路188号16区21楼1层	100051	56097525
丰台大街支行	丰台区西四环南路94号	100071	63816717
大瓦窑支行	丰台区大瓦窑新村住宅楼A15物管楼底商	100166	63910500
东高地支行	丰台区东高地斜街13号	100073	67994791
角门支行	丰台区马家堡路120号	100068	67528604
大红门服装城支行	丰台区南苑路15号大红门服装商贸城4层	100068	87250655
丰台区支行	丰台区西罗园1区15号楼	100077	87255517
彩虹城支行	丰台区光彩路66号院5号楼1层103号	100075	87866180
京温服装市场支行	丰台区高庄60号京温服装市场大厦地下1层	100068	87244995
科学城支行	丰台区帝京路5号	100070	63714433
方庄支行	丰台区蒲方路22号	100078	67628469
长辛店支行	丰台区长辛店大街1号	100072	83876093
莱户营支行	丰台区三路居路88号院18号楼1层106室	100073	83204657
公益西桥支行	丰台区角门18号枫竹苑二区1号楼1层底商	100068	67500829
新古城支行	石景山区古城南里2－3号楼	100043	68876125
鲁谷支行	石景山区鲁谷路39号	100040	88685282
重兴园支行	石景山区重兴园甲1号	100040	68632039
金顶街支行	石景山区金顶街二区甲2栋	100041	88713029

石景山区支行	石景山区琅山苗圃南园子金辉苑小区C3配套服务楼底商	100041	52651257
玲珑路支行	海淀区西四环北路160号1层2区105室	100039	58971472
香山支行	海淀区北辛村55号	100093	82592744
知春路支行	海淀区知春路1号	100083	82310721
德政路支行	海淀区西北旺德政路南百旺茉莉园底商	100094	82405177
苏州街支行	海淀区厂洼2号楼	100089	68423230
中关村西区支行	海淀区彩和坊路10号	100080	82483432
中关村南大街支行	海淀区中关村南大街甲27号	100081	82483432
晋元庄支行	海淀区建西苑晋元庄小区33号楼商业9号	100043	58971472
海淀区支行	海淀区圆明园西路骚子营小区内	100091	62875156
万寿寺支行	海淀区西三环北路25号	100089	88569680
永定路支行	海淀区永定路甲88号	100039	68285870
世纪城支行	海淀区世纪城小区烟树园1号楼	100097	88874740
魏公村支行	海淀区中关村南大街17号	100081	88578918
上地支行	海淀区农大南路1号院2号楼	100085	62668380
会城门支行	海淀区北蜂窝1号	100038	63952700
太阳园支行	海淀区大钟寺东路9号	100098	82310721
学院路支行	海淀区成府路17号	100083	82373385
上地信息产业开发区支行	海淀区上地信息产业开发区综合楼	100085	62976834
清河镇支行	海淀区清河三街	100085	62929688
首体南路支行	海淀区首体南路9号主语家园17号楼底商9－12号	100048	68790664
万寿路支行	海淀区万寿路7号	100036	68214390
文慧园西路支行	海淀区文慧园小区15号楼、16号楼底商A段1层	100082	62235092

紫竹院路支行	海淀区紫竹院路116号嘉豪国际中心B座、E座首层	100097	51709058
北太平庄支行	海淀区马甸村1号	100088	62029544
育新花园支行	海淀区西三旗东路育新花园小区	100096	82908575
中关村支行	海淀区海淀路87号	100080	62610262
门头沟区支行	门头沟区河滩路6号	102300	69842927
滨河路支行	门头沟区滨河西区皓月园6号楼底商11－3号	102300	69828692
永定支行	门头沟区永定镇冯村商业街1025号、1027号	102308	60804074
城关支行	房山区兴房大街19号	102400	69314309
窦店支行	房山区窦店镇山水汇豪苑66号1层底商	102433	80307698
政通路支行	房山区拱辰街道政通路23号	102488	89352352
迎风街支行	房山区燕山迎风街43号	102500	69347148
长虹东路支行	房山区良乡地区鸿顺园商业1号楼1层	102488	69387298
农林路支行	房山区城关农林路燕宾鑫源商贸中心	102400	69323310
良乡支行	房山区良乡昊天大街47号	102401	69351297
房山区支行	房山区良乡镇良乡西路11号	102488	89358306
通州区支行	通州区运河西大街174号	101100	81587584
永顺支行	通州区永顺西里46号楼	101100	81597149
中仓支行	通州区中仓小区	101100	80882381
马驹桥支行	通州区马驹桥镇兴华西大街南侧潼关3区底商	101102	60597058
通胡大街支行	通州区通胡大街25号院－1至－10号	101100	89537237
新华支行	通州区新华西街57号	101100	69554110
双阳南区支行	顺义区双阳南区甲14号楼	101300	61459196
东兴路支行	顺义区绿港家园1区9号楼	101300	89403552
石园南区支行	顺义区石园南区花园路南侧新华书店1层底商	101300	89440898

国门支行	顺义区李桥镇李天路南半壁店段 11 号	101300	52132590
双裕街支行	顺义区后沙峪镇双裕街甲 7 号	101300	80479883
顺义区支行	顺义区新顺南大街	101300	69424651
昌平区支行	昌平区政府街	102200	69746413
昌平路支行	昌平区昌平路 380 号院 1 号楼底商	100096	82965230
龙水路支行	昌平区畅春阁小区龙水路 22 号院 1 号楼 101 室	102200	60741046
东小口支行	昌平区中滩村 6 号院 6 号楼 101 室、102 室	102218	64127938
黄平路支行	昌平区东小口镇上坡佳园黄平路 202 号院 1 号楼	102208	60788518
北七家支行	昌平区北七家镇定泗路北侧雅安商厦 C 号商业 1 层部分底商	102209	80126276
天通北苑支行	昌平区天通北苑二区甲 11 号楼 1 门	102218	81771247
回龙观西大街支行	昌平区回龙观西大街 118 号 1 幢	102208	59812456
昌崔路支行	昌平区昌崔路 201 号大厦 1 层	102200	80107709
沙河支行	昌平区沙河镇	102206	69732648
龙锦苑支行	昌平区回龙观龙锦苑 5 区	102208	80757025
大兴区支行	大兴区兴丰大街 22 号	102600	69243272
兴华路支行	大兴区黄村镇兴华路二段 6 号院	102627	60243749
经济技术开发区支行	北京经济技术开发区隆庆街 4 号	100179	67880943
埝坛支行	大兴区天河西路 19 号	102629	61252695
黄村西大街支行	大兴区黄村镇兴华大街中段 27 号	102600	89295357
迎宾路支行	怀柔区滨湖小区 1 号	101400	60639501
怀柔区支行	怀柔区青春路 18 号	101400	69626806
乐园支行	平谷区平谷镇乐园西小区乙 17 号	101200	69982710
平谷区支行	平谷区旧城街 16 号	101200	69962700
紫贵支行	平谷区紫贵庄园 13 号楼	101200	89979702

双燕街支行	密云区双燕街6号1幢	101500	61096063
密东广场支行	密云区鼓楼东大街19－8号	101500	
密云区支行	密云区鼓楼东大街36号1号楼1层东大厅	101500	69042963
果园西路支行	密云区果园西路42号、44号	101500	69099490
延庆区支行	延庆区城关东门外大街79号	102100	69185122

（3）专营机构

机构名称	地　址	邮　编	电　话
北京银行股份有限公司信用卡中心	丰台区南四环西路188号17区15号楼	100070	66426500
中国工商银行股份有限公司牡丹卡中心	西城区金融大街5号、甲5号	100033	66100123
中国银行股份有限公司银行卡中心	西城区宣武门内大街8号浩洋大厦5层	100031	83265518
中国光大银行股份有限公司信用卡中心	石景山区政达路6号院1号楼B座	100040	56963333
中国民生银行股份有限公司信用卡中心	丰台区海鹰路6号院9号楼	100070	63628787
中国民生银行股份有限公司信用卡中心北京第一分中心	朝阳区南磨房路37号华腾北搪商务大厦12楼	100022	53771822
中国民生银行股份有限公司信用卡中心北京第二分中心	海淀区西三环北路91号7号楼国图文化大厦1层A18室	100089	53102369
中国民生银行股份有限公司信用卡中心华北分中心	丰台区海鹰路8号院3号楼南楼9层	100070	63628888
华夏银行股份有限公司信用卡中心	石景山区政达路6号院6号楼	100040	63698001
华夏银行股份有限公司信用卡中心北京分中心	西城区月坛北街26号恒华国际商务中心A座706室	100045	56297755－6785
交通银行股份有限公司太平洋信用卡中心北京分中心	朝阳区望京阜荣街10号首开广场8层A区	100024	56676292

中信银行股份有限公司信用卡中心北京分中心	朝阳区夏家园半岛国际公寓 11 号楼	100028	64137777
北京银行股份有限公司资金运营中心	西城区金融大街丙 17 号北京银行大厦 21 层	100033	66223691
昆仑银行股份有限公司国际业务结算中心	西城区金融大街 1 号金亚光大厦 B 座 1 层	100033	89026272
中国工商银行股份有限公司票据营业部北京分部	西城区西单北大街 129 号工行智能银行 3 层	100031	83361841

（4）外资银行

机构名称	地　址	邮　编	电　话
德意志银行（中国）有限公司	朝阳区建国路 81 号德意志银行大厦 28 层	100025	59698888
摩根大通银行（中国）有限公司	西城区金融大街 7 号英蓝国际金融中心 19 层	100140	59318000
法国兴业银行（中国）有限公司	朝阳区新源南路 8 号院 4 号楼 12 层	100033	58513888
蒙特利尔银行（中国）有限公司	朝阳区建国路 77 号华贸中心 3 号写字楼 27 层	100025	85881671
友利银行（中国）有限公司	朝阳区望京东园四区 13 号楼 A 座、B 座	100102	84123000
韩亚银行（中国）有限公司	西城区西长安街 88 号中国人保大厦	100140	66581133
新韩银行（中国）有限公司	朝阳区工体北路甲 6 号中宇大厦	100027	85290101
国民银行（中国）有限公司	朝阳区建国门外大街甲 6 号 1 幢 19 层	100022	56712800
瑞士银行（中国）有限公司	西城区金融大街 7 号英蓝国际金融中心 1220B～1230 单元	100140	58327000
德意志银行（中国）有限公司北京分行	朝阳区建国路 81 号德意志银行大厦 26 层	100025	59698899
摩根大通银行（中国）有限公司北京分行	西城区金融大街 7 号英蓝国际金融中心 19 层	100034	59318800
法国兴业银行（中国）有限公司北京分行	朝阳区新源南路 8 号院 4 号楼 12 层	100033	58513888
蒙特利尔银行（中国）有限公司北京分行	朝阳区建国路 77 号华贸中心 3 号写字楼 27 层	100025	85881688
友利银行（中国）有限公司北京分行	朝阳区东三环北路丙 2 号天元港中心 A 座 1 层	100020	84538880

韩亚银行（中国）有限公司北京分行	朝阳区霄云路38号现代汽车大厦1层101号、9层905号	100027	84581111
新韩银行（中国）有限公司北京分行	朝阳区工体北路甲6号中宇大厦首层	100027	85235555
国民银行（中国）有限公司北京分行	朝阳区建国门外大街甲6号1幢		56712937
汇丰银行（中国）有限公司北京分行	朝阳区东三环中路5号财富金融中心	100005	59998888
渣打银行（中国）有限公司北京分行	朝阳区东三环中路1号环球金融中心东楼	100020	85188838
东亚银行（中国）有限公司北京分行	朝阳区光华路5号院1号楼东亚银行大厦	100020	65891000
花旗银行（中国）有限公司北京分行	西城区武定侯大街6号卓著中心	100020	59376000
瑞穗银行（中国）有限公司北京分行	朝阳区东三环中路1号环球金融中心西楼8层	100020	65251888
三菱东京日联银行（中国）有限公司北京分行	朝阳区东三环北路5号北京发展大厦	100004	65908888
星展银行（中国）有限公司北京分行	朝阳区东三环中路5号楼	100140	58397500
恒生银行（中国）有限公司北京分行	朝阳区光华路1号北京嘉里中心南办公楼第18层	100027	85293601
大华银行（中国）有限公司北京分行	朝阳区景华南街5号远洋光华国际C栋	100025	65051863
三井住友银行（中国）有限公司北京分行	朝阳区光华路一号嘉里中心北楼16层	100020	59204600
南洋商业银行（中国）有限公司北京分行	朝阳区东三环北路霞光里18号佳程广场B座	100027	58390888
澳新银行（中国）有限公司北京分行	朝阳区建国路77号、79号	100004	65998188
法国巴黎银行（中国）有限公司北京分行	朝阳区建国门外大街1号国贸大厦20层	100004	65350851
华侨永亨银行（中国）有限公司北京分行	朝阳区建国路91号金地中心B座28层2809～2818单元	100004	59315188
中信银行国际（中国）有限公司北京分行	朝阳区东三环中路5号财富金融中心4层01～04单元	100020	85911161
企业银行（中国）有限公司北京分行	朝阳区工人体育场北路8号院1号楼12层	100027	85270585

盘谷银行（中国）有限公司北京分行	朝阳区建国门外大街甲12号新华保险大厦1层东区	100022	65690059
东方汇理银行（中国）有限公司北京分行	朝阳区东三环中路5号财富金融中心19层1901单元、1902－01单元	100020	56514000
浦发硅谷银行有限公司北京分行	朝阳区建国门外大街1号（一期）16幢23层	100020	65350583
富邦华一银行有限公司北京分行	西城区金融大街35号国际企业大厦	100033	83329605
摩根士丹利国际银行（中国）有限公司北京分行	西城区太平桥大街18号丰融国际大厦11层	100032	83563019
奥地利奥合国际银行股份有限公司北京分行	朝阳区建国门外大街21号北京国际俱乐部200室	100020	65323388
加拿大皇家银行有限公司北京分行	西城区金融大街7号英蓝国际金融中心	100033	58399388
美国道富银行有限公司北京分行	朝阳区东三环中路1号环球金融中心东塔1501～1502单元	100033	66574501
美国北美信托银行有限公司北京分行	朝阳区建国门外大街2号银泰中心C座2106B	100022	85135300
美国银行有限公司北京分行	朝阳区建国门外大街1号院1号楼国贸大厦35层01～21室	100004	58358888
美国纽约梅隆银行有限公司北京分行	西城区金融大街7号英蓝国际金融中心7层729～730室	100033	88007500
德国商业银行股份有限公司北京分行	朝阳区建国门外大街乙12号双子座大厦东塔25层	100022	85676888
荷兰合作银行有限公司北京分行	朝阳区东三环中路1号环球金融中心西楼21层	100020	56951000
韩国产业银行北京分行	朝阳区建国门外大街乙12号双子座大厦西塔27层	100022	65688858
澳大利亚西太平洋银行有限公司北京分行	朝阳区东三环中路1号环球金融中心西楼14层09～11单元	100020	85877339
澳大利亚澳洲联邦银行公众股份有限公司北京分行	朝阳区建国门外大街1号国贸大厦46层	100004	56803000

马来西亚马来亚银行有限公司北京分行	朝阳区建国门外大街1号国贸大厦32层	100004	85351855
西班牙桑坦德银行有限公司北京分行	朝阳区光华路1号北京嘉里中心1118单元	100020	56511000
澳大利亚国民银行有限公司北京分行	朝阳区建国门外大街1号国贸写字楼1座23层26～32单元	100004	65359800
荷兰安智银行股份有限公司北京分行	朝阳区东三环北路8号亮马河大厦4号楼1507～1512室	100004	65906606
法国外贸银行股份有限公司北京分行	东城区东长安街1号东方广场东方经贸城东一办公楼12层2室	100738	69000588
美国富国银行有限公司北京分行	西城区金融大街7号英蓝国际金融中心7层F721～F723单元	100033	59407888

（5）外资银行分支机构

大华银行（中国）有限公司

机构名称	地　址	邮　编	电　话
北京燕莎中心支行	朝阳区亮马桥路50号燕莎中心1号楼	100016	84893866

东亚银行（中国）有限公司

机构名称	地　址	邮　编	电　话
北京雅宝路支行	朝阳区朝外雅宝路12号G02	100020	85636566
北京望京支行	朝阳区望京中环南路甲2号金业大厦1层4号	100102	84720036
北京富华支行	东城区朝阳门北大街8号富华大厦	100027	65543110
北京中关村支行	海淀区科学院南路2号院1号楼3层302室	100080	62682151
北京金融街支行	西城区武定侯街2号泰康国际大厦首层106单元	100004	59315060

机构名称	地　址	邮　编	电　话
北京经济技术开发区支行	北京经济技术开发区荣华南路12号兴基铂尔曼饭店首层103号	100176	67885198
北京首体支行	海淀区西直门外大街168号腾达大厦23层	100044	65543110

法国兴业银行（中国）有限公司

机构名称	地　址	邮　编	电　话
北京光华支行	朝阳区金桐西路10号远洋光华中心AB座1层	100020	58573701

汇丰银行（中国）有限公司

机构名称	地　址	邮　编	电　话
北京京伦支行	朝阳区建国门外大街三号京伦饭店1层西侧W-2~6单元	100020	58669866
北京中关村支行	海淀区中关村南大街2号北京科技会展中心数码大厦A座1层	100086	62159288
北京燕莎中心支行	朝阳区亮马桥路50号凯宾斯基饭店	100016	84519500
北京英蓝国际金融中心支行	西城区金融大街7号英蓝国际金融中心首层	100140	66555288
北京丽都广场支行	朝阳区将台路6号丽都A2商业楼首层商场208室	100016	64338800
北京中关村西区支行	海淀区丹棱街3号中国电子大厦B座1层	100080	59997288
北京北辰支行	朝阳区北辰东路8号北辰时代大厦首层0101单元	100101	59997711
北京远大路支行	海淀区远大路1号金源燕莎商厦首层1002单元	100097	59997888
北京华贸支行	朝阳区建国路89号院13号楼L09单元商铺地下1层、地上1层	100025	59997268

机构名称	地址	邮编	电话
北京翠微路支行	海淀区翠微路17号B楼底商	100036	59997968
北京光华路支行	朝阳区光华路丙12号数码01大厦1层102号商铺	100020	59997999
北京中粮广场支行	东城区建国门内大街8号中粮广场A座	100005	59998859
北京东直门支行	东城区东直门南大街3号楼国华投资大厦1层102单元	100007	59996589
北京清华科技园支行	海淀区中关村东路1号院9号楼搜狐网络大厦1层07A单元	100084	59996566
北京望京支行	朝阳区望京街8号院3号楼101A单元	100102	59996500

花旗银行（中国）有限公司

机构名称	地　址	邮　编	电　话
北京中关村支行	海淀区北四环西路58号理想国际大厦首层	100080	82607250
北京嘉里中心支行	朝阳区光华路1号嘉里中心办公楼首层、北办公楼2层201单元	100027	65009988
北京盈科中心支行	朝阳区工体北路甲2号盈科中心商场1层	100027	59272300
北京长安支行	东城区建国门内大街7号光华长安大厦101室	100005	65102458
北京亚运村支行	朝阳区慧忠里103号楼洛克时代中心C座首层、B座1403单元	100101	59377050

恒生银行（中国）有限公司

机构名称	地　址	邮　编	电　话
北京中关村支行	海淀区丹棱街3号中国电子大厦A座103室	100080	62500000

机构名称	地　址	邮　编	电　话
北京酒仙桥支行	朝阳区酒仙桥路18号一层159单元	100005	85293507
北京工体北路支行	东城区工体北路66号1号楼L105、L205单元	100007	85293726
北京嘉里中心支行	朝阳区光华路1号嘉里中心写字楼南楼1829~1830单元	100027	85293556

韩亚银行（中国）有限公司

机构名称	地　址	邮　编	电　话
北京望京新城支行	朝阳区望京街9号望京国际商业中心A座212~213室	100102	59203780
北京中关村支行	海淀区海淀中街15号远中悦来15－15~17底商	100083	62666710
北京长安街支行	东城区建国门内大街18号恒基中心办公楼2座5层	100005	65183105
北京望京支行	朝阳区望京广顺北大街33号福码大厦1层101A	100102	64721111
北京顺义支行	顺义区站前街8号院1号楼101－2号	101300	61479711

南洋商业银行（中国）有限公司

机构名称	地　址	邮　编	电　话
北京中关村支行	海淀区海淀北二街8号中关村SOHO大厦1层105、106号	100080	59718565
北京五路居支行	海淀区西四环北路160号二区106室	100097	65684728
北京东直门支行	东城区东中街29号商业南1层RB1J号	100027	64624200

瑞士银行（中国）有限公司

机构名称	地　址	邮　编	电　话
北京华贸支行	朝阳区建国路79号	100025	59696048

三菱东京日联银行（中国）有限公司

机构名称	地　址	邮　编	电　话
北京经济技术开发区支行	北京经济技术开发区荣华中路10号亦城国际中心1号楼16层1603房间	100176	59578000

新韩银行（中国）有限公司

机构名称	地　址	邮　编	电　话
北京顺义支行	顺义区站前街3号顺鑫国际商务中心1层01号、2层01号	100005	60406008
北京望京支行	朝阳区望京西园429号楼1层103号	100102	64729866

星展银行（中国）有限公司

机构名称	地　址	邮　编	电　话
北京金地中心支行	朝阳区建国路91号金地中心A座1层101单元	100022	85713303
北京燕莎中心支行	朝阳区亮马桥路50号1号楼S103室、C317室	100027	57529201
北京中关村支行	海淀区海淀东三街2号欧美汇大厦1层102单元	100080	57529290

机构名称	地址	邮编	电话
北京将台支行	朝阳区酒仙桥路18号183单元	100016	57529336
北京金融大街支行	西城区金融大街7号英蓝国际金融中心F105～106室	100032	57529130
北京亚运村支行	朝阳区北辰东路8号25号楼1层102单元	100101	57529051
北京东方广场支行	东城区东长安街1号东方新天地商场首层SS03号店铺	100078	57529552

友利银行（中国）有限公司

机构名称	地　　址	邮　编	电　话
北京望京支行	朝阳区阜荣街10号1层	100102	84718866
北京顺义支行	顺义区仓上街2号AMB大厦A区1层	101300	89452220
北京三元桥支行	朝阳区东三环北路丙2号天元港中心	100027	84407177

渣打银行（中国）有限公司

机构名称	地　　址	邮　编	电　话
北京燕莎中心支行	朝阳区亮马桥路50号1号楼1层	100016	64668803
北京中关村支行	海淀区海淀中街6号中关村金融中心B座首层	100080	62569990
北京华贸支行	朝阳区建国路81号华贸中心L122号单元	100025	59627888
北京东方广场支行	东城区东长安街1号东方广场东方经贸城中一办公楼	100006	58172888
北京亚运村支行	朝阳区慧忠里103号楼洛克时代中心1层	100101	59113728
北京东直门支行	东城区东直门南大街1号北京来福士中心办公楼第2层03单元	100007	59185986

机构名称	地址	邮编	电话
北京金融街支行	西城区金融大街7号英蓝国际金融中心	100033	59188966
北京永定门支行	东城区永定门西滨河路8号院7楼中海地产广场西塔2层01单元	100077	59182530
北京亦庄支行	北京经济技术开发区荣华中路10号亦城国际中心1幢裙房1层103号		59188339
北京西城支行	西城区西直门外大街112号阳光大厦1层105号商铺、2层203－1单元	100022	59185718

（6）资产管理公司

机构名称	地　　址	邮　编	电　话
中国华融资产管理股份有限公司北京市分公司	西城区阜成门内大街293号	100034	66511186
中国长城资产管理股份有限公司北京市分公司	朝阳区工体南路东2号	100020	65528693
中国东方资产管理股份有限公司北京市分公司	东城区崇文门外大街44号大康大厦4层	100062	87559933
中国信达资产管理股份有限公司北京市分公司	东城区北三环东路36号环球贸易中心E座17～18层	100013	59025081

（7）信托公司

机构名称	地　　址	邮　编	电　话
中诚信托有限责任公司	东城区安定门外大街2号	100013	84267000
中信信托有限责任公司	朝阳区新源南路6号京城大厦9层	100004	84861376

中国对外经济贸易信托有限公司	西城区复兴门内大街28号凯晨世贸中心中座6层	100031	59568855
中粮信托有限责任公司	朝阳区朝阳门南大街8号中粮福临门大厦11层	100005	85005188
中国金谷国际信托有限责任公司	西城区金融大街33号通泰大厦C座10层	100140	88088223
华鑫国际信托有限公司	西城区宣武门内大街2号中国华电大厦B座11层	100031	83568246
英大国际信托有限责任公司	东城区建国门内大街乙18号院1号楼	100005	51960225
中国民生信托有限公司	建国门内大街28号民生金融中心C座19层	100005	85259066
北京国际信托有限公司	朝阳区安立路30号院1号楼、2号楼	100012	59680888
国民信托有限公司	东城区西滨河路18号	100011	84268088
国投泰康信托有限公司	西城区阜成门北大街2号楼16层、17层	100034	83321800
建信信托有限责任公司	西城区闹市口大街一号院长安兴融中心4号楼10层	100031	67596169

（8）金融租赁公司

机构名称	地　址	邮　编	电　话
建信金融租赁有限公司	西城区闹市口大街一号院长安兴融中心4号楼6层	100031	67594572
北银金融租赁有限公司	东城区东总布胡同58号天润财富中心	100031	66429099
中国外贸金融租赁有限公司	海淀区三里河路1号北京市西苑饭店11号楼	100044	68321925

（9）汽车金融公司

机构名称	地　址	邮　编	电　话
丰田汽车金融（中国）有限公司	朝阳区东三环中路1号环球金融中心西楼7层	100020	57639933
梅赛德斯—奔驰汽车金融有限公司	朝阳区望京街8号院3号楼	100102	84178614

沃尔沃汽车金融（中国）有限公司	朝阳区景华南街5号远洋光华中心C座11层	100020	65982199
大众汽车金融（中国）有限公司	朝阳区望京阜荣街15号院3号楼	100102	65897100
东风标致雪铁龙汽车金融有限公司	朝阳区光华路7号汉威大厦东区9层	100004	65628000
宝马汽车金融（中国）有限公司	朝阳区东三环北路霞光里18号佳程广场B座22层	100027	84147013
北京现代汽车金融有限公司	朝阳区望京东园七区19号楼20~25层	100102	59031169

（10）财务公司

机构名称	地　　址	邮　编	电　话
大唐电信集团财务有限公司	海淀区学院路40号一区26号楼5层北区	100191	62303239
国电财务有限公司	西城区西直门外大街18号金贸大厦D座4层7单元501~502室	100044	58687297
国药集团财务有限公司	海淀区知春路20号中国医药大厦7层	100191	82092605
西门子财务服务有限责任公司	朝阳区望京中环南路7号17幢西门子北京中心裙楼2层	100102	64767255
北京首都旅游集团财务有限公司	朝阳区广渠路38号北京一轻大厦9层	100022	87953508
中煤财务有限责任公司	朝阳区黄寺大街1号中煤大厦6层	100120	82277107
中国移动通信集团财务有限公司	西城区月坛南街1号院3号19~20层	100045	52601555
三峡财务有限责任公司	海淀区玉渊潭南路1号	100038	18601910133
中海石油财务有限责任公司	东城区朝阳门北大街25号	100010	84528257
国投财务有限公司	西城区阜成门北大街2号楼18层	100034	83325119
国机财务有限责任公司	海淀区丹棱街3号	100080	13901110758
海航集团财务有限公司	朝阳区霄云路甲26号海航大厦写字楼22层	100125	57583700
京能集团财务有限公司	朝阳区永安东里16号国际大厦23层	100022	85218500

神华财务有限公司	东城区安定门西滨河路26号汉华国际饭店写字楼8层、10层	100011	57336248
首都机场集团财务有限公司	顺义区首都机场四纬路9号B区3层66室	100621	64557408
亿利集团财务有限公司	朝阳区光华路15号院1号楼19层1903室	100031	13811473265
中核财务有限责任公司	西城区三里河南四巷1号	100045	13581995182
北京控股集团财务有限公司	朝阳区化工路59号院2号楼5层	100023	65879800
北京金隅财务有限公司	东城区北三环东路36号B座2102室	100013	59575678
中油财务有限责任公司	东城区东直门北大街9号A座	100007	62096996
中国石化财务有限责任公司	朝阳区朝阳门北大街22号石化大厦7层	100728	13801098221
中航工业集团财务有限责任公司	朝阳区东三环中路乙10号艾维克大厦18层	100022	15801533007
五矿集团财务有限责任公司	海淀区三里河路5号五矿大厦A座2层	100044	68495845
航天科工财务有限责任公司	海淀区紫竹院路116号嘉豪国际中心B座12层	100097	58930256
中节能财务有限公司	西城区平安里西大街26号新时代大厦	100034	83496161
中国铁路财务有限责任公司	海淀区北蜂窝路5号院1－1号楼	100038	51898117
北京汽车集团财务有限公司	丰台区汽车博物馆东路6号院4号楼G座17～19层	100160	83362336
兵工财务有限责任公司	东城区安定门外青年湖南街19号	100011	84114795
兵器装备财务有限责任公司	海淀区车道沟10号院3号科研办公楼5层	100089	18618381160
诚通财务有限责任公司	西城区复兴门内大街158号远洋大厦12层	100070	83278179
中国电子财务有限责任公司	海淀区中关村东路66号甲1号楼20～21层	100190	62672051
中国航空集团财务有限责任公司	朝阳区霄云路36号国航大厦19层	100027	84609999
中国航油集团财务有限公司	顺义区后沙峪镇安福街6号3层	101318	80476276
中国化工财务有限公司	海淀区北四环西路62号	100080	82677958
中铝财务有限责任公司	西直门北大街62号7层	100082	82298679
供销集团财务有限公司	西城区宣武门外大街甲1号C座7层	100052	59338361

中国黄金集团财务有限公司	东城区安定门外大街9号1层	100011	56353751
物美商业财务有限责任公司	海淀区西四环北路158号慧科大厦	100142	88192008
首钢集团财务有限公司	石景山区古城大街36号院1号楼	100043	88295319
中船重工财务有限责任公司	海淀区昆明湖南路72号中船重工科技研发大厦3层	100097	88010372
中信财务有限公司	朝阳区新源南路6号京城大厦低层栋B座2层	100004	59668264
保利财务有限责任公司	东城区朝阳门北大街1号新保利大厦8C	100010	84192372
北大方正集团财务有限公司	海淀区成府路298号方正大厦9层	100871	82529801
华联财务有限责任公司	西城区金融大街33号通泰大厦B座	100033	88086592
通用技术集团财务有限责任公司	丰台区西三环中路90号通用技术大厦6层	100055	63348327
国家电投集团财务有限公司	西直门外大街18号金茂大厦C1座15～18层	100044	56625824
中国大唐集团财务有限责任公司	西城区菜市口大街1号13层、14层	100053	83956810
中国华电集团财务公司	西城区宣武门内大街2号中国华电大厦B座10层	100031	83568000
中化工程集团财务有限公司	东城区东直门内大街2号化学工程大厦13层	100007	59765361
中远财务有限责任公司	西城区月坛北街2号月坛大厦A座19层	100045	66492277
中铁财务有限责任公司	海淀区复兴路69号中国中铁大厦C座5层	100039	51952351
清华控股集团财务有限公司	海淀区中关村东路1号院8号楼清华科技园科技大厦A座10层	100084	82159898
中国核工业建设集团财务有限公司	西城区车公庄大街12号核建大厦	100037	88306225
中国电力财务有限公司	东城区建国门内大街乙18号院1号楼英大国际大厦	100005	63414216
中国华能财务有限责任公司	西城区复兴门南大街丙2号天银大厦C段西区7层、8层	100031	63080850
航天科技财务有限责任公司	西城区平安里西大街31号	100035	66498800

中国电子科技财务有限公司	海淀区复兴路17号国海广场A座16层	100036	68589023
中国铁建财务有限责任公司	海淀区复兴路40号中国铁建大厦10层	100855	52689072
中建财务有限责任公司	海淀区三里河路15号	100037	88084560
中冶集团财务有限公司	朝阳区曙光西里28号中冶大厦31层	100028	59869215
中材集团财务有限公司	海淀区复兴路17号国海广场2号楼B座9层	100102	13810202788
中交财务有限公司	西城区德胜门外大街83号德胜国际中心B座16层	100088	82016177
北京金融街集团财务有限公司	西城区真武庙四条八号院十号楼202室	100045	68065876
中化集团财务有限责任公司	复兴门内大街28号凯晨世贸中心中座F3层	100031	59569458
中粮财务有限责任公司	朝阳区朝阳门南大街8号中粮福临门大厦19层	100020	85006341
中国电建集团财务有限责任公司	海淀区西直门外大街168号腾达大厦8层	100044	58367900
新华联集团财务有限公司	通州区台湖镇政府大街新华联总部大厦4层	101116	80538426
北京粮食集团财务有限公司	西城区广安门大街316号京粮古船大厦5层	100053	83570638
联通集团财务有限公司	西城区金融大街21号中国联通大厦A座10层	100033	66258724
中车财务有限公司	丰台区芳城园一区15号楼附楼1~5层	100078	51897086
招商局集团财务有限公司	朝阳区安定路5号院10号楼B栋15层1501号	100082	52296332
中国电力财务有限公司华北分公司	丰台区右安门外东滨河路6号	100069	51960531

（11）货币经纪公司

机构名称	地　址	邮　编	电　话
中诚宝捷思货币经纪有限公司	西城区太平桥大街18号丰融国际大厦1008~1009室	100032	63195000

（12）消费金融公司

机构名称	地址	邮编	电话
北银消费金融有限公司	海淀区中关村大街22号中科大厦B座	100080	60190750

（13）外国银行北京代表处

机构名称	地址	邮编	电话
德国巴登—符腾堡州银行北京代表处	朝阳区东三环北路8号亮马大厦2座1130室	100004	65900166
德国中央合作银行股份有限公司北京代表处	朝阳区建国门外大街19号国际大厦22－1B室	100004	85261162
德国迈世勒银行股份公司北京代表处	朝阳区亮马桥路50号燕莎中心C502室	100125	64600458
意大利联合圣保罗银行股份有限公司北京代表处	朝阳区新源南路6号京城大厦2108室	100004	84862108
意大利西雅那银行股份有限公司北京代表处	朝阳区建国门外大街1号国贸写字楼1座1602～1605室	100004	65053136
意大利裕信银行股份有限公司北京代表处	朝阳区建国门外大街19号国际大厦2604室	100004	65003716
法国工商银行有限公司北京代表处	朝阳区建国门内大街7号光华长安大厦1座310室	100005	65102167
法国标致雪铁龙融资银行有限公司北京代表处	朝阳区亮马桥路50号1号楼3层C310B单元	100020	59275981
俄罗斯工业通讯银行公众式股份公司北京代表处	朝阳区建国门外大街22号赛特大厦1308室	100004	85120068
俄罗斯外贸银行公众股份公司北京代表处	朝阳区建国门外大街19号国际大厦21BC室	100020	85262800
俄罗斯开发与对外经济银行（外经银行）国有公司北京代表处	朝阳区建国门外大街19号国际大厦20A室	100004	65928905

俄罗斯天然气工业银行股份公司北京代表处	朝阳区建国门外大街甲六号中环世贸中心 C 座 1205 室	100022	65630516
俄罗斯欧洲金融莫斯科人民银行股份公司北京代表处	东城区东直门外大街 35 号 5 号楼 A104	100027	64674091
俄罗斯储蓄银行公开股份公司北京代表处	朝阳区亮马桥路 50 号北京燕莎中心办公楼 C305 ~ 306A 室	100016	64627039
俄罗斯农业银行股份公司北京代表处	朝阳区建国门外大街 22 号赛特大厦 809 室	100004	65686880
白俄罗斯银行储蓄银行公开股份公司北京代表处	朝阳区建国路 93 号万达广场 4 号楼 3103 室	100022	59604290
瑞士苏黎世州银行北京代表处	朝阳区东三环北路 38 号 3 号楼 6 层 705 室	100125	64672539
瑞士信贷银行有限公司北京代表处	西城区金融大街甲 9 号金融街中心南楼 11 层 1101B 单元	100027	63916889
北欧银行瑞典有限公司北京代表处	朝阳区东三环北路 5 号发展大厦 818 室	100004	65909070
瑞典商业银行公共有限公司北京代表处	朝阳区麦子店街 37 号北京盛福大厦 14 层 1410 室	100004	65004310
瑞典北欧斯安银行有限公司北京代表处	朝阳区东三环北路 8 号亮马河大厦 1 座 603 室	100004	65900913
西班牙对外银行有限公司北京代表处	东城区建国门内大街 7 号 7 层 12 号	100005	65170937
西班牙萨瓦德尔银行股份有限公司北京代表处	东城区东直门外大街 46 号天恒大厦 8 层 805 室	100027	84608366
西班牙巴塞罗那储蓄银行北京代表处	东城区建国门内大街 7 号光华长安大厦 1 座 610 ~ 611 室	100005	59111199
英国巴克莱银行有限公司北京代表处	东城区建国门北大街 8 号华润大厦 2108 室	100005	58165023
英国高盛国际银行无限责任公司北京代表处	西城区金融大街 7 号英蓝国际中心 17 层 1731 室	100140	66273138
丹麦银行有限公司北京代表处	朝阳区东三环中路 5 号楼 28 层 07 －1 单元	100020	18513730137
塞浦路斯银行公共有限公司北京代表处	朝阳区建国门外大街 1 号国贸写字楼 1 座 10 层 06 ~ 08 室	100004	65057723

巴基斯坦国民银行股份有限公司北京代表处	朝阳区新源南路2号昆仑饭店401室	100004	65903388－435
巴基斯坦哈比银行有限责任公司北京代表处	东城区东长安街1号东方广场东方经贸城西二办公楼12层12室	100738	85151500－104
巴基斯坦联合银行股份有限公司北京代表处	朝阳区建国路乙118号京汇大厦2110室	100022	65675560
巴基斯坦艾尔哈比银行有限公司北京代表处	西城区金融大街甲9号金融街中心南楼10层1019室	100033	57379677
巴基斯坦阿斯卡利银行股份有限公司北京代表处	朝阳区建国门外大街1号（2期）24层2401－23单元	100004	59298655
菲律宾首都银行及信托有限公司北京代表处	东城区建国门内大街18号恒基中心办公一楼1座1410室	100005	65183359
菲律宾金融银行股份有限公司北京代表处	朝阳区建国门外大街1号（1期）16幢24层09～10单元	100004	65053793
哈萨克斯坦人民储蓄银行股份公司北京代表处	朝阳区东四环中路41号嘉泰国际大厦A座2006室	100025	84532708
韩国输出入银行北京代表处	朝阳区大望京科技商务园区宏泰东街浦项中心A栋29层2901室	100102	64653371
韩国农协银行股份公司北京代表处	朝阳区阜东大街6号院3号楼26层2608室	100102	84783510
日本三菱日联信托银行股份有限公司北京代表处	朝阳区建国门外大街甲26号长富宫办公楼304室	100022	65139016
日本住友信托银行股份有限公司北京代表处	朝阳区建国门外大街甲26号长富宫办公楼7009室	100022	65139020
日本农林中央金库有限公司北京代表处	朝阳区建国门外大街甲26号长富宫办公楼601室	100022	65130858
泰国开泰银行（大众）有限公司北京代表处	朝阳区建国门外大街19号国际大厦22层C室	100004	65008333
泰国汇商银行大众有限公司北京代表处	朝阳区建国门外大街1号国贸大厦（3期）15层	100004	57372681

合作金库商业银行股份有限公司北京代表处	东城区建国门内大街18号恒基中心办公室1座1805室	100005	65188175
中国信托商业银行股份有限公司北京代表处	朝阳区光华路甲8号和乔大厦B座111室	100026	65813700
印度银行北京代表处	朝阳区西大望路3号院蓝堡国际中心1209室	100022	85997447
伊朗德佳拉特银行北京代表处	朝阳区亮马桥路50号燕莎中心写字楼C208室	100125	84551116
蒙古国郭勒穆特银行有限公司北京代表处	朝阳区建国门外大街19号中信国际大厦1号楼第20层第E号房间	100004	65033876
阿联酋国民银行股份有限公司北京代表处	朝阳区亮马桥路50号燕莎中心写字楼C519室	100125	64650056
摩洛哥外贸银行股份有限公司北京代表处	东城区建国门内大街18号恒基中心1座1203层	100005	65182364
喀麦隆非洲第一银行有限公司北京代表处	朝阳区建国路93号院1号楼1903室	100025	51149178
尼日利亚第一银行股份有限公司北京代表处	东城区建国门内大街8号中粮广场B座1431室	100005	65286820
尼日利亚詹尼斯银行股份有限公司北京代表处	朝阳区建国门外大街1号国贸大厦（3期）15层1559室	100004	57372661
加纳西非商业银行有限公司北京代表处	西城区武定侯街2号6层601～611室	100033	66290098
加拿大帝国商业银行有限公司北京代表处	朝阳区建国门外大街1号国贸大厦B座56层03单元	100022	65667071－103
加拿大丰业银行有限公司北京代表处	东城区建国门北大街8号华润大厦503室	100005	85192050
美国远东国民银行有限公司北京代表处	朝阳区建国门外大街22号赛特大厦9层911室	100004	65159115
美国华美银行股份有限公司北京代表处	东城区建国门内大街7号光华长安大厦6楼609室	100005	65101551
古巴国民银行北京代表处	朝阳区建国门外大街丙24号京泰大厦706室和708室	100022	65156586
智利银行股份有限公司北京代表处	朝阳区建国门外大街乙12号双子座大厦西塔606室	100022	58794301
阿根廷国民银行北京代表处	朝阳区建国门外大街1号国贸写字楼2座7层719室	100004	65051661

俄罗斯信贷商业银行北京代表处	朝阳区建国门外大街24号京泰大厦1703室	100022	65159517
巴基斯坦联盟银行有限公司北京代表处	朝阳区建国门外大街1号16号楼（1期）14层23室	100004	65350216
匈牙利储蓄商业银行公共有限公司北京代表处	朝阳区建国门外大街1号院16号楼23层2315室	100022	85098729

（14）外国非银行金融机构北京代表处

机构名称	地址	邮编	电话
宝捷思资本市场（香港）有限公司北京代表处	海淀区科学院南路2号5层506室	100190	59822012
昆仑国际（新西兰）有限公司北京代表处	朝阳区新源南路8号北京启皓中心西塔9层902室	100027	59222082
万事达卡国际组织北京代表处	东城区建国门北大街8号华润大厦701～702室	100005	85199300
威士国际组织（亚太）有限公司北京代表处	朝阳区光华路5号世纪财富中心2号楼1804室	100020	85873018
英国路透集团交易服务有限公司北京代表处	西城区复兴门内大街28号凯晨世贸中心中座F2层C204室	100031	66271192
西联金融服务公司北京代表处	朝阳区建国门外大街乙12号双子座大厦东塔22层2208A		85165900
中银信用卡（国际）有限公司北京代表处	朝阳区永安里8号华彬国际大厦901B	100022	85288366
日本国际信用卡公司北京代表处	朝阳区建国路乙118号京汇大厦2006室	100022	65675595
英国银星速汇有限公司北京代表处	朝阳区新源里16号琨莎中心1座1003室	100027	84683286
比利时欧洲清算银行有限公司北京代表处	西城区武定侯街6号卓著中心308室	100032	58543212
英国公共有限公司北京代表处	东城区东方广场E2座1901室22单元	100738	85200021

韩国货币经纪株式会社	朝阳区建国门外大街2号银泰写字楼C座1542号	100022	65637877
美国嘉盛集团北京代表处	朝阳区建国门外大街甲6号中环世贸C座29层2909室	100000	65639945

3. 证券业机构

（1）证券公司

机构名称	地　址	邮　编	电　话
中信建投证券股份有限公司	东城区朝内大街188号	100010	95587
北京高华证券有限责任公司	西城区金融大街7号英蓝国际中心18层	100034	4006508356
高盛高华证券有限责任公司	西城区金融大街7号英蓝国际中心18层	100034	66273358
中国银河证券股份有限责任公司	西城区金融大街35号国际企业大厦C座	100035	4008888888
中国民族证券有限责任公司	朝阳区北四环中路27号院5号楼北京盘古大观写字楼40～43层	100140	4008895618
信达证券股份有限公司	西城区闹市口大街9号院1号楼信达金融中心	100031	4008008899
瑞银证券有限责任公司	西城区金融大街7号英蓝国际中心15层	100034	4008878827
国都证券股份有限公司	东城区东直门南大街3号国华投资大厦9～10层	100007	4008188118
新时代证券股份有限公司	海淀区北三环西路99号西海国际中心1号楼15层	100086	4006989898
第一创业证券承销保荐有限责任公司	西城区武定侯街6号卓著中心10层	100033	63212001
东兴证券股份有限公司	西城区金融大街5号新盛大厦B座12～15层	100033	66555835
国开证券有限责任公司	西城区阜成门外大街29号1～9层	100007	88300111
华融证券股份有限公司	西城区金融大街8号A座3层、5层	100033	95390

民生证券股份有限公司	东城区建国门内大街28号民生金融中心A座16～18层	100005	4006198888
瑞信方正证券有限责任公司	西城区金融大街甲9号金融街中心南楼15层	100033	66538666
首创证券有限责任公司	西城区德胜门外大街115号	100088	4006200620
中德证券有限责任公司	朝阳区建国路81号华贸中心写字楼1座22层	100025	59026663
中国国际金融股份有限公司	建国门外大街1号国贸大厦2座、建国门外大街甲6号爱思开大厦38层	100022	65051166

（2）证券分公司

机构名称	地　址	邮　编	电　话
安信证券股份有限公司北京分公司	西城区阜成门北大街2号楼15层	100033	4008001001
财达证券股份有限公司北京分公司	海淀区花园路2号3号楼2层	100191	62355006
东莞证券股份有限公司北京分公司	海淀区万柳中路11号派顿大厦7层708室	100089	58472833
东吴证券股份有限公司北京分公司	西城区金融大街19号富凯大厦B座1003室	100033	66573360
广发证券股份有限公司北京分公司	西城区月坛北街2号月坛大厦18层	100045	59136872
国元证券股份有限公司北京分公司	东城区东直门外大街46号天恒大厦21层A	100027	84608712
华创证券有限责任公司北京分公司	西城区锦什坊街26号楼4层401室	100033	59370955
中国中投证券有限责任公司北京分公司	西城区太平桥大街18号丰融国际大厦12层、15层	100032	63222800
方正证券股份有限公司北京分公司	西城区丰盛胡同28号楼10层1001B	100032	68546967
光大证券股份有限公司北京分公司	西城区月坛北街2号月坛大厦东配楼5层	100037	68081186
国泰君安证券股份有限公司北京分公司	海淀区知春路7号致真大厦202室	100086	82311188
国信证券股份有限公司北京分公司	海淀区三里河路13号12层	100044	68330110
宏信证券有限责任公司北京分公司	朝阳区广渠路38号一轻大厦1层	100022	56715666

华泰证券股份有限公司北京分公司	西城区太平桥大街丰盛胡同28号太平洋保险大厦15层	100032	63211166
金元证券股份有限公司北京分公司	海淀区新街口外大街19号1区3号楼6层9619室	100088	62200539
平安证券股份有限公司北京分公司	西城区金融大街23号平安大厦10层	100032	66299501
山西证券股份有限公司北京分公司	海淀区高粱桥斜街13号院甲33号楼2层201室	100044	62235588
网信证券有限责任公司北京分公司	朝阳区建国门外大街8号楼23层2305A	100022	56372178
信达证券股份有限公司北京分公司	石景山区八角西街68号1层、2层	100043	68842015
中国银河证券股份有限公司北京分公司	西城太平桥大街111号4层414~416室	100033	58872713
中原证券股份有限公司北京分公司	西城区广安门外大街168号1幢8至9层	100055	83065880
大同证券有限责任公司北京分公司	朝阳区光华东里8号院2号楼11层1101内1209室	100020	4007121212
德邦证券股份有限公司北京分公司	西城区西直门外大街1号楼15层	100044	8571527
东北证券股份有限公司北京分公司	西城区锦什坊街28号	100033	4006000686
华龙证券股份有限公司北京分公司	西城区金融街通泰大厦B座603室	100033	88086251
华英证券有限责任公司北京分公司	朝阳区建国门外大街8号10层1002~1003单元	100020	0510－85200970
国融证券股份有限公司北京分公司	西城区闹市口大街1号长安兴融中心西楼11层	100020	65958678
国融证券股份有限公司北京第二分公司	丰台区榴乡路88号院21号楼1层101室	100075	56762128
申万宏源证券承销保荐有限责任公司北京分公司	西城区太平桥大街19号恒奥中心	100034	95523
天风证券股份有限公司北京证券承销分公司	西城区佟麟阁路36号1幢1201~1230室	100031	65534527
西南证券股份有限公司北京分公司	西城区北三环中路27号	100022	62015677
湘财证券股份有限公司北京承销与保荐分公司	西城区太平桥丰盛胡同28号太平洋保险大厦A座9层	100032	95531
中泰证券股份有限公司北京分公司	朝阳区新源南路8号院4号楼13层1301内08单元	100027	65080757

南京证券股份有限公司北京分公司	朝阳区东三环南路19号院1号楼-2至15层101内甲段4层	100021	87820580
长城证券股份有限公司北京分公司	西城区西直门外大街112号阳光大厦10层	100044	4006666888
国盛证券有限责任公司北京分公司	西城区锦什坊街35号院1号楼302-2单元	100033	4008222111
海通证券股份有限公司北京分公司	海淀区中关村南大街甲56号方圆大厦	100044	95533
西部证券股份有限公司北京第一分公司	西城区月坛南街59号1401-1室	100086	95582
兴业证券股份有限公司北京分公司	朝阳区朝外大街乙12号办公楼12层	100033	66290221
招商证券股份有限公司北京分公司	朝阳区建国路118号招商局大厦9层	100022	65684890
中银国际证券股份有限公司北京分公司	西城区西单北大街110号7层	100032	83199693
华宝证券有限责任公司北京分公司	朝阳区建国门外大街丙12号楼	100020	57610088
开源证券股份有限公司北京分公司	西城区锦什坊街35号院1号楼2层201室	100033	58080588
华林证券股份有限公司北京分公司	西城区金融大街35号1栋1501~1504室	100033	88091560
川财证券有限责任公司北京分公司	西城区平安里西大街28号12层	100034	66495971
广州证券股份有限公司北京分公司	西城区武定侯街2号、4号	100033	66006860
华福证券有限责任公司北京分公司	朝阳区朝阳门北大街20号	100027	95547
华融证券股份有限公司北京分公司	西城区金融大街8号3层	100000	58568028
九州证券股份有限公司北京分公司	西城区华远北街2号811室	100032	83988832
申万宏源证券有限公司北京分公司	朝阳区劲松9区909楼	100032	67707998
世纪证券有限责任公司北京分公司	东城区东四十条68号3层312室	100007	84085516
首创证券有限责任公司北京分公司	朝阳区北辰东路8号8号楼2层212室	100101	4006200620
西部证券股份有限公司北京第二分公司	西城区月坛南街59号3层317室	100045	95582
渤海证券股份有限公司北京分公司	西城区西直门外大街甲143号C座第F2层M单元	100044	88016467
太平洋证券股份有限公司北京分公司	西城区北展北街5~17号（单号）	100044	88321872
中信证券股份有限公司北京分公司	东城区建国门北大街5号金城建国5号4层	100005	65128320

方正证券股份有限公司北京资产管理分公司	西城区阜外大街甲34号方正证券大厦7层	100038	68585660
联讯证券股份有限公司北京分公司	朝阳区红军营南路媒体村天畅园6号2层	100107	64408846
申万宏源证券有限公司北京资产管理分公司	西城区太平桥大街19号恒奥中心	100033	66210166
湘财证券股份有限公司北京资产管理分公司	西城区太平桥丰盛胡同28号太平洋保险大厦A座9层	100032	95351
银河金汇证券资产管理有限公司北京分公司	西城区金融大街35号1号楼626室	100032	66568068
浙江浙商证券资产管理有限公司北京分公司	西城区广安门外大街1号深圳大厦4-412室	100708	65546300
中邮证券有限责任公司北京证券资产管理分公司	西城区西直门内大街56号生命人寿大厦9层	100088	82292229
国海证券股份有限公司北京分公司	海淀区西直门外大街168号腾达大厦1509室	100044	88576898
华安证券股份有限公司北京分公司	朝阳区东三中路20号楼27层	100022	95318
新时代证券股份有限公司北京分公司	海淀区中关村东路66号楼21层2510室	100190	62672771
方正证券股份有限公司北京证券自营分公司	西城区丰盛胡同28号太平洋保险大厦10层	100032	95571
长江证券股份有限公司北京分公司	西城区金融大街33号B段15层	100033	95579
国联证券股份有限公司北京分公司	海淀区首体南路9号主语国际4号楼12层	100044	68798616
万和证券股份有限公司北京分公司	东城区东直门外大街48号1幢11层办公楼11H	100027	84367301
中航证券北京分公司	朝阳区慧忠路5号A座9层05单元	100101	84801300
东北证券股份有限公司北京中关村分公司	东城区安德路甲61号2号楼3层	100011	64522798
联储证券有限责任公司北京分公司	东城区北三环东路36号环球贸易中心A座27层	100013	56177878
华金证券有限责任公司北京分公司	东城区建国门内大街28号4幢6层	100005	85721460
西藏东方财富证券股份有限公司北京分公司	海淀区西直门北大街32号院2号楼13层1506室	100082	82206300
申港证券股份有限公司北京分公司	海淀区首体南路9号4楼5层501室	100044	80229999
江海证券有限公司北京分公司	朝阳区东三环南路58号富顿中心A座2层	100022	58674977
开源证券股份有限公司北京第二分公司	朝阳区建国门外大街8号楼16层1605单元	100022	85660036
中山证券有限责任公司北京分公司	西城区车公庄大街乙1号	100044	68340828

华菁证券有限公司北京分公司	朝阳区工人体育场北路甲2号B栋16层	100027	60156777
爱建证券有限责任公司北京分公司	朝阳区北辰西路8号院2号楼	100101	85112998
开源证券股份有限公司北京第三分公司	丰台区榴乡路88号院18号楼6层601室	100075	83570866

（3）证券营业部

机构名称	地址	邮编	电话
爱建证券有限责任公司北京科学院南路证券营业部	海淀区中关村新科祥园甲3号楼2层	100080	61934401
安信证券股份有限公司北京阜成门证券营业部	西城区阜成门北大街2号楼7层701~703号	100034	83321499
安信证券股份有限公司北京滨河路证券营业部	门头沟区滨河路115号滨河大厦1407室	102300	69828227
安信证券股份有限公司北京西环路证券营业部	昌平区城北街道西环路16号1幢2层05室、06室	102200	60774588
安信证券股份有限公司北京东升科技园证券营业部	海淀区西小口路66号中关村东升科技园北领地B-2号楼1层B102B-2室	100192	62928212
安信证券股份有限公司北京阜荣街证券营业部	朝阳区望京园601号楼9层1009室	100102	84766301
安信证券股份有限公司北京复兴门外大街证券营业部	西城区复兴门外大街A2号中化大厦11层	100045	68616000
安信证券股份有限公司北京建国门外大街证券营业部	朝阳区建国门外大街乙24号1层N101室	100021	88893661
安信证券股份有限公司北京青塔西路证券营业部	丰台区青塔西路52号院10号楼1~2层2单元	100071	68616020

安信证券股份有限公司北京万柳华府北街证券营业部	海淀区万柳华府龙园2号楼1层4单元	100089	62198879
安信证券股份有限公司北京小武基北路证券营业部	朝阳区金蝉欢乐园2号院甲1号楼	100028	68616020
安信证券股份有限公司北京远大路证券营业部	海淀区远大路1号金源购物中心2期B区写字楼1203室	100097	88893680
安信证券股份有限公司北京政通路证券营业部	房山区拱辰街道政通路12号501～502室	102401	88874666
安信证券股份有限公司北京中关村南大街证券营业部	海淀区中关村南大街甲32号中关村科技发展大厦B座2层	100081	62140234
安信证券股份有限公司北京石佛营路证券营业部	朝阳区八里庄北里129号院10号楼115室	100025	85815155
安信证券股份有限公司北京丰科路证券营业部	丰台区南四环西路186号一区1号楼4层17单元	100070	83688930
安信证券股份有限公司北京西关二巷证券营业部	通州区新华南二街12号院2号楼1层	101100	80884810
安信证券股份有限公司北京北苑路证券营业部	朝阳区天溪园20号楼1层商业24	100107	84938371
安信证券股份有限公司北京中关村东路证券营业部	海淀区中关村南一条甲1号2号楼1层102室	100190	62561606
安信证券股份有限公司北京火沙路证券营业部	顺义区后沙峪镇裕民大街3号院1幢1层1071室	101318	61438832
北京高华证券有限责任公司北京金融大街证券营业部	西城区金融大街7号英蓝国际中心18层	100034	66273000
渤海证券股份有限公司北京大兴三中西巷证券营业部	大兴区黄村镇三中西巷9号	102600	69224995

渤海证券股份有限公司北京广顺北大街证券营业部	朝阳区广顺北大街33号福码大厦A座705~706室	100102	64776858
渤海证券股份有限公司北京慧忠里证券营业部	朝阳区北辰东路8号汇欣大厦1号楼	100101	64892168
渤海证券股份有限公司北京西外大街证券营业部	西城区西直门外大街甲143号凯旋大厦C座2层	100044	88016458
财达证券股份有限公司北京花园路证券营业部	海淀区花园路2号牡丹科技楼3层B307室	100083	62356660
财达证券股份有限公司北京首体南路证券营业部	海淀区首体南路20号国兴家园D座	100044	88354677
财富证券有限责任公司北京德胜门外大街证券营业部	西城区德胜门外大街13号院1号楼305室	100037	68003001
财富证券有限责任公司北京市朝阳东三环中路证券营业	朝阳区东三环中路39号建外SOHO 7号楼3层SH－7302室	100022	85659245
财富证券有限责任公司北京中关村东路证券营业部	海淀区中关村东路89号3层301室	100080	62617176
财通证券股份有限公司北京朝阳北路证券营业部	朝阳区朝阳北路润枫嘉尚底商202室	100025	85518655
财通证券股份有限公司北京成府路证券营业部	海淀区成府路28号优盛大厦D座15层	100083	62660158
长城国瑞证券有限公司北京工体南路证券营业部	朝阳区朝外大街16号1幢7层703室	100020	50947395
长城国瑞证券有限公司北京远大路证券营业部	海淀区蓝靛厂东路2号院2号楼金源时代商务中心2号楼1单元A座17E	100097	88596635
长城国瑞证券有限公司北京月坛北街证券营业部	西城区月坛北街2号月坛大厦C座3层	100045	68086500

长城证券股份有限公司北京通胡大街证券营业部	通州区通胡大街25号10号楼2号	101100	89529069
长城证券股份有限公司北京望京西路证券营业部	朝阳区望京西路甲50号1号楼卷石天地大厦A座7层	100102	64561190
长城证券股份有限公司北京西直门外大街证券营业部	西城区西直门外大街18号金贸大厦1030室、1031室	100037	68338376
长城证券股份有限公司北京中关村大街证券营业部	海淀区中关村大街甲28号海淀文化艺术大厦B座11层	100086	82533168
长城证券股份有限公司北京中核路证券营业部	丰台区中核路一号3号楼2层201~203室	100070	83670701
长城证券股份有限公司北京小营路证券营业部	朝阳区北苑路86号院215号楼1层商业107室	100101	64964121
长城证券股份有限公司北京崇文门外大街证券营业部	东城区崇文门外大街新怡家园甲3号楼11层1106B	100062	67082650
长江证券股份有限公司北京百万庄大街证券营业部	西城区百万庄大街22号院	100037	68364388
长江证券股份有限公司北京广渠门内大街证券营业部	东城区广渠门内大街80号11层	100062	95579
长江证券股份有限公司北京万柳东路证券营业部	海淀区长春桥路11号亿城中心A座9层	100089	58818698
长江证券股份有限公司北京新源里证券营业部	朝阳区新源里16号琨莎中心B座3A4层	100027	64679391
长江证券股份有限公司北京望京西路证券营业部	朝阳区南湖西园甲205楼1层	100102	52091558
长江证券股份有限公司北京北清路证券营业部	昌平区回龙观镇北清路1号院6号楼	102206	80765318

长江证券股份有限公司北京中关村东路证券营业部	海淀区北四环西路9号3层306室、308室	100190	62423429
长江证券股份有限公司北京国贸证券营业部	朝阳区光华东里8号院2号楼21层	100020	95579
大通证券股份有限公司北京建国路证券营业部	朝阳区建国路93号万达广场9号楼2层	100022	58207416
大同证券有限责任公司北京西四环中路证券营业部	海淀区西四环中路39－7号万地名苑大厦1层	100039	68155388
德邦证券股份有限公司北京朝阳北路证券营业部	朝阳区朝阳北路237号楼16层	100020	65085758
第一创业证券股份有限公司北京西直门外大街证券营业部	西城区西直门外大街110号1层102室	100044	51658785
第一创业证券股份有限公司北京海淀证券营业部	海淀区蓝靛厂东路金源时代商务中心2号楼A座18F	100097	88866799
第一创业证券股份有限公司北京新街口北大街证券营业部	西城区新街口北大街3号6层605室、606室	100035	51651688
东北证券股份有限公司北京朝外大街证券营业部	朝阳区朝外大街乙6号20层2302～2305室	100020	59000715
东北证券股份有限公司北京三里河东路证券营业部	西城区三里河东路5号中商大厦4层	100045	68573836
东方证券股份有限公司北京安苑路证券营业部	朝阳区小关北里45号世纪嘉园5号楼5层	100029	84896400－410
东方证券股份有限公司北京学院路证券营业部	海淀区学院路30号科大天工大厦B座12层	100083	62660253
东海证券股份有限公司北京安苑北里证券营业部	朝阳区安苑北里25号长白山国际酒店3层	100101	64993238

东海证券股份有限公司北京西三环北路证券营业部	海淀区西三环北路89号9层4－902～906室	100089	84892358
东莞证券股份有限公司北京兴华大街证券营业部	大兴区黄村镇富强路97号1～2层		62699600
东莞证券股份有限公司北京西城太平街证券营业部	西城区太平街8号院30号楼3层301－01号	100031	63166002
东吴证券股份有限公司北京安德里北街证券营业部	东城区鼓楼外大街27号万网大厦2层	100120	84117711
东吴证券股份有限公司北京陶然桥证券营业部	东城区永定门西滨河路8号院7楼10层1101室	100077	57724917
东吴证券股份有限公司北京亦庄证券营业部	北京经济技术开发区荣华中路5号院1号楼4层407室	100172	87520531
东兴证券股份有限公司北京北四环中路证券营业部	海淀区北四环中路229号海泰大厦2层	100083	82884280
东兴证券股份有限公司北京大望路证券营业部	朝阳区西大望路15号院4号楼外企大厦B座4层	100022	67771888
东兴证券股份有限公司北京复兴路证券营业部	海淀区复兴路20号翠微商业楼2段	100036	88218659
东兴证券股份有限公司北京知春路证券营业部	海淀区知春路甲63号中国卫星通信大厦西座1层01单元	100088	66555335
方正证券股份有限公司北京阜外大街证券营业部	西城区阜外大街甲34号	100037	68583728
方正证券股份有限公司北京安定门外大街证券营业部	东城区安定门外大街66号3幢101室	100011	84215535
方正证券股份有限公司北京回龙观西大街证券营业部	昌平区回龙观西大街18号一段1－102室	102208	57766997

方正证券股份有限公司北京玉带河东街证券营业部	通州区玉带河东街105号1～2层	101100	57965907
光大证券股份有限公司北京东中街证券营业部	东城区东中街29号东环广场B座写字楼2层	100027	64182899
光大证券股份有限公司北京广顺北大街证券营业部	朝阳区广顺北大街17号2层A13号	100102	64182898
光大证券股份有限公司北京丽泽路证券营业部	丰台区广安门外莱户营东街60号北京哈特商务酒店1层、2层	100054	83067056
光大证券股份有限公司北京天通苑证券营业部	昌平区东小口镇立汤路188号院北方明珠大厦1号楼	102218	58607586
光大证券股份有限公司北京小营路证券营业部	朝阳区小营路25号房地置业大厦1层、7层	100029	59046206
光大证券股份有限公司北京月坛北街证券营业部	西城区月坛北街2号月坛大厦东配楼5层	100045	68081286
光大证券股份有限公司北京中关村大街证券营业部	海淀区海淀北二街10号2层201室	100080	59851080
光大证券股份有限公司北京金融大街证券营业部	西城区武定侯街2号、4号6层F2－1（B）601－2室	100026	68081301
光大证券股份有限公司北京玉渊潭证券营业部	海淀区晾果厂6号3层	100036	68081266
光大证券股份有限公司北京通州证券营业部	通州区新华西街58号院3号楼24层2407～2409室	101100	58554907
光大证券股份有限公司北京仰山路证券营业部	朝阳区清林路1号院9号楼101－3室	100107	84920243
广发证券股份有限公司北京安立路证券营业部	朝阳区安立路68号飘亮阳光广场3层	100027	63281999

广发证券股份有限公司北京朝阳门证券营业部	东城区朝阳门银河 SOHO A 座 2 层	100007	85282382
广发证券股份有限公司北京阜成门南大街证券营业部	西城区阜成门南大街甲 3 号	100037	68022088
广发证券股份有限公司北京广安门内大街证券营业部	西城区广安门内大街 316 号京粮大厦 6 层	100053	63547165
广发证券股份有限公司北京建外大街证券营业部	朝阳区建外大街 19 号国际大厦 A 座 3 层	100004	65155163
广发证券股份有限公司北京鲁谷路证券营业部	石景山区鲁谷路 74 号中国瑞达大厦 F606 ~ F609 室	100040	68609562
广发证券股份有限公司北京中关村东路证券营业部	海淀区中关村东路 8 号东升大厦 A 座 6 层	100083	82527515
广州证券股份有限公司北京三里河东路证券营业部	西城区月坛南街 49 号 2 幢 2 层 201 ~ 212 房间	100036	68521889
广州证券股份有限公司北京武定侯街证券营业部	西城区武定侯街 2 号、4 号 1 层 F2 – 1（B）105 室	100032	95396
广州证券股份有限公司北京亮马桥路证券营业部	朝阳区亮马桥路 39 号 1 号楼第 1 层 C101 号	100125	95396
广州证券股份有限公司北京海淀北二街证券营业部	海淀区海淀北二街 8 号 2 层 102 – 2 室	100080	95396
国都证券股份有限公司北京北三环中路证券营业部	西城区北三环中路 23 号燕莎盛世大厦 8 层	100029	64890703
国都证券股份有限公司北京朝阳路证券营业部	朝阳区八里庄西里 97 号 97 号楼 1506 号	100025	65505078
国都证券股份有限公司北京大望路证券营业部	朝阳区建国路 93 号院 10 号楼 3 层 306 室	100022	56409125

国都证券股份有限公司北京阜外大街证券营业部	西城区阜外大街22号外经贸大厦1幢3层301室	100037	68329055
国都证券股份有限公司北京工体北路证券营业部	东城区工体北路北京工人体育馆南区2层	100027	65533232
国都证券股份有限公司北京九棵树街证券营业部	通州区翠景北里2号楼2层九棵树街109号、113号、117号	101100	59392161
国都证券股份有限公司北京鲁谷路证券营业部	石景山区鲁谷路74号中国瑞达大厦10层F1008～1010室	100040	68176013
国都证券股份有限公司北京三元西桥证券营业部	朝阳区曙光西里甲6号院9号楼2层	100025	59762885
国都证券股份有限公司北京门头沟滨河路证券营业部	门头沟区滨河霁月园8号楼滨河路153－15号1层	102300	69829800
国都证券股份有限公司北京西直门外大街证券营业部	西城区西直门外大街110号中糖大厦101室	100044	59812666
国都证券股份有限公司北京中关村南大街证券营业部	海淀区中关村南大街9号理工科技大厦303室	100081	68949680
国海证券股份有限公司北京和平街证券营业部	朝阳区和平街11区38号楼	100013	64283164
国海证券股份有限公司北京火沙路证券营业部	顺义区后沙峪镇裕民大街3号院1幢1层1080室	101300	64283194
国海证券股份有限公司北京西关南街证券营业部	通州区新华南二街12号院1号楼1层	101100	69559298
国海证券股份有限公司北京珠市口大街证券营业部	东城区珠市口东大街11号1层109室	100050	64283201
国金证券股份有限公司北京长椿街证券营业部	西城区长椿街3号2－101	100033	66215599

国金证券股份有限公司北京建外大街证券营业部	朝阳区建国门外大街甲6号1幢B座18层	100020	95310
国开证券有限责任公司北京西四环北路证券营业部	海淀区西四环北路15号15号楼1层102号、103号	100000	63385671
国开证券有限责任公司北京中关村南大街证券营业部	海淀区中关村南大街6号中电信息大厦5层	100086	82168390
国开证券有限责任公司北京珠市口东大街证券营业部	东城区珠市口东大街14号2层	100062	67072600
国联证券股份有限公司北京朝阳门南大街证券营业部	东城区南竹竿胡同2号银河SOHO中心1层D座	100010	59576205
国联证券股份有限公司北京建材城西路证券营业部	昌平区建材西路87号上奥世纪2号楼21层	100096	57391101
国联证券股份有限公司北京石景山路证券营业部	石景山区石景山路乙18号院2号楼12层	100040	88685951
国联证券股份有限公司北京首体南路证券营业部	海淀区首体南路9号主语国际4号楼1202室	100048	63170199
国联证券股份有限公司北京马家堡东路证券营业部	丰台区马家堡东路168号院6号楼1层21号底商	100068	56158989
国融证券股份有限公司北京北辰东路证券营业部	朝阳区北辰东路8号12号楼3层2号	100101	84981104
国融证券股份有限公司北京东四环中路证券营业部	朝阳区东四环中路82号2－2座1层101室	100022	52088310－803
国融证券股份有限公司北京三元桥证券营业部	朝阳区曙光西里甲1号1至2层商业06号	100028	56098057
国融证券股份有限公司北京中关村大街证券营业部	海淀区中关村大街甲59号文化大厦2层203室	100086	82200303

国融证券股份有限公司北京西直门证券营业部	西城区西直门外大街甲143号1－7－6001室、1－7－6002室	100044	88017777
国融证券股份有限公司北京宣武门西大街证券营业部	西城区宣武门西大街甲129号11层1107～1110室	100031	66418320
国盛证券有限责任公司北京德胜门外大街证券营业部	西城区德胜门大街83号德胜门国际中心B座3层	100088	62631969
国盛证券有限责任公司北京乐园路证券营业部	大兴区乐园路4号院2号楼1单元301室	102600	80223383
国泰君安证券股份有限公司北京朝内大街证券营业部	东城区南竹杆胡同2号银河搜候中心2层10203室	100010	50953121
国泰君安证券股份有限公司北京德外大街证券营业部	西城区德外大街13号院1号楼	100088	62034788
国泰君安证券股份有限公司北京方庄路证券营业部	丰台区方庄路1号	100078	67638335
国泰君安证券股份有限公司北京怀柔府前街证券营业部	怀柔区府前街3号	101400	69680303
国泰君安证券股份有限公司北京建国路证券营业部	朝阳区建国路93号院5号楼119室	100022	50953118
国泰君安证券股份有限公司北京金融街证券营业部	西城区金融街28号盈泰中心2号楼	100140	59312793
国泰君安证券股份有限公司北京金桐西路证券营业部	朝阳区金桐西路12号1层	100020	50953130
国泰君安证券股份有限公司北京鲁谷路证券营业部	石景山区鲁谷路35号电科大厦裙楼1层	100040	68659759
国泰君安证券股份有限公司北京通州新华西街证券营业部	通州区新华西街60号院1号楼1层101室	101100	69542299

国泰君安证券股份有限公司北京亦庄宏达北路证券营业部	北京经济技术开发区宏达北路16号101室	100176	51062201
国泰君安证券股份有限公司北京知春路证券营业部	海淀区知春路7号致真大厦B座	100083	82311880
国泰君安证券股份有限公司北京中关村大街证券营业部	海淀区海淀北二街8号1层107室	100080	50953100
国泰君安证券股份有限公司北京安贞门证券营业部	朝阳区安定路5号院9号楼1层105单元	100029	82263818
国泰君安证券股份有限公司北京苏州桥证券营业部	海淀区北三环西路99号院西海国际中心1层105A、106A	100086	82263809
国信证券股份有限公司北京昌平西环路证券营业部	昌平区北街道西环路29号楼4层	102299	95536
国信证券股份有限公司北京朝阳北路证券营业部	朝阳区朝阳北路199号摩码大厦0102号、0103号	100026	95536
国信证券股份有限公司北京成府路证券营业部	海淀区成府路28号11层3－1107室	100083	95536
国信证券股份有限公司北京马家堡西路证券营业部	丰台区马家堡西路15号1－1101室	100068	95536
国信证券股份有限公司北京三里河路证券营业部	海淀区三里河路13号	100034	95536
国信证券股份有限公司北京石景山阜石路证券营业部	石景山区阜石路300号1层125号	100041	95536
国信证券股份有限公司北京顺义新顺南大街证券营业部	顺义区仁和镇新顺南大街18号	101320	95536
国信证券股份有限公司北京通州九棵树证券营业部	通州区翠景北里21号楼金成中心708室	101101	95536

国信证券股份有限公司北京亚运村证券营业部	朝阳区慧忠北里309号楼2层223－1室、226－1室	100101	95536
国元证券股份有限公司北京东直门外大街证券营业部	东城区东直门外大街46号天恒大厦9层	100027	84608839
国元证券股份有限公司北京西坝河南路证券营业部	朝阳区西坝河南路1号金泰大厦409室	100028	64402348
国元证券股份有限公司北京通州新华大街证券营业部	通州区新华西街甲56号	101199	80885658
海通证券股份有限公司北京阜外大街证券营业部	西城区阜成门外大街2号A2010室	100037	88026896
海通证券股份有限公司北京工人体育场北路证券营业部	东城区工体北路66号3层301单元	100028	64620913
海通证券股份有限公司北京光华路证券营业部	朝阳区光华路甲8－1号合乔大厦C座3层	100026	65831381
海通证券股份有限公司北京亮马桥路证券营业部	朝阳区亮马桥路50号1号楼S109A	100125	65831388
海通证券股份有限公司北京密云鼓楼东大街证券营业部	密云区鼓楼东大街19号密云广场	101500	89081200
海通证券股份有限公司北京平谷金乡路证券营业部	平谷区金乡路1号1层、3层	101200	89999236
海通证券股份有限公司北京知春路证券营业部	海淀区知春路甲63号卫星大厦5层	100080	82625096
海通证券股份有限公司北京中关村南大街证券营业部	海淀区中关村南大街甲56号方圆大厦5层	100044	88027676
恒泰证券股份有限公司北京北辛庄路证券营业部	海淀区四季青镇北辛庄路北软双新科创园A座308房间	100093	62592609

恒泰证券股份有限公司北京朝阳八里庄西里证券营业部	朝阳区八里庄西里99号2层210室	100025	85772321
恒泰证券股份有限公司北京东三环北路证券营业部	朝阳区东三环北路丙2号5层06A09室	100020	87798672
恒泰证券股份有限公司北京东三环中路证券营业部	朝阳区百子湾南2路76号院乐成国际5号楼1层11A、2层11B	100022	87751481
恒泰证券股份有限公司北京东直门内北小街证券营业部	东城区东直门内北小街16号	100011	84128825
恒泰证券股份有限公司北京建材城西路证券营业部	昌平区回龙观镇建材城西路87号院2号楼9层2单元907室	100085	82916166
恒泰证券股份有限公司北京建国路证券营业部	朝阳区建国路93号院19号楼117号、118号	100025	59603202
恒泰证券股份有限公司北京金融大街证券营业部	西城区金融大街33号C座5层507室	100041	56673868
恒泰证券股份有限公司北京广安门外大街证券营业部	西城区广安门外大街1号深圳大厦2层240号房间	100055	63429711
恒泰证券股份有限公司北京南湖南路证券营业部	朝阳区南湖南路16号院4号楼102室	100102	64738862
恒泰证券股份有限公司北京青年路证券营业部	朝阳区青年路7号达美中心广场T3－1804室	100020	85836277
恒泰证券股份有限公司北京上地三街证券营业部	海淀区上地信息产业基地三街3号楼1层3门102室	100085	57851503
恒泰证券股份有限公司北京苏州街证券营业部	海淀区苏州街29号11－16幢	100080	62423585
恒泰证券股份有限公司北京万丰路证券营业部	丰台区万丰路316号万开中信A座2层A2－13单元	100161	83669825

恒泰证券股份有限公司北京西四环北路证券营业部	海淀区西四环北路160号1层一区109室	100031	57851503
恒泰证券股份有限公司北京金融大街第二证券营业部	西城区金融大街17号、甲17号、乙17号、丙17号	100033	83270880
恒泰证券股份有限公司北京广安路证券营业部	丰台区广安路9号院3号4层0414室、0415室	100055	63361221
恒泰证券股份有限公司北京建国门内大街证券营业部	东城区建国门内大街19号中纺大厦0510室	100005	65269938
恒泰证券股份有限公司北京北辰西路证券营业部	朝阳区北辰西路69号9至10层4单元1009室	100029	58872078
红塔证券股份有限公司北京万泉庄路证券营业部	海淀区万泉庄路15号3层	100097	88464659
红塔证券股份有限公司北京迎宾中路证券营业部	怀柔区迎宾中路36号楼02号1层、2层	101499	69642666
红塔证券股份有限公司北京慧忠里证券营业部	朝阳区慧忠里103楼14层B座1402室	100101	84881879
宏信证券有限责任公司北京广渠路证券营业部	朝阳区广渠路38号楼1层102号	100037	64406698
宏信证券有限责任公司北京石佛营证券营业部	朝阳区八里庄北里129号院10号楼1~2层	100025	85857235
宏信证券有限责任公司北京朝阳门证券营业部	东城区朝阳门内大街8号2层208室	100010	59417641
华安证券股份有限公司北京东三环中路营业部	朝阳区广渠路39号院2号楼3层1&2单元	100022	67765100
华安证券股份有限公司北京慧忠北里证券营业部	朝阳区安立路78号、80号9层901内905室	100012	64849373

华安证券股份有限公司北京太阳宫证券营业部	朝阳区火星园 10－205	100028	84298021
华安证券股份有限公司北京万柳中路证券营业部	海淀区万柳中路 11 号 609 室	100089	82449958
华安证券股份有限公司北京中关村大街证券营业部	海淀区中关村大街 27 号 13 层	100037	88820169
华创证券有限责任公司北京东三环中路证券营业部	朝阳区东三环中路 24 号乐成中心 B 座 1501 室	100061	59370923
华创证券有限责任公司北京万寿路证券营业部	海淀区复兴路 47 号 1204 室	100036	53553968
华创证券有限责任公司北京新兴桥证券营业部	海淀区复兴路 21 号 1 幢	100036	59370992
华福证券有限责任公司北京海淀南路证券营业部	海淀区海淀南路 30 号 1 层	100080	89926933
华福证券有限责任公司北京西直门南大街证券营业部	西城区西直门南大街 6 号国二招宾馆东楼 2－6 号	100044	4008896326
华福证券有限责任公司北京北四环东路证券营业部	朝阳区安慧里四区 16 号楼 1 层 101 室、103 室	100101	4008896326
华福证券有限责任公司北京方庄路证券营业部	丰台区方庄路 5 号 2 层 201～205 室	100078	4008896326
华金证券股份有限公司北京呼家楼证券营业部	朝阳区东三环北路 88 号院 1 号楼	100061	85879639
华金证券股份有限公司北京万柳中路证券营业部	海淀区万柳蜂鸟家园 2 号楼 3 层 103 室	100089	82871515
华林证券股份有限公司北京北三环东路证券营业部	朝阳区北三环东路 28 号易亨大厦 2 层	100013	64405985

华林证券股份有限公司北京太平桥大街证券营业部	西城区太平桥大街8号院2号楼1~2层17号	100034	59352968
华林证券股份有限公司北京新华西街证券营业部	通州区新华西街58号院1号楼1~2层	101199	60568891
华林证券股份有限公司北京荣京东街证券营业部	北京经济技术开发区荣京东街3号1幢3层2单元317室	100176	87227921
华林证券股份有限公司北京石景山路证券营业部	石景山区石景山路乙18号院3号楼20层2209室	100040	88690750
华龙证券股份有限公司北京安外大街证券营业部	东城区安外大街191号天鸿宝景大厦西配楼3层	100101	64401206
华龙证券股份有限公司北京三元桥证券营业部	朝阳区静安东里12号院4号楼B110房间	100028	64686886
华融证券股份有限公司北京朝外大街证券营业部	朝阳区天福园8号楼底商16号	100020	85619001
华融证券股份有限公司北京金融大街证券营业部	西城区金融大街8号1~2层	100033	58568052
华融证券股份有限公司北京石景山路证券营业部	石景山区石景山路22号长城大厦A-1底商	100043	68687503
华融证券股份有限公司北京太平桥路证券营业部	丰台区太平桥路华源四里二号楼2层22022~22023号	100073	63380688
华融证券股份有限公司北京文慧园证券营业部	海淀区文慧园北路9号今典花园9号楼1层北侧	100082	62440060
华泰证券股份有限公司北京广渠门内大街证券营业部	东城区广渠门内大街43号雍贵中心4层43-(04)01室	100045	63433789
华泰证券股份有限公司北京苏州街证券营业部	海淀区苏州街29号18号楼维亚大厦9层901~903室	100080	62526229

华泰证券股份有限公司北京西三环北路证券营业部	海淀区西三环北路72号中经大厦3层	100037	68733706
华泰证券股份有限公司北京雍和宫证券营业部	东城区安定门东大街28号F座5层501室	100013	84273969
华泰证券股份有限公司北京月坛南街证券营业部	西城区月坛南街甲12号万丰怡和商务会馆3层	100045	68010996
华泰证券股份有限公司北京中关村南大街证券营业部	海淀区中关村南大街11号光大国信大厦3层	100081	68733973
华西证券股份有限公司北京广渠路证券营业部	朝阳区广渠路28号223号楼1层L109室	100124	4008888818
华西证券股份有限公司北京彰化路证券营业部	海淀区彰化路5号楼1层5－1室		4008888818
华西证券股份有限公司北京紫竹院路证券营业部	海淀区紫竹院路31号华澳中心2层	100089	68716366
华鑫证券有限责任公司北京菜市口大街证券营业部	西城区菜市口西大街2号院中信城底商1－201号	100052	88306959
华鑫证券有限责任公司北京阜成门外大街证券营业部	西城区阜成门外大街甲28号西楼10－01室	100037	88306678
华鑫证券有限责任公司北京平安大街证券营业部	西城区平安里西大街31号1层		82830860
江海证券有限公司北京东三环南路证券营业部	朝阳区东三环南路58号富顿中心A座2层	100022	58674977
江海证券有限公司北京慧忠里证券营业部	朝阳区慧忠里103号洛克中心B座707室	100101	58674977
江海证券有限公司北京团结湖证券营业部	朝阳区农展馆南路13号5层603室	100026	65915177
江海证券有限公司北京朝阳路证券营业部	朝阳区八里庄西里99号3层310室	100025	65447141

江海证券有限公司北京中关村证券营业部	海淀区中关村大街11号9层942室	100089	62695399
金元证券股份有限公司北京广渠门内大街证券营业部	东城区广渠门内大街121号搜宝崇文大厦1层106室	100062	67656001
金元证券股份有限公司北京新外大街证券营业部	海淀区新外大街19号1区3号楼	100875	62200539
开源证券股份有限公司北京西直门外大街证券营业部	西城区西直门外大街18号楼14层6单元1708室	100044	88333633
开源证券股份有限公司北京振兴路证券营业部	昌平区科技园区振兴路28号绿创科技大厦6层	102200	60716667
联储证券有限责任公司北京望京阜安西路证券营业部	朝阳区望京西园一区134号楼2层215房间－1号	100102	64789928
联讯证券股份有限公司北京北辰东路证券营业部	朝阳区北辰东路8号3号楼8层东区	100101	62279238
联讯证券股份有限公司北京北苑证券营业部	朝阳区媒体村天畅园6号楼1层	100011	64408900
联讯证券股份有限公司北京房山西路证券营业部	房山区良乡地区西潞东里甲1号楼2层	102488	61378408
民生证券股份有限公司北京北蜂窝路证券营业部	海淀区北蜂窝路5号院1号写字楼2层	100038	63980641
民生证券股份有限公司北京菜市口大街证券营业部	西城区菜市口大街1号院2号楼3层305室	100053	83555905
民生证券股份有限公司北京工体北路证券营业部	朝阳区工体北路甲六号中宇大厦501室	100027	85236010
民生证券股份有限公司北京东单北大街证券营业部	东城区东单北大街1号1号楼4层409室	100070	65258631
民生证券股份有限公司北京顺义府前东街证券营业部	顺义区府前东街2号1号楼顺建大厦8楼	101300	69465097

南京证券股份有限公司北京东三环南路证券营业部	朝阳区东三环南路19号院1号楼	100021	64913500
南京证券股份有限公司北京南大街证券营业部	怀柔区南大街25号楼1－25－1室		52412658
平安证券股份有限公司北京东花市证券营业部	崇文区东花市北里西区23号楼B座	100062	67172171
平安证券股份有限公司北京知春路证券营业部	海淀区知春路108号1号楼1808室	100043	59731820
瑞银证券有限责任公司北京金融大街证券营业部	西城区金融街7号英蓝国际金融中心15层	100140	58328117
山西证券股份有限公司北京太平庄证券营业部	海淀区太平庄13号	100081	62235588
上海证券有限责任公司北京和平里北街证券营业部	东城区和平里北街16号楼院北京和平里大酒店	100007	84085505
上海证券有限责任公司北京万寿路证券营业部	海淀区万寿路翠微中里14号楼	100036	68254012
上海证券有限责任公司北京朝阳弘燕路证券营业部	朝阳区弘燕路山水文园5号楼1层底商06号	100112	67301168
上海华信证券有限责任公司北京德外大街证券营业部	西城区德胜门外大街125号2层201B－D	100088	59321255
申万宏源证券有限公司北京安定路证券营业部	朝阳区安定路39长新大厦3层	100029	64448210
申万宏源证券有限公司北京东四环中路证券营业部	朝阳区东四环中路25号远洋国际中心A座25层	100025	82031568
申万宏源证券有限公司北京丰北路证券营业部	丰台区丰北路望园东里28号楼2层	100073	63898151

申万宏源证券有限公司北京金融大街证券营业部	西城区太平桥大街19号	100140	88085853
申万宏源证券有限公司北京劲松九区证券营业部	朝阳区劲松九区909楼	100021	67736289
申万宏源证券有限公司北京紫竹院路证券营业部	海淀区紫竹院路116号嘉豪国际A座西侧2~3层	100089	88511326
世纪证券有限责任公司北京南礼士路证券营业部	西城区南礼士路66号1号楼2层	100045	68085325
世纪证券有限责任公司北京平安大街营业部	东城区东十四条68号平安发展大厦3层	100020	65868567
首创证券有限责任公司北京北辰东路证券营业部	朝阳区北辰东路8号汇园公寓Q座1层、2层	100101	84976731
首创证券有限责任公司北京长阳祥云街证券营业部	房山区长阳镇祥云街6号院2号楼2层202室	102442	59366063
首创证券有限责任公司北京海淀中关村东三街证券营业部	海淀区丹棱街6号丹棱SOHO 101室	100060	57569555
首创证券有限责任公司北京五道口证券营业部	海淀区成府路蓝旗营小区1号楼东2层	100084	62793481
首创证券有限责任公司北京延庆东顺城街证券营业部	延庆区延庆镇东街2号南侧5层	102199	84976731
首创证券有限责任公司北京雍和宫证券营业部	东城区安定门东大街28号1号楼B单元507号	100013	84292611
太平洋证券股份有限公司北京北展北街证券营业部	西城区北展北街5~17号（单号）	100044	88321939
太平洋证券股份有限公司北京海淀大街证券营业部	海淀区彩和坊路11号华一控股大厦18层1805室	100080	82602867

太平洋证券股份有限公司北京志新东路证券营业部	海淀区卧虎桥甲六号工作区南 65 号楼 602 室		89055131
太平洋证券股份有限公司北京金融大街证券营业部	西城区金融大街 27 号投资广场 B1208 室	100031	66080812
太平洋证券股份有限公司北京建国门内大街证券营业部	东城区建国门内大街 7 号光华长安大厦 2 座 1120 室		65188601
太平洋证券股份有限公司北京宣武门外大街证券营业部	西城区宣武门外大街 6～18 号（双号）6 号楼 15 层	100052	63101146
天风证券股份有限公司北京莲花桥证券营业部	海淀区莲花池东路 39 号 6 层 602 室	100089	58816940
天风证券股份有限公司北京菜市口大街证券营业部	西城区菜市口大街 6 号院 1 号楼 1 层 103 室	100052	83555100
万联证券股份有限公司北京上地创业路证券营业部	海淀区上地创业路 17 号楼 1 层北区	100031	66062626
网信证券有限责任公司北京上地农大南路证券营业部	海淀区农大南路 1 号院 5 号楼 5 层 505	100020	65206036
网信证券有限责任公司北京霄云路证券营业部	朝阳区霄云路 28 号院 2 号楼 1 层 108 室	100027	89929917
五矿证券有限公司北京广安门外大街证券营业部	西城区广安门内大街 248 号机械大厦 508 室	100055	63367231
五矿证券有限公司北京将台路证券营业部	朝阳区将台路甲 2 号燕翔饭店内 2603 室	100016	64373949
西部证券股份有限公司北京德胜门外大街证券营业部	西城区德胜门外大街乙 10 号泰富大厦 4 层	100088	62013151
西部证券股份有限公司北京学院南路证券营业部	海淀区大柳树路富海中心 2 号楼 301 室	100081	62120091

西藏东方财富证券股份有限公司北京陶然亭路证券营业部	西城区白纸坊东街2号院6号楼2层202室	100054	83537678
西藏东方财富证券股份有限公司北京建国路证券营业部	朝阳区建国路93号院万达广场12号楼1205室		58208817
西藏东方财富证券股份有限公司北京海淀大街证券营业部	海淀区彩和坊路10号1层121室、122室	100082	95357
西藏东方财富证券股份有限公司北京航丰路证券营业部	丰台区航丰路1号院1号楼1~2层101内1层103室		95357
西南证券股份有限公司北京北三环中路证券营业部	西城区北三环中路27号商房大厦4层	100011	62015677
西南证券股份有限公司北京昌平证券营业部	昌平区城北街道中山口路31号	102200	69725243
西南证券股份有限公司北京东城证券营业部	东城区朝阳门北大街8号富华大厦A座11层	100010	69720922
西南证券股份有限公司北京房山证券营业部	房山区天星街1号院8号楼903~905室	102488	56216462
西南证券股份有限公司北京海淀证券营业部	海淀区西杉创意园四区2号楼西段1层108室	100195	59217930
西南证券股份有限公司北京平谷证券营业部	平谷区府前西街18号院2号楼2-1室	101200	69717491
西南证券股份有限公司北京西城证券营业部	西城区太平街6号5层E-602-1室	100050	63180369
湘财证券股份有限公司北京北四环东路证券营业部	朝阳区芍药居北里101号世奥国际中心7层703室	100025	84646666
湘财证券股份有限公司北京朝外大街证券营业部	朝阳区朝外大街10号A1区8层	100020	85638510
湘财证券股份有限公司北京建国门内大街证券营业部	东城区建国门内大街7号16层16层17室	100025	65586162
湘财证券股份有限公司北京首体南路证券营业部	海淀区首体南路9号主语国际5号楼3层	100089	82518108
湘财证券股份有限公司北京顺义站前街证券营业部	顺义区仁和镇站前街1号院1号楼6层	101300	81496902

新时代证券股份有限公司北京北三环西路证券营业部	海淀区北三环西路99号院1号楼2层201室	100086	83561157
新时代证券股份有限公司北京车公庄大街证券营业部	西城区车公庄大街9号院5号楼303室、304室	100044	88312597
新时代证券股份有限公司北京朝外大街证券营业部	朝阳区朝外大街怡景园北里3～5号楼1层B2	100027	83561141
新时代证券股份有限公司北京管庄路证券营业部	朝阳区鑫兆佳园15号楼3层0301内西侧	100024	62672766
新时代证券股份有限公司北京马家堡西路证券营业部	丰台区星河苑2号院22号楼3层	100067	67528236
新时代证券股份有限公司北京南礼士路证券营业部	西城区南礼士路3号海通大厦3～4层	100037	68025299
新时代证券股份有限公司北京天通苑证券营业部	昌平区东小口镇天通苑405号楼2层	102218	84819718
新时代证券股份有限公司北京田村中街证券营业部	海淀区田村路雪芳里1号楼底商06号	100049	68608501
新时代证券股份有限公司北京中关村东路证券营业部	海淀区中关村东路66号世纪科贸大厦B座25层	100190	62672766
信达证券股份有限公司北京北辰东路证券营业部	朝阳区北辰东路8号院1号楼12层1215～1217室	100100	85983698
信达证券股份有限公司北京朝阳路证券营业部	朝阳区朝阳路67号8号楼2层272室	100025	85786680
信达证券股份有限公司北京朝阳门证券营业部	东城区南竹杆胡同2号银河搜候中心50210室	100010	59576718
信达证券股份有限公司北京古城路证券营业部	石景山区八角西街68号	100043	68843741

信达证券股份有限公司北京前门证券营业部	东城区东交民巷28号红都商务会馆B座1层、2层	100006	65285638
信达证券股份有限公司北京万寿路证券营业部	海淀区万寿路十七号A座3层301~320室	100036	68252099
信达证券股份有限公司北京西单北大街证券营业部	西城区华远北街2号通港大厦1层、4层	100032	66127193
信达证券股份有限公司北京裕民路证券营业部	朝阳区裕民路12号中国国际科技会展中心C座4层	100029	82253889
信达证券股份有限公司北京科丰桥证券营业部	丰台区南四环西路188号15区17号楼1层101室	100070	68887451
信达证券股份有限公司北京海淀西街证券营业部	海淀区善缘街1号1层	100080	62416202
兴业证券股份有限公司北京朝阳公园路证券营业部	朝阳区朝阳公园19号佳隆国际大厦	100125	65397039
兴业证券股份有限公司北京西直门北大街证券营业部	海淀区西直门北大街32号院1号楼6层	100088	82000172
兴业证券股份有限公司北京太阳宫中路证券营业部	朝阳区太阳宫中路12号楼14层1402内1706室	100028	84299378
兴业证券股份有限公司北京青年路证券营业部	朝阳区朝阳北路103号第14层	100123	85830850
兴业证券股份有限公司北京市西城区宣武门外大街证券营业部	西城区宣武门外大街28号富卓大厦B1001室	100052	63012391
银泰证券有限责任公司北京马甸路证券营业部	海淀区马甸路2号冠城园8号楼冠海大厦1层	100006	65287668
银泰证券有限责任公司北京南横东街证券营业部	西城区菜市口大街6号院2号楼1层102室	100052	4008505505

英大证券有限责任公司北京朝阳证券营业部	朝阳区呼家楼京广中心3层01室	100007	84002095
招商证券股份有限公司北京安立路证券营业部	朝阳区安立路甲56号2层	100088	62073496
招商证券股份有限公司北京安外大街证券营业部	东城区安定门外大街2号安贞大厦	100013	64287707
招商证券股份有限公司北京北三环东路证券营业部	朝阳区北三环东路西坝河东里18号三元大厦2层	100028	84603492
招商证券股份有限公司北京北苑路证券营业部	朝阳区北苑路甲13号院2号楼01层101内105B	100107	84920966
招商证券股份有限公司北京朝外大街证券营业部	朝阳区朝外大街6号新城国际5号楼1~5层	100088	51603108
招商证券股份有限公司北京车公庄西路证券营业部	海淀区车公庄西路甲19号华通大厦A座3层	100044	68488335
招商证券股份有限公司北京东三环北路证券营业部	朝阳区东三环北路19号楼2层201室	100020	65860272
招商证券股份有限公司北京东四十条证券营业部	东城区东四十条甲22号南新仓国际大厦A301室	100007	65951602
招商证券股份有限公司北京方庄路证券营业部	丰台区紫芳园四区2号楼1~2层202室	100078	87608097
招商证券股份有限公司北京光明路证券营业部	东城区光明路天玉大厦5层	100006	67119776
招商证券股份有限公司北京建国路证券营业部	朝阳区建国路118号招商局大厦8层	100022	65684890
招商证券股份有限公司北京金融大街证券营业部	西城区金融大街33号通泰大厦C座605室	100140	88086655

招商证券股份有限公司北京上地农大南路证券营业部	海淀区农大南路1号院2号楼5层办公B-522室	100084	62667620
招商证券股份有限公司北京顺义仓上街证券营业部	顺义区仓上街2号AMB智能大厦B座8层	101300	89452551
招商证券股份有限公司北京望京阜安西路证券营业部	朝阳区阜通东大街1号院6号楼2层2218室	100102	64715286
招商证券股份有限公司北京西直门北大街证券营业部	海淀区西直门北大街60号首钢国际大厦6层	100088	82291140
招商证券股份有限公司北京颐和园路证券营业部	海淀区颐和园路1号北大资源燕园宾馆1层、2层	100080	62641188
招商证券股份有限公司北京远大路证券营业部	海淀区远大路39号1号楼418室		65860272
招商证券股份有限公司北京知春东里证券营业部	海淀区知春东里15号楼	100086	82137708
招商证券股份有限公司北京中核路证券营业部	丰台区中核路3号院3号楼607室、608室	100070	63789056
招商证券股份有限公司北京通州新华西街证券营业部	通州区北苑一路1号院2号楼1层2-1室	101101	65684890
招商证券股份有限公司北京朝阳路八里庄证券营业部	朝阳区八里庄西里100号3层301室	100025	85790299
招商证券股份有限公司北京西翠路证券营业部	海淀区西翠路17号院24号楼1层103室	100036	68156829
招商证券股份有限公司北京酒仙桥路证券营业部	朝阳区酒仙桥路乙21号3幢5层5E	100016	62073538
招商证券股份有限公司北京平安大街证券营业部	西城区平安里西大街28号楼01层	100032	95565

浙商证券股份有限公司北京朝阳门北大街证券营业部	东城区朝阳门北大街8号富华大厦E座4层	100027	65546300
浙商证券股份有限公司北京广安门外大街证券营业部	西城区广安门外大街1号深圳大厦4－411室	100052	83555728
中国国际金融股份有限公司北京建国门外大街证券营业部	朝阳区建国门外大街甲6号A座、B座爱思开大厦1层4～6室	100022	85679888
中国国际金融股份有限公司北京科学院南路证券营业部	海淀区科学院南路2号院1号楼13层1309～1311单元		82861086
中国民族证券有限责任公司北京安慧东里证券营业部	朝阳区安慧东里36号4号楼	100039	68188538
中国民族证券有限责任公司北京彩和坊路证券营业部	海淀区彩和坊路8号1层101室、102室	100080	51727044
中国民族证券有限责任公司北京丰台西局欣园证券营业部	丰台区西局欣园南区3号楼	100161	63858277
中国民族证券有限责任公司北京佟麟阁路证券营业部	西城区佟麟阁路95号尚信大厦6层、7层	100031	66413223
中国民族证券有限责任公司北京望京证券营业部	朝阳区望京街9号商业楼3层	100028	64222168
中国银河证券股份有限公司北京朝阳门北大街证券营业部	东城区朝阳门北大街5号第五广场B座6层	100037	68362033
中国银河证券股份有限公司北京大望路证券营业部	朝阳区建国路88号7－10号楼1～2层2303室	100022	58872641
中国银河证券股份有限公司北京方庄南路证券营业部	丰台区方庄南路2号1层、4层	100078	57539008
中国银河证券股份有限公司北京阜成路证券营业部	海淀区阜成路67号银都大厦3层	100036	88411327

中国银河证券股份有限公司北京广渠门大街证券营业部	东城区广渠门内大街27号公建楼1层101室、7层701室	100062	87103775
中国银河证券股份有限公司北京呼家楼证券营业部	朝阳区向军北里甲6号楼2层	100020	65912966
中国银河证券股份有限公司北京黄寺大街证券营业部	西城区黄寺大街21号2号楼1层104室、2层203～205室	100120	51297760
中国银河证券股份有限公司北京建国路证券营业部	朝阳区建国路126号1号楼1层大厅北侧	100078	65662092
中国银河证券股份有限公司北京金融街证券营业部	西城区太平桥大街111号湘西大厦3～4层401～413室	100032	58872889
中国银河证券股份有限公司北京太阳宫证券营业部	朝阳区夏家园11号楼2层9号商业	100013	64464775
中国银河证券股份有限公司北京陶然桥证券营业部	丰台区马家堡东路1号9层901～906房	100068	67578176
中国银河证券股份有限公司北京通州九棵树证券营业部	通州区九棵树街100号1～2层	101100	81599108
中国银河证券股份有限公司北京望京证券营业部	朝阳区望京阜通东大街12号宝能中心2层	100102	64748888
中国银河证券股份有限公司北京学清路证券营业部	海淀区学清路甲38号金码大酒店7层	100083	82838908
中国银河证券股份有限公司北京学院南路证券营业部	海淀区学院南路34号1～3层	100082	62276491
中国银河证券股份有限公司北京亦庄证券营业部	北京经济技术开发区荣华中路5号院1号楼1层103层	100176	58357979
中国银河证券股份有限公司北京中关村大街证券营业部	海淀区中关村南大街甲18号院1－4号楼D座03－3D	100081	62512318

中国银河证券股份有限公司北京来广营证券营业部	朝阳区来广营西路5号院诚盈中心2号楼2层201单元	100102	84931277
中国银河证券股份有限公司北京朝阳路证券营业部	朝阳区八里庄西里100号3层305室	100025	64088613
中国中投证券有限责任公司北京北三环东路证券营业部	东城区北三环东路36号环球贸易中心A座1层、2层	100101	58257705
中国中投证券有限责任公司北京朝阳路证券营业部	朝阳区朝阳路延静里中街3号长信大厦3层	100025	65082922
中国中投证券有限责任公司北京阜安西路证券营业部	朝阳区望京西园一区134号楼1层109－1室	100040	88684886
中国中投证券有限责任公司北京阜成门外大街证券营业部	西城区阜成门外大街2号A1101室	100037	68019608
中国中投证券有限责任公司北京酒仙桥路证券营业部	朝阳区酒仙桥路13号151号楼106室	100016	64312866
中国中投证券有限责任公司北京丽泽路证券营业部	丰台区丽泽路5号3层301室	100073	63363666
中国中投证券有限责任公司北京顺义站前街证券营业部	顺义区站前街8号院1号楼正华国贸财富中心513室	101300	81460288
中国中投证券有限责任公司北京宋庄路证券营业部	丰台区宋庄路71号院1号楼11层、12层	100078	67642201
中国中投证券有限责任公司北京万寿路证券营业部	海淀区万寿路西街2号2号楼3层南段	100036	67642201
中国中投证券有限责任公司北京中关村南大街证券营业部	海淀区中关村南大街乙12号院1号楼22层2601室	100081	82168126
中国中投证券有限责任公司北京富丰路证券营业部	丰台区科技园富丰路4号A座1层04号	100070	83623790

中航证券有限公司北京慧忠路证券营业部	朝阳区慧忠路5号A座9层02单元、03单元	100012	84801300
中航证券有限公司北京东三环证券营业部	朝阳区曙光西里甲5号院22号楼1703B单元	100028	4008895335
中山证券有限责任公司北京宣武门外大街证券营业部	西城区宣武门外大街6~18号（双号）6号楼320单元	100052	63109155
中山证券有限责任公司北京南三环西路证券营业部	丰台区南三环西路91号院1号楼2层202－232室	100070	53356516
中泰证券股份有限公司北京安立路证券营业部	朝阳区慧忠里103楼1层103－2室	100101	84872166
中泰证券股份有限公司北京百万庄大街证券营业部	西城区百万庄大街16号	100040	66553309
中泰证券股份有限公司北京朝外大街证券营业部	朝阳区朝外大街20号1幢联合大厦2层202室、3层310室	100020	65882608
中泰证券股份有限公司北京丹棱街证券营业部	海淀区彩和坊路10号610室、611室	100080	53352219
中泰证券股份有限公司北京学院南路证券营业部	海淀区学院南路62号中关村资本大厦308室	100044	53370636
中泰证券股份有限公司北京广渠路证券营业部	朝阳区广渠路36号院5号楼2层206室	100022	87728790
中泰证券股份有限公司北京建国门外大街证券营业部	朝阳区建国门外大街22号赛特大厦6层610室	100022	65158517
中泰证券股份有限公司北京苏州桥证券营业部	海淀区北三环西路99号1号楼2层	100086	82887698
中泰证券股份有限公司北京信息路证券营业部	海淀区信息路甲28号7层A座07B	100044	62985995
中天证券股份有限公司北京朝阳证券营业部	朝阳区百子湾西里403号楼2层206室	100124	57193918

中天证券股份有限公司北京北四环证券营业部	朝阳区将台乡驼房营路8号新华科技大厦14层1415室		67607279
中信建投证券股份有限公司北京安立路证券营业部	朝阳区安立路66号安立花园C座	100101	64906210
中信建投证券股份有限公司北京北辰西路证券营业部	朝阳区北土城西路7号1层6单元101室	100029	82994802
中信建投证券股份有限公司北京昌平昌崔路证券营业部	昌平区城北街道昌崔路203号楼1层和4层203－14西南角	102200	89787158
中信建投证券股份有限公司北京朝外大街证券营业部	朝阳区朝外大街乙12号办公楼29号商铺	100020	50866396
中信建投证券股份有限公司北京大柳树路证券营业部	海淀区上园村3号交大科技大厦101－1室	100044	62440568
中信建投证券股份有限公司北京大屯路证券营业部	朝阳区南沙滩66号院1号楼1层1－1－(1)	100101	58739503
中信建投证券股份有限公司北京大兴金星西路证券营业部	大兴区金星西路6号院1号楼1层102室、8层801室	102600	60295066
中信建投证券股份有限公司北京丹棱街证券营业部	海淀区丹棱街18号1层108号、2层	100030	82666938
中信建投证券股份有限公司北京东三环中路证券营业部	朝阳区东三环中路9号	100020	85911109
中信建投证券股份有限公司北京东直门南大街证券营业部	东城区东直门南大街6号	100027	64172758
中信建投证券股份有限公司北京方庄路证券营业部	丰台区紫芳园四区1号楼202室	100078	87161717
中信建投证券股份有限公司北京富丰路证券营业部	丰台区丰台镇富丰路2号星火科技大厦1层	100070	83739065

中信建投证券股份有限公司北京广渠门内大街证券营业部	东城区广渠门内大街35号1层111A、112A	100062	67187108
中信建投证券股份有限公司北京怀柔府前街证券营业部	怀柔区府前街3号	101499	60685098
中信建投证券股份有限公司北京回龙观西大街证券营业部	昌平区回龙观镇西大街85号	102208	57536727
中信建投证券股份有限公司北京金融大街证券营业部	西城区金融大街5号、甲5号501A室	100033	66555976
中信建投证券股份有限公司北京酒仙桥路证券营业部	朝阳区酒仙桥路甲10号3号楼1层	100015	53805898
中信建投证券股份有限公司北京良乡拱辰南大街证券营业部	房山区拱辰南大街1号1层105室	102401	69389199
中信建投证券股份有限公司北京马家堡西路证券营业部	丰台区马家堡西路15号时代风帆大厦1层	100068	67578532
中信建投证券股份有限公司北京南大红门路证券营业部	丰台区南大红门路15号梅源市场南段	100076	68759942
中信建投证券股份有限公司北京农大南路证券营业部	海淀区农大南路1号硅谷亮城2A座1层	100084	82349798
中信建投证券股份有限公司北京青年路证券营业部	朝阳区青年路29号院11号楼1层11－1室	100123	58777809
中信建投证券股份有限公司北京三里河路证券营业部	海淀区三里河39号	100037	88381545
中信建投证券股份有限公司北京时代花园南路证券营业部	石景山区时代花园南路17号1层102室	100043	88980277
中信建投证券股份有限公司北京顺义站前街证券营业部	顺义区站前街顺鑫国际商务中心7层	101300	61490987

中信建投证券股份有限公司北京太平桥路证券营业部	丰台区太平桥路华源四里13号楼F09	100073	63259608
中信建投证券股份有限公司北京太阳宫中路证券营业部	朝阳区太阳宫火星园8号楼205门	100028	84150996
中信建投证券股份有限公司北京通州通朝大街证券营业部	通州区翠屏西路10号1~2层	101121	50952289
中信建投证券股份有限公司北京望京中环南路证券营业部	朝阳区望京中环南路9号望京大厦	100102	64723010
中信建投证券股份有限公司北京西翠路证券营业部	海淀区西翠路17号院20号楼1层商铺9号	100036	68186626
中信建投证券股份有限公司北京小营路证券营业部	朝阳区小营路5号楼1层101室	100101	80698312
中信建投证券股份有限公司北京宣武门外大街证券营业部	西城区宣武门外大街26~30号（双号）2幢	100052	63175505
中信建投证券股份有限公司北京燕山燕房路证券营业部	房山区燕房路临99号燕山金融楼	102500	81337718
中信建投证券股份有限公司北京亦庄荣华中路证券营业部	北京经济技术开发区荣华中路10号A座	100176	57780069
中信建投证券股份有限公司北京远大路证券营业部	海淀区蓝靛厂金源时代购物中心B区2#B座5G室	100097	88871811
中信建投证券股份有限公司北京知春路证券营业部	海淀区知春路6号锦秋国际大厦1层B02单元	100015	82666371
中信证券股份有限公司北京安外大街证券营业部	朝阳区安定门外大街1号信义大厦1层	100011	84122033
中信证券股份有限公司北京北三环中路证券营业部	海淀区北三环中路43－3号	100088	82013236

中信证券股份有限公司北京北苑证券营业部	朝阳区天朗园C座1层商业内1－015号	100107	84840192
中信证券股份有限公司北京东三环中路证券营业部	朝阳区广渠路39号院2号楼7层01单元	100078	87645762
中信证券股份有限公司北京复外大街证券营业部	西城区白云路一号3层、8层	100045	63261166
中信证券股份有限公司北京国贸证券营业部	朝阳区建国路甲92号世茂大厦B座5层	100020	85890121
中信证券股份有限公司北京好运街证券营业部	朝阳区亮马桥甲40号1嶂8层802内15～18室		84447478
中信证券股份有限公司北京呼家楼证券营业部	朝阳区光华路9号楼1层125室、2层226室	100020	57602571
中信证券股份有限公司北京建国门证券营业部	东城区建国门北大街5号金成建国5号4层	100191	4008895548
中信证券股份有限公司北京建外大街证券营业部	朝阳区建国门外大街19号1号楼20层BCD室	100022	59400588
中信证券股份有限公司北京金融大街证券营业部	西城区金融大街35号1层107单元	100033	95548
中信证券股份有限公司北京京城大厦证券营业部	朝阳区新源南路1号1号楼2404室	100027	13426324674
中信证券股份有限公司北京三元桥证券营业部	朝阳区曙光西里甲5号院16号楼102单元	100028	84554110
中信证券股份有限公司北京天通苑证券营业部	昌平区天通北苑一区甲4号楼102室	102218	80127369
中信证券股份有限公司北京望京证券营业部	朝阳区望京东园七区17号楼1层17－2室	100102	84785403
中信证券股份有限公司北京中关村大街证券营业部	海淀区丹棱街1号院1号楼102单元	100071	52217106

中信证券股份有限公司北京中关村东路证券营业部	海淀区中关村东路8号东升大厦B座503B室、807B室	100083	95548
中信证券股份有限公司北京紫竹院路证券营业部	海淀区紫竹院路69号中国兵器大厦9层	100089	68966606
中信证券股份有限公司北京总部证券营业部	朝阳区亮马桥路48号院4号楼1层101内A1	100026	60838721
中信证券股份有限公司北京远大路证券营业部	海淀区远大路1号1层J－1042号	100097	95548
中信证券股份有限公司北京东直门证券营业部	东城区东直门外大街48号1幢4层04－商业－05	100027	95548
中银国际证券有限责任公司北京北四环西路证券营业部	海淀区北四环西路9号1502室	100190	66229265
中银国际证券有限责任公司北京宣外大街证券营业部	西城区宣武门外大街甲1号1层103室	100052	63109966
中银国际证券有限责任公司北京东三环北路证券营业部	朝阳区东三环北路8号6号楼01层101室	100026	4006208888
中银国际证券有限责任公司北京通州九棵树证券营业部	通州区翠景北里21号楼20层2003室	101101	4006208888
中邮证券有限责任公司北京宣武门东大街证券营业部	西城区宣武门东大街2号2幢1层东侧、2层东侧	100082	82291798
中原证券股份有限公司北京广安门外大街证券营业部	西城区广安门外大街168号朗琴国际大厦8层	100055	18600897961
中原证券股份有限公司北京酒仙桥路证券营业部	朝阳区酒仙桥路14号51号楼1层A158室	100016	58671108
中国银河证券股份有限公司北京西三环南路证券营业部	西三环南路14号院1号楼201－1室	100073	63361296

中国银河证券股份有限公司北京丰科路证券营业部	丰台区六圈路2号院4号楼1至2层106室	100070	83626612
中国银河证券股份有限公司北京立通路证券营业部	朝阳区锦芳路1号院15号楼1层15－3室	100022	87101351

（4）基金管理公司

机构名称	地　址	邮　编	电　话
华夏基金管理有限公司	西城区金融大街33号通泰大厦B座8层	100032	4008186666
嘉实基金管理有限公司	东城区建国门北大街8号华润大厦8层	100005	4006008800
长盛基金管理有限公司	海淀区北太平庄路18号北京城建大厦A座20～22层	100088	4008882666
银华基金管理有限公司	东城区东方广场东方经贸城C2办公楼10层2～8室	100738	4006783333
泰达宏利基金管理有限公司	西城区金融大街7号英蓝国际中心2～3层	100034	4006988888
东方基金管理有限责任公司	西城区锦什坊街28号1～4层	100033	4006285888
工银瑞信基金管理有限公司	西城区金融大街丙17号北京银行大厦8层	100033	4008119999
建信基金管理有限责任公司	西城区金融大街7号英蓝国际中心16层	100034	4008195533
华商基金管理有限公司	西城区平安里西大街28号中海国际中心19层	100035	4007008880
益民基金管理有限公司	西城区宣外大街6号庄胜广场中央办公楼南翼13A	100052	4006508808
中邮创业基金管理股份有限公司	海淀区西直门北大街60号首钢国际大厦10层	100088	4008801618
方正富邦基金管理公司	西城区太平桥大街18号丰融国际大厦北区11层	100032	4008180990
国金基金管理有限公司	海淀区西三环北路87号国际财经中心D座14层	100089	4000200018
英大基金管理有限公司	朝阳区环球金融中心西塔22楼2201室	100020	4008905288

江信基金管理有限公司	海淀区北三环西路99号西海国际中心A座20层	100086	57380888
中加基金管理有限公司	丰台区南四环西路188号17区15号北京银行大楼	100070	4000095526
中融基金管理有限公司	东城区建国门外大街28号民生金融中心A座7层	100005	85003210
国开泰富基金管理有限责任公司	东城区朝阳门北大街7号五矿广场C座10层	100010	59363299
中信建投基金管理有限公司	东城区朝内大街2号凯恒中心E座2层	100010	4009108108
国寿安保基金管理有限公司	西城区金融大街28号盈泰商务中心2号楼11层、12层	100033	50850888
中金基金管理有限公司	朝阳区建国门外大街1号国贸写字楼2座26层05室	100020	63211122
北信瑞丰基金管理有限公司	海淀区首体南路9号主语国际大厦4座3层	101299	68619400
九泰基金管理有限公司	西城区广宁伯街2号金泽大厦6楼	100033	52601666
泓德基金管理有限公司	西城区德胜门外大街125号	100088	59850188
新沃基金管理有限公司	海淀区丹棱街3号中国电子大厦B座16层	100080	58290600
汇安基金管理有限责任公司	东城区东直门南大街5号中青旅大厦1401室	100007	65711600
先锋基金管理有限公司	朝阳区建国门外大街8号楼23层2306～2307单元	100022	58239898
中航基金管理有限公司	朝阳区安立路78、80号11层1101内1105室	100101	56793180
鹏扬基金管理有限公司	西城区复兴门外大街A2号中化大厦F16	100045	4009686688
格林基金管理有限公司	西城区金融大街27号投资广场B座	100033	4001000501
南华基金管理有限公司	东城区东直门南大街甲3号居然大厦3层	100007	58965805
国融基金管理有限公司	海淀区西直门外大街168号腾达大厦2008室	100044	4008190098

（5）基金子公司

机构名称	地　址	邮　编	电　话
	专户子公司		
华夏资本管理有限公司	西城区金融大街33号通泰大厦B座8层	100032	88066688
嘉实资本管理有限公司	东城区建国门北大街8号华润大厦16层	100005	65215588
工银瑞信投资管理有限公司	西城区金融大街丙17号北京银行大厦8层	100033	4008119999
首誉资产管理有限公司	西城区平安里西大街28号中海国际中心6层601室	100034	83496800
银华财富资本管理（北京）有限公司	东城区东方广场东方经贸城C2办公楼10层2～8室	100738	4006783333
国泓资产管理有限公司	西城区宣外大街6号庄胜广场中央办公楼南翼13A	100052	4006508808
北京千石创富资本管理有限公司	海淀区西三环北路87号国际财经中心D座14层	100089	4000200018
北京方正富邦创融资产管理有限公司	西城区太平桥大街18号丰融国际大厦北区11层	100032	4008180990
建信资本管理有限责任公司	西城区金融大街7号英蓝国际金融中心16层	100034	4008195533
东方汇智资产管理有限公司	西城区锦什坊街28号1～4层	100033	4006285888
中融（北京）资产管理有限公司	东城区建国门外大街28号民生金融中心A座7层	100005	85003210
长盛创富资产管理有限公司	海淀区北太平庄路18号北京城建大厦A座20～22层	100088	4008882666
北银丰业资产管理有限公司	丰台区南四环西路188号17区15号北京银行大楼	100070	4000095526
北京国开泰富资产管理有限公司	东城区朝阳门北大街7号五矿广场C座10层	100010	59363299

国寿财富管理有限公司	西城区金融大街 17 号中国人寿中心 17 层	100033	66221116
上海北信瑞丰资产管理有限公司	海淀区首体南路 9 号主语国际 4 号楼 3 层	100048	4000617297
深圳英大资本管理有限公司	朝阳区东三环中路 1 号环球金融中心西塔 22 楼	100020	59112013
元达信资本管理（北京）有限公司	东城区朝内大街 2 号凯恒中心 E 座 2 层	100010	59100288
	销售子公司		
九泰基金销售（北京）有限公司	西城区华远北街二号通港大厦 8 层 818 室	100032	4006280606
嘉实财富管理有限公司	朝阳区建国路 91 号金地中心 A 座 6 层	100022	4000218850
上海国金通用财富资产管理有限公司	上海市浦东新区芳甸路 1088 号紫竹国际大厦 1703 室	201204	021－60870952
上海华夏财富投资管理有限公司	上海市虹口区东大名路 687 号 1 幢 2 楼 268 室	200080	010－88066632

（6）基金分公司

机构名称	地　址	邮　编	电　话
国泰基金管理有限公司北京分公司	西城区金融大街 7 号第 5 层 525～530 单元	100034	66553055
南方基金管理有限公司北京分公司	西城区武定侯街 6 号卓著中心 1603 室	100140	66573399
华夏基金管理有限公司北京分公司	西城区复兴门金融街 33 号通泰大厦 B 座 12 层	100033	4008186666
华安基金管理有限公司北京分公司	西城区金融大街 7 号英蓝国际金融中心 522 室	100033	57635999
博时基金管理有限公司北京分公司	东城区建国门内大街 18 号恒基中心 1 座 23 层	100005	65171166
鹏华基金管理有限公司北京分公司	西城区金融大街甲 9 号金融街中心南楼 502 房	100033	88082426
嘉实基金管理有限公司北京分公司	东城区建国门北大街 8 号华润大厦 8 层	100005	4006008800
长盛基金管理有限公司北京分公司	海淀区北太平庄路 18 号城建大厦 A 座 9 层	100088	4008882666
大成基金管理有限公司北京分公司	西城区平安里西大街 28 号中海国际中心 1601 室	100034	88009300
富国基金管理有限公司北京分公司	西城区武定侯街 6 号卓著中心 1900 室	100033	59315278

银华基金管理有限公司北京分公司	东城区东方广场 C2 座 10 层	100738	58163000
易方达基金管理有限公司北京分公司	西城区金融大街 19 号富凯大厦 B1703 室	100033	4008818088
融通基金管理有限公司北京分公司	西城区金融大街 35 号国际企业大厦 C 座 1241 室	100033	66190999
国投瑞银基金管理有限公司北京分公司	西城区金融大街 7 号英蓝国际金融中心 815 室	100033	66555550
银河基金管理有限公司北京分公司	西城区月坛西街 6 号院 A－F 座 3 层	100045	56086900
泰达宏利基金管理有限公司北京分公司	西城区金融大街 7 号英蓝国际金融中心南楼 3 层	100033	66577730
金鹰基金管理有限公司北京分公司	西城区月坛南街 1 号月坛金融街中心 7 号楼 1801～1803 单元	100085	68086288
华宝兴业基金管理有限公司北京分公司	朝阳区建国门外大街乙 12 号双子座大厦西塔 2503 室	100022	58260666
摩根士丹利华鑫基金管理有限公司北京分公司	西城区太平桥大街 18 号丰融国际大厦 1005 室	100032	66155568
海富通基金管理有限公司北京分公司	西城区金融大街 7 号英蓝国际金融中心南楼 621 室	100140	59379001
长信基金管理有限公司北京分公司	西城区金融大街 17 号中国人寿中心 6 层 604 室	100140	68042292
天治基金管理有限公司北京分公司	西城区金融大街 19 号富凯大厦 B703A	100033	66578008
景顺长城基金管理有限公司北京分公司	西城区金融大街 7 号英蓝国际金融中心 608～610 室	100033	66555001
广发基金管理有限公司北京分公司	西城区宣武门外大街甲 1 号环球财讯中心 D 座 11 层	100052	68083113
申万菱信基金管理有限公司北京分公司	西城区金融大街 19 号富凯大厦 B 座 1006 室	100033	66574388
中海基金管理有限公司北京分公司	西城区复兴门内大街 158 号 1 号楼 F211B	100031	66493582
光大保德信基金管理有限公司北京分公司	西城区武定侯街 6 号卓著中心 3 层 300 单元	100020	66215307
上投摩根基金管理有限公司北京分公司	西城区金融大街 7 号英蓝国际金融中心 19 层 1925 室	100033	4008894888
国海富兰克林基金管理有限公司北京分公司	西城区武定侯街 2 号泰康国际大厦 1507 室	100140	59315299

天弘基金管理有限公司北京分公司	西城区月坛北街2号月坛大厦A座20层	100140	83571789
华泰柏瑞基金管理有限公司北京分公司	西城区锦什坊街35号院1号楼2层208室	100032	66582808
新华基金管理有限公司北京分公司	海淀区西三环北路11号海通时代商务中心C1座	100089	68726666
汇添富基金管理有限管理股份有限公司北京分公司	西城区金融大街19号富凯大厦B座1703室	100033	021－28932768
交银施罗德基金管理有限公司北京分公司	西城区金融大街7号英蓝国际金融中心1105室	100140	66584999
益民基金管理有限公司北京分公司	西城区宣武门外大街6号庄胜广场中央办公楼南翼13A	100052	63101218
信达澳银基金管理有限公司北京分公司	西城区阜成门外大街22号1幢11层	100045	58569988
泰信基金管理有限公司北京分公司	西城区广成街4号金宸国际公寓1号楼305室、306室	100033	66215978
中银基金管理有限公司北京分公司	西城区西单北大街110号西单汇大厦8层	100033	88000688
招商基金管理有限公司北京分公司	西城区丰盛胡同28号太平洋保险大厦2层西侧	100140	0755－83196666
建信基金管理有限公司北京分公司	西城区金融大街7号英蓝国际金融中心16层	100033	66228888
长城基金管理有限公司北京分公司	西城区金融大街7号英蓝国际金融中心916~917室	100033	88091157
中欧基金管理有限公司北京分公司	西城区复兴门南大街2号天银大厦A座9层A306室	100031	63082766
兴全基金管理有限公司北京分公司	西城区锦什坊街35号615室	100033	66290189
工银瑞信基金管理有限公司北京分公司	西城区金融大街丙17号银行大厦8层805室	100033	66583239
安信基金管理有限公司北京分公司	西城区金融大街15号鑫茂大厦北楼406室	100033	4008088088
东方基金管理有限公司北京分公司	西城区锦什坊街28号楼2层201室	100033	66295888
东海基金管理有限北京分公司	海淀区西三环北路87号15层4－1502室	100048	88825682
前海开源基金管理有限公司北京分公司	东城区东长安街1号东方广场东方经贸城东一办公楼18层	100007	4001666998
财通基金管理有限公司北京分公司	西城区广成街4号院3号楼5单元404室	100033	4008209888

国寿安保基金管理有限公司北京分公司	西城区金融大街17号中国人寿中心17层	100033	50850888
万家基金管理有限公司北京分公司	西城区丰盛胡同28号太平洋保险大厦4层401~09单元	100032	59013764
泓德基金管理有限公司北京分公司	西城区德胜门外大街125号3层	100088	4009100888
华福基金管理有限责任公司北京分公司	朝阳区朝阳门北大街20号兴业大厦22层	100027	4000096326
新沃基金管理有限公司北京分公司	丰台区东管头1号1号楼1－48室	100073	58290600
嘉合基金管理有限公司北京分公司	西城区复兴门内大街158号远洋大厦F102－2室	100031	021－6016900
农银汇理基金管理有限公司北京分公司	东城区建国门大街乙18号院2号楼11层	100005	4006895599
西部利得基金管理有限公司北京分公司	东城区长安街1号东方广场东方经贸城西二办公楼3层11室	100738	56300100
诺德基金管理有限公司北京分公司	海淀区中关村东路1号院3号楼708室	100084	4008880009
富荣基金管理有限公司北京分公司	西城区通泰大厦C座9层C918室	100032	4006855600
兴业基金管理有限公司北京分公司	朝阳区北大街20号兴业银行大厦25层	100020	89926967

（7）基金管理公司理财中心

机构名称	地　址	邮　编	电　话
诺安基金管理有限公司投资理财中心	朝阳区光华路甲14号901室	100026	59027888
华夏基金管理有限公司北京海淀投资理财中心	海淀区中关村南大街11号光大国信大厦1层	100081	68458598
华夏基金管理有限公司北京朝阳投资理财中心	朝阳区东三环中路39号建外SOHO B座0104室	100022	67718453
华夏基金管理有限公司北京东中街投资理财中心	东城区东中街29号东环广场B座1层	100027	64185187
华夏基金管理有限公司北京科学院南路投资理财中心	海淀区中关村科学院南路新科祥园甲3号	100080	82523195

华夏基金管理有限公司北京崇文投资理财中心	东城区安化寺幸福家园1层	100062	67133687
华夏基金管理有限公司北京西三环投资理财中心	海淀区西三环北路甲35号	100089	52723129
华夏基金管理有限公司北京世纪城投资理财中心	海淀区蓝靛厂时雨园甲2－4号	100089	88892837
华夏基金管理有限公司北京望京投资理财中心	朝阳区望京南湖东园122楼博泰国际商业广场1层F－36号	100102	64742505
华夏基金管理有限公司北京亚运村投资理财中心	朝阳区慧忠里103号洛克时代中心1层	100101	84871039
华夏基金管理有限公司北京东四环投资理财中心	朝阳区八里庄西里100号1幢103号	100025	85869663
华夏基金管理有限公司北京朝外大街投资理财中心	朝阳区朝外大街6号新城国际6号楼101号	100020	65336597

（8）证券投资咨询公司

机构名称	地　址	邮　编	电　话
北京博星证券投资顾问有限公司	海淀区中关村南大街乙56号方圆大厦10层	100035	88029811
北京鼎信汇金投资管理有限公司	海淀区中关村东路1号院8号楼C座1701室	100084	65541328
北京东方高圣投资顾问有限公司	朝阳区东四环中路41号嘉泰国际大厦A座17层	100026	65842004
北京海问咨询有限公司	朝阳区东大桥路8号尚都国际中心1101室	100020	58700055
北京和众汇富科技股份有限公司	海淀区上地三街金隅嘉华大厦A806室	100066	53713196
北京首证投资顾问有限公司	东城区东四十条甲22号南新仓商务大厦B座1021室	100007	51690109

北京股商投资有限公司	海淀区巨山路燕西台嘉苑甲15号楼3层3025室、3026室	100093	57327888
北京金美林投资顾问有限公司	西城区金融大街27号投资广场B1604	100033	84497361
天一星辰（北京）科技有限公司	朝阳区姚家园路105号观湖国际1座7层	100007	59282978
北京中方信富投资管理咨询有限公司	朝阳区东三环北路甲19号嘉盛中心706室	100022	59671057
北京中富金石咨询有限公司	朝阳区工体东路20号6层1单元603室	100022	53597888
北京中和应泰财务顾问有限公司	西城区阜外大街甲28号京润大厦1102室	100081	62129358
北京中资北方投资顾问有限公司	朝阳区北四环中路华严北里8号院1号楼1204房间	100029	52968888
天相投资顾问有限公司	西城区新街口外大街28号C座505室	100010	66045666
和讯信息科技有限公司	朝阳区朝阳门大街22号泛利大厦10层	100022	85650909
北京指南针科技发展股份有限公司	朝阳区望京东路8号锐创国际2号楼4层	100020	59282978
北京盛世创富证券投资顾问有限公司	朝阳区芍药居北里101号1幢18层1座2109室	100044	84351198
北部资产经营股份有限公司	西城区金融大街甲239平房1－9单元	100033	62506008

（9）期货公司

机构名称	地　址	邮　编	电　话
北京首创期货有限责任公司	西城区宣武门外大街甲1号3层	100052	4007009595
第一创业期货有限责任公司	西城区新街口北大街3号6层603室、604室	100035	4008881888
方正中期期货有限公司	朝阳区东三环北路38号院1号楼泰康金融大厦22层	100026	95571
格林大华期货有限公司	朝阳区光华东里8号中海广场中楼6层	100020	4006537777
冠通期货股份有限公司	朝阳区朝阳门外大街甲6号万通中心4座18层	100020	4007007588

国都期货有限公司	东城区东直门南大街3号国华投资大厦8层、10层	100007	4007007588
国元期货有限公司	东城区东直门外大街46号1号楼19层1901室	100027	4008888218
宏源期货有限公司	西城区太平桥大街19号4层4B	100034	4006008899
九州期货有限公司	海淀区西直门北大街甲43号1号楼1－26－1418号	100044	82211853
金鹏期货经纪有限公司	西城区复兴门内金融街投资广场B座9层	100033	66211412
首创京都期货有限公司	朝阳区北辰东路8号辰运大厦2层B区	100101	59366004
民生期货有限公司	东城区建国门内大街28号民生金融中心D座7层	100005	85127599
银河期货有限公司	朝阳区朝外大街16号1幢13层1302单元	100020	4008867799
中天期货有限责任公司	丰台区方庄芳古园1区29号楼	100078	4006963852
英大期货有限公司	朝阳区呼家楼京广中心3层301室	100020	4000188688
中钢期货有限公司	海淀区海淀大街8号A座19层	100080	4007006700
中国国际期货股份有限公司	朝阳区建国门外光华路14号1幢1层、12层	100020	95162
中粮期货有限公司	东城区东直门南大街5号中青旅大厦15层	100007	4007060158
中衍期货有限公司	朝阳区东四环中路82号金长安大厦B座7层	100022	4006881117

（10）期货营业部

机构名称	地　　址	邮　编	电　话
安粮期货股份有限公司北京营业部	丰台区汽车博物馆东路1号院3号楼9层1002室	100070	57327606
宝城期货有限责任公司北京营业部	朝阳区望京西路甲50号1号楼7层1－09内701－02单元	100102	4006181199

北京首创期货有限责任公司北京北辰东路营业部	朝阳区北辰东路8号亚运村1号门	100101	4007009595
北京首创期货有限责任公司北京长虹桥营业部	朝阳区东三环北路19号楼15层1501内06室	100020	4007009595
倍特期货有限公司北京营业部	东城区南竹杆胡同2号1幢3层30301	100013	4006661333
渤海期货股份有限公司北京营业部	朝阳区东三环北路甲2号京信大厦29层2925室	100020	4007700686
财达期货有限公司北京首体南路营业部	海淀区首体南路20号国兴大厦D座2层西侧	100044	4008171181
长江期货股份有限公司北京海淀区营业部	海淀区中关村南大街1号北京友谊宾馆20810室	100036	95579
长江期货股份有限公司北京建国门营业部	东城区建国门北大街8号华润大厦1层103室	100005	95579
大地期货有限公司北京分公司	海淀区车公庄西路甲19号华通大厦7层729室	100048	4008840077
大地期货有限公司北京营业部	海淀区万寿路西翠宾馆601室、603室	100089	4008840077
大有期货有限公司北京营业部	朝阳区东三环北路甲2号楼京信大厦1221室	100029	58772051
道通期货经纪有限公司北京蓝靛厂东路营业部	海淀区蓝靛厂东路2号院2号楼金源时代商务中心2号楼2单元B座2F	100097	88596865
东方汇金期货有限公司北京分公司	东城区永定门西滨河路8号院7楼东塔4层	100077	4008756757
东海期货有限责任公司北京安苑北里营业部	朝阳区安苑北里25号楼长白山国际酒店内2层311～314室	100089	4008888588
东海期货有限责任公司北京花园桥营业部	海淀区西三环北路87号5层3－501室	100089	4008888589
东兴期货有限责任公司北京营业部	东城区安定门东大街28号2号楼8层802室	100007	66553323
方正中期期货有限公司北京彩和坊路营业部	海淀区彩和坊路8号2层213室	100080	4008802277
方正中期期货有限公司北京阜外大街营业部	西城区阜成门外大街甲34号2楼	100037	4008802277
格林大华期货有限公司北京建国门外大街营业部	朝阳区光华东里8号院2号楼中海广场中楼6层	100022	4007009898
冠通期货股份有限公司北京营业部	海淀区中关村南大街5号2区683号楼1801室	100086	62578153
光大期货有限公司北京分公司	西城区月坛北街2号月坛大厦东配楼5层	100045	68084131

广发期货有限公司北京分公司	朝阳区建国门外大街19号1号楼9层03室	100022	64923652
广发期货有限公司北京营业部	海淀区西三环北路89号中国外文大厦B座1004室	100101	64923490
广州期货股份有限公司北京营业部	西城区月坛南街49号2号楼215室、216室	100045	58565351
国金期货有限责任公司北京长椿街营业部	西城区长椿街3号3号楼1层	100053	66218298
国联期货股份有限公司北京营业部	朝阳区北辰西路69号8至9层3单元1009室	100101	58773608
国泰君安期货有限公司北京建国门外大街营业部	朝阳区建国门外大街乙12号双子座大厦东塔7层06单元	100022	58795788
国投安信期货有限公司北京分公司	西城区广安门外南滨河路1号8~9层	100034	58747657
国信期货有限责任公司北京营业部	朝阳区北辰东路8号院16号楼8层804内A0804室、A0805室	100101	84988801
海航期货股份有限公司北京营业部	朝阳区芍药居北里101号世奥国际中心A座1612室	100029	65974969
海通期货股份有限公司北京南礼士路营业部	西城区南礼士路66号院1号楼9层908室	100045	4008209133
海通期货股份有限公司华北分公司	西城区南礼士路66号院1号楼9层907室	100045	4008209133
弘业期货股份有限公司北京分公司	东城区安定门外大街丁88号B座9层914~919室	100011	
弘业期货股份有限公司北京营业部	东城区安定门外大街丁88号9层	100011	68014686
宏源期货有限公司北京西直门北大街营业部	海淀区西直门北大街甲43号1幢6层	100044	62296655
华金期货有限公司北京朝阳路营业部	朝阳区东三环北路泰康金融大厦1016室	100026	4009955889
华泰期货有限公司北京分公司	西城区丰盛胡同28号楼15层	100013	4006280888
华泰期货有限公司北京营业部	东城区北三环东路36号1号楼	100013	4006280888
华闻期货有限公司北京营业部	通州区新华西街58号2号楼27层2713号	100005	84464135
华西期货有限责任公司北京营业部	东城区建国门内大街18号办一1104室	100005	65174391
华信期货股份有限公司华北分公司	西城区德胜门外大街125号2层201B－A	100088	59321087

徽商期货有限责任公司北京南竹杆胡同营业部	东城区南竹杆胡同6号楼4层07	100010	58641775
混沌天成期货股份有限公司北京营业部	丰台区广安路9号院3号楼1313号	100055	4001100166
集成期货股份有限公司北京营业部	朝阳区高碑店乡半壁店村惠河南街1111号国投尚科大厦2层B209室	100124	85270316
建信期货有限责任公司北京营业部	西城区宣武门大街28号大成广场7门5层501室	100101	84970661
江海汇鑫期货有限公司北京营业部	海淀区西三环北路72号A座2906室	100020	58697671
金鹏期货经纪有限公司东城营业部	东城区灯市口大街33号	100005	66212370
金鹏期货经纪有限公司丰台营业部	丰台区汽车博物馆东路1号院4号楼北座902室	100070	66212370
金瑞期货股份有限公司北京营业部	朝阳区麦子店西路3号514	100007	66555673
金石期货有限公司北京营业部	东城区建国门内大街18号办三921单元	100005	57297662
锦泰期货有限公司北京营业部	朝阳区日坛北路17号院1号楼9层925室、926室	100020	85653839
鲁证期货股份有限公司北京营业部	海淀区北三环西路99号院1号楼02层202室	100086	82194421
迈科期货股份有限公司北京朝阳门北大街营业部	东城区朝阳门北大街2号1幢5层	100010	64082006
美尔雅期货有限公司北京长虹桥营业部	朝阳区农展馆南路12号通广大厦5012室	100125	84463679
民生期货有限公司北京营业部	西城区裕民路18号5层502室	100029	82270085
南华期货股份有限公司北京分公司	西城区宣武门外大街28号2幢B803室、B805室	100052	57286025
南华期货股份有限公司北京营业部	西城区宣武门外大街28号2幢B801室、B802室	100052	57286026
前海期货有限公司北京分公司	朝阳区望京东园四区11号楼16层1601～1603室	100102	64728789

瑞达期货股份有限公司北京大柳树路营业部	海淀区大柳树路17号富海中心3号楼602室	100081	62156260
上海大陆期货有限公司北京营业部	海淀区知春路9号坤讯大厦3层301室	100044	65180889
上海东证期货有限公司北京安苑路营业部	朝阳区小关北里45号世纪嘉园5号楼6层	100029	95503
上海东证期货有限公司北京朝阳门营业部	朝阳区三丰北里7号楼17层1702室	100020	95503
上海中期期货股份有限公司北京营业部	丰台区广安路9号4号楼1711~1713室	100055	82205991
申银万国期货有限公司北京劲松九区营业部	朝阳区劲松九区909楼4层	100021	59714689
神华期货有限公司北京营业部	海淀区苏州街18号院长远天地大厦4号楼3A01室	100080	67780608
晟鑫期货经纪有限公司北京营业部	昌平区东小口镇立汤路186甲4号楼11层1106室		82613279
天风期货股份有限公司北京营业部	东城区南竹杆胡同1号9层1010室	100026	84608408
天富期货有限公司北京营业部	东城区安定门东大街28号1号楼A单元607号	100027	64414066
五矿经易期货有限公司北京分公司	海淀区首都体育馆南路6号3号楼12层1253室、1254室	100081	64178233
五矿经易期货有限公司北京广安路营业部	丰台区广安路9号院6号楼408室、409室	100055	64185322
新湖期货有限公司北京分公司	朝阳区朝阳门外大街20号1幢06层610室	100007	68331355
新纪元期货股份有限公司北京东四十条营业部	东城区东四十条68号平安发展大厦4层407室	100027	64001136
信达期货有限公司北京营业部	朝阳区和平街东土城路12号院3号楼1606室	100029	84261653
兴业期货有限公司北京分公司	朝阳区朝阳门北大街20号1至25层101内2503室	100020	82252929
兴证期货有限公司北京营业部	西城区武定侯街2号、4号10层F2－1（B）1001－6室	100044	69000897
一德期货有限公司北京北三环东路营业部	东城区北三环东路36号E栋7层02~03房间	100013	62237670
银河期货有限公司北京朝外大街营业部	朝阳区朝外大街16号1幢13层1307单元	100020	88312828

银河期货有限公司北京分公司	朝阳区朝外大街16号1幢13层1303～1306单元	100020	4008867799
银河期货有限公司北京营业部	东城区广渠门内大街80号8层815号	100026	4008867799
英大期货有限公司北京东三环中路营业部	朝阳区呼家楼京广中心3层301室	100020	4008867799
永安期货股份有限公司北京分公司	东城区金宝街58号6层	100005	4000188688
云晨期货有限责任公司北京分公司	海淀区羊坊店路18号1幢5层533室、534室	100038	65120600
招金期货有限公司北京朝阳北路营业部	朝阳区朝阳北路237号楼26层3002室、3003室	100125	63942169
招商期货有限公司北京西直门北大街营业部	海淀区西直门北大街60号首钢国际大厦5层0507～0508号房间	100082	85951297
浙江新世纪期货有限公司北京营业部	东城区南竹杆胡同2号1幢2层10212室	100011	82292293
浙商期货有限公司北京光华路营业部	朝阳区光华路甲14号1幢12层1203室	100020	82232818
中财期货有限公司北京海淀营业部	海淀区莲花苑5号楼11层	100044	65083926
中大期货有限公司北京营业部	东城区安定门外大街138号地坛大厦A	100011	65086889
中电投先融期货股份有限公司北京营业部	朝阳区广渠路66号院8号楼1层104室	100020	53959831
中钢期货有限公司北京营业部	西城区广义街5号3－701室	100011	64251379
中国国际期货股份有限公司北京中关村大街营业部	海淀区中关村大街27号6层609、610号	100080	51905951
中辉期货有限公司北京分公司	朝阳区东三环中路39号院6号楼12层1503室	100022	58699118
中金期货有限公司北京建外大街营业部	朝阳区建国门外大街1号（2期）6层02&02A单元	100022	85679699
中粮期货有限公司北京北辰东路营业部	朝阳区亚运村北辰东路8号15号楼25层2509室	100101	4007060158
中粮期货有限公司北京分公司	东城区东滨河路甲1号大象投资大厦4层	100007	4007060158
中融汇信期货有限公司北京营业部	朝阳区东三环中路20号楼10层03单元	100022	67766695
中投天琪期货有限公司北京营业部	朝阳区朝外大街18号1501B、1502A	100020	65880648

中信建投期货有限公司北京北三环西路营业部	海淀区中关村南大街6号9层912室	100086	82129971
中信建投期货有限公司北京朝阳门北大街营业部	东城区朝阳门北大街6号首创大厦207室	100027	85282866
中信期货有限公司北京东城分公司	东城区广渠门内大街47号7层47－（07）702室	100007	57762888
中信期货有限公司北京分公司	东城区广渠门内大街47号7层47－（07）701室	100007	57762888

（11）外国证券类机构北京代表处

机构名称	地　址	邮　编	电　话
日本野村证券株式会社北京代表处	朝阳区东三环北路5号北京发展大厦1212室	100020	58661888
日本大和证券株式会社北京代表处	朝阳区光华路1号北楼3层301～302单元	100026	65006688
三菱日联证券控股股份有限公司北京代表处	朝阳区东三环北路5号北京发展大厦1018室	100020	65908770
瑞士信贷（香港）有限公司北京代表处	西城区金融大街甲9号1101单元	100033	88090988
高盛（中国）有限责任公司北京代表处	西城区金融大街7号英蓝国际金融中心17层	100034	66273261
美林国际有限公司北京代表处	朝阳区建国门外大街1号院1号楼35层3501～3503室	100020	58780200
花旗环球金融中国有限公司北京代表处	西城区武定侯街6号18层	100033	59376609
摩根士丹利亚洲有限公司北京代表处	西城区太平桥大街18号丰融国际中心1座12层3B单元	100034	83563858
瑞银证券亚洲有限公司北京代表处	西城区金融大街7号英蓝国际金融中心1119室	100034	58327618
法国巴黎资本（亚洲）有限公司北京代表处	朝阳区建国门外大街1号院1号楼20层2021C室	100020	65353336

中银国际控股有限公司北京代表处	西城区西单北大街110号8层	100032	83262151
汇富金融服务有限公司北京代表处	朝阳区东三环中路7号财富中心写字楼A801	100022	65308792
洛希尔中国控股有限公司北京代表处	西城区金融大街7号英蓝国际金融中心9层912A	100034	65265898/63212900
香港上海汇丰银行有限公司（证券业务）北京代表处	朝阳区东三环中路5号财富金融中心16层1604室	100022	59998235
台湾元大证券股份有限公司北京代表处	东城区建国门内大街7号光华长安大厦2座1722室	100005	65101266
香港摩根大通证券（亚太）有限公司北京代表处	西城区金融大街7号英蓝国际金融中心	100034	59318888
德意志银行股份有限公司（证券业务）北京代表处	朝阳区建国路81号德意志银行大厦28层	100025	59698008
日本瑞穗证券股份有限公司北京代表处	朝阳区建国门外大街甲26号长富宫办公楼8011室	100020	65234779
香港第一上海融资有限公司北京代表处	东城区建国门内大街7号光华长安大厦1座507B	100005	65102588
蒙特利尔银行利时证券公司北京代表处	朝阳区建国路77号华贸中心3号写字楼27层02A和03A单元	100022	85881700
日本三井住友信托银行股份有限公司（证券业务）北京代表处	朝阳区建国门外大街26号长富宫办公楼5层5011室	100020	65598556
韩国未来资产大宇有限公司北京代表处	朝阳区东三环北路2号2层01～12室内A018	100027	64136231
交银国际控股有限公司北京代表处	西城区平安里西大街28号10层	100035	88009788
城市信贷投资银行有限公司北京代表处	东城区东水井胡同11号楼5层6C06室	100010	60900309
美国科本资本市场公司北京代表处	朝阳区建国门外大街1号（1期）16幢12层26单元	100020	85098755

日本摩乃科斯证券股份有限公司北京代表处	朝阳区建国门外大街26号2号楼8007室	100022	65281955
台湾富邦综合证券股份有限公司北京代表处	朝阳区建国路81号华贸中心1座701C室	100022	59695800
韩国韩亚金融投资株式会社北京代表处	朝阳区景华南街5号远洋光华国际C1505室	100020	85906388
香港致富证券有限公司北京代表处	朝阳区建国门外大街1号（1期）16幢6层608室	100020	66555862
京华山一国际(香港)有限公司北京代表处	东城区建国门内大街18号办公楼一座1101室	100005	65182871
韩国三星证券公司北京代表处	朝阳区建国路乙118号京汇大厦910单元	100022	65221855
美国富瑞金融集团北京代表处	朝阳区建国门外大街1号国贸（1期）写字楼14层98室	100004	57379013
德国商业银行股份有限公司（证券业务）北京代表处	朝阳区建国门外大街乙-12号双子座大厦东塔2507室	100022	65673233

（12）外国资产管理类机构北京代表处

机构名称	地　　址	邮　编	电　话
宏富投资管理有限公司北京代表处	朝阳区光华路7号汉威大厦A座11A16室	100004	85261820
美国先锋投资管理公司北京代表处	朝阳区建国门外大街22号赛特大厦810室	100022	65157288
邓普顿国际股份有限公司北京代表处	西城区武定侯街6号卓著中心1100室	100033	88091365
信安环球投资有限公司北京代表处	朝阳区建国门外大街1号16幢4层414B、415室	100004	64637989
标准人寿投资公司北京代表处	东城区建国门北大街8号华润大厦1201-01室	100005	58111700
法国东方汇理基金管理公司北京代表处	朝阳区建国门外大街乙12号双子座大厦西塔办公楼1101B	100022	65632498
香港景顺投资管理有限公司北京代表处	西城区金融大街7号英蓝国际金融中心6层F627单元	100034	66555866

香港摩根资产管理有限公司北京代表处	西城区金融大街7号英蓝国际金融中心19层1926单元	100034	59318486
香港威灵顿环球投资管理有限公司北京代表处	西城区武定侯街6号卓著中心19层1906室	100033	66227600
富达基金（香港）有限公司北京代表处	西城区金融大街7号英蓝国际金融中心9层F905A	100034	66553282
法国法盛全球资产管理公司北京代表处	朝阳区工体北路甲6号中宇大厦2001室	100027	59752825
澳大利亚罗素投资集团有限公司北京代表处	朝阳区建国门外大街1号国贸写字楼1座21层2105室	100004	65058006
新加坡摩根士丹利投资管理公司北京代表处	西城区太平桥大街18号12层8B室	100035	83563893
美国桥水投资公司北京代表处	朝阳区建国门外大街1号国贸大厦47层4701室	100004	57061666
法国安盛投资管理巴黎公司北京代表处	西城区武定侯街6号卓著中心1207室	100033	66525880
领航投资香港有限公司北京代表处	朝阳区建国路77号24层2425～2426室	100020	85880130

4. 保险业机构

（1）中资保险公司

机构名称	地　址	邮　编	电　话
中国人民财产保险股份有限公司北京市分公司	东城区朝阳门北大街17号	100010	58195885
中国大地财产保险股份有限公司北京分公司	海淀区西直门北大街54号伊泰大厦4层、5层	100082	61043999
中华联合财产保险股份有限公司北京分公司	东城区安外西滨河路18号首府大厦3号楼	100011	64519985
中国太平洋财产保险股份有限公司北京分公司	西城区复兴门内大街158号远洋大厦F6层	100031	66414787

中国平安财产保险股份有限公司北京分公司	西城区金融大街23号平安大厦15层	100140	59700010
天安财产保险股份有限公司北京分公司	海淀区万寿路西街2号文博大厦2层201室	100036	68423636
华安财产保险股份有限公司北京分公司	海淀区紫竹院路81号院3号楼北方地产大厦12A	100089	88829888
永安财产保险股份有限公司北京分公司	朝阳区朝阳北路145号红领巾公园南门西侧办公楼	100022	65733606
太平财产保险有限公司北京分公司	西城区太平桥大街丰汇园11号楼丰汇时代大厦东翼9层	100032	66532288
亚太财产保险有限公司北京分公司	东城区永定门西滨河路8号院7楼6层701－01单元	100038	82299969
中银保险有限公司北京分公司	东城区朝阳门内大街2号凯恒中心E座7层701～705单元	100010	85290888
永诚财产保险股份有限公司北京分公司	海淀区知春路甲48号1号楼25A、25B、26A	100062	58721599
安华农业保险股份有限公司北京分公司	朝阳区望京西路50号卷石天地大厦1号楼11层	100102	64393120
阳光财产保险股份有限公司北京分公司	通州区永顺镇商通大道1号院2号楼四层401室、402室	101121	60558371
都邦财产保险股份有限公司北京分公司	海淀区玉渊潭南路晾果厂6号都邦大厦9层	100027	68097828
渤海财产保险股份有限公司北京分公司	西城区南滨河路27号7号楼17层1717～1719室	100077	82294377
华农财产保险股份有限公司北京市分公司	海淀区万泉庄路28号万柳新贵B座6层东侧	100089	58720456
中国人寿财产保险股份有限公司北京市分公司	朝阳区朝外大街16号	100020	85253888
安诚财产保险股份有限公司北京分公司	东城区白桥大街22号北京工商联大厦2层	100062	59095559
长安责任保险股份有限公司北京市分公司	西城区西站南路80号院6号楼1层101室	100073	63370171－8039
英大泰和财产保险股份有限公司北京分公司	西城区西单北大街111号西单国际大厦9层	100022	51967360

紫金财产保险股份有限公司北京分公司	海淀区复兴路65号电信实业大厦2层	100039	88612831
浙商财产保险股份有限公司北京分公司	东城区东花市南里东区8号楼4层402室	100062	87101409
国任财产保险股份有限公司北京分公司	丰台区六里桥1号11层	100161	63885118
华泰财产保险有限公司北京分公司	西城区德胜门外大街125号	100088	59375999
安邦财产保险股份有限公司北京分公司	朝阳区东三环中路55号富力城双子座B座8层	100020	59229888
富德财产保险股份有限公司北京分公司	海淀区西直门北大街56号6层	100082	58978228
长江财产保险股份有限公司北京分公司	西城区西直门外大街18号金贸大厦C2座12层	100044	58687360
泰山财产保险股份有限公司北京分公司	西城区西直门外大街1号院3号楼23D1～D3A室		50838504
珠峰财产保险股份有限公司北京分公司	门头沟区双峪路35号院2号楼9层	102300	83367372
建信财产保险有限公司北京分公司	西城区闹市口大街1号院长安兴融中心4号楼1层A号	100031	56086661
久隆财产保险有限公司北京分公司	海淀区东北旺西路8号院尚东数字山谷B区37号楼4层	100094	18611382213
中国人寿保险股份有限公司北京市分公司	朝阳区朝外大街16号1号楼23～32层	100020	85659860
中国太平洋人寿保险股份有限公司北京分公司	西城区复兴门内大街158号	100031	66414860
中国平安人寿保险股份有限公司北京分公司	西城区金融街23号平安大厦	100140	59730008
新华人寿保险股份有限公司北京分公司	东城区东四十条68号平安发展大厦	100007	84189449
泰康人寿保险有限责任公司北京分公司	朝阳区东三环中路39号建外SOHO 23号楼26层、17层2001室	100026	85919766
太平人寿保险有限公司北京分公司	海淀区西直门北大街52号太平金融大厦1层北栋0101室	100082	82299688
建信人寿保险股份有限公司北京分公司	朝阳区光华路15号院1号楼1801～1808室		56502613
光大永明人寿保险有限公司北京分公司	丰台区西三环南路14号院2号楼9层	100005	59128000

民生人寿保险股份有限公司北京分公司	朝阳区东三环北路38号院2号楼民生大厦6层	100026	59206622
富德生命人寿保险股份有限公司北京分公司	海淀区西直门北大街56号生命人寿大厦4层	100082	82290099
平安养老保险股份有限公司北京分公司	西城区金融大街23号平安大厦	100140	59730058
合众人寿保险股份有限公司北京分公司	朝阳区朝外大街乙12号昆泰国际大厦20层	100022	58797755
太平养老保险股份有限公司北京分公司	西城区宣武门外大街6号16层	100700	59579000
中国人民健康保险股份有限公司北京分公司	西城区阜外大街7号国投大厦	100037	58696688
华夏人寿保险股份有限公司北京分公司	西城区宣武门外大街6号	100101	63106600
君康人寿保险股份有限公司北京分公司	东城区永定门西滨河路8号院7楼东塔0305室	100077	68293311
信泰人寿保险股份有限公司北京分公司	西城区宣武门西大街甲127号大成大厦5层	100031	52612077
农银人寿保险股份有限公司北京分公司	海淀区苏州街3号大恒科技大厦北座16层1601室	100081	82827788
长城人寿保险股份有限公司北京分公司	西城区高梁桥路6号1层1A1号及2层A区02A1号	100044	59238900
昆仑健康保险股份有限公司北京分公司	朝阳区建华南路6号院1号楼103室、2号楼101室	100022	59719600
和谐健康保险股份有限公司北京分公司	朝阳区东三环中路55号楼7层802室、803室	100022	59229348
中国人民人寿保险股份有限公司北京市分公司	海淀区首体南路38号创景大厦	100037	50826600
国华人寿保险股份有限公司北京分公司	朝阳区朝阳北路237号复星国际中心5层	100020	59272266
中国人寿养老保险股份有限公司北京市分公司	朝阳区朝外大街16号中国人寿大厦19层南区	100020	63635860
英大泰和人寿保险股份有限公司北京分公司	西城区宣武门外大街26~30号（双号）2幢10层	100052	58684101
泰康养老保险股份有限公司北京分公司	东城区东长安街1号东方广场西三座办公楼	100031	85159118
幸福人寿保险股份有限公司北京分公司	东城区珠市口东大街13号1层101室	100050	63505098

阳光人寿保险股份有限公司北京分公司	通州区云景北里 53 号 C 座 16 层 1606 ~ 1618 室（双号）	101101	59753565
百年人寿保险股份有限公司北京分公司	东城区东直门南大街 11 号华普中心大厦 1 段 A 座 16 层 1601 ~ 1608 室	100007	56759488
中邮人寿保险股份有限公司北京分公司	西城区阜成门北大街 19 号	100037	65123009
中融人寿保险股份有限公司北京分公司	海淀区首体南路 22 号楼 19 层 C、D、E	100033	57503508
安邦人寿保险股份有限公司北京分公司	朝阳区东三环中路 55 号楼 6 层 701 室、702 室	100022	59229719
利安人寿保险股份有限公司北京分公司	西城区复兴门外大街 A2 号 1 层 108 室		59012668
安邦养老保险股份有限公司北京分公司	海淀区彩和坊路 11 号	100080	85286650
太保安联健康保险股份有限公司北京分公司	东城区东长安街 1 号东方广场东方经贸城中一办公楼 5 层 1 室	100005	58045303
珠江人寿保险股份有限公司北京分公司	朝阳区广渠路 28 号 223 号楼 7 层	100124	87141658
中华联合人寿保险股份有限公司北京分公司	丰台区丰台北路 18 号院 1 号楼 3 层 0301 ~0314 室	100161	13910158825

（2）中资保险公司分支机构

中国人民财产保险股份有限公司北京市分公司

机构名称	地　　址	邮　编	电　话
东城支公司	东城区王家园胡同 16 号	100027	65548700
重点客户营业部	东城区朝阳门北大街 17 号 5 层	100010	58195922
大型商业风险营业部	东城区朝阳门北大街 17 号	100010	58195331
崇文支公司	东城区左安门内大街 5 号	100061	67199886
分公司营业部	东城区朝阳门北大街 17 号	100010	58195983
公司责任险营业部	西城区教场口街 9 号院 2 – 2 号	100120	82067568
直属支公司	西城区西直门南大街 2 号成铭大厦 3A 座	100035	66002737

金融街营业部	西城区宣武门西大街甲 129 号金隅大厦 901 室	100031	66410024
西城支公司	西城区德外大街 73 号	100088	62370120
宣武支公司	西城区菜市口南大街平原里 20 号楼	100054	83526226
英蓝营销服务部	西城区金融大街 7 号英蓝国际金融中心首层 108 单元	100142	58195108
海淀支公司	海淀区阜成路 81 号	100142	88130258
海淀支公司上地营业部	海淀区上地东里 4 区 1 号楼 3 单元 201 号	100080	62187752
海淀营业部	海淀区黄庄中关村大厦 1 层 106～109 室	100080	62460529
海淀支公司会城门营业部	海淀区北蜂窝甲 4 号	100080	63262413
学院路营业部	海淀区学院南路乙 68 号楼 8 层	100081	62136571
中关村营业部	海淀区学院南路乙 68 号	100081	62151606
中关村科技支公司	海淀区学院南路乙 68 号	100081	82102741
公司电子商务营业部	密云经济开发区云西一街 16 号 12 层	101500	87771792
国际业务营业部	朝阳区工人体育场北路 13 号世茂国际中心 1 号楼 19 层	100027	56122418
分公司涉外业务营业部	朝阳区安定路 39 号长新大厦 305 室	100029	64440311
朝阳支公司	朝阳区霄云里 4 号	100125	84485276
广渠路营业部	朝阳区广渠路 11 号院 1 号楼金泰国际大厦 A 座 1001～1002 室	100022	87213389
劲松营业部	朝阳区华威里 10 号楼 2 层 201 室	100021	58615145
商务中心区营业部	朝阳区东三环北路 19 号中青大厦 707～708 室	100020	65013939
特殊风险营业部	朝阳区驼房营西里甲 3 号 2 层	100016	84982988
朝阳营业部	朝阳区晨光家园 306 号楼 5 层	100025	84485283
丰台支公司	丰台区东大街 11 号	100071	63812311
丰台支公司云岗营业部	丰台区云岗北区西里甲 8 号楼 1 层底商 101 房间	100071	63867868

丰台支公司方庄营业部	丰台区南三环中路18号同仁园8号楼	100071	87659558
科学城营业部	丰台区科学城中核路1号03号楼	100070	63707963
门头沟支公司	门头沟区新桥大街18号	102300	69843284
门头沟支公司永定营销服务部	门头沟区永定镇冯村商业街1021号	102300	69843284
石景山支公司	石景山区时代花园南路17号	100043	88980531
房山支公司	房山区政通路6号	102488	89366688
燕山支公司	房山区燕山迎风街21号	102500	69341187
房山支公司房山营销服务部	房山区城关西大街29号	102500	58195108
通州支公司	通州区玉带河大街4号	101100	60560501
通州支公司张家湾营销服务部	通州区张家湾光华路9号	101104	61505061
通州支公司漷县营销服务部	通州区漷县镇长陵营A商14号1层	101109	80520528
集团客户营业部	通州区京洲园411号楼商6	101121	58195393
空港营业部	顺义区天竺镇府前一街32号	101312	64588029
顺义支公司	顺义区新顺南大街西侧	101300	69466005
顺义支公司杨镇营销服务部	顺义区杨镇双阳东区18号楼1~2层103室	102200	58195108
昌平支公司	昌平区城区镇北环路21号	102200	69723366
昌平支公司回龙观营业部	昌平区回龙观镇龙腾苑六区41号楼41-3号	102208	60779624
昌平支公司沙河营业部	昌平区沙河镇巩华城大街76号	102206	69731408
昌平支公司南口营销服务部	昌平区南口镇道北中区综合服务楼第1层711号-2	102202	80100994
天通苑营业部	昌平区北七家镇天通苑东苑三区2号楼29门14层	102218	80141601
大兴支公司	大兴区黄村镇兴政街26号	102600	69244765
大兴营业部	大兴区旧宫镇科技路10号	100076	59295520
北京经济技术开发区支公司	北京经济技术开发区同济中路2号狮岛索龙大厦303室	100176	67883277

大兴国际机场营业部	大兴区福顺街 21 号	102602	89291128
大兴支公司采育营销服务部	大兴区庞各庄镇御园小区民生路 2 号院 1 号楼	102602	58195108
怀柔支公司	怀柔区青春路 21 号	101400	69648438
怀柔支公司杨宋营销服务部	怀柔区杨宋镇凤翔科技开发区和平路甲 1 号楼 12 层 6 单元 101 室	101400	60680987
怀柔支公司桥梓营销服务部	怀柔区桥梓镇前桥梓村 590 号	101400	69676099
平谷支公司	平谷区城关镇府前西街 16 号	101200	69962201
平谷支公司平谷镇营业部	平谷区南独乐河镇同乐路 29 号	101200	69962201
平谷支公司大华山营销服务部	平谷区大华山镇大华山大街 229 号	101200	69962201
延庆支公司	延庆区妫水北街 70 号	102100	69144641
延庆支公司永宁营销服务部	延庆区永宁镇永宁大街 40 号临 1 号	102104	60177690
延庆支公司康庄营销服务部	延庆县康庄镇兴隆商业街 174 号	102101	61168991
密云支公司	密云区密云镇鼓楼南大街 41 号	101500	69041586
密云支公司溪翁庄营销服务部	密云区溪翁庄镇密溪路 6 号楼 8 号楼 0120 号、0220 号	101512	69012365
密云支公司太师屯营销服务部	密云区太师屯镇永安街 149 号	101505	69032201

中国太平洋财产保险股份有限公司北京分公司

机构名称	地　址	邮　编	电　话
东城支公司	朝阳区东土城路 13 号	100013	83507189
西城支公司	西城区展览馆路 3 号院	100037	83507305
海淀支公司	西城区新外大街 2 号	100088	83507908
丰台支公司	西城区广外大街 87 号	100055	63465943
朝阳支公司	朝阳区左家庄路 2 号 4 幢 3 层	100027	64619254

机构名称	地址	邮编	电话
通州支公司	通州区富河园4号楼1至2层4-107室	101199	83507818
昌平支公司	昌平区高科技园区创新路6号	102200	89705469
顺义支公司	顺义区南法信地区府前街56号院1号楼9层	101300	83507636
经济技术开发区支公司	北京经济技术开发区宏达北路16号1号楼2层201室	100176	83507090
平谷支公司	平谷区迎宾环岛东南角1号楼1层商铺-8	101200	69966096
石景山支公司	石景山区古城大街特钢公司11区首特创业基地A座1层139号	100043	88697358
房山区营销服务部	房山区翠枫路7号院7号楼6层601室、602室	102488	89310246
分公司营业部	东城区建国门南大街7号C座	100031	83506807
商务中心区营业部	朝阳区百子湾路18号1号楼1层	100022	67716792
航港营销服务部	顺义区南法信镇机场北街8号院2幢航港办公楼南楼122号	101300	69450355-610
蓝龙家园营销服务部	门头沟区蓝龙家园6号楼1层101室	102300	69838865
黄村营销服务部	大兴区春和路39号院3号10层21112室	102627	69265546
西上园营销服务部	通州区西上园一区10号楼商-6	101100	60569258
回龙观营销服务部	昌平区昌平路380号院1号楼1至2层7单元103室	100096	82465180
东四环南路营销服务部	朝阳区世纪东方嘉园204楼4-18号	100023	87356750

中国平安财产保险股份有限公司北京分公司

机构名称	地　址	邮　编	电　话
第一营业部	西城区金融大街23号15层南侧	100033	57997062
第二营业部	朝阳区光华路5号院2号楼	100020	59710226

朝阳支公司	东城区白桥大街22号主楼413室	100062	57997093
丰台支公司	丰台区海鹰路5号101室	100070	59710222
房山支公司	房山区梅花庄村5号楼1层东侧	102401	89363579
怀柔支公司	怀柔区府前街3号楼3-2号	101499	69682585
通州营销服务部	通州区杨庄南里66号楼1层01号、2层07号	101121	60533652
大兴营销服务部	大兴区黄村镇兴业大街76号-1	102611	59731929
顺义支公司	顺义区南法信镇华英园9号楼1031~1034室	101300	89429126
昌平营销服务部	昌平区龙水路28号楼	102299	57859106
平谷支公司	平谷区平谷镇东方国际公寓2号楼1~2层商业5	101299	56916564
密云支公司	密云区银河花园37号6单元2层、7单元	101599	82128675
延庆支公司	延庆区延庆镇恒安小区28号楼1~2层4单元28-7室	102199	59700308
门头沟支公司	门头沟区滨河路127号	102399	69832096
石景山支公司	石景山区石景山路20号第11层	100040	88605280

华泰财产保险有限公司北京分公司

机构名称	地　址	邮　编	电　话
西城支公司	西城区德胜门外大街125号301B1室	100088	59375588
东城支公司	东城区龙潭路甲3号翔龙大厦	100061	67113332
朝阳支公司	朝阳区博大路25号院2号楼01层S02号	100176	58616743
海淀支公司	海淀区四季青镇常润路11号院北1号	100195	88436588
通州支公司	通州区梨园路23号	101101	81573903

顺义支公司	顺义区仁和镇港馨家园50号楼1层2单元50－04室	101320	89441566
房山支公司	房山区篱笆园南路10号院9号楼1层109室	102488	59375590
大兴支公司	大兴区金苑路3号1幢4层D53A	102627	69244880
复兴门营业部	西城区金融大街35号1幢17层1710单元	100033	59371988

太平财产保险有限公司北京分公司

机构名称	地　址	邮　编	电　话
北京分公司	西城区太平桥大街丰汇园11号楼丰汇时代大厦东翼9层、10层	100032	66532288
朝阳支公司	朝阳区东三环北路甲2号8号楼8－3内22层22B5～22B12室	100053	83157370
丰台支公司	丰台区南四环西路188号十五区12号楼2层	100070	83670899
石景山支公司	石景山区城通街26号院4号楼14层1407～1409室	100055	63319920
海淀支公司	海淀区马连洼北路8号B座四层409～411室	100097	88893759
通州支公司	通州区新华西街58号院3号楼7层718～720室	101199	81556790

中华联合财产保险股份有限公司北京分公司

机构名称	地　址	邮　编	电　话
崇文支公司	东城区夕照寺中街4号星海宏昌大厦A座1层	100061	87194139
西城支公司	西城区莲花池东路106号汇融大厦B座901室	100055	63952008
宣武支公司	西城区广安门外马连道11号1001号	100055	63342601

丰台支公司	丰台区新宫体育健身休闲园 8 号中福丽宫品牌基地 2 号楼 306	100076	63899123
石景山支公司	石景山区城兴街 225 号院 1 号楼中海大厦 B 座 3 层 6 单元	100043	68888002
房山支公司	房山区拱辰街道政通路 23 号 – B 座 5 层	102488	89354988
昌平支公司	昌平区科技园区振兴路 36 号首科凯奇基地 2 号楼 3 层 301 ~ 310 号	102299	69749500
顺义支公司	顺义区怡馨家园 29 号楼 1 层 101 室	101300	69461367
通州支公司	通州区梨园镇梨园村委会南 500 米梨园创意产业楼	101100	60549180
怀柔支公司	怀柔区富乐小区北里 25 号	101400	69632621
大兴支公司	大兴区黄村镇富强路 175 号	102600	61219197
经济技术开发区支公司	北京经济技术开发区地盛西路 6 号 BDA 国际广场中改传媒大厦 4 层	100176	50980618
密云支公司	密云区新中街 189 号	101500	89036987
平谷支公司	平谷区文化南街 9 号	101200	89987899

永安财产保险股份有限公司北京分公司

机构名称	地　　址	邮　编	电　话
朝阳北路营销服务部	朝阳区朝阳北路 145 号红领巾公园南门西侧办公楼 2 层	100061	65733688
朝阳支公司	朝阳区十里堡北里甲 34 号 1 号楼 2 层 128 房间	100025	65733667
密云支公司	密云区久润花园东区 18 号楼底商 7 号	101500	61098469

天安财产保险股份有限公司北京分公司

机构名称	地址	邮编	电话
海淀支公司	海淀区万寿路西街2号2层202室	100036	88574741
万寿路营销服务部	海淀区万寿路西街2号2层205室	100036	88574505
朝阳营销服务部	朝阳区望京中环南路甲2号21层B2307室	100102	88574738
顺义营销服务部	顺义区仁和镇平各庄村顺通路27号4幢	101399	88574720
平谷营销服务部	平谷区平谷镇光明西小区7号楼1层	101200	88574700
房山营销服务部	房山区拱辰街道西潞南大街5号1幢2层217室	102400	88574727

中国大地财产保险股份有限公司北京分公司

机构名称	地址	邮编	电话
第一营销服务部	海淀区西直门北大街54号伊泰大厦4层	100082	67168278
丰台支公司	海淀区西直门北大街54号伊泰大厦4层	100082	67168278
朝阳支公司	海淀区西直门北大街54号伊泰大厦4层	100082	64916586
顺义支公司	顺义区南法信大街118号院2号楼9层3901室	101300	69450846
大兴支公司	大兴区永华南里12号楼1层06号	102600	69269838
平谷支公司	平谷区平谷镇新平东路140号	101200	61993266
房山支公司	房山区拱辰街道政通路12号1号楼2层206室、208室	102408	60305871
通州支公司	通州区梨园镇砖厂南里46号楼华远好天地A座10层	101100	80873600

华安财产保险股份有限公司北京分公司

机构名称	地　址	邮　编	电　话
海淀支公司	海淀区紫竹院路 81 号院 3 号楼北方地产大厦 6 层 604 室	100089	58031290
朝阳支公司	朝阳区世纪东方嘉园 104 号楼 1 层 3 单元	100023	52097103
昌平支公司	昌平区回龙观镇科协家园住宅小区 29 号楼 B 座 1 层 2 单元 0102 室	102208	82945885
丰台支公司	丰台区丰体南路 3 号 C 座 2 层 202 号	100071	83818821
通州支公司	通州区玉桥西里 87 号 1 层底商 46 号	101101	52101085
朝阳第一营销服务部	朝阳区世纪东方嘉园 104 楼 1 层 3 单元	100023	52097103
丰台第一营销服务部	丰台区马家堡东路 108 号院 10 号楼 1 层 102 室	100068	58031291
顺义区营销服务部	顺义区仁和镇望泉家园 12 号楼 1 层 2 单元商业 23	101300	89402473
丰台马家堡东路营销服务部	丰台区马家堡东路 108 号院 10 号楼 1 层 102 室	100068	58031291

安邦财产保险股份有限公司北京分公司

机构名称	地　址	邮　编	电　话
东城支公司	东城区东水井胡同 5 号楼 7 层 822 室	100011	13910625833
西城支公司	西城区太平街 6 号 8 层 E－906	100053	63135727
崇文支公司	东城区幸福大街 57 号	100000	13701059597
朝阳支公司	朝阳区东三环中路 55 号富力城双子座 B 座 8 层	100020	13910628851
丰台支公司	丰台区航丰路 1 号院 2 号楼时代财富大厦1303 室	100070	18611098721

机构名称	地址	邮编	电话
石景山支公司	石景山区阜石路166号1号楼7层708号、709号	100043	13811588059
海淀支公司	海淀区西直门北大街32号院枫蓝国际大厦1号楼7层811室	100088	15810585817
房山支公司	房山区良乡拱辰南大街42号楼A座8层801~802室	102401	18601352139
通州支公司	通州区云景南大街144号1至2层	101100	15811122333
顺义支公司	顺义区前进花园石门苑18号楼3单元101室	101300	13911699923
昌平支公司	昌平区白浮泉路甲12号1层	102200	13910659092
大兴支公司	大兴区兴华大街2段3号院波普中心3号楼121室	102600	18601015962
怀柔支公司	怀柔区青春路61号院1号楼-1层13号	101400	69659836
平谷支公司	平谷区平谷镇东方国际公寓5号楼	101200	13501027057
密云支公司	密云区长城大厦A段1-2层北侧西	101500	13311552556

永诚财产保险股份有限公司北京分公司

机构名称	地址	邮编	电话
海淀营销服务部	海淀区知春路甲48号1号楼26A房间	100142	13811195578
昌平营销服务部	昌平区西环路16号豪恒大厦4层	102200	89783620
西城支公司	西城区半步桥街48号5层508房间	100031	13581873829

阳光财产保险股份有限公司北京分公司

机构名称	地址	邮编	电话
北京经济技术开发区营销服务部	北京经济技术开发区宏达北路10号1幢	100176	67884003
东城营销服务部	东城区安德路甲61号	100011	84129896

昌平营销服务部	昌平区鼓楼北街5－1至5－20号楼1～2层	102200	69746061
丰台营销服务部	丰台区西四环南路72号11层1101～1112房间	100071	51039406
房山营销服务部	房山区良乡嘉瑞通小区3号楼3－4号、3－5号	102401	69351831
通州营销服务部	通州区云景南大街33号1层	101100	81571169
顺义营销服务部	顺义区仓上小区37号楼1～2层2单元37－05室	101300	69440345
大兴营销服务部	大兴区观音寺南里海北路1号楼1－17室	102699	69243065
平谷营销服务部	平谷区迎宾花园小区31号楼10号商铺	101200	69976001
延庆营销服务部	延庆区延庆镇石河营建材城综合楼南大2号	102100	69187890
朝阳支公司	朝阳区东三环南路98号1幢高和蓝峰大厦8层	100122	56406821
怀柔支公司	怀柔区金台园2号	101400	61625606
海淀支公司	海淀区北蜂窝中路15号	100038	13801251730

都邦财产保险股份有限公司北京分公司

机构名称	地　址	邮　编	电　话
海淀支公司	海淀区晾果厂6号9层908室	100027	68097908

渤海财产保险股份有限公司北京分公司

机构名称	地　址	邮　编	电　话
朝阳营销服务部	朝阳区松榆南路54号3层旌凯写字楼B区18号、C区22、26号	100122	87325700
昌平营销服务部	昌平区西环路21号院内3栋B203号	102200	69715836

顺义支公司	顺义区仁和地区山子坟村顺通路34号商业西侧房	110300	81492122
大兴支公司	大兴区林校路67号4号楼1层	102699	18600567868

安华农业保险股份有限公司北京分公司

机构名称	地　　址	邮　编	电　话
大兴支公司	大兴区富强路2号1层102室	102600	64393093
分公司营业部	朝阳区望京西路甲50号1号楼卷石天地大厦A座11层1103室	100102	64393218
房山营销服务部	房山区良乡拱辰南大街42号楼1~2层08号	100102	64393007
通州营销服务部	通州区潞通大街188号-1层04室	101100	80854850
怀柔支公司	怀柔区于家园南街6号院6号楼1层S4	100102	60685911
昌平营销服务部	昌平区西环路29号楼3层29-3室	102200	64393098
平谷营销服务部	平谷区平谷镇新平南路211号楼211-2室	101204	89979005
顺义支公司	顺义区港馨家园丙1号楼103室	101300	69440128
延庆营销服务部	延庆区康安小区30号-03商业楼	102100	69148706
密云支公司	密云区东菜园环岛东北侧长城大厦商务楼3层331室	101500	69070966

中国人寿财产保险股份有限公司北京市分公司

机构名称	地　　址	邮　编	电　话
东城支公司	东城区鼓楼外大街27号万网大厦4层	100120	84130362
西城支公司	西城区金城坊街15-101号	100054	63365157

机构名称	地址	邮编	电话
石景山支公司	石景山区时代花园南路17号9层906室	100120	84130362
宣武支公司	西城区半步桥街48号1层1101房间	100054	63362328
朝阳支公司	朝阳区静安里26号通成达大厦6层	100028	64823368
丰台支公司	丰台区南四环西路128号院4号楼	100078	67680198
海淀支公司	海淀区西直门北大街甲43号金运大厦B座409室、410室	100083	82885253
房山支公司	房山区良乡西潞北大街26号	102400	89369695
通州支公司	通州区云景东路417号	101100	81573960
顺义支公司	顺义区双兴北区33号楼1层	101300	69427867
大兴支公司	大兴区兴业街26号5层		85253888

华农财产保险股份有限公司北京市分公司

机构名称	地　　址	邮　编	电　话
通州营销服务部	通州工业开发区光华路16号北京方和正圆综合楼A栋521号	101100	58720450
顺义营销服务部	顺义区宏城花园12号楼5单元102室	101100	89418290
昌平营销服务部	昌平区昌平镇振兴路28号	102200	80113236
平谷营销服务部	平谷区迎宾街1号院17号楼2单元1103号	101200	51327238
房山支公司	房山区拱辰街道政通路12号1号楼512室、514室	102488	60342185

长安责任保险股份有限公司北京市分公司

机构名称	地　　址	邮　编	电　话
朝阳营销服务部	朝阳区小营路五号楼18层1822室	100102	13051275391

机构名称	地址	邮编	电话
丰台支公司	丰台区丰管路16号9号楼3009室	100070	13911348911
通州支公司	通州区玉带河东街153号1~2层	100082	13701273186

英大泰和财产保险股份有限公司北京分公司

机构名称	地　　址	邮　编	电　话
大兴支公司	大兴区富强路2号1层104室	102600	51967588
海淀支公司	海淀区厂洼街3号B2028室	100089	51967588
通州支公司	通州区八里桥南街89号	101199	52047599
顺义支公司	顺义区府前东街2号1号楼顺建大厦6层	101321	51967588
昌平支公司	昌平区北环路2号	102299	51967588
亦庄营销服务部	北京经济技术开发区永昌北路13号1幢5层北侧	100176	51967588
怀柔支公司	怀柔区青春路乙64号楼1层102室	101400	51967588
平谷营销服务部	平谷区平谷镇林荫南街9号楼9-64号	101200	69955722
朝阳支公司	朝阳区和平街东土城路12号院3号楼16层01室	100020	64218618

紫金财产保险股份有限公司北京分公司

机构名称	地　　址	邮　编	电　话
海淀支公司	海淀区复兴路65号电信实业大厦2层	100036	88612831
海淀区复兴路支公司	海淀区复兴路65号电信实业大厦12层1205室	101200	88612868

国任财产保险股份有限公司北京分公司

机构名称	地　址	邮　编	电　话
丰台支公司	丰台区槐房西路318号院南庭新苑底商B4－10号	102600	13911376350
顺义支公司	顺义区华英园9号5031室	100082	89425675
昌平支公司	昌平区西关路20号4号楼15层4－1816室	102200	58072866

浙商财产保险股份有限公司北京分公司

机构名称	地　址	邮　编	电　话
东城营销服务部	东城区东花市南里东区8号楼4层402室		18611021202

富德财产保险股份有限公司北京分公司

机构名称	地　址	邮　编	电　话
海淀支公司	海淀区西直门北大街56号富德生命人寿大厦8层0805	100102	84164186
平谷支公司	平谷区平谷镇西环南路1号楼	101200	

珠峰财产保险股份有限公司北京分公司

机构名称	地　址	邮　编	电　话
通州支公司	通州区群芳中三街111号、119号	101100	83367372

机构名称	地　址	邮　编	电　话
朝阳支公司	朝阳区化工路59号院1号楼	100023	83367372

易安财产保险股份有限公司

机构名称	地　址	邮　编	电　话
北京营业部	海淀区西土城路1号院1号楼泰富酒店写字楼5层	100191	53916197

中国人寿保险股份有限公司北京市分公司

机构名称	地　址	邮　编	电　话
西城后广平营销服务部	西城区后广平胡同36号	100035	66168576
西城南大安营销服务部	西城区南大安胡同6号中宏大厦	100035	66117760
西城阜成门营销服务部	西城区阜外大街3号东润时代大厦	100037	68001517
丰台支公司海鹰路营业部	房山区长阳镇加州水郡120号住宅楼1层3号	100070	68001517
昌平东小口营销服务部	丰台区银地家园8号楼1层07室	102208	68001517
海淀万柳中路营销服务部	朝阳区南沙滩66号院1号楼1层1－112号	100070	68001517
海淀区世纪城营销服务部	海淀区冷泉林语山庄二区11号楼108号	100097	68001517
西城支公司	西城区后广平胡同36号	100035	66168779
金融大街营销服务部	西城区金融大街12号1层	100032	66575339
中关村大街支公司	海淀区中关村大街40号北京当代商城9层	100086	62573189
海淀支公司温泉营业部	海淀区温泉镇白家疃西口温泉农机厂院内平房	100095	51799313
第七营销服务部	海淀区西三环北路72号院B座29层	100048	88820495
朝阳三元桥营销服务部	朝阳区东三环北路辛2号迪阳大厦	100027	84536263
知春路营销服务部	海淀区知春路6号锦秋国际大厦B座502室	100098	82800967

海淀黄庄营销服务部	海淀区中关村大街32号16层	100086	88820495
海淀支公司	海淀区知春路20号	100088	62056697
第六营销服务部	海淀区西三环北路72号世纪经贸大厦B座29层1－10号	100078	88820495
东城支公司	东城区东直门外东中街32号楼	100027	65005998
朝阳支公司	朝阳区朝外市场街20号11～13层	100020	65880125
朝阳金台北街营销服务部	朝阳区金台北街7号	100026	65005998
朝阳朝外营销服务部	朝阳区金台北街7号1幢2层	100020	85992497
电话销售中心	朝阳区朝外市场街20号中保大厦	100020	59646677
金台路营销服务部	朝阳区金台北街7号1号楼5层、6层	100026	65005998
营业部	朝阳区朝外市场街20号16层	100020	85613417
金台路营业部	朝阳区金台北街7号1号楼1层	100020	65022591
北京经济技术开发区支公司	北京经济技术开发区经海五路58号院5号楼3层307室	100023	65005998
石景山营销服务部	石景山区玉泉西里二区2号楼1层商业07单元	100049	88255987
石景山支公司	石景山区玉泉路玉泉大厦	100049	69855044
丰台西四环南路营销服务部	石景山区鲁谷路74号中国瑞达大厦	100040	68867453
北纬路营业部	西城区北纬路1号	100050	83160092
北纬路营销服务部	西城区北纬路1号	100050	83160952
丰台支公司	丰台区王佐镇福宫路8号第2～4层	100074	83319230
阜成门支公司	西城区阜成门外大街3号国宾花园6号楼3～4层	100044	68001517
丰台云岗营销服务部	丰台区王佐镇福宫路8号	100074	83315147
房山支公司	房山区良乡西潞北大街26号	102488	89350159
房山兴房营销服务部	房山区城关街道兴房大街2号院	102488	89350161

房山良乡营销服务部	房山区良乡西潞北大街26号	102488	89350161
门头沟支公司	门头沟区滨河路64号	102300	69855044
门头沟滨河营销服务部	门头沟区滨河路64号	102300	69861404
门头沟清水营销服务部	门头沟区清水镇下清水村东街105号	102300	69861404
密云支公司	密云区滨河路22号	101500	69025757
密云滨河路营销服务部	密云区滨河路22号	101500	69053372
密云东邵渠营销服务部	密云区东邵渠镇政府大街道南50米	101500	69053372
密云新城子营销服务部	密云区新城子镇新城子村	101506	69024089
密云十里堡营销服务部	密云区明珠花园6号楼1层4单元101室	101500	69041890
密云巨各庄营销服务部	房山区良乡西潞北大街26号1幢4层	102488	69024089
密云太师屯营销服务部	密云区太师屯镇永安街149号楼9号	101500	69053372
密云河南寨营销服务部	房山区良乡西潞北大街26号1幢3层	102488	69024089
密云卸甲山营销服务部	密云县西田各庄镇卸甲山村	101511	69024089
平谷支公司	平谷区金谷园21号楼16号	101200	69984204
平谷府前大街营销服务部	平谷区金谷园21号楼16号	101200	89980552
顺义支公司	顺义区府前东街2号	101300	69466735
顺义站前街营销服务部	顺义区府前东街2号	101300	81481249
通州支公司	通州区玉带河大街22号	101100	69545575
通州马驹桥营销服务部	通州区马驹桥镇潼关一区311号	101102	69516373
通州次渠营销服务部	通州区次二村南6号1幢501室	101111	69516373
通州张家湾营销服务部	通州区张家湾镇太玉园B区028店铺	101100	69516371
通州漷县营销服务部	门头沟区滨河路64号1幢3层	102399	69516371
通州西集营销服务部	朝阳区金台北街7号楼1幢3层	10020	69516371
通州永乐店营销服务部	门头沟区滨河路64号1幢2层	102399	69516371
昌平支公司	昌平区创新路5号	102200	69723494

机构名称	地　址	邮　编	电　话
昌平鼓楼营销服务部	昌平区昌平镇创新路 5 号	102200	69723494
昌平政府街营销服务部	昌平区政府街 18 号	102200	69746602
南口营销服务部	昌平区昌平镇创新路 5 号 2 层 202 室	102200	69723494
昌平小汤山营销服务部	昌平区昌平镇创新路 5 号四层 405 号	102200	69723494
昌平十三陵营销服务部	昌平区科技园区创新路 5 号 4 楼第四职场	102200	69723494
昌平天通苑营销服务部	昌平区东小口镇天通苑二区 1 号楼 7 门	102200	69746402
昌平回龙观营销服务部	昌平区回龙观东大街 336 号院 2 号楼 1 层 102 室	102208	69723494
昌平西三旗营销服务部	昌平区科技园区创新路 5 号 2 楼第一职场	102200	69723494
安贞营销服务部	东城区安定路 20 号 5 号楼 329 室	100029	64450657
怀柔支公司	怀柔区商业街 2 号	101400	69648447
怀柔商业街营销服务部	怀柔区商业街 2 号	101400	69641944
延庆支公司	延庆区东外大街 62 号	102100	69180493
延庆东外大街营销服务部	延庆区东外大街 62 号 4 层	102100	69176734
大兴红星营销服务部	大兴区旧宫镇旧宫东路	102600	69295431
大兴黄村营销服务部	大兴区黄村镇兴业大街三段 26 号楼 2 层、3 层	102600	69295431
大兴支公司	大兴区黄村镇兴业大街三段 26 号楼 1 层	102600	69295431

中国太平洋人寿保险股份有限公司北京分公司

机构名称	地　址	邮　编	电　话
东城支公司	东城区北京站东街 8 号信通大厦 B 座 6 层	100010	83955353
海淀支公司	海淀区复兴路甲 23 号城乡华懋 13 层	100036	83954041
朝阳支公司	朝阳区安贞桥北金瓯大厦 2 层	100029	83954508
通州支公司	通州区新华南路 64 号 3 层	101100	83954608
顺义支公司	顺义区仁和镇仓上街 2 号 AMB 大厦 B 座 5 层	101300	83954017

昌平支公司	昌平区昌平镇西环路29号5层	102200	83954188
中关村支公司	海淀区中关村南大街甲10号银海大厦5层	100081	83954408
大兴支公司	大兴区金星西路兴创大厦15层	102600	83954201
密云支公司	密云区新中街42号外贸大厦4层	101500	83954251
国贸支公司	朝阳区广和南里二条16号院3号楼2层	100021	83954118
西城支公司	西城区西直门外大街新兴东巷15号金泰鑫侨大厦	100044	83954466
安定门营销服务部	东城区安定门外东河沿乙5号楼	100010	83954336
劲松营销服务部	朝阳区广和南里二条16号院3号楼2层	100021	83955998

中国平安人寿保险股份有限公司北京分公司

机构名称	地　址	邮　编	电　话
东城恒基中心营销服务部	东城区建国门内大街18号恒基中心3层	100005	65126776
朝阳光熙门营销服务部	朝阳区西坝河西里23号4号楼3层、4层	100028	56316873
东城雍和宫营销服务部	东城区藏经馆路11号A座13层、B座1层	100007	64078251
通州恒通营销服务部	通州区梨园镇九棵树东路107号泉蕾佳苑小区A栋底商	101101	13810459711
通州西海子营销服务部	通州区九棵树东路117~141号（单号）	101101	18519160202
国峰营销服务部	朝阳区常惠路6号楼4单元	100025	56316223
平谷金乡路营销服务部	平谷区平谷镇金乡路1号2幢	101200	61993881
顺义龙府营销服务部	顺义区站前北街78号1号	101300	69439079
海淀北太平庄营销服务部	海淀区北太平庄路2号	100088	82022755
丰台莲花池营销服务部	丰台区西站南广场驻京办1号楼1层A108号	100073	59761290
海淀甘家口营销服务部	海淀区三里河路17号	100037	18235447010

大兴区兴政营销服务部	大兴区黄村镇兴政大街南区政府对面	102600	69200452
朝阳国贸营销服务部	朝阳区东三环中路16号3层	100020	56709263
丰台科丰桥营销服务部	丰台区航丰路1号B配套楼	100070	83659811
延庆板泉路营销服务部	延庆区东外大街26号鑫妫川购物中心	102100	69173765
昌平永安营销服务部	昌平区西环路16号3层、1层06号房间	102200	15810580881
昌平天通苑营销服务部	昌平区天通北苑北一区甲5号	102218	15210542270
房山城关营销服务部	房山区农林路1号3层	102400	60305637
房山良乡营销服务部	房山区良乡地区拱辰北大街3号	102488	89360117
密云鑫盛营销服务部	密云区新南路新中街规划路西侧金地来酒店1层及2层部分房间	101500	56316733
怀柔梅苑营销服务部	怀柔区湖光小区33号院梅苑8号楼	101400	69686296
西城宣武门营销服务部	西城区宣武门东大街24号	100051	63156604
方庄营销服务部	丰台区方庄芳古园一区28号楼4层	100075	63156604
海淀区杏石口营销服务部	海淀区杏石口路80号A区1号楼4层401号	100080	56282761
海淀苏州桥营销服务部	海淀区小南庄路怡秀园甲1号2~6层	100086	56316509
西城西单营销服务部	西城区背阴胡同甲35号3幢2~5层	100032	56316102
东城鼓楼营销服务部	东城区东水井胡同5号楼6层701室	100010	58646780
朝阳亮马桥营销服务部	朝阳区新源南路1-3号B座5~6层	100027	59761266
东城东四营销服务部	东城区前炒面胡同33号瀚海科技大厦A座6层、7层	100010	65131066
鲁谷路营销服务部	石景山区鲁谷路74号瑞达大厦5楼		56316223
丰台开阳桥营销服务部	丰台区开阳路1号院瀚海花园大厦	100069	56316007
东城建国门营销服务部	东城区建国门南大街5号金龙大厦	100005	65599979
房山良乡政通路营销服务部	房山区拱辰街道政通路12号1号楼	102488	13681005660
石景山玉泉路营销服务部	石景山区石景山路3号玉泉大厦2~3层	100039	88257616

新华人寿保险股份有限公司北京分公司

机构名称	地址	邮编	电话
海淀支公司	海淀区莲花苑5号楼6层601～609室	100088	62078307
朝阳支公司	朝阳区团结湖南里15号恒祥大厦6层	100062	51399522
西城支公司	西城区西直门外大街112号3层307室	100026	68330061
东城支公司	东城区崇外大街新怡家园甲3号楼7层	100035	67087335
丰台支公司	丰台区莲花池西里11号4号楼3层301室	100043	84189456
石景山支公司	石景山区城兴街255号院1号楼7层01～02单元	100073	68684601
大兴支公司	大兴区工业开发区金苑路3号金融大厦2层B－01室	100013	60213165
房山支公司	房山区拱辰街道西潞南大街5号	102401	69381192
通州支公司	通州区云景东路1号3～4层	101100	59782722
顺义支公司	顺义区仓上街2号智能大厦B区9层	102628	69424945
西城区新外大街营销服务部	西城区黄寺大街甲23号院1号楼1层	101300	62076856
平谷支公司	平谷区府前西街2号渔阳大厦	101200	69970193
密云区鼓楼营销服务部	密云区果园新里北区综合楼东侧1层	102200	69068746
昌平支公司	昌平区西环路78号	100011	80107796
丰台南苑营销服务部	丰台区和义东里三区9号楼1层、3层	100036	67942808
怀柔营销服务部	怀柔区迎宾北路1号2幢201～205室	100021	69643245
延庆营销服务部	延庆区延庆镇高塔街58号绿韵广场5层502室	100007	69141001
东四十条营销服务部	东城区东四十条68号2层202房间	101500	84189456
冠城营业部	西城区北三环中路23号楼4层、9层	102100	62078307

机构名称	地　址	邮　编	电　话
德外营业部	西城区黄寺大街甲23号院1号楼2层	101400	62078307
和平里支公司	朝阳区东土城路14号7层01－11及10层09～11室	100076	85271846
潘家园营销服务部	朝阳区松榆北路7号院11号楼2层	102200	67498965
莲花桥营销服务部	海淀区莲花苑5号楼2层东侧房间	100011	83141095
保福寺营业部	海淀区中关村东路18号财智国际大厦1号楼3层	100088	52725052
回龙观营销服务部	昌平区回龙观镇西大街118号1幢1层101内A103室	100083	59812412
公益桥营业部	丰台区芳群园四区21号楼2层东段201室	100078	67647096

泰康人寿保险有限责任公司北京分公司

机构名称	地　址	邮　编	电　话
朝阳广渠路支公司	朝阳区东三环南路98号1幢6层	100022	58611786
窦店支公司	房山区窦店镇窦店村京南嘉园小区4号楼	102402	69390236
西集营销服务部	通州区西集镇西集村南门市场	101106	15382006033
管庄营销服务部	朝阳区建东苑18号楼	100024	85730093
西北旺营销服务部	海淀区马连洼梅园甲3号楼3单元102号室	100085	63287695
海淀知春路营销服务部	海淀区知春路甲48号2号楼20层23C	100020	13717715000
溪翁庄营销服务部	密云区溪翁庄镇碧水花园1楼	101512	13241631663
上地营销服务部	海淀区北四环西路67号大地科技大厦0511～0513室	100038	85730093
杨镇营销服务部	顺义区杨镇地区一街村委会南500米	101399	81484491

回龙观营销服务部	昌平区建材路西城87号2号楼19层2单元1901~1902室	123003	66428866
燕化星城营销服务部	房山区燕山星城健德四里甲25号	102425	85730093
燕山营业部	房山区燕山迎风南路甲6号楼	102500	69390236
河南寨营销服务部	密云区河南寨镇政府北侧	101500	13681433084
西城第三营销服务部	西城区高粱桥路6号3A2室	100031	66428806
西城第二营销服务部	西城区西直门南大街2号成铭大厦C2205室	100035	85730093
天通苑营销服务部	昌平区东小口镇立汤路188号院北方明珠大厦1号楼18层	100031	66428866
西城第一营销服务部	西城区西直门外大街1号院1号楼第13层15B1~B2&B8室	100035	85730093
东城朝阳门营销服务部	东城区东水井胡同5号楼1216~1218室		66428866
西城第二支公司	西城区西直门外大街1号院1号楼7层	100053	66428866
房山支公司	房山区良乡西潞南大街8号3层南侧	102488	89362945
平谷支公司	平谷区平谷镇新开街23号房屋2层、3层	101299	69985771
延庆支公司	延庆区延庆镇高塔楼66号3层	102100	69181004
门头沟支公司	门头沟区滨河霁月园8号楼	102399	69852175
昌平支公司	昌平区城南街道龙水路22号院1号楼15层1501室	102299	69724975
大兴支公司	大兴区金苑路3号B21A房间	102628	61106110
顺义支公司	顺义区站前东街商业楼2号楼	101300	81484491
丰台支公司	丰台区宋庄路71号院1号楼13层1601~1602室	100079	59627207
海淀支公司	海淀区知春路甲48号1号楼7A	100086	51626811
海淀第二支公司	海淀区莲花池东路39号8层803~804室	100040	68655969

机构名称	地址	邮编	电话
东城支公司	东城区东水井胡同5号楼6层	100027	65000898
长安支公司	东城区崇文门外大街8号院1号楼东座3层302~306室	100005	65184611
西城支公司	西城区高粱桥路6号5号楼	100000	13051998359
朝阳支公司	朝阳区东三环中路39号建外SOHO 23号楼	100031	66428866
怀柔支公司	怀柔区南大街18号2层	101400	69460252
电话销售中心	东城区崇文门外大街8号院1号楼东座4层	100005	65181107
通州支公司	通州区通惠南路6号8号楼4层1~2室、10号楼3层9室	101199	89501672
大孙各庄营销服务部	顺义区大孙各庄镇府前街7号	101308	81484491
密云支公司	密云区鼓楼东大街山水大厦1~2层	101599	69087811
城关营销服务部	房山区城关街道农林路1号1层05号	102499	13716208585

太平人寿保险有限公司北京分公司

机构名称	地　址	邮　编	电　话
海淀支公司	海淀区西直门北大街52号北栋0101号3~7层	100082	82299568
东城支公司	东城区朝阳门北大街6号	100027	85283536
大兴支公司	大兴工业开发区金苑路3号多元商务大厦3层西侧	102600	52338222
平谷支公司	平谷区平谷镇新开街30号楼30-6室	101200	69985817
昌平营销服务部	昌平区水库路G5号配套公建楼4层	102200	69985817
密云营销服务部	密云区新南路92号楼1层92-3室、92-4室	101599	85282407
顺义营销服务部	顺义区仁和地区府前东街2号1号楼8层	101300	81490702
良乡支公司	房山区拱辰街道政通路12号1号楼	102488	81490702

通州营销服务部	通州区通惠南路6号8号楼3层1~4号室	101100	52338222

民生人寿保险股份有限公司北京分公司

机构名称	地　址	邮　编	电　话
海淀支公司	海淀区苏州街1号8层830A	100080	59206570
怀柔支公司	怀柔区金台园甲56号房屋5层	101499	69698459
朝阳营销服务部	朝阳区东三环北路38号民生大厦5层	100026	59206867
西城营销服务部	西城区羊皮胡同乙1号221房间	100034	59206274
通州营销服务部	通州区新华西街58号院3号楼1211房间	101199	60536733
昌平营销服务部	昌平区东小口镇天通苑东一区3号	102218	59206131
平谷营销服务部	平谷区新平北路51号4层	101299	69989152
房山营销服务部	房山区天星街1号院14号楼2层207室	102401	69363879
顺义营销服务部	顺义区站前8号院1号楼	101399	69427824
密云营销服务部	密云区车站路28号2层	101599	69080173

富德生命人寿保险股份有限公司北京分公司

机构名称	地　址	邮　编	电　话
东城营销服务部	东城区王家园胡同10号2层217室、233室	110101	65516830
石景山营销服务部	石景山区鲁谷路35号10层东侧	100082	68668323
海淀支公司	海淀区西直门北大街56号南栋	100081	58978302
门头沟营销服务部	门头沟区滨河绮霞苑1号楼1~2层底商	102308	69856351
通州营销服务部	通州区云景北里52号楼1709~1712号	101100	17710536485
朝阳营销服务部	朝阳区北苑路13号院1号楼4层B单元402室	100025	58978171

房山营销服务部	房山区天星街1号院15号楼15层	102200	58978171
大兴营销服务部	大兴区金星西路5号及5号院2号楼16层	102600	61273570
延庆营销服务部	延庆镇妫水北街39号1幢B座1层	102119	58978166

光大永明人寿保险有限公司北京分公司

机构名称	地　址	邮　编	电　话
宏海营销服务部	朝阳区朝外大街22号5层第507号	100027	64152828
西城营销服务部	西城区广安门外大街168号1幢7层1－809室	100055	57837200
丰台第二营销服务部	丰台区西三环南路14号院2号楼1层0101室	100079	57837363
顺义第二营销服务部	顺义区石园南区33号楼四单元301室	101300	89440377
顺义营销服务部	顺义区站前街8号院1号楼7层	101300	89448534
良乡营销服务部	房山区拱辰街道西潞南大街5号同方大厦5层	102488	69351736

合众人寿保险股份有限公司北京分公司

机构名称	地　址	邮　编	电　话
东城营销服务部	东城区东水井胡同11号楼4层5A11室	100010	58797755
朝阳门营销服务部	朝阳区朝外大街乙12号办公楼17层	100020	58797755
海淀营销服务部	海淀区杏石口路9号1幢1层101室	100195	58797755
房山营销服务部	房山区拱辰街道西潞南大街5号1幢4层	102488	89369147
通州营销服务部	通州区翠景北里1号楼1011号	101100	52102550
顺义营销服务部	顺义区府前东街2号1号楼6层605室	101300	69440460
昌平营销服务部	昌平区天通苑东一区6号楼	102218	13601331948
大兴营销服务部	大兴区枣园路19号1幢8层801室	102600	69261418

机构名称	地　址	邮　编	电　话
平谷营销服务部	平谷区兴谷经济开发区谷丰东路30号院2号楼5层	101200	89981078
合众人寿保险股份有限公司北京电话销售中心	海淀区莲花苑5号楼3层	100195	59949733

中国人民健康保险股份有限公司北京分公司

机构名称	地　址	邮　编	电　话
第一营销服务部	朝阳区安华里五区21号楼3层312室、318室	100037	59867903
密云营业部	密云区密云镇鼓楼南大街41号	101500	59867903
房山营销服务部	房山区良乡拱辰南大街42号楼A座商住楼6单元901室	102401	59867888
通州支公司	通州区运河西大街15号1～2层	101100	59867888
第五营销服务部	顺义区仓上街2号智能大厦A区2层209室	101300	59867903
怀柔营销服务部	怀柔区青春路21号402室、411室	101400	69687796
第二营销服务部	平谷区建设西街17号1幢	101200	89999305

长城人寿保险股份有限公司北京分公司

机构名称	地　址	邮　编	电　话
良乡营销服务部	房山区良乡拱辰大街47号拱辰大厦6层	102401	69375838

中国人民人寿保险股份有限公司北京市分公司

机构名称	地　址	邮　编	电　话
北京经济技术开发区支公司	北京经济技术开发区宏达北路12号创业园区A座一区315~316室	100176	67879877
东城支公司	东城区东四北大街343号瑞城亿兴大厦第9层	100010	13601131937
朝阳支公司	朝阳区甜水园东街18号楼3层北侧	100013	13910847173
丰台支公司	丰台区花乡四合庄1516-16地块T1办公商业楼8层905~906室	100073	57128971
西城支公司	西城区北三环中路6号伦洋大厦10层1002房间	100120	13401024501
海淀支公司	海淀区马连洼北路138号院1号楼6层623~625室	100085	58892518
房山支公司	房山区良乡拱辰政通路8号1号楼西侧302室	102488	15001366766
通州支公司	通州区通惠南路6号10号楼3层5-1号室	101100	52338008
顺义区营销服务部	顺义区复兴四街3号院4号楼3层305室	101300	13051380170
昌平支公司	昌平区科技园区凉水河路8号楼4层401~419室	102200	13661318151
大兴区营销服务部	大兴区丽园路9号11层1101~1103室	102600	13811571846
怀柔支公司	怀柔区青春路21号6层	101400	69688589
平谷支公司	平谷区平谷镇保安街61号	110226	69963291
密云支公司	密云区鼓楼东大街北侧1号楼3段4层	101500	89086316
延庆区营销服务部	延庆区龙庆南路6号2幢	102100	60168368
石景山支公司	石景山区阜石路166号1号楼1208房间	100043	18611583555
中国人民人寿保险股份有限公司营业部	朝阳区朝阳门北大街18号	100020	56953668

昆仑健康保险股份有限公司北京分公司

机构名称	地　址	邮　编	电　话
第二营销服务部	朝阳区建国门外永安里中街25号2幢	100024	13661275950
电话销售中心	通州区北苑南路16号13栋2号201室	100026	59296105

华夏人寿保险股份有限公司北京分公司

机构名称	地　址	邮　编	电　话
通州营销服务部	通州区翠景北里9号楼1－3号商业	100052	63106600
平谷营销服务部	平谷区迎宾街1号院9号楼5层、6层	101200	13501075665
海淀营销服务部	海淀区金夕园甲1号3段	100086	63106600
朝阳营销服务部	朝阳区北苑路176号	100101	13521666768
华夏人寿保险股份有限公司北京电话销售中心	朝阳区高碑店乡西店村1069号1号楼	100010	4008004008

平安养老保险股份有限公司北京分公司

机构名称	地　址	邮　编	电　话
中关村支公司	北京市海淀区海淀北二街8号3层310室	100190	59733453

英大泰和人寿保险股份有限公司北京分公司

机构名称	地　址	邮　编	电　话
西城第二营销服务部	西城区宣武门外大街26～30号（双号）2幢3层05室	100022	13910091746

机构名称	地　址	邮　编	电　话
西城第一营销服务部	西城区宣武门外大街26~30号（双号）2幢10层09室	100080	58977852

信泰人寿保险股份有限公司北京分公司

机构名称	地　址	邮　编	电　话
西城营销服务部	西城区广安门外大街168号1幢13层2-1606C房间	100037	52612004
通州营销服务部	通州区云景北里52号楼12层1215号	101121	18701328566
大兴营销服务部	大兴区金星西路5号及5号院3号楼7层2单元807室	102627	13810506001

阳光人寿保险股份有限公司北京分公司

机构名称	地　址	邮　编	电　话
东城支公司	东城区灯市口大街50号好润大厦	100006	65268111
朝阳营销服务部	朝阳区广渠路28号223号楼L310室	100022	65268111
石景山支公司	石景山区石景山路22号万商大厦1210~1212房间	100043	68651225
顺义支公司	顺义区站前街1号院1号楼6层	101300	65268111
阳光人寿保险股份有限公司北京保险电话销售中心	通州区永顺镇商通大道1号及1号院2号楼1层	100022	59046980
阳光人寿保险股份有限公司北京通州保险电话销售中心	通州区通胡大街25号10号楼第4层	101117	57240682

幸福人寿保险股份有限公司北京分公司

机构名称	地址	邮编	电话
第一营销服务部	东城区珠市口东大街13号1层102室	100050	67094550
海淀支公司	丰台区角门18号枫竹苑二区1号楼11层1107室、1109室	100082	85239988

百年人寿保险股份有限公司北京分公司

机构名称	地址	邮编	电话
东城营业部	东城区东直门南大街11号中汇广场A座16层1607~1608室	100007	56759488

建信人寿保险股份有限公司北京分公司

机构名称	地址	邮编	电话
第一支公司	通州区中山大街59号院1号楼1105室		56459061

和谐健康保险股份有限公司北京分公司

机构名称	地址	邮编	电话
朝阳支公司	朝阳区东三环中路55号楼5层605室	100022	13910633133

安邦人寿保险股份有限公司北京分公司

机构名称	地　址	邮　编	电　话
朝阳支公司	朝阳区青年路27号院2号楼2号底商	100025	59229989

太平养老保险股份有限公司北京分公司

机构名称	地　址	邮　编	电　话
中关村支公司	海淀区学院路30号科大天工大厦B座9层05～07室	100083	18801080996

爱心人寿保险股份有限公司

机构名称	地　址	邮　编	电　话
北京市石景山支公司	石景山区八角东街65号院裙房1号楼1层	100042	18910833993
北京市朝阳支公司	朝阳区广渠路28号223号楼8层803室、804室		13910803560

（3）外资保险公司

机构名称	地　址	邮　编	电　话
史带财产保险股份有限公司北京分公司	东城区建国门南大街7号北京万豪酒店A座	100005	50868399
美亚财产保险有限公司北京分公司	朝阳区建国路79号华贸中心2号写字楼10层	100004	59692888
东京海上日动火灾保险（中国）有限公司北京分公司	朝阳区新源南路3号平安国际金融中心A座23层01单元	100022	84442567

瑞再企商保险有限公司北京分公司	朝阳区建国门外大街乙12号双子座大厦东塔25层01单元	100044	59096188
三井住友海上火灾保险（中国）有限公司北京分公司	朝阳区东三环北路5号北京发展大厦1601室	100004	85598000
三星财产保险（中国）有限公司北京分公司	建国路118号招商局大厦25层	100022	65685828
日本财产保险（中国）有限公司北京分公司	朝阳区东三环北路5号北京发展大厦416室	100020	59817500
利宝保险有限公司北京分公司	朝阳区广渠路39号院2号楼3层03单元	100025	59100788
安盛天平财产保险股份有限公司北京分公司	东城区东直门外大街46号天恒大厦26层2603室	100027	84608888
国泰财产保险有限责任公司北京分公司	北京经济技术开发区荣华中路8号院4号楼1002室	100052	59336888
劳合社保险（中国）有限公司北京分公司	朝阳区建国门外大街1号国贸写字楼1座	100004	85264801
苏黎世财产保险（中国）有限公司北京分公司	朝阳区曙光西里甲5号院21号楼凤凰置地广场F座写字楼6层	100028	84547828
安达保险有限公司北京分公司	朝阳区建国门外大街1号（2期）20层01单元	100020	5646188
中航安盟财产保险有限公司北京分公司	朝阳区建国门外大街甲6号1幢SK大厦10层1002室	100022	13911904194
安联财产保险（中国）有限公司北京分公司	朝阳区光华东里8号院3号楼7层	100020	85400990
中宏人寿保险有限公司北京分公司	西城区复兴门外大街中化大厦4层	100045	58511881
中德安联人寿保险有限公司北京分公司	石景山区石景山路乙18号院2号楼13层	100025	59216000
工银安盛人寿保险有限公司北京分公司	东城区东四十条24号青蓝大厦12层部分、15层	100022	81026688
信诚人寿保险有限公司北京分公司	东城区王府井大街138号北京新东安广场第3座10层	100738	85181888

交银康联人寿保险有限公司北京市分公司	朝阳区安慧北里逸园1号楼	100034	50838942
中意人寿保险有限公司北京分公司	朝阳区光华路5号院1号楼	100020	59303388
友邦保险有限公司北京分公司	朝阳区建国门外大街8号国际财源中心西塔A座、B座5层	100022	57835556
中荷人寿保险有限公司北京分公司	东城区东长安街1号东方广场东方经贸城东一办公楼5层	100738	65216685
中英人寿保险有限公司北京分公司	朝阳区永安东里16号CBD国际大厦8层	100022	85672888
同方全球人寿保险有限公司北京分公司	海淀区五道口王庄路1号清华同方科技大厦A座10层1003室	100027	58164868
招商信诺人寿保险有限公司北京分公司	朝阳区建国路79号华贸中心2号写字楼	100022	85809055
长生人寿保险有限公司北京分公司	西城区平安里西大街28号中海国际中心	100034	63220122
恒安标准人寿保险有限公司北京分公司	东城区新怡家园甲3号楼8层	100016	59235588
华泰人寿保险股份有限公司北京分公司	西城区德胜门外大街125号德胜尚城大厦B座1层、4层北楼	100088	59375566
陆家嘴国泰人寿保险有限责任公司北京分公司	东城区白桥大街15号4层407室、408室	100062	59620678
中美联泰大都会人寿保险有限公司北京分公司	东城区东长安街1号东方广场东二办公楼12层	100738	85180966
平安健康保险股份有限公司北京分公司	西城区金融大街23号6层610室	100032	59733211
中银三星人寿保险有限公司北京分公司	朝阳区霄云路36号1幢第9层03～07号房间	100027	58201621
汇丰人寿保险有限公司北京分公司	朝阳区建国门外大街8号国际财源中心西塔楼11层1102单元	100022	59860000
北大方正人寿保险有限公司北京分公司	海淀区北四环西路52号16层1606室		62837230
复星保德信人寿保险有限公司北京分公司	朝阳区朝阳北路237号楼	100020	56300706
中法人寿保险有限责任公司北京分公司	朝阳区工体东路18号2号楼4层	100020	56678601

（4）外资保险公司分支机构

安盛天平财产保险股份有限公司北京分公司

机构名称	地　址	邮　编	电　话
东城营销服务部	东城区东花市南里东区3号楼底商B07、BF07	100062	84608888
第一支公司	东城区东直门外大街46号26层2603室		57453291
怀柔支公司	怀柔区于家园南街6号院2号楼3号		60686636

国泰财产保险有限责任公司北京分公司

机构名称	地　址	邮　编	电　话
海淀支公司	海淀区西郊半壁店59号1886室	100143	59336888

利宝保险有限公司北京分公司

机构名称	地　址	邮　编	电　话
昌平营销服务部	昌平区城区镇城角西路9号	102200	89783382
房山营销服务部	房山区拱辰街道政通路12号1号楼第5层517室	102401	81311922

中意财产保险有限公司

机构名称	地　址	邮　编	电　话
营业部	朝阳区建国门外大街乙12号双子座大厦西塔26层	100022	59601818

工银安盛人寿保险有限公司北京分公司

机构名称	地　址	邮　编	电　话
国贸营销服务部	东城区东四十条24号青蓝大厦12层R部分	100022	84057168

中信保诚人寿保险有限公司北京分公司

机构名称	地　址	邮　编	电　话
中信保诚人寿保险有限公司北京电话销售中心	朝阳区京顺路5号曙光大厦C座4层	100020	85878699－6610
新东安营销服务部	东城区王府井大街138号北京新东安办公楼第3座8层801～827号	100006	65888885
王府井营销服务部	东城区王府井大街138号北京新东安办公楼第3座7层717～727号	100006	85111958
海淀第一营销服务部	海淀区高梁桥斜街59号院1号楼14层	100044	85181888
昌平营销服务部	昌平区昌平科技园区超前路甲1号11号楼6层608室	102200	85181888
平谷营销服务部	平谷区迎宾街1号院5号楼1单元801号	101200	89999578
通州营销服务部	通州区运河核心区IV－07地块绿地大厦1号楼3层	101199	85181888

中意人寿保险有限公司北京分公司

机构名称	地　址	邮　编	电　话
中意人寿保险有限公司北京电话销售中心	朝阳区光华路5号院1号楼11层1201内2单元	100026	65097028

机构名称	地址	邮编	电话
东恒营销服务部	东城区东四北大街265号5层502室	100027	58190088
大成营销服务部	东城区东直门外大街46号天恒大厦B座25层2508B	100027	58190088
国贸营销服务部	朝阳区建国门外大街乙12号东塔办公楼9层01~06单元	100027	58190088
通州营销服务部	通州区翠景北里1号楼2103室	101100	13911359916
海淀营销服务部	海淀区中关村大街27号11层1111~1112（部分）	100086	13911774273

友邦保险有限公司北京分公司

机构名称	地　　址	邮　编	电　话
东城第一营销服务部	东城区东总布胡同58号2层201单元	100022	65666331
东城第二营销服务部	东城区东总布胡同58号2层202单元	100022	65666331
东城第三营销服务部	东城区东总布胡同58号4层401单元	100022	65666331
海淀中关村营销服务部	海淀区知春路106号10层1004~1006号	100022	65666331
朝阳长虹桥营销服务部	朝阳区东三环北路17号11层1104室	100027	65301269
朝阳光华路营销服务部	朝阳区建华南路6号院1号楼五层05单元	100022	65666331
通州营销服务部	通州区梨园地区梨园村轻轨南侧1号楼1号	101101	60557166
昌平营销服务部	昌平区回龙观镇龙泽苑小区东门商业楼北楼3层	100029	58907888

中荷人寿保险有限公司北京分公司

机构名称	地　　址	邮　编	电　话
东方广场营销服务部	东城区东长安街1号东方广场中二办公楼7层1室、2室	100738	65216685

机构名称	地址	邮编	电话
第二营销服务部	朝阳区建外大街永安东里甲3号通用时代国际中心1号楼2层	110105	58793777

中英人寿保险有限公司北京分公司

机构名称	地址	邮编	电话
中英人寿保险有限公司北京电话销售中心	朝阳区西大望路3号院2号楼	100011	82235892
中英人寿保险有限公司北京朝阳电话销售中心	朝阳区西大望路3号院2号楼1层HS09－1	100022	85672888－257
朝阳区营销服务部	朝阳区永安东里16号CBD国际大厦812室	100022	13718214831

同方全球人寿保险有限公司北京分公司

机构名称	地址	邮编	电话
朝外大街营销服务部	朝阳区工人体育场北路甲2号盈科中心A座12层	100027	58164868
通州营销服务部	通州区新华西街58号院2号楼23层2301～2304室	101149	13811358477

恒安标准人寿保险有限公司北京分公司

机构名称	地址	邮编	电话
第一营销服务部	东城区新怡家园甲3号新怡商务楼B座8层801室、802室	100062	59235588
盈泰支公司	东城区新怡家园甲3号楼8层804室	102218	13910011703

华泰人寿保险股份有限公司北京分公司

机构名称	地　址	邮　编	电　话
东城营销服务部	西城区德胜门外大街 125 号德胜尚城大厦 B 座 3 层北楼	100088	59375566
西城营销服务部	西城区德胜门外大街 125 号德胜尚城大厦 B 座 2 层北楼	100088	59375566
北太平庄营销服务部	西城区德胜门外大街 125 号 401B－8	100088	59375522
房山营销服务部	房山区拱辰大街 53 号	102488	59375158
昌平营销服务部	昌平区八街双井胡同八街 3 号住宅楼 1 层 6 单元 102 室		69726203

中美联泰大都会人寿保险有限公司北京分公司

机构名称	地　址	邮　编	电　话
中美联泰大都会人寿保险有限公司北京第一电话销售中心	朝阳区管庄周家井大院内世通大厦 B 座	100022	85180966
中美联泰大都会人寿保险有限公司北京第二电话销售中心	朝阳区管庄周家井大院内世通大厦 B 座 4～5 层	100007	85180966
中美联泰大都会人寿保险有限公司北京睿祺电话销售中心	朝阳区管庄周家井大院内世通大厦 B 座 8～9 层	100738	85180966－86300
东三环中路营销服务部	朝阳区东三环中路 20 号 A 座 17 层	100022	85180966
东三环中路第二营销服务部	朝阳区东三环中路 24 号 B 座 16 层	100738	85180966

中银三星人寿保险有限公司北京分公司

机构名称	地　址	邮　编	电　话
朝阳第一营销服务部	朝阳区东三环北路甲2号8号楼19层1931～1939室	100027	58201780

复星保德信人寿保险有限公司北京分公司

机构名称	地　址	邮　编	电　话
丰台支公司	丰台区西三环南路14号院1号楼	101100	60531090
昌平营销服务部	昌平区振兴路28号6层、7层	102200	56300811

新光海航人寿保险有限责任公司

机构名称	地　址	邮　编	电　话
电话销售中心	朝阳区建国路7号正嘉大厦6层A604室、A605室	100033	59216666
朝阳支公司	朝阳区建国门外大街乙12号双子座大厦东塔8层802室、803室	100022	57593666

招商信诺人寿保险有限公司

机构名称	地　址	邮　编	电　话
北京电话销售中心	朝阳区建国路79号华贸中心2号写字楼8层07号		85809055

（5）保险代理公司

机构名称	地址	邮编	电话
安惠国际保险代理（北京）有限公司	东城区东四十条甲22号1号楼A710室	100007	4006786070
安途保险代理（北京）有限公司	昌平区小汤山镇沙顺路91号院2号2层203－2室	100088	82086115
安心致远保险代理有限责任公司	石景山区石景山路31号院盛景国际广场3号楼718室	100043	
保通时空（北京）保险代理有限公司	海淀区紫竹院路116号嘉豪国际中心D座606室	100024	58931833
北京爱车易行保险代理有限公司	东城区安定门外大街138号5层A座507室	100007	64174035
北京爱马社保险代理有限公司	房山区良乡长虹西路翠柳东街1号	102488	56192574
北京安邦保险代理有限责任公司	西城区六铺炕街1号1层	100120	82032385
北京安平保险代理有限公司	朝阳区芍药居北里101号1幢26层2座3005	100035	66126609
北京佰阳保险代理有限公司	朝阳区曙光西里甲1号16层A－1903	100080	56200171
北京宝力诚保险代理有限责任公司	朝阳区安慧北里安园10号楼H座202室	100044	51667471
北京保佳保险销售有限责任公司	西城区月坛北街26号恒华国际商务中心B座415号	100033	51079873
北京北盛联合保险代理有限责任公司	朝阳区高碑店乡半壁店村惠河南街1008－B四惠大厦6045～6046房间	100080	65884700
北京斌凝祥融保险代理有限公司	东城区广渠门内大街41号12层41－（12）03室	100024	83117976
北京博瑞和铭保险代理有限公司	朝阳区南新园西路6号5层6A2	100029	67332018
北京财富之舟保险代理有限公司	大兴区中关村科技园区大兴生物医药产业基地天华大街5号院13号楼5层507室	102600	60297165

北京财鑫保险代理有限公司	大兴区盛坊路4号1幢	100028	64475227
北京辰洋保险代理有限公司	海淀区北洼路西里19号A503室	100089	80793268
北京诚成保险代理有限公司	朝阳区东大桥路8号院1号楼11层1217室	100020	58701778
北京诚信保险代理有限公司	朝阳区东三环南路甲52号楼5层6C	100083	51660599
北京诚信通保险代理有限公司	平谷区贾各庄村东南街甲6号	101200	89997999
北京德信保险代理有限公司	朝阳区安慧里四区16号化工大厦916室	101200	84885211
北京丰裕保险代理有限公司	东城区朝阳门北大街2号港澳中心1幢5层506室	100022	65544788
北京富邦保险代理有限公司	东城区胜古中路1号20号楼2层218室	100723	15801057070
北京高晟财富保险代理股份有限公司	朝阳区朝外大街甲6号4座23层2301~2305室	100070	58170806
北京格林保险代理有限公司	丰台区南三环西路91号院1号楼6层2单元707室	101200	62366843
北京广安保险代理有限责任公司	平谷区平谷镇谷丰东路8号	101200	69988080
北京国诚国际保险代理有限公司	朝阳区东风乡将台洼甲80号院内甲8号	100010	67713603
北京国恒保险代理有限公司	东城区建国门内大街18号办一22层04室	100078	65181028
北京国济保险代理有限公司	西城区北三环中路甲29号院2号楼华尊大厦B座1501室	100029	62356665
北京国民保险代理有限公司	西城区半步桥街48号1幢512室	100016	62538000
北京国人保险代理有限公司	朝阳区建国门外大街丙24号楼18层2103室	100010	65666680
北京国泰保险代理有限公司	朝阳区幸福一村甲55号	100029	64162696
北京海商保险代理有限公司	东城区北京站东街8号B座6层607－2室	100044	65568680
北京恒荣汇彬保险代理股份有限公司	朝阳区光华路7号19层19B10单元	100022	57264419
北京恒泰保险代理有限公司	朝阳区秀水街1号建国门外外交公寓7－1－14号	100027	85322837
北京恒信保险代理有限公司	怀柔区怀北镇西庄村308号	100010	84929744

北京红枫鑫保险代理有限公司	朝阳区建国路91号院9号楼18层1808室	100079	67376379
北京宏安信保险代理有限公司	石景山区西井路17号1号楼3层305房间	100200	82600499－801
北京宏利保险代理有限公司	朝阳区建国门外大街1号（1期）16幢14层59室	100122	65350177
北京华诚保险代理有限公司	海淀区北三环西路32号恒润国际大厦809室	100010	82624648
北京华创明德保险代理有限公司	西城区广安门外大街248号1号楼10层1014室	100083	56280923
北京华谊保险销售股份有限公司	朝阳区朝外大街16号1幢5层562室	100086	58771030
北京环宇康泰保险代理有限公司	丰台区丰管路22号院12栋105号	100022	63339582
北京汇通金隆保险代理有限公司	石景山区双园路1号1号楼608室、610室	100010	51625028
北京汇祥保险代理有限公司	朝阳区晨光家园306号楼9层901内9007室	100022	68211690
北京惠诺康达保险代理有限公司	朝阳区五里桥二街1号院11号楼8层0821室	100089	58917195
北京吉顺佳保险代理有限公司	丰台区南三环西路16号2号楼21层2507室	100062	51661563
北京佳盛保险代理有限公司	昌平区科技园区何营路8号院6号楼5层502室	100073	60748979
北京嘉泽保险代理有限公司	朝阳区青年路7号院3号楼15层	100036	58205506
北京交广保险代理有限公司	朝阳区幸福三村北街1号	100010	84515731
北京金鼎涛保险代理有限公司	朝阳区酒仙桥东路9号院2号楼101－9室	102200	88840744
北京金汉保险代理有限公司	海淀区四季青镇柴家坟78号	100025	68359251
北京金宏保险代理有限责任公司	海淀区蓝靛厂金源时代购物中心B区2号B座1001室	100026	64130456
北京金瑞卓森汽车保险代理有限公司	朝阳区利泽东园306号	100027	64392288
北京金石保险代理有限公司	朝阳区亚运村北小营欧陆经典北区C座8层0902室	100076	84850879
北京金宇四越保险代理有限责任公司	昌平区城北街道五街西环路78号1～2层商6号底商	100055	60741812
北京京安保险代理有限公司	西城区西直门南小街国英1号425－1室	100102	58561057

北京京安恒信保险代理有限公司	丰台区纪家庙 8 号 22 号楼 158 室	100101	83554701
北京京广保险代理有限公司	朝阳区晨光家园 306 号楼 8 层 801 内 8009 室	102208	85715028
北京京恒福保险代理有限公司	海淀区清华东路 16 号 3 号楼 501 –1 室	102200	62186351
北京京铁保险代理有限公司	丰台区莲花池东路 120 –1 号北京西站西附楼 5301 室	100035	51935012
北京精诚信联保险销售有限公司	海淀区中关村大街 27 号 17 层 1706 室	100053	67195677
北京精欣保险代理有限公司	朝阳区望京东园 523 号楼 4 层	100020	64721858
北京开诚保险代理有限公司	丰台区丰科路 6 号院 5 号楼 6 层 611 室	100083	63861768
北京开元保险代理有限公司	朝阳区来广营西路 18 号 –8	100055	82551322
北京康硕保险代理有限公司	丰台区南苑北里二区 6 号楼 2 层 201 室	100062	59273405
北京康泰保险代理有限公司	西城区灵境胡同 42 号 1 号楼 4218 室	100071	58042817
北京可为保险代理有限公司	朝阳区西坝河西里 28 号 1 号楼 B0903 室	100089	64475477
北京乐百家保险代理有限公司	大兴区西红门镇宏业路 9 号院 5 号楼 12 层 1209 室	102600	83724926
北京乐荐保易品保险代理有限公司	朝阳区光华路 8 号 17 幢 3 层 A312 房间	100022	85718581
北京乐融保险代理有限公司	朝阳区东三环中路 39 号院 23 号楼 6 层	100074	62349650
北京立康保险代理有限公司	朝阳区静安里 26 号楼 501 内 5005 室	100028	59456934
北京利信保险代理有限公司	东城区王府井大街 201 号 7 层 706 室	100044	64097126
北京美安保险销售有限公司	朝阳区将台路 6 号丽都饭店	100071	64646393
北京美日保险代理有限公司	密云区经济开发区康宝路 10 –3 号	101500	65387031
北京名阳保险代理有限公司	西城区广安门外大街 305 号二区 9 号楼 9 层 1003 室	101149	65155189
北京铭信保险代理有限公司	西城区黄寺大街 24 号院 19 号楼 B420 室	100088	82081236
北京品今保险销售有限公司	朝阳区东三环中路 39 号院 13 号楼 13 层 1603 室	100062	51299166
北京平和保险代理有限公司	西城区西直门外大街 18 号楼 10 层 1 单元1112 室	100033	68028260

北京启盛保险代理有限公司	海淀区马甸东路19号9层1020	100035	62366858
北京钱袋网保险代理有限责任公司	海淀区太月园1号楼五层504	100037	82800993
北京乾安保险销售有限公司	海淀区海淀南路30号B座3层303	100055	88438561
北京仁怡保险代理有限公司	东城区中剪子巷17号329A室	100088	84012608
北京瑞安鸿泰保险代理有限公司	怀柔区杨宋镇凤瑞一园1号院和平路甲8号1层14单元101室	100055	61665978
北京瑞宝寿康保险代理有限公司	丰台区广安路9号院4号楼7层719室	100007	84896216
北京瑞金恒邦保险销售服务股份有限公司	朝阳区东三环南路19号院1号楼	100022	68029246
北京睿峰都保险代理有限责任公司	房山区城关街道顾八路1区1号－W18	100029	89358985
北京润昌保险代理有限公司	朝阳区东大桥路8号院3号楼15层1707室	100022	57417232
北京赛保通保险代理有限公司	东城区广渠门内大街16号906室	100022	67186899
北京赛福特保险代理有限公司	朝阳区安立路60号院2号住宅楼1502室	100097	64827061
北京胜易保险代理有限公司	东城区永定门内东街中里9－17号楼3030房间	100062	67018888
北京世纪隆盛保险代理有限公司	海淀区板井路69号世纪金源国际公寓东区10H	100101	88460345
北京市金诚华夏保险代理有限公司	丰台区科技园区3A地块工商联科技大厦09B04～09B06号	100020	63743368
北京市神舟保险代理有限公司	西城区新街口外大街8号综合楼4层404室	100010	82358474
北京市玉林保险代理有限责任公司	房山区西潞街道良乡西路苏庄三里17号楼11号	102488	69312808
北京双诚保险代理有限公司	东城区东花市南里东区8号楼1单元615室	100070	87758893
北京泰铭保险代理有限责任公司	西城区莲花池东路甲5号院1号楼11层2单元1104室	100033	51289200
北京泰洋保险代理有限公司	朝阳区吉庆里6号佳汇中心B座407号	100020	65531761
北京天地保险代理有限公司	海淀区中关村北二条13号6幢4层400号	100022	82671691
北京天岳保险代理有限公司	怀柔区青春路21号404室	101400	58773792
北京万家保险代理有限公司	海淀区阜成路115号北京印象1号楼205房间	100012	88128735

北京网信保险销售有限公司	朝阳区霄云路28号院2号楼903室	100020	83067768
北京祥龙博瑞汽车保险代理有限公司	东城区长青园7号1栋3216室	100190	64650148
北京昕盈保险代理有限公司	丰台区万丰路317号	100071	86639611
北京新月保险代理有限责任公司	昌平区科技园区永安路26号	100088	80119100
北京信安保险代理有限公司	朝阳区北辰西路69号3单元512号	100061	58772233
北京信泰保险代理有限公司	海淀区昌运宫4号豪柏公寓B1－701号	100039	88420460
北京阳光干线保险代理有限公司	海淀区祁家豁子甲2号建德商务楼117室	102200	62369090
北京耀莱汽车保险代理有限公司	朝阳区幸福二村40号楼	100029	84389713
北京银华同邦保险代理有限公司	西城区宣武门西大街28号大成广场9门1917～1920室	100024	83139918
北京永通保险代理有限公司	平谷区山东庄镇府前路9号	101200	89982282
北京远安保险代理有限公司	石景山区八角东街65号院主楼北座2号楼19层	100027	82231008
北京运通国瑞保险代理有限公司	密云经济开发区兴盛南路8号院1号楼110室、116室	101500	89226555
北京长久汽车保险销售有限公司	顺义区北京空港物流基地物流园八街1号2层B2－005室	101300	65732999
北京证通保险代理有限责任公司	海淀区紫竹院路116号8层1－21－909～911室	100024	88576885
北京致用保险代理有限公司	西城区广安门南滨河路25号403室	100026	51656544－806
北京中金同安保险代理有限公司	海淀区海淀北二街8号3层306室	100052	88591798
北京中联信保险销售服务有限公司	朝阳区工人体育场北路甲6号中宇大厦1层010C	101200	85235948
北京中天嘉华保险代理有限公司	石景山区八大处高科技园区内6－C号地3号楼4层409室	100043	58276940
北京中逸保险代理有限公司	海淀区北三环西路48号1号楼A座12B	100027	51627409
北京众合四海保险代理有限公司	朝阳区安华里二区13号楼101室	101500	59221533

北京众恒保险代理有限责任公司	大兴区黄村镇车站北里51号楼1层102室	102600	69208553
北京众联荣盛保险代理有限公司	朝阳区日坛路6号1号楼9层902室	102600	59790423
北京资本动力保险代理有限公司	朝阳区东三环中路12号1号楼1401室	100027	87710095
大童保险销售服务有限公司	朝阳区朝阳北路237号楼10层1107～1110室	100086	85902288
鼎鼎保险代理有限公司	丰台区南四环西路186号一区1号楼2层25～26单元	100071	53656837
鼎泽保险代理有限公司	丰台区西三环南路59号518室	100072	63829393
泛海在线保险代理有限公司	朝阳区慈云寺1号院3号楼1层、2层	100025	85259987
泛华联兴保险销售股份公司	朝阳区向军南里二巷甲5号8层903室	100022	51311855－210
富德保险销售有限公司	丰台区赵公口甲13号2号楼2层	100071	87809700
国福家庭保险销售服务有限责任公司	西城区莲花池东路106号2单元705室	100045	66290713
航联保险销售有限公司	东城区南竹杆胡同2号楼1幢12层11202室	100044	58157000
和谐保险销售有限公司	朝阳区建国门外大街6号11层1102内103室	100082	85257278
华夏在线保险代理服务有限公司	东城区王府井大街201号9层901室	100007	65280291
汇康保险销售（北京）有限公司	通州区新华西街58号院3号楼19层1903室	100052	0431－88756541
汇银林泰（北京）保险代理有限公司	海淀区北三环西路99号院3号楼7层803室	100020	82553362
嘉信保险代理有限公司	朝阳区百子湾南二路88号1幢8层820室	100043	84012449
金惠家保险代理有限公司	西城区阜成门外大街2号19层A2107室	100080	56320543
康宏碧升保险代理有限公司	西城区西直门外大街1号院3号楼18层D8	100010	58085688
康盛（北京）保险销售有限公司	平谷区林荫北街13号信息大厦1207室、1208室	101200	58614829
乐信保险代理有限公司	东城区金鱼池中街2号院11号楼1～2层	100044	53323657
利星行宝汇汽车保险代理（北京）有限公司	朝阳区望京街8号院1号楼801室	101299	84778000
纳捷奥保险代理（北京）有限公司	海淀区羊坊店路18号2幢11层1144室	100102	51666898

全天候保险代理（北京）有限公司	顺义区仁和镇顺通路25号5幢511－2室	101300	69421005
融汇保险销售有限公司	朝阳区建国路甲92号－4至24层内14层1409室	100024	85660977
盛世保险代理（北京）有限公司	东城区建国门南大街7号C座北京万豪酒店15层1501室	100026	56896377
盛世合众保险销售有限公司	海淀区杏石口路9号1幢2层201室	100195	59949002
盛唐融信保险代理（北京）有限公司	西城区新街口北大街3号4层L409～L412室	100086	68949820
盛源兴保险代理（北京）有限责任公司	平谷区兴谷经济开发区洳河西路45号－125室	101200	56866615
世捷开元保险代理有限公司	石景山区八大处高科技园区西井路3号3号楼8737室	100043	57273371
太和（北京）保险代理有限公司	朝阳区关东店南街2号0511室	100873	57282792
太阳联创保险代理（北京）有限公司	北京经济技术开发区文化园西路6号院8号楼8层801室	100027	87925664
泰瑞保险代理有限责任公司	朝阳区望京中环南路甲2号17层B1903	100050	84721125
天安佰盈保险销售有限公司	海淀区西翠路17号院24号楼3层303室	100054	56138448
天勤保险代理（北京）有限公司	朝阳区幸福一村55号1号楼1层	100078	87665917
天圆地方（北京）保险代理有限公司	朝阳区高井文化园路8号东亿国际传媒产业园区元君书苑F1号楼1层东侧	100020	65818246
微保宏大保险销售股份有限公司	北京经济技术开发区荣华中路8号院4号楼10层1102室	100176	0431－88592807
五星在线保险销售有限公司	石景山区鲁谷路74号瑞达大厦12层M1203号	100043	50949658
新宝宇业（北京）保险代理有限公司	朝阳区广渠路36号院5号楼6层601室	100071	87527425
阳光保险代理有限公司	西城区阜成门外大街1号16层1643B室	100022	83988722
阳光一家家庭综合保险销售服务有限公司	朝阳区朝外大街乙12号1号楼昆泰国际大厦9层	100027	58289877

阳光之音保险销售服务有限公司	通州区东果园18号楼3层308室	100070	81593211
洋坤（北京）保险代理有限公司	怀柔区怀北镇西庄村308号	101200	82026960
一诺至善（北京）保险代理有限公司	石景山区石景山路31号院盛景国际广场2号楼901室	100043	58241666
宜信博诚保险销售服务（北京）股份有限公司	朝阳区建国路88号8号楼12层1505室	100020	57951600
英硕伦斯保险代理（北京）有限责任公司	西城区裕中西里42号楼303室、304室	100088	67759836
中安风尚（北京）保险代理有限公司	昌平区回龙观镇科星西路106号院4号楼5层516室	100085	53380539
中驰保险代理（北京）有限公司	石景山区石景山路乙18号院3号楼6层702室	100041	67089666
中国人寿保险销售有限责任公司	海淀区海淀北二街6号7层	100086	66190303
中佳保险代理有限公司	西城区南滨河路27号院7号楼307室	100055	63453588
中京国际保险销售（北京）有限公司	平谷区南岔子街1号1~3层	101200	69982586
中利保险销售有限公司	朝阳区吉庆里14号楼	100124	59694588

（6）保险经纪公司

机构名称	地　　址	邮　编	电　话
爱心保险经纪有限公司	门头沟区石龙经济开发区永安路20号3号楼A－3895室	102300	62200812
安行保险经纪（北京）有限公司	西城区三里河一区5号院7号楼群房5－3号3层301室	100045	65387011
安瑞保险经纪（北京）有限公司	东城区朝阳门南小街2号楼3层303室	100022	25463858
安润国际保险经纪（北京）有限公司	西城区阜成门外大街2号A1010	100037	68060129
安世联合保险经纪有限公司	朝阳区姚家园南路1号7号楼A区502房间	100131	85385566

北京安华保险经纪有限公司	门头沟区城子大街 73－3	102300	58790790
北京安康保险经纪有限公司	朝阳区西坝河西里 28 号 B205	100028	64477610
北京安鹏保险经纪有限责任公司	顺义区临空经济核心区融慧园 6 号楼	101300	64985566
北京安平中鼎保险经纪有限公司	丰台区科技园富丰路 4 号工商联科技大厦 B 座 2004 室	100070	63784045
北京安鑫保保险经纪有限公司	海淀区首都体育馆南路 6 号 3 号楼 17 层 1756 室	100025	68492616
北京鞍汇联保险经纪有限公司	朝阳区东三环中路 39 号建外 SOHO15 号楼 805 室	100022	58695890
北京奥创保险经纪有限公司	朝阳区天溪园 20 号楼 2 层商业 33	100107	84938008
北京百川保险经纪有限公司	西城区天宁寺前街 2 号北院 19 幢 205A	100055	63319211
北京大树保险经纪有限责任公司	海淀区丹棱街 6 号 1 幢 6 层 729 室	100012	56710999－813
北京大唐泰信保险经纪有限公司	西城区菜市口大街 1 号 13 层 1311 室	100052	83956356
北京鼎立保险经纪有限责任公司	石景山区政达路 6 号院 4 号楼 7 层 709 室	100086	88851866
北京鼎盛保险经纪有限责任公司	朝阳区酒仙桥路甲 10 号 3 号楼	100125	65065338
北京东方保险经纪有限公司	朝阳区朝阳路 67 号 9 号楼 2 单元 803 室	100021	85789048
北京方和万金保险经纪有限公司	海淀区北小马厂 6 号 906 室	100038	63345039
北京丰融保险经纪有限公司	西城区西直门外大街 18 号楼 7 层 1 单元 810 室	100027	84476292
北京富诚保险经纪有限公司	东城区广渠门南小街 3 号 1 单元 1002 室	100061	67169146
北京关爱保险经纪有限公司	朝阳区建国门外大街 22 号赛特大厦 12 层 1210 室	100123	65158580
北京广发保险经纪有限公司	朝阳区东三环北路 38 号院 2 号楼 1406 室	101500	69472620
北京国采保险经纪有限公司	东城区东直门外大街 48 号 1 幢 10 层办公楼 10K	100027	84477169
北京国中保险经纪有限公司	朝阳区建国门外大街 18 号 D702 号	100022	65691466
北京海力保险经纪有限公司	丰台区政馨园一区 2 号楼 8 层 822 室	100071	56127490
北京和政保险经纪有限公司	朝阳区静安里 26 号楼 501 内 5004 室	100101	65301358

北京恒丰保险经纪有限公司	西城区西四南大街砖塔胡同40号宝塔宾馆308室	100034	88891941
北京华川恒健保险经纪有限公司	海淀区永泰庄北路9号永泰绿色生态园V6号院	100027	51582188
北京华汇保险经纪有限公司	东城区永定门西滨河路8号院7楼3层301内03单元	100192	60250099
北京华融保险经纪有限公司	西城区阜成门外大街11号国宾大厦808室	100033	68002927
北京华夏保险经纪有限公司	朝阳区百子湾西里403号楼21层2105室	100043	63426880
北京华育保险经纪有限公司	朝阳区广顺北大街16号院2号楼6层603室	100102	65545008
北京环球保险经纪有限公司	西城区西直门内南小街国英1号楼516室、518室	100035	58561188
北京汇金保险经纪有限公司	朝阳区酒仙桥路10号58号楼1层A107－2室	100600	51660028
北京惠邦保险经纪有限公司	阜成门外大街2号643室	100600	82252371
北京惠保保险经纪有限公司	北京经济技术开发区同济南路19号2号楼4层B区	100176	57063999
北京慧驾保险经纪有限公司	西城区南滨河路27号7号楼12层1217室	100055	58220292
北京吉泰保险经纪有限公司	海淀区紫竹院路81号院3号楼北方地产大厦6层609室	100085	88580566
北京江山保险经纪有限公司	朝阳区霄云路28号院2号楼9层901－2室	100125	0411－28786351
北京金浩保险经纪有限公司	朝阳区亮马桥路39号1号楼6层A602室	100125	84534522
北京金甲保险经纪有限公司	西城区西直门内南小街国英园1号楼707室	100035	58561769
北京金永泰保险经纪有限责任公司	海淀区西八里庄北里56号院西钓鱼台庄园3号楼4门401室	100142	88122415
北京京泰安保险经纪有限公司	海淀区羊坊店路18号1幢9层905室	100025	68177335
北京康信保险经纪有限公司	朝阳区工人体育场北路8号院1号楼13层	100028	85861166
北京联合保险经纪有限公司	朝阳区静安里26号楼5层	100048	64680488
北京木易保险经纪有限责任公司	西城区西直门外大街18号楼18层1单元	100035	52963666

北京农信保险经纪有限公司	海淀区中关村大街27号17层1707室	100086	62698801
北京普华盛世保险经纪有限公司	朝阳区酒仙桥路14号53号楼7层706室	100071	57126871
北京乾泰保险经纪有限公司	西城区平原里小区20号楼413室	100032	63180208
北京秦华保险经纪有限公司	西城区广安门外大街168号中座1010室	100032	68141238
北京仁信智合保险经纪有限公司	丰台区南四环西路128号院3号楼1816室	100071	83609322
北京容海保险经纪有限公司	西城区半步桥街48号1幢3层343室	100054	83172500
北京瑞和保险经纪有限公司	朝阳区东三环中路55号楼20层2306室	100101	85257153
北京润得保险经纪有限公司	朝阳区北小营欧陆经典万兴苑11座4层A室	100024	84851002
北京润盛保险经纪有限公司	朝阳区东方东路8号	100038	64681372
北京赛福哈博保险经纪有限公司	海淀区八里庄路62号院1号楼2层234室	100086	63378585
北京三角洲保险经纪有限责任公司	海淀区青云里满庭芳园小区9号楼青云当代大厦1811号	100088	62124086
北京神州安泰保险经纪有限公司	通州区潞城镇宝佳路66号–010室	101149	88727711
北京盛安国际保险经纪有限公司	海淀区中关村东路18号1号楼11层A–1201室	100086	82600498–801
北京盛唐保险经纪有限公司	朝阳区东三环中路39号建外SOHO 24号楼22层2603室	100010	56145295
北京泰丰保险经纪有限公司	东城区东水井胡同11号楼3层3C02室	100143	67281839
北京天道保险经纪有限责任公司	朝阳区朝阳门外大街19号楼7层722B室	100029	51502735
北京天和保险经纪有限公司	朝阳区北土城西路7号F座802室	100083	82275811
北京天时国际保险经纪有限公司	海淀区中关村南大街甲18号院1–4号楼C座	100142	88578257
北京微服保险经纪有限公司	朝阳区建国路93号院万达广场A座18层2210室	100022	58205660
北京问鼎保险经纪有限公司	朝阳区胜古中路2号院6号楼2层209室	100022	58691652
北京物融保险经纪有限公司	西城区阜成门外大街甲9号国宾酒店9层902室	100037	68008302
北京小米保险经纪有限公司	海淀区清河朱房路临66号E栋1单元	100055	51401796

北京协荣保险经纪有限公司	西城区广安门外大街168号1幢7层2－810室	100029	83126679
北京新城保险经纪有限公司	朝阳区北土城西路7号国恒基业大厦D座804室	100062	51663231
北京新域保险经纪有限公司	东城区崇文门外大街11号9层908室	100044	67092376
北京信成和盛保险经纪有限责任公司	东城区灯市口大街50号8层C单元	100124	63036418
北京信德保险经纪有限公司	海淀区昌运宫4号豪柏国际公寓A1座2402、2403房	100048	68436261
北京信诺保险经纪有限公司	朝阳区望京中环南路9号3号楼8层1－5号	100033	029－88344163
北京银河时空保险经纪有限责任公司	东城区广渠门内大街41号12层41（12）02室	100083	82525388
北京永诚保险经纪有限公司	海淀区中关村南大街2号科技会展中心数码银座803室	100027	80812570
北京远安保险经纪有限公司	朝阳区东三环中路39号院18号楼13层1602室	100121	82231008
北京指南针保险经纪有限公司	昌平区北七家镇七北路42号院2号楼1单元301室	100089	82559883
北京中兵保险经纪有限公司	海淀区紫竹院路81号院3号楼北方地产大厦1502～1503室	100080	68966743
北京中金保险经纪有限公司	东城区和平里东街11号7号1－B6号	100097	88400426
北京中联新能保险经纪有限公司	北京经济技术开发区荣华南路15号院7号楼9层901室	100176	59361219
北京中瑞惠银国际保险经纪股份有限公司	东三环南路甲52号顺迈金钻大厦15层18C	100022	87729970
北京中体保险经纪有限公司	东城区天坛东路50号国家体育总局训练局院内	100052	67162121
北京中天保险经纪有限公司	西城区闹市口大街1号院2号楼长安兴融中心6C	100061	59799818
北京中卫保险经纪有限公司	朝阳区北辰东路8号院16号楼806内B0809、B0810号	100031	85285599
北京中兴保险经纪有限公司	西城区广安门内大街6号8门502室	100054	87874667

博维保险经纪有限公司	西城区西直门外大街1号院2号楼10层10C9A室	100053	68567166
诚合保险经纪有限公司	海淀区复兴路40号中国铁建大厦8层	100010	52689665
达信（中国）保险经纪有限公司	朝阳区光华路1号北京嘉里中心北楼15层1506室	100855	65334080
大特保险经纪有限公司	朝阳区阜通东大街18号2层2218	100044	80698111
大童保险经纪有限公司	平谷区林荫北街13号信息大厦802室	101200	57382999
道可特保险经纪（北京）有限公司	朝阳区八里庄西里100号住邦2000一号楼西区1601室	100020	85863605
德圣保险经纪有限公司	朝阳区南磨房路37号7层701室	100025	51908196
鼎昊（北京）国际保险经纪有限公司	丰台区南四环西路188号十区8号楼4层	100071	63703398
鼎力（北京）保险经纪有限公司	东城区夕照寺街14号4号楼3层305单元	100070	62121521
泛华博成保险经纪有限公司	通州区安顺二街1号	101149	52858652
方胜磐石保险经纪有限公司	朝阳区西大望路15号4号楼7层701室	101100	67771270
国安国际保险经纪股份有限公司	东城区黄寺大街甲6号天龙饭店5层	100022	64257976
国电保险经纪（北京）有限公司	西城区西直门外大街18号楼2层7单元202室	100044	58682591
国家电投集团保险经纪有限公司	西城区西直门外大街18号楼10层3单元1101室	100044	56625687
国联（北京）保险经纪有限公司	朝阳区北苑路170号5号楼1203室	100053	63202640
国泰路安保险经纪（北京）有限公司	大兴区经济开发区金辅路甲2号1幢1层B102室	102600	63585718
国投保险经纪有限公司	西城区阜成门北大街2号楼3层	100034	88006481
国银保险经纪有限公司	西城区西直门外大街18号楼10层3单元1109室	100044	58198888
哈保保险经纪（北京）有限公司	朝阳区建国路93号院10号楼601室	100022	58203824
海盟国际保险经纪（北京）有限公司	朝阳区东大桥路8号院3号楼4层	100020	64200617
海峡联合保险经纪（北京）有限责任公司	海淀区中关村南大街2号A幢25层2909室	100097	88878991
海亚（北京）国际保险经纪有限公司	朝阳区安慧北里小区秀园15号楼4层	100010	64912569
海正保险经纪有限责任公司	朝阳区光华路8号楼4层A428室、A436室	100022	52450450
航联保险经纪有限公司	东城区东直门南大街5号中青旅大厦9层	100007	58157000

和德（北京）保险经纪有限公司	朝阳区东三环北路丙2号14层	100027	84464608
宏达通泰保险经纪（北京）有限公司	海淀区车公庄西路甲19号华通大厦8层828室	100048	51662261
华富保险经纪有限公司	西城区金融大街35号1122室	100107	88092087
华旅（北京）保险经纪有限公司	海淀区西四环北路158号慧科大厦东区8A	100033	88592081
华泰保险经纪有限公司	西城区金融大街11号中国再保险大厦14层	100142	66576588
华夏信达保险经纪（北京）有限公司	海淀区中关村南大街31号神舟科技大厦288室	100027	57458353
华信保险经纪有限公司	西城区宣武门内大街2号西楼办公1119~1124室	100033	83568356
佳达保险经纪（北京）有限公司	东城区东长安街1号东方广场东方经贸城东三办公楼1109室	100006	65334100
嘉实保险经纪（北京）有限公司	朝阳区建国路91号院8号楼5层506室	100079	65215143
嘉信保险经纪有限公司	朝阳区百子湾南二路88号1幢8层820A室	100043	84012135
江泰保险经纪股份有限公司	门头沟区莲石湖西路98号院9号楼1至12层101室	102300	62202788
金安保险经纪有限公司	海淀区板井路69号世纪金源国际公寓东区11层12I	100040	88430676
金诚国际保险经纪有限公司	海淀区西三环北路91号7号楼3层C02号房间	100033	52961111
金丰（北京）保险经纪有限公司	石景山区石景山路乙18号院3号楼5层613室	100043	88689990
金联安保险经纪（北京）有限公司	昌平区东小口镇立汤路186号甲1号楼10层1001室	100085	58608292
金晟保险经纪有限公司	朝阳区安定路10号中国有色大厦北楼2层	100089	64421991
九州联合（北京）保险经纪有限公司	海淀区车道沟8号5号楼A420	100034	68473708
开源（北京）国际保险经纪有限公司	西城区西直门外大街18号楼4层1单元538室	100021	66123935
昆仑保险经纪股份有限公司	西城区金融大街1号楼A座1102室	100070	87571701
鲲鹏保险经纪（北京）有限公司	西城区阜外月坛北小街13号中船宾馆8219室	100031	58221917
乐视（北京）保险经纪有限公司	朝阳区姚家园路105号3号楼11层1201室	100131	84865183

黎明保险经纪有限公司	石景山区石景山路31号院盛景国际广场3号楼11层1105室	100043	57126871
联华国际保险经纪（北京）有限公司	西城区金融大街23号10层1019室	100020	59731672
领航国际保险经纪有限公司	东城区北京站东街8号信通大厦B座6层607－1室	100020	58362067
麦芬保险经纪有限公司	朝阳区工人体育场北路甲2号裙房2层221单元	100028	85643600
民生保险经纪有限公司	朝阳区工体西路18号光彩国际公寓1号楼3A	100004	85259865
明亚保险经纪股份有限公司	朝阳区朝外大街22号泛利大厦5层501～502室	100070	85658565
全景保险经纪（北京）有限责任公司	朝阳区望京西园一区134号楼2层	100097	64373510
融超保险经纪有限公司	西城区阜外大街2号万通新世界广场A座1705号	100038	87615005
瑞信保险经纪有限公司	朝阳区安慧里二区12号楼院2幢226－1房间	100031	84832950
赛诺保险经纪（北京）有限公司	昌平区昌平镇商业街66号1号楼2层229室	100085	80119057
三峡保险经纪有限责任公司	海淀区玉渊潭南路1号B座三峡大厦3层	100039	57081394
世纪保险经纪股份有限公司	西城区宣武门外大街6～12号（双号）、16号、18号10号楼	100021	88086600
天丰保险经纪有限公司	门头沟区莲石湖西路98号院7号楼603室	102300	85797999
通联保险经纪有限公司	丰台区靛厂路汉唐国际大厦3层	100044	63713236
微医（北京）保险经纪有限公司	海淀区北四环西路52号15层1506房间	100044	51721189
文津国际保险经纪有限公司	丰台区南四环西路186号三区4号楼4层06室	100738	57177268
五矿保险经纪（北京）有限责任公司	海淀区三里河路5号五矿大厦B座410室	100022	88821652
五洲（北京）保险经纪有限公司	东城区东长安街1号东方广场东二座1704－5A	100088	85188766
新航保险经纪（北京）有限公司	朝阳区建国路88号7号楼710室	100125	85808907
新时代保险经纪有限公司	海淀区花园路7号	100027	84979909
兴民保险经纪有限公司	海淀区车公庄西路19号37号楼2层208室	100033	56809591
扬子江保险经纪有限公司	顺义区天竺镇府右街6号	101300	57583450

阳光三泰保险经纪有限公司	石景山区政达路2号3层1单元3－06室	100043	59497070
宜安（北京）保险经纪有限公司	通州区新华西街58号院2号楼9层922室	100052	84476603
银河保险经纪（北京）有限责任公司	西城区金融大街35号国际企业大厦C座12层	100088	66568300
银建保险经纪有限公司	石景山区苹果园路28号院2号楼15层1501室	100043	
银泰（北京）保险经纪有限公司	海淀区高粱桥斜街59号院1号楼17层1701室	100080	82149698
英大长安保险经纪有限公司	西城区南横东街8号都城大厦12层	100022	63411499
鹰社医加壹保险经纪有限公司	朝阳区东四环中路78号楼8层9A10室	100044	53602932
永达理保险经纪有限公司	朝阳区阜通东大街18号2层2207～2210室	100044	87419188
宇泰保险经纪（北京）有限公司	通州区潞城镇瑛郎路80号110室	101149	65675665
远通（北京）保险经纪有限公司	海淀区北四环西路9号2106－148号	100044	52720502
正隆（北京）保险经纪股份有限公司	西城区佟麟阁路36号1幢1106室	100031	027－87115465
中安联合保险经纪股份有限公司	海淀区高粱桥斜街28号7号楼503室	100022	52412269
中车汇融保险经纪有限公司	丰台区汽车博物馆东路1号院1号楼8层901室	100071	53119066
中船保险经纪有限责任公司	海淀区昆明湖南路72号1～8层	100007	88695063
中化保险经纪（北京）有限责任公司	复兴门内大街28号凯晨世贸中心中座301～302室	100081	59568326
中汇国际保险经纪股份有限公司	朝阳区东三环中路39号建外SOHO15号楼808室	100080	58691896
中建英大保险经纪有限公司	海淀区三里河路15号11层西侧1108室	100022	86498142
中捷保险经纪股份有限公司	石景山区实兴大街30号院7号楼9层904室	100043	56658723
中军保险经纪（北京）有限公司	朝阳区拂林路9号D座1003室	100195	64466561
中铝保险经纪（北京）股份有限公司	海淀区西直门北大街62号9层	100044	82298566
中民瀚丞保险经纪有限公司	西城区新街口外大街8号1幢五层531号	100044	68563212
中盛国际保险经纪有限责任公司	东城区安定门东大街28号雍和大厦A座11层	100007	50950900
中盛融安国际保险经纪（北京）有限公司	海淀区大柳树路富海中心3号楼富海国际港1501室	100087	62138771－813

中石化保险经纪有限公司	朝阳区朝阳门北大街22号1幢19层1911室	100022	59969232
中泰国际保险经纪（北京）有限公司	海淀区海淀大街8号中钢大厦7层716室、717室	100086	62686563
中铁保险经纪有限责任公司	西城区西绒线胡同28号天安国汇14层1410室	100034	59739002
中铁汇达保险经纪有限公司	海淀区西四环北路15号1层106室、107室	100036	88436399
中植保险经纪有限公司	朝阳区东四环中路39号12层A单元1501－1室	100044	85141893

（7）保险公估公司

机构名称	地　址	邮　编	电　话
保勘联保险公估（北京）有限公司	丰台区玉泉营111号西边10幢204A	100075	53688065
北京安诚保险公估有限公司	怀柔区怀北镇西庄村308号	101400	84924025
北京安恒信保险公估有限公司	西城区南横东街8号都城大厦1106室	100022	63411487
北京邦业保险公估有限公司	朝阳区来广营西路甲8号3层	100085	59229633
北京保程保险公估有限公司	朝阳区五里桥二街1号院1号楼12层1214室	100085	52720503
北京北极星保险公估有限公司	平谷区贾各庄村东南街甲6号	101200	69919999
北京大陆保险公估有限公司	西城区车公庄大街6号3号楼468室	100044	85753960
北京大唐泰信保险公估有限公司	西城区菜市口大街1号1303室	100022	83956378
北京德仁保险公估有限公司	朝阳区北苑路170号2号楼2－1603号	100085	68665830
北京俄杰斯特保险公估有限公司	丰台区丰台科学城恒富中街2号院1号楼3188室	100071	63814081
北京格林保险公估有限公司	西城区金融大街27号20层B段20层B2005室	100033	65282322
北京国信行保险公估有限公司	丰台区花乡南三环西路万柳桥西北侧商业及行政办公综合楼1－1615室	100079	87565219
北京合信保险公估有限公司	丰台区政馨园一区2号楼7层711室	100071	13681182658

北京和泰保险公估有限公司	海淀区复兴路乙59号巨星大厦108室	100085	62669764
北京华大保险公估有限公司	西城区闹市口大街长安兴融中心3号楼302室	101300	58529266
北京华泰保险公估有限公司	西城区金融大街11号中国再保险大厦8层0803室	100033	66577488
北京华信保险公估有限公司	西城区宣武门内大街2号华电大厦B座11层	100031	83568356
北京汇明保险公估有限公司	丰台区丰管路16号9号楼5016室	100071	63870331
北京佳实德保险公估有限责任公司	海淀区复兴路40号中国铁建大厦5层东侧	100048	52689661
北京嘉诺保险公估有限公司	西城区西直门外大街1号院2号楼10层10C9B室	100044	68567166
北京金正保险公估有限公司	海淀区西三环北路91号7号楼3层C02－1号房间	100022	52961111
北京君恒保险公估有限责任公司	东城区东花市北里东区1号楼3段7层	100070	67164581
北京龙江保险公估有限公司	朝阳区酒仙桥乙21号朝阳佳丽饭店内2层B105室	100020	56709233
北京平信保险公估有限公司	丰台区航丰路1号院2号楼10层1017号	101300	52802888
北京普惠保险公估有限责任公司	朝阳区西大望路63号院7号楼4层505室	100191	59600111
北京全天候保险公估有限公司	顺义区仁和镇顺通路6号	101300	69421005
北京仁济和保险公估有限责任公司	海淀区学院路7号8层809室	100055	66130459
北京日月星保险公估有限公司	丰台区南四环西路188号16区1号楼	100071	8820258
北京首证保险公估有限公司	西城区德胜门内西顺城街46号	100080	66562573
北京天恒保险公估有限公司	海淀区北小马厂6号华天大厦2216室	100044	63986585
北京通宝行保险公估有限公司	石景山区政达路2号3层1单元3－07室	100043	57612388
北京心海保险公估有限公司	西城区半步桥街48号1幢505室	100023	62538000－501
北京誉心保险公估有限责任公司	西城区珠市口西大街120号1号楼2层0217房间	100022	13376395818
北京正和保险公估有限公司	大兴区亦庄镇工业园科创三街富士办公楼208室	102600	
北京正汇保险公估有限公司	朝阳区东三环中路39号建外SOHO15号楼802室	100071	59005459

北京中达信保险公估有限公司	丰台区东货场路 38 号 11 栋 212 室	100085	68424435
北京中禾嘉信保险公估有限公司	大兴区金星路 18 号 8 幢 217A 室	102600	89941589
北京中明保险公估有限公司	石景山区政达路 2 号 5 层 1 单元 5－08 室	100079	85606140
北京中咨保险公估有限公司	海淀区上地信息路 1 号 1－1 幢 A 栋 3 层 C 区	101300	82826109
北京众信保险公估有限公司	朝阳区十里堡甲 3 号 A 座 4 层 05R	100022	65567988
北京卓信保险公估有限公司	丰台区玉泉营 111 号西边 10 幢 306 室	100075	68323322
博弈中立保险公估（北京）有限公司	海淀区安宁北路昌平路临 847－2 号	100029	82609910
鼎信农业保险公估（北京）有限公司	通州区宋庄镇综合行政服务大厅后院 303 室	101300	88312537
嘉福（北京）保险公估有限公司	朝阳区朝外雅宝路 12 号 14 层 1403 室	100089	58693424
金联安保险公估（北京）有限公司	朝阳区樱花园 28 号楼樱花集中办公区 0279 室	100048	58235080
竞胜保险公估有限公司	西城区金融大街 1 号楼 1202－2 室	100071	87571701
平衡国际保险公估（北京）有限责任公司	海淀区蓝靛厂东路 2 号院 2 号楼 5E－3 室	100101	52786011
仁祥保险公估（北京）有限公司	海淀区车公庄西路乙 19 号华通大厦 B 座 3 层 308 室	100054	88019368
盛华（北京）保险公估有限公司	北京经济技术开发区荣华南路 16 号 1 幢 B 座 3B07 室	100176	59767679
中瑞国际保险公估（北京）有限公司	朝阳区安慧里二区 12 号楼院 2 幢 226－2 房间	100101	84832952
中至和保险公估（北京）有限公司	大兴区龙发大街 1 号院 3 号楼 2 单元 305 室	100031	60219266

（8）外国保险公司北京代表处

机构名称	地　址	邮　编	电　话
安保集团北京代表处	东城区建国门内大街 7 号光华长安大厦 2 座 1726 室	100005	65102125

澳大利亚康联保险集团北京代表处	朝阳区建国门外大街1号国贸大厦1座2908室	100004	65055023
百慕大博纳再保险有限责任公司北京代表处	东城区长安街一号东方广场中一办公楼1211室	100738	85185780
百慕大格林控股有限公司北京代表处	西城区武定侯街6号卓著中心1202F室	100033	83064926
加拿大永明人寿保险公司北京代表处	朝阳区金桐西路10号远洋光华国际大厦AB座10层A01室	100020	85906500
加拿大人寿保险公司北京代表处	东城区建国门内大街8号中粮广场B1223室	100004	65264005
加拿大皇家银行人寿保险公司北京代表处	西城区金融大街7号英蓝大厦9层927室	100033	58399366
枫信金融控股责任有限公司北京代表处	朝阳区建国门外大街2号银泰中心写字楼15层1527室	100022	65637920
法国安盛公司北京代表处	东城区东长安街1号东方广场东一办公楼905室	100738	66555983
法国安盟保险公司北京代表处	东城区建国门内大街7号光华长安大厦2座1022室	100005	65102170
法国国家人寿保险公司北京代表处	朝阳区建外大街永安里8号华彬大厦1712室	100022	85288185
法国科法斯信用保险公司北京代表处	朝阳区建国门外大街1号国贸写字楼1座1201A~1202室	100004	65057092
法国巴黎财产保险有限公司北京代表处	朝阳区建国门外大街1号国贸（3期）2024室	100004	85910181
法国安盟甘寿险公司北京代表处	朝阳区建国门外大街甲6号SK大厦10层02单元	100022	85086280
德国安联保险集团北京代表处	朝阳区亮马桥路50号燕莎中心办公楼C211室	100125	64638052
德国通用再保险公司北京代表处	东城区东长安街1号东方广场东三办公楼1105室	100738	85186535
德国安顾集团股份公司驻中国总代表处	朝阳区亮马桥路50号燕莎中心1号楼C713A	100125	64627675－1032
其士保险有限公司北京代表处	西城区南礼士路丙3号楼海通大厦705室	100037	68578689
中银集团人寿保险有限公司北京代表处	西城区复兴门内大街1号中银大厦8号楼105室	100818	66533316
香港领航海上保险顾问有限公司北京代表处	朝阳区光华路1号嘉里中心北楼11层30室	100020	65997927
香港友邦保险控股有限公司驻中国总代表处	东城区东总布胡同58号天润财富中心3层302单元	100058	65219988－12082
中国太平保险控股有限公司北京代表处	西城区广宁伯街5号金泽大厦西区7层	100082	526193236

全球人寿保险国际公司北京代表处	朝阳区东三环北路38号安联大厦2606单元	100026	85151248
忠利保险有限公司北京代表处	朝阳区建外大街乙12号双子座大厦东塔7层03室	100022	65673598
日本第一生命控股股份有限公司北京代表处	朝阳区建国门外大街26号长富宫中心办公楼8005室	100022	65139031
东京海上日动火灾保险株式会社北京代表处	朝阳区建国门外大街甲6号爱思开大厦1105室	110022	65630180
日本明治安田生命保险公司北京代表处	朝阳区建外大街26号长富宫办公楼6003室	100022	65139815
爱和谊日生同和保险公司驻中国总代表处	朝阳区东三环北路5号北京发展大厦1607室	100004	65058960
日本生命保险公司北京代表处	朝阳区建国门外大街26号长富宫办公楼4007室	100022	13910665221
三井住友海上火灾保险公司驻中国总代表处	朝阳区东三环北路5号北京发展大厦1608室	100004	65908500
日本住友生命保险公司北京代表处	朝阳区东三环北路5号北京发展大厦1幢7层719室	100004	65616120
三星火灾海上保险公司北京代表处	朝阳区建国路118号招商局大厦25层05室	100022	65668100－6213
三星生命保险公司北京代表处	西城区西单北大街甲131号西单大悦城写字楼708室	100031	50955318
韩国贸易保险公社北京代表处	朝阳区大望京科技商务园区宏泰东街浦项中心A栋29层2902室	100102	64106439
现代海上火灾保险有限公司北京代表处	朝阳区霄云路38号现代汽车大厦518室	100027	84539071
大韩再保险公司北京代表处	朝阳区建国路118号招商局大厦10层A2	100022	65906276
韩国韩华生命保险有限公司北京代表处	朝阳区东三环北路38号院1号楼泰康金融大厦	100020	65837900
教保生命保险株式会社北京代表处	朝阳区霄云路36号国航大厦2109室	100027	65058658
韩国DB损害保险公司北京代表处	朝阳区霄云路36号国航大厦1011室	100027	84475427
韩国首尔保证保险株式会社北京代表处	朝阳区东三环北路8号亮马河大厦1座1208室	100004	65900288
韩国兴国生命保险株式会社北京代表处	朝阳区霄云路36号1号楼国航大厦611室	100027	84475411
俄罗斯“俄国保险”保险公司公共股份公司北京代表处	朝阳区亮马桥路42号光明饭店8407室	100016	64685852

俄罗斯天然气工业保险股份公司北京代表处	朝阳区建外大街甲12号15层1588室	100022	85233050
新加坡大东方人寿保险有限公司北京代表处	西城区月坛北街26号恒华国际商务中心写字楼710A	100045	58565501
西班牙曼福保险集团北京代表处	朝阳区工人体育场北路甲6号中宇大厦1801室	100027	85236259
西班牙曼福再保险公司北京代表处	朝阳区工人体育场北路甲6号中宇大厦1809室	100027	59752558
南非和德保险有限公司北京代表处	朝阳区霄云路36号国航大厦1303室	100027	84464164
瑞士苏黎世保险公司北京代表处	朝阳区曙光西里甲5号院21号楼北京凤凰置地广场F座6层	100028	84398100
富邦产物保险股份有限公司北京代表处	朝阳区建国路81号华贸中心1号写字楼701室	100025	59695476
（台湾）国泰人寿保险股份有限公司北京代表处	朝阳区东大桥路9号侨福芳草地大厦B楼6层602单元	100020	83913425－6
新光人寿保险股份有限公司北京代表处	东城区建国门内大街7号光华长安大厦2座1822室	100005	65102101
富邦人寿保险股份有限公司北京代表处	朝阳区建国路81号7办公1T01内01B室	100025	59695383
台湾人寿保险股份有限公司北京代表处	西城区西直门外大街1号院2号楼16C11室	100031	58302588
中国人寿保险股份有限公司（台湾）北京代表处	西城区闹市口大街1号院长安兴融中心3号楼619室	100032	58528115
台湾三商美邦人寿保险股份有限公司北京代表处	朝阳区建国路118号招商局大厦18楼1806室	100022	59233725
美国大都会人寿保险公司北京代表处	东城区长安街1号东方广场东方经贸城东二办公楼12层1211A	100738	85189790
美国国际集团北京代表处	朝阳区建国路79号华贸中心2号写字楼10层05A单元	100033	59692981
美国信安人寿保险公司北京代表处	朝阳区建外大街1号国贸大厦1座416室	100004	64629266
美国信诺保险公司北京代表处	朝阳区建国路79号华贸中心写字楼2座1708室	100022	85809055

美国怡安保险（集团）公司北京代表处	朝阳区建外大街甲6号SK大厦1205室	100022	65630671
美国保德信保险公司北京代表处	朝阳区建国路118号招商局大厦29层290B	100022	65669800
美国北美洲保险公司北京代表处	西城区金融街35号国际企业大厦B座528室	100033	88091177
RGA美国再保险公司北京代表处	东城区东长安街1号东方广场东方经贸城西一办公楼15层1504室	100738	85182528
美国展维住房抵押贷款保险公司北京代表处	朝阳区光华路1号嘉里中心北座11层	100020	65999159
美国联合保险公司北京代表处	西城区金融街35号国际企业大厦B座527室	100033	88091175
美国柏柯莱保险集团公司北京代表处	东城区东长安街1号东方广场东方经贸城东三办公大楼19层5室	100738	85189688
美国史带公司北京代表处	朝阳区建国门外大街1号国贸写字楼1座（16幢）11层11室	100004	65350319
美国法特瑞互助保险公司北京代表处	朝阳区建国路77号华贸中心三座24层	100025	85880198
美国联合健康保险公司北京代表处	朝阳区新源南路3号平安国际金融中心B座17层1701室	100027	58291721
美国万凯公司北京代表处	朝阳区北苑路甲13号院北辰新纪元大厦2号楼1002B室	100107	84929668
美国韬睿惠悦特拉华控股公司北京代表处	朝阳区光华路1号北京嘉里中心南楼29层2921室	100020	58216442
美国奥德赛再保险公司北京代表处	西城区武定侯街6号F2－1（A）301A	100033	66182171
英国保诚保险有限公司北京代表处	东城区东长安街1号东方广场W1座610室	100738	85183098
英国耆卫公共有限公司北京代表处	朝阳区广渠路金茂府23号院1号楼2803室	100124	65057686
英国保柏金融公众有限公司北京代表处	朝阳区亮马桥路甲40号二十一世纪大厦3层A302室	100125	58541720
英国亚瑟J. 盖勒格英国有限公司北京代表处	朝阳区建国路乙118号京汇大厦3层A031室	100022	58902601

5. 其他

（1）小额贷款公司

机构名称	地　址	邮　编	电　话
北京农投东方小额贷款有限公司	东城区王家园胡同 10 号金泰商之苑 600 室	100010	85283318－8005
北京京融小额贷款股份有限公司	东城区光明路 11 号天玉大厦 807 室	100061	51902317
北京崇信农投小额贷款股份有限公司	东城区天坛东路 74 号 201A	100060	
北京金瑞通小额贷款有限责任公司	东城区西花市南里东区 16 号楼 1 层商业 03 号	100062	
北京润泽小额贷款股份有限公司	东城区朝阳门内大街 298 号 826 室	100010	65360995
北京鑫华小额贷款有限公司	东城区海运仓 1 号瀚海海运仓大厦 7 层 709 号	100007	
北京祥云小额贷款有限责任公司	东城区安定门外大街 136 号地坛体育大厦 4 层	100011	
北京文创小额贷款股份有限公司	东城区安定门东大街 28 号 2 号楼 2 层 207 室	100007	54097387
北京居然之家小额贷款有限责任公司	东城区东直门南大街甲 3 号居然大厦 20 层 2008 室	100007	84084460
北京市国旭小额贷款有限公司	西城区车公庄大街 9 号院 2 号楼 2 门 401 室	100032	88312500
北京金正融通小额贷款有限公司	西城区西砖胡同 2 号院 7 号楼 3 层	100052	63573336
北京江川小额贷款有限公司	西城区阜成门外大街 7 号国投大厦 18 层	100037	68095628－8042
北京邦信小额贷款股份有限公司	西城区阜成门内大街 410 号	100033	66050036
北京聚亿达小额贷款股份有限公司	西城区榆树馆胡同 4 号	100044	
北京德盛行小额贷款有限公司	西城区西直门外大街 18 号楼 6 层 1 单元	100045	83169919
北京市文化科技小额贷款股份有限公司	西城区车公庄大街 4 号北礼士路甲 129 号	100044	68998820－8105
北京华远小额贷款有限公司	西城区北展北街 17 号楼 901 室	100044	
北京恒源小额贷款有限公司	朝阳区望京北路 9 号 2 幢 5 层 A505 室	100102	

北京富安小额贷款有限公司	朝阳区东三环北路甲2号京信大厦2层232室	100027	84493239
北京市中金小额贷款股份有限公司	朝阳区广顺北大街16号院2号楼9层909室	100102	59780425
北京农投金阳小额贷款股份有限公司	朝阳区东三环北路19号楼1801内02室	100020	59670699－805
北京商络小额贷款有限责任公司	朝阳区东三环中路39号院17号楼25～26层2901室	100029	58694160
北京凤凰小额贷款股份有限公司	朝阳区霞光里15号楼18层1单元2108室	100027	84463647
北京朝汇通小额贷款股份有限公司	朝阳区东三环南路17号B座8层D室	100021	67498580
北京泛华小额贷款有限公司	朝阳区向军南里2巷甲5号20层2001室	100027	
北京市森福普惠小额贷款有限责任公司	朝阳区向军南里二巷5号7号楼7405室	100101	65818112
北京国融富安小额贷款有限公司	朝阳区朝阳公园南路1号2幢2层231室	100020	
北京鑫锐小额贷款有限公司	朝阳区东四环中路82号金长安大厦	100124	15801411382
北京华夏汇通小额贷款有限公司	朝阳区东三环中路55号楼8层903室	100022	58765627－800
北京诺安小额贷款有限责任公司	朝阳区光华路甲14号1幢1201内1502室	100020	51309999
北京金钊源小额贷款有限公司	朝阳区潘家园南里甲21号临106号	100021	53016888
北京市中关村小额贷款股份有限公司	海淀区西四环北路160号二区922～940室	100080	82483630－8777
北京农投诚兴小额贷款股份有限公司	海淀区中关村东路1号院3号楼1313房间	100080	82607838－815
北京鑫泰小额贷款股份公司	海淀区北四环西路66号2003室	100080	82488580－7010
北京亚联财小额贷款有限公司	海淀区中关村南大街2号B座13层1602D	100190	62539624
北京乾元联合小额贷款有限公司	海淀区彩和坊路11号华一控股大厦1602B、1603室	100080	58818158
北京京投信业小额贷款股份有限公司	海淀区长春桥路5号北京北纬四十度大酒店1层	100089	82563204
北京市古今小额贷款股份有限公司	海淀区龙翔路甲1号601室、602室	100191	82038166－8771
北京世欣仁达小额贷款股份有限公司	海淀区丹棱街6号523房间	100080	82660092
北京吉信小额贷款股份有限公司	海淀区海淀大街38号1层10号房间、2层10号房间	100080	88506868

北京玺鑫小额贷款有限公司	海淀区知春路1号学院国际大厦1117室	100191	
北京京汇小额贷款有限公司	海淀区苏州街20号院银丰大厦2号楼4层	100080	
北京农信小额贷款有限公司	海淀区中关村大街27号17层1701室	100081	82856450
北京拉卡拉小额贷款有限责任公司	海淀区丹棱街6号1幢7层801室	100080	56710999
北京中技科融小额贷款有限公司	海淀区西四环北路9号鑫泰大厦5层A区509室	100089	88488339
北京美通小额贷款有限公司	海淀区西四环北路158号11层	100142	
北京沱泉小额贷款有限公司	海淀区清河嘉园东区甲1号楼12层1207室	100085	
北京丰花小额贷款有限公司	丰台区花乡黄土岗甲一号	100160	83677826
北京农投丰融小额贷款股份有限公司	丰台区汽车博物馆东路1号院3号楼2211室	100070	13681002645
北京鑫福海小额贷款有限公司	丰台区南苑路15号大红门服装城写字楼4层	100076	87299651
北京金鹏丽行小额贷款股份有限公司	丰台区文体路58号	100073	63351578
北京乾元汇通小额贷款有限公司	丰台区丰管路50号	100071	83802834
北京国典永泰小额贷款股份有限公司	丰台区华源一里太平桥路17号4075室	100073	63460883
北京丽泽创投小额贷款有限公司	丰台区益泽路1号院2号楼2层	100071	63896666
北京金鼎盛小额贷款股份有限公司	丰台区海鹰路1号院1号楼302室	100070	
北京财富小额贷款有限公司	丰台区西四环南路8－1号1幢702－1号	100070	
北京石金小额贷款股份有限公司	石景山区体育场南路2号828室	100040	68616330－809
北京金陵小额贷款有限公司	石景山区石景山路2号北京台湾街C2区5号楼－D	100040	68647602－816
北京铭鑫小额贷款有限公司	石景山区石景山路31号盛景国际广场3号楼1020房间	100140	88794608
北京市盛丰小额贷款有限责任公司	石景山区石景山路31号盛景国际广场3号楼701室	100043	58772860
北京银建小额贷款股份有限公司	石景山区石府路甲2号1幢5层101室	100042	87611299
北京农投京西小额贷款股份有限公司	门头沟区滨河大厦13层1315房	102399	69866777－8005

北京华财小额贷款有限公司	门头沟区双峪路35号院1号18层2019室	102308	69806812
北京华资小额贷款有限公司	门头沟区双峪路35号院2号18层2027室	102300	
北京世欣瑞达小额贷款有限公司	门头沟区斋堂镇政府南楼607室	102300	
北京广联达小额贷款有限公司	门头沟区永安路20号石龙高科大厦3号楼211－1室	102308	56404011
北京大方小额贷款有限公司	房山区良乡长虹西路翠柳东街1号	102488	69382163
北京龙盛源小额贷款有限公司	房山区良乡长虹东路2号	102488	69378911
北京中金福小额贷款有限责任公司	房山区良乡长虹西路73号1楼101室	102488	60330858
北京泽惠小额贷款有限责任公司	房山区燕房路临99号	102599	53031232
北京润兴源小额贷款有限公司	房山区良乡西路26号2号楼1101室	102401	60357065
北京睿财小额贷款有限责任公司	房山区瑞雪春堂三里1号楼1－1室	102401	63484909
北京德信润鑫小额贷款有限公司	房山区拱辰街道政通路12号1号楼8层818室	102488	89362966
北京紫阳福源小额贷款有限公司	房山区窦店镇山水汇豪苑62号	102402	80307752
北京圣鑫元小额贷款有限公司	房山区窦店镇窦店村五区167号	102402	69392076
北京聚宝小额贷款有限公司	房山区西潞街道长虹西路73号1幢2层	102488	60195818
北京鸿成小额贷款有限公司	房山区良乡西路26号2号203室	102401	80391311
北京昌融小额贷款有限公司	房山区广阳新路7号院4号楼5层507室		
北京国能小额贷款股份公司	顺义区赵全营镇兆丰产业基地东盈路19号	101300	84210320
北京市旺泰小额贷款有限责任公司	顺义区赵全营镇兆丰产业基地东盈路19号3幢216～218室	101300	60406189
北京世欣顺达小额贷款有限公司	顺义区大孙各庄镇府前街10号	101308	
北京农投顺通小额贷款股份有限公司	顺义区牛栏山镇腾仁路22号3幢206室	101301	61429057
北京市农投首诚小额贷款股份有限公司	通州区梨园路120号	101101	80818188
北京澳美小额贷款有限公司	通州区京洲园402号楼40号	101121	80815519
北京银泰小额贷款有限公司	通州区云景南大街22号	101121	81512969

北京聚隆源小额贷款有限公司	通州区运河西大街21号9号楼-1至2层	101101	60540996
北京中融小额贷款有限公司	通州区宋庄镇草寺村村委会西南角200米205室	101119	
北京德信隆小额贷款有限公司	通州区翠景北里1号楼1707室	101121	60520020
北京世欣通达小额贷款有限公司	通州区徐辛庄村402号1幢201室	101119	
北京兴宏小额贷款有限公司	大兴区首邑上城小区吉星德亿底商210室	102600	69229539
北京市兴融小额贷款股份有限公司	大兴区兴华大街（二段）3号院1号楼8层908室	102611	69248008
北京兴瑞小额贷款有限公司	大兴区黄村镇兴丰大街三段118号	102611	69222292
北京亦庄国际小额贷款有限公司	北京经济技术开发区景园北街2号52栋7层709室	100176	87162486
北京金泰小额贷款有限公司	大兴区东大路53号院2号楼103室	102600	13901369042
北京葵瑞奔克小额贷款股份有限公司	北京经济技术开发区荣华南路19号中铁十九局1111室	100176	67806572
北京汇富小额贷款股份有限公司	大兴区庞各庄镇龙景湾乙区139号205室	102601	69233488
北京世欣智达小额贷款有限公司	大兴区青云店镇民营科技园敬业路1号3幢3层301室	102605	
北京农投小额贷款有限公司	大兴区青云店镇民营科技园敬业路1号3幢3层302室	102605	56970777
北京菜篮子小额贷款股份有限公司	大兴区黄村镇海鑫路8号	102611	63269030
北京金典小额贷款股份有限公司	昌平区龙水路22号院28-6号	102299	69714409-886
北京资丰小额贷款股份有限公司	昌平区龙水路26号	102299	69705091
北京金通小额贷款股份有限公司	昌平区东小口镇天通东苑一区402号楼1层107室	102218	84820329
北京润丰元大小额贷款有限公司	昌平区东小口镇立汤路179号院1号楼	102208	59941127
北京信达凯丰小额贷款有限公司	昌平区安福苑小区22号楼1号	102299	89788628
北京农投谷成小额贷款股份有限公司	平谷区金谷园小区21号楼商铺-9号	101299	66578180

北京庄子天运小额贷款有限公司	平谷区紫贵庄园8号楼1~2层03~05室	101299	89978992
北京华清融鑫小额贷款有限责任公司	平谷区平谷镇新开街26－9号	101200	89993123
北京万合小额贷款有限公司	平谷区府前西街2号楼渔阳大厦7层705室	101200	
北京宝骥骉骊小额贷款有限责任公司	平谷区黄松峪乡塔洼村杨家台38号	101201	
北京银晏金通小额贷款有限公司	平谷区马昌营镇南定福东路180号院14号楼	101205	89951020
北京宏昌小额贷款有限公司	平谷区峪口镇西营村南大街80号	101206	
北京和融通小额贷款有限公司	平谷区马坊镇陆港大街51号院1号楼平谷园物流基地联检业务楼5号501室	101204	62353131－6650
北京市利源小额贷款股份有限公司	怀柔区富乐北大街1号乐红园小区1号楼	101400	89688873
北京世欣腾达小额贷款有限公司	怀柔区九渡河镇黄坎村735号03栋01室	101403	
北京汇民小额贷款有限公司	怀柔区雁栖经济开发区雁栖大街31号2幢1层	100000	
北京农投国汇小额贷款股份有限公司	密云区鼓楼东大街19－6号	101599	89088111－8005
北京惠丰融金小额贷款有限公司	密云区花园小区1－23	101599	69029542
北京中金城开小额贷款有限公司	密云区花园小区1－23	101599	69029542－809
北京城融小额贷款有限公司	密云区鼓楼东大街27号1~2层2号1层	101599	69062036
北京首融小额贷款有限公司	密云区鼓楼东大街27号1~2层2号2层	101599	69062036
北京贝壳小额贷款有限公司	密云区新南路43号1号楼长城大厦302室、306室		57783415
北京农投庆融小额贷款股份有限公司	延庆区人民商场5层	102199	69145667
北京长江小额贷款有限公司	延庆区百泉街10号10幢118室	102199	18001171179
北京科泰金荣小额贷款有限责任公司	延庆区百泉路10号C栋117室	102199	
北京耀盛小额贷款有限公司	延庆区延庆经济开发区百泉街10号C座119室	102199	85215367－8086
北京中联联合小额贷款有限公司	延庆区延庆经济开发区百泉街10号C座116室	102199	

（2）融资担保机构

机构名称	地　址	邮　编	电　话
中国投融资担保股份有限公司	海淀区西三环北路100号金玉大厦9层	100048	88822870
北京首创融资担保有限公司	西城区闹市口大街1号长安兴融中心4号楼3层	100031	58528771
北京中关村科技融资担保有限公司	海淀区中关村南大街12号天作国际中心1号楼A座30层	100081	18600694560
中鸿联合融资担保有限公司	海淀区学院路30号科大天工大厦B座13层01～15室	100083	62660886－807
北京瀚华融资担保有限公司	朝阳区东三环中路1号环球金融中心1单元1301内01～09单元	100020	57766720
北京资和信融资担保有限公司	平谷区兴谷工业开发区6区67号	100045	66212195
华尊融资担保有限公司	海淀区丹棱街16号海兴大厦C座1801室	100080	82606625
中保财富融资担保有限公司	东城区左安门内大街19号1号楼119室	100036	56916355转888
中国华海融资担保有限公司	朝阳区东三环北路霞光里18号佳程广场B座15层A单元	100027	84400672
北京晨光昌盛融资担保有限公司	昌平区科技园区超前路9号502房间	102200	69746845－163
北京中天财智融资担保有限公司	朝阳区7号地铁八通线指挥中心B2区1层115单元	100020	57105200
北京联合开元融资担保有限公司	西城区宣武门西大街甲129号12层1220室	100033	13901015608
北京华夏兴业融资担保有限公司	西城区新街口外大街甲18号4层	100088	13810931263
北京中小企业信用再担保有限公司	西城区平安里西大街28号楼17层	100034	63220300－6303
中瑞信融资担保有限公司	东城区安定门西滨河路9号中成大厦901室	100007	84129997
中投国泰融资担保有限公司	房山区琉璃河镇房窑路14号104室	100086	64035136

速融融资担保有限公司	丰台区丽泽路 18 号院 1 号楼 801－17	100071	18901328680
保福融资担保有限公司	海淀区中关村东路 66 号世纪科贸大厦 B 座	100190	13901015063
北京海淀科技企业融资担保有限公司	海淀区彩和坊路 6 号 13 层 1528 号	100080	13811568715
北京燕鸿融资担保有限责任公司	房山区良乡西路 26 号 2 层	102488	69389986－8060
金达融资担保有限责任公司	东城区安定门东大街 28 号雍和大厦 1 号楼 D 单元 506 室	100007	64097398
北京兴展融达融资担保有限公司	大兴区永华路 1 号院 2 号、3 号、4 号 1 层 101 室	102600	15822045219
朔天通淼融资担保有限公司	朝阳区西坝河西里 28 号英特公寓 B 座 2 层 208 室	100028	64476944
北京金正光彩融资担保有限公司	西城区西砖胡同 2 号院 7 号楼 311～312 室	100053	83517512
北京海大富林融资担保有限公司	朝阳区光华路 8 号和乔大厦 B 座 502 室	100026	13311279936
北京美嘉信融资担保有限公司	海淀区彩和坊路 8 号 5 层 501 室	100080	62698077
北京中联华水融资担保有限公司	丰台区玉泉营 111 号西边 14 幢 2 层 1011 室	100070	15810281028
北京安家世行融资担保有限公司	东城区东四十条 68 号平安发展大厦西区 303 室	100007	18618418691
北京厚泽融资担保有限公司	朝阳区惠新里 240 号 2 号楼 109A 室	100029	64997588
中际恒瑞融资担保有限公司	丰台区南四环西路 123 号 NO28	100073	13641093807
北京中科智融资担保有限公司	朝阳区建国路 91 号金地中心 B 座 21 层	100022	57043797
北京新颐华信融资担保有限公司	西城区华远北街 2 号 322 室	100032	13910685566
上合诚融资担保有限公司	朝阳区东三环北路 3 号幸福大厦 B 座 216 室	100027	64648998－8009
仕达融资担保有限公司	东城区隆福寺街 95 号北京东四福苑宾馆 3 层 8305 室	100010	18701432833
中鸿基融资担保有限公司	朝阳区建国路 93 号院万达广场 A 座 15 层 1910 室	100022	18612251543
中保兴业融资担保有限公司	东城区灯市口大街 10 号 219 室	100082	58810026
和协海峡融资担保有限公司	朝阳区西坝河南路 1 号 4 号楼 22 层 2203 室	100028	85171670
北京市农业融资担保有限公司	大兴区西红门镇寿保庄鸿坤金融谷 1 号楼	100037	52326803
中硕融资担保有限公司	丰台区丰管路 16 号 4 号楼 3001 室	100071	18501177006

北京亦庄国际融资担保有限公司	北京经济技术开发区景园北街2号56幢5层	100176	81057918
兴融融资担保有限公司	海淀区西直门北大街32号院2号楼8层803室	100082	13811818077
中金兴业融资担保有限公司	海淀区西三环北路87号6层1-601室	100089	88825677-8007
北京首担融资担保有限公司	海淀区彩和坊路8号5层512室	100080	59453537
中际钰贷融资担保有限公司	朝阳区金桐西路10号15层1单元1802~1803室	100020	64647777
中运顺通融资担保有限公司	石景山区八大处高科技园区西井路3号2号楼489房间	100025	15101527504
北京鼎信创伟融资担保有限公司	怀柔区雁栖经济开发区雁栖路33号1幢	101400	69667070
北京诚信佳融资担保有限公司	丰台区西四环南路60号	100071	83815636
北京光彩融资担保有限公司	顺义区大东路6号121~130平房	101300	68448596
北京市住房贷款担保中心	海淀区北四环西路56号辉煌时代大厦7~8层	100080	62695036
北京银达信融资担保有限责任公司	昌平区沙河镇沙阳路	102206	60678780
北京云政金融控股有限公司	密云区东源路10巷	101500	69061711
中通瑞丰融资担保有限公司	顺义区顺通路38号106室		18600608194
中源盛祥融资担保有限公司	海淀区西外大街168号腾达大厦2310室	100082	65387963
中吉财富融资担保有限公司	东城区永定门内东街中里9-17号8号楼	100036	15210902759
北京国华文创融资担保有限公司	东城区安定门东大街28号国际版权交易中心F座2楼203室	100007	13683053586
中铁融资担保有限公司	西城区华远街11号	100032	51895061
北京鑫顺融资担保有限公司	顺义区大东路6号121~130平房	101300	69446959
中合中小企业融资担保股份有限公司	西城区平安里西大街28号楼中海国际中心12层	100034	56508635
北京宝越融资担保有限公司	西城区广安门外大街168号1幢12层1-1503室	100055	13910667680
北京市融川融资担保有限责任公司	朝阳区光华里甲17楼	100020	13701151542
北京和众汇金融资担保有限公司	顺义区腾仁路22号3幢308室	101301	52862642
北京中保国信融资担保有限公司	东城区滨河路1号8层807室	100026	13701099202

北京中技知识产权融资担保有限公司	海淀区北四环西路 66 号 1509 室	100080	13521569270
北京谷诚融资担保有限公司	平谷区乐园西小区 7 号	101200	56217435
北京石创同盛融资担保有限公司	石景山区石景山路 31 号院盛景国际广场 3 号楼 1218 室	100043	13520270967
北京市文化科技融资担保有限公司	东城区东滨河路乙 1 号航星园 1 号楼	100013	84259090
中能通达融资担保有限公司	海淀区万柳中路 11 号派顿大厦	100010	15810809789
民生融资担保有限公司	东城区建国门内大街 28 号 3 幢 15 层 1703 单元	100005	65988409
国家农业信贷担保联盟有限责任公司	海淀区万柳中路 4 号院	100089	53936935
北京中融信融资担保有限公司	朝阳区朝外大街乙 12 号	100020	13439923960
北京元沣融资担保有限责任公司	朝阳区东三环中路 7 号 4 号楼 3 层 0301 室	100020	15120007285
北京久恒融资担保有限公司	朝阳区东三环中路 7 号 4 号楼 3 层 0301 室	100020	13681256650
平安普惠融资担保有限公司北京融资担保分公司	西城区德胜门外大街 13 号院 1 号楼 1006 室	100088	18733447265
重庆三峡担保集团股份有限公司北京融资担保分公司	西城区宣武门西大街甲 129 号 1704～1706 室	100031	13911924175
黑龙江省鑫正投资担保集团有限公司北京融资担保分公司	海淀区北洼路甲 28 号 -1～10 层	100089	13621063065
重庆进出口信用担保有限公司北京融资担保分公司	朝阳区朝外大街甲 6 号 14 层 3 座 1408 室	100025	18610130060

（3）交易机构

机构名称	地　址	邮　编	电　话
北京环境交易所有限公司	西城区丰汇园 11 号丰汇时代大厦 3 层	100032	66295537
北京金融资产交易所有限公司	西城区金融大街乙 17 号	100032	57896641

北京国际矿业权交易所有限公司	西城区丰汇园11号丰汇时代大厦3层	100032	56717013
中国林业产权交易所有限公司	西城区德外大街甲36号	100011	62030197
北京产权交易所有限公司	西城区金融大街甲17号	100033	66295523
中国民营企业交易中心有限公司	西城区武定侯街2号泰康国际大厦12层	100033	66290800－8219
北京黄金交易中心有限公司	西城区宣武门西大街甲127号大成大厦15层	100031	56930000
北京兰格钢铁电子交易有限公司	丰台区莲花池西里29号公交大厦1001室	100073	63966051
北京金马甲产权网络交易有限公司	西城区丰汇园丰汇时代大厦3层	100033	83954972
北京全国棉花交易市场有限责任公司	西城区宣武门外大街甲1号环球财讯中心B座15层	100052	59338641
北京国家粮食交易中心	西城区广安门南街60号荣宁园5号楼	100054	63564598
联合产权交易所有限公司	朝阳区裕民路12号中国国际科技会展中心B座905室	100029	62026510
九歌艺术品交易有限公司	朝阳区东三环中路39号建外SOHO小区15幢28层2803室	100022	58692895
北京华彬艺术品产权交易中心有限公司	朝阳区建国门外大街永安东里8号华彬国际大厦2层	100022	85289401
北京大宗商品交易所有限公司	朝阳区东四环中路41号嘉泰国际大厦A座2层	100025	85922907
北京新传德国际版权交易中心有限公司	朝阳区呼家楼京广中心商务楼507室	100020	65974890
北京中勃上达电子商务有限公司	朝阳区安慧里四区16号楼中国化工大厦西配楼4层	100101	84885669
北京邮票交易中心有限责任公司	丰台区方庄南路2号	100161	57539418－824
北京新华金融信息交易所有限公司	丰台区丽泽路9号	100073	83069806
北京新发地农产品电子交易中心有限公司	丰台区新发地京良路北侧办公楼	100160	83790858
北京特许经营权交易所有限公司	石景山区石景山路20号中铁建设大厦19层	100040	52656114（10）
北京保险服务中心股份有限公司	朝阳区工体北路甲6号中宇大厦11层1103室	100027	85235649

北京贵金属交易所有限责任公司	大兴区西红门镇星光产业园东区4号楼6层	102600	52656227
汉唐艺术品交易所有限公司	东城区东中街58号美惠大厦C-205	100027	85728622
北京铁矿石交易中心	石景山区石景山路31号院盛景国际广场3号楼2001室	100043	57712888
北京华商储备商品交易所有限责任公司	海淀区紫竹院路116号嘉豪国际中心A座16层	100097	58931220
北京国际酒类交易所有限公司	海淀区玉泉路2号	100143	88289800
中国技术交易所有限公司	海淀区北四环西路66号1620室、1621室	100080	62679598
北京软件和信息服务交易所有限公司	海淀区海淀南路甲21号中关村知识产权大厦A座2层	100080	61136010
中国工艺艺术品交易所有限公司	西城区太平街6号富力摩根中心E310室	100050	56189890
北京股权交易中心有限公司	海淀区新建宫门路2号	100080	59207227
北京粮油交易所有限责任公司	房山区良乡镇政通路6号7层	102401	89369859
北京石油交易所股份有限公司	西城区丰汇园11号丰汇时代大厦3层	100032	83957000
北京农村产权交易所有限公司	东城区王府井西街9号1层	100006	65237388-175
北京东方雍和国际版权交易中心有限公司	东城区安定门东大街28号雍和大厦E座208室	100007	64097700
北京农副产品交易所有限责任公司	朝阳区吉庆里14号佳汇国际中心A座19层	100020	65237388
北京文化产权交易中心	东城区大江胡同111号113-2至113-6号	100051	50851007
中新荣峰会（北京）艺术品交易中心有限公司	朝阳区科荟路8号	100012	58248888
北京京农商品交易服务中心有限公司	丰台区西四环南路30号院	100161	69424079
北京八达岭国际葡萄酒交易中心有限公司	延庆区延庆镇庆园街65号	102100	56766346
京津冀协同票据交易中心股份有限公司	海淀区中关村互联网金融中心5层	110080	58251900
北京国际浆纸交易中心有限公司	朝阳区广渠路39号院1号楼	100022	67043080
北京茶业交易中心责任有限公司	西城区金融大街33号B座6层606号	100033	52693273
北京私募股权基金交易中心有限公司	海淀区西四环北路九号鑫泰大厦A区501室	100195	88488350

北京电力交易中心有限公司	西城区西长安街86号	100031	66597762
北京红木交易中心有限公司	朝阳区建国路27号	100020	85778895
北京木业电子交易中心	朝阳区建国路7号正嘉大厦10层	100020	56874658
北京玉石交易中心有限公司	丰台区丰台北路18号院3号楼1901~1914室	100161	63850087
华融中关村不良资产交易中心股份有限公司	海淀区学院南路62号中关村资本大厦12层	100081	57780600
冀北电力交易中心有限公司	西城区菜市口南大街56号	100053	56583495
首都电力交易中心有限公司	西城区前门西大街41号	100031	63127299
中国水权交易所股份有限公司	西城区南线阁街10号基业大厦1层	100032	63204735

（4）支付机构

机构名称	地址	邮编	电话
资和信电子支付有限公司	海淀区东北旺北京中关村软件园孵化器1号楼B座	100193	88665528
开联通支付服务有限公司	海淀区马甸东路17号6层706室	100088	84783057
易宝支付有限公司	石景山区实兴大街30号院3号楼2层D-0435房间	100144	59013985
北京钱袋宝支付技术有限公司	海淀区太月园1号楼5层	100080	82961015
北京数字王府井科技有限公司	东城区东四十条68号西区5层	100007	84183980
北京银联商务有限公司	海淀区车公庄西路乙19号华通大厦B座10层	100048	88019861
裕福支付有限公司	朝阳区光华路30号楼迤北1层3号内101室	100025	65305555
网银在线（北京）科技有限公司	海淀区北三环西路甲18号中鼎大厦A座719室	100086	89187911
拉卡拉支付股份有限公司	海淀区丹棱街6号1幢6层706室	100080	56710999
联动优势电子商务有限公司	西城区新街口外大街28号B座510室	100088	58351122
天翼电子商务有限公司	昌平区未来科技城南区中国电信集团公司院内	100022	58520458

联通支付有限公司	西城区金融大街35号901室、902室	100033	66505686
国付宝信息科技有限公司	顺义区南法信镇顺畅大道1号B-041室	101300	60195866
北京海科融通支付服务股份有限公司	海淀区人大北路33号院1号楼大行基业大厦17层北侧	100089	82685056
易智付科技（北京）有限公司	海淀区知春路113号0706室	100086	82652626
中金支付有限公司	西城区平原里小区20号楼	100052	83519761
安易联融电子商务有限公司	朝阳区朝外大街乙12号21层0-2412内2412D	100032	59716386
北京爱农驿站科技服务有限公司	西城区西直门外大街1号院2号楼20层22C13室	100012	59716386
北京首采联合电子商务有限责任公司	朝阳区雅宝路10号8层801室	100020	85635806
北京中欣银宝通支付服务有限公司	东城区珠市口东大街14号308室	100050	67077777
北京市政交通一卡通有限公司	海淀区知春路63号中国卫星通信大厦B座15~19层	100032	88087735
北京雅酷时空信息交换技术有限公司	海淀区海淀中街16号10层6单元1010室	100080	51657126-8601
北京中投科信电子商务有限责任公司	海淀区中关村南大街1号北京友谊宾馆40123房间	100873	56809274
北京一九付支付科技有限公司	海淀区农大南路88号1号楼2层247~251室	100084	57386896
北京数码视讯软件技术发展有限公司	顺义区高丽营镇文化营村北	101399	82346139
汇元银通（北京）在线支付技术有限公司	海淀区海淀北二街8号13层	100089	82684945
随行付支付有限公司	海淀区阜成路67号17层1704室	100142	52823977
北京恒信通电信服务有限公司	海淀区青龙桥后营北上坡13号	100091	64090016
北京和融通支付科技有限公司	海淀区中关村大街28-1号9层903室	100086	62353131
商银信支付服务有限责任公司	西城区平安里西大街26号楼等3幢28号楼401-01室	100034	83496600
北京市银博盛世电子商务有限公司	西城区月坛北街26号恒华国际商务中心A座1209室	100045	58565009

北京银通支付有限公司	西城区华远北街 2 号 303 室	100032	66510188
北京华瑞富达科技有限公司	西城区百万庄大街 11 号粮科大厦 3 层 03 ~ 05 室	100037	59793377
北京高汇通商业管理有限公司	朝阳区石佛营东里 133 号内 4 号 3 层	100025	56890222 – 915
银信联（北京）商务服务有限公司	朝阳区建国路甲 92 号	100022	85893580
北京广聚福支付有限公司	朝阳区东大桥路 8 号 SOHO 尚都 2 楼 24 层 2 – 2703 号	100020	58697787
北京商银科技有限公司	海淀区北四环西路 66 号 1205 室、1206 室	100080	82488399
国旅（北京）信息科技有限公司	东城区东单北大街 1 号 1 号楼 721 室	100005	65228522 – 614
北京亚科技术开发有限责任公司	顺义区后沙峪镇裕民大街 7 号	101318	64513317
百联优力（北京）投资有限公司	朝阳区东大桥路 8 号尚都国际中心 A 座 1609 室	100020	51661203
银盈通支付有限公司	朝阳区霄云路 26 号鹏润大厦 A 座 1601 室	100052	63133083
北京全顺通商贸有限公司	海淀区苏州街 3 号 7 层 703 室	100080	84885140
中信恒达支付有限公司	东城区崇文门外大街 16 号 1 幢 1503 室	100062	87555559
北京百付宝科技有限公司	海淀区上地十街 10 号百度大厦 B 座 5 层	100085	59928888
北京中汇金支付服务有限公司	东城区朝阳门北大街 8 号 D 座 6B 室	100010	84442258
北京国华汇银科技有限公司	海淀区西四环北路 158 号 1 幢 7 层 B 室	100142	53268098
北京繁星山谷信息技术有限公司	丰台区丰台镇南开西里 23 号楼 4 层404 号	100070	51709888
永超源支付科技有限公司	海淀区苏州街 20 号 2 号楼 2 层东侧	100080	82615275
北京新浪支付科技有限公司	海淀区北四环西路 58 号 907 ~ 908 室	100080	021 – 61640680
邦付宝支付科技有限公司	朝阳区东三环中路 55 号楼 5 层 601 室	100022	65811894
北京理房通支付科技有限公司	海淀区东北旺西路 8 号院 4 号楼 145 号	100193	59329689
北京畅捷通支付技术有限公司	海淀区北清路 68 号 20 号楼 D2003 室	100094	62434206

（5）征信机构

机构名称	地址	邮编	电话
中诚信征信有限公司	海淀区中关村南大街甲10号银海大厦7层南708A	100010	57602001
考拉征信服务有限公司	海淀区丹棱街6号1幢6层703室	100084	56710999
北京宜信致诚信用管理有限公司	朝阳区建国路88号9号楼4层502室、503室	100022	59644040
网信征信有限公司	朝阳区霄云路28号网信大厦A座10层	100027	57378172
北京海智金诚信用管理有限公司	朝阳区建国路15号院甲1号北岸1292三间房创意生活园区8－2721号	100020	57565285
中诚信源征信有限公司	海淀区中关村南大街甲10号银海大厦4层404室	100089	88510366
北京冠捷时速信用管理有限责任公司	西城区月坛南街26号院5007室	100045	68575707
中品质协（北京）质量信用评估中心有限公司	海淀区新街口外大街23号院西区办公楼2层	100082	65136954
金电联行（北京）信息技术有限公司	东城区金宝街67号S302C	100020	58693750
中企评协企业征信中心（北京）有限公司	海淀区紫竹院南路17号中企联招待所118室	100048	68701836
东方安卓（北京）征信有限公司	丰台区南四环西路188号15区2号楼3层303室	100068	67668577
北京中数智汇科技有限公司	西城区德胜门外合生财富广场5层K区	100088	57729866
北京国富泰信用管理有限公司	北京经济技术开发区荣华中路11号2层	100176	67801612
东方金诚信用管理有限公司	西城区西直门南大街2号14层	100088	62299859
北京和融通征信服务有限公司	海淀区中关村大街28－1号9层	100086	62353131
全联征信有限公司	朝阳区北辰东路8号汇欣大厦B座911室	100090	62680322
元素咨询有限公司	海淀区东冉北街9号宝蓝金园国际3层B3013室	100195	82602272

北京联信征信咨询有限责任公司	东城区东土城路8号林达大厦B座9E	100013	64466458
律城信核（北京）信用管理有限公司	海淀区上地东路1号院1号楼2层201室	100085	56291732
厚普征信有限公司	海淀区中关村南大街5号683号楼理工科技大厦1406室	100081	68948552
国诚信（北京）征信有限公司	西城区木樨地北里甲11号楼1幢408室	100038	63906506
信和汇诚信用管理（北京）有限公司	朝阳区东三环中路39号建外SOHO 23号楼B－1001室内01号	100022	58140952
百融金融信息服务股份有限公司	石景山区实兴大街30号院5号楼5层76号	100043	82484868
北京邦银汇通征信有限公司	朝阳区建国门外大街6号安邦金融中心	100022	85256702
北京联源智信征信服务有限公司	海淀区杏石口路甲18号1幢4层西部4008号	100195	62621616
企乐汇征信有限公司	石景山区晋元庄路23号15幢9号	100022	56580666
中大信安能信用管理有限公司	海淀区中关村南大街2号A幢2909室	100086	53801040
北京恒诚千里征信有限公司	朝阳区光华路7号19层19B8	100020	57112154
绿盾征信（北京）有限公司	西城区阜成门外大街2号1幢7层706室	100011	58566449
北京百誉信征信有限公司	海淀区上地十街10号1幢1层CE区	100085	50803996
北京宸信征信有限公司	海淀区复兴路甲65号－A5号楼1201室	100036	62135879
天创信用服务有限公司	朝阳区朝外大街甲6号万通中心D座7层	100020	59017300
华财征信（北京）有限公司	海淀区西直门北大街甲43号1号楼801室	100044	68177808
瑞思科雷征信有限公司	朝阳区建国路118号28层2801A	100022	85215367
北京信构信用管理有限公司	海淀区中关村南大街12号科海福林大厦506室	100081	84109836
北京国石天韵征信有限公司	丰台区南四环西路186号四区11号楼7层	100036	59423665
国民征信（北京）有限公司	朝阳区百子园4号楼3层A单元306室	100083	59447848

（6）信用评级机构

机构名称	地　址	邮　编	电　话
大公国际资信评估有限公司	朝阳区霄云路 26 号鹏润大厦 A 座 29 层	100125	51087768
中诚信国际信用评级有限责任公司	东城区南竹竿胡同 2 号 1 幢 60101 室	100010	66428877
联合资信评估有限公司	朝阳区建国门外大街 2 号院 2 号楼 PICC 大厦 17 层	100022	85679696
东方金诚国际信用评估有限公司	西城区德胜门外大街 83 号德胜国际中心 B 座 7 层	100088	62299800
中债资信评估有限责任公司	西城区金融大街 28 号院盈泰中心 2 号楼 5 ~ 8 层	100032	88090000
中国诚信信用管理股份有限公司	东城区朝阳门内大街南竹竿胡同 2 号银河 SOHO 6 号楼	100010	66428855
长城金桥金融咨询有限公司	西城区月坛北街 2 号月坛大厦 B8	100045	68083498
联合信用管理有限公司北京分公司	朝阳区安慧里四区 15 号楼五矿大厦 801 室	100101	64912118
中国诚信信用管理股份有限公司北京分公司	东城区朝阳门内大街南竹竿胡同 2 号银河 SOHO 6 号楼	100010	66428877
北京资信评级有限公司	海淀区高粱桥斜街 59 号中坤大厦 1409 ~ 1410 室	100044	88366252
君维诚信用评估有限公司	海淀区苏州街 49 号盈智大厦 301 室	100080	82622979
北京银建资信评估事务所	西城区广安门南滨河路 7 号南楼 406 室	100055	63401197
北京中贸远大信用管理有限公司	东城区安外大街东后巷 28 号 4 号楼 305 ~ 306 室	100710	64260918
北京中北联信用评估有限公司	海淀区丹棱街 6 号中关村金融大厦 7 层	100080	56170999 - 235

（7）协会、商会、学会、工会

机构名称	地　址	邮　编	电　话
北京市银行业协会	海淀区车公庄西路乙19号华通大厦B座北塔8层	100048	88088014
北京证券业协会	西城区金融大街35号国际企业大厦C座17层	100032	66568614
北京保险行业协会	朝阳区向军北里28号院1号楼瀚海文化大厦6层	100020	65859118
北京保险中介行业协会	西城区西直门成铭大厦B2座18H	100035	66008027
北京市金融业文化建设协会	西城区月坛南街79号	100045	68559690
北京金融街商会	西城区金融大街33号通泰大厦B座616室	100032	66574347
北京市金融学会	西城区月坛南街79号	100045	68559272
北京保险学会	朝阳区向军北里28号院1号楼瀚海文化大厦6层	100020	65859118
北京市城市金融学会	西城区复兴门南大街2号天银大厦B座906室	100031	66410055-4508
北京市钱币学会	西城区月坛南街79号办公楼2001室	100045	68559317
中国金融工会北京工作委员会	西城区金融大街20号交通银行大厦B座1707室	100033	58391852
北京市金融工会	东城区台基厂三条三号院6号楼	100005	65592747

（8）个人本外币兑换特许业务机构

机构名称	地　址	电　话
北京联合货币兑换股份有限公司	顺义区北京首都国际机场3号航站楼A4E10号	13146782033
艾西益商务服务（北京）有限公司	朝阳区北辰西路69号峻峰华亭嘉园C-1502号	13718668236

北京悠联货币汇兑有限公司	朝阳区和平街东土城路12号院2号楼405室	13426077327
环九州信用管理（北京）有限公司	朝阳区秀水东街8号1号楼2层F2－0010号	13552058065
北京中汇通兑投资管理有限公司	朝阳区秀水东街8号4层F4－011室	18576687470
北京渤海通汇投资咨询有限公司	西城区复兴门外大街A2号1幢1层大堂G04室	13701113553
北京优汇商务服务有限公司	朝阳区建国路99号9层909室	13811624029
首科汇济融科技（北京）有限公司	朝阳区安翔北里甲11号院1号楼B1007室	13910267232
通济隆外币兑换（中国）有限公司（在京分支机构）	顺义区北京首都机场2号航站楼2层E024号	13811586995
天津渤海通汇投资咨询有限公司（在京分支机构）	朝阳区金桐西路10号2单元1102室	15010248634
上海汇元通商务服务有限公司（在京分支机构）	朝阳区秀水东街8号1层C6－001号	17718398800
上海易兑货币兑换有限公司（在京分支机构）	海淀区花园路2号28号楼2层206室	13601028020
宇鑫（厦门）货币兑换股份有限公司（在京分支机构）	西城区金融大街33号6层C602室	18500351526

（二）机构简介

北京中关村银行股份有限公司

北京中关村银行股份有限公司于2017年6月6日获得中国银行业监督管理委员会北京监管局批准开业，注册资本金40亿元，是辖内首家民营银行。

经营范围：吸收公众存款；发放短期、中期和长期贷款；办理国内外结算；办理票据承兑与贴现；发行金融债券；代理发行、代理兑付、承销政府债券；买卖政府债券、金融债券；从事同业拆借；买卖、代理买卖外汇；从事银行卡业务；提供信用证服务及担保；代理收付款项及代理保险业务；提供保管箱服务；经国务院银行业监督管理机构批准的其他业务。

地址：北京市海淀区知春路63号

邮编：100190

电话：010－83023220

传真：010－83023210

（刘婷婷）

中国建设银行股份有限公司北京通州分行

中国建设银行股份有限公司北京通州分行于2017年11月3日获准由中国建设银行股份有限公司北京通州支行升格更名开业，营运资金1亿元，现有员工370人。

经营范围：吸收公众存款；发放短期、中期和长期贷款；办理国内外结算；办理票据承兑与贴现；发行金融债券；代理发行、代理兑付、承销政府债券；买卖政府债券、金融债券；从事同业拆借；买卖、代理买卖外汇；经营结汇、售汇业务；从事银行卡业务；提供信用证服务及担保；代理收付款项及代理保险业务；提供保管箱服务；总行在国务院银行业监督管理机构批准的业务范围内授权的业务。

2017年末，中国建设银行股份有限公司北京通州分行资产总额409.22亿元，负债总额404.72亿元，所有者权益合计4.50亿元。全年累计实现净利润4.49亿元。

负责人：周敏

地址：北京市通州区玉带河西街25号

邮编：101100

电话：010－69546921

传真：010－69546921

（牛真真）

国融基金管理有限公司

国融基金管理有限公司（以下简称国融基金）于2017年6月1日经中国证券监督管理委员会核准设立，7月17日取得经营证券期货业务许可证，共有员工29人，未设立分支机构。

2017年末，国融基金总资产85 965 675.47元，总负债4 095 278.14元，所有者权益81 870 397.33元；实现营业收入8 487 440.41元，营业支出

26 630 543.08元，亏损 18 129 602.67 元。累计发售募集并管理 6 只特定客户资产管理计划，资产净值 666 143 265.94 元。

（李丽君）

弘业期货股份有限公司北京分公司

弘业期货股份有限公司北京分公司于 2016 年 11 月筹建，2017 年 1 月 24 日正式开业，共有员工 7 人。截至年末，总成交量 169 065 手，总成交金额2 455 838.76 万元。

经营范围：商品期货经纪、金融期货经纪、期货投资咨询、基金销售。

负责人：任震祥

地址：北京市东城区安定门外大街丁 88 号 B 座 9 层 914 ~919 室

邮编：100011

电话：010 －68031609

传真：010 －68014828 －8020

（王会芳）

广发期货有限公司北京分公司

广发期货有限公司北京分公司于 2017 年 5 月初筹建，正式成立于 8 月 7 日，为广发期货有限公司的第三家分公司，共有员工 9 人。截至年末，利润总额及净利润均为 －676 004.71 元。

经营范围：商品期货经纪、金融期货经纪、期货投资咨询、基金销售、资产管理。

负责人：王翼

地地：北京市朝阳区建国门外大街 19 号 1 号 9 层 03 室

邮编：100020

客服电话、传真：010 －65863600

中辉期货有限公司北京分公司

中辉期货有限公司北京分公司于 2017 年 1 月 20 日筹建，8 月 21 日正式开业，共有员工 3 人。

经营范围：商品期货经纪、金融期货经纪。

负责人：程盛廷

地址：北京市朝阳区东三环中路 39 号院 6 号楼 12 层 1503 室

邮编：100020

电话：010 －59005317

（单超）

前海期货有限公司北京分公司

前海期货有限公司北京分公司于 2017 年 11 月 6 日取得营业执照，11 月 28 日取得经营证券期货业务许可证，正式开业。共有员工 14 人，其中业务岗 9 人，后台综合岗 4 人。

经营范围：商品期货经纪、金融期货经纪。

负责人：蒋俊杰

地址：北京市朝阳区望京东园四区 11 号楼 16 层 1601 ~1603 室

邮编：100102

电话：010 －64728676

传真：010 －64728799

中信建投期货有限公司北京北三环西路营业部

中信建投期货有限公司北京北三环西路营业部于 2016 年 9 月开始筹建，2017 年 1 月 10 日正式营业，共有员工 9 人。

经营范围：商品期货经纪、金融期货经纪业务。

负责人：秦国峰

地址：北京市海淀区中关村南大街6号中电信息大厦9层912室

邮编：100086

电话/传真：010－82129971

（郭亚男）

金石期货有限公司北京营业部

金石期货有限公司北京营业部成立于2017年3月9日，共有从业人员5人。

经营范围：商品期货经纪业务、金融期货经纪业务。

地址：北京市东城区建国门内大街18号恒基中心3座921室

邮编：100005

客服电话：010－65186987

投诉电话：010－65180667

传真：010－65180157

（赵燕君）

安粮期货股份有限公司北京营业部

安粮期货股份有限公司北京营业部于2017年7月筹建，9月25日正式开业，内设综合岗和业务开发岗，共有员工6人，主要从事期货业务。截至年末，保证金规模9 429万元，实现利润84.86万元。

负责人：卢志跃

地址：北京丰台区汽车博物馆东路1号院3号楼9层1002室

邮编：100070

电话：010－57327603

传真：010－57327602

（卢志跃）

中华联合人寿保险股份有限公司北京分公司

中华联合人寿保险股份有限公司北京分公司于2017年7月7日正式成立。

经营范围：人寿保险、健康保险、意外伤害保险等各类人身保险业务；经中国保险监督管理委员（以下简称中国保监会）批准的其他业务。

机构设置：总经理室、银行保险部、多元业务部、个人营销部、创新业务部、京津冀协同部、运营管理部、法律合规部、计划财务部、人事行政部，共有员工45人。

负责人：王小彬

地址：北京市丰台区丰台北路18号院1号楼3层0301～0314室

邮编：100161

电话：010－63809965

（王诚）

安达保险有限公司北京分公司

安达保险有限公司北京分公司于2017年2月16日获批开业。

经营范围：财产损失保险、责任保险、信用保险等财产保险业务；短期健康保险、意外伤害保险；上述保险的再保险业务。

机构设置：核保部、合规部、财务部、业务运营部、理赔部、信息技术部，共有员工13人。

负责人：王海红

地址：北京市朝阳区建国门外大街1

号（二期）20 层 01 单元

邮编：100004

电话：010－85646188

传真：010－85646166

（席静婷）

中航安盟财产保险有限公司北京分公司

中航安盟财产保险有限公司北京分公司于 2017 年 6 月 13 日正式获批开业。

经营范围：企业财产损失保险、家庭财产损失保险、建筑工程保险、安装工程保险、货物运输保险、机动车辆保险、船舶保险、能源保险、一般责任保险、保证保险、信用保险（出口信用保险除外）、短期健康保险、人身意外伤害保险以及经中国保监会批准的其他业务。

机构设置：综合管理部、财务管理部、业务管理部、理赔与客户服务部，共有员工 23 人。

负责人：李华

地址：北京市朝阳区建国门外大街甲 6 号 1 幢 SK 大厦 10 层 1002 室

邮编：100022

电话：18612533225

传真：010－85086299

（席静婷）

建信财产保险有限公司北京分公司

建信财产保险有限公司北京分公司于 2017 年 7 月 21 日获批开业。

经营范围：机动车辆保险，包括机动车交通事故责任强制保险和机动车商业保险；企业/家庭财产保险及工程保险（特殊风险保险除外）；责任保险；船舶/货运保险；短期健康/意外伤害保险；上述业务的再保险业务；国家法律、法规允许的保险资金运用业务；经中国保监会批准的其他业务。

机构设置：综合管理部、财务会计部、客户服务部、车险业务部、非车险业务部、互联网业务部，共有员工 46 人。

负责人：陈岩

地址：北京市西城区闹市口大街 1 号院长安兴融中心 4 号楼 1 层 A 号

邮编：100031

电话：010－56086661

传真：010－56086687

（席静婷）

久隆财产保险有限公司北京分公司

久隆财产保险有限公司北京分公司于 2017 年 8 月 25 日获批开业。

经营范围：特种车辆财产保险业务；与装备制造业有关的企业财产保险、责任保险、信用保证保险、货物运输保险、工程保险、意外伤害保险业务；上述业务的再保险业务；国家法律、法规允许的保险资金运用业务；经中国保监会批准的其他业务。

机构设置：业务管理部、客户服务部、综合管理部，共有员工 16 人。

负责人：李鸿儒

地址：北京市海淀区东北旺西路 8 号院尚东数字山谷 B 区 37 号楼 4 层

邮编：100094

电话：18611382213

传真：010－50853700

（席静婷）

安联财产保险（中国）有限公司北京分公司

安联财产保险（中国）有限公司北京分公司于2017年8月29日获批开业。

经营范围：财产损失保险、责任保险（包括机动车交通事故责任强制保险）、信用保险、保证保险等财产保险业务；短期健康保险、意外伤害保险；上述业务的再保险业务。除机动车交通事故责任强制保险业务外，公司不得经营其他法定保险业务。

机构设置：车险事业部、个险事业部、全球企业及特殊风险部、信用险部、理赔部、运营部、财务风控部、人力资源及行政部，共有员工15人。

负责人：董勤敏

地址：北京市朝阳区光华东里8号院3号楼7层

邮编：100020

电话：010－85132587

传真：010－64638056

（席静婷）

北京聚宝小额贷款有限公司

成立时间：2017年2月17日

公司类型：其他有限责任公司

注册资本金：10 000万元

经营项目：在北京市范围内发放贷款

法人代表：魏云庚

地址：北京市房山区西潞街道长虹西路73号1幢2层

北京信达凯丰小额贷款有限公司

成立时间：2017年3月28日

公司类型：其他有限责任公司

注册资本金：5 000万元

经营项目：在昌平区范围内发放贷款

法人代表：房海山

地址：北京市昌平区安福苑小区22号楼1号

北京鸿成小额贷款有限公司

成立时间：2017年5月15日

公司类型：其他有限责任公司

注册资本金：5 000万元

经营项目：在房山区范围内发放贷款

法人代表：潘雨光

地址：北京市房山区良乡西路26号2号203室

北京银晏金通小额贷款有限公司

成立时间：2017年7月14日

公司类型：有限责任公司（法人独资）

注册资本金：5 000万元

经营项目：在平谷区范围内发放贷款及财务咨询服务

法人代表：王岩

地址：北京市平谷区马昌营镇南定福东路180号院14号楼

北京沱泉小额贷款有限公司

成立时间：2017年7月15日

公司类型：其他有限责任公司

注册资本金：30 000万元

经营项目：在北京市范围内发放贷款

法人代表：谢作

地址：北京市海淀区清河嘉园东区甲

1号楼12层1207室

北京昌融小额贷款有限公司

成立时间：2017年9月16日
公司类型：有限责任公司（法人独资）
注册资本金：5 000万元
经营项目：在北京市范围内发放贷款
法人代表：张然
地址：北京市房山区广阳新路7号院4号楼5层507室

北京宏昌小额贷款有限公司

成立时间：2017年10月11日
公司类型：有限责任公司（法人独资）
注册资本金：5 000万元
经营项目：在北京市范围内发放贷款
法人代表：王雅宁
地址：北京市平谷区峪口镇西营村南大街80号

北京贝壳小额贷款有限公司

成立时间：2017年11月1日
公司类型：有限责任公司（法人独资）
注册资本金：20 000万元
经营项目：在北京市范围内发放贷款
法人代表：冯天梅
地址：北京市密云区新南路43号1号楼长城大厦302室、306室

北京和融通小额贷款有限公司

成立时间：2017年12月5日
公司类型：有限责任公司（法人独资）
注册资本金：10 000万元
经营项目：在北京市范围内发放贷款
法人代表：黄师田
地址：北京市平谷区马坊镇陆港大街51号院1号楼平谷园物流基地联检业务楼5号501室

北京久恒融资担保有限公司

北京久恒融资担保有限公司成立于2017年12月6日，注册资本3亿元，股东为华夏国鼎（北京）商贸有限公司和北京宏祥畅远通讯器材有限公司。

注册地址：北京市房山区阎村镇阎富路1号17号楼2层204室

华融中关村不良资产交易中心股份有限公司

成立时间：2017年1月13日
公司类型：其他股份有限公司（非上市）
注册资本金：50 000万元
经营项目：不良资产及其他各类债权资产交易；企业管理咨询；投融资信息中介及经纪咨询（经国务院金融管理部门批准，才可开展相关金融产品的交易）。（企业依法自主选择经营项目，开展经营活动；依法须经批准的项目，经相关部门批准后依批准的内容开展经营活动；不得从事本市产业政策禁止和限制类项目的经

营活动。）

法人代表：赵群

地址：北京市海淀区学院南路 62 号中关村资本大厦 12 层 1210 室

电话：010－57780778

（三）协会、商会、学会、工会活动简介

北京市银行业协会

组织机构与负责人

会　长：王金山（北京农商银行党委书记、董事长）

副会长：龚　萍（中国工商银行北京市分行副行长）

滕红军［花旗银行（中国）有限公司北京分行行长］

赵明昊（北京银行）

专职副会长：李凤芝（代）

监事长：于小龙（中国光大银行北京分行）

秘书长：李凤芝（代）

会员单位

2017 年末，共有会员 94 家。其中，中资会员 41 家，外资会员 37 家，非银行金融机构 16 家。

联系方式

地址：北京市海淀区车公庄西路乙 19 号华通大厦 B 座北塔 8 层

邮编：100048

传真：010－88018014

电子邮箱：office@ bbanet. org

重要活动

2 月 16 日，根据中国银行业协会的相关要求，北京市银行业协会（以下简称协会）报送《中国银行业协会声誉风险管理联席会成员单位 2017 年联名单》。

2 月 24 日，协会参加由《中国银行业》杂志社组织的 2017 年春季通联会。

2 月 28 日，按照北京市金融工作局《北京市金融工作局关于商请进一步做好北京〈金融志〉材料搜集工作的函》要求，协会搜集了 2002～2015 年相关年鉴内容，报送北京市金融工作局。

3 月 21 日，协会举办 2017 年票据业务培训，共计 60 余家会员单位的 140 人参加了培训。

3 月 24 日，协会组织 25 家会员单位的 46 名负责人赴上海票据交易所学习交流，了解上海票据交易所的概况、运营情况、未来发展规划、业务风险管理经验和做法，以及商业银行如何与票据交易所合作共赢。

3 月 30 日，协会组织召开北京市银行业协会 2017 年法律合规年会，60 家会员单位的 100 余名代表参加了会议。会议由协会副秘书长王钢主持，与会代表围绕“新常态下的商业银行诉讼管理”的主题展开研讨。

3 月 31 日，协会召开服务及收费业务联席会第一次主任会议，研究拟定了 2017 年全国百佳示范单位评选和星级网点评定工作方案，完善了《北京市银行业特色服务示范单位管理办法》，并对 2017 年全年的服务相关工作项目进行了

深入探讨及意见交换。

4月14日，协会组织召开2017年小微“三农”金融服务工作会议。

7月24日至8月3日，协会根据中国银行业协会《关于印发〈2017年度中国银行业文明规范服务百佳示范单位达标评估工作方案〉的通知》要求，组织开展北京地区的评选工作。通过现场检查，中国工商银行北京广安门支行营业室、中国银行北京宣武支行营业部、中国建设银行北京经济技术开发区支行、交通银行北京林萃路支行营业室、北京银行中关村分行营业部、上海浦东发展银行北京分行营业部符合《中国银行业营业网点文明规范服务考核评价体系（CBSS1000 3.0）》中百佳示范单位的各项规定，经中国银行业监督管理委员会北京监管局（以下简称北京银监局）和协会理事会审核通过后，报送中国银行业协会。

7月，协会组织北京地区会员单位开展星级营业网点达标评估工作。经过检查，2017年北京地区五星级达标网点为57家，覆盖18家会员银行；四星级达标网点为68家，覆盖21家会员银行；三星级达标网点为53家，覆盖24家会员银行。

9月13日，协会印发《关于预交诉讼费申退工作的通知》，要求会员单位向所辖法院开展申退工作。

9月27日，根据中国银行业协会《关于印发〈2017年度中国银行业文明规范服务明星大堂经理评估工作方案〉的通知》的要求，协会组织北京地区开展2017年度中国银行业文明规范服务明星大堂经理评估工作。

9月，协会召开金融资产同业业务委员会主任单位安全交易座谈会，就同业资金流向房地产、融资平台及“两高一剩行业”等问题予以通报，并建议订立行业自律监督规则。

10月，协会召开托管与企业年金委员会主任单位工作会议，就区域银行业托管业务发展现状和存在的问题进行讨论，针对存在的不计成本销售和远期风险隐患进行科学论证。

11月10日，协会与北京市第四中级法院联合举办《金融借款合同纠纷办案规范》座谈会，就法律关系、金融不良资产处理、金融借款合同的效力、合同无效、金融借款合同履行五大方面对规范进行研讨。

11月，协会组织开展“北京市银行业特色服务百佳示范单位评选”。经过协会专家组对38个网点进行实地考察和测评，最终36个网点被评为2017年北京市银行业特色服务百佳单位。

10~12月，协会开展北京市银行业个人金融业务创新评选工作。经过协会专家评审团的初评和复评，共评选出2017年度个人金融业务创新奖设一等奖1名、二等奖1名、三等奖3名、优秀奖5名。

2017年，协会通过执行联动网络查询系统为北京市高级人民法院发送120期数据，查询自然人107 043人、法人和其他组织101 969个，为法院提供有效账户888 671个、有效线索134 710条，直接执结案件68 634件。

（陈冠西）

北京证券业协会

组织机构与负责人

理事长：朱云来

秘书长：周　雷

常务副秘书长：许　慧

副秘书长：丛小路

会员单位

2017 年末，共有会员单位 671 家。其中，证券公司 18 家，基金管理公司 31 家，证券分公司 87 家，证券营业部 516 家，投资咨询公司 19 家。

联系方式

地址：北京市西城区金融大街 35 号国际企业大厦 C 座 17 层

邮编：100032

电话：010－66568614

传真：010－66568583

网址：http：//www. sabbj. org

电子邮箱：bjzq@ 163. com

重要活动

2 月，北京证券业协会（以下简称协会）上线协会会刊采编系统。该系统共设置了 10 大类栏目，各单位通讯员通过系统投稿，提升了资料采编工作效率。

3 月 2 日，协会在中国科技会堂举办“周易智慧·完美人生”专题讲座，邀请北京迦蓝道文化传播有限公司法迦蓝老师，立足中国传统文化，以周易哲学思维为核心，结合现代科技、商业特点，应用大数据统计分析方法对个人、家庭和企业在生活工作中遇到的各种问题进行讲解。

3 月 16 日，协会举办新媒体时代下的危机处理及媒介管理交流会，北京地区证券行业共 160 余人参加了培训。北京英智韦伯咨询有限公司张晓娟总经理通过案例分析和操作演练让学员们认识、辨别、处理危机，了解危机管理和媒介关系管理。

3 月 24 日，协会与中国证券业协会联合举办北京地区互联网证券经营模式探索培训班，各证券经营机构经纪业务条线负责人共计 257 人参加了培训。

4 月 18 日，协会举办北京地区反洗钱政策解读培训，邀请中国人民银行营业管理部相关工作人员就反洗钱监管政策和要点进行解读。

5 月 5 日至 10 月 31 日，协会按照中国证券监督管理委员会北京监管局（以下简称北京证监局）下发的《关于开展“投资者保护·明规则、识风险”专项宣传活动的通知》要求，组织北京地区各证券经营机构持续开展主题为谨防“内幕交易、市场操纵、违规信息披露、市场主体违规经营”的活动。活动期间，协会利用官网、官方微信公众号、投资者权益保护微信公众号等渠道，每周发布一个宣传案例，通过电话、短信等方式指导各证券经营机构开展宣传活动，并及时收集各阶段简报和活动总结，汇总形成报告，按时上报北京证监局。

9 月 6 日，协会与来访的辽宁证券业协会副会长王秀英、常务副秘书长杨军等，就信息系统管理、证券从业人员面授和远程培训、证券纠纷调解等工作进行了交流和经验分享。

10 月 14～15 日，协会举办第五届第二次北京证券业人力资源经理人联席会。会议由协会联席会轮值主席单位——新时代证券股份有限公司协办，北京地区证券、基金管理公司人力资源负责人共计 30 余人参加。

10 月 20 日，协会与中国证券业协会联合举办北京地区证券公司机构与零售业务协同管理培训，各证券经营机构分管机构业务骨干共计 161 人参加了培训。

11 月 9 日，协会与中国证券业协会联合举办北京地区证券机构融资融券交易策略与风险控制培训，各证券经营机构相关业务人员共计 200 余人参加了培训。

11 月 21 日，协会秘书处许慧、张燕、王霄冰赴吉林省证券业协会考察学习。吉林省证券业协会李国义会长介绍了在自律管理、会员服务，以及中证中小投资者服务中心吉林调解工作站的建设情况等方面的工作经验。

12 月 6 日，协会与来访的河北证券业协会会员服务部主任刘爱功、综合部主任陈晓光等人员，就“12386”投诉调解工作进行交流和讨论。

12 月 21 日，协会协助北京证监局举办北京辖区证券公司分支机构负责人专题培训，辖区 58 家分公司、510 家营业部的负责人近 600 人参加了培训。会议分析了当前监管形势和分支机构面临的市场环境，通报了辖区分支机构普遍存在的问题，提出了树立合规意识、责任意识、维稳意识、诚信意识的工作要求。

12 月，协会向各单位转发了北京证监局《关于开展债券投资者权益保护教育专项活动的通知》，并印制《防控债券风险　做理性投资人——宣传案例》30 000册，向会员单位发放。

2017 年，协会完成中国证券业协会和中国证券投资基金业协会委托的巡考工作，共计 31.9 万科次。其中，完成中国证券业协会交办的 7 次证券从业资格考试统考，2 次注册国际投资分析师考试和 3 次香港证券人员考试的巡考任务，共计 22.6 万科次；完成中国证券投资基金业协会交办的 3 次基金从业人员全国统考工作的巡考任务，共计 9.3 万科次。

2017 年，协会录制及制作完成 5 学时培训课件，即《投顾未来：人工与智能》《证券经营机构投资者适当性管理现状及问题》《期权投资与实战》《FOF 基金入门》。通过远程培训系统参加学习的单位 155 家，涉及培训人次 11 268 人。

2017 年，协会针对后续职业培训课程《证券经营机构投资者适当性管理现状及问题》中的适当性制度执行方面存在的问题，制作了《投资者适当性宣传专题》漫画，就投资者适当性相关问题的七个方面内容，向北京地区从业人员分四期进行宣传培训。

2017 年，协会收到中国证券监督管理委员会投资者服务热线“12386”转办投诉工单 817 件。受理 771 件，不受理 46 件，受理率 94%；办结 747 件，达成和解 524 件，未达成和解 223 件，和解率 70%。收到中证中小投资者服务中心受理纠纷转办案件 28 件。办结 28 件，达成和解 27 件，和解率 96%；申请调解金额合计 205.8 万元，经调解和解金额合计 71.6 万元，其中最大申请调解金额 43 万元，最大和解金额 33 万元。收到中国证券业协会纠纷调解中心转办的纠纷调解申请 17 件，全部办结，其中达成和解 13 件，和解率 76%，和解金额合计 18.1 万元。

2017 年，协会组织证券行业摄影沙龙会员及摄影爱好者参加了中国金融摄影家协会举办的 3 期摄影大讲堂活动，分别是《融光焕发——我镜头中的北京金融街》专题摄影讲座、《爱心视觉下的纪实魅力》扶贫专题摄影讲座、《体育摄影·定格激情的瞬间》专题摄影讲座。

2017 年，协会共完成 4 期会刊和 1 期特刊《理性投资　守护财富》的编辑、出版工作，发行总量 1 万册。

（王永刚）

北京保险行业协会

组织机构与负责人

会　长：陈志强（北京保险行业协会）

副会长：郭少军（中国人民财产保险公司北京市分公司总经理）

武　博（中国太平洋财产保险公司北京分公司总经理）

刘光辉（中国人寿财产保险公司北京市分公司总经理）

赵松来（中国人寿保险公司北京市分公司总经理）

徐敏彬（中国平安人寿保险公司北京分公司总经理）

何承周（泰康人寿保险公司北京分公司总经理）

监事长：王　兵（中国平安财产保险公司北京分公司总经理）

秘书长：　陈志强

副秘书长：陆秀萍

李　枫

会员单位

2017 年末，共有单位会员 115 家。其中，财产保险公司 51 家，人身保险公司 63 家，专业性管理公司 1 家。

联系方式

地址：北京市朝阳区向军北里 28 号院 1 号楼瀚海文化大厦 6 层

邮编：100020

电话：010－65859118

传真：010－65925010

网址：http：//www. biabii. org. cn

电子邮箱：biabiibgs@ 126. com

重要活动

1 月，北京保险行业协会（以下简称协会）通过北京市民政局专家组的第二次现场评估，再次荣获“5A 级社会组织”。

3 月，协会在北京铁路运输法院内设立“北京保险行业协会保险合同纠纷调解委员会北铁诉调对接调解室”。这是保险纠纷调解工作探索化解消费者和保险公司矛盾的创新举措，在程序、操作上实现了现场接案、现场调解、现场确权的对接。

4 月 17 日，协会与天津市保险行业协会、河北省保险行业协会共同签署《京津冀车险反欺诈协同工作机制》，就车险反欺诈工作开展全面合作。

4 月 18 日，协会产险部荣获共青团北京市委员会授予的“青年文明号”称号。

4 月 19 日，协会秘书处党支部与工会联合组织党员和员工前往中央国家机关廉政教育基地参观。

5 月 25 日，协会组织 60 余家会员公司的新闻发言人和宣传人员参观人民网和人民日报“中央厨房”，了解新媒体采编流程。

6 月，协会编印完成《北京保险行业服务民生实例》之《参与社会管理》篇手册。该手册精选了北京保险业在公众责任险、安全责任险、事故 e 处理等方面的 10 个案例，采用图文并茂的形式讲述保险知识。共计向社会公众发放 5 万多册。

7 月 5 日，2017 年北京“保险进农村”宣传活动启动仪式在怀柔区桥梓镇凯甲庄村村委会举行。中国保险监督管理委员会北京监管局（以下简称北京保监局）局长郭左践、副局长邓世传，怀柔区人民政府副区长肖坤，协会会长陈志强等领导，以及 10 余家保险公司的负责人与村民代表近百人参加了启动仪式。此次活动由协会主办，中国人民财产保险公司北京市分公司承办，这也是北京地区“7·8全国保险公众宣传日”系列宣传活动的一部分。

7月8日，北京保险业“炫动奥森”“7·8”保险公众宣传活动在奥林匹克森林公园举行。本次活动由北京保监局指导、协会联合主办、光明网支持，北京地区110余家保险公司现场为社会公众提供各具特色的保险咨询服务。

7月，北京保监局和协会联合推出《爱　拒绝遗憾》公益宣传片，将保险理念寓教于亲情故事当中。该视频通过网络平台、户外大屏、楼宇电视等媒介向社会广泛传播，覆盖人群约2.5亿人次。

8月1日，北京保险业发布2016年度财产险类、人身险类十大影响力赔案，包括财产一切险、建工险、意外伤害险、增值身故保险、防癌保险、团体意外险等20起，基本涵盖了2016年发生、赔付的重大自然灾害和社会关注的热点事件，展现了保险行业的责任意识和大局意识，也从多个角度和不同层面，提示全社会提高风险意识和保险意识。

8月14日，协会首次向社会发布北京地区商业健康保险服务评价指标，包括保单平均出单时效、理赔平均时效和小额简易案件理赔平均时效。

9月27日，协会推出北京保险业“e键保险”服务链接库，汇聚行业内70多家会员公司互联网创新服务技术，为消费者提供了一个可以集中搜寻公司互联网理赔服务资源的行业网络平台。

9月28日，北京保险行业实现车险电子投保，这是继2016年12月28日车险电子保单实施以来，北京地区在车险电子化改革工作中的又一突破。

10月，协会牵头制定并印发《北京保险业机动车辆保险合同纠纷处理指导意见》。

12月18日，北京地区行业车险理赔共享服务网点正式面向社会公众提供车险理赔服务。共享网点是车险全流程电子化工作中的重要环节，即凡在本市投保的机动车，在北京地区发生无人伤、仅造成车辆损失且责任明确的事故，消费者可就近选择共享网点办理事故车辆的查勘、定损，也可以直接在共享网点办理事故车辆维修。首批百家共享网点依托北京地区部分汽车维修企业设立，由协会和北京汽车维修行业协会共同选定，涵盖北京六环之内的主要区域，覆盖10个行政区。

2017年，协会陆续发布《北京保险行业农险专业技术人才管理细则》《北京市政策性农业保险风险客户信息提示制度》等系列农业保险管理制度，旨在规范农险承保理赔等经营行为，提升政策性农业保险服务水平。

2017年，协会新增单位会员7家。分别是珠峰财产保险公司北京分公司、易安财产保险公司北京营业部、安达保险公司北京分公司、中航安盟财产保险公司北京分公司、建信财产保险公司北京分公司、珠江人寿保险公司北京分公司、中华联合人寿保险公司北京分公司。

（贾　利）

北京保险中介行业协会

组织机构与负责人

会　长：李永奇（航联保险经纪有限公司董事长）

副会长：吕　阳（英大长安保险经

纪有限公司副总经理）

于利民（华泰保险经纪有限公司总经理）

黄伟坚（北京联合保险经纪有限公司董事长）

胡永庆（华信保险经纪有限公司董事长、总经理）

郭　枫（中电投保险经纪有限公司执行董事、总经理）

李　铭［达信（中国）保险经纪有限公司总经理］

张国臣（昆仑保险经纪股份有限公司董事、总经理）

李小宁［国电保险经纪（北京）有限公司总经理］

吴云涛（泛华时代保险销售服务有限公司监事会监事）

李晓婧（大童保险销售服务有限公司副总经理）

刘国浩（北京国信行保险公估有限公司董事长、总经理）

监事长：张志安（江泰保险经纪股份有限公司副总裁）

秘书长：陶立新（专职）

会员单位

2017 年末，共有会员单位 254 家。其中，保险代理公司 108 家，保险经纪公司 119 家，保险公估公司 27 家。

联系方式

地址：西城区西直门成铭大厦 B2 座 18H

邮编：100035

电话：010－66008027/010－66008028

传真：010－66113349

网址：http：www. bjbxzjxh. org. cn

电子邮箱：bjbiia@126. com

重要活动

1 月 1 日，北京保险中介行业协会（以下简称协会）与北京博派通达科技有限公司共同开发的“北京保险中介行业信息发布系统”正式上线启用。

1 月 18 日，协会在西直门宾馆西锦苑召开第三届第五次常务理事会和第三届第三次理事会。

第三届第五次常务理事会审议并通过了协会《2016 年工作总结和 2017 年工作计划》《2016 年财务报告和 2017 年财务预算》《关于加强行业宣传工作建立通讯员队伍的意见》，审议并同意部分副会长和常务理事的变更事项。会议决定将协会工作报告、财务报告和建立通讯员队伍的意见三项议程提交协会第三届第三次理事会通过。

第三届第三次理事会会议审议并通过了协会第三届第五次常务理事会提交大会的《2016 年工作总结和 2017 年工作计划》《2016 年财务报告和 2017 年财务预算》和《关于加强行业宣传工作建立通讯员队伍的意见》。

1 月 19 日，协会向在京保险专业中介机构发出《关于进一步做好在京保险专业中介机构外部审计报告及监管费报告单报送工作的通知》。

1 月 23 日，协会接受北京信用协会邀请，成为北京信用协会理事单位，陶立新秘书长担任该协会理事。

2 月 16 日，协会秘书长陶立新与来访的湖南保险中介行业协会会长张在新一行就协会从业人员执业管理和继续教育等方面的做法和经验进行了交流。

2 月 22 日，协会根据北京市企业诚信创建活动秘书处《关于征集 2017 年北京市企业诚信创建活动联合创建行业协会商会的通知》精神，确定参加 2017 年北京市企业诚信创建活动。

2 月 24 日，根据北京市民政局《关于开展社会组织“诚信建设行”活动方案》要求，协会向北京市社会团体管理办公室（以下简称北京市社团办）报送了行业《诚信自律承诺书》。

3 月 9 日，协会组织行业内专家参加中船重工保险经纪有限公司召开的首台（套）设备保险招标会。

3 月 10 日，协会与北京医师协会联合举办高端健康公益讲座。中国人民解放军总医院心内科主任侯允天讲授了心血管疾病的早期发现和预防，慈诚医疗首席专家孙安静主任作了关于私人医生全科保健介绍。协会 20 余位常务理事参加了讲座。

3 月 14 日，协会举办保险业服务北京经济社会发展培训会。协会副会长吕阳作了“保险中介服务京津冀一体化”的报告，北京保监局中介处处长李斌传达了 2017 年保险监管工作会精神及对保险中介行业的监管思路。160 余家会员单位及在京保险中介机构的 280 余人参加了培训。

3 月 16 日，协会参加 2016 年北京市行业协会商会信用体系建设项目总结大会。协会获得“2016 年北京市行业协会商会信用体系建设项目优秀单位”荣誉称号。

3 月 21 日，协会参加北京市金融工作局召开的保险服务和谐宜居之都推进会。会议听取了中汇保险经纪股份有限公司相关人员就食品安全责任保险在广西、贵州两地的推广试点情况汇报，并就如何更好地推进食责险工作进行了研讨。协会秘书长陶立新和十多家保险公司北京分公司的负责人参加了会议。

4 月 6 日，协会参加北京市社会组织诚信建设争创单位评选总结会。协会获得北京市社会组织诚信建设“争创单位”称号。

4 月 25 日，协会组织安排山东省保险中介行业协会会长宋执旺、秘书长杨守林等一行 16 人，到永达理保险经纪有限公司和明亚保险经纪有限公司学习交流。

5 月 11 日，协会秘书处左玉荣参加在北京职工之家举办的北京市企业诚信创建活动启动仪式。

5 月 12 日，协会组织开展了“治理整顿金融业非法集资专题宣传月”活动。

5 月 16 日，协会秘书长陶立新、左玉荣到河南省保险中介行业协会学习交流，就协会在自律维权、会员管理等方面的工作，与河南省保险中介行业协会会长王建涛、秘书长李晨阳进行了交流和探讨。

5 月 18 日，协会在英大长安保险经纪有限公司召开第三届第七次会长办公会。协会会长李永奇，监事长张志安，副会长吕阳、于利民、胡永庆、郭枫、张国臣、吴云涛、刘国浩，副会长单位代表谭晨、张娟、曹璞，秘书长陶立新参加了会议。会议审议了协会增补常务理事事项，对秘书处提交的《关于成立保险项目评标专家库的建议》进行了讨论。

5 月 23 日，协会与劳合社大中华区在金台饭店金樽厅共同举办“北京保险中介行业服务‘一带一路’推进会”。劳合社保险（中国）有限公司英伦承保部总监周昊明、Canopius 承保部高级核保人李毅分别做了题为“重大建设项目的保险安排及风险管理”“欧洲海上风电保险概况，PPP/BOT 项目的特点和保险 PPP 定义”的专题辅导。在京 124 家保险专业中介机构的300余人参加了会议。

6月5日，协会发布《关于组织开展2017年北京市企业诚信创建工作的通知》，组织会员单位开展此项活动。

6月29日，协会在北京金亚光大厦举办新闻通讯员培训会。《中国保险报》采访中心总经理助理兼要闻室主任李画老师以“保险是篇大文章——如何写出好新闻”为题，进行了授课，协会会员单位的73名通讯员参加了培训。

7月3日，协会通过北京市民政局2016年度社会组织年检工作。年检结论为合格。

7月4日，协会在河北省安新县凯盛国宾温泉酒店会议室召开第三届第六次常务理事会，协会38家常务理事、监事单位参加会议。会议审议通过了协会《2017年上半年工作总结和下半年工作计划》，审议通过了增补怡和保险经纪有限公司北京分公司总经理戎红钢、北京京泰安保险经纪有限公司总经理刘昭、中化保险经纪（北京）有限责任公司总经理王志生为常务理事，北京华汇保险经纪有限公司变更董事长、总经理许壤允为常务理事的事项，审议通过了《保险项目评标专家推荐人选工作方案》，通报了协会创建电子内刊和参加北京市诚信创建活动的情况，听取并讨论了副会长刘国浩提出的拟成立公估人协会的建议。经到会的常务理事投票表决，成立公估人协会的建议没有通过。会议还听取了河北省博天保险代理公司总经理葛占彪对雄安新区规划建设情况的介绍。

7月7日，北京信用协会秘书长安明、安宏宇到协会调研。协会秘书长陶立新介绍了保险中介行业开展信用建设工作的情况，并提出了行业在自律和信用建设方面的需求。

7月10日，北京市发展和改革委员会价格与反垄断局检查处周处长一行到协会检查涉企收费情况。协会秘书长陶立新汇报了协会会员缴纳会费及开展人身保险销售资质分类考试的情况，提交了相关材料。经检查，协会涉企收费情况基本合格。

7月12日，协会在华泰保险经纪有限公司召开环境污染强制责任保险工作座谈会。环境保护部政法司政研处主任靳晗、政研中心主任沈晓悦、聂思捷到会听取了意见，英大长安保险经纪有限公司等保险中介机构的负责人，汇报了各自在推动政府相关责任保险所做的工作，并对《环境污染强制责任保险管理办法（征求意见稿）》部分条款提出了意见和建议。协会秘书长陶立新及9家保险中介机构的负责人参加了座谈会。会后，协会向中国保险监督管理委员会（以下简称中国保监会）中介部报送《关于〈环境污染强制责任保险管理办法（征求意见稿）〉的建议》。

7月14日，协会秘书处左玉荣参加朝阳区新的社会阶层人士统战工作会议。会后，协会将“新的社会阶层联席会成员单位登记表”报送朝阳区委统战部。

7月26日，协会向会员单位发出《关于申报协会保险项目评标专家推荐人选的通知》，向会员单位征集符合条件的人选。

7月31日，协会推荐监事长、江泰保险经纪有限公司副总裁张志安为西城区新的社会阶层代表人士联谊会第二届理事会理事，并将相关材料报送西城区委统战部。

8月11日，协会召开“保险公估落

实《资产评估法》暨发展座谈会”。协会副会长刘国浩、秘书长陶立新，保险公估专业委员会主任刘若、副主任陈作东、罗勇，以及24家保险公估公司负责人参加会议。会后，协会向北京保监局报送了关于对保险公估机构备案政策的意见和建议。

9月13日，协会根据朝阳区委统战部《关于开展新社会阶层调查工作的通知》精神，向40家驻地在朝阳区的保险中介机构发出调查问卷，并于9月26日向朝阳区统战部报送。

9月14日，协会组织会员单位参加北京市金融工作局举办的“保险与非银行金融风险防范培训会”。中国国际金融股份有限公司陈刚、张继强、张帅围绕防范金融风险作了专题报告。北京地区128家保险中介机构200余人参加了培训。

9月21日，协会秘书长陶立新一行走访了位于浙江省杭州市的协会会员公司国银保险经纪有限公司，并与浙江省保险中介行业协会展开工作交流。

10月17日，协会根据中国保监会《关于开展保险职业资格证及相关强制培训收费自查清理工作的通知》精神，进行了自查，并将自查清理工作报告报送北京保监局。

10月31日，协会秘书处左玉荣参加北京市企业评价协会组织的“行业协会商会诚信建设工作专家论证会”。协会与北京市企业评价协会就信息化平台建设签订合作协议书。

11月3日，协会向会员单位发出通知，开展行业内会员企业党组织和党员情况调查摸底工作。

11月9日，协会召开行业会员单位申报“北京市诚信创建企业”初审会。评委依据标准，对行业30家申报企业进行了综合评分，并将初评材料报送北京市企业评价协会。

12月1日，根据北京保监局《关于实施在京保险专业代理、经纪机构拟任高管人员任职资格电子化考试的通知》精神，即日起，由协会负责组织北京地区保险代理、保险经纪机构拟任高管人员考前报名等项工作。

12月7日，协会在国电保险经纪（北京）有限公司召开第三届第八次会长办公会。会议审议了协会2017年工作总结和2018年工作计划、2017年财务收支和2018年财务预算、《协会常务理事和副会长任职条件及人员构成的有关规定》、副会长人选变更和增补常务理事事项。秘书长陶立新汇报了保险项目专家推荐情况、会员单位申报北京市诚信创建企业情况、京津冀三地保险中介协会合作情况、行业党组织和党员调查摸底工作情况。协会会长李永奇，监事长张志安，副会长于利民、胡永庆、郭枫、李铭、李小宁、刘国浩，秘书长陶立新，副会长单位代表英大长安保险经纪有限公司张可然、北京联合保险经纪有限公司李小蓉、昆仑保险经纪股份有限公司马志刚、泛华保险销售服务集团有限公司张笠参加了会议。北京保监局中介处处长李斌、副处长林惠萍应邀出席会议。

12月22日，协会组织会员单位参加在北京渔阳饭店世纪大厅举办的“2017年北京市企业诚信创建活动总结大会”。会议总结了2017年北京市诚信创建活动工作，3家企业分享了创建经验，宣布了2017年北京市诚信创建企业名单。协会30家会员单位荣获“北京市诚信创建企业”称号。

12 月 26 日，协会在航联保险经纪有限公司召开“北京广东保险中介行业协会交流座谈会”。协会会长李永奇、秘书长陶立新，广东省保险中介行业协会副秘书长胡燕及两地协会工作人员参加了会议。双方分别介绍了协会及行业工作开展情况，并就企业高管人员培训和兼业代理机构的管理等工作进行了交流。

（左玉荣）

北京市金融业文化建设协会

组织机构与负责人

会　长：王建红（中国工商银行北京市分行纪委书记、党委委员兼工委主任）

秘书长：王远志（中国人民银行营业管理部宣传群工部部长）

监事长：李　凡（中国建设银行北京市分行党委副书记、副行长）

会员单位

2017 年，共有会员单位 31 家，其中包括中国人民银行营业管理部、北京银监局、北京证监局、北京保监局及 21 家银行、6 家保险公司的在京机构。

联系方式

办公地点：中国人民银行营业管理部

地址：北京市西城区月坛南街 79 号

邮编：100045

电话：010－68559690／010－68559199

传真：010－68559084

重要活动

2 月，北京市金融业文化建设协会（以下简称协会）组织会员单位参与北京市思想政治工作研究会第 28 届“丹柯杯”优秀研究成果评选活动，推荐上报调研成果 14 篇。

3 月，协会参加北京市企业文化建设协会举办的“提升社会组织思想文化建设专家指导座谈会”，就协会近三年主要特色工作、在加强北京金融业的意识形态工作和金融文化建设方面取得的成果和经验进行交流。

5～6 月，中国人民银行北京市青年联合委员会、北京市金融学会、协会联合举办首届北京市金融系统青年学术辩论赛，中国工商银行北京市分行等 11 个金融机构参赛。本次比赛围绕“互联网金融能或不能颠覆传统金融”“银行业务应不断创新发展优先，还是应注重风险合规优先”“产业政策能或不能有效促进经济转型”“解决金融‘脱实向虚’问题重在金融行业改革还是实体经济改革”等辩题，进行初赛、复赛、半决赛、决赛四轮 11 场比赛。最终，交通银行北京市分行获得冠军，招商银行北京市分行获得亚军，中国人民银行营业管理部与中国农业银行北京市分行获得季军。

6 月 6 日，组织召开协会理事工作会议，调整理事会成员，变更副秘书长，对 2016 年协会工作进行回顾总结，对 2017 协会工作进行安排。

8～10 月，协会组织开展“金融支持京津冀协调发展”专题调研活动，会员单位选送 33 篇稿件。

11 月 7 日，协会联合北京市金融学会，邀请丝路基金董事、总经理罗扬作“学习贯彻党的十九大精神，推进‘一带一路’建设”的专题报告。

12 月 21 日，协会联合北京市金融学会，邀请国家行政管理学院冯俏彬教授作“学习党的十九大精神，建设现代经济体系”的专题报告。

（陶晓燕）

北京金融街商会

组织机构与负责人

理事长：陈耀先

常务副理事长：牛明奇［北京金融街投资（集团）有限公司董事长］

秘书长：沈宏昌［北京金融街投资（集团）有限公司董事会秘书］

会员单位

2017年末，共有会员单位220家。

联系方式

地址：西城区金融大街33号通泰大厦B座616室

邮编：100032

电话：010－66574347

传真：010－66574389

网址：http：//www. bfscc. com

电子邮箱：bfscc@ 163. com

重要活动

3月24日，北京金融街商会（以下简称商会）举办以"'一带一路'下的海外投资与中国经济转型"为主题的金融街论坛。特邀中国投资有限责任公司副总经理祁斌作为主讲嘉宾，并与丝路基金总经理王燕之、中拉产能合作投资基金董事长刘佳华、中国国际金融有限公司投行部董事总经理及工业组负责人金晓秋共同对话，分析中国企业和资本未来海外投资形势，畅论经济发展和市场机遇。

5月4日，商会联合驻区机构共同举办"歌一曲爱国心，唱一首金融情"2017金融街"青春之歌"合唱音乐会，中国人民银行等13支机构代表队共计450余名青年参加了活动。

6～10月，商会联合丝路基金、中国邮政储蓄银行、中国人寿等会员机构共同举办金融街2017镜头中的"一带一路"摄影大赛，共收到来自全国及世界各地的240余位摄影爱好者的1 500余幅作品，并邀请中国摄影家协会副主席王文澜、中国金融摄影家协会主席徐波等专家，按金融纪实、人文纪录（纪实）、艺术创作三大类进行分类评选，最终评选出136幅获奖作品。

7月21日，由商会组织的"2017北京金融街银行业机构走进中关村国家自主创新示范区"活动在中关村SOHO大厦举办，银企双方就投融资等进行沟通交流。

8月23日，中央财经大学互联网金融与民间融资法治研究中心副主任孟祥轶受邀走进由商会主办的2017金融街大讲堂，作"新的金融时代·新的起点"主题讲座。来自监管机构、内外资金融机构、企业集团的110家金融街区域机构的300余位代表参会。会议由商会秘书长沈宏昌主持。

9月15日，商会举办第八届"金融街人力资源管理研讨会"，来自驻区的50余家内外资金融机构、企业集团人力资源部门负责人参加研讨交流。

11月4～5日，商会联合中国金融工会北京工作委员会、中国金融工会天津工作委员会、河北省金融和服务业工会、信达证券股份有限公司在月坛体育馆共同举办2017京津冀金融街"信达杯"乒乓球邀请赛。来自京津冀三地的监管机构、金融机构、企业集团的56支参赛队，400多人参加了比赛。

12月15日，商会组织第五届以"2018中国房地产发展趋势分析"为主题的金融街学术研讨会，来自50余家驻区金融机构、10余家房企代表以及集团系统的 150 余位代表参加了研讨会。

2017 年，商会组织了 4 次金融街健康大讲堂、2 次义诊活动、3 次金融街教育大讲堂、2 次单身青年联谊会等系列主题活动。金融街医疗服务共同体中心为金融街会员单位员工提供预约挂号 8 000 余人次。

2017 年，商会组织“衣旧情深，用爱暖冬”冬衣募捐项目，共募集来自 46 家内外资金融机构、企业集团的 14 000 余件 20 余万吨冬衣，捐往西藏自治区日喀则、那曲地区，河北省保定市满城区、陕西省安康市、云南省文山州等地区，惠及困难群众万余人。

2017 年，商会出版《金融街》月报 10 期，累计投邮寄万余人次；微信公众号发布稿件 43 篇，累计阅读 6 万余人次。金融街在线网站经过全新形象改版，累计访问量十余万人次。

（史　瑞）

北京市金融学会

组织机构与负责人

会　长：周学东（中国人民银行营业管理部主任）

监事长：王建红（中国工商银行北京市分行纪委书记）

秘书长：余　剑（中国人民银行营业管理部金融研究处处长）

会员单位

2017 年末，共有团体会员单位 68 家。

联系方式

办公地点：中国人民银行营业管理部

地址：北京市西城区月坛南街 79 号

邮编：100045

电话：010－68559272

重要活动

2 月，北京市金融学会（以下简称学会）与中国工商银行北京市分行联合举办 2017 年新春学术报告会，邀请中国社科院原副院长李扬研究员作题为“2017 年我国经济及金融形势分析与展望”的主旨演讲。来自中国人民银行营业管理部、北京银监局、北京证监局、北京保监局、北京市金融工作局、高校、商业银行、资产管理公司、财务公司等 52 家会员单位的 200 余名代表参加了报告会。

学会拟订《北京市金融学会季度学术报告会管理办法（征求意见稿）》，广泛征求全体会员意见。

3 月，学会参加北京市社会科学界联合会（以下简称北京市社科联）六届三次全委（扩大）会议。

6 月，学会与交通银行北京市分行联合举办 2017 年夏季学术报告会。原财政部财科所所长贾康教授应邀作题为“增供与收税——房地产领域的改革思路与策略”的主旨演讲，中国人民银行营业管理部主任、学会会长周学东对贾康教授的报告进行了点评。来自中国人民银行营业管理部、北京银监局、北京证监局、北京保监局、北京市金融工作局、高校、商业银行、资产管理公司、财务公司、有关国家机关单位的近 300 名代表参加了报告会。

7 月，学会以通讯方式，召开学会理事会，表决通过《北京市金融学会科研项目管理办法（试行）》《北京市金融学会季度学术报告会管理办法》，并印发给全体会员。

8 月，学会以通讯方式，召开会员大会，修订《北京市金融学会章程》中法定代表人相关规定的条款。

10 月，学会以通讯的方式召开理事会，完成部分会员单位理监事变更事宜。

10 月 13 日，学会与北京国际信托有限公司联合举办 2017 金秋学术报告会，中国社科院学部委员、中国人民大学王国刚教授应邀作题为“金融回归实体经济”的主旨演讲，中国人民银行营业管理部主任、学会会长周学东等领导对王国刚教授的报告进行了点评。来自中国人民银行营业管理部、北京银监局、北京证监局、北京保监局、高校、商业银行、信托公司、资产管理公司、财务公司的近 200 名代表参加了报告会。

11 月，学会完成法定代表人变更相关事宜。

12 月，学会应邀参加“第二十二届海峡两岸金融学术研讨会”。

（宋晓源）

北京保险学会

组织机构与负责人

会　长：陈志强（北京保险学会）

副会长：郭少军（中国人民财产保险公司北京市分公司总经理）

武　博（中国太平洋财产保险公司北京分公司总经理）

刘光辉（中国人寿财产保险公司北京市分公司总经理）

赵松来（中国人寿保险公司北京市分公司总经理）

徐敏彬（中国平安人寿保险公司北京分公司总经理）

何承周（泰康人寿保险公司北京分公司总经理）

陶存文（中央财经大学保险学院保险市场研究中心主任）

孙　健（对外经济贸易大学保险学院院长）

王雅婷（首都经济贸易大学金融学院副院长）

王绪瑾（北京工商大学经济学院保险研究中心主任）

监事长：王　兵（中国平安财产保险公司北京分公司总经理）

秘书长：陆秀萍

副秘书长：李　枫

会员单位

2017 年末，共有单位会员 122 家。其中，财产保险公司 51 家，人身保险公司 62 家，其他机构 9 家。

联系方式

地址：北京市朝阳区向军北里 28 号院 1 号楼瀚海文化大厦 6 层

邮编：100020

电话：010－65859118

传真：010－65925010

网址：http：//www. biabii. org. cn

电子邮箱：biabiibgs@ 126. com

重要活动

1 月 18 日，中国保险学会史志办通志工作负责人张绚、北京市地方志办公室原主任王铁鹏老师到北京保险学会（以下简称学会）调研史志工作。

1～11 月，根据中国保监会《关于启动〈中国保险通志〉编纂工作的通知》要求，按照中国保险学会编纂标准，学会整理完成北京地区保险起源至 2015 年大事记及机构篇，并审核上报。

2 月 28 日，学会完成北京市金融工作局《北京市地方志·金融志》供稿工作，主要包含 1994～2010 年北京保险业发展情况、社团组织发展概况及大事记等内容。

5 月 9 日，澳大利亚及新西兰金融与保险学会大中华区总经理顾啸峰女士一行二人访问学会，双方就保险培训等主题进行交流。

5 月 10 日，学会召开“营改增”课题报告修订工作会，课题组核心写作人员参加了会议。会议明确了课题报告修订工作分工和相关注意事项，并对进一步提升报告写作质量进行讨论。

6 月 22 日，学会组织召开《北京保险》杂志特约编辑座谈会，来自 15 家会员公司特约编辑参加会议。会议就进一步加强与会员公司的通联工作、不断提升办刊品质、加大杂志对会员公司的报道力度等进行了讨论。

6 月，学会及北京保险行业协会联合多家媒体，共同开展北京地区消费者商业健康保险调查。

8 月 1～17 日，学会分别组织召开财产保险、人身保险《北京保险市场发展报告 2017》调研座谈会，听取行业专家的意见和建议。学会秘书长陆秀萍、部分学术专业委员会主任、委员和会员公司代表参加了会议，与会人员就报告相关内容提出了修改建议。

10 月 18 日，学会秘书处党支部组织全体党员和工作人员观看党的第十九次全国代表大会开幕式盛况，聆听习近平代表第十八届中央委员会所作的题为《决胜全面建成小康社会　夺取新时代中国特色社会主义伟大胜利》的报告。

11 月 30 日，北京市社会组织评估工作组到学会开展“5A 级社会组织”现场评估（2011 年，学会被北京市民政局评为“5A 级社会组织”），此次为第二次评估。

12 月 28 日，学会通过北京市社会组织评估审核委员会第二次评估审议，被公示为“5A 级社会组织”。

2017 年，学会新增单位会员 7 家。分别是珠峰财产保险股份有限公司北京分公司、易安财产保险股份有限公司北京营业部、安达保险有限公司北京分公司、中航安盟财产保险有限公司北京分公司、建信财产保险有限公司北京分公司、珠江人寿保险股份有限公司北京分公司、中华联合人寿保险股份有限公司北京分公司。

（贾利）

北京市城市金融学会

组织机构与负责人

会　长：施　刚（中国工商银行北京市分行行长）

副会长：汪晓芳（中国工商银行北京市分行副行长）

监事长：王建红（中国工商银行北京市分行纪委书记）

秘书长：张淑丽（中国工商银行北京市分行管理信息部总经理）

下设机构

北京市城市金融学会青年经济理论研究分会

联系方式

地址：北京市西城区复兴门南大街 2 号天银大厦 B 座 906 室

邮编：100031

电话：010－66410055－4508

传真：010－66411721

电子邮箱：zuchsh@ bj. icbc. com. cn

重要活动

一、组织开展重点课题研究工作

积极参与中国工商银行（以下简称

总行）重点课题调研。北京市城市金融学会（以下简称学会）组织各相关理事单位成立课题组，由行领导任组长，从支持实体经济和金融发展出发，紧密结合工作实际开展调查研究。全年向中国城市金融学会提交4篇重点课题成果。

推动分行课题研究工作。围绕全行重点、热点、难点工作，确定29个主题，并首次划分指定课题和自选课题。购买“查重”服务，实现了对课题质量的前置性把关。共收集课题260篇。

2017年，学会向《北京金融评论》投稿9篇，刊发7篇。

二、组织开展形式多样的学术交流活动

承办北京市金融学会2017年春季学术报告会，特邀著名经济学家李扬研究员做题为“全球经济面临严峻挑战”的学术报告，共200余人参加。

组织学会精品课题成果展示。精选5篇课题进行展示，邀请总分行专家进行点评，中国人民银行营业管理部、总行城市金融研究所、北京市社科联等单位的领导到会并讲话，约150人出席。

加强对学术研究人员的培训。全年共组织4期学术培训班，累计培训400余人次。

组织收看总行创新沙龙7期。

三、回顾学会历史，突出传承与发展

以展板形式，对学会成立24年来的发展历程进行回顾，展示学会在研究成果、学术活动、业务融合、基层调研、助力经营方面的成果。展板列示了各届理事会的领导机构成员名单、各届理事会的重点工作和成果，以及部分珍贵照片资料。

四、学会日常管理和外联工作

认真落实北京市社科联、北京市社团办等关于社团组织的管理办法、工作要求，依照社团管理规定和学会章程，召开两次理事会会议，完成年检、“三证合一”和法定代表人变更事项。

安排40余人次参加北京市金融学会的讲座、论坛4次。

完成理事单位的分管领导、联系人名册整理。

（祖春生）

北京市钱币学会

组织机构与负责人

会　长：姜再勇（中国人民银行兰州中心支行行长）

监事长：温　桦（北京市支付清算协会秘书长）

秘书长：李　杰（中国人民银行营业管理部货币金银处处长）

会员单位

2017年末，共有个人会员1 300人，团体会员32个。

联系方式

办公地点：中国人民银行营业管理部办公楼2001室

地址：北京市西城区月坛南街79号

邮编：100045

电话：010－68559317

传真：010－88655100

电子邮箱：zhidongli@ sina. com

重要活动

一、继续开展宣传和交流活动

2017年，北京市钱币学会（以下简称学会）举办钱币专题讲座12期，内容涉及历史考古、钱币鉴定、外币研究鉴赏等。其中《关于现代纪念章是古代压胜钱的延续问题的探讨》《钱币相关史料和书籍的梳理和考证》《中国古代歌咏钱币的诗词赋》《革命战争时期根据地独特的军事财力管理》《中国古代铸造币的辨伪》等受到会员好评。

二、开展学术活动，举办钱币专题展览

6 月，学会与西安钱币博物馆、北京古代钱币展览馆联合主办《古道遗珍——丝绸之路沿线古国钱币展》。展览选用钱币类文物 500 余件（套），其中 200 件来自北京钱币收藏家。展览期间，学会还举办了《丝路古国钱币漫谈》专题讲座。

10 月，学会与北京市文物局、北京古代钱币展览馆联合主办《龙行天下：钱币上的中国龙》专题展。学会组织会员为展览提供钱币展品，并向其他省市的钱币收藏家商借展品，确保展览质量。展览期间，学会还举办了《龙行天下：纸币上的中国龙》《龙行天下：机制币上的中国龙》《龙行天下：民俗钱上的中国龙》专题讲座，并推出学术著作，收录了当今龙文化研究学者的 10 余篇文章。

三、组织起草“两会”提案，呼吁社会重视钱币文化

3 月，学会联合中国钱币博物馆、中国民俗钱币学会和北京古代钱币展览馆起草了题为《应增加钱币文化在中小学历史教学中的分量》的提案，并配合全国政协委员张建国及有关方面就提案进行调研论证，组织人员在《金融时报》《中国文物报》《中国教育报》、搜狐网等多家媒体进行宣传。

四、坚持为会员服务

7 月，学会组织团体会员单位代表共 60 人参观《古道遗珍——丝绸之路沿线古国钱币展》，邀请丝绸之路研究学者曹光胜先生作专题报告。

12 月，学会组织团体会员单位代表参观了《国币之尊，艺术之美——人民币硬币发行 60 周年纪念展》。

（李志东）

中国金融工会北京工作委员会

组织机构与负责人

主任：倪卫东

专职副主任：李　君

兼职副主任：王希迎（中国农业银行北京市分行党委委员、副行长、工会主席）

果志刚（交通银行北京市分行党委委员、副行长、工会主席）

郭艳岭（中信建投证券股份有限公司党委委员、工会主席）

张松山（中国人寿保险公司党委委员、纪委书记、副总经理、工会主任）

史利国（北京市金融工会主席）

会员单位

2017 年末，共有会员单位 37 家，会员 8.3 万余人。

联系方式

地址：北京市西城区金融大街 20 号交通银行大厦 B 座 1707 室

邮编：100033

电话：010－58391852

传真：010－58391880

邮箱：bj_ jrgh@ 163. com

重要活动

1～2 月，开展“两节送温暖”活动，调拨专款并赴职工工作岗位、家中走访慰问，共看望慰问困难劳模、困难职工、单身困难女职工 99 名。

2 月 22～23 日，召开 2017 年度工作

会议并举办工会干部培训，有关领导、各会员单位工会负责人、工会业务骨干60余人参加会议。会议通报了2016年主要工作情况及2017年工作安排，围绕工会重点、热点、难点业务领域开展了分组交流讨论；并邀请专家进行“如何加强企业民主管理”主题授课。

2～4月，开展2017年北京金融系统评先创优活动，评选出北京“金融五一劳动奖章”6人、“北京金融先锋号”8个、“北京金融模范职工之家”3个、“北京金融五一巾帼标兵岗”6个、“北京金融五一巾帼标兵”7人、“北京金融优秀职工之友”4人、“北京金融系统先进工会组织”5个、“北京金融优秀工会工作者”5人、“北京金融优秀工会积极分子”5人。同时，向中国金融工会推荐2个集体获评“全国金融先锋号”“全国金融五一巾帼标兵岗”，推荐5名个人获评“全国金融五一劳动奖章”“全国金融五一巾帼标兵”“全国金融系统优秀工会干部”。

3月，开展女职工关爱专项工作。向特困女职工发放帮扶金，并调拨专款，支持中国光大银行北京分行、招商银行北京朝外大街支行、中国人寿保险公司北京市分公司、中国银河证券北京金融街证券营业部、中国长城资产管理公司北京市分公司等9家单位建设母婴关爱室。

4月22日，召开中国金融体育协会北京理事会恢复成立会议并举办2017年北京金融职工5人制足球比赛。中国金融工会、中国金融体育协会全国理事会、中国金融工会北京工作委员会有关领导、中国金融体育协会北京理事会部分理事，参赛领队、教练员、运动员及裁判员和工作人员等280余人参加了活动。

4月25日，召开2017年北京金融系统先进表彰暨先进事迹宣讲会议。中华全国总工会主席团委员、中国金融工会全国委员会党组副书记、常务副主席张东风，北京银监局党委书记、局长苏保祥，中国金融工会北京工作委员会有关领导出席会议并为先进集体代表、先进个人颁奖。会议通报了评先创优工作情况，表彰先进集体22个、先进个人32人，并向入选北京金融先进模范讲师团的第二批6名讲师颁发了聘书。先进个人代表、先进集体代表进行了事迹宣讲。北京金融系统先进集体代表、先进个人、各会员单位工会领导、工会干部、职工代表等120余人参加了会议。

4～9月，组织6批、95名运动员参加全国金融系统第三届职工运动会八个项目的分赛区预赛，并组织由15家机构、40名运动员组成的代表队参加总决赛，获得团体“优秀组织奖”，游泳等部分项目的运动员荣获了个人或集体奖项。

4～11月，开展“从心出发 与爱同行”送心理关爱到基层特色活动，先后赴40家会员基层单位开展心理辅导。

5月7日，联合中国铁道科学研究院、北京市金融工会举办“栀子花开·心动青春派”单身联谊活动，中国铁道科学研究院、北京金融机构约100名单身青年参加了活动。

7月11日，联合北京市金融工会、北京市银行业协会召开北京银行业集体协商座谈会，25家银行、40余名工会负责人、人力部门负责人参加会议。

8～10月，组织“承载梦想 走向健康”北京金融职工健步走网络公开赛及线下活动，21家单位、近1 800名职工参与活动。

8月20日，举办“金生有约　融聚七夕”首都金融系统单身青年联谊活动，北京地区金融机构和机关企事业单位的226位单身青年参加活动。

9月2日，联合中国光大银行北京分行赴海淀区翠湖养老院开展“浓情秋日　庆寿辰”敬老爱心志愿服务活动。

9月19日，联合北京市金融工会、北京市银行业协会召开银行业集体协商会议，就续签北京银行业工资专项集体合同开展协商并达成共识。

9月23日，联合北京市金融工会举办第六届北京市职业技能大赛理财规划师比赛。

11月2~3日，举办“学习贯彻党的十九大精神　开创工会工作新局面”北京金融系统工会干部脱产培训，邀请专家围绕新时期工会工作新理念新思路、职代会实务、工会经费规范化管理等方面向近40家会员单位、70余名工会业务骨干授课。

11月4日，联合北京金融街商会等举办2017京津冀金融街“信达杯”乒乓球邀请赛，京津冀三地60余家金融单位、400余名职工参加了比赛。

11~12月，指导北京中关村银行依法成立工会并加入中国金融工会北京工作委员会。

12月22日，联合北京市金融工会、北京市银行业协会举办北京银行业2017年度工资专项集体合同签字仪式暨北京金融系统企业集体协商推进工作会议，组织签订《北京银行业2017年度工资专项集体合同》，北京金融系统约80家单位共130余人参加会议。

12月，邀请专家为部分会员单位职工进行中医义诊。

2017年，与中国建设银行北京房山分行、上海银行北京安贞分行、中信证券北京总部证券营业部、中国人寿财产保险公司北京市分公司4家单位基层工会共建“职工之家”。

2017年，中国金融工会北京工作委员会对外发布新闻3篇，报送信息144篇，在“北京金融工运”微信公众号发布信息211篇。

（杨　帆）

北京市金融工会

组织机构与负责人

主　席：史利国

副主席：张幼林（北京市金融工作局副局长）

副主席：倪卫东（中国金融工会北京工作委员会主任）

副主席：王兆华

副主席：鞠万春

副主席：李　娟（北京银行北京分行行长助理）

会员单位

2017年末，共有会员单位59家，会员128 000人。其中，中央在京工会组织16家，市属工会组织23家，外埠在京单位17家，区金融工会联合会3家。

联系方式

地址：北京市东城区台基厂大街三条3号6号楼109室

邮编：100005

电话：010－65592747

传真：010－65592747

邮箱：jrgh2006@163.com

重要活动

1~3月，北京市金融工会开展2017

年全国劳动模范春节慰问金和市级劳动模范专项补助资金发放工作，并为退休劳动模范办理2017年公园年票。

2~4月，北京市金融工会组织开展“首都劳动奖章”“首都劳动奖状”“北京市工人先锋号”推荐评选工作。北京市金融系统共评出2017年“首都劳动奖章”获得者7人、“首都劳动奖状”获得单位1个、“北京市工人先锋号”获得单位4个。

3月15日，北京市金融工会召开第二届第二次委员（扩大）会议。会议增补了第二届委员会副主席，听取了史利国主席所做的工作报告，表彰了2016年度金融系统“先进职工之家”“先进职工小家”和“优秀工会工作者”获得单位和个人。北京市金融工会第二届委员会委员、经费审查委员，非委员单位的直属基层工会主席，东城区、西城区、海淀区的金融工会联合会主席，北京市金融工会联系的非公企业工会负责人及相关金融机构负责人参加了会议。北京市总工会党组成员、经费审查委员会主任何广亮出席了会议并讲话。

3~7月，北京市金融工会组织专业人员对北京市金融系统基层工会经费收、管、用、审以及资产管理等进行了检查。

3~12月，北京市金融工会深入推进“职工之家”实体化建设。3月，组织北京市金融系统基层工会参加北京市级“先进职工之家”“先进职工小家”和“优秀工会工作者”考核评选工作。共有3家单位被评为市级“模范职工之家”，2家单位被评为市级“模范职工小家”，6名工会干部被评为“北京市优秀工会工作者”。11月，组织开展2017年度北京市金融系统“先进职工之家”“先进职工小家”和“优秀工会工作者”考核评选工作。共有37家单位被评为北京市金融系统“优秀职工之家”，41家基层组织被评为“优秀职工小家”，45名工会干部被评为“优秀工会工作者”。

4月27日，北京市金融工会召开劳动模范座谈会。荣获2017年度“首都劳动奖章”“首都劳动奖状”和“北京市工人先锋号”称号的个人、集体的代表和相关单位工会负责人出席了会议。会上，劳动模范和先进单位的代表就发挥劳动模范先进示范引领作用，继续做好培养选树和加大服务力度，把党和政府以及工会组织对劳动模范的关怀落到实处等工作进行发言。

4~7月，北京市金融工会积极推进金融系统工会改革工作。通过召开贯彻落实工会改革工作会、基层工会改革交流推进会，学习传达北京市总工会关于工会改革的文件精神，提出了北京金融系统推进工会改革的方案。北京银行、北京农商银行、中国民生银行北京分行、东亚银行（中国）有限公司北京分行等单位作为工会改革试点，提供了各自工会改革工作的经验。

北京市金融工会分别举办4期基层工会主席和工会干部培训班，200余名基层工会干部参加了培训。

5~6月，北京市金融工会开展北京市金融系统2017年职工队伍状况调研。通过典型调查和个人访谈，共对16个单位的职工状况进行了调查研究，完成了《北京市金融系统2017年职工队伍状况调研》报告。

6~11月，北京市金融工会组织开展2017年度“职工心灵驿站”评选及服务助推工作。共评选出北京市金融系统

“职工心灵驿站”40 家，每家给予 1 万元专项经费支持；并从中选出 4 家优秀“职工心灵驿站”报送北京市总工会，由其命名、挂牌，给予经费支持。同时评选出 20 个职工心理服务助推项目，每个项目给予 3 万元助推资金，开展优秀职工心理服务项目助推。

7～12 月，北京市金融工会联合中国金融工会北京工作委员会、北京市银行业协会组织开展了北京银行业 2017 年度工资专项集体协商工作。12 月，召开了北京银行业 2017 年度工资专项集体合同签字仪式暨北京银行业集体协商工作推进会。会议提出了继续推进北京市金融系统集体协商工会要求，工会职工方和企业行政方代表正式签订了 2017 年度工资专项集体合同书。北京银行业 2017 年度工资专项集体协商工作，在银行参与面上，新增 4 家单位，涵盖了辖内 20 家银行、9.4 万名银行职工；在协商内容上，新增了带薪休假、高技能人员奖励等“四必谈”内容和建立监督检查机制条款。

8～9 月，北京市金融工会联合中国金融工会北京工作委员会，北京市金融行业协会、商会共同举办北京市第六届职业技能大赛理财规划师大赛。本届比赛包括金融基础知识、理财规划实务、理财风险管理、金融理财产品销售、银行理财、证券理财、基金理财、保险理财、信托理财、金融理财有关法规等内容。金融系统 86 个单位的 3 000 余名从业人员报名参赛。经过初赛、复赛、半决赛、决赛，10 名选手最终获得“北京市十佳理财规划师”荣誉称号。

11 月，北京市金融工会开展“母婴关爱室”建设工作，组织有能力建设“母婴关爱室”的基层单位进行申报工作，并进行评审和验收，同时给予资金、物资支持。

12 月 2～3 日，北京市金融工会在西城区月坛体育馆举办 2017 年北京金融系统职工乒乓球比赛。比赛设团体、男子单打、女子单打三个项目，共有 27 个单位的 200 名运动员参赛。

12 月 26～27 日，北京市金融工会在北京职工服务中心会议室召开北京市金融系统基层组织工会工作考评会议。各参会单位汇报了本单位工会组织建设、职工权益维护、职工服务及工会宣传教育等工作情况。经北京市金融工会综合考评推荐、北京市总工会考核评定，北京市金融系统共有 5 家单位被评为工会工作标兵单位，23 家单位被评为优秀，27 家单位被评为良好。

2017 年，北京市金融工会开展工会会员信息采集和京卡·互助服务卡办理工作。共采集工会会员信息、办理京卡·互助服务卡 2 万余人张。

（王兆华）

（四）2017 年度北京市金融系统先进集体、先进个人名录

全国文明单位

（中央精神文明建设指导委员会
文明委〔2017〕10 号）
（复查保留的全国文明单位）

中国人民银行营业管理部

“全国金融五一劳动奖章”获得者

（中国金融工会全国委员会　金工发
〔2018〕4 号　2018 年 4 月 20 日）

傅文博　中国工商银行股份有限公司北京市分行信息科技部测试部兼移动金融建设部经理

李兴蔓　中国农业银行股份有限公司北京朝阳支行柜员

文　蓉　中国银行股份有限公司北京市分行行政事业机构部总经理

曹介人　中国建设银行股份有限公司北京朝阳支行公司业务部总经理

金　强　中信建投证券股份有限公司北京东直门中心营业部总经理

潘晓川　招商银行股份有限公司北京宣武门支行零售市场经理

刘　慧　中国人寿养老保险股份有限公司北京市分公司销售服务二部经理

曹燕霞　中国银河证券股份有限公司北京黄寺大街证券营业部总经理

任朝霞　中国建设银行股份有限公司北京中关村分行个人金融部副总经理

赵雄心　中国人民财产保险股份有限公司北京市通州支公司总经理

高秋菊　中国人寿保险股份有限公司北京市分公司密云客户服务中心柜面组长

“全国金融先锋号”获得集体

（中国金融工会全国委员会　金工发
〔2018〕4 号　2018 年 4 月 20 日）

中国工商银行股份有限公司北京菜市口支行

“全国金融系统职工代表大会制度建设示范单位”获得集体

（中国金融工会全国委员会　金工发
〔2018〕7 号　2018 年 5 月 21 日）

国家开发银行北京市分行

中国工商银行股份有限公司北京翠微路支行

中国农业银行股份有限公司北京亚运村支行

中国建设银行股份有限公司北京丰台支行

中国光大银行股份有限公司北京分行

中国农业银行股份有限公司北京房山支行

“北京金融五一劳动奖状”获得集体

（中国金融工会北京工作委员会
京金工发〔2018〕4 号　2018 年 5 月 2 日）

招商银行股份有限公司北京分行营

业部

中国人民人寿保险股份有限公司北京市通州支公司

中国光大银行股份有限公司北京分行营业部

太平人寿保险有限公司北京分公司海淀支公司

“北京金融五一劳动奖章”获得者

（中国金融工会北京工作委员会　京金工发〔2018〕4号　2018年5月2日）

任朝霞　中国建设银行股份有限公司北京中关村分行个人金融部副总经理

高秋菊　中国人寿保险股份有限公司北京市分公司密云客户服务中心柜面组长

赵雄心　中国人民财产保险股份有限公司北京市通州支公司总经理

孔文革　中国光大银行股份有限公司北京顺义支行行长

吴　剑　中国人民健康保险股份有限公司北京分公司党委委员、副总经理

许源丰　中国银行业监督管理委员会北京监管局统计信息处主任科员

郑锦辉　上海银行股份有限公司北京分行投行部、营业部总经理

“北京金融先锋号”获得集体

（中国金融工会北京工作委员会　京金工发〔2018〕4号　2018年5月2日）

中国工商银行股份有限公司北京菜市口支行

国家开发银行北京市分行法律事务办公室

中国银行股份有限公司北京市分行贸易金融部

中国农业银行股份有限公司北京光华路支行

信达证券股份有限公司投资银行事业部周绪凯业务团队

中国人寿财产保险股份有限公司北京市分公司理赔管理部

中国银行业监督管理委员会北京监管局现场检查大队

中国民生银行股份有限公司北京德胜门支行

中国银河证券股份有限公司北京黄寺大街证券营业部

“北京金融模范职工之家”获得集体

（中国金融工会北京工作委员会　京金工发〔2018〕4号　2018年5月2日）

中国农业银行股份有限公司北京宣武支行工会

中国光大银行股份有限公司北京长安支行工会

交通银行股份有限公司北京海淀支行工会

中信银行股份有限公司北京大兴支行工会

“北京金融道德模范（学习创新）”获得集体（个人）

（中国金融工会北京工作委员会　京金工发〔2018〕4号　2018年5月2日）

中国银行股份有限公司北京市分行安全保卫部

北京银行股份有限公司中关村分行

招商银行股份有限公司北京分行机构客户部

曹　丞　中信银行股份有限公司总行营业部公司银行部资深产品经理

张　雄　中国人民财产保险股份有限公司北京市分公司理赔事业部在线分部经理

左　炎　太平人寿保险有限公司北京分公司东城支公司银保部经理

"北京金融道德模范（敬业奉献）"获得集体（个人）

（中国金融工会北京工作委员会　京金工发〔2018〕4 号　2018 年 5 月 2 日）

中国光大银行股份有限公司北京分行

国家开发银行北京市分行贷委会办公室

中国银行业监督管理委员会北京监管局人事处

张建涛　中国人民人寿保险股份有限公司北京市分公司银行保险部营业七部业务总监

钱　平　中信银行股份有限公司总行营业部国际业务部总经理

侯桂玲　中国人民健康保险股份有限公司北京分公司计划财务部副总经理

"北京金融道德模范（助人爱亲）"获得者

（中国金融工会北京工作委员会　京金工发〔2018〕4 号　2018 年 5 月 2 日）

马　瑶　中国建设银行股份有限公司北京通州分行团委书记、机构业务部副总经理

刘志芬　中国农业银行股份有限公司北京怀柔支行运营主管

"北京金融系统先进工会组织"获得集体

（中国金融工会北京工作委员会　京金工发〔2018〕4 号　2018 年 5 月 2 日）

中国建设银行股份有限公司北京市分行工会

国家开发银行北京市分行工会

太平人寿保险有限公司北京分公司工会

招商银行股份有限公司北京分行工会

中国人寿保险股份有限公司北京市分公司工会

交通银行股份有限公司北京市分行业务处理中心工会

上海银行股份有限公司北京分行工会

"北京金融优秀工会工作者"获得者

（中国金融工会北京工作委员会　京金工发〔2018〕4 号　2018 年 5 月 2 日）

武桂珍　中国农业银行股份有限公司北京延庆支行工会干事

於志强　中国银行股份有限公司北京丰台支行工会主席

陈志刚　中国建设银行股份有限公司北京城建支行工会主席

张　颖　交通银行股份有限公司北京市分行风险管理部（资产保全部）工会主席

韩笑文　中国民生银行股份有限公司北京分行团委书记、工会干部

张文利　信达证券股份有限公司工会委员

“北京金融优秀工会积极分子”获得者

（中国金融工会北京工作委员会　京金工发〔2018〕4 号　2018 年 5 月 2 日）

崔凯辉　中国大地财产保险股份有限公司北京分公司工会干事、女工委员、经审委员

唐　炜　中国人寿保险股份有限公司北京市分公司摄影协会会长

蔡　赢　交通银行股份有限公司北京市分行银行卡业务部工会组织委员

姜　芳　中信银行股份有限公司北京经济技术开发区支行工会干事

陆　路　太平养老保险股份有限公司北京分公司工会委员、工会办公室主任

章敏洁　中国进出口银行北京分行文体委员

范　庚　中国东方资产管理股份有限公司北京市分公司文体委员

（以上先进名录由中国金融工会北京工作委员会提供）

“首都劳动奖状”获得集体

北京银行股份有限公司中关村分行营业部

“首都劳动奖章”获得者

于宝宽　华夏基金管理有限公司职员

孔　莹　东亚银行（中国）有限公司北京分行高级助理经理

苏　欣　民生证券股份有限公司投资银行事业部总裁助理

李　颖　新华人寿保险股份有限公司北京分公司运营总监

翁春燕　交通银行股份有限公司北京回龙观支行营业室主任

郭弘瑶　中国银行股份有限公司北京经济技术开发区支行柜员

“北京市工人先锋号”获得集体

上海浦东发展银行股份有限公司北京亚运村支行

平安银行股份有限公司北京大兴支行

北京国际信托有限公司信托业务托管部

中信银行股份有限公司北京京城大厦支行

“北京市三八红旗集体”获得集体

中国光大银行股份有限公司北京分行运营管理部

“北京市三八红旗奖章”获得者

胡晓峰　中国人民财产保险股份有限公司北京房山支公司职员

张瑜洋　民生证券股份有限公司职员

张　勤　厦门国际银行股份有限公司北京分行副行长、工会主席

（以上先进名录由北京市金融工会提供）

“中国人民银行功德奖”获得者

（中国人民银行办公厅　银办发〔2018〕57 号　2018 年 3 月 15 日）

朱东晖　中国人民银行营业管理部内审处主任科员

中国人民银行优秀共青团员

（共青团中国人民银行委员会　银团发〔2018〕8号　2018年5月25日）

张　艺　中国人民银行营业管理部科技处

中国人民银行优秀共青团干部

（共青团中国人民银行委员会　银团发〔2018〕8号　2018年5月25日）

赫　义　中国人民银行中关村国家自主创新示范区中心支行团支部书记

中国人民银行五四红旗团支部（总支）

（共青团中国人民银行委员会　银团发〔2018〕8号　2018年5月25日）

中国人民银行营业管理部清算中心团支部